不平等社会
THE GREAT LEVELER

从石器时代到21世纪，人类如何应对不平等
Violence and the History
of Inequality from the Stone Age
to the Twenty-First Century

［美］沃尔特·沙伊德尔（Walter Scheidel）◎著
颜鹏飞 李酣 王今朝 曾召国 甘鸿鸣 刘和旺◎译

中信出版集团｜北京

图书在版编目（CIP）数据

不平等社会：从石器时代到 21 世纪，人类如何应对不平等 /（美）沃尔特·沙伊德尔著；颜鹏飞等译 . -- 北京：中信出版社，2019.6（2021.12 重印）
书名原文：The Great Leveler
ISBN 978-7-5217-0449-5

I. ①不… II. ①沃… ②颜… III. ①平等（经济学）—研究 IV. ① F036

中国版本图书馆 CIP 数据核字（2019）第 078673 号

Copyright © 2017 by Princeton University Press
No part of this book may be reproduced or transmitted in any form or by any means, electronic or mechanical, including photocopying, recording or by any information storage and retrieval system, without permission in writing from the Publisher.
Simplified Chinese translation copyright © 2019 by CITIC Press Corporation
All rights reserved.

本书仅限中国大陆地区发行销售

不平等社会——从石器时代到 21 世纪，人类如何应对不平等

著　　者：[美] 沃尔特·沙伊德尔
译　　者：颜鹏飞　李酣　王今朝　曾召国　甘鸿鸣　刘和旺
出版发行：中信出版集团股份有限公司
　　　　　（北京市朝阳区惠新东街甲 4 号富盛大厦 2 座　邮编　100029）
承　印　者：北京联兴盛业印刷股份有限公司

开　　本：787mm×1092mm　1/16　　印　张：33　　字　数：500 千字
版　　次：2019 年 6 月第 1 版　　　　印　次：2021 年 12 月第 5 次印刷
京权图字：01-2018-3369
书　　号：ISBN 978-7-5217-0449-5
定　　价：98.00 元

版权所有·侵权必究
如有印刷、装订问题，本公司负责调换。
服务热线：400-600-8099
投稿邮箱：author@citicpub.com

"从享用过度的人手里夺下一点来分给穷人,让每一个人都得到他所应得的一份吧。"

——莎士比亚,《李尔王》

"杀死富人,就不会再有穷人。"

——《论财富》

"上帝多么经常地发现,治疗对我们来说,比危险本身更糟糕!"

——塞涅卡,《美狄亚》

献给我的母亲

目录

序　言　不平等的挑战　　　　　　　　　　－III

第一部分　不平等简史
第 1 章　不平等的起源　　　　　　　　　　－3
第 2 章　不平等的帝国　　　　　　　　　　－37
第 3 章　大起大落　　　　　　　　　　　　－59

第二部分　战争
第 4 章　全面战争　　　　　　　　　　　　－83
第 5 章　大压缩　　　　　　　　　　　　　－97
第 6 章　前工业化时期的战争和内战　　　　－137

第三部分　革命
第 7 章　共产主义　　　　　　　　　　　　－173
第 8 章　前列宁时代　　　　　　　　　　　－185

第四部分　崩溃
第 9 章　国家衰败和系统崩溃　　　　　　　－207

第五部分　灾难
第 10 章　黑死病　　　　　　　　　　　　　－237
第 11 章　瘟疫、饥荒和战争　　　　　　　　－259

第六部分　替代性选择

第 12 章　改革、衰退及表现　　　—287

第 13 章　经济发展和教育　　　—307

第 14 章　如果是另一种历史，那会怎么样呢？
　　　　　从历史到反事实分析　　　—327

第七部分　不平等的卷土重来和未来的不平等矫正

第 15 章　在我们这个时代　　　—341

第 16 章　未来将何去何从？　　　—357

附　录　不平等的极限　　　—373

致　谢　　　—383

注　释　　　—387

参考文献　　　—453

译后记　　　—491

序言 不平等的挑战

"一种危险且不断增长的不平等"

需要多少亿万富翁才能凑足世界人口财富净值的一半？在 2015 年，地球上最富有的 62 个人所拥有的私人财富净值，就与人类较为贫穷的那一半，即超过 35 亿人拥有的一样多了。如果他们决定一起去野外旅游，一辆大客车就可以把他们全部载下来。而在前一年，需要 85 个亿万富翁才能达到这一门槛，也许一辆更宽敞的双层巴士才能容纳他们。在不久前的 2010 年，这类人要不少于 388 个，他们的资产才能相当于全球较为贫穷的那一半人拥有的资产，这就需要一个小型车队，或者一架普通的波音 777 或者空客 A340 飞机。[1]

然而，不平等并非仅仅是由一些亿万富翁造成的。世界上最富有的 1% 的家庭现在拥有略微超过一半的全球私人财富净值。如果把他们一些藏匿在海外账户的资产包含在内，将会使得这一分布进一步偏斜。如此悬殊的差距也并不是简单地由发达国家和发展中国家之间平均收入的巨大差异造成的。各个社会中存在相似的不平衡。最富有的 20 个美国人现在拥有的财富与这个国家底层的那一半家庭合起来的一样多，而收入最高的 1% 群体占了国民总收入的 1/5。不平等程度在世界大部分地方都在上升。最近的几十年当中，在欧洲和北美、前苏联地区、中国、印度，以及其他一些地方，收入和财富分布都变得更加不均衡了。同时，拥有财富的人在此基础上会获得更多财富：在美国，收入最高的 1% 群体中最能赚钱的 1%（收入最高的 0.01%）将他们的收入占比从 20 世纪 70 年代的水平提高了几乎 6 倍，该组中收入最高的 10% 群体（收入最高的 0.1%）提高了 4 倍，剩下的大约 75% 的人的平均收益增长则远远低于这些更高层次的群体。[2]

这所谓的"1%"可能是顺口而出的一个简单代称，也是我在本书中反复使用的，但是它可能也起到了把财富在更少数人手中集中的程度模糊化的作用。在19世纪50年代，纳撒尼亚尔·帕克·威利斯创造出"上面的一万人"这一词汇来形容纽约的上流社会。我们现在可能需要使用该词汇的一个变体——"上面第一万人"对那些为扩大贫富差距做出"最大贡献"的人进行公正的评价。即使在这种上流社会的群体之中，那些在最顶层的人还是会超越其他人。当前，美国最大的私人财富大约是美国平均家庭年收入的100万倍，这个倍数要比其在1982年的时候高20倍。即使如此，美国面对中国也会相形见绌，虽然后者的名义GDP（国内生产总值）还是相当小，但有更大数量的财富以美元计算的亿万富翁。[3]

所有这些都招致了越来越多的焦虑。在2013年，时任美国总统巴拉克·奥巴马已经把不断上升的不平等当作一种"明确的挑战"：

> 这是一种危险且不断增长的不平等，而且向上流动性的缺乏已经危害了美国中产阶级的基本信念——如果你努力工作，你就有机会获得成功。我相信这是我们需要在这个时代面对的明确挑战，即确保我们的经济发展服务于每一个勤劳的美国人。

2011年，投资商、亿万富翁沃伦·巴菲特曾愤懑地说，他和他"超级有钱的朋友"没有支付足够的税收。这些观点得到了广泛传播。2013年，一本关于资本主义不平等的、长达700页的学术著作，在出版之后的18个月内卖出150万本，并且跃居《纽约时报》非虚构类精装畅销书榜榜首。在民主党为2016年总统选举进行的党内初选当中，参议员伯尼·桑德斯对于"富豪阶层"的无情谴责吸引了大量人群，草根支持者给予数以百万计的小额捐助。中国也在深化收入分配制度改革方面做出了努力。谷歌打消了我们全部的疑虑，它就位于我所居住的旧金山湾区，是这里最大的不平等制造者之一，借助它我们能够追踪公众对收入不平等问题日益增长的关注程度（图I.1）。[4]

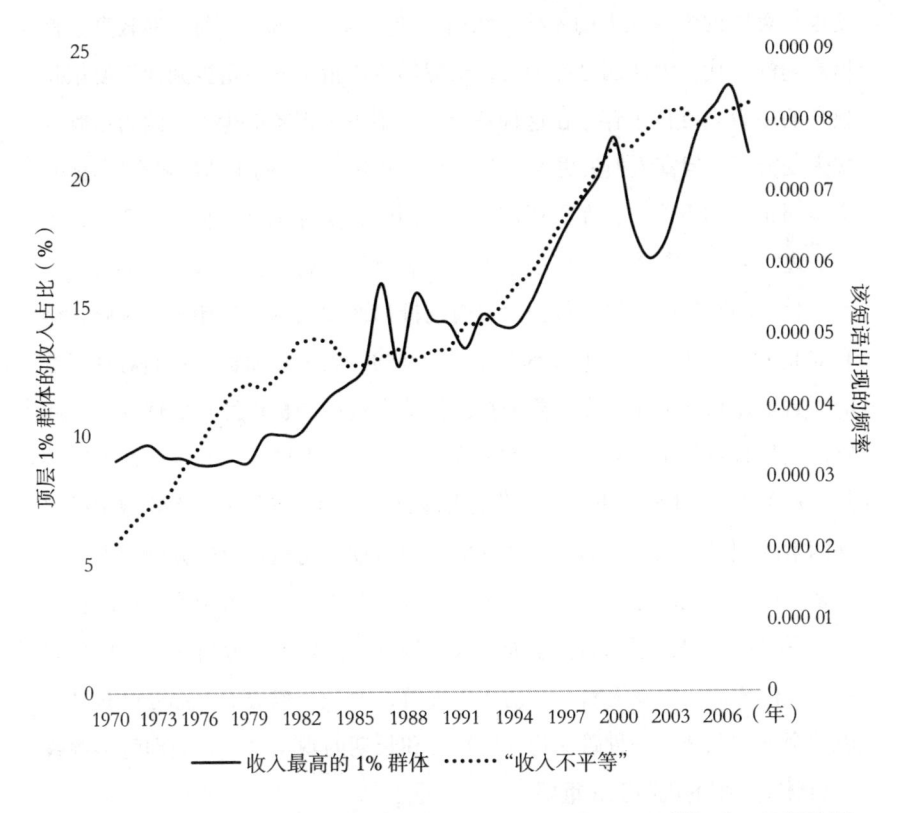

图 I.1　美国顶层 1% 群体的收入份额（每年）与"收入不平等"这一短语的援引情况（3 年移动平均值），1970—2008 年

所以，有钱人是不是简单地变得越来越有钱了？并不完全如此。相对于亿万富翁阶层，或者更为宽泛地说是"1%"阶层所有备受争议的贪婪而言，美国最高收入群体的收入占比只是到最近才赶上了1929年的水平，现在资产集中的严重程度要比那个年代的更为轻微。在"一战"前夕的英国，最富有的1/10家庭令人震惊地拥有所有私人财富的92%，几乎把所有人都排挤出去了；今时今日他们的收入占比仅略微超过全体的一半。较高的不平等程度有一个非常长的谱系。2 000年以前，古罗马最大的私人财富几乎等于帝国平均年人均收入的150万倍，大致相当于比尔·盖茨的财富和今天普通美国人财富之间比例的水平。就我们所知，罗马收入不平等的总体程

度也与美国的没有太大的差异。然而，到大约公元600年前后的教皇大格里高利的时代，大庄园已经消失，给罗马贵族留下的财富少到他们要依赖教皇的施舍来维持生存。在这种情况下，不平等现象减少了，因为尽管许多人变穷了，但富人损失更大。在其他情况下，工人的生活质量有所好转，资本回报率却下降了：在黑死病之后的西欧，实际工资增长了一两倍，工人一边吃肉一边喝啤酒，地主则竭力保持体面，这就是一个著名的例子。[5]

收入和财富的分布是如何随着时间推移而发展的？为什么有时候它会有如此大的变化？就近年来不平等所受到的巨大关注而言，我们对这一点的了解要比预料的少得多。高额技术性奖金资助的机构经常处理的一个问题巨大且日益严重、紧迫：为什么收入在上一代发展的过程中往往越来越集中？关于20世纪早些时候世界上大部分地区的不平等现象大量减少的驱动因素的记录还很少，而在更久远的历史时期，物质资源的分配远没有这么多。可以肯定的是，人们为当今世界收入差距日益扩大担忧，这为长期的不平等研究提供了动力，正如当代气候变化鼓励人们分析相关历史数据一样。但我们仍然缺乏对大局的正确理解，即一个覆盖了大部分可观测历史的全球性调查。一种跨文化、比较性和长期的观点对于我们理解影响收入和财富分配的机制至关重要。

四骑士

物质上的不平等要求获得超出我们生存所需的最低限度的资源。上万年前，剩余就已经存在了，不平等现象也随之产生。追溯到上一个冰期，狩猎-采集者发觉埋葬一些人所花费的时间更多，使用的方式更铺张。但正是食品的生产，即农业和畜牧业，在一个完全崭新的层面上创造出了财富。不平等的不断增长和持续性成为全新世的一个主要特征。动植物的驯化使得积累和保存生产资源成为可能。演进后的社会规范界定了这些资产的权利范围，其中包括将这些资产传给后代的能力。在这些条件下，收入和财富的分配受到各种各样的实践的影响：健康、婚姻策略和繁殖成功、消费和投资的选择、丰收以及蝗灾和牛瘟决定了上一代传给下一代的财富多寡。随着时间的推移，运气和努力的后果会带来长期的不平等结果。

原则上，可以通过设计制度来实现物质资源和劳动成果分配的再平衡，这些干预机制使得新出现的不平等状况得以缓和，就像一些前现代社会已经做到的一样。然而，在实践中，社会的进化通常会出现相反的效应。食物来源的驯化同样影响了人类。作为一种高度竞争的组织形式，国家的形成建立了森严的权力等级和强制力量，扭曲了收入和财富的获取。这使得政治不平等加剧，经济不平等扩大。在农耕时期，大多数国家都是以许多人的利益为代价而使少数人富裕：腐败、勒索、抢劫往往使得从对公共服务进行支付和捐赠中获得的收益相形见绌。因此，许多前现代社会中的不平等已经达到了它们所能达到的极限水平，在较低的人均产出和最小的经济增长的条件下，少数精英阶层已经探索了剩余占有的极限。当更多的良性制度促进了更强有力的经济发展的时候，特别是在新兴的西方世界，它们继续维持着高度的不平等。城市化、商业化、金融部门创新、贸易的日益全球化，以及最终的工业化，为资本持有人带来丰厚回报。由于赤裸裸的权力活动租金的下降，精英阶层财富的传统来源被扼杀了，更为安全的产权和国家承诺加强了对世袭私人财富的保护。尽管经济结构、社会规范和政治制度发生了变化，收入和财富不平等程度依然很高，或者是那些人找到了新的增长方式。

几千年来，文明社会并没有让自己适应和平的平等化进程。对于广泛的社会范围和不同的发展水平，稳定都会助长经济不平等。对于法老统治下的埃及，或是维多利亚时代的英国，又或是罗马帝国和现代的美国，都是如此。暴力性冲击对破坏既定秩序，压缩收入和财富的分布，缩小贫富差距都是至关重要的。在整个有记载的历史进程中，最有力的矫正作用总是由最有力的冲击引起的。4种不同类型的暴力冲击缓和了不平等：大规模动员战争、变革性的革命、国家衰败和致命传染病。我将这些称为矫正力量的四骑士。就像他们在《圣经》中的同行一样，他们"从地上夺走了和平"，并且"通过剑、饥饿、死亡和大地上的野兽展开杀戮"。有时他们单独行动，有时相互配合，他们产生的影响对同时代的人来说似乎无异于天启。数亿人在他们的身后死去。等到尘埃落定的时候，富人和穷人之间的差距缩小了，有时甚至急剧缩小了。[6]

只有特定类型的暴力不断迫使不平等程度下降。大多数战争对资源分配没有任何系统性的影响，虽然古代冲突形式充斥着征服和掠夺，很可能使得获胜的精英阶层一方变得富有，使得失败的一方变得穷困，但不那么清晰的结局并没有带来可预见的后果。为了使战争能够矫正收入和财富的不平等，它需要贯穿整个社会，在通常只有民族国家才可行的规模水平上动员人民和资源。这就解释了为什么这两次世界大战成为历史上最大的矫正力量。工业性的战争造成的物质破坏、没收性征税、政府对经济的干预、通货膨胀、对全球货物和资本流动的破坏，和其他一系列因素结合在一起，消灭了精英的财富，并且重新分配了资源。它们同时也作为平等化政策变动的一个独特而强大的催化剂，提供了特许经营扩展、工会化和福利国家扩张的强大动力。两次世界大战的冲击导致了所谓的"大压缩"，即整个发达国家收入和财富不平等的大规模衰减。这一影响主要集中在1914—1945年，一般经过几十年的时间，其自然过程才能完成。早期的大规模动员战争缺乏类似的广泛影响。拿破仑时代和美国内战时期的战争产生了具有混合分布特征的结果，我们在时间上回溯得越远，相关的证据就越少。以雅典和斯巴达为代表的古希腊城邦文化，可以为我们提供最早的例子，说明军事动员和平等制度的激烈程度如何有助于抑制物质不平等，尽管结果不一。

世界大战催生了第二种主要的矫正力量，即变革性的革命。内部冲突通常不会减少不平等：农民运动和城市起义在近代历史上很常见，但通常是失败的，同时发展中国家的内战往往使收入分配更加不平等而不是减少不平等。如果想要重构物质资源的获取途径，需要格外激烈的暴力性的社会重组。与具有矫正作用的大规模动员战争类似，这也主要发生在20世纪。采取没收、重新分配等手段，然后常常实施了集体化政策的党派，戏剧性地矫正了不平等。这些革命中最具变革性的是伴随着非同寻常的暴力，最终以大量的伤亡人数和人类痛苦为代价的两次世界大战。像法国大革命这样流血较少的社会改革运动，则在相对较小规模上起到了矫正作用。

暴力可能会彻底摧毁国家。国家灭亡或者系统崩溃在过去曾经是一个特别"可靠的"矫正方式。对大部分历史时期而言，富人要么处于或接近政治权力阶层的顶端，要么与那些有权势的人联系在一起。此外，各国为维持超过生存水平之外的经济活动提供了一种保护措施，不论以现代标准来看它显得如何勉强。当国家解体的时候，所有这些地位、关联和保护都会受到压力或者完全丧失。虽然当国家解体的时候每个人都会遭遇损失，但富人只会失去更多的东西：精英收入和财富的下降或崩溃压缩了资源的总体分布。只要有国家存在，这些状况就会发生。最早已知的例子可以回溯到4 000年前古王国末期的埃及和美索不达米亚的阿卡德人的帝国。即使在今天，在索马里发生的一切表明，这种一度强大的平等化力量还没有完全消失。

从逻辑上讲，国家的衰败使暴力矫正原理发挥到了极致：它不是通过改革和重塑现存的政治制度实现再分配和再平衡，而是以一种更为全面的方式把此前的一切一笔勾销了。前三名骑士代表了不同的阶段，这并不是说他们可能会按照先后次序出现（最大的革命是由最大的战争引发的，国家崩溃通常不需要同样的强大压力），因而只需要足够的强度。他们的共同点是，他们依靠暴力来重建收入和财富的分配，使得他们与政治和社会秩序相一致。

人类引发的暴力长久以来就有竞争对手。在过去，瘟疫、天花和麻疹肆虐整个大陆，甚至比最大的军队或最狂热的革命者所希望做到的还要强有力。在农业社会中，细菌传染会使人口大量损失，损失的人口有时达到总人口的1/3或者更多，这会使劳动力稀缺，并使其价格高于固定资产和其他通常保持不变的非人力资本的价格。结果，随着实际工资的上涨和租金的下降，工人获益，而房东和雇主受损了。制度安排可以调节这些转变的规模：精英通常试图通过许可和武力来维持现有的安排，但往往不能使具有平均作用的市场力量受到控制。

流行病完成了这个具有暴力性矫正功能的四骑士组合的最后一环。但是，还有其他更和平的机制来减少不平等吗？如果我们想到的是大规模水平上的矫正，答案一定是否定的。审视整个人类历史，我们能在各种记录中观察到的、每一次主要的物质不平等程度的压缩都是由这四个矫正力量中的一个或者多个因素驱动的。此外，大规模的战争和革命不仅仅对那些直接参与这些事件的社会起作用，世界大战和暴露于挑战者之下也影响了那些所谓旁观者的经济状况、社会期望和决策。这些涟漪效应进一步扩大了根植于暴力冲突的矫正力量的影响。这就使得1945年之后世界很多区域的发展与之前的冲击带来的持续性影响分开了。虽然拉丁美洲在21世纪初的收入差距的下降可能使其成为最有希望的、非暴力性平等化过程的候选人，但这种趋势在范围上仍然相对较小，而且其可持续性是不确定的。

其他因素的影响效果是混杂的。从古代到现在，土地改革与暴力或暴力威胁有关联的时候，不平等程度更有可能降低——没有暴力的情况下可能性很小。宏观经济危机对收入和财富的分配只有短暂的影响。民主本身并不能减轻不平等。虽然教育和技术变革的相互作用无疑会影响收入的离散程度，但历史上的教育和技能的回报，被证明对暴力冲击非常敏感。最后，没有令人信服的经验证据支持这样的观点，即现代经济发展降低了不平等程度。没有任何一种良性的压缩手段，能够取得一些甚至与上文所谓的四骑士所产生的效果稍微接近的结果。

然而，冲击会减弱。在国家崩溃之后，其他国家迟早会取而代之。瘟疫消退后，人口收缩会逆转，人口的重新增长逐渐恢复了劳动力和资本的平衡，达到了以前的水平。世界大战持续的时间还是相对较短的，其效应也都会消弭在时间流逝当中：最高税率和工会密度下降了，全球化程度上升，"冷战"结束，第三次世界大战的风险已经退却。所有这些使得近期发生的不平等程度的复苏变得更容易被理解。传统的暴力矫正力量目前都处于休眠当中，并且不太可能在可预见的未来回归。依然没有出现类似的有效的平等化替代机制。

即使在最先进的发达经济体中，再分配和教育也不能完全吸收税收和转让之前不断扩大的收入不平等压力了。发展中国家能够比较容易摘到低悬的平等化的果实,但财政约束依然强大。似乎没有一种简单的方式来投票、调控或教导我们如何更大程度地实现平等化。从全球历史的角度来看,这也不应该让我们感到惊奇。就我们所知,在没有遭遇重大暴力冲击以及更广泛影响的环境中,人们几乎不会看到不平等状况收缩的景象。未来会变得不同吗?

本书不涉及的内容

收入和财富分配的差异并不是具有社会或历史意义的唯一不平等类型:源于性别和性取向的不平等也是如此,在种族和民族方面,在年龄、能力和信仰等方面,教育、健康、政治发言权和机遇的不平等也是如此。因此,这本书的英文书名并不准确。然而,像"暴力性冲击和从石器时代到现在及以后的收入和财富不平等的全球历史"这样的英文副书名,不仅会使出版商失去耐心,而且也会被读者排斥。毕竟,权力不平等在决定物质资源的获取方面始终发挥着核心作用,但一个更详细的标题将会立刻显得更加准确,同时过于狭隘。

关于经济不平等,我并没有试图去论及各个方面。我所聚焦的是社会内部的物质资源分配,这是一个重要且得到很多讨论的主题。我考虑特定社会中的情况,没有明确指向那些刚才提到的许多其他不平等的来源,如果不是不可能的话,也很难长期追踪和比较这些因素对收入和财富分配产生的影响。我主要想回答为什么不平等程度会下降的问题,以及识别矫正的各种机制。宽泛地说,在我们人类接受食物生产及其导致的一般性必然结果,定居生活和形成国家,并且承认某种形式的世袭财产的权利之后,关于物质不平等的向上压力已经成为一个既定事实——人类社会存在的一个基本特征。对这些压力在几个世纪和几千年的演变过程中的细微之处进行思考,特别是对我们可能粗暴地标识为胁迫和市场力量之间的复杂协同作用,将需要对更长的时间跨度进行单独研究。[7]

最后，我讨论了暴力冲击（以及替代机制）和它们对物质不平等的影响，但没有一般性地探究两者之间的反向关系，即是否（以及假设如此，那么是如何）由不平等促成了这些剧烈的冲击。我不愿意这样做有好几个原因。由于高度的不平等水平是历史社会的一个共同特征，因此不容易解释关于那种外部环境下的具体冲击。在有着可比较的物质不平等程度的现代社会当中，内部稳定性变化很大。一些经历过暴力性关系破裂的社会并非特别不平等。某些冲击主要或完全是外生的，最显著的是通过改变资本和劳动平衡矫正了不平等的传染病大流行。甚至人类造成的事件，如世界大战，也深刻地影响着那些没有被直接卷入这些冲突之中的社会。关于收入不平等在加速内战爆发中的作用的研究凸显了这种关系的复杂性。所有这些都不应该用来表明，国内资源不平等不可能促成战争和革命的爆发或国家崩溃。这仅仅意味着目前没有令人信服的理由能确定总体收入和财富的不平等与暴力冲击的发生之间有系统性的因果联系。正如最近的研究工作所表明的那样，对具有一种分布维度的更具体特征的分析，例如分析精英群体之间的竞争，可能在解释暴力冲突和国家崩溃之间的关系上更有前景。

出于本研究的目的，我将暴力冲击视为对物质不平等产生影响的一种离散性现象。设计这种方法的目的是评估作为矫正力量的这种具有长期冲击性的影响力，而不论是否有足够的证据来证实或否认这些事件与先前的不平等之间存在有意义的联系。如果我将注意力完全集中在因果关系的单一箭头方向上，即从冲击到不平等，会鼓励人们从事反向关系的进一步研究，那就更好了。可能永远不会产生一个合理的解释，将随着时间变化而产生的收入和财富分配的可观察到的变动内化。即便如此，不平等和暴力冲击之间可能存在的反馈循环肯定值得深入探讨。我的研究只不过是这个更大研究项目的一个组成部分。[8]

这是如何完成的

衡量不平等有很多种方法。在下面的章节中，我一般只使用两个最基本的指标：基尼系数和总收入或财富的百分数份额。基尼系数衡量了收入或物质资产的分配偏离完全平等状态的程度。如果某一特定群体的每个成员都收到或持有相同数量的资源，则基尼系数为0；如果一个成员控制了所有这些，而任何其他成员什么也没有，则接近1。因此，分配越不均衡，基尼系数就越高。它可以表示为分数或百分数，我更喜欢前者，以便更好地将其与收入或者财富比例分辨开来，后者一般是以百分数的形式给出的。这些份额告诉我们的是，对一部分给定的人口来说，总收入或总财富中的某个部分是由某个特定的群体得到或占有的，该群体自身是依据它在总体分配中所处的位置来定义的。例如，被广泛引用的"1%"代表的是这些单元（通常是指家庭），它们比给定群体中99%的单元都享有更高收入或者能够处置更大资产。基尼系数和收入份额是两种互补的测量工具，强调的是给定分配的不同性质：前者计算不平等的总体程度，后者则对分配的模型提供了急需的深刻理解。

这两个指标都可以用来衡量收入分配的不同版本的分布情况。在税收和公共转移支付之前的收入被称为"市场"收入，转移支付后的收入被称为"总"收入，除去所有税收和转移支付之后的收入净额被定义为"可支配"收入。在下文中，我只涉及市场收入和可支配收入。每当我使用"收入不平等"这个术语的时候，如果没有进一步说明，我指的就是前者。对于大多数有记载的历史，市场收入不平等是唯一可以被了解或估计的类型。此外，在现代西方建立广泛的财政再分配制度之前，市场、总收入和可支配收入的分布差异一般都很小，这在今天许多发展中国家中是一样的。在这本书中，收入份额总是以市场收入的分配为基础。关于收入份额的当代和历史数据，特别是分配比例最顶层群体的那些数据，通常源于财政手段干预前的收入的税收记录。在个别地方，我也谈到了不同比例或者收入分配特定的百分数之间的比率，这是不同收入水平的相对权重的替代性测度。虽然存在更复杂的不平等指数，但其通常不适用于那些需要交叉使用高度多样化数据集合的长期研究。[9]

物质不平等的测量进而提出了两类问题：概念性的和证据性的。这里有两个重要的概念问题值得注意。首先，可获得的大多数指标衡量和显示的是，因人口中的不同部分占有的资源份额不同而来的"相对"不平等。相反，"绝对"不平等聚焦的是这部分人口所产生的资源在"数量"上的差异。这两种方法往往会产生截然不同的结果。考虑这样一个人口样本，其中在顶层10%的家庭平均收入是在10%底层家庭平均水平的10倍，也就是说是10万美元相对于1万美元的相对水平。随后，国民收入增加一倍，而收入分配不变。基尼系数和收入份额与以前一样。从这个角度看，收入上升没有增加这个过程中的不平等。但与此同时，顶层和底层10%群体的收入差距增加了一倍——从9万美元增加到18万美元，使得富人比低收入家庭获得了更大的收益。同样的原理也适用于财富的分配。事实上，几乎没有任何可信的情况表明，经济增长不会导致绝对不平等的加剧。因此，相对不平等度量标准的前景可能要更为保守，因为它们将注意力从持续增长的收入和贫富差距转移到有利于物质资源分布的更小和多向变化上。在这本书中，我遵循惯例，优先使用基尼系数和最高收入份额等这些相对不平等的标准测度，但在适当的时候会注意它们的局限性。[10]

另一个问题来自收入分配的基尼系数对于满足生存需求和经济发展水平的敏感性。至少在理论上，单个人完全有可能拥有某个特定人群中的所有财富。然而，没人在完全被剥夺收入的情况下能够继续生存。这就意味着，关于收入的最高可行基尼系数值注定要低于其名义上的上限，即1。更具体地说，它们不能超过满足最低生活需求的资源总量。这种限制在大多数人类历史中出现的比较典型的低收入经济体中尤为强有力，今天世界各地仍存在这种情况。例如，在一个GDP两倍于能维持最低生活标准的社会里，即使单个人在任何其他人赖以生存的需要之外成功垄断了所有收入，基尼系数也不会超过0.5。在更高的产出水平下，由于改变最低生活标准的定义，以及在很大程度上贫困人口无法维持发达经济体，其最大不平等程度进一步得到控制。名义基尼系数需要进行相应的调整，以计算所谓的榨取率，即在给定的环境中理论上最大可能的不平等水平已经实现的程度。这是一个复杂的问题，对于任何长期的不平等程度的比较显得尤为突出，但最近才开始引起人们的注意。我在本书结束部分的附录中更详细地讨论了它。[11]

这就引出了第二类问题：与证据质量有关的问题。基尼系数和最高收入份额是大体上一致的不平等测度：它们通常（虽然不是一成不变地）随着时间变化而朝同一个方向移动。两者都对底层数据源的缺点很敏感。现代的基尼系数通常来自家庭调查，从中可以外推出国民收入分配。这种模式并不特别适合捕捉最大的收入群体。即使在西方国家，名义基尼系数也需要进行向上调整，以充分考虑到高收入人群在其中的实际贡献。此外，在许多发展中国家，这种调查往往缺乏必要的质量以支持可靠的国家层面的估计。在这种情况下，更宽的置信区间不仅会阻碍国家之间的比较，而且也会使得跟踪调查随着时间的变化更加困难。衡量财富整体分配的努力甚至面临着更大的挑战——不仅在发展中国家中，相当多的精英资产被认为藏匿在海外，甚至在像美国这样的数据丰富的环境中也是如此。收入份额通常是从税收记录中计算出来的，其质量和特征在不同国家和时期差别很大，而且容易受到逃税动机的扭曲。低收入国家的低参与率和政治驱动的应税收入定义带来了更多的复杂性。尽管存在这些困难，但在"世界财富和收入数据库"中，越来越多的关于最高收入份额的信息得到汇编和在线出版，使我们对收入不平等的理解有了更坚实的基础，并将注意力从例如基尼系数这样有些不透明的单值测度转移到更为明确的资源集中度指数上了。[12]

一旦我们试图将收入和财富不平等的研究扩大到更久远的时间，以上分析的所有这些问题都相形见绌了。定期的收入所得税的征收很少早于20世纪。在没有家庭调查数据的情况下，我们必须依靠代理数据来计算基尼系数。在1800年之前，整个社会的收入不平等只能借助社会表进行估计，后者是当代观察家拟定的，或者是由后来的学者牵强推断出来的不同人口所获得的近似收入。更值得一提的是，关于欧洲部分地区的越来越多的数据可以追溯到中世纪中叶，从而揭示了单个城市或地区的情况。在法国和意大利城市中关于财产税的幸存档案记录、荷兰对房屋租金收入的税收和葡萄牙的所得税，使我们得以重建资产，有时甚至得知收入的基本分布。近代早期法国农业用地分散程度的记载和英国继承性不动产的价值也是如此。事实上，基尼系数可以成功应用到在时间上更为遥远的证据上：罗马统治下的埃及晚期的土地所有权模式；古代和中世纪早期的希腊、英国、意大利，以及北非和墨西哥阿兹特克人房子的大小变化；巴比伦社会当中的继承份额和嫁妆的分布；甚至是恰塔霍裕克这建立在几乎一万年之前、世界上已知最早的原始城市聚落之一的石制工具的散布，都是这样进行分析的。考古学使我们能够把物质不平等研究的边界推回上一个冰期的旧石器时代。[13]

我们还可以获得一系列不直接记录分配状况的替代性数据，但我们已经知道这些数据对收入不平等水平的变化是敏感的。土地租金与工资的比率就是一个很好的例子。在以农业为主的社会当中，劳动力价格相对于最重要的资本类型价值的变动，能够反映归属于不同阶级的相对收益的变动：上升的指标表明，地主的繁荣是以劳动者的牺牲为代价的，造成了不平等的加剧。一个相关的衡量标准，即人均GDP与工资的比率也是如此。GDP中的非劳动收入份额越大，这一指数就越高，收入就可能越不平等。可以肯定的是，这两种方法都有严重的弱点。对于特定的本地场所，租金和工资的报告是可信赖的，但并不一定对更大的群体或者整个国家具有代表性，同时对任何前现代社会的GDP进行猜测，不可避免地会有相当大的误差。然而，这些代理指标通常能够给我们提供一个轮廓，使我们能看出随着时间推移的不平等趋势性变动。实际收入是一个能够更广泛获取，但缺少一些启发意义的代理指标。在欧亚大陆西部，以谷物等价物表示的实际工资现在已经追溯到4 000年前，成为识别异常升高的工人实际收入的实例，这是一种可能与不平等程度降低相关的现象。尽管如此，那种不能通过参照资本价值或GDP数据做出必要调整的实际工资信息，对反映总体收入不平等程度来说，依然是一个粗糙的、不甚可靠的指标。[14]

近年来，我们已经见证了前现代社会税收记载研究，以及对于实际工资、租金与工资比率，甚至是GDP水平的重构的可观进展。毫不夸张地说，要是在20年，甚至是10年以前，这本书的许多内容不可能被写出来。对历史上的收入和财富不平等开展的研究的规模、范围和进度，使我们对这一领域的未来充满希望。不可否认的是，漫长的人类历史不允许我们对物质资源分配进行哪怕最基本的定量分析。然而，即使在这种情况下，我们也可以识别随着时间演化的信号。精英阶层所展现的财富是最有希望的不平等标志——而且往往实际上是唯一的。当精英阶层在住房、饮食或者是墓葬等方面奢华消费的考古证据让位给更为适度的遗物或者社会分层的迹象完全消失时，我们可以合理地推断出某种程度的平等化。在传统社会中，富人和权力精英阶层的成员往往是仅有的控制了足够的收入或资产，从而可以承受重大损失的人，这些损失在有形的记录中是可见的。人类身高和其他生理特征的变化也同样与资源的分布有关，尽管其他因素，如病原体负荷，也起着重要的作用。我们越是远离以更直接的方式记录不平等的数据，我们的理解就注定会变得更具推测性。然而，除非我们准备进行扩展，否则描述这种全球历史简直就是不可能的。这本书就试图这样做。

在这样做的过程中，我们面临着文档资料上的一个巨大的梯度，即从有关美国近期收入不平等程度上升背后驱动因素的详细统计数字到文明的曙光中隐约存在着资源失衡的迹象，在这两者之间还存在着多种多样的数据集。所有这一切以一种合理连贯的分析叙述方式结合起来，给我们带来了严峻的挑战：在不小的范围内，这是这个导言标题中所援引的不平等的真正挑战。我选择用我自己看来处理这一问题的最好的方式来组合这本书的每一个部分。紧接着的这部分内容从我们的灵长类祖先开始，一直到20世纪初的不平等的演变，因此章节顺序按年代顺序进行排列（第1～3章）。

这一情况，在我们转向四骑士——暴力矫正的4种主要驱动力量之后，就会发生变化。在描写这一四重奏组合的前两个成员，即战争和革命的部分时，我的观察分析开始于20世纪，随即返回历史当中。这其中的原因其实很简单。以大规模动员战争和改造性的革命为手段的矫正，主要是现代性社会的特征。20世纪10—40年代的"大压缩"不仅产生了目前为止关于这一过程的最好证据，而且以范例的形式代表并确实构成了它（第4～5

章）。第二步，我寻找这些暴力性破坏的来路，从美国内战一直追溯到古代中国、罗马和希腊的历史，以及从法国革命到近代时期的无数次起义（第6~8章）。我在第6章最后部分讨论内战的时候依循了同样的轨迹，从当代发展中国家的这类冲突的结果一直回溯到罗马共和国结束的时候。这种方法使我在探讨它们是否能被应用到更遥远的过去之前，在现代数据基础上建立根基牢固的暴力矫正模型。

在第五部分对瘟疫的分析当中，我从得到的有记录的例子——中世纪后期的黑死病（第10章）逐渐转向更少为人所知的例子，从而使用了相同策略的一个修改后的版本，这些例子的其中一个（1492年后的美洲）正好更接近近期，其他则位于更古老的时代（第11章）。其原理是相同的：在我寻找其他地方类似事件之前，在现有可获得的最好证据的基础上，建立流行病大规模死亡带来的暴力性矫正的关键机制。第四部分关于国家灭亡和制度崩溃，我对这一组织原则进行了逻辑总结。在分析大体上局限于前现代历史的现象之时，年代学几乎不重要，从任何特定的时间序列中得不到什么结果。特定案例的日期比证据的性质和现代学术规范更不重要，后两者随着空间和时间的差异会有相当大的变动。因此，在我转向讨论其他我不太详细讨论的例子之前，我先举了几个得到很好验证的例子（第9章）。第六部分，关于暴力性矫正的替代方案，大部分是按主题排列的，因为我在转向反事实结果（第14章）之前评估了不同的因素（第12~13章）。最后一部分与第一部分一起形成了我的专题性分析，又回到按年代顺序进行排列的格式，从最近的不平等复苏（第15章）转到相邻或者更遥远未来的矫正作用的前景（第16章），这就完成了我整个的演化性概览。

作为一项汇集了东条英机时期的日本和伯里克利时期的雅典，或者是古典时期的低地玛雅人和当今的索马里的研究，这可能令我的历史学家同行困惑不解，但我希望对有着社会科学背景的读者来说，这种困扰会少一些。正如我之前所说，探索全球不平等的历史是一个严峻的挑战。如果我们想找出在有记录的历史中的矫正性力量，我们需要找到方法来弥合学科内外不同专业领域之间的鸿沟，并克服数据质量和数量上的巨大差异。长期性的分析视角需要非正统的解决方案。

这有关系吗

所有这些都提出了一个简单的问题。如果很难在不同的文化中研究不平等的动态，从长远来看，我们为什么还要做这样的尝试呢？对这个疑问的任何解答都需要解决两个单独但相关的问题——经济不平等今天重要吗？为什么它的历史值得探索？普林斯顿大学哲学家哈里·法兰克福最出名的是他早期《论瞎扯》(*On Bullshit*)的研究，他通过在序言开始部分对引用的奥巴马的评价进行反驳而开启了他的《论不平等》(*On Inequality*)："我们面对的最根本挑战不是美国人的收入普遍'不平等'。实际上是我们太多的人民'贫穷'。"毫无疑问，贫穷是一个变动的目标：在美国被视为穷人的人在中非看来却并不如此。有时贫穷甚至被定义为不平等的一个函数（在英国，官方贫困线被设定为收入中值的一个比例），尽管绝对标准更为常见，例如世界银行所使用的以2005年价格表示的1.25美元的门槛值，或者是参考美国的"一篮子消费品"的成本。没有人会否认，不管如何定义贫穷，它都不是受人欢迎的，这其中的挑战在于证明"这样的"收入和财富的不平等对我们的生活有负面影响，而不是证明可能与之相关的贫穷或巨大财富。[15]

最精明的方法集中于不平等对经济增长的影响。经济学家已经一再指出，很难对这种关系进行评估，而且问题的理论复杂性并不总是与现有研究的经验规范相匹配的。即便如此，一些研究认为，不平等程度的增加确实与低增长率有关。例如，较低的可支配收入的不平等不仅导致经济增长更快，而且导致增长期更长。不平等似乎对发达经济体的增长特别有害。甚至有些人支持这一备受争议的命题，即美国家庭中较高的不平等水平促进了信贷泡沫，从而促发了2008年的大萧条，因为低收入家庭利用现成的信贷（部分是由上层人士的财富积累产生的）借款以跟上更富裕群体的消费模式。相比之下，在更严格的贷款条件下，财富不平等被认为阻碍了低收入群体获得信贷的渠道。[16]

在发达国家中，更高的不平等与代与代之间较少的经济流动性有关。因为父母的收入和财富是衡量教育程度和收入的有力指标，不平等往往会随着时间的推移而自我延续，而且前者越高，就越会不平等。基于收入的居住区域隔离的不平等效应也是一个相关的议题。20世纪70年代以来，在美国的大都市地区，高收入和低收入地区的人口增长以及中产阶层的萎缩，导致两极分化加剧。特别是富裕的社区变得更加孤立，这一发展有可能导致资源集中，其中包括当地资助的公共服务，这反过来又影响儿童的人生机遇，阻碍了代与代之间的流动。[17]

在发展中国家，至少某些种类的收入不平等增加了内部冲突和内战的可能性。高收入社会面临着不那么极端的后果。在美国，不平等被认为是通过使富人更容易施加影响而在政治过程中发挥作用的，尽管在这种情况下，我们可能会怀疑，是否是巨大的财富而非不平等本身造成了这一现象。一些研究发现，高水平的不平等与自我报告的较低幸福程度有关。只有健康似乎不受这样的资源分配的影响，与收入水平相反：尽管健康差异导致收入不平等，但反过来仍然没有得到证实。[18]

所有这些研究的共同点是，它们关注的是物质不平等的实际后果，以及为什么它可能被认为是一个问题的重要原因。对资源分配不合理的另一套反对意见是建立在规范伦理和社会公正概念之上的，这种视角远远超出了我的研究范围，但在一场常常被经济问题支配的辩论中应该得到更多的关注。然而，即使在纯粹的工具理性的有限基础上，毫无疑问，至少在某些情况下，较高的不平等水平与收入和财富水平的拉大对社会和经济发展是有害的。但是，什么构成了"高"的水平，我们如何知道"增长"的不平衡是当代社会的一个新特点，还是仅仅使我们更接近于历史上常见的条件？还有，用弗朗索瓦·布吉尼翁的术语，那些正在经历扩大的不平等的国家应该渴望回到不平等的一个"正常"水平吗？如果就像许多发达国家一样，现在不平等现象比几十年前还要高，但比一个世纪前低，这对我们理解收入和财富分配的决定因素有什么帮助呢？[19]

在大多数有记载的历史当中，不平等或者在增长，或者保持相当的稳定状态，显著减少的情况是很少见的。然而，旨在遏制或扭转日益加剧的不平等趋势的政策建议者往往对这一历史背景知之甚少或者缺乏正确评估。那样是应该的吗？也许我们的时代已经从根本上变得如此不同，完全不再受限于其农业和非民主的基础，以至那段历史没有什么可以教给我们的了。事实上，毫无疑问，许多事情已经改变了：富裕国家的低收入群体总体上比过去大多数人富裕，最不发达国家中处境最不利的居民也要比他们的祖先活得更长。不平等的接受者的生活体验在许多方面与过去的非常不同了。

但在这里，我们关心的不是经济发展或更宽泛的人类发展，而是人类文明的成果是如何分配的，是什么原因使得它们以这样的方式被分配，以及将要采取什么措施来改变这些结果。我写这本书是为了证明，那些用来塑造不平等的力量实际上并没有变得面目全非。如果我们试图重新平衡目前的收入和财富分配以实现更大的平等，我们就不能简单地对在过去完成这一目标需要采取的方法视而不见。我们需要问，如果没有大的暴力活动，巨大的不平等现象是否已经得到缓解，与这个大矫正力量相比，有多大的良性效果，未来是否也会有很大的不同——即便我们可能不喜欢这些答案。

第一部分 不平等简史

第1章　不平等的起源

原始社会的矫正

不平等总是伴随着我们吗？在今天这个世界上，与我们最接近的非人类亲戚，即非洲的这些类人猿——大猩猩、黑猩猩和倭黑猩猩都是有着严密等级划分的生物。成年雄性大猩猩被划分为极少数拥有许多配偶的统治者和很多完全没有配偶的其他黑猩猩。银背大猩猩不仅支配着它们种群中的雌性，而且还支配着很多成年后依然留下来的雄性。黑猩猩，尤其是雄性，在争斗地位上花费了大量的精力。恃强凌弱和富有攻击性的炫耀与来自较低社会等级的各种服从行为相匹配。在一个有50个或者100个成员的群体中，社会地位成为生活中核心且令人备感压力的现实问题，这是因为每一个成员都占据了这一等级制度中的一个特定位置，但它们又总是在寻求进一步改善的路径。同时，这也是无法避免的，这是因为通过离开原有群体以摆脱专横的优势阶层的雄性，要面对的是被其他群体中的雄性杀戮的风险，因此它们将倾向于维持原状，加入竞争，或者臣服。与被用来解释人类社会等级制度的社会界限相呼应，这种强大的约束使不平等状况加剧。

它们的近亲，倭黑猩猩向世界展示的可能是一幅温和的图景，但是同样以拥有阿尔法雄性和阿尔法雌性，即雄性领袖和雌性领袖为特征。与黑猩猩相比，尽管倭黑猩猩较少使用暴力和欺凌，但它们仍维持着明确的等级划分。尽管隐蔽排卵和雄性对雌性系统性控制的缺乏，减少了针对交配机会的暴力性冲突，等级制度还是在雄性间争夺食物的竞争中表现出来了。在这些物种当中，不平等表现在获取食物上的不均衡（与之相类似的，是人类社会中的收入差距）以及最为重要的在繁殖上的成功。支配性的等级制度成为标准的模式，社群首领拥有标准的模式，即它由体型最大、体格最强壮和最有进取心的雄性组成，它们占有最多的消费资料和雌性。[1]

这些共同特征，不太可能只是在它们共同的祖先分化之后才开始形成的，这是一个大约 1 100 万年前随着大猩猩的出现而发轫的过程，这一过程持续了 300 万年，随后，黑猩猩和倭黑猩猩的共同祖先，与后来进化为南方古猿并最终成为人类的这一支相分离。即便如此，关于不平等的显著社会表现可能在灵长类动物中并不总是一致的。等级制度是群体生活的一种方式，离我们更远一点的、更早分化出去的灵长类"亲戚"，现在则更不合群，它们或者自己独立生活，或者生活在非常小或临时的群体中。这对长臂猿和红毛猩猩来说也是如此，前者的祖先是大约 2 200 万年前从类人猿的祖先中分化出来的，后者最早是大约 1 700 万年前从类人猿中形成的，现在红毛猩猩仅在亚洲生存。反过来，等级体系的社会性对于包括我们自己在内的，这一科所属的非洲属来说是非常典型的。这就意味着大猩猩、黑猩猩、倭黑猩猩和人类最近的共同祖先，已经表现出不同类型的这种特征，而更远一些的先祖并不一定如此。[2]

对古人类和新人类中的不平等而言，从其他灵长类动物的情况进行类推的指导意义不大。我们拥有的最好替代性证据，就是关于二型性的骨骼数据，即某一性别的成年成员（在这里是指雄性）在多大程度上比另一性别的成年成员更高、更重和更强壮。就像在海狮中一样，大猩猩中有或没有配偶的雄性个体之间，以及雄性和雌性个体之间存在着强烈的不均衡，这与较高程度的雄性偏向的二型性是相关联的。从化石记录中判断，新人类之前的古人类（可以追溯到超过 400 万年前的南方古猿和傍人）二型性比新人类更为突出。如果这种近年来承受越来越大压力的正统观点能够得到支撑，那么一些出现在 400 万—300 万年前的最早物种，即南方古猿阿法种和湖畔种，就应该由一个具有超过 50% 体重指数优势的雄性来领导，而后期的一些物种占据了它们和新人类之间的位置。随着 200 多万年前有着更大脑容量的直立人的出现，二型性已经下降到我们今天依然能够观察到的一种相对适中的数量程度上。在一定范围内，这种二型性的不平等程度与普遍存在的、斗争性的男性间对女性的竞争联系在一起，或者由女性的性选择所决定，那么减小的性别差异可能就是男性之间繁殖能力差异变得更小的信号。依此来看，进化减弱了男性之间以及不同性别之间的不平等。即便如此，对男性来说，繁殖不平等率高于女性这一现象一直与一定水平的、以繁殖为目的的一夫多妻制相伴存在。[3]

其他一些可能开始于 200 万年前的发展也被认为带来了更多的不平等。大脑和生理机能的变化促进了合作繁殖及抚养，这一变化抵御了优势群体的侵犯，同时也缓和了更大群体中的等级差异。暴力的使用方式的创新也可能有助于这一进程。任何有助于低等级群体抵抗优势群体的东西都限制了后者，因此也降低了整体的不平等性。地位较低的雄性建立的联盟是达到这一目的的一种方式，使用投掷兵器是另一种方式。在封闭的场所战斗，无论是徒手还是使用牙齿，又或是用棍棒和石头，都对更强壮和更富侵略性的雄性有利。在武器能够在更长的距离上使用之后，它就开始扮演一种具有平衡性的角色了。

大约 200 万年前，肩部的结构变化首次使得以一种有效的方式投掷石头或者其他物体变得可行了，这是一种早期物种和今天的非人类灵长类动物都不具备的技能。这种调整不仅提高了打猎能力，同时也使得低等级群体对社群首领的挑战变得更为容易了。制造矛是第二步，然后又有了淬火之后的尖端和后来的石制的枪头，以增强其功能。火的可控使用也许可以回溯到 80 万年以前，热处理技术也至少有 16 万年之久了。石头制成的飞镖和箭头被证明出现在 7 万年前的南非地区，这只是抛掷性武器漫长发展过程的一个阶段。不管在现代研究者看来它们多么原始，这些工具使得技能要优于体型、力量和侵略性，同时鼓励了首先进攻和伏击，以及较弱个体之间的合作。认知技能的演化也是更准确的投掷、武器设计的改善和建立更可靠联盟所必需的至关重要的补充。完备的语言能力能够促进更为完备的联盟和更为强化的道德观念的建立，这种语言能力可以回溯到最少 1 万年前或者最多 3 万年前。这些社会变化产生的具体年份大多仍然并不明确：它们可能已经依次出现在过去 200 万年间的大部分时间里，或者可能更为集中地出现在解剖学意义上的现代人之中,后者就是我们这一种属的智人,他们出现在至少20万年以前的非洲大陆上。[4]

在当前环境中最为重要的是这种累积性的结果,即地位较低的个体以非人类灵长类动物不可实行的各种方式与雄性领袖对抗的、得到改善的能力。当优势群体被置于由装备了抛掷型武器的成员所构成的群体中,且这些成员能够通过结成同盟来平衡优势群体的影响力时,公开地通过暴力和恐吓来进行统治就不再是一个可行的选项了。如果这种推测是正确的——因为它也只能这样,那么暴力,或者更具体地说,新的组织策略和威胁性的暴力行为作为人类历史上第一个重要的矫正手段,将会发挥重要的,也可能是更为关键的作用。到那个时候,人类在生物和社会上的进化已经带来了一种平等性的均衡。尽管种群仍然不够大,生产能力也依然没有足够的差异化,但同样的,种群之间的冲突和地域性也没有发展到足以使多数人向少数人的屈服看起来是最好的选择。虽然动物性的统治方式和等级制度的形式已经逐渐弱化,不过它们依然还没有被建立在驯化、财产和战争基础上的新不平等形式取代。这种类型的世界大体上已经消逝了。在较低水平的资源不平等和较强的平等主义风气的界定下,当今世界上仅存的一些以采集为生的人群给我们一种存在局限性的感觉,即在旧石器时代的中期和晚期,不平等的发展变化可能是什么样的。[5]

强大的后勤和基础设施方面的约束有助于在狩猎-采集者中遏制不平等。不以拥有牲畜群为特征的游牧生活方式严重限制了物质财富的积累,同时小规模、流动的和不稳定的觅食群体的组成方式,并不利于形成超越以年龄和性别为基础的基本能力的不对称关系。此外,出于刻意排除进行统治的各种尝试,我们可以推断出这种原始的平均主义。这种态度能够作为人类形成等级制度的天然倾向的一种关键性制约。人类学家已经记录了非常多的实施平等主义价值观的方式,并按照严重程度进行了层次划分。乞讨、行骗和盗窃有助于获得更为平等的资源分配。对独裁主义行为及其扩张的制裁方式包括谣言、批评、奚落、违抗、放逐,甚至包含谋杀在内的身体暴力。因此,领导力往往十分微妙,它分散在众多群体成员当中,且存在时间短。最开明的人对他人的影响最大。这种独特的道德经济被称为反向优势等级制：它在成年男性（他们通常支配着妇女和儿童）中发挥着作用，它也代表了权威的持续和先发制人。[6]

在位于坦桑尼亚的哈扎部落，这种由几百名狩猎－采集者形成的群体中，团体成员独自搜寻食物，在分配所获得的食物的时候，他们对自己的家庭成员有较强的偏爱。同时，在自己的家庭之外进行食物的分享也是可以预期的行为，特别是当资源很容易被其他人发现的时候，这种分享也是普遍的。哈扎部落可能会试图藏匿蜂蜜，因为这比较容易做到，但是一旦被发现了，他们将被迫进行分享。乞讨行为是能够被容忍的，而且比较普遍。因此，即使个体明显偏向于为自己和他们的直系亲属保留更多食物，社会规范也会介入：分享是普遍的，因为缺乏统治者。较大的易腐败物品，例如大的猎物甚至可能会被分配给营地以外的成员。存储并不受重视，甚至到了可获得的资源会被立即消费掉，不会被分给那些恰好没有在场的成员的程度。结果是，哈扎部落的成员只有极少的私人财产：对女人而言是宝石、衣服、用于挖掘的棍子，以及有时是一个锅，对于男人则是弓箭、衣服和宝石，抑或是一些工具。很多商品都不是特别耐用的，所有者对它们没有形成很强的附属关系。这些基本物品之外的财产是不存在的，同时领地也没有受到保护。权威的缺乏和分散使得群体性决策很难达成，更不要说实施。从所有这些方面来看，哈扎部落是现存的更广义的觅食群体的很好代表。[7]

维持生存的觅食模式和一种平等主义的道义经济结合在一起就形成了对其他发展模式的一种可怕的阻碍，原因很简单，即需要一定程度的收入和消费的不平等来激励创新和生产剩余产品，以促进经济增长。没有增长就几乎没有可供侵占和传递的剩余。道义经济妨碍了增长，增长的缺乏反过来也阻碍了剩余产品的生产和集中。消费并没有均等化，不同个体之间不仅存在身体禀赋条件上的差别，而且在支持网络和物质资源的获取上也存在差异。如我将在下一节指出的，采集者的不平等并不是不存在的，只是与依靠其他生存方式的社会中的不平等程度相比，其程度是非常低的。[8]

第1章 不平等的起源　　7

我们也需要容许这样一种可能性，即当代的狩猎-采集者可能与我们农业社会之前的祖先在很多重要方面存在差异。幸存的觅食者群体完全被边缘化了，并且被限制在农民和牧民无法达到或者基本没有兴趣的那些区域，这些区域的环境很适合上述没有物质资源积累和领地扩张需求的生活方式。在动植物被驯化来提供食物之前，觅食者在全球范围内的分布更加广泛，而且可以获得更为丰富的自然资源。此外，在一些情况中，当代的觅食者群体可能会对一个由更多等级的农民和放牧者占据统治地位的世界做出回应，并在对照外部规范的过程中自我定义。现存的觅食者同样受时间影响，并不是所谓的"活化石"，需要将他们的行为放在特定的历史背景中去理解。[9]

基于这一原因，史前人类并不需要总是像当代的狩猎-采集者的实践所显示的那样平等化。在11 700年以前（全新世开始之前时期）的墓葬中，可观察到的物质不平等虽然罕见但已经存在。最著名的因地位差异带来不平等的例子来自桑吉尔，这是位于莫斯科北面120英里[①]的一个更新世的遗址，其残骸存续的日期是从大约34 000年前—30 000年前，这一时段与上一次冰河时期中较为温和的时段相对应。它包含的是一群猎人和觅食者的遗骸，他们杀戮和消耗大型的哺乳类动物，例如野牛、马匹、驯鹿、羚羊，甚至除了狼、狐狸、灰熊和穴居狮子之外，还有猛犸。其中三个人类的墓葬显得特别突出。其中一个墓葬的特征是，一个成年男子与大约3 000颗猛犸象牙制成的小珠子、大约20个吊坠和25个猛犸象牙做成的戒指埋葬在一起，这些小珠子当时可能与他的皮衣缝在了一起。另一个墓穴是一个大约10岁大的女孩和一个大约12岁大的男孩的长眠之地。这两个儿童的衣服都装饰着更多数量的象牙珠子，总数大约是10 000个，他们的随葬物品还包括很多的贵重物品，例如由猛犸象牙制成的长矛和各种艺术品。

一些人一定在这些留存下来的物品上花费了巨大的努力：据现代学者估计，不管在哪里，那时的人都需要花费15~45分钟来雕刻一个珠子，这

[①] 1英里=1 609.344米。——编者注

就意味着需要一个人在每周工作40个小时的情况下，用1.6～4.7年来完成这些任务。最少需要抓住75只北极狐才能获取那两个儿童墓葬中的一条腰带和头饰上附着的300个牙齿装饰物，考虑到完整无缺地获得这些牙齿的难度，实际需要的狐狸的数量可能会更多。尽管一段相当长的时间会给予这一群体的成员足够多的空余时间来完成所有这些工作，但依然存在的问题是，为什么他们最初会希望从事这项工作。这三个人看起来没有与他们日常使用的衣服和物品埋在一起。属于儿童的那些珠子要比那个成年男子的小，这意味着这些珠子是为他们特别制作的，要么是在他们生前，要么更可能仅仅是为了他们的葬礼而制作的。基于一些我们不知道的原因，这些人被视为特殊的。但显然，这两个孩子并没有成长到能够通过自身努力获得这种特殊待遇的年纪，更可能的情况是他们由于家庭原因获得了这样的地位。成年男性和男童身上可能存在的致命伤，以及导致女孩一生残疾的股骨短缩，只不过增加了其中的神秘感罢了。[10]

尽管到目前为止，在旧石器时代的考古成果中，还没有比桑吉尔墓葬更为壮观的墓葬出现，不过也有一些比较豪华的墓葬在更远的西方被发现。大约在同一时间，在摩拉维亚的下维斯拖维采，三具遗体佩戴着复杂的头饰被置放在赭石染过的地上。较晚一些的例子就更多了，利古里亚海岸的阿里纳坎迪德洞穴中建有一个很深的洞墓，墓室中那28 000年或者29 000年前的由红赭石染过的台子上，安放着一具配饰奢华的未成年男性遗体。他的头部周围有大量穿孔的贝壳和鹿的犬齿，它们最初可能附着在有机物制成的头饰上。除此之外，还有猛犸象牙制成的坠饰、麋鹿角做成的4个权杖，以及用外来的燧石制成的非常长的刀片也被放在了他的右手位置。大约16 000年前被埋葬在圣日耳曼河旁边的年轻女性戴有贝壳和牙齿制成的装饰品，后者是大约70枚穿孔的红鹿犬齿，它们应该来自200英里以外。在大约10 000年以前，仍处于采集阶段的全新世初期，一个三岁的孩子和1 500颗贝珠一起埋葬在多尔多涅的拉玛德莱娜的岩棚中。[11]

这些发现很容易被解释为不平等出现的最早预兆。先进且标准化的手工生产、在高度重复性工作任务上的时间投资，以及使用来自遥远地方的原材料等，这些证据让我们看到了这种比当代狩猎-采集者更为先进的经济活动。它也暗示了社会差异通常并不与觅食活动的存在有紧密联系：这些儿童和成年人的奢华墓葬显示出一种先天赋予的，甚至是继承的地位。尽管很难从这些材料中推断出等级关系的存在，不过这至少是一种看起来合理的选项。但是，这里没有长期的不平等的迹象。复杂性和地位差异的上升从本质上看起来还是暂时的。平等主义不一定是一个稳定的范畴：社会行为可能因变化的环境，或者甚至是复发的周期性压力而不同。同时，获取如贝类这样的海洋食物资源的能力作为社会进化的摇篮，不仅鼓励了领土意识和高效领导能力的形成，更是最早的对沿海生活的适应。尽管这种对环境的适应能够追溯到10万年以前，然而，至少到目前为止，这一时期还没有新兴阶层和消费差异存在或出现的相关证据。我们所知道的是，旧石器时代中的社会和经济不平等依然是零星和短暂的。[12]

不平等的大分化

直到上一次冰期结束，气候条件进入一个难得的稳定期之后，不平等才开始出现。作为第一次超过了10万年的间冰期的较温暖时段，全新世创造出了一种更有利于经济和社会发展的环境。这些改善使得人类能够获得更多能量且人口数量得以增长，也为越来越不公平的权力和物质资源分配打下了基础。这就导致了我所定义的"不平等的大分化"，即向新的生存方式和社会组织形式的转变，这一转变侵蚀了觅食者的平等主义信念，并用一个持久的等级制度和不同等级间的收入财富差距取代了这一信念。要使这些转变能够实现，就必须要有能够抵抗侵占的生产资料，并且它们的所有者要能够以可预测的方式获得剩余。通过耕种和放牧的方式进行的食物生产能够同时满足这两个要求，并且成为经济、社会和政治变化的主要动力。

然而，植物和动物的驯化并不是不可或缺的前提条件。在一定的条件下，采集者也能够以一种相似的方式利用那些未被驯化的自然资源。在可以捕鱼或者仅仅在特定的生产力水平较高的地方，也可能产生属地性、等级划分和不平等。这种现象，即人们所知的对海洋或者河流的适应，在人种学的档案材料中有详细的记载。从大约公元 500 年开始，从阿拉斯加到加利福尼亚的北美西海岸沿线，人口增长所带来的对鱼类资源的压力，促进了以采集为生的人群对于高度区域化的有鲑鱼资源的河流实施控制。这有时伴随着从人们住着大致相同的住宅的社会（无阶级社会）向分层社会的转变，这种分层社会以一所大房子里住着主人一家、随从以及奴隶为特征。[13]

一些细致的案例研究已经注意到了资源稀缺性和不平等的出现之间的紧密联系。大约公元 400—900 年，在英属哥伦比亚的基特利溪旁边的遗址上，曾有一个临近费瑟河的社区，构成这个社区的几百名成员靠当地的鲑鱼维生。从这一考古遗址判断，鲑鱼的消费量大约在公元 800 年开始下降，哺乳动物的肉取代了其地位。在这个时候，遗迹中出现了不平等的标志。在那些最大房子的遗址坑里发现的鱼骨中，很大一部分来自成熟的帝王鲑和红鲑鱼，两者都是富含脂肪和卡路里的珍贵奖赏食物。相对的，在两个最小房子的遗址中，发现的却是更为幼小和营养较少的鱼类骨头。和许多同样处于这种分层水平的社会一样，通过仪式性的再分配，不平等同时得到了赞颂和缓解：大到足够给一大批人群准备食物的烧烤坑意味着富裕和有权势的人为整个社区的人组织了宴会。1 000 年之后，首领之间通过展现慷慨来进行竞争的冬节仪式成为整个太平洋东北部地区的共同特征。相似的变化也发生在同一区域的布里奇河遗址上，大约在公元 800 年，随着大型建筑的所有者开始积累贵重物品，并不再在户外准备公共食物，穷人开始依附于这些富有的家庭，不平等从此开始制度化。[14]

在其他情况下，技术进步使得社会和经济变得不平等。几千年来，生活在加利福尼亚沿海，即现在圣芭芭拉和文图拉地区的丘马什人，一直使用着简单的船只、采集橡子，过着平均主义觅食者的生活。大约公元 500—700 年，丘马什人引入可供远洋航行的厚木板制成的独木舟，这种能够装载十几人并深入海洋 60 英里探险的独木舟使得丘马什人能够捕获更大的鱼类，并且使他们成为大洋沿岸贝壳贸易的中间人。他们把从海峡群岛获得的燧石销售给内陆部落，交换橡子、坚果和稻科植物。这就产生了一种等级制的秩序，拥有多个妻子的首领控制了独木舟，享有领土的准入权，在战争中领导他的族人，并且主持仪式性活动。作为回报，他们从追随者那里获得食物和贝壳。在这样的环境中，采集制社会的社会阶层复杂度能够达到相对较高的水平。随着对于集中的本地资源依赖性的增强，人口的流动性开始下降，同时职业的专业化、严格界定的资产所有权、边界防御，以及通常涉及奴役俘虏的相邻群体之间的激烈竞争引发了等级制度和不平等。[15]

在觅食者当中，这种类型的适应可能仅仅在特定的生态环境中才能实现，并且通常不会扩散到这个环境之外。只有食物资源得到驯化才有可能在全球范围内改变经济活动和各种社会关系，在稳定的食物来源缺失的情况下，赤裸裸的不平等可能仅仅存在于被全世界更为平等的觅食者包围的、海洋和河流沿岸的小块地区。但是，这是不可能的。各种各样的可食用植物开始在不同的大陆上被驯化，首先是在距今大约 11 500 年前的亚洲西南部，然后是在 10 000 年前的中国和南美、9 000 年前的墨西哥、7 000 多年前的新几内亚，以及大约 5 000 年前的南亚、非洲和北美。而动物的驯化真正发生的时间，时而超前，时而跟随着这些创新活动。从采集到耕种的转变可能是一种并不总是遵循着线性轨迹的冗长过程。[16]

这对于黎凡特的纳图夫文化和其在新石器时代的继任者，即这一转型的最先见证者而言，是尤为正确的。从大约 14 500 年以前开始，更为温暖和潮湿的气候使得区域性采集者群体的规模增大，并且使他们能够在更为稳定的定居点开展活动，他们捕获了大量的猎物且收集了数量充足的野生谷物，这让他们至少需要一个地方来储存这些食物。这种物证非常有限，但展现了一些权威专家所称的"早期的社会等级制度"的征兆。考古学家发现了一个可能是供公共使用的较为大型的建筑，其中还有一些可能花费了大力气制造出来的特殊的玄武岩研钵。根据计算，在大约 14 500—12 800 年之前的纳图夫文化早期出土的遗体中，有 8% 佩戴着来自几百英里外的贝壳以及一些用骨头或牙齿制成的装饰物。在其中一个遗址中，三位男性有由贝壳制成的头饰陪葬，其中一个头饰边缘有 4 排贝壳装饰。只有一些墓地拥有石头工具和小的雕像。大型的烧烤坑和炉床的出现可能表明，这种类型的具有再分配功能的宴会在美洲西北部出现得更晚。[17]

然而，无论社会分层和不平等程度在这些良性条件下得到了怎样的发展，它们都在距今大约 12 800—11 700 年前的、被称为"新仙女木事件"的寒冷期逐渐消失。由于当地资源的减少和资源情况的不可预测，幸存下来的觅食者恢复了流动性更强的生活方式。气候在距今大约 11 700 年前恢复稳定，这与最早种植诸如单粒小麦、双粒小麦、小麦和大麦等野生作物的证据相吻合。在大约 11 500—10 500 年前，定居点得到了扩张，同时食物最终得以在个体家庭储存，后者表明了所有权概念的改变。一些例如黑曜石之类的外来材料的首次出现，可能反映了一种表现和巩固地位的欲望。10 500—8 300 年前这段时期为我们提供了更多的具体信息。在距今大约 9 000 年前，位于土耳其东南部的由不同区域组成的名为卡越努的村庄，其建筑和出土物在大小和质量上存在差异。较大型的和修建得更好的建筑物装饰着罕见的和外来的工艺品，同时位于距离广场和寺庙更近的地方。然而，只有一小部分的墓葬里面有黑曜石、珠子或者一些工具，卡越努村里面的 4 个最富有的室内墓葬中，3 个坐落于紧邻广场的房子里面。所有这些都可被视为精英地位的标志。[18]

毫无疑问，在接下来的 1 000 年中，我们观察到的大多数不平等状况可能是由农业造成的。但是，也存在一些其他路径。我在前文已经提到了，在食物资源野生或未驯化的情况下，对水生动植物的适应能产生相当大程度的政治和经济差异。在其他一些情况下，引入经过驯化的马匹，将其作为运输工具，那么即便没有食物生产，也能产生不平等效应。18 世纪和 19 世纪，在美国西南边界的科曼奇部落中，形成了一种尚武的文化，这些人依靠欧洲的马匹进行战争和长途突袭。他们主要的食物来源是美洲水牛和其他野兽，他们将通过贸易及抢劫获得的玉米作为采集获得的野生植物的补充。这些安排支撑了较高的不平等水平：俘获的男孩被用来照看富人的马匹，拥有的马匹的数量将科曼奇家庭相当明确地分为"富人"、"穷人"和"非常穷"三种类型。多数情况下，觅食、种植和农业社会不总是系统地与不同水平的不平等联系在一起的：一些觅食群体可能比一些农业社群要更为不平等。一项关于北美258个印第安人社群的调查显示，物质不平等水平的主要决定因素是剩余的规模，而不是野生动植物驯化本身。2/3没有或者几乎没有任何剩余的社群都没有显现出资源分配的不平等，产生了中等或大量剩余的社群中有4/5存在资源分配的不平等。这种相关性要比不同的生存模式和不平等程度之间的关系强得多。[19]

一项针对处于世界不同地方和不同发展水平的21个小规模社群，即对狩猎－采集者、园艺种植者、牧民和农民的合作研究，识别出了两个不平等的关键决定因素：土地及牲畜的所有权和将财富从一代人传递到下一代的能力。研究者观察了三种不同类型的财富：身体型（主要是身体力量和生殖能力）、关系型（例如劳动中的伙伴关系）和物质型（家庭物品、土地和牲畜）。在这些样本中，身体型的禀赋是采集者和园艺种植者当中最为重要的财富类型，物质财富是最不重要的一种，对牧民和农民而言则是相反的。不同财富类型的相对权重是调节总体不平等程度的一个重要因素。身体型的禀赋对身体约束是相对严格的，特别是对身材大小而言，对力量、狩猎能力和繁殖成效而言则稍微少一些。关系型禀赋，尽管更为灵活，但在农民和牧民当中分布得更不均衡，这两个群体中，以土地和牲畜为代表的不平等程度测度，要比狩猎－采集者和园艺种植者之间以器皿和船只为代表的测度水平更高。不同类型财富的各种不平等约束和特定类型财富的相对重要性的结合，解释了我们所观察到的生存模式的一些差异。平均的复合财富基尼系数对狩猎－采集者和园艺种植者而言低到了0.25～0.27，但是对牧民和农民而言要高得多，分别是0.42和0.48。仅就物质财富而言，主要的差别似乎在觅食者（0.36）和所有其他人群之间（0.51～0.57）。[20]

财富的可传递性是另一个关键的变量。代际财富传递的程度对农民和牧民而言，要比其他人高出两倍，同时他们拥有的物质财富要比狩猎－采集者和种植者的资产更适合传递。父母处于综合财富阶层顶端，他们的孩子最终也将位于相同的位置，与之相对照的是那些父母处于综合财富阶层底端的孩子在未来所处的位置。由此可见，这些系统性的差异对于人生际遇的不平等具有很强的影响力。以这种方式定义，跨代的流动性通常是平缓的：即使在采集者和园艺种植者中间，处在前 1/10 家庭的后代复制这种地位的可能性要比处于最后 1/10 想要向上爬升的这些家庭的高出至少 3 倍。然而，对农民而言，这一概率更大（约 11 倍）。对于牧民就更加高了（约 20 倍）。这些差异可以被归结为两个因素：一个是技术，技术决定了不同财富类型的相对重要性和特征；另一个因素为控制财富转移模式的制度，例如农耕和游牧民族倾向于向亲属垂直转移。[21]

根据这一分析，不平等及其在时间上的持续性是三种因素综合作用的结果：不同类别资产的相对重要性、可传递性以及实际传递的比例。因此，那些物质财富作用不大、财产不便于传递以及继承受限的群体，注定要比那些物质财富是主要的财富类别且有高度可传递性，同时被允许留给下一代的群体所感受到的总体不平等程度要低。长期来看，可传递性是关键，这是因为如果财富在两代之间进行传递，那么产生不平等的因素，诸如与健康有关的随机冲击、平等性、资本回报率和劳动回报率，将会得到保持且会随着时间推移而累积，不会使分配性的结果回归到均值水平。[22]

与前文提到的对于美洲印第安人部落的观察结果一致，从这 21 个小规模的社群样本得到的实证发现同样表明，动植物的驯化并不是显著不平等化的充分条件。对可保护的自然资源的依赖看起来是一个更为关键的因素，因为这些通常能够遗赠给下一代。在类似翻耕、修建梯田和灌溉上的投资同样也是如此。这种生产性资产及它们的改进的可继承性从两个方面引发了不平等：一方面，两者都能够随着时间推移而增长；另一方面，它们减少了代际间的差异和流动性。一项对超过 1 000 个处于不同发展水平社会的更广泛的调查，证实了传递的核心作用。根据这个全球数据库，大约 1/3 的采集者社会对于动产有继承的规则，但是只有 1/12 的社会认可不动产的继承。相形之下，几乎所有开展了集约形式农业的社会都具备涵盖这两种财产继承的相关规则。复杂的觅食者和种植者社会则取乎其中。继承是以财产权的存在为前提条件的。我们只能推测它们产生的环境条件：塞缪尔·鲍尔斯认为，耕种有利于形成那些对采集者而言没有用或者不可行的财产权利，因为像谷物、建筑和牲畜这样的资源很容易就能被限定清楚并保护，这些前提条件是采集者所依赖的那些分散的自然资源不具备的。水生物的适应以及驯马文化这些例外情况也完全符合这一解释。[23]

历史上，不平等现象有时会出现得很缓慢。恰塔霍裕克是安那托利亚西南部一个可以回溯到公元前8000年的新石器时代的原始城市定居点，它就是一个典型的例子。它的几千个居民兼顾种植和放牧。土地很充裕，它没有类似政府的结构或者社会分层的明显标志。居民居住在他们储藏粮食、水果和坚果的家庭住房里面。遗址中发现了大量石制的工艺品。在对从公元前7400—前6000年的20座建筑和9个庭院的2 429件物品的全面考察中，人们发现了特定类型的器物在分布上存在差异。完整的磨盘和手推石磨在各个家庭中的分布是不均衡的，不过这些家庭一般都有多种烹煮器具和石制的工具。完好的手推磨主要发现于装饰更好的建筑中，但我们还不能由此推断这到底是代表了这些家庭具有更高的地位，还是它们仅仅承担了与食品加工相关的合作工序。大多数磨盘和手推磨都存在在它们完全损耗之前很久就被故意毁坏的现象，可能对前面的第一个推测形成反驳。这一习惯甚至可能反映的是一种广泛的对有价值资产的代际传递的禁止，尽管这可能不是一个普遍的禁令，这是因为，在美索不达米亚社会的后期，手推磨在可传承的财富中有着重要的地位。可能是因为矫正措施的积极实施限制了家庭之间的财富不平衡。[24]

然而随着时间的推移，不平等逐渐成为常态。美索不达米亚的考古证据表明，在这一区域第一批国家建立的很久以前，这里就出现了明显的分层化的标志。例如，在现代巴格达北面的底格里斯河岸边，埃斯-索万遗址中的村落，有一座带有壕沟的土墙，以及很多投石器使用的、由黏土制成的投掷物，这些表明了大约7 000年前的暴力冲突，以及有助于中央集权领导和等级制度创立的条件。在这一遗址上，一些豪华的墓葬是为儿童准备的，这就反映了一种基于家庭财富而不是个人成就的地位差异。大体上与前者处于同一时期的，靠近摩苏尔的阿尔帕契亚遗址，更像是一个精英阶层家庭的住所，里面有着大量的房间，以及精美的陶器、雪花石膏制成的容器，各种类型的黑曜石装饰品和手工工具。在这个定居点，首领通过给未干燥的黏土团刻上简单的印记来加封货物的方式控制贸易——后来的美索不达米亚历史中复杂封印的早期先驱。据说在耶里姆山丘，一具火化的年轻人遗体不仅和一些黑曜石珠子埋在一起，而且还有一个封印工具，这标志着他可能是一位官员的后代或者是其指定的继承人。[25]

在公元前 6000 年—前 4000 年，所有结构性不平等的基本要素都已经准备就绪了：对稀缺资源竞争的各种防御性结构和对有效领导力的需求，可能与多种政府功能有关的世俗性公共建筑，强调仪式性权力重要性的神殿和庙宇，以奢华的儿童墓葬为典型例证的世袭地位标志，以及不同定居点中精英阶层家庭之间工艺品交换的证据。政治、军事和经济上的发展分化了人口，尊贵的地位、对经济交易的控制以及个人财富紧密地结合在了一起。

在其他环境中，政治领导地位开始与高水平的物质不平等联系在一起。今保加利亚黑海岸边的瓦尔纳的一个墓地，从公元前 5000 年开始，有超过 200 个被占据的墓穴。其中一个墓葬比较突出，一个中年男子与不少于 990 个、总重超过了 3 磅[①]的黄金物品安放在一起：他身上覆盖着可能是附着在他原来所穿的衣服上的黄金饰品，胳膊上戴着很重的金环，手中持一个斧型的权杖，甚至他的下体也套上了黄金。该男子墓葬中出土的黄金物品的数量占该遗址总出土黄金物品数量的 1/3，重量占了 1/4。随葬品的总体分布非常不均衡：超过一半的墓葬里有随葬品，但只有不到 1/10 的墓葬中随葬品种类丰富，只有少数几个墓葬拥有包括黄金在内的大量随葬品。根据时期的不同，每个墓葬中的随葬品数量的基尼系数为 0.61～0.77，但是如果我们用价值来调整这一分布，该数值就会更高。尽管我们只能对这一社会的组织结构进行猜测，但其等级结构的特征几乎不用置疑。这个被黄金覆

---

① 1 磅 =0.453 6 公斤。——编者注

盖的男子和他的很少的同类极有可能都是地位崇高的首领。[26]

这些发现指出了一个不平等的补充来源：来自可保护资源的剩余和个人或家庭对这些资源的所有权（包括将它们转移给后代或其他亲属的权利）。这两者结合起来，为不断增长的社会经济上的分层奠定了基础。各种新形式的政治和军事力量促进并且放大了由此导致的收入和财富上的不平等。如同向食物驯化转变一样，政治等级制度的演化也是一个缓慢和渐进的过程，并且高度取决于生态环境、技术进步和人口的增长。在长期，总体的变化方向是从只有几十人、小规模家庭组织、以简单觅食者经济为特征的本地群体，向通常具有数百位成员的本地群体和集体，向控制几千或者几万人的更大的酋邦或原始国家的转变。这并不总是一个线性的进步过程，同时，不是所有的环境条件都能支撑更复杂的社会组织形式。结果，基于农业的复杂的国家级别的社会最终与联盟、部落、游牧酋邦、种植者，以及从古代一些狩猎-采集者群体遗存下来的人一起在这个地球上共存了。这种多样性对于我们理解促使不平等出现的背后的力量至关重要，这也使得我们可以比较不同生存模式的不同特征，以及它们对于前面已经概述过的财富的积累、传递和集中的重要性。[27]

在世界范围内，有记载的社会政治组织的变化形式的范围同样较大，这使得将权力、地位的不平等和财富的不平等关联起来成为可能。在全球视角下，农业与社会和政治的分层化紧密联系在一起。在一个超过 1 000 个社群的样本中，超过 3/4 的简单采集制的社群没有表现出社会分层的迹象，与之相对的是从事集约型农业生产的社群只有不到 1/3 的人有此现象。政治等级制度甚至更为强烈地依赖于定居式的农业：实际上，精英阶层和阶级结构在简单的采集社会中是看不到的，但这二者被证实存在于大多数农业社会中。然而同样的，是经济剩余的规模而不是这样的生存模式本身起到了关键性变量的作用。在前文提到的针对 258 个美洲印第安人群体的调查当中，86% 的没有明显剩余产生的群体缺乏政治不平等的迹象，那些产生了中等或者大规模剩余的群体中，有同样比例的群体已经发展出至少某种程度的政治等级制度。在 186 个来自世界各地的、有着更为详细记录的社会，即我们所称的标准跨文化样本当中，4/5 的狩猎 - 采集者社群没有首领，3/4 的农业社会组成了酋邦或者国家。[28]

但是，并不是所有的农业社会都遵循着同样的轨迹。一项新的全球调查显示，谷物的培育在更为复杂的社会等级制度的发展过程中发挥着关键作用。与那些能够持续供给但是会很快腐烂的多年生植物不同，粮食作物只能在特定的收获时节一起收割，并且适合长期储存。这两个特点都使其更容易被精英阶层占有，且精英阶层控制剩余的食物资源。国家最早出现在那些首先发展出农业的地区：一旦植物，特别是谷物和动物开始被驯化，人类早晚也会被等级制度驯化，不平等程度也会上升到此前难以想象的高度。[29]

最初的"1%"

不平等收入和财富的获取先于国家形成并推动了国家的发展。然而，政府机构一旦建立起来，不仅会加重既存的不平等状态，还会创造出新的不平等。前现代国家为商业活动提供保护措施，并且为那些与政治权力关系密切的人开辟新的私利获取渠道，从而为资源在少数人手中积累和集中创造了前所未有的条件。从长远来看，政治和物质的不平等在被称为"互动效应"的螺旋式上升过程中不断发展，在这一过程中，一个变量的每一个增量都很可能引起其他变量产生相应增量。现代学者提出了许多定义，试图捕捉国家地位的本质特征。借用他们的几个要素，国家可以说是代表了一个政治组织，它声称自己拥有领土及其人口和资源，它拥有一套组织机构和人员，这些机构和人员通过颁发有约束力的命令和规则来履行政府职能，并通过威胁和实施包括暴力在内的合法的强制性措施来支持他们的行为。对于最早的国家的出现，并不缺乏理论上的解释。在某些方面，公认的驱动力量都被认为是经济发展及其对社会和人口的影响：占据优势地位的一方通过控制贸易流获得的收益，对授权领导人管理不断增长的人口和更加复杂的生产及交换关系的需求，源自生产资料获取方式的阶级冲突，以及能够强化等级制度和中央集权的稀缺资源的军事冲突带来的压力。[30]

从不平等研究的视角来看，严格地说，这些因素中，最为重要的可能并不是特别关键：从某种程度上讲，国家的形成给社会带来陡峭且稳定的等级制度以及大量剩余与权力和地位不平等，物质财富却是必然增长的。即便如此，现在有一个不断增长的共识认为，组织化的暴力是这一过程的核心。罗伯特·卡内罗影响广泛的限制理论认为，在领土有限的条件下，人口增长和战争的相互作用解释了更为自治和平等的家庭，在依赖稀缺的已驯化的食物资源且无法摆脱有压力的外部环境时，人们臣服于独裁的领导者且忍受不平等以便更有效地与其他群体进行竞争。最近关于国家形成的理论和仿真模型同样强调了群体之间冲突的极端重要性。暴力的关键作用在很大程度上有助于解释大多数前现代国家的具体特征，其中最明显的是专制的统治，以及对发动战争的强烈关注。[31]

并不是所有的早期国家都是一样的，中央集权的政体与更多的"异质"或者企业形式的政治组织共同存在。即使是这样，中央集权专制国家一般要比不同结构的对手更胜一筹。只要环境条件允许，它们就会在全世界独立出现，无论是在旧世界、美洲大陆，还是跨越了从埃及和美索不达米亚的洪水冲积平原到安第斯的高原的一系列不同环境，均是如此。无视巨大的背景差异，它们中最著名的国家都发展为异常相似的实体。它们中都出现了在不同领域中的等级制度的扩张，从政治领域到家庭和宗教信仰系统——这是一个自我催化的过程，在这一过程中，"等级制度结构会对所有社会因素做出反应，使它们更好地融入支撑权力结构的整体系统"。阶层分化的加剧，对道德价值有非常重大的影响，这是由于对不平等的优点的信仰和接受等级制度是自然和宇宙秩序的重要组成部分，这一观点取代了古代平等主义思想的残余。[32]

在数量的意义上，农业国家表现得极为成功。尽管这些数字更多只是一种比较克制的推测，我们依然可以猜想，3 500年以前，当国家级别的政治组织也许仅仅覆盖不超过1%的地球陆地表面的时候（不包括南极洲），它们已经控制了大约一半数量的人类。在公元纪年开始的时候，我们可以在更加坚实的基础上估计，这些国家——大多数是庞大的帝国，如罗马和中国的汉朝占据了大约 1/10 的地球土地面积，但拥有那时所有人口的 2/3～3/4。它们可能是不稳定的，这些数字传达了特定类型国家的竞争优势：庞大的帝国结构由强有力的榨取型精英阶层连接在一起。同样的，这不是唯一的结果：独立的城邦也可能在这些帝国之间的缝隙中繁荣发展，但是很少能够像公元前 5 世纪的古希腊那样成功地抵抗住它们庞大的邻国。它们往往被吸收进更大的实体；偶尔，它们也会建立自己的帝国，例如罗马、威尼斯和墨西哥的特诺奇蒂特兰、特斯科科和特拉科班。此外，这些帝国也会衰落，让位给更碎片化的政治生态。中世纪的欧洲是这种转变的一个特别极端的例子。[33]

然而，更为常见的是，随着新的征服者政权重新巩固较早的权力网络，帝国产生了另一个新的帝国。从长远来看，这就造成了一种从不断变得更有规律的中国的"王朝周期"到东南亚、印度、中东和黎凡特、墨西哥中部和安第斯山脉区域的较长期波动的周期性颠覆与复原的模式。欧亚草原地区在位于其南方的农耕社会产生的财富的刺激下，也催生了很多从事掠夺性袭击和征服的帝国政权。国家也随着时间推移而成长。在公元前 6 世纪之前，地球上最大的帝国的面积是几十万平方英里[①]。在接下来的 1 700 年间，其最强有力的继承者在常规上都会以一整个数量级的程度超过这一数值，到 13 世纪，蒙古帝国范围从中欧一直延伸到太平洋。同时，领土只是其中一种度量标准：如果我们用人口密度来解释长期性增长，我们会看到帝国统治的有效扩张甚至是更为剧烈的。在比今天甚至更大的程度上，我们人类曾经集中在欧亚大陆的温带、中美洲的部分地区和南美洲的西北部地区。这些就是帝国繁荣发展的地区：几千年来，大多数人类都生活在这些庞然大物的阴影中，其中一些走到了远高于平民百姓的地位之上。这就是创造了我所定义的"最初的 1%"的历史环境，是由竞争性但经常紧密纠缠在一起的精英群体所构成的，这些群体尽了他们最大的努力来捕捉由国

---

① 1 平方英里 ≈2 589 988.11 平方米。——编者注

家建立和帝国整合所调动起来的政治租金和商业收益。[34]

前现代国家的形成将少数统治阶级从大量的初级生产者中分离出来。尽管常常在内部还有分层，精英阶层超越并集体控制了形成国家基本建设单位的独立本地社区。欧内斯特·盖尔纳的著名图形以无比清晰的方式反映了这些结构（见图 1.1）。[35]

分层和水平区隔的统治阶层：军事、行政、教士及某些时候的商人阶层

横向区隔的农业生产者社群

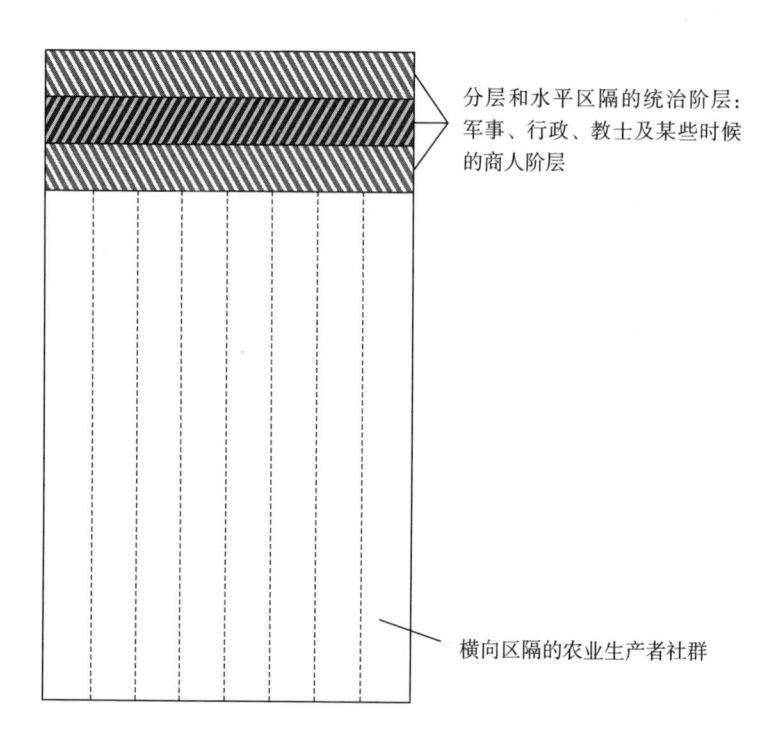

图 1.1　农业社会结构的一般形式

统治阶级的一些成员，例如登上国家公务员位置或者获得相关荣誉的本地名流，本就起源于或者甚至会一直扎根于这些社区，而其他人，例如外国征服者，可能会与之足够分离以在实质上形成一个独立的社会。以现代标准来看，中央集权统治是很有限的：国家通常只是略微强于帕特里夏·克龙所称的一般民众的"保护性外壳"，试图排除对这一已经建立起来的政权的国内外挑战。但是，统治者和他们的代理人也以类似现代社会的

黑手党组织所用的方式提供保护，利用他们使用有组织暴力的卓越能力获得利润。因为公民社会的组织太弱，无法限制精英阶层的行为，后者常常使用大量的专制权力，包括行使对生杀以及财产分配的权力。同时，许多国家都缺乏一些基础性的权力，即社会渗透和广泛实施政策的能力。这些社会大体上都是自治的，由一个相对较小而且常常遥远的、中央集权的统治机构进行松散的控制。

政府在本质上是半私有的，同时依赖选举，以及政治、军事、经济和意识形态权力的不同掌控者的合作来控制从属群体，为统治者调动资源。后者倾向于使用奖励和暴力威胁混合的方式来保持竞争性的精英阶层之间的平衡，因为政府常常专注于管理富有和有权力的人群之间的冲突。统治者、他们的代理人，以及大地主这些通常相互交叉的群体，陷入对剩余控制权的争夺当中，这些剩余可能通过政府税收和私人租金而被抽走。然而，雇用资深的精英阶层成员作为政府官员限制了统治者的自主能力，求助于地位较低的下级代理人则会创造出新的精英群体，他们热衷于为了加入现有的精英群体圈子而转移政府收入，将来自职位的收益私有化。统治者竭力获得权力，同时给予政府服务一种附带和可撤销的特权，然而他们的代理人追求的是他们自己及其后代的私人利益。长期下来，后者常常被证明是更成功的。腐败和其他各种形式的掠夺都是普遍的。当统治阶级的成员为了地位和好处竞争的时候，个体之间的流动比例可能是比较高的，然而这样的精英统治只要政权结构成功得以保持就会倾向于维持稳定。上层社会群体通过他们的生活方式和世界观而与普通民众分隔开，这种世界观常常在本质上是尚武的，而且将统治者定义为劣等的农业生产者的剥削者。炫耀性消费成为彰显和强化权力关系的重要手段。[36]

这些基本条件深刻地塑造了收入和财富的分配。精简之后，历史上仅存在两种理想类型的财富获取方式：制造和索取。生产剩余的出现、动植物驯化和可继承的财产权为个人财富的创造和保持开辟了道路。长期来看，制度的适应性有助于这一过程的进行，技术进步和经济活动不断扩大的规模及范围提高了个人或者家庭财富积累的上限，因此至少增加了收入和生产性资产分布的可能范围。原则上，随机冲击的累积效应已经足够使得一些家庭比另一些更为富裕：土地、牲畜、建筑，以及在贷款和贸易商投入资源上的回报差异会使得这一切变得确定。在他们的财富变化之后，其他人会取代他们的位置。

能够说明次一级精英圈子中不平等状况日益加剧的最早的可量化证据，可能来自几千年前的古代美索不达米亚平原。将古巴比伦时期（在公元前2000年的上半叶）男性子孙继承比例的样本与新巴比伦时代（公元前7世纪末—前6世纪的大部分时间）有记载的女孩嫁妆进行比较，可以得出明显的差别。转换成以小麦计算的工资之后，后者大约是前者数量的两倍。这两个数据好像都指向的是同一阶层——城市居民，他们可能在城市人口中处于收入分层的顶部。这就表明了更大的整体性的富裕，特别是考虑到我们本来期望儿子要比女儿更受偏爱的时候更是如此。此外，这些嫁妆的实际价值的分布更不均衡。由于新巴比伦时期是一个有着不寻常的动态经济发展的时期，这一对比也许由增长和商业化的不平等效应来解释最好。[37]

然而，不管是在这个案例中还是更为普遍的，这可能仅仅是事情的某一方面。鉴别我们已经描绘出来的前现代国家形成过程的明显特征，及其会如何以独特的方式影响经济活动是比较容易的。政治一体化不仅有助于扩大市场和至少降低一些交易和信息成本：作为前现代政治一般特征的普遍性权力不对称，几乎一定使经济活动参与者获得的是不平等的竞争环境。脆弱的产权保护、不适当的规则执行、随意伸张正义、腐败的政府官员，以及极端重要的人际关系与强制性权力，以上都是一些可能扭曲有利于在地位金字塔上层的人和那些与他们有利联系起来的人的因素。这对统治阶级成员和他们的伙伴可获得的，甚至是更大程度的各种形式的"获取"来说也是成立的。参与治理从正式的补偿、统治者和其他上级的恩惠、索取贿赂、侵吞公款和勒索钱财等方面开拓了获得收入的渠道，而且它也常常提供税收和其他义务的庇护所。高级军事职务可能会使某人获得战利品的一部分。更有甚者，为国家直接提供服务甚至不是一个必要的前提。亲属关系、通婚，以及其他与高官的联盟也会产生相当的利益。此外，考虑到通常相当有限的政府基础能力，个人财富和本地影响力使得保护个人财产以及朋友和委托人的财产（用以交换其他利益）免受国家或者社区的索取更为容易了。如果有必要，甚至可以通过将额外负担转移到弱势群体以满足税收配额的要求。

在这些条件下，政治权力可能几乎无法对物质财富的分配施加重要的影响。在更小和较少等级划分的政治组织中，例如部落或者上层社会，领导者的地位在很大程度上取决于他们的能力和与整个社会分享其成果的意愿。农业国家和帝国的统治阶级通常享受更大的自主权。尽管偶尔会有大量公开的赏赐，但再分配的流向往往趋于逆转，即以多数人为代价使得少数人更富有了。精英阶层从初级生产者那里榨取的剩余的集体能力决定了能被占用的总资源的比例，国家统治者和各种精英群体之间的权力平衡决定了这些收益是如何在国库、政府官员的私人账户、地主的不动产和拥有商业财富的精英之间进行分配的。[38]

将资源导向掌权者的前现代国家的特征也可以作为收入和财富集中的有力制约。不尊重私有财产权的掠夺行为和权威的任意使用有助于创造出财富，同样，在一瞬间摧毁财富也很容易。就像政府官员一样，接近权力和统治者使得那些有关系的人获得了大量的财富，但竞争对手要阴谋，同时统治者意图限制其伙伴，侵吞他们以不正当手段获得的收益，这些举动都可能夺去他们的性命，至少可以很轻易地抢走他们的财富。除了家庭人口的异常变化有助于解释私有财产的存在和传递以外，暴力性的再分配限制了资源集中到精英圈子中的程度。

实际上，在历史上，不同社会的结果有很大的差异。中世纪埃及的马穆鲁克占据了这一分布光谱的其中一极。外来的和非世袭征服者精英阶层集体性地拥有了对土地的控制权，视统治阶级成员在权力结构中的位置进行土地分配，这一位置也会时常被调整。这就使得资源的获取更为易变和不可预测，因为暴力性的派系争端带来了较高的转换率。在这一分布光谱的另一极，例如中国的春秋时期或欧洲中世纪时的封建社会，弱势的统治者使得贵族能更有把握地保住他们自己的资产。这对处于灭亡危机之前的罗马共和国来说也是如此,当贵族一起为了他们自己的利益统治政权的时候,都恰当地热衷于支持私有产权。大多数的前现代社会及相当多的当代发展中国家,都位于这两个理想类型的中间,将偶尔对于私人产权关系的暴力性政治干涉与对个人财富一定程度的尊重结合起来了。我将在下文中对这一关系进行更详细的研究。[39]

从政治权力的获取中取得租金并不只局限于发展水平较低的时候。对西方国家很多超级企业家富豪的一项最新研究,展现了这些富豪是如何从政治关联、利用监管的法律漏洞和利用市场不完全性中获利的。在这一方面,发达的民主制市场经济国家和其他类型的国家之间只有程度上的差别。在一些例子当中,估测出精英的财富有多少来自经济活动之外的收入来源是很有可能的:如果我们能够分辨出,公元前2世纪和前1世纪的罗马贵族太过富有,他们不可能仅仅通过农业和商业就逐步变得这么富有,那么对于更为晚近的社会,更为具体的统计分析应该也是可行的。我随后分析的旧君主制度下的法国,只不过是其中的一个案例。在最一般化的意义上,几乎不用怀疑,之前个人化的政治关联和偏爱要比它们今天在发达国家的背景下,对精英阶层的财富做出了更大的贡献。拉丁美洲和非洲精英阶层的寻租方式,可能在某种程度上更为接近在全球史意义上传统的和确实"正常"的财富占有和集中策略。俄国的"寡头"也是如此,他们与一些前现代社会的精英群体在某种程度上是相似的,即他们财富的创造和维持都依赖于个人化的政治权力关系。即使考虑到具有很大不同的背景,俄罗斯的信用卡大亨奥列格·京科夫对其同类人的描述——"资产的暂时管理人不是真正的所有者",也在同等程度上适用于从古罗马到中国,一直到近代欧洲早期的君主的不稳定地位。[40]

皮凯蒂寻求用经济增长率和资本回报之间的较大差距("$r > g$"),来解释非常高的财富不平等水平成为18和19世纪欧洲典型特征的原因。在以可乘可加冲击为特征的动态模型中,对资本回报率的冲击与投资策略或运气相关,人口参数产生于死亡率和奇偶校验,有关消费和储蓄的偏好,加入外部收入的生产率的冲击,这些条件更倾向于放大初始财富差异并带来更高程度的财富集中。不像 20 世纪上半叶，那时以战时破坏、通货膨胀、税收和征用等形式对资本存量及其回报率所产生的负面冲击极大地减少了财富，从财富获得的净收入更是如此，这一大矫正时期之前的更稳定的条件对于财富的持有者比较有利。结果，来自资本的收入占了总收入的更大比重。

这种情况是前现代社会更具普遍性的代表吗？鉴于经济增长率和名义资本回报之间的差距（由利息率或者由来自不动产或禀赋的固定收益表示）总是非常大，假设在总体上资本所有者享有一种长期的优势似乎是合理的。同时，我们预计，资本受到冲击的程度会有相当大的不同，这取决于资产剧烈再分配的可能性。在稳定的时代，独裁统治的恣意妄为可能产生强有力的冲击（特别是对精英阶层的财富更是如此，这些财富可能常常发生膨胀），就如同它能摧毁那些财富一样。只要这种干预仅仅是再分配已经被社会的顶层声称占有的资产，对财富分配的总体效应很可能是中性的。相对的，由战争、征服或者国家灭亡产生的冲击带来的是不太可预测的结果：尽管军事成功可能通过使其统治阶级更为富有提升了胜利一方的不平等程度，但整体上矫正效应通常会从政权结构的崩溃中产生。我在本章和后续几章为这些发展过程提供了历史证据。

长期来说，财富不平等的水平一定是由这些更不稳定的暴力性冲突发生的频率塑造的。到目前为止，早期的收入分配和财富积累机制与我们在 18 世纪，特别是 19 世纪的欧洲所观察到的存在差异，它们产生这种差别的原因可能在于精英阶层从劳动力以外的资源获得收入的相对重要性。个人财富越是依赖于政治租金的获取，更多来自劳动力的收入（如果我们至少可以明确腐败、挪用公款、敲诈勒索、军事掠夺、争夺恩惠，以及夺取对手劳动力形式的资产）比起更为有序与和平的社会中的企业家或食利的资本投资者所起到的作用，将变得更加重要。如同我在之后这一部分中所谈到的，这种本质上的收入可能是主要的，有时甚或是精英地位最重要的决定因素。这在早期的古代国家特别正确，它们的上层阶级更依赖于政府支持的对于商品和劳务的租金收益，而不是私人资产回报。这些授权符合传统的资本收入和劳动收入之间的差别，同时再一次强调了政治权力关系在创造"最初的1%"当中的极端重要性。[41]

*

相当平均主义的土地所有制模式曾经在很多后来开始建立大帝国的区域普遍存在。在美索不达米亚南部的苏美尔人，即一个从文字资料得知的、可以回溯到5 000年前的最早期文明中，大量的农地曾经是由那些把它作为公有土地进行耕作的、延伸的父系平民家庭控制的。这种类型的所有制在中国商周时期也比较普遍，在那时，私有土地买卖是不被允许的。在阿兹特克时期的墨西哥谷地，大多数土地是由"卡波廷"所拥有和耕种的，这是一种社团组织，它拥有的土地包括家庭领地和公地。前者有时候会周期性地进行重新组合以考虑家庭规模的变化。印加帝国时期秘鲁高原中的"阿鲁昆纳"同样也是如此，同族婚配的群体将不同海拔的地块分配给单个的成员家庭，同时定期地对其进行调整以保证分配公平。这一类的安排对于土地的集中和商业开发施加了强有力的限制。

然而，随着时间的流逝，在资本拥有者获得土地，以及政治领导人对现有的资产强加进贡规定之后，不平等程度上升了。当苏美尔人的文献资料在公元前3000年不断扩充的时候，我们已经看到了拥有大量土地并且用它们自己的劳动力进行耕种的寺庙，同时我们也可以看到，一些贵族已经积累了相当大量的资产。只要其他群组成员同意这样，世袭领地的私有化也是可能的。债务可以作为将剩余收入转化为更多土地的有力工具：高达1/3的年利率迫使那些借款人把他们的资产让渡给贷款人，如果他们承诺以自己为担保，那么甚至可能被迫陷入被奴役的境地。这一过程不仅带来了大的不动产，也带来了耕种它们的没有土地的劳动力。债权人也许可以从管理他们自己的经济资产中得到一些用来借给他人的可支配资源，同时政治租金能在为他们提供追求这一策略上发挥重要的作用。反过来，私有化减少了委托人和支持者的传统社会义务：附着于私有财产上的社会责任越少，对于投资者的吸引力就越大。那时已经发展出多种社会地位以迎合资本所有者对劳动力的需求，例如佃农和债务奴隶，奴隶这种更为原始的从属类型也被添加到这一组合当中。我们能在4 000年后观察到类似的过程，但是在一个可比较的社会经济发展水平上，在阿兹特克人当中，农村债务、无地农奴和奴隶支撑了不断上升的不平等趋势。[42]

国家统治者的实践提供了一种侵占的模型，常常也是侵占的手段。苏美尔国王试图让自己和追随者获得土地，慢慢地潜入寺庙不动产的经营过程中，以获得对资产的控制。庙宇的管理人员把机构资产的管理与他们自己资产的管理混在了一起。渎职、贪污和武力都是早已形成的将资产据为己有的手段。公元前24世纪拉格什城的苏美尔楔形文字记录表明，当地的国王和王后接管了寺庙的土地以及附属的工人；贵族通过取消高利贷的赎回权获得土地；官员滥用船只和渔场这类的政府资产，对例如葬礼和剪羊毛这样的基本服务收取高价，扣发工人的工资，同时普遍地通过腐败来充实自己的口袋；富人从穷人的鱼塘偷鱼。先不谈这类指责有一些好处，这给人的总体印象是，这是一种特别的鼓励侵占和为个人利益而使用权利来致富的统治方式。从很早的时候开始，不断在精英圈子中进行的收购和私有财产的集中引起了统治者的关注，他们需要保护初级生产者免受掠夺性放贷人和支配性的地主的压迫，因为这些生产者被寄予了支付税收和为国家提供劳动服务的期望。从公元前31世纪中叶—前21世纪中叶，美索不达米亚的国王定期地发布取消债务的命令，试图减缓私有资本的发展。我们都知道，这注定是一场会失败的战争。[43]

我们能在"赦免之歌"中找到关于这些紧张关系的生动例子。这是一个在公元前15世纪被翻译成赫梯语的胡里安神话。它描写了胡里安人的天气之神泰舒卜，他伪装成一个债务人出现在叙利亚西北部的埃卜拉市政厅中，形容枯槁且看起来亟待帮助。梅吉国王与该城中的强权贵族在释放债务奴隶问题上发生了冲突，这是一项被认为需要神的命令的措施，但成功地被扎扎拉这位能左右精英阶层会议意见的天才演说家反驳了。在他的影响下，议员愿意在泰舒卜欠债的时候提供金银作为礼物，在他干涸的时候提供油，在他冷的时候提供柴火，但就是拒绝按照梅吉的希望释放债务奴隶：

> 但是我们将不会释放（奴隶）。梅吉，你的灵魂深处将不会有喜悦。

他们提出了保持对借债人的这种束缚的必要原因：

> 假如我们释放他们，那么谁会给我们提供食物呢？一方面，他们是我们的斟酒人，另一方面，他们为我们准备食物。他们是我们的厨师，并且为我们清洗餐具。

梅吉面对他们的难以管束只能哭诉，并且放弃了他自己所有的对奴隶的权力。恰好在这一留存下来的文本中断之前，文中写道，泰舒卜承诺如果其他债务得到免除，将会给予他们神圣的奖励，并且威胁道，如果他们不这样做将会遭受严厉的惩罚。[44]

这样的一些描述反映了面对精英的特权和侵占行为时，皇室权力的局限性。古代西亚城市中的国王，也不得不在与本地庙宇和其他有影响力的支持者的竞争中小心翼翼地增加他们自己的财产。在一定程度上，很多这种政治组织的平衡和相对适中的规模成为不平等干预的一种制约。然而，大规模的征服显著地改变了这种情况。对竞争对手和其领土的暴力性占领，为更为公开的掠夺以及不受传统本地约束条件限制的财富积累打开了大门。现有国家组织聚合成一个更大的结构并创造出新的等级层次，从更宽广资源的基础上给身居高位的那些人获得剩余的路径。几乎不能通过提高顶层群体的收入和财富份额来强化总体不平等的经济发展。

通过大范围的征服形成国家的不平等效应，在公元前24世纪—前22世纪的阿卡德王国的例子中是清晰可见的。如果我们不仅仅从规模上，也从多种族的异质性、非对称的中心-外围关系，以及由来已久的荣誉和等级的传统意义上定义帝国，这可以被视为历史上第一个"真正的"帝国，它对从叙利亚北部到伊朗西部的多元化社会行使着权力。这种前无古人的扩张不仅鼓动阿卡德的统治者要获得神圣的地位（现存的文本指出，里木什作为帝国的创立者萨尔贡的儿子和继承人，"认为自己属于众神的一员"，他的侄子纳拉姆辛宣称"他的城市的人要求他成为他们的阿加德城之神，并且他们在此为他修建了庙宇"），而且大规模地获取和再分配资产。当地城邦的国王被阿卡德任命的总督取代了，同时大量的土地最终都到了新的统治者和他们资深的代理人手中。由于大量最有生产力的农田都由寺庙掌握，统治者或者没收这些土地，或者指派他们的亲属和官员作为教士以掌握对这些资源的控制权。新的帝国统治阶级积累了大量的地产。他们将被征用的土地分给了过去支持他们的官员，并用其奖励他们自己的随从和下属，其中一些被称为"天选之人"。后来的传统表现出对"在草原上分配农田的抄写员"的反感。政府拨款的受益人通过购买私人土地进一步增加了他们的资产。

一些阿卡德人的记载有助于我们详细了解精英阶层财富的增长。神王纳拉姆辛的管家耶蒂－梅尔在帝国的不同区域拥有差不多 2 500 英亩[①]的土地。梅萨，公元前 23 世纪末的一位显要人物，控制了超过 3 000 英亩土地：他被授予了其中的 1/3，以维持自己的生存，他购买了剩下的土地的使用权。他的土地被分给了更低级的管理者、手艺人和随从，其中只有少数人获得了超过 90 英亩的较大份额，大多数人不得不获得非常小的地块。对物质资源的需求因此在国家层面上急剧增加。再加上掌权者很少顾及既有的所有权模式的重新分配资产的能力，生产性资源在帝国的融合创造出一种"赢者通吃"的环境，为一小部分的精英带来了不成比例的利益。一位著名的专家断言，"阿卡德的统治精英享受的资源要远远超过他们之前的苏美尔贵族所认知的水平"。[45]

帝国的架构有潜力以一种与经济活动的回报不相关的方式来影响收入和财富的分配，并将物质不平等变为权力关系重组的副产品。大规模的政治统一能够通过降低交易成本，提升对高端产品和服务的需求，以及使企

[①] 1 英亩 ≈ 4 046.86 平方米。——编者注

业家投资已经建立起来的交易网络，来扩大资本所有者和其他人之间的差距，改善商业活动的整体环境。它促进了城市的发展，特别是在都市的中心，从而也加剧了物质不平等。它使大众需求和期望免受与中央政府捆绑在一起的富有的精英阶层的影响，给予他们追求个人收益上的更完全的自由。除了其他因素之外的所有这些因素，都有助于收入和财富的集中。

但是，帝国的统治也以一种更为直接的方式塑造了不平等。国家主导的对政治精英成员和行政人员的物质资源分配，将政治不平等转变成收入和财富的不平等。它直接且迅速地在经济领域再造了权力不对等。前现代国家中权力代表制的本质要求统治者与他们的代理人和支持者，以及原有的精英一起分享收益。在这样的环境下，对生产性资产而言，指定剩余的拥有权可能比正式的产权更为重要。这在那些劳动力提供的服务代表着国家和精英收益主要组成部分的社会特别正确。在印加帝国，劳役安排在历史上有着非常广泛的记录，但强制性劳役在埃及、西亚、中国和中美洲这几个地方也很普遍。授予土地几乎是一个赏赐核心伙伴的普遍方式，夏威夷的酋长、阿卡德和库斯科的神王、埃及的法老和周朝的天子、中世纪的国王和新世界的查尔斯五世都分配过土地。他们试图让这些受俸的不动产在初始受益人的家族中被继承，并且最终它们变成私有财产几乎是一个不可避免的结果。但是，即使当其成功实现的时候，这些转变仅仅是延续和固化了起源于政治领域的物质不平等。

在土地和劳动力的授予之外，参与国家财政的征收是以权力为基础的精英获得财富的另一个重要的路径。这一过程得到了如此好的证明，以至一本很厚的书才能对其进行分析。这里只给出一个人们不太熟知的例子，在奥约帝国，即现代社会早期、西非的一个较大的约鲁巴国家，各地的小王和臣属的酋长在参加首都举行的年度盛会之前都聚集在当地的朝贡中心。作为贡品的贝壳、牲畜、肉类、面粉和建筑材料，通过一些官员被献给国王，这些官员被指定担当特定进贡者群体的代表，并且有资格获得这些贡品的一部分作为对他们承担麻烦任务的补偿。不用说，正式的报酬常常只是这些财政官员从他们提供的服务中获得的个人收入的一个适中比例。[46]

到 3 000 多年前的中巴比伦时期，几个世纪以来一连串的帝国王朝教会了美索不达米亚的居民一个重要的道理——"国王就是财富走向其身边的人"。他们可能不知道，但如果了解了也不会感到惊讶，这一点其实几千年来在全世界都是如此。暴力性掠夺和政治偏好极大地补充和扩大了源于生产剩余和继承性资产的收入和财富不平等。这些经济和政治发展之间的相互作用产生了"最初的 1%"。我无法使得布鲁斯·特里杰对于阿兹特克贵族的精辟描述更进一步，他写道：

> （他们）穿着棉质衣服、凉鞋，戴着羽毛制品和玉石装饰品，居住在双层的石屋中，吃着人们进贡的鲜肉，公开喝着巧克力和发酵饮品（适度地），娶小妾，随意进入皇宫，能在宫廷餐厅进餐，在公共仪式上表演特殊的舞蹈。而且，他们不用纳税。[47]

一言以蔽之，这是前现代社会不平等的公开面目。出于他们同类相残的癖好，这一特定的精英阶层得以将那种对他们来说甚为常见的，靠榨取他人血汗来维系的消费，提升到一个难以言表的程度。对人类历史的多数情况而言，非常富有的人确实"不同于你我"——甚或是我们更为普通的祖先。物质的不平等甚至可能塑造了人们的身体。在 18 世纪和 19 世纪，当医疗知识的进步最终使得富人有可能"购买"更长的寿命和更好的身体之时，英国的上流社会人群众所周知地俯瞰着发育迟缓的群众。如果这些看起来不太（很不）完美的数据是可以信赖的，这种差异可以在时间上拉回到更久之前。埃及的法老和青铜器时代希腊的迈锡尼的精英似乎显得比普通民众高一些。一些严重等级分化社会中的骨骼数据表明，其身高上的差别要比那些分层化不太强烈的社会的大一些。最后，最重要的是从一种达尔文主义的观点来看，随着精英拥有更多女眷并繁育了大量后代，物质不平等通常都会在比较极端的程度上转化成生殖上的不平等。[48]

诚然，前现代社会中的收入和财富不平等的程度并不是由其人脉深远的精英群体的贪婪所单独决定的。来自古代巴比伦的次精英圈子中遗产和嫁妆差异的证据使得我们可以对经济增长和商业化影响下的不断上升的差异有一个模糊的认识。在下一章和第9章中，我提供了在欧洲和北非的不同地区，罗马帝国统治之前、中间和之后不同时期有关房子规模的考古证据，这些反映了城市平民在消费不平等上的明显差异。即便如此，尽管毫无疑问可以举出更多材料（特别是在葬礼的记录中，对前现代社会的大多数时间而言，即使不是不可能的），也很难收集关于普通人群中的收入和财富分布的有意义的信息。[49]

但是，我并不是主要为了实用主义而聚焦富有的人群。就像我们将会在第3章和附录中看到的，在很多例子当中，社会调查或者人口普查记录使得我们至少能在非常粗略的线索上追踪，从古代到现代殖民时期特定社会当中物质资源的分配情况。这些大概的估计能够画出来的洛伦茨曲线，大多都像曲棍球杆，而不是月牙形的，这表明极少数人与大多数人在基本生存条件方面的巨大差距。除了少数例外（例如古希腊和北美殖民地的定居者，这些我会在第3章和第6章讨论的群体），在国家水平的政权中组织起来的农业社会一般都缺乏强有力的中产阶级，他们的资源可能可以与精英群体的财富相抗衡。仅仅是这一原因，不平等的差异在很大程度上是由富裕阶层掌握的资源比例调节的。[50]

最后，引入大量非常贫困的个体也会提高整体的不平等水平。在许多前现代社会，奴役和放逐外来人是达到这一目的的有力手段。在肥沃的新月地区，新亚述帝国在从事大规模的强迫性重新安置方面臭名昭著，其中大多数是从被征服的边缘地区安置到美索不达米亚北部的帝国核心区域的。大规模的转移开始于提格拉特帕拉沙尔三世统治时期，当时帝国的扩张和统一正处于上升势头之中。关于这一古代记录的一项调查得到了涉及1 210 928名被放逐者的43个事件，以及超过100个的我们不知道或者仅仅知道部分数据的放逐事件。即使这些被公布出来的数据的可靠性值得怀疑，而且尽管关于把所有人群赶出家园的论断需要小心对待——"他的土地上的人们，男的女的，小的大的，都没有例外，我带领他们前进，我把他们视作战利品"——这种做法的累积效应是巨大的。

大约在接下来的这个世纪，被放逐者的不断流入使得亚述国王得以建造、转移和供养几个都城。歌颂皇室功勋的石头浮雕传递出这样一种印象：被放逐者仅能携带少得不能再少的个人物品，例如一个包或者麻袋。他们被剥夺了以前的资产，一般只能期望勉强维持生存。当帝国达到其权力的顶峰的时候，他们的状况甚至恶化了。长期以来，在相关记录中，没有证据表明这些重新定居的对象被正式地与土著居民区别开来：他们"与亚述人在一起"。从大约公元前 705—前 627 年，大胜仗和不断持续的扩张培育出一种高涨的优越感，这种语句在亚述征服者的最后阶段消失了。被放逐者被降级到劳力的地位且被用在大型的公共建筑工程中。

强制性移民不仅扩大了穷人的队伍，而且提高了上层阶级的财富和收入。法庭和寺庙的多种文本都提到了战俘的分配。当最后一位伟大的征服者——亚述巴尼拔国王从埃兰（现在伊朗西南部的库泽斯坦）拖来大量的被放逐者的时候，他宣称这些是"我奉献给我的神灵的精品……这些士兵……我增加了我的皇家军队……剩下的在都城中、在伟大的神的驻所、在我的官员、在我的贵族和我整个阵营中间像绵羊一样进行分割"。分配后的这些俘虏被放到授予官员的农田和果园中进行劳作，其他人被安排到皇家土地上。由于是在很大规模上实施的，这些安排提高了劳动者在整个有着低收入和没有财产的人口中的比例，同时也提升了那些接近上层的人的收入，这是一种注定会恶化整体不平等的组合。[51]

奴隶制产生了相似的结果。对外来人口的奴役是少数几种能够在小规模的，有着较低或适中复杂性的采集者社会创造出显著不平等水平的机制之一，这不仅存在于太平洋西北部的靠海维生的觅食者社会中，还广泛地存在于部落群体中。然而又一次的，驯化和国家的形成促使对奴隶的使用达到新的高度。在罗马共和国的统治下，几百万奴隶进入意大利半岛，他们中很多人被富有阶层买来，在后者的宅第、作坊和农庄中辛苦工作。2 000 年之后的 19 世纪，在现在的尼日利亚，与"黑奴制度"在美国南方提高了其物质不平等恰好同时发生的是，索科托哈里发国"圣战主义者"也将大量的战俘分配给其政治和军事精英阶层的成员。[52]

第2章　不平等的帝国

不平等有很多来源。生产性资产的本质和它们被传递给子孙后代的方式，超过仅能维持生存水平的剩余的规模和商业活动的相对重要性，以及劳动力的供给和需求，都以一种复杂和不断改变的方式相互作用以决定物质资源的分配。调节这一相互作用的机构对于政治和军事权力的使用，以及对最终根植于动员和使用暴力的压力及冲击高度敏感。以稳定且陡峭的层级结构，以及至少从前工业革命的社会标准看，在例如获取能源、城市化、信息处理和军事能力这些社会发展的关键指标上得分很高，规模非常大的，同时也维持了很多代的农业帝国，在相对较好的免遭显著的暴力冲突的环境中，为我们提供了最好的、关于不平等动态的观察。从最后这一方面来看，它们代表了与相对和平的19世纪，即一段史无前例的经济和文化转型期的西方世界最接近的情况。如同我们将会看到的，古代帝国和正在进行工业化的社会，在收入和财富的不平等意义上，有着非常相似的结果。这些相隔1 500年或者更久，以及除了秩序、稳定和受保护的发展这些共同经历外几乎没有共同点的不同文明，都在物质资源的分配上保持了巨大的差异。穿过时间和不同的经济发展阶段，重大的暴力性冲突的缺位一直是高度不平等的一个重要前提。[1]

我提供两个案例研究来表明这些前提：中国汉朝和罗马帝国，它们每一个在其权力顶峰的时候，都掌握了大约1/4的全球总人口。古罗马被贴上的标签是"一个完全通过获得土地创造出财富的产权帝国"，中国汉朝时的财富是凭官位而不是私人投资获得的。这种对比看起来有点夸张：在这两种环境中，政治权力与经济活动如影相随地纠缠在一起，都是收入和财富的关键来源，也就成为物质不平等的有力决定因素。[2]

汉朝

紧随短暂的秦王朝（它最先统一了更早时期的"战国诸雄"）之后建立起来的汉王朝，是一个统治期超过400年的相对稳定的世界性大帝国，它保留了有关收入和财富集中动态变化情况的丰富证据。统治者和精英阶层之间的冲突来自谁来控制土地，土地上的剩余以及农村劳动力、创造和毁灭大量财富的经济和政治力量。农业耕种的商业化是一个原因：根据汉朝的第5位皇帝，即汉文帝统治时期（公元前180—前157年）的一项记载，被迫以很高的利息率借款的小片土地所有者把他们的土地（有时甚至是他们自己的孩子）输给了商人和高利贷者，后者在佃农、雇佣劳动力或者奴隶的帮助下种植他们建立的大型庄园。[3]

国家的统治者，为了维系一种作为其财政和军事征募系统基础的小规模的农业主生产模式，力图限制这些压力。在公元前140—公元2年的11个例子当中，政府的土地被分配给农民。地方精英阶层的成员被迫迁移到首都地区，这不仅是一种确保他们政治忠诚的方式，也是为了限制他们在地方层面的权力。在这一做法被暂停之后，富人和地位高的人通过购买或强占土地，以及压迫穷人的方式来积累资产就变得更加容易了。在公元前7年，经过很多代精英的侵蚀之后，宫廷中的最高顾问最终建议实施法律限制以对付土地所有权的集中。然而，这些本可以对精英所持有的土地和奴隶设定一个总体的上限，以及期望没收过多资产的措施很轻易地就被有权势的利益集团阻挠了。不久之后，篡权者王莽设想了更有力的干预手段。后来，从土地国有化到奴隶贸易终结的各种宏伟的计划为他招来了各种敌对势力。当时规定，家庭应该放弃给定上限以外的所有土地，分给亲属和邻居。恢复那种公认的周期性再分配的古老传统（所谓的"井田制"），定期调整土地所有权被当成确保公平的关键之举，而售卖土地、房屋和奴隶的行为被禁止，否则将被判处死刑。毫不奇怪，这些规制手段（它们被真正尝试过，而不仅仅是由东汉的宣传所创造和美化出来的）被证明是不可执行的，而且很快被放弃了。当汉朝在地主支持下成功地东山再起时，这

个新王朝很快就垮掉了。⁴

汉朝的文献资料把通过市场活动的方式获取的财富,有偏向性地归结到商人那里,这是一个被政治上人脉深厚的文人群体蔑视的阶级,这些文人提供了我们现在的分析所依靠的这些文本。历史学家司马迁把富有的商人形容为一种"指挥穷人提供服务"的阶级,同时大量属于他们的财富也可以与最资深的帝国官僚所拥有的相媲美。帝国掌权者因此将私有的商业财富作为一个目标。商人要承受比其他行业的成员更高的税收。在公元前130年之后的几年中,汉武帝统治之下的财政干预变得更为激进了,他发动了耗资巨大的军事动员计划以应对来自北面的匈奴。汉武帝建立了对盐和铁的国家垄断。通过这种做法,他不仅获得了原来被私营者拿走的利润,而且也保护了作为应征入伍者和纳税人的小土地所有者,使得他们免遭投资于不动产的商业资本所有者的替代。他也提高了对商业资产的年度税收。很多大富翁被认为已经被消灭了。为了与这本书的中心主题保持一致,这些平等化措施与大规模的战争动员紧密联系在一起,但在后者平息之后就消失得一干二净了。⁵

对抗商业资本的集中及其不平等社会后果的措施最终依然没有成功,这不仅是因为政策制定的不连续性,最为重要的是,商人很明确地把他们获得的收益投资于土地,从而躲避国家的索取。根据司马迁的《史记》,他们的策略是:

以末致财,用本守之。

禁令也不能阻止他们:就像商人不能被有效地禁止购买土地,所以他们也能成功地规避加入官场队伍的禁令,一些富有的企业家或者他们的亲属甚至上升到有爵位的贵族地位。⁶

除了经济活动之外,官府任职以及更普遍的与政治权力的中心紧密接近是获得大量财富的另一条主要的路径。高级官员从国君的礼物和封地中获利。采邑的主人被允许保留一部分分配给当地家庭的人头税。大量的财富从皇帝的恩宠和腐败中获得：好几位帝国的宰相和其他高级官员都被认为已经积累了不逊于所有有记载的最大富翁的财产。在东汉后期，高级职位能够赚取大量钱财的本质已经开始反映在购买它们的价格水平上了。法律特权以不断增加的"慷慨"保护着腐败官员。在一定等级以上的官员，没有皇帝的事先批准将不会被逮捕，同样的保护措施也延伸到量刑和惩罚上。[7]

除了把他们的新增财富投资于那些合法的渠道之外，人脉深广的人也发现很容易欺压和剥削普通民众。官员滥用他们的权力来占有公共土地或者从其他人手中进行抢夺。这种来源传递出一种默认的期望：不管是政府授予还是通过影响力和强迫来获得，政治权力都应该转化为土地形式的耐用的物质财富。长久以来，这些过程创造出一个由有爵位的贵族、官员和受宠者结成同盟和联姻的精英阶层。有钱人或者自己任职，或者与那些有官位的人联系在一起，政府官员以及那些与行使这些职责联系在一起的人反过来积累了更多的个人财富。[8]

这些动态发展既可能有利于，也可能限制家族财富持有的延续性。一方面，达官贵人的子孙更可能追随他们的脚步。他们和其他年幼的亲戚可以自动获得进入官场的资格，从用来填补官位的举荐系统中不成比例地获益。我们听说有些官员当中，一些人的六七个兄弟和子孙（在一个例子中，有不少于13个）也担任了帝国的行政官员。另一方面，掠夺成性和反复无常的政治权力的行使，即公职人员成为门阀，也逐渐破坏了他们的成果。一位地位很高的官员灌夫，积累了大量的财富，并且在他的老家拥有如此之多的土地，对这种显赫地位的普遍厌恶让本地出现了一首童谣：

颖水清，灌氏宁；颖水浊，灌氏族。

这首歌谣捕捉到了政治性财富岌岌可危的命运：多半是这样，爬得越高的家族摔得越狠。这种风险延伸到这一地位金字塔的最顶端——外戚家族。[9]

更为系统性的清洗异己情形也发生在不同的精英层级中。汉朝的创立者把165位追随者封为贵族，并且给予他们采邑的头衔和收入，这是一个由不同家族逐渐垄断了高级政府职位和大量土地的集团。在汉武帝统治的时期，他们中的大多数都被彻底褫夺了头衔和属地，这一状况一直延续到他的曾孙汉宣帝统治的时候，可以这样说：最有名的功勋卓越的将领的后代都以雇工，或者其他仆从的身份进行工作。

汉朝早期的顶层精英因此没有持续存在超过一个世纪，随后就与战国时期的统治者家族的残留一起被清除了。新的宠臣取代了他们的位置。一个世纪之后，篡位者王莽也热衷于打倒和驱逐他们的后裔，而他自己的支持者相应地也被东汉王朝的追随者取代了。结果是，在公元1世纪的末期，只有少数西汉的贵族家庭依然是存在的。[10]

统治阶级中充斥着暴力死亡和私人财产的征收。无数的达官显贵被处以死刑或者被迫自杀身亡。《史记》和《汉书》中记载着关于"酷吏"的特殊章节，这些人按照他们皇帝的要求迫害统治精英阶层的成员。很多被盯上的目标都失去了生命，有时是整个家族都被根除了。统治阶级不同阶层之间的内部斗争同样也导致了大规模的人员变动和资产转移。在精英圈子中，这种持续的"搅动"将对权力和财富的追求变成了一种零和博弈：一些人获益，另一些人必须失去。暴力性的财富建设和再分配的动态变化对精英财富的集中施加了限制：一旦特定的家庭和群体与其他人的距离拉得太远，对手就会把他们推翻。[11]

然而，尽管这样阻止了极少数超级富裕的，而且可能在长期保持他们的地位和财富的家族的出现，看起来精英阶层在整体上是以大众为代价不断获得财富和权力的。攻击性的政权干预随时间推移而减弱，同时，处于上升期的东汉王朝为不断增加的不平等打下了基础。20个汉朝诸侯王，即统治者近亲的采邑中拥有的家庭数量，从公元2年的135万户上升到公元140年的190万户，分别相当于帝国人口统计中登记的所有户数的11%和20%。尽管随着整个家族被屠杀或者被流放，暴力性的派系冲突不断夺走生命和家庭财富，富有阶级作为一个整体从新的秩序中获得了收益。由于在帮助汉室重新掌权中发挥了作用，大地主家庭使得越来越多的土地处于他们的控制之下，而且通过债务使得这些土地上的农民对其臣服。这一时期的一些资料指出，这些精英在人口统计中作假以隐瞒应税财产。登记的家户数量从公元2年的超过1 200万户下降到公元140年的不足1 000万户，当时是帝国南部不断扩张的殖民时期，因此，地主将自耕农转变为无地的佃户，并且抵制国家执法人员干预，至少部分反映了不断恶化的违规行为。[12]

在东汉王朝的统治下，一个更稳定的帝国精英阶层看起来已经形成了，使得一个人从社会底层上升到高等级被认为是非比寻常的事情。这种统治阶级门槛的封闭与越来越多的案例一致，即家族在培养高级官员方面的突出地位持续了六七代之久，这使得一些家庭长期拥有过度的代表权。尽管有持续的内部斗争和再循环，我们还是观察到一种更为持续的权力和财富集中的潜在趋势。这一过程伴随着更有凝聚力的精英阶层的形成，新的精英阶层对公务任职的依赖减弱。财富的私有化最终达到了能够负担更多的保护以对抗掠夺性干预的水平，即使日益缩小的国家权力使得政府的职位不那么重要。同时，地主和佃农之间的两极分化看起来加剧了，后者进入各种从属性的安排当中，不再仅仅只是契约性义务了。在帝国解体之后，佃农演变成强大的地方领主（地主）的家仆。依赖性的租佃制度导致了支撑私人军队的庇护主义。在公元3世纪，人们在很大程度上无法挑战权贵了。[13]

汉朝维持了一个由政府官员、地主和商业投资者组成的精英阶级，这些群体的成员有着明显的重叠，并且在他们中间，他们与其他群体的成员之间存在着资源的竞争。从长远来看，首要的趋势是随着国家对于自给的生产者的控制弱化，以及租金被挤出了税收，土地所有权的集中程度不断上升。那些有名望的家庭随着时间推移变得更有权力。随着时间的推移，门阀变得更加强大。统治者对待精英的方式从秦朝的中央集权的军事性领导转变为汉朝时的调和性政策，这种政策取向只是零星地被激进的统治者的干预行为打断。汉朝的复辟使得权力的重心进一步地转向富有的精英。这种不平等的演化是由两个因素造成的：一段延长的，允许以小片土地所有者，最终甚至是以国家统治者为代价的财富集中的和平时期，以及正在进行的对精英阶级成员所获得收益的掠夺性再循环。前者增强了不平等，而后者削弱了它。然而，到东汉后期和公元3世纪，财富集中已经大获成功。

汉朝的经验仅仅是对中国不平等历史的定义性特征的首次重复。区隔开主要朝代的暴力动乱注定会减少一些既存的经济差异。新政权实施的土地再分配应该会有助于这一矫正过程，但是通常会让步于再次发生的土地所有权集中，就如同在隋朝（581年）、唐朝（618年）、宋朝（960年）和明朝（1368年）发生的那样。在每一个新的王朝，作为新的支持者的精英人士都被置于结合政治影响和个人财富的位置上。在唐朝末年，贵族阶级被打倒，即我在第9章描述的一种发展，具有深刻的根源。少数有名望的家族能够在两三个世纪的时间中维持权力，享受着高级职位的特权，而且集聚了巨大的财富。贵族、官僚和功名持有者通常被免除了税收和劳役，这就进一步地加速了他们手里的资源集中。他们再次以国家所有的土地为代价实现了私有土地的扩张，地主也再一次使得在他们控制下的农民家庭从税收登记中消失了。

在这一阶级遭遇戏剧性的毁灭之后，一个全新的精英阶层在宋朝的统治下产生了。统治者的馈赠创造出大型庄园，后来为农民提供政府贷款的各种努力也很快止步不前了。在南宋王朝的统治下，土地集中和官官相护更加严重；迟来的为地产规模制定上限的尝试遭到精英阶层的敌视。蒙古入侵者慷慨地奖励首领土地所有权，同时为他们的普通士兵实施了养老金制度。在蒙古地主和官员被明朝军队驱逐之后，新的王朝建立者朱元璋发放了大量的地产给他的追随者，从而形成了一个新的贵族阶级；后来，他和他的继任者试图减少这些人财产的一些尝试都失败了。相反地，由于帝王赏赐、购买、强行侵占和嘉奖（农民将土地割让给富人以逃避国家的税收），精英阶层的资产增加了。一个对16世纪起源的精辟总结就是：扬子江以南，穷人和富人相互依靠，弱者都转让了他们的土地。

人口普查的弄虚作假隐藏了精英持有资产的真实情况。再一次地，政府资产成为获得财富的路径之一，《大明律释义》直言不讳地说，令人感到担忧的是，许多有功之臣将会利用他们手中的权力大规模地获得土地和豪宅，以及占有人口。

我们所看到的是某种程度上的，能够追溯到1 500年以前东汉的几种过程的一次重演：

> 在明朝末期，上层阶级以世袭臣服的方式掌握了数量庞大的农奴。在县一级，已经几乎没有自由的平民了。此外，如果主人的权力不断变弱，他们将会不受约束并离开。有时他们甚至会反叛，夺走他们主人的田地，夺取他们主人的财产，以及将他们的忠诚转移到一些刚刚获得地位的其他人身上。原来的豪门可能会为此进行上诉，但是当权者可能会仅仅以谁是强者为基础来处理这一案子。[14]

最后，清朝将大量的明朝土地没收并重新分配给宗室和其他人，也被多种多样的税收腐败阴谋困扰着。官员通过伪造欠款来隐瞒贪污；夸大自然灾害的规模来要求免税；为他们自己的土地虚报贫瘠的状况；从富人那里借钱预付税收；偷钱，然后把债务当作平民的应付欠款；重新划分土地但还是以过去的比率征税，从中赚取差额；扣留或伪造收据。贵族阶层和退休的官员常常根本不纳税，一些现役的官吏把这一负担转嫁给平民以换取分一杯羹的机会。最后，土地被登记在多达几百个假名字之下，这就导致由于太麻烦而无法追查一些小额的应付欠款。高级官员的腐败是财富积累的一个标准机制，等级越高就越多。根据一项估计，官员的平均总收入达到了他们薪水、奖励、津贴的官方合法收入的12倍，但是对总督而言，这将会远超过100倍，对和珅这位18世纪下半叶清廷的首辅来说，则高达40万倍。处决和没收财产是实现公平的永恒对策。[15]

罗马帝国

但是,让我们再次回到古代世界的"最初的1%"。罗马帝国不平等的演化在很多方面都与中国的相似,从文本到考古遗址,这些证据上的深度和丰富程度,使得我们可以更详尽地追踪收入和财富的集中,并且把它与帝国的兴起和统一更密切地联系起来。一旦罗马将其权力投射到意大利半岛之外,并且越来越多地进入地中海东部这些希腊王国的财富之中,量化的信息从公元前2世纪起就有了。随着帝国的扩张(见表2.1),贵族财富的规模也极大地增加了。[16]

表2.1 罗马社会中最大已知财富的发展和罗马帝国控制的人口数量:公元前2世纪—公元5世纪

(a)

时间	财富*	倍数
公元前2世纪中期/后期	400万~500万	1
公元前1世纪早期	2 500万	5
公元前1世纪60年代	1亿	20
公元前60年—前50年	2亿	40
公元1世纪	3亿~4亿	80
公元前5世纪早期	3.5亿	70

(b)

时间	人口	倍数
公元前2世纪早期	700万~800万	1
公元1世纪中期	2 500万	3
公元5世纪初始/早期	6 000万~7 000万	9

*以帝国时期的货币塞斯特斯表示。

这些数字表明，在超过5代人的时间里，私人财富的上限已经上升了40倍。在最保守的假设水平上，公元前2世纪—前1世纪，治理国家的元老院阶级控制的总财富上升了一个量级。通货膨胀一直是比较温和的，没有迹象表明普通市民中的平均人均产出或者个人财富能够以超过上层阶级财富所经历的比例增长。罗马帝国的权力群体因而变得非常富裕，无论是在绝对数量还是在相对意义上：元老的财富增长率大大超过了罗马统治下的从地中海盆地到其内陆在人口数量上的同期增长。同时，精英的富裕也进一步扩展到罗马社会当中。在公元前1世纪，至少10 000个，以及也许有这个数字的两倍多的大多在意大利本土的公民，在财富上明显达到了40万塞斯特斯这一骑士阶层成员的统计门槛，骑士阶层是元老院阶级之后的第二高的等级。考虑到仅仅是几代以前，达到几百万的个人财富的情况是非常特殊的，这就表明罗马帝国统治阶级的下游也享受了可观的收益。普通公民中的这些趋势依然比较模糊，但是也可能已经受到了两种不平等力量的影响：强烈的城市化，这通常趋向于恶化不平等；以及在意大利一处就有100多万人沦为奴隶，这些人被合法地剥夺了所有私人财产，同时大多数人只能拿到维持生计的收入，因而我们能够预计这会扩大整体社会的经济差异。[17]

所有这些额外的资源是从哪里来的？植根于市场关系的经济发展在罗马共和国的后期阶段确实上升了。在经济作物的种植和手工业中使用奴隶，以及关于出口红酒和橄榄油的丰富考古证据，都表明罗马的资本所有者的成功。然而这只是这个故事的一部分。对可能的供给和需求规模的简单估计表明，土地所有权和相关的商业活动无法产生足够多的收入，使得罗马贵族像我们已知道的那样富裕。实际上，我们的资料强调的是强迫劳动作为最高等级群体收入和财富的一种来源的最重要意义。大量财富从意大利以外地区的政府行政管理中获得，罗马式治理非常有利于进行剥削。省级政府机构是暴利的，同时寻租行为只是受到了法律和用来起诉敲诈勒索的法院的较弱约束，当权者中的联盟构建和租金分享提供了对抗起诉的保险机制。此外，在罗马的年利率普遍达到6%的时期，富有的罗马人对各个省会城市施加了高达48%的利率，这些城市急需金钱来满足其总督的需求。骑士阶级的成员从广泛的农业税的实施中获得了收益，在特定省份收取一定量的税收的权力被拍卖给了财团，然后他们会尽其所能把它变为利润。战争也是精英收入的一个同样重要的来源。罗马指挥官对战利品拥有完全的权力，并且决定了如何将战利品在来自精英阶层的军官和副手、国库和他们自己中间进行分割。基于战区和战争的数量，据估计，公元前200年—前30年，3000多位生存在这一时期的元老中，至少1/3有机会通过这种方式增加自己的财富。[18]

在公元前1世纪80年代，罗马共和国的系统进入持续半个世纪的不稳定状态，暴力性的内部冲突通过强迫性地对现有精英财富的再分配创造出新财富。那时，超过1600名罗马统治阶级的成员——元老和骑士被放逐，这是一种政治驱动的定罪形式，使得他们失去了财产甚至生命。胜利者阵营的支持者通过在拍卖中抢购贬值的充公资产而获利。在公元前1世纪40年代—公元前1世纪30年代更为持久的内战期间，暴力性再分配加速了。在公元前42年，另一轮权力剥夺消灭了超过2000个精英家庭。从混乱局面中脱颖而出的新人的地位得以上升，罗马的上层社会经历了共和国建立以来的第一次大逆转。主宰了这个舞台几个世纪的家族最终随着被其他人取代其位置而垮台。伴随着罗马共和国的崩溃，它开始表现出一些君主政体的典型特征，正如我们刚才在汉朝的例子中相当详尽地观察到的，包括精英阶层从血腥的内部权力斗争中受益或者受损，以及政治原因所导致的精英财富的非连续性。[19]

共和国的衰落带来了保留着共和制机构这些外在装饰的永久性军事独裁制度的建立。大量的财富现在从周围流向了统治者（皇帝）和宫廷。公元1世纪的时候，一些资料显示：有6个人的财富介于3亿～4亿塞斯特斯，这要比共和国时期所知的任何例子中的数量都要多。财富由这些宠臣逐步积累起来，但大多数最终都被财政吸收了。精英财富的再循环可以采取很多形式。贵族的盟友和受宠者经常期望把统治者包含在他们的遗嘱之中。第一个皇帝奥古斯都自称，他在20多年的时间里从他朋友的遗产中获得了

14亿塞斯特斯。在他的继任者的统治下，罗马的年鉴记录了似乎永无休止的由实际发生或想象中的背叛行为和阴谋带来的处决案例，以及对精英财产的充公事例。罗马社会上层中有记载的或者隐含的充公规模，大约是一些皇帝统治期间精英财富总额的几个百分点的水平。这说明了富人间暴力再分配的残酷。归根结底，赏赐和收回仅仅是同一过程的两个侧面，统治者是根据政治计算来创造或者撤回精英的财富。[20]

在独裁统治之下，更多传统的政治性致富手段的类别持续存在着。各省的总督现在从其提供的良好服务中可以获得每年100万塞斯特斯的报酬，但他们依然暗地里榨取大量的财富：一位总督进入叙利亚领域时还只是一个"贫民"，但两年后离开的时候已经是"富豪"了。一个世纪以来，西班牙南部的总督在他的信件里面不明智地吹嘘说，他已经从他的居民中敲诈了400万塞斯特斯，甚至把他们其中一些人转卖为奴隶。在这一食物链的更底端，一位监督着高卢的帝国国库的皇帝奴隶掌管着16个低等级奴隶，其中2个奴隶负责照看他明显过多的银器。[21]

帝国的统一和连通性促进了个人财富的扩张和集中。在尼禄的统治之下，直到他夺走他们的财产之前，有6个人被认为掌握了非洲范围（以现代的突尼斯为中心）的"一半"财富。尽管明显比较夸张，但这种说法并不一定与事实相去甚远，因为在这个地区，大片地产可以被形容为与城市领土大小相匹敌。最富有的外省人加入中央帝国的统治阶级当中，迫切希望得到地位和随之而来的特权，充分利用它们提供的机遇来进一步获得财富。对罗马文献的总体研究发现，富豪的不同称谓几乎完全被应用于具有执政官地位的元老，他们享有最有利和最好的获得更多财富的途径。正式的地位排序是根据财务能力进行的，同时统治阶级的三种等级的成员资格——元老、骑士和十人长是与错开的统计门槛捆绑在一起的。[22]

个人财富和政治权力的紧密结合在地方层面也得到了忠实的"复制"。成熟的罗马帝国包括大约2 000个大体上自治的城市或者以不同形式组织起来的社区，这些社区处于流动的总督、精英官员的少数骨干、帝国自由民和奴隶的松散监管（以及伺机敲诈）下，这些人最为关心的是财政收入。

每一个城市通常都是由一个代表本地富有精英阶层的委员会管理的。这些机构，其正式成员是由这些十人长构成的，他们主管的不仅有本地税收和支出，还有为国家评估他们社区的财富，同时他们还有责任筹集资金交给收税员和包税人。如果关于这一时期的慷慨的市政支出的考古和碑文证据是比较可靠的，那么这些精英知道如何从遥远的帝国中心手中保护自己的资产，并且将大量的剩余留存在本地，或者放自己的口袋里，或者用于维持公共设施。[23]

本地财富的逐渐集中在所有罗马城市中最广为人知的那一个遗址上得到了很好的反映，那个遗址即被公元79年维苏威火山爆发的灰烬掩埋的庞贝。除了大量铭文提到的官员和进行生产的所有者之外，毁灭发生时的大多数住宅留存下来了，有时我们甚至可以识别特定建筑中的居民。庞贝的精英阶层包括享有进入本地政府机构特权的富有公民的内部核心成员。在城市结构当中，也是可以看见分层的。这座城市里面有大约50座带有宽敞的天井、柱廊庭院和多个餐厅的豪宅，还有至少100个低档一点的住宅，这些住宅的档次门槛降到一位市议会成员的已知最小的住宅的水平。这与从文本资料中所知的"存在大约100个精英家庭"的信息十分匹配，也许在任何给定的时间，只有部分人属于管理委员会。一般而言，在一个30 000～40 000人的社区中（包括这个城市属地），100～150个精英家庭和华丽的城市住宅就将代表了本地社会前1%或者2%的群体。这些家庭将城市范围内的农业庄园与城市的制造业和贸易结合在一起。这些精英的宅邸常常也包含商店和其他商业用房。

城市的不动产集中在越来越少的人手中的这种趋势是特别显著的。考古调查已经揭示出，所有这些大房子和很多属于第二等级的建筑都是通过吸纳几家之前比较小的住宅产生的。随着时间推移，相对比较平均的住房分配（因此可能也包括财富）与公元前80年罗马退伍老兵的强制安置相关，逐渐地让位于日益拉大的不平等，且大多以被排挤出城市结构的中等家庭为代价。作为一种大规模动员的军事文化，自上而下的再分配被稳定的独裁统治取代，两极分化也就随之而来了。较高的死亡率和可分割的遗产无法使资产分散，使社会结构金字塔扁平化，资产仅能用来在精英圈子中进行财富的再循环。[24]

罗马帝国住房的考古数据更普遍地表明了罗马统治下社会分层的强化。如同我在第9章中会更详细讨论的，罗马帝国统治时期的英国和北非的住房大小分配比这之前更不平等。同时，依赖于我们选择的数据集，同样的结果对意大利自身而言也是成立的。这并不奇怪，尽管帝国为那些位于或者靠近权力天平的人带来了不成比例的好处，它同样也有利于更大的精英圈子中的财富的积累和集中。在君主制度统治的前250年间，从历史的标准看，破坏性的战争和其他冲突是极为罕见的。帝国的和平环境为资本投资提供了保护性的外壳。除了那些处于非常高位置的人，有钱人对于持有和传递他们的财产还是相对放心的。[25]

最后的结果是形成了一个强化的分层社会，其中最富有的1%或者2%的人吸收了生计最低限度之外的大量可用剩余。至少粗略量化罗马帝国的不平等程度是可能的。在它公元2世纪中期的发展巅峰，这个大约有7 000万人的帝国生产出来的年度GDP接近于5 000万吨小麦等价物，或者接近200亿塞斯特斯。相对应的人均GDP为800美元（以1990年的国际美元表示），这看起来与其他前现代经济相比也是合理的。根据我自己的重构，大约600个元老的家庭，20 000位或者更多的骑士，130 000个十人长，以及另外65 000~130 000个没有等级的富有家庭合起来，总计25万个家庭拥有的总收入应该在30亿~50亿塞斯特斯之间。在这个情景中，大约1.5%的家庭拥有1/6~1/3的总产出。这些数字可能大大低估了他们的实际份额，因为这是从估计的财富的推定回报中获得的收入数据；政治租金将会使得精英的收入上升到更高的水平。

尽管地位低于精英圈子的人群的收入分布甚至更难以评价，一种保守的假设范围指向的是，对整个帝国而言，整体收入的基尼系数是在0.4~0.45之间。这个数字要比它看起来的高得多。因为除去税收和投资之后的人均GDP仅仅是最低生活费用水平的两倍，估计出来的罗马帝国收入不平等水平并不是远低于这一经济发展水平上实际可能达到的最大值，这是一个很多其他前现代社会共享的特征。按照可以从初级生产者那里提取的 GDP 比例来衡量，罗马帝国的不平等是极端严重的。除了富有的精英阶层之外，最多只有 1/10 的人口能够享受大大高于最低生活标准的收入。[26]

上层阶级的收入如此之多，以至要拿出一部分进行再投资，从而再一次加剧了财富的集中。权力的不对称可能迫使一些外省人把他们的部分土地卖掉以支付税收，这是一种我们甚至还不能开始量化，但是会有助于解释出现在后来一些世纪中的贵族土地所有制的跨区域网络的做法，这就带来了罗马的不平等程度将是否或者何时会触碰到天花板的问题。这在很大程度上取决于我们准备把多大的权重放在公元 420 年以来的一个显然有些夸张的描述上面。埃及的历史学家奥林匹奥多罗把这些神奇的财富归功于罗马贵族的主要家族，据说"许多"贵族每年从他们的土地中获得 4 000 磅黄金，其中的 1/3 是以实物偿付的，而那些在第二等级的人每年可以获得 1 000 或者 1 500 磅黄金。转换为早期君主统治时期的货币，上层的 5 333 磅黄金的收入等同于公元 1 世纪时的大约 3.5 亿塞斯特斯，毫不逊色于当时所报道的最大的财富。看起来对最顶层的群体来说，财富的"高原"最早随着公元纪年开始前后君主制的创立而出现，虽然有一些波动，但一直持续着，直到西方世界的罗马帝国权力最终在公元 5 世纪彻底衰落。[27]

同时，一些迹象表明，随着传统的城市精英承受越来越大的压力，不平等可能在本地和区域层面进一步强化了。本地的富有精英阶层被分化为少数人，这些人受益于上层团体成员，而大部分人没有受益。这一过程的一些最好证据来自罗马统治下的埃及的晚期。现存的纸草文件说明了已经确立的、持续到公元 4 世纪的城市统治阶级是如何随着一些它的成员被拉走而逐渐削弱的，这些成员是因反对从地方财政义务中带来豁免的政府官员职位和提高个人致富的机会而被拖走的。在公元 6 世纪，这种向上的流动性似乎已经在埃及形成了一个新的、控制了大量可耕种土地和区域的关键位置的地方性贵族。一个经典的例子就是埃皮翁思家族，这是一个起源于十人长地位的家族，但它的一些成员控制了部分最高级的政府职位，并且最终控制了超过 15 000 英亩具有很高生产力的土地，其中有很多都集中在埃及的一个单独区域当中。这也并不是一个孤立的现象：在公元323年的意大利，有一个人可能已经在一个单一城镇中控制了超过23 000英亩的土地。超级富豪像触手一样发散的土地持有已经扩展到帝国的很多地区，因此社群和地区水平上的土地所有权日益集中。[28]

另一个中国历史上著名的过程，促进了不平等程度的提高。在后来的罗马帝国的不同地区，我们知道农民寻求有权力的地主（以及官员）的保护，后者承担了代表农民与外部世界交往的责任，最著名的是帝国的税务人员。在实践中，这干扰了财政收入的收集，并且强化了地主对于农业剩余的控制。这不仅反过来弱化了中央政府，而且把财政负担转嫁到了不那么强大的团体上，对中产群体伤害很大。再一次，富人和穷人之间的进一步两极分化几乎就是一个不可避免的结果，就像中国汉朝末年一样，私有军队和初期的军事割据并不会相距很远。随着时间推移，社会分层和物质不平等好像已经在整体上变得更加极端化了。早先这里可能还存在的中间地带已经被在强大的政治精英中进行的收入和财富的集中挤压了。罗马城和帝国的西半部被日耳曼首领夺取之后，在地中海东部地区，不平等可能甚至在持续地上升，一直达到公元1000年前后对拜占庭帝国估算出来的不同寻常的水平。伴随着它的特有的政治和经济权力的交错，以及它所培育出来的两极分化的后果，它持续的时间越长，帝国在被证明为不平等的永不休止的引擎上贡献的也就越多。[29]

帝国的模式

在它们的制度和文化差异之下，中国和罗马帝国共享着同一种造成了较高不平等水平的剩余占有和集中的逻辑。帝国统治导致资源流动，从而能够以一个在较小的环境中所不能想象的规模使得站在权力杠杆上的那些人变得富有。因此，不平等程度至少在部分意义上是所形成的帝国的绝对规模的一个函数。建立在几千年前首次发展出来的资本投资和剥削的机制之上，这些帝国把利益提得更高了。政府机构那里将会有更大的利润，降低贸易和长期投资的交易成本使得那些有多余的钱的人获益了。最后，只有通过征服、国家灭亡或者大规模的系统崩溃——所有这些本质上就是暴力性的动乱，帝国的收入不平等和贫富分化才能被终止或者逆转。前现代社会的历史记录中缺乏防止根深蒂固的帝国不平等的和平方式，也很难看清楚任何能够从这些特定的政治生态中生发出来的策略。然而，即使帝国崩溃，也往往只是一次重置，为另一波的放大和两极分化开辟了道路。

因为不平等能够被限制在完整的帝国政体之中，它是依靠精英群体内部资产的暴力性再循环实现的。我已经提到了埃及马穆鲁克的例子，其中这一原则可能以其最纯粹的历史记录的形式得以体现。在苏丹，埃米尔和他们的奴隶士兵分享着征服的收益：他们形成了一个在种族上分化和空间上分割的统治阶级，致力于从臣服的土著那里抽取租金，如果收益数量不能满足期望，这些土著可能就会受到摧残。在这一阶级内部持续不断的权力争夺决定了个人收入，同时暴力性的冲突常常改变这些分配。本地的产权所有者因面对敲诈勒索的威胁而寻求庇护，这就使得他们将其资产的责任让渡给来自马穆鲁克阶层的强人，并且支付一定的费用以换取免被征税的资格。这是一种得到精英支持的做法，后者从中得到了自己的份额。统治者的回应则是不断诉诸对精英财富的彻底没收。[30]

成熟的奥斯曼帝国完善了更为复杂的强迫性再分配策略。4个世纪以来，苏丹在没有司法程序的情况下，处决了几千名政府官员和承包商，并且没收了他们的财产。在14世纪和15世纪发生的征服战争的初期，贵族阶级已经作为武士家族与奥斯曼皇室形成联盟，后来又纳入其他地方的武士精英阶层。苏丹维护着自己的权威，15世纪以来不断增强的专制主义统治限制了贵族的权力。从奴隶中选择的出生低微的人才取代贵族家庭的后代成为官员。纵使这些家族继续竞争职位和权力，最终所有的政府官员，不管他们的社会背景如何，对统治者而言，都被视为丧失了个人权利。政府职位变得不再有继承性了，同时官员的资产也被认为是受俸的，实际上变成了提供服务的附属物而不是私有财产。当他们死去的时候，他们在职期间获得的收益将会从他们的财产中扣除且被国库接收。实际上，他们所有的财产可能由于一个简单的原因被夺走，即任职和财富被视为不可区分。死亡时没收财产是清算和征收那些引起苏丹关注的现任官员的补充手段。精英阶层的成员试图尽其所能抵抗这种侵蚀，到17世纪，一些家庭已经成功地保持他们的财富达好几代人之久。在18世纪，随着政府职位和职责越来越多地被让出去，本地精英变得更加强大了，这就导致政府行政的广泛私有化，并且使得官员可以巩固他们的财富和地位。中央政府不再能够像从前一样，用同样的方式夺取资产，产权在一定程度上稳定了。在18世纪末和19世纪早期的战争压力下，再次征用财产，这引起了抵抗和逃离。1839年，当苏丹确保他们生命和财产的时候，奥斯曼的精英阶层最终以对其有利的方式终结了这场竞赛。至于包括罗马帝国和汉朝时的中国在内的其他帝国，中央政府控制统治阶级财富的能力也随着时间的流逝而逐渐削弱了。[31]

在其他例子中，统治者要么太软弱，要么太遥远，从而无法干预精英圈子中的财富集中。西班牙对中美洲和安第斯山脉地区既存的帝国的占领就是一个特别有启发性的例子。在西班牙收复失地运动中，土地被授予贵族和骑士，然后他们有了对其居民的管辖权。西班牙征服者接着把这一做法推广到他们在新世界的领地，这里已经存在相似的做法了：正如我们在上文看到的，阿兹特克人已经建立起将土地授给精英阶层、农奴和奴隶在内的强制性和攫取性制度。在墨西哥，西班牙征服者和后来的贵族很快夺取了大片的土地。直到被占据之后，这些土地才常常被追认为皇室的授予。埃尔南·科尔特斯在瓦哈卡的土地于1535年被要求限定继承权，这片土地在其家族手中延续了300年，最终包括15个别墅、157个印第安人村庄、89个大农场、119个大牧场、5个大庄园和15万居民。尽管有试图限制这种授予（被称为赐封）期限的皇家命令，它们却实际上都变成了永久性和可继承的财产，并且一个小规模的、超级富裕的地主阶级得以维持。大授地制操纵土著人变成债务奴隶以控制他们的劳动，反对关于强迫劳动的禁令。长久以来，这使得他们得以从最初杂乱无章的扩张行为和多样化的大授地制中开拓出更多长期的庄园，相关的农场由苦力进行耕种，他们在自留地和领地之间分配其时间。在地主的专制控制下，实际上形成了微型独立王国。后来的变化局限于上层社会，最为著名的是墨西哥在1821年的独立，导致了西班牙地主被驱逐并被那些大体上保留了现有制度的本地精英取代。土地所有制在19世纪期间甚至变得更加集中了，导致了第8章描述的革命。[32]

秘鲁也发生了大致一样的事情，印加帝国同样把土地和收益授予精英家庭和高级官员。弗朗西斯科·皮萨罗和他的军官最先被授予监护征赋权，同时他声称自己拥有分配土地和控制这些土地上的农民的权力。大片土地以这种强制的方式被赏赐了，同时土著居民被赶到矿山之中，这都违反了皇家禁令。当皮萨罗拒绝对土地的授予施加上限并由此促使他进行了一次不成功的叛乱的时候，才产生了一些再分配。即便如此，土地和财富的集中甚至变得比墨西哥的更为极端了，大约500个领主占有大量肥沃土地。波多西的一些蕴藏丰富的银矿也被授予那些受宠的人，并且由附属的印第安人开采。本地部落首领通过让他们自己的村民提供工作服务与村民进行合作，作为交换，村民被任命为管理者，有时甚至得到他们自己的庄园。在典型的帝国模式中，外来和本地精英之间的合谋带来了经济两极化以及对普通大众的剥削。随着时间的流逝，就像在墨西哥发生的一样，非法的占用变得合法化了，从西班牙统治下独立的玻利瓦尔之后发生的土地再分配失败了，到19世纪，甚至土著人的公地也被吸纳进更大的庄园中。[33]

权力精英能够保持住他们从政治职位或者政治联系中获得的财富。仅举一例，在近代法国，那些与王位最为接近的人成功地把他们的影响力变成在他们死后甚至是免职之后也能保留的巨大个人财富。叙利公爵马克西米连·德·贝蒂讷曾经担任国王亨利四世的高级部长及他的财政主管长达11年，一直到国王死时的1611年，其被免职之后依然生活了30年，留下了超过500万里弗，相当于那个时候巴黎27 000个非熟练劳动力的年收入。红衣主教黎塞留从1624—1642年都担任着类似的职务，积累的财富有其4倍之多。然而，他亲自挑选的继承人，即任职于1642—1661年的红衣主教马萨林，使得这两人都相形见绌了，他挺过了1648—1653年的投石党

第2章 不平等的帝国 55

起义期间的两年流放，依然还是留下了 3 700 万里弗，相当于非熟练劳动力 16.4 万年工资的财产。权力较小的大臣也像强盗一样行事：黎塞留的盟友克劳德·德·比利翁，在他担任财政大臣的 8 年中获得了 780 万里弗；尼古拉斯·富凯在同样长的时间内担任同一职务，在他于 1661 年被逮捕的时候，其财产的估值达到 1 540 万里弗，尽管他的负债和资产一样多。将这些数字与最大的贵族财富进行比较是合适的：这一时期，作为居于统治地位的波旁王朝的一支，孔蒂王子的财富价值 800 万～1 200 万里弗。即使是最为激进的太阳王路易十四在控制后来的大臣时也仅是相对成功的：让-巴蒂斯特·科尔贝特掌管法国国库长达 18 年才获得了相对比较微薄的 500 万里弗财富，而卢福瓦侯爵弗朗索瓦·米歇尔·泰利耶作为陆军国务大臣，工作了 25 年才积攒了 800 万里弗。看起来最好的办法就是将大臣的收入从每年 100 万～200 万里弗减少为接近几十万里弗。[34]

我能够很轻易地添上一些来自全世界的更多例子，不过基本论点是清楚的。在前现代社会，非常大的财富通常要更多归结为政治权力而不是经济实力。它们主要在持久性上存在差异，这主要是由国家统治者的能力和实施专制干预的意愿来调节的。在社会最上层当中，强烈的资源集中和很高的不平等程度是确定的，尽管财富的流动性不断变化，对这些财阀圈子外部的人而言却几乎不相关。在首章中我们已经做了概略性描述，几乎所有前现代国家的结构特性都强烈支持一个特定的收入和财富集中的强迫-富裕模式，这种模式会随着时间推移而最大化不平等程度。结果，这些实体经常表现出来的是最大可能的不平等。如同我在本书结尾的附录中所做的更详细的说明，对从罗马帝国时代到 20 世纪 40 年代的 28 个前工业化社会的粗略估计，得到一个 77% 的平均榨取率，这一比率是在给定的人均 GDP 水平上，理论上可行的最大收入不平等数量的实现比例。例外情况是很少见的：唯一合理的有据可查的例子是公元前 5 世纪—前 4 世纪在古代雅典的情况，直接民主和大规模军事动员（在第 6 章中进行了描写）的文化有助于限制经济不平等。如果基于有限的古代证据所做的现代估计可以信赖，那么公元 1 世纪 30 年代中的雅典人均 GDP 对前现代经济而言是相对较高的（可能是最低的生存水平的4~5倍，类似于15世纪的荷兰和16世纪的英格兰），市场性收入的基尼系数达到大约0.38的水平。根据前现代的标准，其中隐含的大约为49%的榨取率是格外温和的。[35]

然而，雅典的这种异常现象并不能持续。在罗马帝国的巅峰时期，雅典最富有的人是赫罗德斯，他称自己是公元前5世纪的著名政治家和真正的宙斯的后裔。与他的血缘最近的家族是一个雅典贵族，其已经获得罗马公民资格，上升到很高的公共职位，并且获得了大量财富，财富数量也许并不比罗马那些最富有的个体少很多。他的名字表明他与罗马那个最终产生了好几位皇帝的显贵的克劳狄家族存在关联。赫罗德斯的家庭甚至与罗马的上层阶级有着共同的典型经历，他祖父喜帕恰斯的财富（曾经被粗略估计是1亿塞斯特斯）被杜密善皇帝没收但在后来（有点神秘地）被返还了。赫罗德斯向许多希腊城市做了捐赠，并且赞助了公共建筑，最著名的是雅典的室外剧场。如果他真的拥有1亿塞斯特斯（等同于古典时期以来，我们所知道的最大私人财富的24倍），从他口袋中拿出的年度资本收入就足以覆盖公元前1世纪30年代时的雅典总政府支出（包括战争、政府、节日、福利、公共建设以及所有）的1/3，但他可能拥有甚至更多的财富。由于他是皇帝安东尼·庇护养子兼继承人的导师，赫罗德斯与皇帝的关系变得密切，在公元前143年，赫罗德斯成为已知的第一个出任罗马帝国政府执政官的希腊人。帝国的恩惠和不平等占据上风。

第3章　大起大落

双子峰

长期以来，经济不平等是如何变化的？目前为止，我已经分析了这一过程的早期阶段。权力不平等和等级制度与非洲类人猿一起在几百万年前就出现了，并且在过去的200万年左右的时间里随着人类的进化逐渐减弱了。全新世期间，人类驯化活动推动了权力和财富不平等的一次上扬，并随着我们描述过的大规模的掠夺成性的国家形成而达到顶峰。现在是时候对这个地球的特定部分进行放大，以看清楚其中收入和财富不平等的演化是否更加普遍地遵循一种能够被特定的不平等和矫正力量解释的模式。我的目标是证实这本书的关键论点：不平等程度的上升是由技术及经济的发展和国家形成之间的交互作用驱动的，有效的矫正需要暴力性冲击，这种冲击至少能暂时限制和扭转由资本投资、商业化以及掠夺性的精英阶层和他们的伙伴行使的政治、军事和意识形态的力量所导致的不平等后果。

我会把大家一路带到20世纪早期的调查中，我完全是出于实用的目的聚焦欧洲的，从整体和长期来看，欧洲社会产生了最丰富的（或者至少是最彻底研究过的）一直延续到现代的关于物质不平等演化的证据。这一证据使得粗略重现几千年来上升或稳定的不平等和平等化冲击之间的反复变动有了可能性（图3.1）。

公元前7000年起，欧洲出现了农业，并且农业在接下来的3 000年中得到了广泛传播。宽泛地说，哪怕我们不能期望可以细致地追踪这一过程，这一根本性的经济转型注定要伴随着逐渐升高的不平等。设想一个直截了当的线性轨迹是不够明智的，例如瓦尔纳那些考古证据表明，短期的变动也可能是相对可观的。但是，如果我们不是退后一步，而是退后三步或者更多，把我们的考察尺度从几百年扩展到几千年，我们也许可以安稳地设想一种人口密度增加、规制强化和剩余增长的总体向上的趋势。

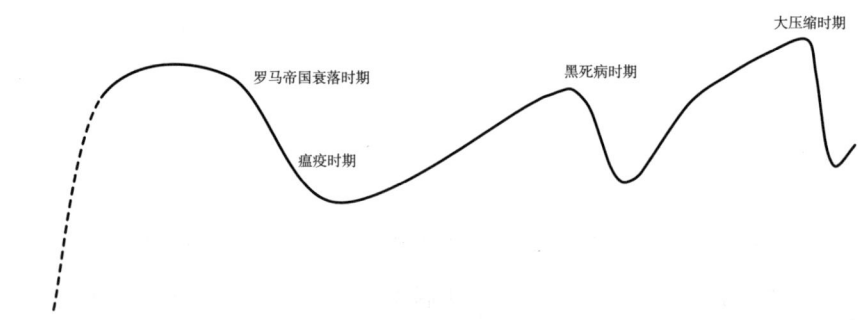

```
                                              大压缩时期
      罗马帝国衰落
      时期              黑死病时期
         瘟疫时期
```

公元前7000　公元 125 200 275 350 425 500 575 650 725 800 875 950 1025 1100 1175 1250 1325 1400 1475 1550 1625 1700 1775 1850 1925 2000（年）

图 3.1　欧洲长期的不平等趋势

基于这种俯瞰的角度，我们能够确定，在公元纪年之后几个世纪的罗马帝国成熟期中，物质不平等达到第一个长期最高点。在欧洲大部分地区，此前没有达到过与之相当的人口、城市化、私有财富和强制能力的水平。希腊是唯一的例外：由于它与古代西亚文明核心区域地理上的邻近性，其在国家层面上的发展要比欧洲其他地区在时间上往前回溯更远。高水平的不平等在迈锡尼铜器时代晚期就已经达到，并且也许在公元前 13 世纪达到顶峰。在后来的几个世纪中，随着宫殿变成村庄，国家的崩溃大大降低了这些差异，这就是我在第 9 章中讨论的暴力解决措施。尽管古代与古典时期的希腊城邦文化（大约公元前 800—前 300 年）取得了高得多的经济发展水平（在某些情况下甚至要比罗马世界的大部分地区高），根植于大规模军事动员的制度限制了不平等。然而，就像欧洲的其他地方，罗马时期也同样是一个区域不平等大大上升的时代。[1]

暂且不谈巴尔干地区的南部，这里依然是在拜占庭的控制之下（有时是不稳定的），所有受到罗马统治的欧洲其他地区经历了一次收入和财富不平等的严重压缩，这一过程开始于公元 5 世纪的下半叶，即罗马政权分裂的时候。就像我在第 9 章中表明的，这种经济平等化在很大程度上是国家衰败的结果，这是一个大规模的暴力性冲击，并且被从 6—8 世纪在西欧发生的，提高了劳动相对于土地价值的第一次鼠疫大流行进一步强化了。我们需要考虑时间和空间上的相当大变化：矫正效应可能在后罗马帝国时期的英国最为彻底，早期的机构和基础设施大体上都被一扫而空，不平等可能在更封闭的地区表现得更有弹性，例如在西哥特人统治下的伊比利亚半岛。即使是这样，广泛的精英利益交换网络、城市化、财政结构和跨区域财富持有的瓦解是一个普遍存在的过程。[2]

试图对这次大压缩进行量化似乎是不明智的：为罗马帝国估计基尼系数很困难，为6—8世纪的罗马帝国估计基尼系数可能是更困难的。注意到以下两个下行压力的同时发生就足够了：降低了不平等范围的人均剩余的缩小，以及国家和精英的榨取能力的逐渐变小。即使是拜占庭统治下的希腊也受到了可以缓解暴力性动乱的严重影响。有一段时间，作为那个时代欧洲城市化的最东端的君士坦丁堡，可能是帝国的不平等的最后残存的堡垒，但即使这个受到很好保护的中心也经历了一段严重衰退的时期。[3]

欧洲经济和国家组织开始在不同时期复苏。加洛林王朝在8世纪的扩张可以被视为一段不平等复活的时期，也许穆斯林对西班牙的征服也如此。在英国，在埃赛克斯伯爵的领导和强大且富有的贵族形成的条件下，后罗马时代的低谷让位给国家的形成。拜占庭这样一个权贵主导的社会，在9世纪和10世纪重新掌握了对巴尔干地区的控制。在罗马帝国崩溃之后，普遍变得衰弱的贵族重新开始聚集力量。考虑到相当大的地理差异，9世纪以来，封建主义的日益突出使得精英阶层在更大程度上控制了农业劳动力及其剩余，这是一个与民间和宗教领袖之间正在进行的土地集中同时发生的过程。大约1000—1300年以来，欧洲随之经历了一个持续的经济和人口增长的阶段。更多人口、更多更大的城市、更多商业和更优良的精英阶层，所有这些都提高了经济不平等程度。

在整个这一时期，英国的不平等程度也上升了。虽然1086年的《土地赋税调查书》表明，大多数农民家庭拥有足够的土地，从他们自己的地块就可以获得超过维持生存水平的收入，但1279—1280年的《百户区卷档》发现，他们后代中的大多数只能寄希望于通过为其他人提供收割工作获得工资收入，补充他们的农业生产，使得自己收支相抵。模拟模型显示，单凭人口增长不足以产生这一结果：不平等的上升是由人口数量上升的交互效应驱动的；这种土地转移政策的放松鼓励了小土地所有者在遇到危机的时候，把土地卖给状况好一些的人，以购买食品、种子、牲畜，或者偿还债务；可分割遗产带来的效应是打破了财产的持有规则，并且促进了更多的压力环境下的出售。一些农民变得完全没有任何土地，这更进一步提高了资产不平等。此外，即便这些人的地产规模在缩小，英国的地租在11—14世纪早期之间却大大增加了。在同一时期的法国，即9—14世纪早期之间，典型的地块大小从大约10公顷下降到常常少于3公顷。[4]

日益增长的不平等程度也受到了上层社会收入和财富集中的驱动。1200年的英格兰，有160位富豪（男爵）的平均收入达到200镑，但是到1300年，这一群体已经扩大到200人，平均收入为680镑，扣除物价因素也有原来的两倍。作为一个不平等程度强化的典型时期，最大的财富增长得最多：在1200年，最富有的男爵，切斯特的罗杰德莱西用掉了800镑（也许是所有同级别群体平均年收入的4倍），然而到1300年，康沃尔伯爵埃德蒙得到3 800镑，扣除物价因素后几乎有其三倍之多，等价于这时期所有同级别群体人均收入的5.5倍。英国精英阶层的中间等级增长得更为显著，束带骑士的数量在大体相等的收入门槛上，从1200年的大约1 000人上升到1300年的3 000人。军队报酬的不平等能够通过骑士阶层相对于步兵的收入比率来追踪，这一数字从1165年的8∶1上升到1215年的12∶1，再到1300年的12∶1～24∶1。并非巧合的是，在14世纪的早期，法国葡萄酒的进口也达到顶峰。同一时间，精英的收入在实际水平上也上升了，那些普通人的收入则下降了。人口增长和商业化的交互效应很可能在欧洲的其他地方也产生了相似的结果。[5]

在1347年暴发黑死病的前夜，欧洲整体上要比罗马帝国时期以来更为发达和更不平等。我们只能猜测这两个顶峰的对比。我怀疑甚至到14世纪早期，整体的不平等可能已经下降到比大约1 000年之前的水平低一些。在中世纪欧洲，没有能和罗马帝国后期贵族相媲美的人物了，他们在整个地中海西部及其腹地拥有资产，并从庞大的帝国财政中汲取资源。只有拜占庭帝国可能遭遇过比成熟的罗马帝国更高的榨取率，但是它主要位于严格意义上的欧洲之外。一项对 1290 年左右英格兰和威尔士的收入基尼系数的孤立估计，其不平等程度用人均产出的可比水平表示，要比 2 世纪的罗马帝国的水平稍微低一些。最终，罗马帝国和中世纪中叶之前对不平等的更有意义的对比可能已经超出了我们的能力范围。在这里，重要的是中世纪中叶收入和财富的整体不平等，这是一个我们没有理由质疑的趋势。14 世纪第一个 10 年巴黎和伦敦高水平财富集中（基尼系数达到 0.79 或者可能更高）的税收记录仅仅记载了那段时间的长期性商业革命靠近终点的情况。[6]

当瘟疫在 1347 年袭击欧洲和中东的时候，所有这些都改变了。几代人以来，一波又一波的瘟疫蔓延杀死了数以百万计的人类。到 1400 年，超过 1/4 的欧洲人口被认为已经死去——也许在意大利是 1/3，在英格兰是接近一半。劳动力变得稀缺了：到 15 世纪中叶，在这个区域，非熟练的城市工人的实际工资大体提高了一倍，但是熟练的手工艺人提高得少一些。即使地租下降和精英阶层财富缩减，英国的农业工资的实际值也翻番了。从英格兰到埃及的平民享受到更好的食物，并且身体长得更高了。如同我在第 10 章所指出的，意大利城市的税收记录展现出财富不平等的戏剧性下降，本地或者区域的基尼系数下降了超过 10 个点，上层社会的财富比重下降了 1/3 或者更多。几百年的不平等化过程被人类经历过的最为严重的一个冲击化解了。[7]

攀登新的高峰

瘟疫在 15 世纪末消退之后，欧洲的人口开始复苏。经济发展达到了新的高度，不平等也是如此。欧洲财政-军事国家的形成、海外殖民帝国的创立，以及史无前例的全球贸易扩张促进了制度变迁和新的交易网络产生。尽管商业性和朝贡性的交易一直都是并存着的，但随着附庸国的商业化转变以及对商业收益的依赖性越来越高，前一种交易逐渐占据了主导地位。

一个更为统一的世界系统的增长得到新世界中金银的开采和跨大陆贸易调动的财富支持，并且在全球范围内扩大了富人和穷人之间的差距。当欧洲变成世界性交易网络中心的时候，发展带给商业精英更多的力量，并且把农村大多数人拉进了对他们的土地依附带来压力的市场活动之中。获得进贡的精英阶层演变成商业和企业化的地主，同时商人与政府之间建立了更为紧密的联系。通过圈地、税收、债务和持有土地的商业化，农民被逐渐从土地中剥离了。根植于对政治权力的掠夺性应用的传统致富方式与这些以市场为基础的现代化过程一起持续存在：更强大的国家提供了通向富裕的有吸引力的路径。所有这些都对财富不平等施加了上行压力。[8]

中世纪后期，现代欧洲在物质不平等的历史研究中占有特别的位置。财富分配（然而还不是收入）的量化证据首次变得可用了，使得我们能够充分地追踪长时间的变化，并且在不同区域之间比较发展的成果。这些数据主要来自可征税财产的本地记录，并且得到了有关地主和工人收入信息的补充。接下来，我将同时使用财富分配和收入的信息。一般来说，系统分析这一时期的两个指标是不可能的：研究前现代社会不平等问题的学者在选择的时候，可能要比现代经济学家选择的更折中。这并不是一个重要的问题：在前工业化社会，财富和收入不平等的趋势基本不太可能向不同方向移动。[9]

尽管这些数据集并不意味着关于不平等的真实全国统计数据，但它们把我们对于财富集中的结构和演化的理解置于一个比以前更坚实的基础上。由于它们的内在凝聚力和时间上的一致性，一些中世纪晚期和现代早期的数据可能对这些变化的总体轮廓来说是更为可靠的向导（相对于从不同来源的，即使是19世纪的资料来重构全国趋势的现代尝试而言）。几个西欧和南欧社会得到的证据表明，资源在大城市中要比在较小的城镇或者乡村中分布得更不均衡，不平等程度在黑死病结束之后通常都上升了，这种上升发生在多种经济条件的作用之下。

更细致的劳动分工，技能和收入的差异化，精英家庭和商业资本的空间集中，以及更贫穷的移民的流入总是推高了城市的不平等程度。根据

1427年的佛罗伦萨王国人口统计，财富不平等与城市化的规模是正相关的。都城佛罗伦萨有着一个达到0.79的财富分布的基尼系数——如果把没有记载的无财产穷人包括在内，也许接近0.85。较小城市的基尼系数相对较低（0.71～0.75），农业平原的还要低一些（0.63），最贫穷的地区（丘陵和山区）的最低（0.52～0.53）。最高等级人群的收入相应发生类似的变化，从佛罗伦萨最高5%收入人群所占的67%的比重，下降到山区同类人的36%的比重。另一个意大利税收登记数据中出现了大体相同的情况。15—18世纪，托斯卡纳地区的阿雷佐、普拉托和圣吉米尼亚诺这些城市报告的财富集中程度一直比相邻的农村地区高一些。在皮德蒙特也能观察到同样的模式，虽然程度轻一些。[10]

在中世纪后期和现代西欧早期的主要城市中，基尼系数至少达到0.75的较高财富不平等程度是一个标准特征。奥格斯堡是当时德国领先的经济中心之一，提供了一个特别极端的例子：从与瘟疫相关的矫正作用下复苏之后，城市财富基尼系数从1498年的0.66上升到1604年超常规的0.89。很难想象出一个更为两极分化的社区：很少比例的居民拥有了几乎所有的资产，另外1/3～2/3的人根本没有任何有价值的东西。我将会在第11章详细讨论这一案例。在荷兰，大城市同样有着类似的高水平财富集中（基尼系数在0.8～0.9之间），小城镇则落在后面（0.5～0.65）。阿姆斯特丹的城市收入不平等程度也是非常高的，其相应的基尼系数在1742年达到0.69。1524—1525年的英国税收记录反映出的城市财富基尼系数通常都高于0.6，也可能高达0.82～0.85，要比农村的0.54～0.62高出不少。在个人财产的遗嘱清单里，资产的分布同样与住房的规模相关。1500—1800年之间，在这些区域的某些地方，城市化比率保持了稳定，最为显著的是在意大利以及伊比利亚半岛，但是在英格兰和荷兰，城市化比率有了显著的增长，由此提高了整体不平等水平。[11]

从15世纪时由黑死病带来的矫正效应的低点开始，在我们有数据的几乎欧洲所有地区，不平等程度都上升了。荷兰在这方面提供了最详细的信息。作为一个早熟的、几乎确定有着当时全世界最高人均GDP的发达经济体，它证明了商业和城市发展的不均衡效应。在 17 世纪晚期，城市人口比例达到 40%，同时只有 1/3 的人口从事农业。大城市为出口市场进行制造和加工。脆弱的贵族阶级已经被享有免受专制掠夺的自由商业精英超越。由于资本集中在城市，以及许多地主居住在城市，城市变得高度不平等了。在 1742 年的阿姆斯特丹，几乎所有收入的 2/3 来自资本投资和创业活动。作为对从劳动密集型到资本密集型生产技术的转移和压低了实际工资的国外劳动力流入的反应，荷兰的资本收入的比例从 1500 年的 44% 上升到 1650 年的 59%。[12]

荷兰公民中的一小部分人，即使在城市贫民队伍不断扩张的情况下，依然获得了新创造财富的不成比例的很大份额，经济发展和城市增长带来的是长期上升的不平等程度。在莱顿市已报告财富的最长可得时间序列中，顶层 1% 群体占有的财富比例从 1498 年的 21% 上升到 1623 年的 33%、1675 年的 42% 和 1722 年的 59%。在同一时期，资产总额没有达到最低税收门槛标准的家庭比例从 76% 上升到 92%。相关度最高的信息来自记录了荷兰不同区域房屋年度租金值的税收登记表，这是总资产不平等水平的一个更为间接和不完美的代理变量，考虑到富人如果变得更富有，他们在住房上花费的收入比例会逐渐变小，这就可能会带来对不平等水平的低估。荷兰大部分地方的加权值显示出一种持续的上升，从 1514 年的 0.5 到 1561 年的 0.56，18 世纪 40 年代的 0.61 或者 0.63，以及 1801 年的 0.63。在 1561—1732 年间，租金的基尼系数在所有地方都上升了，在城市中从 0.52 上升到 0.59，在乡村中从 0.35 升到 0.38。对 15 个荷兰城镇资料的最新标准化调查显示出一个从 16 世纪—19 世纪后期总体上升的趋势。[13]

经济进步仅仅为这一现象提供了部分解释。有时即使在经济增长停滞的时候，财富集中还保持上升。只有在北方低地国家中，不平等的上升趋势与经济增长是一致的，而在南方低地国家中，这两个变量之间根本没有系统性关系。经济发展的不同路径并没有影响不平等上升的共同趋势。不同的税收体系也没有做到这一点：尽管南方对累退的消费税的强烈重视本应该产生不平等的后果，然而荷兰共和国对北方的税收实际上是累进的，关注的重点是奢侈品和不动产。可是，不平等还是在整个区域逐渐扩大。

这并不奇怪：在更有活力的北方，不断拉大的工资差距成为全球贸易和城市化的不平等力量的一部分，它至少部分根植于社会政治的权力关系。在 1580—1789 年间的阿姆斯特丹，高级行政官员、教士、校长以及兼任医生的理发师的工资上升得更快——以 5～10 的倍数，相对于木匠获得的工资而言，后者仅仅翻了一番。对于一些职业，例如外科医生，这可能反映了赋予他们的技能更大的重要性，尽管这一时期工人的技能溢价并没有普遍上升。此外，对政府官员和例如校长这样相关的"知识性工人"慷慨加薪，很可能最初是由一种人的欲望驱动的，这种人紧跟这些人，在同一个资产阶级阶层，并且从增长的资本收入中获益。因此，商业资本的收入对特定的社会特权群体而言，可能对工资有一种明显的冲击效应。精英阶层的寻租行为对于收入分配有一种极化效应。[14]

在佛罗伦萨境内，财产登记记载表明，财富不平等的基尼系数从 15 世纪中叶 0.5 的低点增长到 1700 年左右的 0.74。在阿雷佐市，它从 1390 年的 0.48 上升到 1792 年的 0.83，在普拉托从 0.58（1546 年）增长到 0.83（1763 年）。这一集中趋势最主要是由最高层人群的财富比重增长驱动的：在 15 世纪晚期或 16 世纪早期—18 世纪早期之间，佛罗伦萨境内最富有的 1% 家庭拥有的已知资产的比重从 6.8% 上升到 17.5%，在阿雷佐是从 8.9% 变成 26.4%，普拉托则是从 8.1% 上升为 23.3%。从皮德蒙特地区的各种登记也可以看到类似的趋势，在一些城市，财富的基尼系数的增加可以达到 27 个点，一些农村社区也达到相似的规模。在那不勒斯王国的阿普利亚区，最富有的 5% 群体的财富比例从 1600 年前后的 48% 增长到 1750 年 61%。在皮埃蒙特和佛罗伦萨，财富最少达到本地中位数值 10 倍的家庭比例从 15 世纪后期的 3%～5% 上升到 10%～14%（三个世纪后）：随着更多家庭脱离中位数水平，两极分化加剧了。[15]

荷兰的情况与其有所不同，这种变化大多发生在 17 世纪经济停滞甚至更长期的缺乏城市化进展的环境当中。主要源于三方面因素：从黑死病的消耗中恢复的人口；对农业生产者的逐步征用和无产阶级化；军事财政国家的形成。在欧洲的其他地方，劳动力的供给增加压低了其相对于土地和其他资本的价值。精英阶层获得了越来越多的土地，我们在荷兰和法国也见证了这一过程。此外，具有自治社区的传统，以及公民与共和主义强大观念的城邦被纳入征收更重税收的更大和更多强制的国家。在皮德蒙特和南部低地国家，公共债务把资源从工人引导到了富有的债权人那里。[16]

这些案例研究强调了不平等机制的长期持续性。至少可以回溯到古巴比伦时期，集约型的经济增长、商业化和城市化已经提高了不平等水平。罗马帝国时期和中世纪的鼎盛时期同样也是如此。如同我们已经看到的，富裕的资本所有者对土地的占有，通过财政攫取维持的精英阶层的富裕，以及其他政府活动有着更长的历史，可以回溯到苏美尔人时期。现代社会早期的收入和财富集中仅仅在方式和规模上有所差异：与更传统的寻租策略一起，精英阶层现在可能从购买公债中获益，而不是直接窃取或者勒索资源，全球贸易网络打开了前所未有的投资机遇，城市化水平空前。然而在本质上，不平等的主要方式依然没有发生根本性的变化，而且在由暴力性冲击导致的一次短暂中断之后，再一次强有力地证明了自己。

这些行之有效、公认的不平等因子的有效补充，对解释大范围的经济和制度条件下得到的相似结果大有裨益（图3.2）。在荷兰共和国，由于全球贸易、经济增长和城市化，不平等程度得以提高，然而财政压力看起来是皮德蒙特和托斯卡纳的农村无产阶级化的最关键因素，它们在南方低地国家都发挥着作用。在英格兰，即这一时期北方低地国家之外的最有活力的经济体，商业化和城市扩张提高了财富差距：诺丁汉的财富基尼系数从1473年的0.64上升到1524年的0.78，同时在一个个人财产遗嘱清单的调查中，基尼系数从16世纪上半叶的0.48~0.52（在接下来的80年里）上升到0.53~0.66。在这些记录的9个样本中，最富有的5%群体的财富，在这一时期开始的时候占所有资产的13%~25%，后来则占到24%~35%。[17]

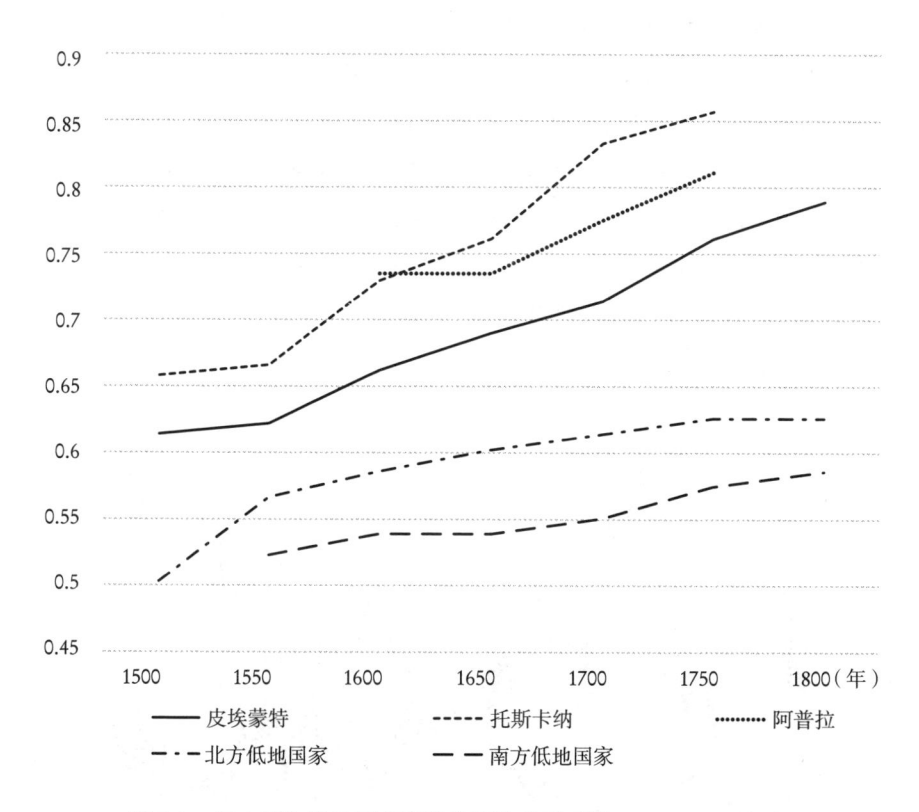

```
0.9
0.85
0.8
0.75
0.7
0.65
0.6
0.55
0.5
0.45
     1500   1550   1600   1650   1700   1750   1800（年）
         ——— 皮埃蒙特         ------ 托斯卡纳         ········ 阿普拉
         —·—·— 北方低地国家    — — 南方低地国家
```

图 3.2　意大利和低地国家财富分配的基尼系数：1500—1800 年

西班牙的经济环境有着显著的差异，它经历了乡村化——从畜牧业到农业的转型，以及低工资。在经济停滞甚至紧缩的背景下，名义人均 GDP 与名义工资之比从 15 世纪 20 年代—18 世纪末一直在稳定上升，反映出伴随着实际工资下降的一种持续进行的不平等的劳动力贬值，这也是我们在很多欧洲国家观察到的现象。另一种不平等指标，即地租与工资之比，在这一时期有更大的波动，同样，1800 年的要比 400 年前的高得多（图 3.3）。这些发现与在马德里省得到的观察十分相符，从税收记录中重建的财富不平等在 1500—1840 年间上升了，不过是以一种非连续的方式进行的。[18]

在 16 世纪初的法国乡村，人口复苏和不断增长的庄园的双重压力，使得介于更大的土地所有者和由于农场太小而不能养活自己的小佃农之间的中等大小的本地社群空心化了，迫使后者变成了雇佣劳动力。目前，葡萄牙是唯一一个已知的例外。根据税务记录，大约在1565—1700年间，在一个经济发展和城市化陷入停滞，以及被海外帝国的殖民弱化的环境中，整体的收入不平等下降了。这一时期的技能溢价大体上维持稳定，而地租与工资之间的比率在18世纪70年代获得部分恢复之前，在整个17世纪都在下降。更进一步的观察发现，收入不平等的温和下降大多发生在小城镇和农村社区，城市的不平等在长期几乎没有什么变化。[19]

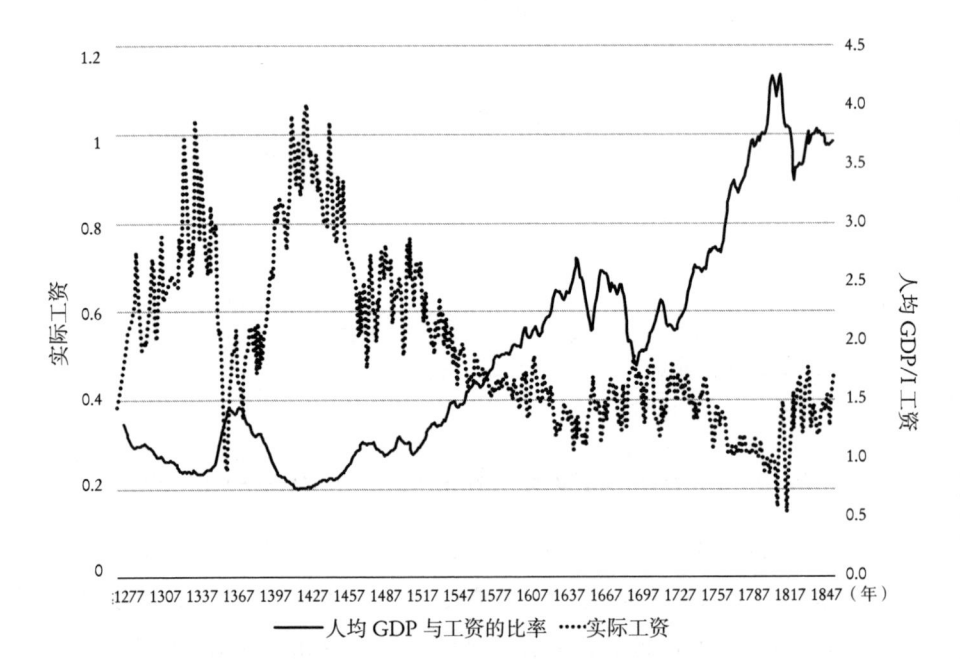

图 3.3　西班牙人均 GDP 与工资以及实际工资的比率，1277—1850 年

如果没有暴力压制，不平等水平可能因为本地经济和制度条件决定的各种因素而上升，但它（几乎）一直上升。无论好坏，为这一时期设计出国家收入基尼系数的现代尝试，大体上与更为本地化的经验数据集合所反映的趋势是一致的。荷兰的整体收入不平等，在1808年的拿破仑战争期间回落到0.57之前，已经从1561年的0.56上升到1732年的0.61。考虑到基

本原理计算的不稳定基础，这些数字应被视为相当高的和稳定的不平等水平的一种象征。英格兰和威尔士相应的基尼系数从 1688 年的 0.45（比 0.37 的公认中世纪峰值高出不少）上升到 1739 年的 0.46 和 1801 年的 0.52。在 1788 年的法国，基尼系数同样高达大约 0.56。所有这些数值都要比罗马和拜占庭帝国的数值要高，人均产出也是如此：大体上是荷兰最低生活标准的 4~6 倍，英格兰和威尔士的 5~7 倍，法国的 4 倍，大约相当于罗马、拜占庭和中世纪英格兰基本最低生活标准的 2 倍。然而，如同我们已经注意到的，这样的经济发展并不是通向更高不平等的唯一路径：在维持最低生活收入的 2.5 倍的水平上，1752 年的旧卡斯蒂利亚并没有值得夸耀的、比古罗马多得多的人均剩余，但有着很高的收入不平等水平（0.53），这反映了强烈的社会和政治不平等化力量的影响。[20]

在所有能够大体估计出这些数值的例子中，有效榨取率（给定人均 GDP 水平上最大可行不平等的实现比例）在 16—19 世纪初期或者保持水平，或者上升。黑死病减弱之后的 3 个世纪，在西欧和南欧那些有着更好资料的地方，收入不平等已经在名义上（以总基尼系数表示）第一次达到超越之前的罗马帝国时期的水平。用对人均 GDP 比较敏感的有效生存需求进行调整之后，它们大体上与那些生活在古典时代和中世纪中叶的人群接近。毫无例外，1800 年的城市工人实际工资要比在 15 世纪后期的水平低一些，同时，尽管经过高低收入群体之间的差异化生活成本指标调整的"真实"不平等水平要比名义上的测度波动性更大，总体趋势同样是向上的。[21]

欧洲之外

世界其他地方的情况如何？来自奥斯曼帝国、在安纳托利亚的 4 个城市的遗嘱清单记录了全部的资产，包括所有不动产和个人财产，例如现金、贷款和借款，揭示了 1500—1840 年间财富不平等的演进。在欧洲，平均财富和不平等水平与城市的规模是呈正相关的。在三个有全面数据的城市中，资产集中的基尼系数在 1820 年和 1840 年要比这些序列开始的时候更高，从 16 世纪早期—18 世纪早期一直在变动。这同样基本适用于最高收入者的财富份额。农村遗嘱清单的总基尼系数从 16 世纪第一个 10 年的 0.54 上升到 19 世纪二三十年代的 0.66，这是一个可能与农业的商业化，以及以不断下降的政府对土地的控制和不断扩张的私有化为特征的，与不断变化的产权关系联系在一起的增长。财富不平等中所能观察到的增长也与奥斯曼帝国其他地方实际工资不断下降的证据是一致的。因此，爱琴海东部地区的不平等趋势与西欧和南欧的情况是非常相近的。[22]

在继续讨论从"漫长的 19 世纪"一直到"一战"的这段时间之前，我们有必要问一下，在全球其他地区，与图 1.1 类似的对几千年不平等轮廓的重构是否可行。目前，答案基本上是否定的。我们可以猜测，但不能为此提供恰当的证明，即中国收入和财富集中的波动与所谓的它的"王朝更迭"形成映射。就像我在之前的章节中试图展现的，人们有理由相信在汉朝的长期统治之下，不平等程度上升了，而且它可能在公元 2 世纪和 3 世纪早期的东汉后期达到顶点，就像罗马的不平等程度可能在公元 4 世纪和 5 世纪早期的完整统一帝国的最后阶段达到巅峰一样。从 4 世纪早期—6 世纪后期，延长的"分裂期"很可能见证了一定程度的压缩，特别是在这一区域北部，大量短暂的外国征服者政权和后来经历了大规模动员战争、雄心勃勃的土地分配、计划复兴的王朝之间的第一次激烈争夺。[23]

如同第 9 章所描述的，在 6—9 世纪的唐朝统治之下，一直到其精英阶层解体的最后阶段、基本上被消灭之前，收入和财富注定都获得了增长且变得更为集中了。宋朝的史无前例的经济增长、商业化和城市化可能产生了与现代欧洲早期一些地方所观察到的类似的不平等结果，在后来的南宋时期，大地主是强大的。随着经济衰落、瘟疫、入侵和掠夺性统治都以复杂的方式相互作用，元朝时期的趋势更难确定。在明朝统治下，不平等程度再次上升了，尽管用国际标准来看是有益的，其总水平在清朝末期之前并不是特别高。除了 18 世纪的莫卧儿帝国和 200 年后在英国控制下的高度不平等进一步证实了大规模掠夺性帝国或者殖民统治的不平等效应之外，这里关于南亚可以说的就更少了。[24]

对于过去 600 年的大部分时间，新世界的不平等趋势只能以一种高度写意的方式进行简述。15 世纪时，随着进贡的流动距离越来越远，以及强大的精英积累了越来越多的世袭资产，阿兹特克和印加帝国的形成很可能将经济差距扩大到新的水平。在接下来的两个世纪期间，抗衡性的力量发挥着作用：少数征服者精英完成的西班牙扩张和掠夺性殖民统治可能维持，甚或提高了现有的财富集中水平。我在第 11 章描述的新的"旧世界"传染病的到来导致的灾难性人口损耗，使得劳动力变得稀缺，甚至至少在一段时间内推高了实际工资。即便如此，在这些传染病消退之后，人口得以恢复，土地和劳动力比率下降，城市化水平提高，殖民统治得到了全面巩固；到 18 世纪，拉丁美洲的不平等水平也许和从前一样高了。19 世纪初的革命和独立可能产生了平等化效应，直到该世纪下半叶的商品繁荣把不平等推向了更高的水平，这是一个一直延续到 20 世纪后期，只有间歇停顿的收入集中过程（图 3.4）。[25]

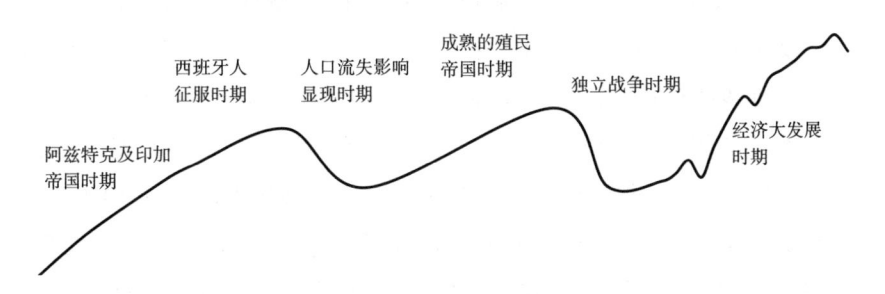

图 3.4　拉丁美洲长期的不平等趋势

漫长的 19 世纪

这把我们带到 19 世纪现代经济增长的开始阶段。从当地数据集到国家收入和财富分配估计的一致性转换带来了相当大的不确定性。仅仅是这个原因，工业化是否令英国不平等的问题恶化就已经被证明是非常难以应对的了。我们唯一能够确定的事情就是，1700年—20世纪早期，私人财富集中得到了稳定的强化，在此期间，实际人均GDP变成了之前的三倍多。因此，最富有的1%群体拥有的财富比例从1700年的39%上升到20世纪早期的69%。到1873年，土地所有权的集中系数已经上升到0.94，实际上这一类型的不平等不可能进一步增长了。关于收入分配的情况并不是那么清晰。来自纳税申报表和各种社会信息表格，以及地租与工资比率的证据相当明确地指出，收入不平等在18世纪中叶—19世纪初出现了增长。此外，尽管从房产税数据和报告的工资得到的住房不平等的信息已经表明，在19世纪的上半叶，收入在继续变得更为不平等，但是关于这一特殊资料能够承受多少压力依然是存在争议的。[26]

关于不平等的各种指标在19世纪上半叶或者前2/3的时间里上升，随后直到20世纪第一个10年都在下降的较早观念更为准确，从而产生了一个平缓的倒U形曲线，这就与经济学家西蒙·库兹涅茨提出的观点是一致的——在转型社会中，经济现代化首先提升然后降低不平等水平。工资分散度在1815—1851年间上升，在19世纪五六十年代达到顶峰，接着一直下降到1911年的观察结果，可能是不同行业的基础数据的假象，显示出相互矛盾的趋势。类似地，从房产税数据中构建的住房不平等程度的测度指出，对有人居住的房子，基尼系数在1830年和1871年分别是0.61和0.67，对于私人住宅，则从1874年的0.63下降到1911年的0.55，我们不能轻易地仅凭表面就信以为真。收入份额的清单也没有太大用处。修订后的社会统计表格显示出一种长期的、相当稳定的程度，英格兰和威尔士在1801及1803年的国民收入基尼系数是0.52，1867年是0.48，整个英国在1913年是0.48。精确性是很重要的：尽管我们不能确定在19世纪，英格兰或者英国的收入不平等程度是否大体保持不变。[27]

意大利的结果也同样不能确定。近来关于意大利收入不平等的研究提供了许多不同的指标，都指出了1871年至"一战"（及以后）之间不平等程度的基本稳定性，这与较早的关于家庭总预算的调查结果形成对比，后者显示1881年和战争期间不平等水平逐渐下降,这是一个由工业化导致的不平等效应被向西半球的大规模移民抵消的时期。国民收入数据对法国来说是不可得的。在巴黎,以顶层1%群体的资产在其个人财富总量中的占比来衡量的财富集中度,从1807—1867年间的50%~55%上升到1913年的72%,这个比例在顶层0.1%群体中上升得更为猛烈,从15%~23%上升到43%。在整个国家,精英的财富比例更为稳定地从1807年的43%(顶层1%群体)和16%(顶层0.1%群体)分别增长到1913年的55%和26%。西班牙的收入不平等也在19世纪60年代到"一战"期间一直上升。[28]

这一时期的德国全境的数据也没有。在普鲁士,顶层1%群体的收入份额,从1874年的13%或者15%上升到1891年的17%或18%。在1891—1913年之间的净趋势是平稳的,最高收入群体的收入份额在这些年当中大体上保持不变,它们以一种顺周期的形式变动,与经济增长一起上升。最详细的普鲁士收入基尼系数调查追踪到了从1822年一直上升到1906年的顶峰的一条路径,然后一直到1912年出现一个小幅下降,再到1914年出现部分恢复。由于"一战"的爆发在那个时点截断了不平等的"和平"演化,我们无法分辨这一简短的下降仅仅是暂时的中断,还是已经变成了一个长期的转折点。在荷兰,19世纪是经历几个世纪的不平等程度上升之后的一段巩固期。不平等还没有完全走完其发展历程:在1808—1875年间,在10个省中,可租赁房屋价值分布的基尼系数8个有所上升,高收入群体中的不平等增长从1742年延续到1880年,再到20世纪第一个10年的早期。然而,在同一时间,实际工资回升,技能溢价下降。国民收入分布的基尼系数似乎在1800年和1914年是相似的,这就意味着不平等大体在一个(较高的)水平上保持稳定了。[29]

斯堪的纳维亚国家提供了这一时期相对丰富但有时令人费解的信息。1870年在丹麦的一次评估估计顶层1%收入群体中的已婚夫妇和单身成人的收入份额为19.4%。这些报告在1903年被重新恢复的时候,这一份额达到16.2%,到1908年达到16.5%,伴随着也能在其他中立国家中观察到的由"一战"中的牟取暴利诱发的短暂的暴力潮。尽管1870—1903年间隐含的不平等程度降低并不是剧烈的，但我们必须怀疑早期资料的可靠性。[30]

类似的保留意见适用于有关1789年发生的一次性税收的记录，这一记录被用来表明收入基尼系数达到0.6~0.7，这一数值意味着不平等程度接近，甚至等于理论上可能达到的最高水平。这些担忧使人们很难想象，18世纪末—20世纪初收入不平等在持续衰减。相比之下，关于18世纪末大地主的统治性地位的报道，为那些指出从1789—1908年，在丹麦社会中最富有的10%群体中存在显著的财富分散的计算提供了可信度。[31]

挪威和瑞典的发展同样提出了关于记录质量的问题。在挪威，顶层1%收入群体的财富比重，从计算得到的1789年的较高水平处下降，在1868—1930年之间稳定维持在36%~38%。1875—1906年，顶层1%收入群体的收入占比在18%~21%的一个较小范围内变动得非常少，但是到1910—1913年，突然下落到大约11%。这很难解释，1908年和1909年的衰退是否足以说明这一分化还不清楚。如果这种下落是真实的，而不仅仅是证据的假象，它就表明存在某种冲击驱动的矫正事件。瑞典的趋势与挪威的类似，顶层1%收入群体的收入份额从1903年的27%下降到1907—1912年的20%~21%。然而，1870—1914年，工资不平等程度上升了，同时与丹麦和挪威不同，财富集中程度在1800—1910年间略微增加了。[32]

在后来变成了美利坚合众国的那些地区，不平等可能持续增长了250年的时间，仅有一些很短暂的停顿（图3.5）。殖民地时期的趋势没有得到很好的记录：即使是这样，可能奴隶制的扩张还是在17世纪后期和18世纪的大部分时间中提高了收入和财富的不平等。伴随着战争毁灭了资本、军事服务、伤亡、逃跑的奴隶减少了劳动力供给，海外贸易受到破坏，以及城市精英不成比例地受到这些混乱局面的沉重打击，独立战争及其直接后果（给不平等）带来了暂时性的压制效果。富裕的效忠者逝去了，其他人最后一贫如洗，同时，城乡工资，白领与非技能城市工人之间的差距缩小了。1800—1860年，劳动力的快速增长，有利于工业和城市的技术进步以及金融机构的改善，使贫富差距扩大到前所未有的水平。到1860年底，全国收入基尼系数从1774年的0.44和1850年的0.49上升到0.51，同时这

"1%"，从 1774 年的 8.5% 和 1850 年的 9.2% 增加到获得 10% 的总收入，蓄奴州通常记载了更高的不平等水平。最富有的美国人手中财产集中的急剧增长和工人之间收入差距的大规模上升都有助于这一发展：最富有的 1% 家庭拥有的财富比例从 1774 年的 14% 变成了 1860 年的 32%，是原来的两倍多，收入的基尼系数从 0.39 暴涨到 0.47。[33]

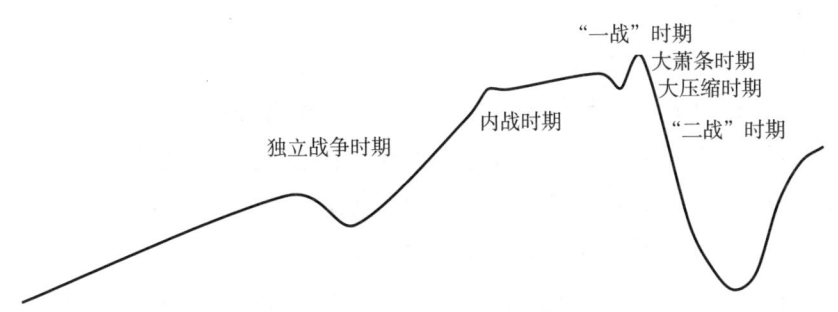

图3.5 美国不平等的长期变动趋势

我在第 6 章中会更为详细地描述，内战使得南方的财富趋于平衡，但进一步加剧了北方的不平等，这两种相互抵消的区域性趋势使得国家层面的测度大体不变。不平等随后延续到 20 世纪初：顶层 1% 收入群体的收入比例从 1870 年的大约 10% 变成了 1913 年的大约 18%，几乎翻了一番，同时技能溢价也上升了。城市化、工业化和低技能工人的大规模移民是这一趋势产生的原因。最高收入群体财富比例的一整套指标同样表明了从 1640 年到 1890 年，甚至再到 1930 年的持续性上升。以一种测度为例，1810—1910 年间，顶层的 1% 美国家庭持有的所有资产的比例几乎增长了一倍，从 25% 上升到 46%。财富集中在最顶层是最明显的：在 1790 年，美国所公开的最大的财富已经等于平均年度工人工资的 25 000 倍，在 1912 年，约翰·洛克菲勒身价为这一等价工资的 260 万倍，相当于增加了两个数量级。[34]

我前面已经提到了直到两次世界大战时期的拉丁美洲经济中存在着不平等的长期性增长。当商品出口使区域精英富裕时，收入集中程度飙升了：

对南锥体各国——阿根廷、巴西、智利和乌拉圭的一项估计认为，总体的收入基尼系数从 1870 年的 0.575 增长到 1920 年的 0.653，另一项分析得出更强烈的上升趋势，即使经过了人口加权，还是从 1870 年的 0.296 变成了 1929 年的 0.475。尽管这些数据很不确定，这一趋势的总体方向似乎是足够清晰的。日本是一个更为奇特的例子。德川时代的技能溢价好像下降了，当日本与世隔绝的情形在 19 世纪 50 年代结束时，不平等水平是相当低的。商业精英以前不能通过国际贸易来确保其收益可能是其中的一个原因。此外，随着农业生产率的提高和非农部门在闭关锁国期间的扩张，税收是基于产出的固定假设来设定的事实阻止了拥有大片土地的"300 位世袭贵族"获取不断扩大的农业剩余，这就导致他们在总收益中的份额下降。日本对全球经济的开放以及随后的工业化推动不平等达到更高的水平。[35]

总而言之，对一个以当前标准来看产生了常常是有限质量和一致性的只有相对较少数据量的时期来说，直到两次世界大战前的这个世纪的国家发展趋势就如我们所期望的那样清晰。对于一段一直延续到 1914 年的时期，时间范围取决于各国的可得证据，可以从几十年到一个多世纪，不平等程度主要是上升或者维持不变的。尽管财富的集中实际上大量增加到此前没有的高度，但是在英格兰，收入不平等程度在 19 世纪早期已经如此之高以至不能再高。虽然在另一个发展较早的不平等国家荷兰（也许还有意大利）较为稳定，然而财富或者收入的差异在法国、西班牙、德国的大部分地区、美国，以及已经得到充分描述的这些拉丁美洲国家和日本都上升了。基于对记录的保守解读，除了 19 世纪富裕人群中一定程度的财富集中和一些突然发生在"一战"爆发前几年的没有得到较好解释的最高收入群体收入比例下降之外，北欧国家在这一时期的大部分时间似乎保持着相当稳定的不平等水平。18 世纪末、19 世纪初至"一战"期间，在我们掌握数据的 8 个国家中，6 个国家的顶层 1% 收入群体的财富比例上升了：英国、法国、荷兰、瑞典、芬兰和美国。

同时，对不平等收缩情况的较好记录是罕见的：18 世纪末、19 世纪初，在美国、法国和拉丁美洲发生的革命带来了温和平等化冲击之后，美国内战是唯一已知的对一个区域的财富集中产生影响的事件。除了这种具有不变的暴力性矫正效应的零星现象外，不平等大多或者维持在高水平，或者进一步扩大了。大体而言，不管这些国家较早实现工业化还是较晚，甚至完全没有，也不管土地稀缺还是丰富，以及政治系统如何配置，这都是正确的。技术进步、经济发展、商品和资本流动日益全球化，以及国家实力的不断增强，加上一个世纪以来的不寻常的和平条件，创造出一个保护私有财产并使资本投资者受益的环境。在欧洲，这使得开始于中世纪末期黑死病消除后的长期不平等向上摆动，并且持续了4个多世纪。世界其他地方可能已经经历了不那么长的不平等化阶段，但是正在进行稳步地追赶。[36]

在第14章的结尾，我得出关于这个世界是否将进入一个收入和财富更为极端分配的不均衡时代的可能答案。但是，这当然不是已经发生的情况。在1914年6月28日上午11点前不久，一个19岁的波斯尼亚塞族人开枪打死了奥地利大公弗朗茨·斐迪南和他的妻子索菲，当时他们乘坐的敞篷轿车正行驶在萨拉热窝街头。当问到他受的伤有多严重的时候，垂死的王储越来越微弱地回应"这没有什么"。他完全搞错了。

36年后，1亿多人死于暴力，欧洲和东亚的大部分地区多次遭到破坏。在1914—1945年（或者记录中的最近一年）间，这"1%"的收入份额在日本收缩了2/3；在法国、丹麦和瑞典，也许还有英国，收缩了超过一半；在芬兰是一半；在德国、荷兰和美国超过了1/3。不平等也在俄国和其原帝国范围内的其他地方、中国大陆、韩国等地崩溃了。精英阶层手中的财富集中，尽管在革命的环境之外更富有弹性且因此减弱得更慢，还是遵循了同一模式。在西欧，资本存量与年度GDP的比率在1910—1950年间下坠了大约2/3，而在全世界范围内可能接近1/2，这是一个极大降低了富有投资者的经济优势的再平衡过程。暴力性矫正的四个骑士中的两个——大规模动员的战争和变革性的革命已经释放出毁灭性的后果。这是自黑死病以来第一次，在西罗马帝国衰落以来也许无可匹敌的规模上，获得物质资源机会的分配更加平等了，这在全世界大部分地方都是独一无二的。直到这次

"大收缩"结束的时候（通常被认为是20世纪70年代或者80年代），实际的不平等水平在发达国家和亚洲人口较多的发展中国家，已经下跌到自几千年前人类过渡到定居生活和食物驯化以来没有过的深度。接下来的章节将会告知其缘由。[37]

第二部分　战争

第4章　全面战争

"战争形势并没有朝着符合日本利益的方向发展"：全面战争意味着全面矫正

　　日本曾一度是世界上最不平等的国家之一。1938年时，其顶层"1%"群体的收入在税前和转移支付前申报的总收入中占19.9%。然而在随后的7年，这个份额下降了2/3，一路降至6.4%。其中，这个顶层群体中最富有的1%群体承担了超过一半的损失：同期，他们的收入份额从9.2%锐减至1.9%，减幅接近4/5（图4.1）。

　　尽管发生在收入分配方面的这些变化迅速且巨大，但与精英阶层在财富方面遭受的更引人注目的破坏比起来，又逊色不少。就日本规模最大的1%资产而言，其公布的实际价值在1936—1945年间缩减了90%，1936—1949年缩减了近97%。最顶层的0.1%资产损失得更多——实际价值分别缩减了93%和98%以上。以实际价值计算，1949年时一个家族跻身顶层的0.01%家族之列（万里挑一）所需要的财富，若退到1936年，仅够其进入前5%家族之列。股票也严重缩水，以至以前仅仅算得上殷实的财富水平，现在除了极少数人，对绝大多数人来说都是难以企及的。尽管统计数据的不连续性使得我们很难对日本不平等缩减的总体情况做出精确的估计，但它们确实表明，日本的国民收入基尼系数经历了一次大幅度的下降：从20世纪30年代后期介于0.45～0.65之间，降至1950年代后期的0.3左右；这一下行趋势是确凿无疑的，它强化着这样一种印象：顶层群体的收入和财富份额的大幅缩减引发了整个社会的大规模矫正。[1]

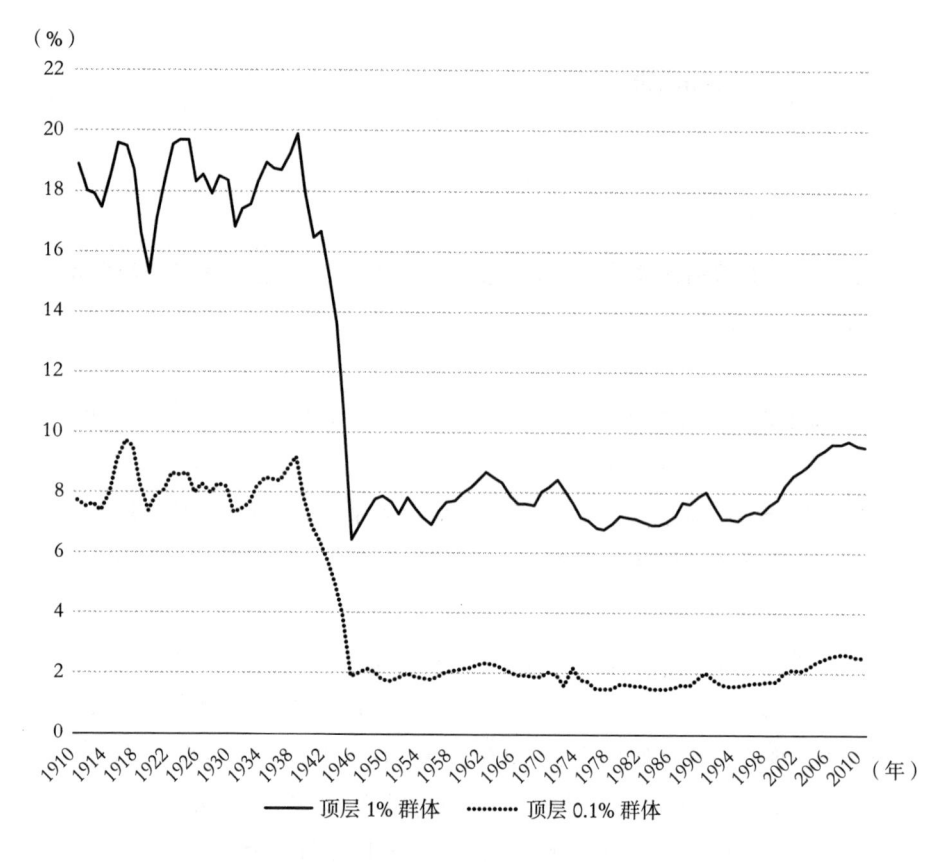

图 4.1　日本顶层群体的收入份额，1910—2010 年（以百分数表示）

就精英阶层的收入而言，日本一下子从一个收入不平等程度堪比 1929 年股市大崩盘前夕的美国——"顶层 1% 群体"处于高水位的社会，变成了类似于今天的丹麦的社会，后者从顶层群体的收入份额来看是当世最平等的发达国家。与此同时，精英阶层拥有的大部分财富毁于一旦。但日本人从未有过"向丹麦看齐"的想法。它所做过的仅仅是卷入，或者依据我们的定义来说——发动了"二战"：先是企图控制中国，继而建立起一个西起缅甸，东至密克罗尼西亚环礁，北起阿留申群岛，南至赤道以南所罗门群岛的殖民大帝国。在其鼎盛时期，这个帝国所控制的人口据说与同期的大英帝国大致相当——接近 5 亿人，或者说约为世界人口的 1/5。[2]

为了维持这一耗资巨大的冒险，日本军队的规模从1930年的25万人到1945年夏季时的500万人，增加到20倍。也就是说，不论年龄大小，每7个日本男性中就有一个被征召入伍。到战争结束时，共有250万日本军人战死。战争最后9个月，美国投掷的炸弹为日本带来了致命和毁灭性的打击，共有70万居民丧生。在这种极度恐怖的环境下，两颗原子弹总算是为日本人长期的劳累、苦难与毁灭经历画上了一个句号。在大战中全面失败后，日本被几十万美国军队占领，并被迫实施了旨在扼制其军国主义野心的全方位制度改革。

这些戏剧性的进展，不只为一次超乎寻常的大矫正过程提供了背景，它还是这一过程的唯一原因。全面战争带来了前所未有的不平等程度下降。并且，正如许多最近出现的研究所言，这一结果绝不仅限于日本。卷入"二战"乃至之前"一战"的其他主要国家，也经历了同样的转变，尽管在程度上并非总是这般极端。它也发生在几个并未卷入战争的邻国身上。大规模动员的战争，是20世纪出现的两大矫正机制之一。另一个矫正机制是能够造成结构性转变的革命；然而，由于这些革命是由世界大战推动的，因而全面战争又是唯一和最终的原因。用我前面提到的那个矫正四骑士的比喻来说，战争和革命堪称一对携手并进的孪生子。

日本为战争驱动型的矫正提供了一个教科书式的案例。因此，接下来我会对这个国家在战争期间及被占领时期的情况做出更为细致的描述，以便辨别出那些共同导致了该国财富损毁和不平等大幅缩减的各式各样的因素。然后，我还会通过简要地考察各国在战时的经历，战争对后续政策制定的影响，以及战争对促进一体化和民主化所产生的间接效应等，从短期和中期的视角对与两次世界大战联系在一起的矫正过程，做出更系统、范围更广泛的评价。在后面的各章中，我要探究的是，由大规模动员的战争带来的矫正在历史上能够被追溯到多远，那些历史上更为普遍的其他类型的战争会造成何种影响，以及最后，内战的影响是什么。我们将看到，在人类历史上，战争的暴力曾经以非常不同的方式对不平等程度施加过影响：唯有那些动员最为广泛的军事活动才可能缩小贫富差距。

日本在19世纪50年代后期向世界开放之后，不平等程度呈不断上升之势。与更早时期的情况相比，这是一个巨大的变化。幕府统治结束时，各省的数据表明，按当时的国际标准判断，个人收入方面的不平等程度是比较低的。没有证据显示薪酬不平等在德川时期扩大了，相反倒是有证据表明，16世纪中叶—19世纪中叶，按城市工资计算，技术工人的额外收入呈逐步下降趋势。果真如此的话，那将意味着工人之间的收入不平等程度下降了，精英和普通人之间的差距也是不断缩小的。在这一阶段晚期，地主们发现他们在有关由谁来控制日益增长的剩余的斗争中处于劣势：受制于不变的土地税率，他们的控制能力正在受到商人和农民的挑战。由于18世纪和19世纪早期国际贸易额大幅缩减，更普遍意义上的精英阶层也不能通过商业活动获利，而这同样有助于遏制不平等。[3]

这一切都随着日本加入世界经济快速发展的国家行列和启动快速的工业化而发生改变。尽管缺少可靠的数据，但学界普遍认为，19世纪中叶之后该国的国民收入基尼系数和上层收入份额都上升了。工业化在1904—1905年的俄日战争之后加速发展。与欧洲之间不断增加的贸易交往带来了出口导向型的增长，即便在价格膨胀导致实际工资缩水的情况下亦是如此。随着"一战"的爆发，从大宗贸易中获取的利润份额上升，收入增长速度也开始高于工资增长速度。相应地，不平等在"一战"期间也开始增加。直到20世纪30年代，财富精英一直都在高歌猛进：地主、股票持有者以及公司执行官从经济发展中获益巨大。股权高度集中，且他们因为慷慨的分红而收益颇丰。公司高管往往也是大额股份的持有者，并能够获取很高的薪酬和红利。低税率使他们的收入得到保护，并促进持续的财富积累。[4]

这一安逸的局面在1937年7月因日本入侵中国而突然中止。随着从最初的战事扩展到对地球上人口最多国家的无节制入侵，日本不得不以加速之势将大量资源投入军事方面。随着1940年9月之后逐步占领法属印度支那，以及1941年11月对美国、英国、荷属东印度、澳大利亚、新西兰等发起全面进攻，日本的赌注进一步提高。在太平洋战争的头6个月里，日本军队遍布从夏威夷群岛和阿拉斯加到斯里兰卡和澳大利亚的广袤地区。截至 1945 年，大约有超过 800 万的日本男性，即日本 1/4 的男性人口，曾在军队服役。武器生产在 1936—1945 年间实际上增长了 21 倍，政府支出从 1937—1941 年增长了一倍多，随后的 4 年又增长一倍。[5]

这一超乎寻常的动员力度对经济造成了巨大的影响。战争期间，政府管制、通货膨胀以及物质损毁，矫正了收入和财富分配。这三种机制中的第一种是最重要的。国家干预逐步创造了一种徒具自由市场资本主义外表的计划经济。最初实施的紧急措施不断扩大并日益制度化。1932 年日本军队占领东北后在那里建立的指令性经济，提供了一个样板。1938 年春季颁布的《国家全面动员法》赋予了政府要求日本经济服务于战争（它很快就升级成了全面战争）的广泛权力：雇用和解雇决定工作条件、生产、分配、迁移和商品价格，以及解决劳动纠纷的权力。1939 年颁布的《限制企业分红和资本流通条例》，对红利增长施加了限制。农业租金和部分价格被冻结，工资和土地价格开始受到管制。1940 年公司执行官的红利受到封顶限制，随后一年当局又固定了租金收入。在 1937 年、1938 年、1940 年、1942 年、1944 年以及 1945 年里，针对个人和企业征收的所得税几乎都有提高。1935—1943 年间，最高边际所得税率增加了一倍。政府干预股票和债券市场，以牺牲企业股票和债券为代价发展战争债券，从而导致了更低的收益率。大幅度价格膨胀连同城市和土地租金以及地价的固定化政策一起，导致了债券、存款和地价的下跌。

太平洋战争爆发后，国家征用了所有排水量超过 100 吨的私人船只，且几乎没有返还：每 5 艘商用船中的 4 艘都消失在了战争中。1943 年颁布《军需企业法》后，按规定，那些被官方指定为军需企业的公司必须设置直接听命于政府的生产监督官，由其决定设备投资、工作安排和资金分配，利润和分红也由国家确定。从 1943 年开始，政府强力推进了全面偏向军需的生产：不可信的未来补偿承诺充当了唯一的诱饵。1944 年政府权力进一步膨胀，一些贸易被国家化。一项调查列举了 1937—1945 年间日本政府推出的大约 70 种不同的经济控制——包括配额、资本控制、工资控制、价格控制和土地租金控制在内的一系列范围广泛的措施。[6]

原本由几个富有家族牢牢控制着的联合大企业财阀体制开始遭到削弱。由于靠富人进行的企业储蓄和投资被证明不能满足战时工业膨胀的资本需要，所以必须从这些传统的封闭小圈子外部筹措资金，日本工业银行也缩减了私人金融组织的市场份额。由于以往企业股票的主要所有者同时也把持着高层管理职位，所以资本化的增加和外部借贷提供了联结企业所有权和管理权的一个直接纽带，而这会带来财富积累的不利结果。更普遍地说，战争压力催生了这样一种新观念，即公司不应该被股票持有者单独占有，而应该由包括每个成员在内的共同组织所有。这一信条使得所有权与管理权的分化行为受到鼓励，工人因此被赋予了包括利润分享在内的更多权利。[7]

战时施行的一系列的国家干预，为后来美国占领时期实施的全面土地改革埋下了伏笔。战前，地主（大多数是中等富有者）占有所有土地中的一半，所有农民中的1/3是其承租者。战争期间，农村的贫困已经触发了一些冲突和动荡，但改革的尝试是迟疑不决的。这一局面随着1938年出台《农业调整法案》而发生改变，该法案力图鼓励所有者出售已出租的土地，并允许强制性地购买未开垦的土地。1939年颁布的地租控制令将地租冻结在当时的水平上，并赋予了政府勒令削减地租的权力。1941年的地价控制令将土地价格固定在1939年的水平上，同年颁布的土地控制令使得政府拥有了决定种植何种农作物的权力。1942年的食品控制令，使得政府开始有权决定主要农产品的价格。所有超过个人消费所需的稻米都必须卖给国家，所有超过个人所需的地租都必须转换成短期国库券。在缺乏价格激励的情况下，给予稻米种植者的补贴不断增加，以鼓励其生产。这使得主要生产者的收入与通货膨胀保持同步增长，地主收入遭到侵蚀，此一差别在农村地区产生了可观的矫正效应。实际的农业租金在1941—1945年间减少了4/5，在国民收入中的占比从20世纪30年代中期的4.4%降低到1946年的0.3%。各种有关没收、征用土地的倡议曾四处流传，所以地主的状况本来有可能更糟，但这些倡议最终并没有付诸实践。[8]

工人不仅从租金控制、国家补贴以及政府对商业管理不断强化的干预中获益，而且还从政府为保证入伍者和工人身体状况以及减少市民不安定情绪而实施的扩张性福利供给中获益。1938年福利部门一组建起来，便立即成了推进社会政策的主要力量。它启动了部分由国家出资的健康保险计划，同减贫计划一样，这个计划在1941年之后大幅扩张。为抑制消费，政府出台了各种形式的公共补贴计划，同时在1941年破天荒地实施了公共住房计划。[9]

第二种矫正力量，即通货膨胀，在战争过程中不断加速。消费价格在1937—1944年间上升了235%，接着又在1944—1945年的短短一年间跳至360%。这使得即便是在地主的实际收入因租金控制而遭受侵蚀的情况下，债券和股票价值仍然出现了大幅的下跌。[10]

与欧洲战区不同，在日本，第三个矫正力量即资本方面的物质性破坏，直到战争的最后阶段才开始起作用，尽管其航运业很早就遭到了打击。到1945年9月时，该国实物资产总量中的1/4已损耗殆尽。日本损失了80%的商用船舶、25%的建筑、21%的家用器具和私人物品。战争最后一年，仍在生产的工厂数量及其雇佣劳动力的规模，缩减近半。损失程度因行业而异：钢铁业损失甚小，但纺织业中的10%、机器制造业中的25%、化工业中的30%～50%，都停止了生产。这些损失绝大多数都是由空袭造成的。根据1946年的美国战略轰炸研究报告，盟军当时已向日本投掷了160 800吨炸弹，尽管比对德国的轰炸少了1/8，但由于日本防御更差，所以反倒更成功。1945年5月9—10日夜间对东京的燃烧弹轰炸，据保守估计，在大约16平方英里的区域内造成了近10万居民丧命，超过25万栋的建筑和屋舍损毁，然而，这仅仅是显著的一例而已；5个月之后，广岛和长崎的遭遇同样如此。该报告的编写者估计，被轰炸的66个城市有40%的建成区遭到损毁，全国大约30%的城市人口丧失家园。尽管这给地产所有者和投资者造成了损失，但其总体影响不应被高估。由于重化工业在战时的急剧扩张，1945年残留下来的生产设备量超过了1937年时的可用量。并且，除了造船业这个例外，实物损毁主要发生在战争的最后9个月，在此之前，社会上层的收入和财富份额就已经开始加速下降（见图4.1）。盟军的轰炸仅仅是使已然之势进一步加速而已。[11]

资本收益在战争期间几乎荡然无存：租金和利息收入占国民总收入的比重在 20 世纪 30 年代中叶是 1/6，在 1946 年仅为 3%。1938 年时，顶层 1% 群体收入的 1/3 由股息、利息和租金收入构成，剩下的部分则是商业和雇佣收入。到 1945 年，资本收入份额已降到 1/8 以下，工资收入份额降至 1/10；商业收入成为（以往的）富人们开支的最重要来源。无论是从绝对值还是相对值看，股息和工资，在不断增强的政府控制的影响之下，遭到的打击最严重。放贷取息者和拿高薪的企业执行官，作为一个阶层几近破产。这种败落的景象，对处在 1% 人口最顶端的那些人来说尤为惨重。

与此同时，第二富有的收入群体并没有遭到任何可比的挤压。在收入阶梯中处于第 95～第 99 百分位之间的那些家庭（收入水平紧随顶层 1% 群体之后的 4% 的富人），收入份额在战争期间几乎没有任何下降，并且战后很长一段时期稳定在与 20 世纪 20 年代早期大致持平的水平，换言之，其收入大约占到国民收入的 12%～15%。尽管大多数人都遭受了损失，但就相对值而言，遭受严重损失的只是那些最富有的日本人："二战"之前，顶层"1%"群体的总收入一直都在第二富有的 4% 群体总收入的 1.5 倍左右，但 1945 年之后再也没能达到多于后者一半的水平。由此说来，顶层 1% 群体收入份额的下降，换来的是 95% 的非精英人群收入份额的上升，即从 1938 年占国民收入的 68.2% 上升到 1947 年占国民收入的 81.5%，升幅达到 20%。这确实是一次壮观的转变，它使得 95% 国民的收入份额，在不到 10 年的时间里，从一个堪比 2009 年时美国的水平上升到同今天的瑞典大致相当的水平。[12]

"未来不再由少数人决定"：矫正效应的强化与巩固

然而，战争期间所发生的事情，就其本身而言只是矫正过程的一部分。日本在大的参战国中或许有其独特之处，这是因为它所有被观察到的净收入减少都发生在"二战"期间，而不是像其他国家那样，主要发生在战争期间，但一定程度上也发生在战后。然而，正如其他的国家一样，长期来看，导致收入和财富分散化的是战后实施的平等化政策。就日本而言，所有这些政策都能被证明是战争的直接后果。当裕仁天皇1945年8月15日承认"战争形势并没有朝着符合日本利益的方向发展"，以及时局已到"承受不可承受的结果"之时——无条件投降以及被盟军占领，日本经济已经满目疮痍。原材料和燃料短缺已导致生产瘫痪。1946年的GNP（国民生产总值）比1937年的低了45%，进口额仅为1935年的1/8。随着经济的复苏，整整一揽子的政策以及战争引起各种相关效应，使得战时已经出现的收入压缩局面得以维系，甚至使财富分配变得更为均等。[13]

战争结束时出现了恶性通货膨胀。消费者价格指数自1937—1945年间上升14倍之后，又在1945—1948年间以快得多的速度一路飙升。虽然报道出来的各项指数多有不同，但依据其中的一种度量方法，1948年时的消费者价格比日本入侵中国时高出了18 000个百分点。固定资本收入剩下的部分蒸发了！[14]

公司和地主是激进重组的目标对象。美国占领日本政府的三个主要目标是消除财阀、劳动民主化和土地改革，这些举措会连同惩罚性的累进征税一起实施。其最终的目标不仅是消除其发动战争的物质潜能，而且是消除可感知到的帝国主义侵略根源。经济改革构成了更广泛意义上的，旨在重塑日本制度结构的根本民主化变革的一部分：新宪法、妇女的选举权、法院和警察制度的彻底变革等。所有这些改革都是战争的直接后果，正是战争导致了日本被他国占领。[15]

政府干预毫不隐讳地致力于经济矫正，这被视作达到预想结果①的一种手段。美国占领当局接到的题为"日本经济制度民主化"的"基本指令"，敦促其推进一种"收入及生产和贸易手段所有权的更广泛分配"。为了缔造一个社会福利国家，占领当局的政策目标与美国新政的政策目标紧密地联系在了一起。1943年和1945年，美国的研究者曾评价指出，日本产业工人

---

① 预想结果为防范军国主义。——译者注

和农民在财富分配方面所占的较低份额抑制了国内消费，并引发了对外经济扩张。现在实施以更高工资水平为特征的劳动重组，正是为了对之做出补救，它将提振国内消费并促进去军事化。经济民主化和矫正本身并非目的，其深层政策目标在于，通过重构有可能导致对外侵略的经济特征来防范军国主义。归根结底，战争及其后果要再次为这些变化负责。[16]

占领者以税收为利器痛下重手。1946—1951 年间，他们针对资产净值征收了高额和累进的财产税，免征额低，最高边际税率达到 90%。针对资产而不是针对收入抑或仅仅针对不动产征税，其没收充公的本质昭然若揭。从美国的角度来说，征税旨在重新分配私人财产，使财富从社会上层转移到下层阶级手中，以提升后者购买力。一开始，其征收对象覆盖了 1/8 的家庭，并最终将 5 000 个最富有家庭 70% 的财产以及全部应税资产的 1/3，转移到国家手中。一段时期里，在总体税负已经较低的情况下，征税特别指向富人。根本原则是再分配，而不是收益最大化。同样是 1946 年，许多银行存款先是被冻结，接着又因通货膨胀而贬值，两年后那些超过某一门槛线的存款干脆被抹掉。[17]

占领当局对财阀，即家族拥有的商业联合集团，抱着十分消极的态度，把它们视为战争年代军国主义领导集团的亲密伙伴，以及更一般地视其为一种使管理者与劳动者之间的半封建关系永久化的力量，这种关系既使得劳工工资被压低，又有利于资产阶级牟取暴利。最大的财阀最终被解散，它们对国家经济的控制被摧毁。（旨在重组数百家商业机构的更具雄心的计划，后来因"冷战"政策调整而搁浅。）这些财阀家族被迫出售了手中 42% 的股票，这导致了企业持股比例的巨幅下降。在 1947 年面向全国开展的高级管理层整顿运动中，大约有 2 200 名来自 632 家公司的高管被遣散，或者在预期到会被遣散的情况下主动选择退休。这样，以前那种企业由资本家牢牢掌控的体制就被清除掉了。麦克阿瑟将军在其 1948 年的新年文告中这样宣称：

联合政策要求终结过去那种允许你们国家的大部分商业、工业和自然资源归少数封建家族所有和控制，并服务于其排他性利益的体制。[18]

最初的干预计划非常严厉。1945 年和 1946 年时，占领政府者曾考虑过一项计划，即撤除加工制造和能源生产设备，使生活标准维持在 20 世纪 20 年代后期或 20 世纪 30 年代初期的水平，并将所有高于该门槛线的东西用作战争赔偿。尽管作为对新出现的"冷战"现实的反应，这些政策很快便发生了变化，但大量进攻性的措施事实上还是得到了实施。军火制造厂以及相关的生意被没收充公，作战争赔偿之用。1946 年 7 月，美国人以"战争不是一桩赚钱的生意"为由，叫停了战争赔偿支付，未付款项被清除。这进一步增加了企业和银行收支平衡压力。许多公司在随后几年里都面临着清偿问题。另一些公司为了生存下来，用光了保留基金、资本和股权，甚至向债权人转嫁负担。[19]

战败还带来了其他方面的损失。早在 20 世纪 30 年代，日本就因为投资台湾地区、韩国、孟加拉国等殖民地而出现了资本外流问题。战争期间，日本公司在殖民地以及包括中国在内的占领区的经营越发具有侵略性。1951 年签订旧金山和平协定后，日本失去了全球范围内所有的海外资产——在此之前这些资产的大部分已经被不同的国家夺取。[20]

金融部门彻底毁灭。到 1948 年时银行亏损已经非常大了，以至要弥补它们，必须抹掉所有的资本收益和留存收益，并砍掉银行 90% 的资本金，外加注销某一门槛线之上的存款。股票持有者不仅招致了巨大的损失，甚至还被禁止在接下来的三年里购入新股。结果是资本收入不复存在。1948 年股息、利息和租金收入加在一起，占顶层 1% 群体总收入的比重不超过 0.3%，这个数字在 1937 年是 45.9%，在 1945 年是 11.8%。[21]

劳工联合是一个关键因素。战前的工会参与率不超过 10%，1940 年时原有的工会组织被解散，取而代之的是工人爱国产业协会。建立这种形式的劳工组织，最初是为了激发工人为战争提供支持的劳动积极性，但客观上又为占领时期建立一种以企业为基础的劳工联盟准备了条件。1945 年美国军队刚一进驻日本，占领当局便通过修改战前制订的一项未获通过的计划，形成了有关劳动联合的法案。年底，该法案获得了通过，工人因此被赋予组织、罢工以及参与集体谈判的权利。工会参与率一路狂飙：1946年时，加入劳工联盟的工人占40%，1949年更是接近60%。高工资收入者获益良多，创建于战争期间的健康保险和养老金制度使受益范围进一步扩大。事实证明，建立强调工龄工资、工作保障的劳工联盟，有助于形成合作性的产业联系——最为重要的是，从社会矫正的视角来看，它有助于人们对一种以年龄、需要、生活水平、价格水平和通货膨胀率为基础的新型工资结构达成共识。针对新入职者设立的最低生活工资，随年龄、资历和家庭规模的增长而不断提高。通货膨胀率对生活工资所做的经常性调整，缩小了最初存在于白领和蓝领工人之间的收入鸿沟。[22]

最后，土地改革是占领当局的另一个主要目标，他们把地主所有制视为一种必须消除的大恶。政府的一份备忘录提出，重新分配土地是使日本朝着和平方向发展的关键，而此前日本军方已使贫穷的农民相信海外侵略是使他们脱贫的唯一出路：不推行土地改革，农村可能继续成为军国主义的温床。再一次地，其深层依据与战争紧密联系在了一起。美国以太温和为名否决了一份由日本农业部设计并在1945年战争结束时通过的土改方案，1946年冬，一份修订后的方案成为正式的法律。与定居地主所拥有和出租的所有超过1公顷的土地一样，非定居地主（那些居住地与土地所在地不是同一个村庄的地主）拥有的全部土地被强制卖出。所有者自己耕种的超过3公顷的土地，若被认定为无效率经营，也可能被包括在内。补偿的标准刚一确定，很快就因通货膨胀肆虐而遭到破坏。各类租金也是一样，它们被要求按1945年底的水平以现金来支付，但最终也随着通货膨胀而逐渐被破坏。同时发生的土地实际价格的下降也毫无二致：1939—1949年间，相对于稻米，稻田的实际价格下降为1/500，相对于烟草价格，大约下降为一半。改革覆盖了日本1/3的农用土地，进而牵涉半数的该国农村住户。战前用于出租的土地占到了全部土地的一半多，1949年降至13%，1955年降至9%，而拥有并自己耕种土地的人占农村人口的比重从31%变成70%，增加了一倍多，与此同时，无地佃农几近消失。农村城镇的收入基尼系数从战前的 0.5 降到战后的 0.35。尽管这场改革以战时的措施和观念为基础，但以这般巨大的规模实施，直接源于被占领这一事实。麦克阿瑟将军曾以其特有的谦逊声称，这一计划"或许是史上最成功的土地改革计划"。[23]

从 1937 年入侵中国到 1951 年签署和平协定，即中日全面战争爆发以及随后被占领的那些年，日本人收入和财富的来源与分配格局发生了彻底的改变。顶层收入份额的巨幅下降，以及本章开始时所观察到的巨额财富规模的戏剧性崩溃，首先要归因于资本收益的下降，并且，受这一因素影响的远远不是那些很富有的人。在总资产中占 9% 的那部分最大规模的资产，其内部构成发生了大幅度的变动。1935 年时，股票、债券和存款在这部分资产中大约占一半，到 1950 年时，它们的占比下降到 1/6，与此同时，农用耕地的占比也从接近 1/4 下降到 1/8 以下。所有这些变化都发生在战争期间：顶层收入份额所遭遇的全部下降，以及就绝对值而言，其资产的实际价值所遭遇的几乎全部（93% 左右）下降，都发生在 1945 年之前。[24]

不过，作为这场战争的直接后果，占领时期的情况也极为重要，它将战时推行的各种措施永久化并使它们有了更稳固的基础。正如麦克阿瑟将军在对日本国民所做的新年文告中说的那样，未来不再"由少数人决定"。美国对日本经济的干预聚焦于征税、公司治理和劳动组织方面，此前在所有这些领域，战争的领导者已经对原来的那些财富精英造成了巨大的财务痛苦。由此，战争以及紧接着的战后岁月，促成了这样一次长久性的转变：一个富有且强大的、既控制着管理又索要高额股息的股票持有者阶级，转向一种实施终身雇佣、资历工资制和企业工会制的更具平等主义色彩的公司系统。除土地改革以及商业和劳动关系重构之外，累进性的征税也是维系战时矫正的关键机制之一。20 世纪 50 年代税收规范化之后，日本税收系统施加于顶层收入者的边际税率达到 60%~75%，对最富有者征收的财产税税率超过 70%。正如对承租者的保护抑制了房产租金收入，以及集体谈判确保了持续的工资压缩一样，这些措施直至 20 世纪 90 年代都还在遏制收入不平等和财富积累方面发挥着作用。[25]

战争及其后果使得矫正过程不仅突如其来、规模巨大，而且经久持续。

这段日本历史中最血腥的岁月,这场夺走了几百万生命、摧毁了无数家园的战争,带来的是一种独特的平等化结果。一种新型的、要求大规模地理和经济动员的战争类型,使得这一结果成为可能。极端的暴力已经在日本社会中矫正了极端的收入和财富不平等。在这一从全民动员到毁灭和被占领的冷酷进程中,全面战争引发了全面矫正。

第 5 章 大压缩

"三十年战争的戏剧"：1914—1945 年间的不平等大矫正

日本的经验有多大的代表性？"二战"，或者更广泛而言，两次世界大战也为其他国家带来了类似的结果吗？答案很简单，是的。尽管每个国家的情况因特定的环境构成而有所不同，但夏尔·戴高乐所谓的 1914—1945 年间"三十年战争的戏剧"，导致了整个发达国家收入和财富巨大且显著的分散化。虽然这其中还包含一些我在第 12 章和第 13 章论及的替代或补充性因素，但毫无疑问，大规模动员的现代战争及其经济、政治、社会、财政方面的因素与后果，是最强有力的矫正手段。[1]

正如我们在前一章所见，日本的不平等程度在"二战"期间急剧下降，并在战后维持着较低的水平。参与了这场战争且存有可比数据的其他几个国家，如美国、法国和加拿大，其模式有着惊人的相似之处（图 5.1）。[2]

对其他一些主要参战国来说，有关社会顶层收入份额的证据资料，时间可分辨性更差，故而会掩盖掉战时紧缩发生的突然性。尽管如此，隐含的趋势是相同的，就像德国和英国最顶层 0.1% 群体的收入份额变动情况所显示的那样（图 5.2）。

两件相关联的事情最为重要：交战当时战争对不平等的直接影响（如图 5.2 中德国的情况所示，战争刚结束时的相应数据资料是不可得的），以及战争在战后数十年中产生的长期影响。我将分几个阶段来分析它们。首先，我会就那些已公开发布了相关证据的国家，分析其顶层收入份额在战时的演变情况，指出它们是如何随各国卷入冲突的程度深浅而不同的。其次，我会对战时的矫正与后续的发展进行比较，以说明战争对不平等的直接影响所具有的特殊性。再次，我会对导致战时收入和财富分配压缩的多种因素做出评论——但是远没有对日本的分析那样深入细致。最后，我将论述世界大战，特别是"二战"，多大程度上应该为1945年之后物质资源分配方面出现的持续且通常是不断强化的平等主义趋势负责。

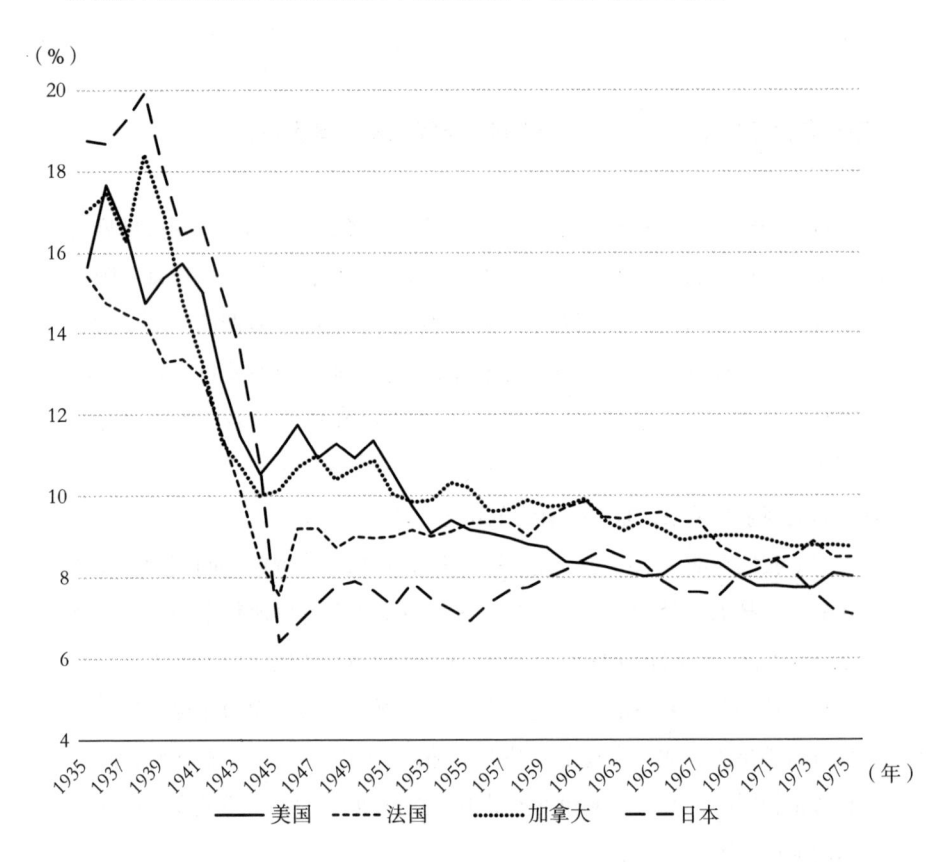

图 5.1　4 个国家顶层 1% 群体的收入份额，1935—1975 年（以百分数表示）

表 5.1 归纳总结了当前已发布的有关顶层群体收入份额发展变动情况的信息——一般是有关顶层 1% 群体的信息，但也有少部分反映的是人口占比更小的社会阶层的信息，如顶层 0.1% 甚至 0.01% 群体的收入信息，因为只有聚焦这些更小的阶层，才能够保证信息必要的时间深度和准确度。时间基准是以 1913—1918 年来代表"一战"，以 1938—1945 年来代表"二战"，

某些也采用了时间上稍有不同的数据,并且这些时间区间与各国参战时间并不严格吻合。请注意:所有这些数据都不应被看成是确定无疑的。但这些有关顶层收入份额的统计数据终归是我们能掌握的最好的数据。它们在时间上比标准化基尼系数追溯得更远,能够使我们很好地体会到在收入分配的最顶层曾发生过怎样强烈的变化。也即是说,尽管我使用这些数据的方式可能会造成量化精确的印象,但这个表格不应使我们误以为可依据其表面数值接受其中的所有细节。这些证据所能做的,是传递一种有关变化方向和幅度的感觉,这是我们最多能指望的。³

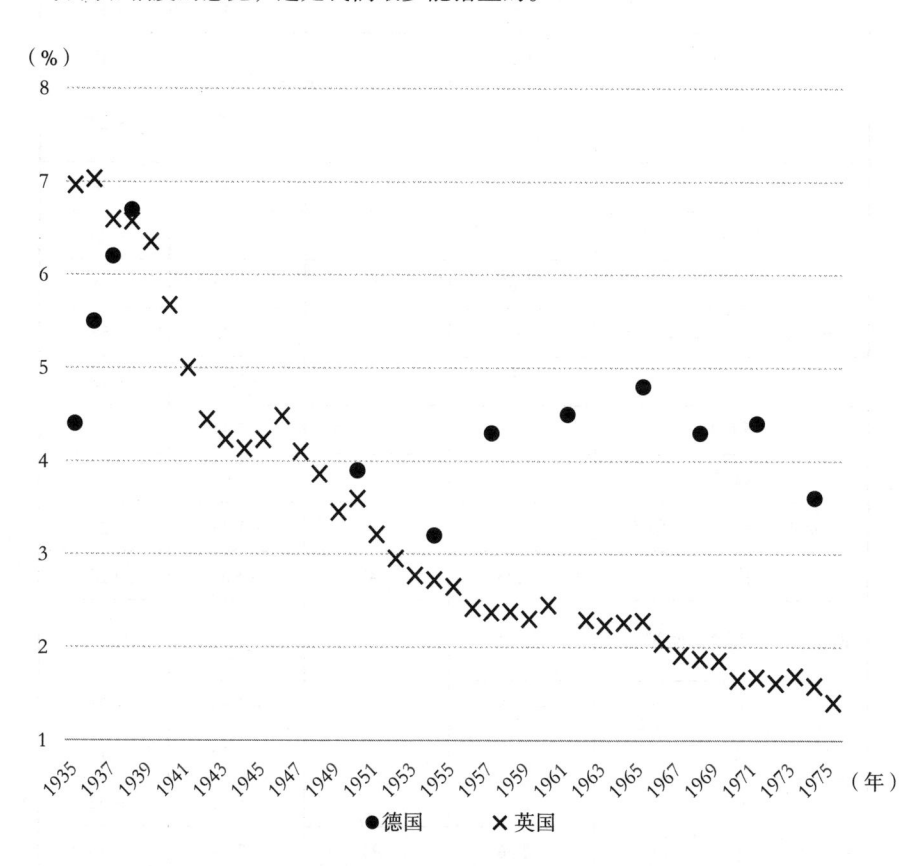

图 5.2 德国和英国顶层 0.1% 群体的收入份额(以百分数表示)

第 5 章 大压缩　99

表 5.1 世界大战期间各国顶层群体收入份额的发展变动情况

变动（以百分数表示）			
	"一战"期间		"二战"期间	
国家	绝对	相对	绝对	相对
阿根廷	—		+2.92	+14[d]
澳大利亚			-1.95	-19[a]
加拿大	—		-8.28	-15[a]
丹麦	+9.63	+59[c]	-1.96	-45[a]
芬兰			-5.47	-42
法国	-1.05	-6[a]	-6.73	-47[a]
德国	+4.43（-6.47）	+25（-36）[a]	-4.7	-29[a]
印度	—		-6.41	-36[b]
爱尔兰（顶层0.1%群体）	—		-1.39	-23[c]
日本	-0.83	-5[b]	-13.49	-68[a]
毛里求斯（顶层0.1%群体）	—		-5.46	-55[b]
荷兰	+0.99	+5[c]	-2.82	-18[a]
新西兰	—		-0.44	-6[a]
挪威			-3.62	-28[a]
葡萄牙（顶层0.1%群体）	—		-1.36	-28[c]
南非	-0.93	-4[b]	+3.35	+20[b]
西班牙（顶层0.01%群体）	—		-0.19/-0.41	-15/-27[c]
瑞典	-4.59	-22[c]	-2.55	-21[c]
瑞士			-1.29	-11[c]
英国	—		-5.51	-32[a]
（顶层0.1%群体）	-2.56	-23[a]	-2.34	-36[a]
美国	-2.08	-12[a]	-3.66	-25[a]

注：除非有特殊说明，表中数据皆指顶层1%群体的收入份额。右上标a指主要参战国，b指次要参战国及殖民国，c指旁观国，d指中立国。

这一列表反映出"二战"时期的数据有着更高的质量，从中可以观察到一种清晰的趋势。在那些积极参战的先锋国家（通常也是被占领的国家），顶层收入份额相对于战前下降的平均百分数达到31%，鉴于该样本包含了12个国家，这可以说是一个很有力的发现。（若撇开新西兰这个多少是边缘性的个案，平均下降幅度会被抬高到33%。）中值下降率介于28%～29%之间，并且每一个个案都显示出一种净下降趋势。表中还包含了为数不多的几个发达程度更低或者更偏远的殖民参战国（印度、毛里求斯和南非），但从中并未观察到一致的趋势；它们的平均下降率达到了24%。中立性邻国的样本同样较小（冰岛、葡萄牙、瑞典和瑞士），但至少体现出一种一致的负向趋势，它们的平均下降率也达到24%。阿根廷，这个几乎到战争结束都一直保持中立且地理上与主战场相距甚远的国家，显然是个例外：其顶层"1%"群体的收入份额比战前提高了14%。

"一战"时期的证据资料不仅更少而且更复杂，这种复杂性反映的是，与"二战"相比，"一战"在对不平等产生影响的时间方面的不同。正如我们随后将要看到的，在德国以及某种程度上也在法国，由于政治和财政方面的原因，这些影响延迟至1918年之后才显现出来。因此，"一战"对主要参战国的总体影响结果，取决于我们对德国采用的是1918年还是1925年的数据：只有在采用后者时我们才能观察到顶层收入份额19%的平均下降幅度。两个边缘化的参战国显示了5%的平均下降率，三个中立邻国经历了14%的上升，但未发现一致的趋势。据此，我们暂且可以得出结论："二战"对精英阶层的收入产生了极其有力的直接影响，且这种影响还波及未参战的邻国。该时期仅有的两个经历了不平等程度上升的国家，是距离战争最远的国家。

现在，我们必须把战时发生的这些变化，与在"二战"结束后一代人左右的时间内出现的新进展联系起来。这段时期，几乎所有积极参与冲突的国家的顶层收入份额都在继续下降，有的是持续不断地下降，有的则是在战后经历了一段短暂的恢复后继续下降。总的来看，这一趋势持续了几十年，但情况最终在1978—1999年间的不同时间点开始逆转，顶层的市场收入份额重新开始上升。表5.2比较了各国的顶层收入份额（除特别标明外，皆指顶层1%群体）在战时和战后，以及部分国家（当变化迅速时）在大萧条时期以百分数表示的年平均缩减率。当数据可得时，战后时期的下降率是以两种方法计算的：（1）计算从"二战"结束时到随后顶层群体收入份额达到最低值年份之间的净下降率，不考虑其间的波动情况；（2）计算顶层收入份额从战后最高值到最低值之间的连续下降率，考虑其随时间变动的情况。表5.2中"战时下降率相当于战后下降率的倍数"一栏，粗略测度了按上述两种方法计算所得的战时年下降率相对于战后年下降率的倍数。

这些数据反映了一种一致的模式。不管以何种方法计算战后的下降率，战争期间顶层收入份额的年下降率总是比它高出几倍，甚至常常是好几倍。对许多主要参战国来说，规模上的差别是巨大的。在法国，顶层收入份额战时的下降速度是接下来38年下降速度的68倍：在1938年之后该国顶层收入份额出现的所有缩减中，有92%发生在1945年以前。这个比例在加拿大几乎一样高，其1938年后发生的全部缩减中有77%出现在战争期间。日本的情形独一无二：其大战期间发生的矫正是如此剧烈，以至1945年是创下顶层收入份额最低历史纪录的年份，该纪录此后再也没有重现。在英国，其顶层0.1%群体的收入份额在大战之前至20世纪70年代后期这段时间所出现的缩减，几乎有一半发生在两次世界大战期间。在美国，两次大战期间的年下降率较战后的情况要高出一个数量级，芬兰在"二战"时期的情况同样如此。引人注目的是，在那些受战争影响更小的国家，如丹麦、挪威和印度，战时的缩减率仅是战后缩减率的3～5倍。（英国在"二战"时期的下降率虽然比较温和，但其在"一战"时期已经发生了大幅度的缩减。）

德国的证据更为复杂。假如我们把对"一战"时期的测算时间定在1925年，亦即1919年后首个留有确切数据信息的年份，从而把延迟的矫正效应考虑在内，那么，德国"战时"缩减率就比后"二战"时期的缩减率高出一个数量级。另一个问题是，因为缺少1938—1950年的数据，所以不能判断1938—1945年这一阶段发生了多大幅度的下降。特别是对工业化国家来说，"二战"产生了十分强劲的矫正效应，其影响远大于此后发生的任何其他事情。很难用别的方式来强调从战争到和平时期收入不平等演变的不连续性了。相比而言，有关"一战"时期的信息不仅更少，而且更难解释。在后面考察各国情况时，我会探讨是什么原因导致了与战争有关的矫正存在时滞问题这一观察到的差异。

表5.2 各国顶层1%群体收入份额下降率的逐期变动情况

国家	日期	起止年份	下降百分点	平均下降率 战时下降率相当于战后下降率的倍数（取整）
日本	"二战"期间	1938—1945	1.927	n/a
	战后	1945—1994	-0.013	
加拿大	"二战"期间	1938—1945	1.183	15 1/2
	战后	1945—1978	0.076	
法国	"二战"期间	1938—1945	0.961	68 2/3（净下降），7（连续下降）
	战后（净下降）	1945—1983	0.014	
	战后（连续下降）	1961—1983	0.136	
荷兰	"二战"期间	1941—1946	0.956	6
	战后	1946—1993	0.162	
印度	"二战"期间	1938—1945	0.916	4 2/3（净下降），2 1/2（连续下降）
	战后（净下降）	1945—1981	0.195	
	战后（连续下降）	1955—1981	0.385	
德国	"一战"期间	1914—1918	-0.312	n/a
	恶性膨胀时期	1918—1925	1.557	25 1/2
	"'一战'期间+"	1914—1925	0.589	9 2/3
	"二战"期间	1938—1950*	0.392	6 1/2
	战后	1950—1995	0.061	

第5章 大压缩 103

(续表)

国家	日期	起止年份	平均下降率 下降百分点	平均下降率 战时下降率相当于战后下降率的倍数（取整）
美国	"一战"期间	1916—1918	1.345	11
美国	大萧条时期	1925—1931	1.443	12
美国	"二战"期间	1940—1945	0.932	8
美国	战后	1945—1973	0.119	
英国顶层0.1%群体的情况	"二战"期间	1937—1949	0.459	3
英国顶层0.1%群体的情况	战后	1949—1978	0.147	
英国顶层0.1%群体的情况	"一战"期间	1913—1918	0.512	5 1/2
英国顶层0.1%群体的情况	"二战"期间	1939—1945	0.353	4
英国顶层0.1%群体的情况	战后	1945—1978	0.091	
芬兰	"二战"期间	1938—1947	0.781	11（净下降），2 1/3（连续下降）
芬兰	战后（净下降）	1947—1983	0.07	
芬兰	战后（连续下降）	1963—1983	0.334	
澳大利亚	大萧条时期	1928—1932	0.645	6（净下降），4 1/3（连续下降）
澳大利亚	"二战"期间	1941—1945	0.585	5 1/2（净下降），4（连续下降）
澳大利亚	战后（净下降）	1945—1981	0.106	
澳大利亚	战后（连续下降）	1951—1981	0.149	
丹麦	"二战"期间	1940—1945	0.49	4
丹麦	战后	1945—1994	0.13	
挪威	"二战"期间	1938—1948	0.362	3
挪威	战后	1948—1989	0.121	

有关国民收入分配基尼系数的信息，虽然可获得的难度比顶层收入份额信息更高，但同样显示出了在战争时期的非连续性。由此可推知，美国在 20 世纪出现的市场收入不平等的所有净下降，都发生在 20 世纪三四十年代：按照一种测算方法，其基尼系数在 1931—1939 年出现 3% 的温和下降之后，在随后的 6 年里又暴跌了整整 10 个百分点，接着直至 1980 年都一直稳定在一个十分狭小的范围内；按照另一种测算方法，它在 1929—1941 年间降低了 5 个点，战争期间又降了 7 个点。英国的税后收入不平等在 1938—1949 年下降了 7 个点（1913—1949 年的下降幅度大概是它的两倍）并随后趋于平缓直至 20 世纪 70 年代。日本的证据较少，但它们表明 20 世纪 30 年代后期—20 世纪 50 年代中期，日本甚至出现了更陡峭的下降，降幅至少达到了 15%，并接着趋于稳定直到 1980 年左右或者更晚。[4]

财富集中方面的变化进一步凸显了世界大战的重要影响力。在证据可得的 10 个国家中，有 8 个国家的财富集中度最高纪录恰好发生在"一战"爆发之前。1914—1945 年间，出现了顶层财富份额的大幅缩减（图 5.3）。[5]

在卷入了一次或两次世界大战、有可用数据的 7 个国家，顶层 1% 群体的财富份额平均减少了 17.1 个百分点（相当于记录在册的国民私有财富总量的 1/6），相对于"一战"前的平均峰值 48.5%，大约下降了 1/3。比较发现，在最早报道出来的战后值与总体最低纪录值（它们出现在 20 世纪 60 年代—2000 年之间的不同时期）之间，相差了 13.5 个百分点。这看起来似乎使得战后发生的缩减在规模上可与战争时期相比，但我们必须记住，后者不仅包括了两次大战之间各年份，常常还包括了 1945 年之后几年发生的缩减，这意味着很难按年份做出有意义的比较。此外，若考虑到财富的分散化是靠大战结束后很长一段时间仍在征收的累进性遗产税来维系的，此过程本来该持续更长的时间，这就不足为怪了。正如我后面要表明的，这里重要的是这种形式的税收本身是战争的直接产物。另外，这些国家中的 5 个，其顶层财富收入份额在战争时期以及两次大战之间所出现的下降，占其总下降量的比重介于 61%~70% 之间。第 6 个国家，即英国，这一时期的下降实际上非常大（超过国民私有财富量的 1/5）。考虑到该国 1914 年以

第 5 章　大压缩　105

前的财富集中度已经非常之高，其战后必须出现甚至更剧烈的下降，才能使顶层财富份额处于普遍具有的20%左右的新水平。

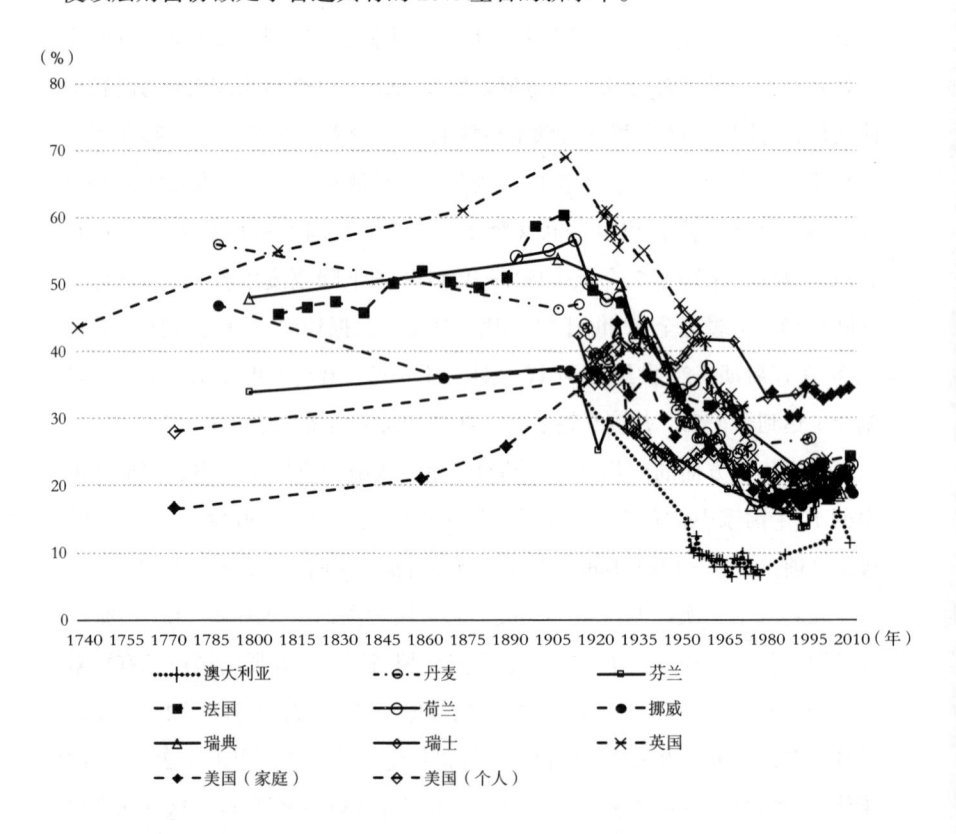

图 5.3　10 个国家顶层 1% 群体的财富份额，1740—2011 年（以百分数表示）

值得注意的是，社会最顶层的财富缩减与"1%"顶层群体的财富缩减相比，可能更为显著。举一个特别令人震撼的例子，法国最富有的0.01%群体的财产，其价值从"一战"开始到20世纪20年代中期下降了3/4以上，"二战"期间又下降了2/3。这意味着两次大战总共缩减了近90%，而其顶层1%群体财富份额的缩减不到战前水平的一半。所有这些的关键之处当然在于，时间拐点恰好出现在世界大战开打之时，财富分配普遍朝着更大不平等方向发展的早期趋势受到抑制并被有力逆转。我们也不要忘了，如果不发生激进的征用和再分配，没有什么机制能够以近乎重构收入份额那样快的速度来重构财富份额。[6]

　　战争期间精英阶层的大量财富不仅被用于再分配而且事实上被抹掉这一点，从三个主要参战国私人财富的国民收入占比变化中清楚地反映出来（图5.4）。最剧烈的下降出现在"一战"时期，紧接着是"二战"期间以及"二战"前后的再一次下降。作为对这些变化的反映，资本收入在最高收入家庭所得中的份额直线下降（图5.5）。这些观察凸显了这样一个事实，即精英阶层的损失首先是一个关乎资本和资本收入的现象。为什么战争对资本所有者如此不利呢？[7]

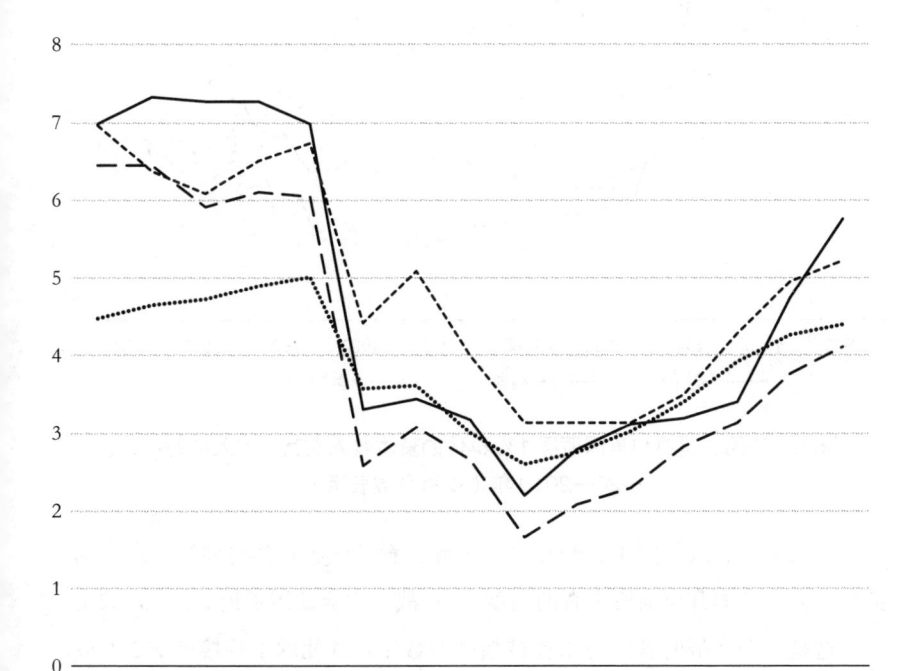

图5.4　法国、德国、英国以及全世界私人财富在国民收入中的占比，1870—2010年

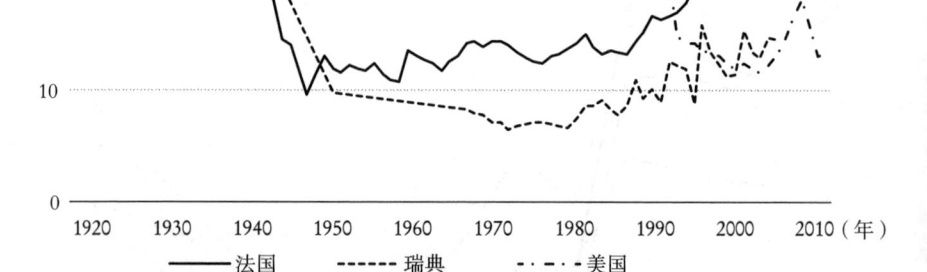

图 5.5　法国、瑞典和美国顶层 1% 群体的资本收入在其总收入中的占比，1920—2010 年（以百分数表示）

　　两次世界大战不同于我们在这个世界上看到的所有其他冲突。人力动员和工业生产飙升至前所未有的高度。"一战"大概动用了近 7 000 万的士兵，这是一个在战时各年份未曾被超越的数字。战死的士兵接近 900 万或 1 000 万人，此外有 700 万左右的平民丧命于战争或相关的苦难。法国和德国动用了其全部男性人口中的 40%，奥匈和奥斯曼帝国动用了 30%，英国、俄国、美国分别动用了 25%、15%、10%。大量的金融资源被强行用于支持战争。就我们掌握了相关信息的那些主要参战国来说，无论在何地，国家征用的 GDP 份额都增长了 4~8 倍（图 5.6）。[8]

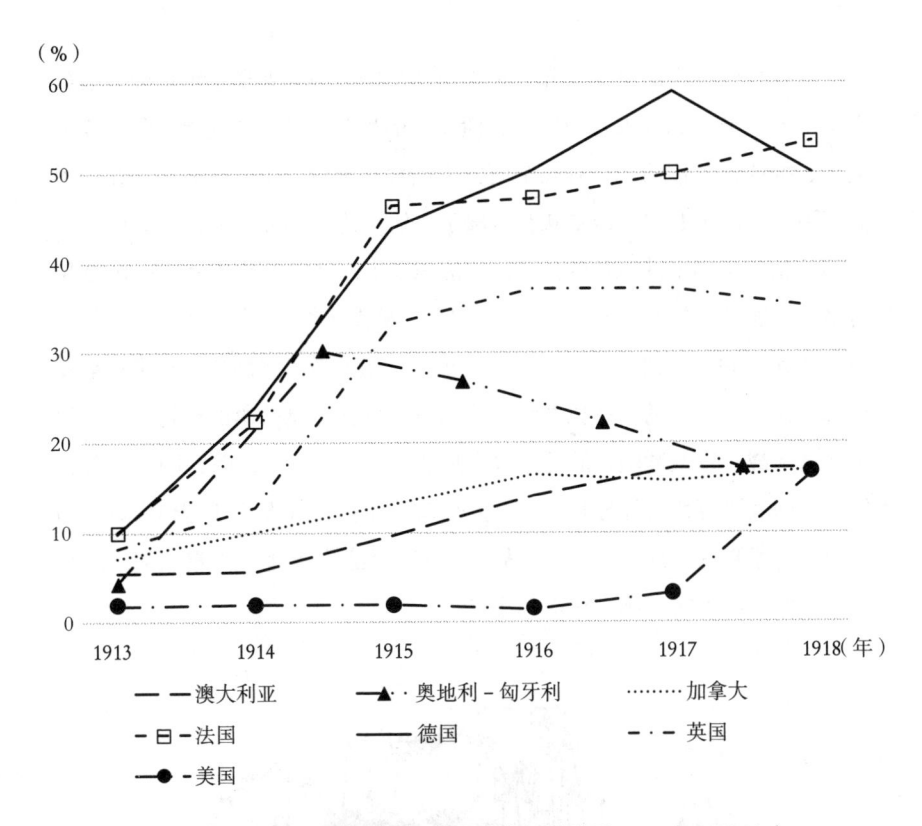

图 5.6　7 个国家的政府支出占国民收入的比重，1913—1918 年
（以占 GDP 的百分数表示）

　　法国和德国都损失了大约 55% 的国民财富，英国损失了 15%。"二战"的情况更糟。大约超过 1 亿的士兵被动员，战死的超过 2 000 万，5 000 万甚至更多的平民罹难。主要参战国制造了 286 000 辆坦克，557 000 架战斗机，11 000 艘海军舰艇，超过 4 000 万支步枪，以及许多其他武器。按 1938 年的价格计算，战争的成本和损失总额（包括生命损失）据估计达到 4 万亿美元，比大战爆发时全球 GDP 高出一个数量级。在征服欲的驱使下，国家占有 GDP 的份额达到了惊人的水平。1943 年，德国大概有 73% 的 GNP 由国家支配，几乎全部用于支持战争，挤出来的一部分用于被征服的人口。按一种方法测算，日本在接下来的一年里，同样靠榨取其将死帝国的资源，挥霍掉了多达 87% 的 GDP。[9]

这些耗资巨大的争斗大部分是靠借款、印钞票和课税来维持的。借款以不同方式被转嫁成未来为偿付公债而征的税收，或借助通货膨胀而逐渐消失，抑或拖欠违约。只有几个西方大国成功地管住了通货膨胀。在美国和英国，价格从1913—1950年只上涨了3倍。其他交战国就没这么幸运了：同期价格在法国上涨100倍，德国上涨300倍，日本单是从1929—1950年价格就上涨了200倍。债券持有者和出租人被淘汰出局。[10]

　　直到1914年，如果说存在所得税的话，那么收入边际税率甚至在最发达的国家也是很低的。高税率和急剧累进性的征收是战争的产物。最高税率在"一战"以及紧随其后的一段时期激增，20世纪20年代才有所回落，但从未彻底回落到战前的水平。20世纪30年代，通常是出于应付大萧条的余波，税率再次上涨，并在"二战"时期达到新的高度，大概从那之后它们一直保持着缓慢下降的态势（图5.7）。[11]

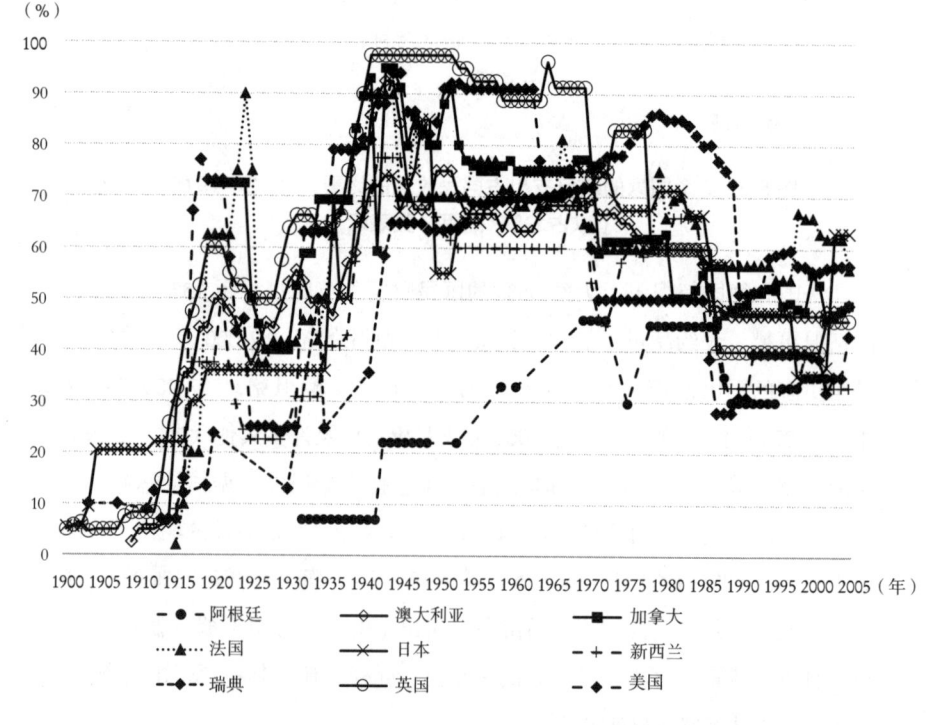

图5.7　9个国家的最高边际税率，1900—2006年（以百分数表示）

通过对不同国家出现的这些发展变化做出平均化的处理，潜在的趋势得以显现，同时还凸显出了两次世界大战作为影响财政政策演变之关键枢纽的极端重要性（图5.8）。[12]

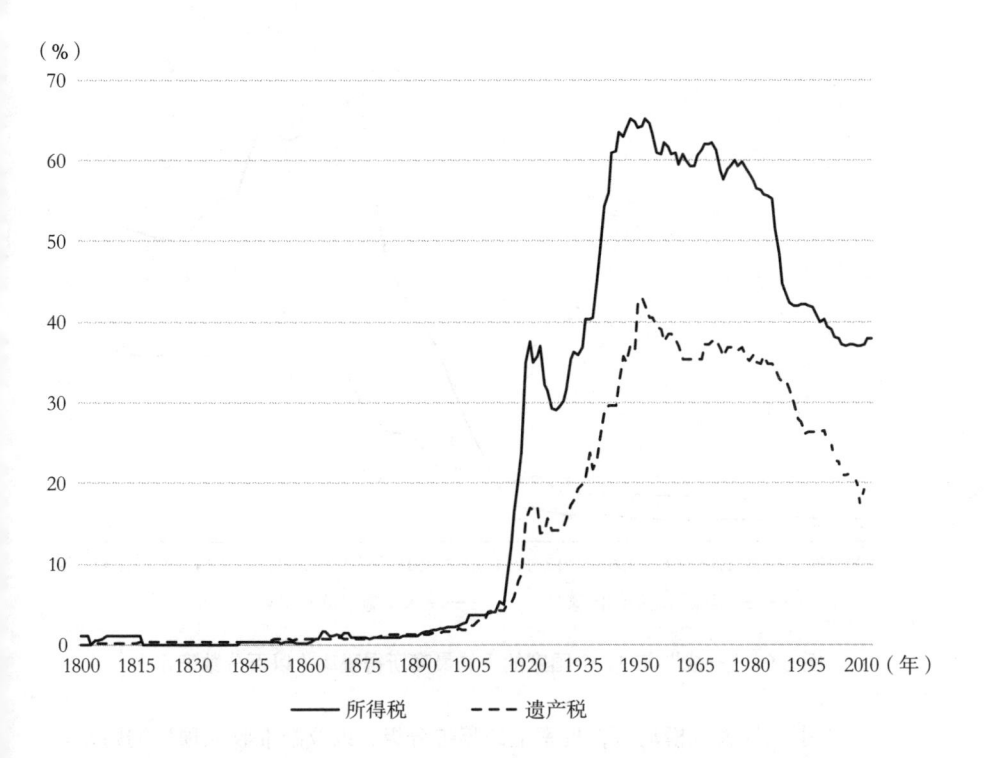

——— 所得税　　- - - - 遗产税

图 5.8　20 个国家平均最高所得税和遗产税税率，1800—2013 年（以百分数表示）

图 5.8 清楚地表明了战争产生的重要影响。我们可以看出，日本在这些国家中可谓独一无二，它在 1904—1905 年为满足俄日战争的需要就已经引入了一个更高的顶层所得税率，而这场战争某种程度上是对"一战"的一次预演。作为非参战国的瑞典，最高税率在"一战"时期很大程度上没有出现激增，并且直到下一次战争时都低于其他国家。最令人惊讶的是躲过了两次世界大战的阿根廷，它显示出了一种迥然不同的模式。肯尼斯·舍韦

和戴维·斯塔萨维奇发现，在参战国中存在一种很强的财政–战争效应，但在其样本中的其他国家，这种效应要弱得多（图5.9）。[13]

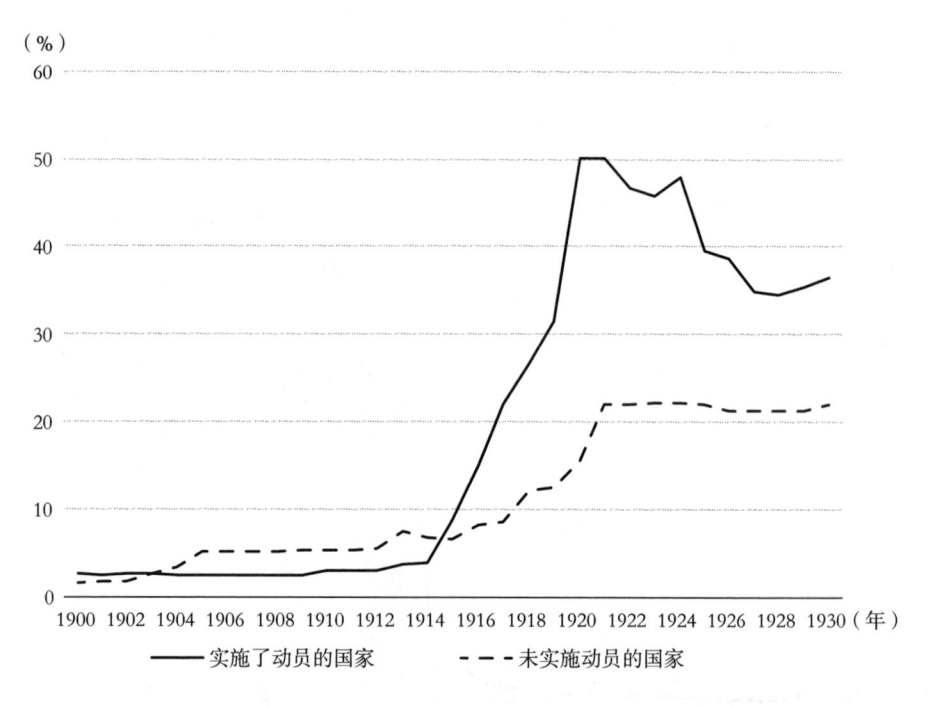

图5.9 "一战"与17个国家的平均最高所得税率（以百分数表示）

军事上的大规模动员，税率上的累进分级，以及瞄准收入顶层的财富精英，构成了财政矫正的三大主要要素。舍韦和斯塔萨维奇论证指出，大规模动员的战争在征税策略方面之所以不同，不仅是因为它们非常高，而且更是因为它们需要更高程度的社会共识，这种共识能够转化为从富人那里不成比例地狠狠抽取资源的政治压力。考虑到基于年龄或特权以及不愿放弃从战争产业中谋利的机会等方面的原因，财富精英服兵役的可能性更小，大规模征兵本身并不是一种平等化力量。对公平的关注要求在实施作为一种实物税的军事征兵的同时，征收英国工党在1918年宣言中所说的"富人兵役税"。尤为重要的是对战争利润的征税："一战"时期，英国施加于被认定为"额外"利润之上的最高税率达到63%，法国、加拿大和美国则达到 80%。1940 年，罗斯福总统要求采取类似的措施"使少数人不能从多数人的牺牲中获利"。战争时期对公平的重视还为针对非劳动收入的沉重负担提供了辩护：虽然累进性的所得税是用来压缩不平等的专门手段，但真正对富人产生了不成比例的强有力影响的是财产税。[14]

公平考量带来的矫正效应显著地受到了统治类型的影响。"一战"时期，英国、加拿大、美国等民主国家都试图"敲富人的竹杠"，而德国、奥匈帝国和俄国这类更专制的政体更偏向于通过借债或印钞票来维持战斗力。然而，后者后来以爆发恶性通货膨胀和革命的形式付出了沉重的代价，这类震荡同样起到了缩小不平等的作用。特别是"一战"期间，在一种支撑大规模动员战争的通用融资模式建立起来之前，各国所使用的矫正机制是非常不同的。[15]

法国是两次世界大战中都遭受了最严重打击的国家之一，它先是在整个"一战"中饱受战火的摧残，尔后又在"二战"中两次遭到入侵和占领。在第一次战争以及紧随其后的一段时期里，法国损失了 1/3 的资本存量，资本收入在国民家庭收入中所占的份额下降了 1/3，同时 GDP 同比缩减。税收提升得很慢：战争开始时最高遗产税率仅为微不足道的 5%，并且，尽管在 1915 年首次引入了一项所得税，但其有效的最高税率在余下的战争时间里一直都保持着低水平，直到 1919 年才显著提升。与财产税的增长一样，创设于 1916 年的战争利润税也只是在战争结束后才开始产生大的收益。这一滞后效应，连同战后严重的通货膨胀一起解释了这样一个事实，即顶层收入份额的下降主要是发生在 20 世纪 20 年代而非战争当时的一个现象，战争利润产生了完全相反的效应。截至那个 10 年的中期，规模最大的 0.01% 财产的平均价值，与战前水平相比，已缩水 3/4 以上。[16]

"二战"时期法国遭受了德国长达 4 年的掠夺性占领，盟军的轰炸和解放行动也造成了大量破坏，故而其精英阶层的财富继续缩减。这一次，2/3 的资本存量消失殆尽，损耗率是"一战"时期的两倍。曾经占法国最大额财富 1/4 的外国资产荡然无存。顶层收入份额在此期间急剧下降，战后通货膨胀又在短短几年时间里使债券和战争债务的价值大幅缩减。如皮凯蒂

第 5 章　大压缩　113

所说，由于资本轮番地遭到了战争、破产、租金控制、国有化和通货膨胀的摧残，所以1914—1945年间顶层1%群体收入份额的下降完全源于非工资收入方面的损失。两次大战累积形成了巨大的矫正效应：10 000%的通货膨胀率掏空了债券持有人，实际租金在1913—1950年间下降了90%，1945年实施的一项国有化计划以及针对资本所得征收的一次性总付税（针对大额财富以及战争期间大幅增值的财富的税率分别达到20%和100%）使得资本积累几近于零。最顶端0.01%群体的资产价值最终在1914—1945年间下降超过90%。[17]

在英国，最高所得税率"一战"期间从6%提高到30%，同时，就财政收入而言，针对公司征收的一项新的战争利润税（1917年时税率已提升至80%）成为最重要的税种。该国在这次大战中损失了14.9%的国民财富，"二战"期间又损失了18.6%。进入顶层0.1%群体的收入门槛线，"一战"时从平均收入的40倍下降到30倍，"二战"时又从30倍下降到20倍。顶层税后收入份额的下降（从1937年起才有报道）甚至更为显著——1937—1949年间顶层1%群体的份额下降了近一半，最顶端0.1%群体的份额则下降2/3。最富有的1%群体的财富占私人总财富的份额从70%缩减到50%——减幅虽不如同期法国从60%降至30%那般巨大，但仍很显著。[18]

美国在大西洋另一边的经历则表明，由战争引起的大幅度矫正在没有物质破坏和通货膨胀的情况下也能够发生。该国顶层1%群体的收入份额下降发生在三个独立的时间区间，即："一战"期间下降了1/4，大萧条时期再降1/4，"二战"时期在既有基础上又降30%。总体来看，1916—1945年间，顶层群体在总收入中的份额的下降约为40%。同其他国家一样，这一趋势在更高的收入层级中表现得更为极端：同期，最顶层0.01%群体的收入份额降幅高达80%。对收入份额的分解显示，其下降在很大程度上是由资本收益下降驱动的。顶层的财富份额在大萧条时期的下降幅度甚于"二战"时期的下降幅度，但累积起来比大萧条前的峰值水平低了1/3。与其他主要参战国的情况相比，大萧条在矫正美国的收入和财富差距方面所起的作用大于战争本身：我会在第12章回到这一点上。[19]

尽管如此，战时的矫正效应仍然非同小可，出于战争融资的目的而征收的、急剧累进的税收在此过程中起到了重要的工具性作用。1917年的《战争税收法案》将附加税最高税率从13%提高到50%，并对高出投入资本金9%部分的利润征收20%~60%的税。由于战争支出继续增长，1918年战争刚刚结束时通过的税收法案，又对最高收入和超额利润施加了甚至更高的税率。针对50 000和100 000美元收入的有效税率，分别从1913年和1915年的1.5%和2.5%上升到1918年的22%和35%。1916年新创资产税，其最高税率在随后一年从10%上升到25%。战争是推行这些积极干预政策的唯一原因："为'一战'做动员的高度不确定的政治局面，促成了民主-国家主义税收体制的诞生。"虽然1921年和1924年的税收法案废除了超额利润税，并大幅降低了附加税税率，但保留下来的最高税率依然远高于战前的水平，且最为紧要的是，资产税依然如故。由此，我们一方面看到战后的财政政策出现了一定程度的宽松化，与之相伴而生的是最高收入的再度飙升，另一方面发现在顶层的收入份额和政府声称所拥有的财富之间存在某种棘轮效应，即便是在日益变大的财政漏洞使得累进税制面临被掏空的情况下亦是如此。[20]

随后出现的均等化局面，部分要归因于加在收入和继承性财富之上的高边际税率。这一过程开始于新政，并在随后的战争期间进一步得到发展，直至达到顶峰。如罗斯福所说，在"这样一个国家面临巨大危险、所有额外收入都应该被用于打赢战争的时代"，所得税和资产税的最高税率分别在1944年和1941年时达到了94%和77%的峰值，并且，最高税率适用的收入门槛大幅降低，以至作为重税对象的高收入群体进一步扩大。超额利润税也卷土重来。与此同时，政府部门和工会组织抵制本该以累退方式征收的联邦销售税——考虑到当时即便是瑞典也有该税种，这的确称得上一个引人注目的限制条件。国家战时劳工委员会施行了工资控制政策，其结果是工资收入在整个经济领域更为广泛地缩减。由于有责任确保所有工资收入都符合1942年冬颁布的维持工资稳定的法案，该机构当时只准备在低收入群体（不在高收入群体）中提高工资水平，这导致了高收入群体在总工资收入中的份额下降。与低收入者相比，那些工资水平最高的人损失最为惨重：1940—1945年，在工资分布中处于顶端90%~95%的领薪者，工资份额下降了1/6，顶层1%群体的份额下降了1/4，那些顶层0.01%群体的下降幅度更是高达40%。企业做出的反应是提供津补贴而不是涨工资，这本身也意味着工人的实际收入提高了。国家干预及其带来的连锁效应使得总体工资收入结构遭到压缩，而这意味着在"'二战'所特有的因素"影响下，出现了一种完全不同于以前的趋势。还有其他一些因素不断强化着这一趋势。与更低层次工资收入者的情况相比，高管津贴在1940年之后不断下跌，而在此前的大萧条时期它曾一度维持在一个很稳定的水平上；这一过程与其说是由政府干预造成的，不如说是因为工会力量的日渐强大和公司规模报酬的持续下降。由于这些相互一致的变化，收入基尼系数在战争期间快速下降了7%~10%，与此同时，多项指标显示，非精英阶层的收入和工资水平在相同的年份里出现了急剧的下降，并且在随后的几十年里它们一直未发生进一步的变动。[21]

加拿大的情况则多少有些不同，具体说来，大萧条并未对其顶层收入份额造成明显的影响，但"二战"期间出现了显著的财富分散化。高所得税率的大幅上升促成了这一变化：税率在1943年达到95%的峰值；加在前1%的工薪族身上的有效税率，1938年时仅为3%，5年后一下子就升到48%。[22]

德国顶层收入份额的演变情况多少有些异常，因为在军事动员率和国家支出都非常高的"一战"期间（图5.10），它们反而有所上升。[23]

未发生大规模战时破坏并不足以解释这一现象。由于威权政府力图保护那些大发战争财的人，尤其是那些与政治和军事领导者有着亲密关系的产业部门中的财富精英，所以不平等程度出现了短暂的飙升。劳工组织被迫就范，与此同时，虽说引入了新的资本税，但它们的规模都不大。在这方面，德国的情况类似于法国的。受战争暴利和低税收的双重影响，后者的顶层群体收入在1916年和1917年间一度趋高。德国政府维持战争靠的不是大规模的累进征税，其战争支出的首要来源是借债。虽然大约有 15% 的战争开支源于增发货币，但在严厉的价格管制之下，通货膨胀得到了有效的抑制：尽管货币基础在战争期间增长了 5 倍，但以批发价格和食品价格计算的通货膨胀率，分别只达到了可控制的 43% 和 129%。这与德国其他盟友的情况形成了鲜明的对比——奥匈帝国以消费价格计算的通货膨胀率达到 1 500%，伊斯坦布尔同期的消费价格上涨了 2 100%。[24]

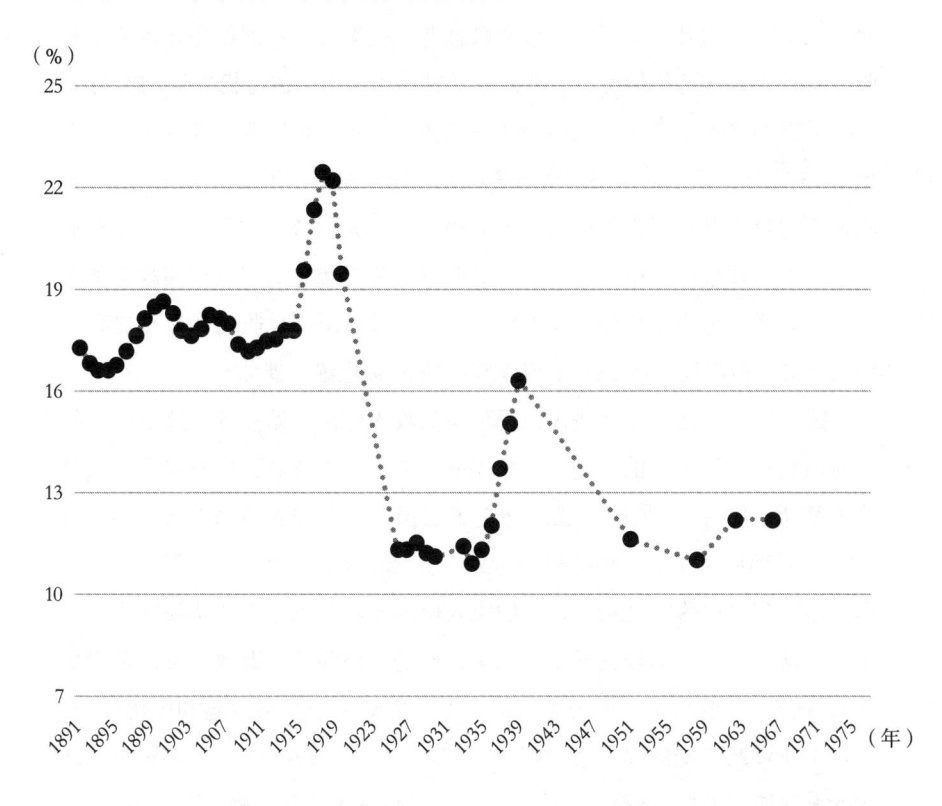

图 5.10　德国顶层 1% 群体的收入份额，1891—1975 年（以百分数表示）

然而，战争的矫正效应只可能延迟，不可能避免。战后几年中出现的政治动荡和恶性通货膨胀并发的局面，使得顶层群体收入大幅下跌：顶层 1% 群体的收入下降了 40%，最顶层 0.01% 群体的收入更是出现了降幅高达 3/4 的塌陷式下滑。这些最顶层精英的遭遇，并未发生在那些处于收入阶

第 5 章　大压缩　117

梯第 90～95 百分位之间的人身上，与此同时，中产家庭的收入份额有所上升。政府实施的货币扩张政策，先是为了支持战争，后来则是为了支付战争赔款以及实施社会和就业计划，其中，后者是 1918 年革命的直接结果，这场革命本身又源于战争。随着 1919 年和 1920 年时解除了对价格的控制，此前受到抑制的通货膨胀一路狂飙。1914 年夏季到 1920 年 1 月，依据柏林一户四口之家的消费情况计算的价格指数仅为 1～7.7，但等到 1923 年冬季时，该指数已飙升至 5 万亿。放贷取息者的损失最大：即便是在企业主的收入份额得以维持的情况下，他们在国民总收入中的占比仍然从 15% 降至 3%。在这样一个总体财富大幅缩水的历史时期——1923 年的实际国民收入比 1913 年时少了 1/4～1/3，由于货币资产的分配更不平等，所以，通货膨胀造成的货币财富损失使得矫正效应进一步扩大。政策方面的变动也有助于这一平均化过程。战后几年，针对低收入劳工实施的工资调整政策带来了工资差距的缩小，1913—1925 年，转移支付占国民总收入的比重提高了两倍。最高遗产税率从 0 变为 1919 年时的 35% 也绝非偶然。[25]

随后的国家社会主义法规使得顶层的收入份额开始复苏，这主要得益于对消费和工资增长的限制，从新兴的军火工业中获利，以及对犹太人财产的征用。"二战"期间，德国夺走了法国、荷兰以及挪威 30%～40% 的 GNP，从而缓解了其国内征税的压力。虽然缺少战争时期不平等的度量数据，但等到尘埃落定之后，顶层的收入份额已回落到恶性通货膨胀之后的水平。这不只是资本损失导致的结果，而是产出降低、财政改革以及通货膨胀联合作用的结果。因为盟军的轰炸主要集中于交通设施和民用住房，所以工业资产遭受的物质性损毁非常有限，1936—1945 年，工业资本总量实际上增长了 1/5。然而，工业净产出在 1944—1950 年下降了大约 3/4。此外，该国还在战后三年经历了严重的通货膨胀，1946 年最高遗产税率翻了两番，从 15% 升至 60%。战时强迫性劳动导致的损失促成了劳动力的短缺，在此背景下工会得以重建，占领当局还施行了工资控制。同"一战"时的情形一样，在观察到的矫正中，很大一部分发生在大战结束后的几年里。[26]

在荷兰，顶层收入份额曾在"一战"早期因战争利润而出现过短时期的增长，但随后便急剧下降，直至战后1920—1923年的萧条时期结束，其间，资本在国民收入中所占的份额从75%减至45%，净收入不平等大幅降低。大萧条时期，顶层收入份额再度下降，德国占领时期的情况一定程度上亦是如此。"二战"给最高收入者带来的打击尤为严重，其中，最顶层0.01%群体的收入份额下降了40%。德国占领当局施行了工资控制——荷兰在获得解放后继续维持了这一措施，以及实行有利于最低收入阶层的政策；租金被冻结在1939年的水平上。战后，为补偿战争损失，曾一度保持在很低水平上的税率大幅飙升。[27]

深陷"二战"之中的芬兰，其顶层1%群体的收入份额在1938—1947年下降了一半以上，与此同时，依据应纳税的所得计算的基尼系数从0.46降至0.3。在丹麦，顶层1%群体的收入份额在1939—1945年下降了1/6，最顶层0.1%群体的降幅达到1/4，同时，20世纪30年代晚期—20世纪40年代晚期，顶层1%群体的财富份额下降了1/4。被德国占领时期，丹麦政府大幅增税并对工资做出调整。这同与战争有关的其他影响因素一起，带来了与"一战"时期的情形截然相反的结果。"一战"期间，虽然顶层的财富份额出现了下降，但由于未实施再分配政策，故而不平等程度实际上增加了。最后，在德国占领的另一个斯堪的纳维亚国家挪威，顶层收入份额同样出现了大幅度的降低，且下降速度远高于战后。1938—1948年，其顶层0.5%群体在总收入中丧失了近1/3的份额，同时顶层的财富份额也出现了下降。[28]

上述概略式的调查表明，尽管具体的矫正途径在各国之间并不相同，但总体结果极为类似。低的储蓄率和受到抑制的资产价格，物质性破坏和外国资产损失，通货膨胀与累进性的征税，租金与物价控制，以及国有化等众多因素，分别在不同程度上促成了这种结果。这些因素以不同的组合方式，解释了收入和财富不平等的规模与时间变动情况。全面战争的压力，构成了它们共同的根源。皮凯蒂通过一般化其祖国（法国）的经验，大胆地提出：

第5章 大压缩 119

在20世纪，很大程度上正是战争的混乱以及随之而来的经济和政治震荡，降低了不平等程度。并不存在一种朝向更大平等的、渐进的、协商一致的、无冲突的演化过程。20世纪，推动社会作别过去继而以崭新的面貌重新前进的，是战争而不是和谐的民主机制或经济理性。[29]

*

对于这一未留下任何余地的断言，有必要提出的问题是，它是否对所有的情形都是真切的。我们可以用两种方法来检验这一结论：一是看是否有参战国出现了不同的结果，二是拿参战国与那些没有卷入冲突的国家做比较。第一种检验方法操作起来可能要比我们预想的更困难。我们已经看到（表5.1和表5.2），就已公开的证据而言，来自所有参战国的有关顶层收入份额的数据资料皆支持这样一个结论，即战争时期出现的极端混乱的局面对矫正不平等具有十足的重要性。遗憾的是，我们的考察遗漏了部分主要参战国："一战"时期的奥匈帝国和俄国，以及两次大战期间的意大利。在两次大战中都遭受了重创的比利时也是一样，它不能带给我们有关该时期、中东欧这片"血染之地"上各个国家的任何例外信息，"二战"时期的中国的情况也是如此。由此我们只能说，没有相反的证据表明，在此期间曾有国家未出现过明显的矫正现象。依据对收入基尼系数所做的一项并未显示出任何与战争相关的重大变化的简单重构，意大利目前被认为是唯一可能的例外，但很难确定这一例外情况能占有多大的分量。[30]

至于第二种检验方法，多个中立国家都有"一战"时期不平等程度上升的历史证据。1914—1916年，荷兰顶层1%群体的收入份额从21%升至28%，激增了1/3，直至1918年时才回落到22%。在战争早期，高额的垄断利润和股息对此负有责任，但很快它们就因原材料短缺而得到控制。随着战争的不断延续，荷兰最终也未能逃脱动员民众和提高公共支出的需要：政府开支按不变价格计算增长了一倍，军队规模从20 000人扩张到45 000人，同时还不得不实施了管理食品生产和分配的政策。最终需要通过设立新的税种来为战争融资，其中包括高度累进的国防税，以及一项针对企业和个人征收的，估计占到战争利润 30% 的特殊税种。这些措施很快便对早期的不平等程度上升势头产生了抑制作用。类似地，瑞典的顶层收入份额先是在"一战"期间突然上升，接着在 1920 年时急剧下降，丹麦也是如此。在这两个国家，顶层 1% 群体的收入份额曾在 1917 年或 1918 年时爆炸式地蹿升至 28% 这样一个异常的水平。丹麦政府实施价格和租金控制的步伐较慢，并且工人的实际工资水平受一项直到 1916 年才宣告失效的集体谈判协议的影响，在经济快速增长时期备受压制。相应地，税收也只是出现了十分微弱的增长。（有关挪威在这些年份中的收入份额，缺乏可用的数据资料。[31]）

相比之下，"二战"时期少数几个幸免于冲突的国家出现了相反的趋势。冰岛的顶层收入份额在 1938—1945 年出现了显著的下降，但数据的可分解性很差。人们通常以为，战时的价格和工资控制以及原材料短缺促成了这一情况。这一时期，葡萄牙最高收入阶层的份额下降情况甚至更为严重：顶层 1% 群体在 1941—1946 年丧失了其收入份额中的 40%，但具体原因还有待解释。西班牙在 20 世纪三四十年代也经历了显著的矫正过程。我会在下一章中把它作为内战引发矫正的一个例子加以讨论。[32]

若暂时撇开后面要详加讨论的瑞典和瑞士，那么，有关"二战"时期非参战国情况的其他证据就所剩无几了。在非西方世界，大多数国家当时仍处于宗主国的殖民统治之下，已经独立了的主要是拉丁美洲国家，而有关那里的证据资料十分匮乏。尽管如此，拉丁美洲的数据为我们提供两个极有价值的洞见。第一个洞见涉及收入不平等在阿根廷表现出来的异乎常规的演化路径，该国在 20 世纪早期曾是世界上最富有的国家之一。其顶层 1% 群体的收入份额，在"二战"时期比战前和战后的都要高。这个结果可与"一战"时期在欧洲几个中立国中观察到的情况相比，当时得益于战争利润，这些国家中的精英阶层的收入得到提升。20 世纪 40 年代初，阿根廷的经济在外部需求的驱动之下经历了快速增长：英国消费的谷物和肉类中有 40% 由该国供应。由于阿根廷的精英阶层从对外贸易中不成比例地获利，所以其顶层收入份额与贸易额之间呈紧密的正相关关系。遥远的战争不仅使它没必要实施军事动员和支持性的财政政策，还压制资本收益率，反而促成了其不平等程度的短期上升，而这在欧洲或世界其他地方的那些卷入了冲突的国家是不可能发生的。第二个洞见源于一个更具普遍性的观察，即所有有相关信息资料可查的拉美国家，收入不平等程度在20世纪60年代都很高，这也是我们能据以做系统性比较分析的最早时间段。就曾经计算过该时期标准化市场收入基尼系数的15个国家而言，其计算值分布于0.4~0.76之间，且平均值高达0.51，中位值为0.49。类似地，定性证据也与战争早期不平等程度下降的观点不相吻合。尽管看起来智利在"二战"时期经历了不平等的显著缩减，但已有研究将其归因于国内特定经济和政治因素的影响。"二战"之后，工资不平等在多个拉美国家呈上升之势，这与欧洲、北美以及日本的情况形成了鲜明的对比。[33]

一份有关前英属殖民地国家的调查资料也表明，这些国家独立时期的顶层收入份额，与西方国家刚刚在"二战"中被降低的标准相比，处在相对较高的水平上。一些例外情形仅仅有助于突出战争影响的重要性。印度顶层1%群体的收入份额，在战争期间的缩减超过了1/3。由于源自累退性间接税的财政收入随进口量的缩减而不断减少，印度政府最终选择把针对个人和企业收入征收的累进性直接税置于优先地位。加在最高收入者身上的累进所得税，以及加在企业超额利润上的附加税，都达到66%。其结果是，所得税占税收总收入的比重，从1938年和1939年时的23%上升到1944年和1945年时的68%，增长了两倍；鉴于它的税基人口只有区区几十万人，发生这一变化是以牺牲社会上层的利益为代价的。与此同时，工会成员大约增加了一倍，且因补偿纠纷而起的停工现象发生得更为频繁。[34]

再来说毛里求斯，其在1932年时设立了一项所得税，1938—1946年其顶层1%群体的收入份额下降近2/3。与战时增税同时发生的，是精英阶层总收入和净收入份额的巨大变化。1933年，其顶层0.1%群体在国民总收入和净收入中所占的份额几乎没什么差别，前者为8.1%，后者为7.6%，但等到1947年时分别下降到4.4%和2.9%，这不仅是精英阶层收入普遍下降的明证，更是财政转移支付导致矫平结果的明证。曾一度处于日本掠夺性占领之下的马来西亚和新加坡，顶层收入份额在1945年之后也很低，具体水平与毛里求斯的类似，而后者的水平又与同期的英国和美国大致相当。[35]

我们接着将目光转向两次世界大战中都是非参战国的瑞士和瑞典。它们特别令人感兴趣的地方在于，它们反映了作为旁观者的中立国，卷入大规模动员战争的高度可能性与国内具体政治、经济环境之间的互动是如何决定不平等状况的变化发展的。1914年，人口只有400多万的瑞士，动员的士兵达到22万人。因为缺少有效的补偿和就业保护，造成了严重的困难，这些困难又与富人们大发战争财的局面一起，导致了劳工阶层的激进化，这一情势最终在1918年11月出现的罢工潮和国内军事部署中达到极致。通过对收入、财富和战争利润加征战争税，联邦政府、各州以及各社区的总收益在战争期间翻了一番，不过这些税收的税率都维持在比较适度的水平上。战后，为偿还战争债务而提出征收联邦直接所得税以及一次性财富税（最高税率为60%）的议案，都遭到了否决。代替它们作偿还战争债务之用的，是1920年通过的一项更具累进性的新战争税。我们因为缺少1933年以前顶层收入份额方面的信息资料，所以无从确定收入分配是如何受这一经验影响的。有关顶层财富份额的数据部分地弥补了这个缺口：资产规模最大的0.5%群体，其财富份额在"一战"期间减少了近1/4。[36]

1939年，瑞士动员的军队规模达到43万人，足足占了其总人口的1/10，但法国沦陷之后，这一数据减少到12万人。为防止社会紧张局势再度出现，该国从以前的战争中吸取经验，给予军队服役者补偿。这一时期，该国的财政收入以一个比1914年之后的增幅大约低70%的幅度缓慢增长。为支撑这种财政扩张，该国引入了一系列应急性的税种：税率高达相关收益70%的战争利润税，针对个人与合法实体征收的税率分别为3%～4.5%和1.5%的财富税，针对收入课征的最高税率达到9.75%的战争税，以及税率高达15%的股息税。这表明，除了战争利润税这个例外以外，与该时期几个主要参战国征收的同类税收相比，这些税收是温和的，同时其累进强度也不是特别高。新增的联邦开支大部分都源于举债，它们在战争期间增长了4倍。和"一战"时一样，顶层的财富份额呈下降之势：这一次，顶层

第5章 大压缩　123

0.5%的资产所有者失去了18%的财富份额。与此同时，精英阶层的收入份额并未受到战争太大的影响。1938—1945年，顶层1%群体的收入份额只是出现了微小的下降，降幅约为1%，或者其总份额的10%左右。唯有最高收入层（顶层0.01%群体）的份额经历了显著的下降，降幅大约为25%，即便如此，这也只是回到了其20世纪30年代中期时的水平。广而言之，瑞士的顶层收入份额在1933—1973年变动甚微，仅仅是在9.8%～11.7%这个狭小的低值区间内轻微地波动。[37]

总体而言，战争动员对不平等的影响甚微。像其他地方一样，世界大战带来了直接税的大幅扩张，尽管这往往被说成是一种临时的举措。在这种增长广泛受到抵制的特殊情境下，若没有外部威胁的话，瑞士本来是不可能推行此类政策的。和其他发达国家一样，为战争尤其是"二战"所做的动员准备，使得战后民众对社会服务的需求大幅增加，从而推动了福利国家的发展。由此瑞士就与战争产生了联系，而这种联系有助于削减收入和财富差距。在一定程度上，顶层财富份额的发展轨迹符合这一预期。然而，从比较的视角来看，该国没有发生战争引致的剧烈震荡，以及相应地没有实施高度累进的征税这一点，与我们所观察到的该国在此一阶段及随后一段时期没有出现显著的收入压缩相一致。我们一旦把瑞士政治和财政体制不同寻常的分权化特征，以及按照国际标准，其当时的顶层收入份额已经很低这些事实考虑在内，那么，其遭受的战时压力相对较小以至未能产生更大的矫正效应这一点就不足为奇了。[38]

瑞典的不平等状况，在20世纪10—40年代这段时期则是以一种多少有些不同的方式发展变化的（图5.11）。但正如当时许多其他的发达国家一样，以两次世界大战以及大萧条形式呈现出来的外部冲击，是其施行再分配的财政制度改革以及福利国家大幅扩张的关键催化剂。[39]

我此前已通过将瑞典与丹麦和荷兰的情况做比较，阐明了"一战"时其顶层收入份额曾在很短一段时间里处于峰值状态。一方面精英阶层与德国站在一边并获取了大量的利润，另一方面，由协约国海上封锁带来的食物短缺以及劳工骚乱使得该国动荡不安。临近战争结束时发生的反饥饿游行，使得警察部门痛下重手。民众的不满为该国出现第一个自由主义和社会民主联合政府铺平了道路，在俄国革命日益强劲的影响之下，距离瑞典不远的俄国朝着这一方向前进的试探性步伐开始不断加快。战争结束后，受金融危机和失业狂潮的影响，其海外市场彻底崩溃，工业面临产能过剩问题。图 5.11 表明，富人阶层不成比例地遭受了损失，这一点在当时继承性财富相对于国民收入的比例短时间内一落千丈的情况下，更是如此。在这些年份里首次出现了税收的大幅度累进，尽管加在高收入者身上的税率仍然很低（图 5.12）。所有这些都突出地反映了，瑞典最初朝着世界上收入分配最平等的国家迈进的步伐，是如何深受其"一战"时期的经历以及随之而来的混乱局面影响的。[40]

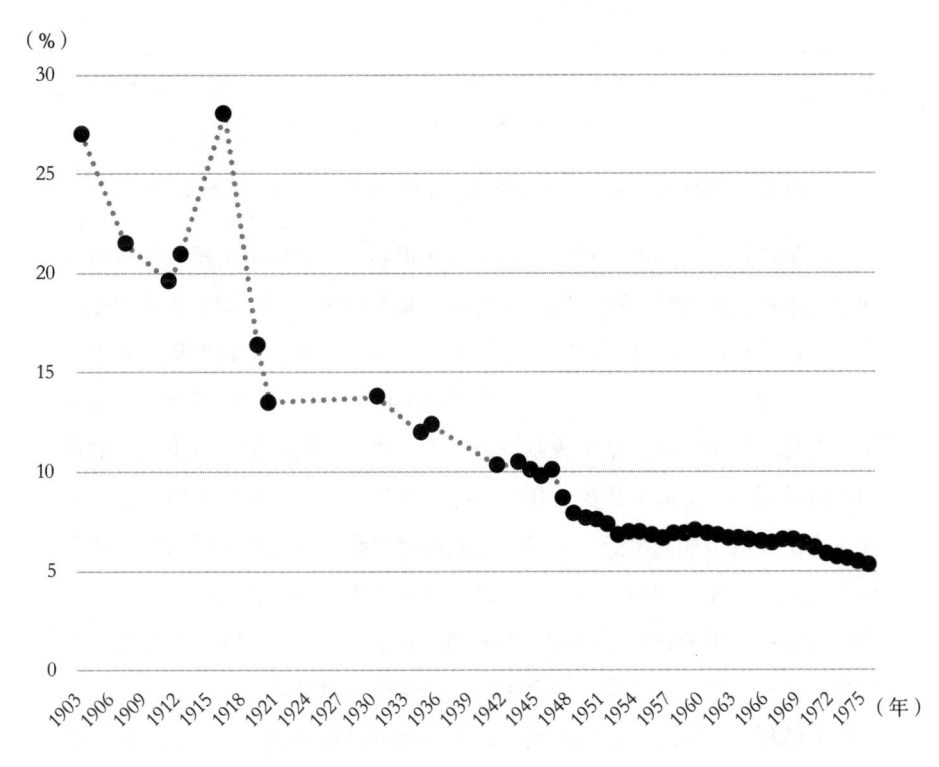

图 5.11 瑞典顶层 1% 群体的收入份额，1903—1975 年（以百分数表示）

第 5 章 大压缩 125

图 5.12　瑞典的国家边际所得税率，1862—2013 年（以百分数表示）

　　战争的进一步影响使得瑞典人开始认识到，纳粹战争机器已经转向高速挡。用社会民主党一位头号政治人物 1940 年时的话说，瑞典人发现他们自己"正活在炮弹满膛的炮口之前"。这个国家处在德国和同盟国的双重压力之下。德国曾一度威胁，除非得到了瑞典的过境特许，否则就对其城市实施轰炸。战争后期，德国曾制订过一份在盟军入侵的情况下也入侵瑞典的临时计划。瑞典基于其岌岌可危的安全形势考虑，实施了大幅度的扩军。军费支出在战争期间增长了 8 倍。与此前财政政策对大萧条做出的温和反应相比，1939 年的税收改革大幅提高了最高税率，同时临时设立了针对最高收入者的高度累进的国防税，其累进区间在 1940 年和 1942 年时进一步窄化。此外，法定企业税率升至 40%。加强军事力量是官方为所有这些措施给出的理由。拜战争威胁所赐，这些改革得以在未出现多少争端或争议的情况下作为近乎一致同意的政治决策获得通过，其过程与 20 世纪二三十年代盛行的那种难以驾驭的政治环境完全不同。[41]

然而，其与瑞士相比有过之无不及的地方是，顶层的税前收入份额受战时压力的影响不大，无论我们考虑顶层 1% 的精英群体还是范围更大的精英阶层，皆是如此。20 世纪 30 年代早期出现的下降，似乎首先是源于大萧条的影响，这个解释与同期的财富份额变化情况也是吻合的。与之相比，"二战"期间并未发现顶层的收入份额有进一步下降，或者顶层财富份额的长期下降呈现加速之势。然而，更早的研究发现，不同收入群体之间的大幅度平等化，主要发生在 20 世纪 30 年代后期以及 20 世纪 40 年代。更具体地说，恰恰是在战争期间出现了最强劲的矫正，因为产业之间和城乡之间的工资差别都在 1940—1945 年被消除，从而缩小了工人之间的收入不平等。有关顶层收入份额的信息资料未能反映出这一缩减。[42]

此外，大规模动员产生的社会影响远不止于财政方面。大规模征兵和志愿性服务将原本属右翼势力的军事力量转变成了一支人民的军队。630 万人口中，大约有 40 万人服兵役。共享的军事和民用服务，起到了消除既有的猜疑和培育团队协作与互依共济精神的作用。民众的牺牲并不仅止于服兵役本身：大约有 5 万士兵因受伤、意外事故或恶劣的服役条件致残。定量供应也是导致阶级差别缩小的一个重要途径。由此，战争提升了社会同质性，并促进了公民参与。如约翰·吉尔摩在其有关战时瑞典的里程碑式研究中所说：

> （这个国家）因战时环境的影响而经历了政治、社会和经济上的重大变局，并且在 1945 年时呈现出国民态度和志向焕然一新的景象……其战争时期的征兵实践……为佩尔·阿尔宾以"人民家园"为名的那种社会平等理想，提供了一个模型。瑞典既从战争中收获了社会效益，又没有遭受参战国和被占领国所遭受的那种生命与财产损失。[43]

从这个意义上说，战争动员确实对瑞典产生了重大的影响，这种影响对后来福利国家的扩张起到了促进作用。更长远地看，其战争年代的经历还被认为对人们的观念产生了一种更具普遍性的影响：瑞典曾经因组建联合政府和达成社会共识而将那种小国政治愿景保存下来，对其塑造一种由再分配性福利国家维系的、高度团结的社会理想来说，功不可没。[44]

战后的政策实践是建立在战时的税收体制以及全民共有的战争经历基础上的。1944年，战争临近结束之时，社会民主党与工会联盟一道提出了一个旨在通过累进性征税实现收入和财富平等化的政策纲领。它构成了社会民主党政治承诺的一部分，其有如下目的。

> 将大多数人从对少数资本所有者的依附中解放出来，以一种建立在自由和平等之上的合作性的市民共同体取代基于经济状况划分的社会秩序。[45]

该国1947—1948年的预算提案提出，要将支出规模提高到原来的两倍以上，因为这是使其恢复到战前水平所必需的。尽管部分预算被指定用于偿付战争债务，但它也使得社会福利水平的提升成为可能。税率从战时的峰值上下降了一些，但所得税的减少将被更高的财富和资产税抵销，这意味着更多的负担被转嫁到富人身上。社会民主党的财政部长厄恩斯特·威格福什曾以美国和英国为模板指出，资产税会损害富豪的利益：新设定的最高遗产税率为47.5%，在原有基础上提高了150%。这项提案几乎完全是从再分配的角度进行讨论的，且论辩甚是激烈。在深受战争体验影响的选民意志的支持下，社会民主党最终胜出，瑞典由此而踏入了雄心勃勃的社会实验之旅。1948年时，战时的改革举措实际上被常态化了，矫正的步伐得以重启。[46]

正如那些战争停止后继续保持着高税收和高支出的参战国的情况一样，这一过程的发生与战争有着紧密的联系。某些政治党派和劳工联盟，很早便倡导要实施再分配性政策以及缩小社会和经济不平等。而大规模动员的战争是帮助这些理想变成现实的催化剂。举瑞典这个例子的意义就在于，它表明了战争动员即使只产生了相对有限的影响，那也足以促进进步性的政策偏好胜出所必需的财政制度基础、政治意愿和选民支持的产生。[47]

"世界史中堪称革命性的时刻是正式爆发革命的时刻，而不是小修小补的时刻"：从暴力冲击到平等化改革

这一点对世界大战中交战的那些国家来说，更是如此。将这些国家都卷入其中的一系列事件，带来了不平等程度的降低，继而使战时的矫正作用得到维持，在一些国家甚至被进一步加强：资本因物质破坏、征用或通货膨胀而遭受的损失；资本收益因税收以及租金、价格、工资和股息控制等政策干预而出现的下降；以及在战后继续得到维持的高额的累进征税。以各国所具备的具体政治、军事和经济条件为转移，矫正既可能突然发生也可能渐进发生，既可能集中于战争期间也可能拖延至战后乃至更久。但无论它是战败国还是战胜国，是在战争期间被占领还是在战后被占领，是民主国家还是专制政体，其结果都是一样的。为大规模暴力所做的大规模动员，构成了收入和财富分配格局实现跨国性转变的原动力。

我们要感谢皮凯蒂为不平等为什么没在1945年之后快速恢复这个问题提供了一个简洁明了的答案。资本积累是一个很耗时间的过程，19世纪的西方世界，大部分都处于和平状态，这为资本积累提供了有利的条件。事实证明，资本在世界大战中被大规模摧毁之后，只要累进性的收入和资产征税这类战时政策依然保持不变，那么，重建它就要困难得多。并且，这些政策是在各国从高度膨胀的战争状态转向战后社会状态时被保留下来的，最初被用来为战争做大规模的人力和工业资源动员的财政政策工具，转而成了提供社会福利的手段。[48]

战争动员还起到了促进劳工联合的作用。这一点之所以重要，是因为：高的工会参与率有助于维持工人的集体谈判能力和保护工人权利，故而它通常被视为一种矫正力量，并且长远地看，它的确与收入不平等呈反向关系。尽管如此，鉴于工会扩张很大程度上是大规模战争动员的结果，所以并没有令人信服的理由将前者视为导致收入压缩的一个独立的原因。战争动员的重要影响在英国的例子中清晰可见，该国的工会成员人数在"一战"及随后几年大约翻了两番，接着出现了近14年的持续下滑，直到"二战"

时才恢复到以前的峰值。在美国，工会参与率先短暂地上升，接着在"一战"时开始回落，继而又因两方面的冲击而激增。一方面，大萧条带来的冲击最终促成了新政的出现以及1935年7月《全国劳工关系法》的出台，该法旨在保障工人组建工会和参与集体谈判的权利。另一方面，在工会参与率的早期上涌浪潮已平息多年之后，战争再次为之注入了强劲的上升动力，结果工会成员人数在1945年时达到历史最高水平，随后又稳步地下降。这种模式中的关键要素不断地在发达国家重复出现：工会参与率先在"一战"之前保持在很低的水平上，接着在这场大战的后期及随后几年里大幅上升，继而是一定程度地下降，最后又在"二战"时期强势反弹并达到新的峰值。有意义的差别仅在于，战后，工会成员人数一方面在一些国家很快开始下降，另一方面在其他国家长期保持稳定，且直到最近才开始下降。我们的调查发现，只有很少几个国家的工会成员人数，经历了比"二战"时期更大和更持久的增长，丹麦和瑞典等最明显。图5.13中OECD（经济合作与发展组织）成员的平均值，很好地显示了这一总体趋势。[49]

工会人数在经历了世界大战期间的大幅扩张之后，与累进性的财政政策以及其他形式的政府规制一起，起到了防止不平等恢复原状的矫正作用。正如我们将在第12章中看到的，与劳工联合不同，民主制并非总是与不平等相关。尽管如此，仍值得注意的是，世界大战是与选举权的扩大化紧密联系在一起的。马克斯·韦伯已指明了其内在的机制：

> 民主化的基础在社会的任何地方都带有纯粹军事化的性质……军事纪律暗含着民主的胜利，因为军队这个共同体希望也必须确保平民阶层之间的合作，所以把武器以及与武器联系在一起的政治权力，交到他们手中。[50]

自此，现代学术界一次又一次地把大规模战争与政治权力的扩张联系在一起。就建立大规模的军队需要社会达成共识这一点而言，选举权的扩大化可以被视作高强度军事动员的一个逻辑推论。正如我在下一章要论述

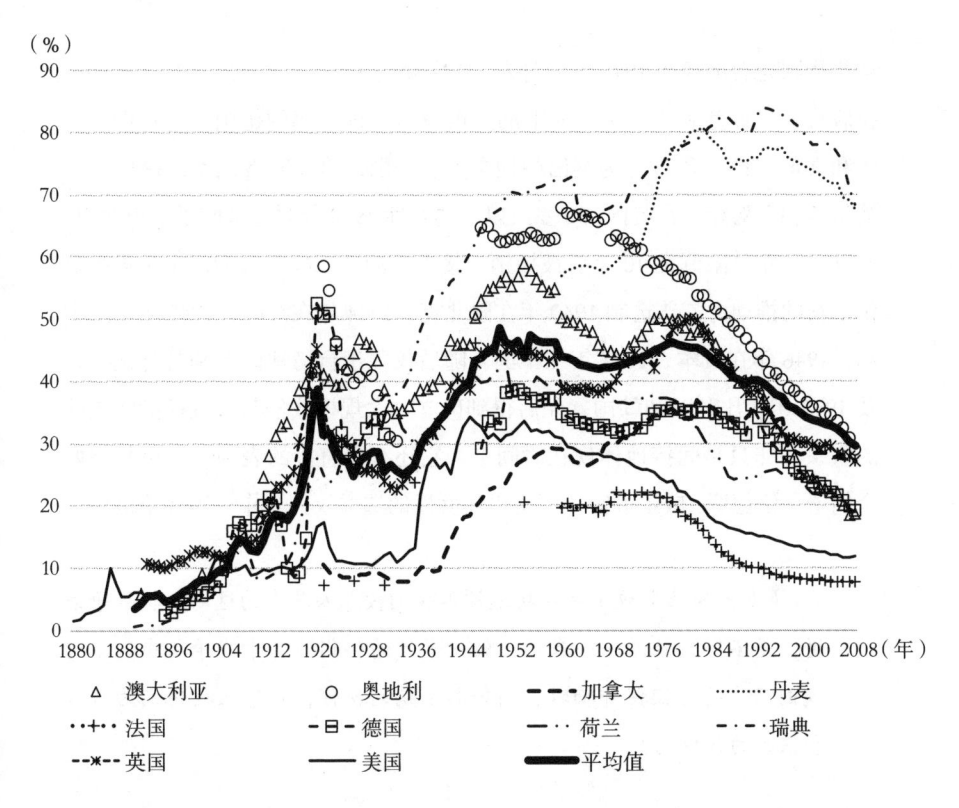

图 5.13 10 个 OECD 成员的工会密度，1880—2008 年（以百分数表示）

的，这个原理早在古希腊时期就已经得到了运用。就更晚近的历史而言，法国在大革命时期，所有 25 岁及以上的男性都有选举议会成员的权利。就确立男性普选权的时间而言，瑞士是在一场各州间的内战刚刚结束后的 1948 年，美国是在内战结束后的 1868 年（黑人男性获得选举权是在 1870 年），德国是在德法战争之后的 1871 年，芬兰则是在俄日战争引发的改革之后的 1906 年。选举权在 19 世纪以及 20 世纪早期之所以只实现了更为有限的扩张，按照现有的解释，是源于对动乱和可能爆发的革命的担忧。相比之下，与战争或暴力威胁无关的历史案例十分少见。广而言之，1815 年之后欧洲出现的和平状态阻滞了政治变革的步伐。这一局面因两次世界大战中出现的规模空前的军事动员而大为改观。1917 年在荷兰，1918 年在比利时、冰岛、意大利以及英国，全部男性被赋予选举权。普选权上升为一

第 5 章 大压缩   131

项法律则先后出现在 1915 年的丹麦，1918 年的奥地利、爱沙尼亚、匈牙利、拉脱维亚、波兰和（严格意义上的）俄罗斯，1919 年的德国、卢森堡、荷兰和瑞典，1920 年母语为英语的加拿大、美国、捷克斯洛伐克，1921 年的爱尔兰和立陶宛。在英国，30 岁及以上的女性 1918 年时也被赋予了投票权，并且这一年龄限制在 10 年后被撤销。接下来的"二战"又为民主化进程提供了新的推动力，普选制 1940 年在魁北克，1944 年在法国，1945 年在意大利，1946 年在日本，1947 年在中国（随后仅限于台湾地区）和马耳他，以及 1948 年在比利时和韩国，先后得到确立。大规模战争与大规模参政之间的联系并非只是间接地体现在时间上，它还有更直接的表现。这里只举两个例子，伍德罗·威尔逊曾试图把出让女性的选举权"当作一项战争措施"：

> （女性的选举权）对成功地控诉我们被卷入其中的这场人类战争来说，是不可或缺的……我们已经使女性的伴侣置身于战争之中。难道我们只应将她们视作牺牲、痛苦和伤病的伙伴，而不应视她们为特权和权力的伙伴吗？

可以说，美国 1944 年为破除只允许白人参加初选的规定而出台法律禁令，是公共舆论推动的结果，新的舆论反对排斥同样承受了"战时共同牺牲"的少数民族。[51]

我们所观察到的模式与选举权改革在两次世界大战之间趋缓的事实是相吻合的，撇开冰岛和英国在 1928 年时解除了对选举权的年龄限制不论，这段时期仅有土耳其（1930 年）、葡萄牙（从 1931—1936 年分阶段地实现）和西班牙（1931 年）三个国家引入了普选制。人们也注意到了，在那些远离大战以及不需要为大规模动员提供优惠和补偿的国家，民主化的步伐普遍很慢。卷入全面战争的危险为正规的民主化提供了至为重要的推动力。[52]

大规模动员的现代战争所带来的巨大暴力冲击，能以各式各样的方式缩小不平等程度。有关这些独特冲击的体验塑造着战后人们的态度。征兵和定量供应被认为是引发变动的无处不在的强有力诱因。在许多受到影响的国家，撤退以及面临轰炸和其他一些针对平民的军事行动的危险，进一步强化了战争的社会效应，这在20世纪40年代前期表现得尤为突出。这些广布于全体国民之中的混乱，不仅弱化了阶级差别，还使得人们对公平、参与、包容和承认普遍社会权利的期待愈加迫切，从根本上说，这些期待是与战前那种严重失衡的物质资源分配结构背道而驰的。战时推行的国家计划使得集体主义思想大行其道。许多学者都认为，对建立福利国家来说，世界大战的经历起到了至为关键的催化作用。[53]

"二战"的灾难性大大加快了社会政策的进程，因为政治光谱中的所有党派都开始认识到在战后施行改革以及通过实施再分配政策提高社会福利水平的必要性，尤为关键的是它们还有助于提振士气。并非偶然的是，就在法国投降以及丘吉尔发表"不列颠之战即将开始"的著名预言前几天，《泰晤士报》（一份还算不上进步主义舆论捍卫者的报纸）发表社论指出：

> 假如我们谈论民主，我们指的并不是一种只关心民众的投票权而不关心他们的工作权和生存权的民主。假如我们谈论自由，我们指的并不是一种排斥社会组织和经济计划的毫不妥协的个人主义。假如我们谈论平等，我们指的并不是一种因社会和经济特权而趋于无效的政治平等。假若我们谈论经济重建，我们指的是平等分配比最大化收益（尽管它同样有必要）更为重要。[54]

高度累进的征税、工会化以及民主化，是削减不平等的最重要途径。如果像瑞典经济学家杰斯珀·罗伊内和丹尼尔·威登特罗姆在他们有关20世纪顶层收入份额发展演变的权威研究中所说的那样：

> 宏观冲击解释了大部分的下降，但政策方面的转变，或许还有整个经济中的劳资回报平衡率变动，也起到了一定的作用。[55]

那就低估了大规模动员的现代化战争在引发现代社会的矫正作用方面

独有的重要性。就政策和经济变化本身是世界大战的产物而论，他们不应该被当作独立起作用的因素。那些导致了物质不平等缩减的政策之所以能够出台，很大程度上是出于战争的迫切需要。这一结果是出自有意还是无意并不重要，唯一重要的是它无处不在。威廉·贝弗里奇爵士在战时发出的大胆呼吁：

> 对未来的任何建议，虽然都有必要充分运用过去积累下来的经验，但不应该仅限于考虑那些在获得这些经验过程中建立起来的部门利益。战争正在使每个部门遭到损毁，因此在社会全部范围内运用这些经验，恰逢其时。世界史中具有革命意义的时刻正是革命发生的时刻，而不是那些小修小补的时刻。

无论是在不列颠还是在其他地方，这些都未被充耳不闻。[56]

此外，尽管经济变化无疑是由各种复杂因素造成的，但很大一部分变化同样源于全球性的大规模动员战争的影响。想一想皮特·林德特和杰弗里·威廉森提到的：

> 基本要素市场在 1910 年后的大矫正过程中所发生的变动：其影响因素不仅包括那些军事和政治上的冲击，而且包括劳动供给增长率的大幅下滑，教育的快速发展，对非熟练工技术偏见的减少，导致美国转向劳动密集型进口并抑制技术和资本密集型出口的更具反贸易特征的世界经济，以及金融部门的衰退。

后 5 个方面，有 3 个都与 20 世纪前期的军事和政治冲击有着紧密的联系：移民的急剧衰减，全球经济一体化的中断以及金融部门相对收益的下降，都更应该被理解为这些冲击的结果或表现，而非独立的影响因素。就余下的两种发展而言，鉴于大部分可获得的证据都表明，正是在两次世界大战期间技术溢价和接受更高教育的回报出现了短暂和不连续的下降，所以，教育供应方面的持续改善可能只会逐步地对不平等产生影响。最后一个要素，美国非技术性劳动密集型部门的生产率提高，不大可能带来我们所看到的，那种从顶层收入份额以及收入与工资分配到金融部门的相对工资率和教育回报率，各项不平等指标都出现快速且显著下降的情况。另外，这场"大压缩"产生的影响遍及整个工业化世界，某些时候甚至更远。一些受影响的国家成了移民的来源地，另一些国家则成了移民的目的地；金融部门在其中一部分国家所起的作用要比在其他国家的大得多，与此同时，它们的不同表现也与其公民享有的受教育机会不同有关。而共同之处则在于，这些国家都经历了暴力冲击及其对资本品，对财政、经济和福利政策，以及对世界贸易产生的影响。从这个角度来看，战争和革命暴力并不只是对许多国家产生了平等化的影响，它更是一种决定政治、社会和经济结果的具有超常压倒性的力量。[57]

意识形态也不是一个独立的影响因素：虽然进步政治组织的再分配议程为战时和战后的政策制定提供了可借鉴的智识与意识形态基础，但政府为更具雄心的社会政策筹措资金并予以实施的意愿和能力，更多地取决于在全球范围内爆发的、它们力图做出回应的暴力战争。[58] 大规模的矫正源自大规模的暴力——以及对未来发生更大规模暴力的担忧。战后，福利国家在铁幕两边出现的扩张，可能受到了西方国家和苏联两大阵营竞争的影响。更具体地说，1960—2010 年，18 个西方国家收入不平等状况的发展受到了"冷战"的约束：通过对诸如最高边际税率、工会密集程度以及全球化程度等其他因素施以控制，苏联的相对军事实力与其顶层收入份额呈现出显著的反向关系。看起来，苏联的威胁起到了约束不平等程度进而增强社会凝聚力的作用。这一约束在 1991 年苏联解体后迅速消失。在最近一次的世界大战结束了近半个世纪之后，终于不再有爆发新的世界大战的现实可能性了。[59]

第6章 前工业化时期的战争和内战

"现在已没有任何事情能够阻挡住一触即发的战争势头"：大规模动员的战争在西方世界的（再次）出现

肯尼斯·舍韦和戴维·斯塔萨维奇最近在有关税收和战争的研究中，阐释了大规模动员的现代战争多大程度上代表了一种与前现代战争的断裂。30年战争结束以来，13个主要大国的军事动员率表明，在军事力量随着人口增长而增长的同时，动员率却保持在平均约为总人口的1%或1.5%这样一个十分稳定的水平上。两次世界大战使得平均动员率在1900—1950年的半个世纪里暂时性地上升到4%~4.5%，这比此前250年的平均水平高了三倍（图6.1）。与之相契合的是这样一种观念，即大规模动员的现代战争是一种既强大又少见的矫正力量：正如我在第3章表明的，在以前的这几个世纪中，若无战争发生，除极少数的例外情况之外，物质不平等要么不断加剧，要么维持在一个稳定的高水平上。[1]

在1914年以前，大规模动员的战争只是零星地出现过——总人口中有某一显著的比例的人口（比方说至少2%，如舍韦和斯塔萨维奇的分类系统所要求的那样）在军队服役。战争的持久性也很重要，因为不可能指望短暂的战争潮对私人资源分配产生大的影响。1870—1871年的普法战争，动员水平无疑是高的，但只持续了不到10个月的时间，且仅仅开战一个半月胜负就已见分晓。早于此10年爆发的美国内战，倒是更有希望成为矫正力量的一个范例。尽管人们习惯于将其界定为一场内战，但它体现出了大规模国际战争所具有的许多特征，并且交战双方都做了广泛的人力动员。1861—1865年间，北方联邦动员了200多万的士兵，大约占其总人口的1/10，而南方邦联从其560万非奴隶人口中组建起来的军队接近100万人，即大概占到该群体人口的 1/7 甚或 1/6，以及南方总人口的 1/9——一个意义更小的比值。撇开年龄结构上的差异不论，这种动员率即便参照后来世界大战时的水平，也是令人印象深刻的。与法国和德国在同样持久的"一战"时期高达 1/5 的动员率相比，南部邦联的动员率并未逊色很多，与此同时，北方联邦的动员率也不比"二战"时美国 1/8 的动员率低很多，与其"一战"时仅为 4% 的动员率相比还高出很多。因此，这场内战显然算得上大规模动员的战争。[2]

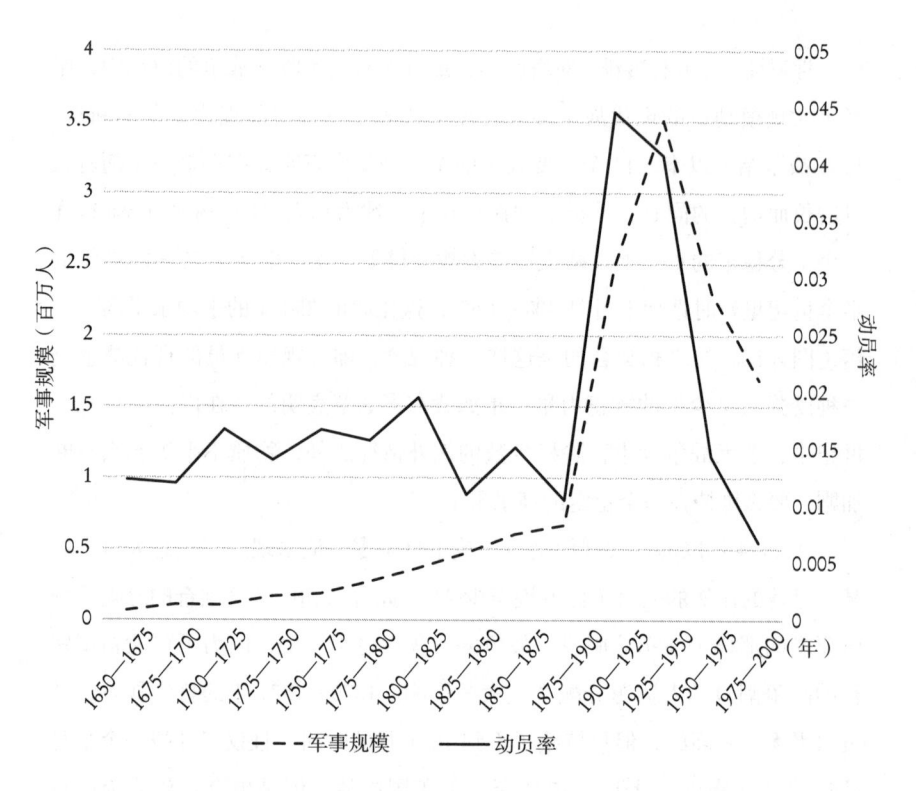

图 6.1　大国在战争年份的军事规模和动员率，1650—2000 年（每 25 年的均值）

原则上说，这场战争的关键特征——广泛征兵、经年累月、耗费巨大以及伤亡惨重该有助于催生那些能产生矫正效果的政策措施。但事实并非如此。的确，内战比此前美国领土上发生的其他战争更彻底地改变了财

138　不平等社会

政制度。1862年，北方联邦创立了一项所得税，南方在接下来一年里也紧随其后地实施了该政策。然而，北方联邦最初施行的是一种不仅很低而且累进程度温和的所得税，其加诸大多数应税收入的税率为3%，加诸最高收入的税率是5%。1864年国会设定的税率稍高一些，达到10%，目的是对征兵暴乱和有关公平的社会争论做出回应。即便如此，这项税收依然没能获得多少收入。它最初被用于偿付战争债务，到1872年时宣告失效。本质上是累退性的消费税充当了财政收入的主要来源，同时，仅有的一项产生了显著收入的直接税，即针对农产品课征的、实为一种正式征收的什一税，事实上也是累退性的。与此同时，南部邦联主要靠印钞票来维持战争，至战争结束时其失控的通货膨胀率超过了9 000%。[3]

这场战争最终对不平等产生的影响，在南方和北方是迥然不同的。在北方，富人们通过为军队提供给养和承保战争债务获得了巨额利润。19世纪60年代百万富豪的数量大幅增加。约翰·P. 摩根、约翰·D. 洛克菲勒以及安德鲁·卡内基这些著名的富豪，最早就是作为战争投机商发家的。或许不可避免的是，这种发生在最顶层的财富集中并未在各种样本调查研究中得到反映，因此这些研究得出的结论是，财富不平等程度在1860年和1870年时是高度相似的，同时，源自财产的收入分布，总体而言也只是稍微集中了一些。相比之下，总体收入差距在这个10年里大幅拉开：在新英格兰，收入基尼系数的上升超过了6个百分点，顶层1%群体的收入份额较此前的上升了一半；其他地区也发生了尽管通常更温和，但与之相似的变化。毫无疑问，内战加剧了北方的不平等程度。[4]

对战败的南方来说，情况刚好相反，在那里，奴隶制的废止使得作为精英阶层的种植园主的财富大幅缩减。1860年，南方各州因蓄奴而获得的私人财富份额达到惊人的48.3%，大大超过了所有农庄及其附属建筑物的价值总和。奴隶制使得南方的不平等达到了比这个国家任何其他地方都要高的程度：1860年时南大西洋地区各州的家庭收入基尼系数达到0.61，东南面中部地区达到0.55，西南面中部地区达到0.57，这与当时全国0.51的总体基尼系数以及1774年时南部0.46的基尼系数形成了鲜明的对比。尽管奴隶制相当普遍，南部1/4的家庭都拥有奴隶，但大约有1/4的奴隶集中在0.5%最富有的家庭中。不附带补偿的大规模奴隶解放连同战时的混乱，外加南方各州因战争而普遍遭受的物质破坏，使得区域内的资产大幅缩减，这些损失由那些在种植园主阶级中处于最顶层的人不成比例地负担。[5]

最为详细的证据资料，来自一份有关1860—1870年情况的样本调查，它可以让我们追踪到美国内战以及紧随其后的几年里所发生的种种变化。这些数据记载，南方各州遭受了规模巨大的财富缩减：在这10年中，人均财富下降了62%。这些损失是在不同财富等级和资产类型之间不均匀分布的（表6.1）。[6]

表6.1　1870年时南方白人的财产相对于1860年时的价值
（1860年时的价值=100）

财产类型	财富份额				
	0~55	55~90	90~95	95~99	99~100
地产	46.4	66.0	68.0	77.3	74.3
私人财产	72.3	32.1	18.8	18.0	22.8
财产总量	61.9	48.2	38.4	40.8	46.0

最富有的10%群体与余下的人口相比，处于不利的地位：尽管其不动产份额从68.4%轻微上升到71.4%，但它们在个人财产总额中的占比从73%降到59.4%，进而总财富份额从71%下降到67.6%。除最顶端的1%群体外，个人财产的损失程度随财富规模而递增，但那些相对不太富有的人在不动产方面遭受的损失更为严重。前者首先要归因于奴隶制的废止，它使得南方社会上层的个人财产损失惨重，而那些原本不拥有奴隶的富人遭受的损失要小得多。要不是因为次级富人的不动产发生了更为剧烈的贬值或缩减而部分遭到抵销的话，这一过程对南方社会的矫正效应，本来会大得多。1860—1870年有关南方白人财富分配的基尼系数变化情况也很好地说明了这一点。虽然登记在册的不动产基尼系数仅发生了小幅下降（从0.72降至0.7），但反映个人财产不平等程度的基尼系数出现了从0.82到0.68的

140　不平等社会

大幅降低。其结果是，总体财富分配不平等的下降幅度介乎二者之间，即反映全部资产分配情况的基尼系数从 0.79 降至 0.72。鉴于时间跨度短，这意味着总体不平等程度出现了实质性的下降。即便把被解放了的奴隶包括在 1870 年的样本中，也不能使这一总体趋势有所不同。

与这一变局相呼应的是收入分配方面的变化（表 6.2）。就南方的全部人口而言，财产收入基尼系数从 1860 年的 0.9 降至 1870 年的 0.86。总体上，南方"顶层 1% 群体"占总收入份额的下降幅度超过了 1/3，同时，区域收入基尼系数大幅缩减了 7～9 个百分点。[7]

表 6.2　南方家庭收入不平等情况

区域	基尼系数		顶层 1% 群体的收入份额	
	1860	1870	1860	1870
南大西洋地区	0.61	0.53	13.7	8.5
东南地区东部	0.56	0.49	12.5	8.5
西南地区中部	0.57	0.48	16.0	7.5

然而，南方社会出现的矫正，不是源于大规模动员的战争本身，而仅仅是源于战败。尽管它看上去像一场最早出现的大规模动员的现代战争，尽管它动用了工业资源，并从战略上重视民用基础设施，但就其对物质分配不平等造成的影响来看，这场内战仍然是一场胜者得、败者失的传统战争，与普罗大众相比，胜败双方的精英阶层所得或所失不成比例。我会在本章的后面部分讨论这一结果，从历史的角度看它甚为广泛的影响。19 世纪 60 年代时的战争与那种更古老的、公开掠夺式的战争的不同之处仅表现在方式上。就美国内战这个特定的例子而言，其主要结果是财富和权力从南方的种植园主转移到北方资本家手中。由于缺少再分配机制——这一点本身又源于联邦政府以及更一般意义上民主制度的相对软弱性，得胜方的财富精英是从战争或与战争有关的经济发展中获利，而非从夺取南方的资产中获利。战争若是早几个世纪发生，他们便可以径直接管南方种植园或将南方的奴隶据为己有。这个例子中，失败一方的财富精英被没收的财产

第 6 章　前工业化时期的战争和内战　141

不是被胜利者直接攫取，而是被无任何返还地征用。这一定程度上减轻了他们的损失规模，因为虽说奴隶得到了解放，但种植园主享有自身劳动成果的权利并未遭到剥夺。

与此同时，与更为传统的、战略野心和破坏潜能更为有限的前现代战争相比，这场战争的全面性以及由此而来的个人财产损失的普遍性，为战败方带来了更高的成本和更多的烦扰。美国内战是一个混合体，它处在社会演变的一个转折点上，一只脚已踏入现代（其表现是大规模的军事参与以及它的影响遍及全国），但另一只脚还留在过去（其表现是胜利方精英不受约束地获取暴利，战败方精英的资产消耗、流失严重）。不平等的结果在胜败两方表现得如此悬殊，这大概是历史上的最后一次。与之相比，在两次世界大战中，根据有关顶层群体收入份额的证据判断，无论其国家胜败如何，精英们普遍都遭受了损失。[8]

在现代早期发生的其他系列战争中，可以被称作大规模民众动员事件的，仅有法国大革命以及拿破仑统治时期的战争。1793年，法国的局势异常紧张，与包括匈牙利、英格兰、普鲁士以及西班牙在内的多个欧洲主要势力都处于交战状态。同年的8月23日，法国国民议会发布了"告全体国民书"，试图动员所有年龄在18～25岁之间的未婚健康男性应征入伍。其当时的措辞（随后的实践更是如此）就是有关大规模军事动员的：

> 从现在起直到敌人被逐出共和国领土的那一刻，所有法国人都将一直被召唤为军队服务。年轻的男人应该去打仗；已婚的男人应该去制造武器和交通装备；女人要缝制绷带和衣物以及去医院帮忙；儿童要把棉绒纺成棉布；老人应该自己到广场上去，以激起勇士的斗志，宣传对国王的仇恨和共和国的团结一致。[9]

历史将表明这是有纪念意义的一步。当年仅仅13岁便参加抵抗法国的战争，并由此开启了其非凡军事生涯的卡尔·冯·克劳塞维茨，后来在《战争论》一书的终结篇中这样感叹道：

1793年时出现了一种难以想象的力量。突然之间战争再度成为这个民族——一个人口达到3 000万、人人都视自己为公民的民族的共同事务……国家以其全部的重量被抛到了天平之上。此时，可动用的资源和力量超出了所有常规的限度；现在已没有任何事情能够阻挡住一触即发的战争势头。[10]

拿破仑统治时期，法国的军事力量规模空前，且在整个欧洲全线作战。1790—1815年，大约有300万法国人，或者说该国总人口中有1/9都曾在军队服役——这一动员水平堪比内战和"二战"时期的美国。我们将在第8章看到，从法国革命伊始到"后拿破仑时期"，收入分配被认为稍微变得公平了些。然而，我们无法判断，是该将这一变化更多地归功于国内革命过程中所发生的征用和再分配，还是该将其更多地归功于法国因对外发动战争而招致的成本和后果。大规模动员的战争与革命一前一后到来的情形已出现过数次。德国和"一战"之后的俄国，以及"二战"后的中国，是最为著名的例子。法国的不同之处在于，革命先于而非后于大规模战争而来。这使得我们很难甚至不可能分清它们的矫正效应，只能优先将革命作为一种解释，从而把战争的后果视作革命的自然结果。因此，我会在第8章探讨法国的经验，那一章专门考察的是借助革命途径实现的矫正。[11]

"耕战治世"：前现代时期大规模动员的战争

大规模的军事动员，至少就我们在前面几页所做的那种定义而言，主要是一种现代现象：在大多数情况下，总人口中至少有1/10的人曾服过兵役。若采取某个更低的门槛，我们也能把拿破仑战争或者世界大战中更多的参战国包括在内，并且这样做不会改变事物的总体情形。舍韦和斯塔萨维奇选定的最低门槛是，一个国家在特定时期内有2%的群体在军队服役，但是，对那些更持久的战争来说，因为士兵会阵亡或者出于其他原因被替换掉，所以整体来看，服兵役的人口比例最终会更高。鉴于在前现代时期，传染性疾病是导致军队减员的一个突出因素，所以在一场持久战中，即便要维持这个下限值，也需要更多体格健全的人源源不断地补充进来。单是这个原因就意味着，传统的农业社会不可能长时间维持这种消耗，更不要说经济、财政和组织方面的限制了。[12]

一些帝国政体能够维持庞大的军队，仅仅是因为他们的规模很大，而非因为做了大规模的动员。例如，在公元11世纪，南宋王朝供养了庞大的军事力量来对抗北面金国的威胁。据说，军队的总人数高达125万，军队的俸禄一部分被装进贪官的口袋，而非真正用于增强军事实力，但是，即使是100万人的军队也不超过当时至少1亿总人口的1%。鼎盛时期的莫卧儿帝国控制着超过1亿的人口，但服兵役的人甚至不到其中的1%。鼎盛时期的罗马帝国可能有6 000万~7 000万人口，军队规模大概是40万人，远小于总人口的1%。奥斯曼帝国的动员水平甚至更低。[13]

为了找到更多有用的例子，我们需要追溯到基督教出现之前的时代。战国时期的中国值得重点考虑。所谓战国时期，指的是从公元前5世纪—公元前221年，7个主要国家历经军事上的激烈争斗最终实现大一统的这段历史时期。在长期胜负难分的冲突过程中，领土变得越来越集中，与此同时，它们力图将其人口和其他资源最大限度地用于霸业争夺之中。行政重组有可能对精英权力和物质财富的集中产生影响。为改变此前领土和人口被各地势力雄厚的精英家族作为封地控制着的局面，战国的统治者推行了基于一种特殊区划单位（县）的行政管辖制度，这种制度使得他们能够直接控制这些区域，进而有能力征税和征兵。为了摧毁世袭贵族的权力，君王们转移、解散甚至处决了一部分官员。原本出自统治阶级家族的高级官员，要从底层精英圈子中遴选产生，并从此只能靠为国家提供服务而获得身份地位和薪俸。最终，由于那些老的权贵家族被取代，大多数官员都出身低微。[14]

行政重组可能牵涉土地重组：从公元前6世纪开始，国家对土地实施了网格化的重组，并按照每5户为1个单元的划分方式对全部住户重新编组。在这一过程中，国家巩固了土地私有制，同时还消除了那些此前以抽租或盘剥劳力的形式侵蚀中央政府权力的中层精英的势力。这些干预引发了土地的重新分配。史料中记载最为详尽的变革是秦朝（始于公元前359年）的商鞅变法，其目的就是要对整个乡村地区实施一种矩形网格化管理。在当地发现的那些笔直的大路和人行道表明，这些野心勃勃的变革计划确实得到了实施。变革者力图将土地划分成同等大小的地块，进而根据每家成年男性人数分配给各个住户。这些计划很大程度上确实得到了实施，它们本可以带来村民之间更均等的财产分配，但军事奖赏制带来了新的贫富差距：秦朝末期，士兵每砍下一个人头就能晋升一级，同时还能获得一份数量固定的土地，这些土地的产出相当于五口之家的最低生活标准。另外，封地依然存在，尽管只是作为收入的单位而非实际控制的领地。例如，在秦朝的十几个社会等级中，9个最高等级的成员，收入都来源于此。尽管封地不能世袭，但精英阶层可以通过购买或者向农民提供贷款使之陷入债务危机来私有化这些土地。[15]

这一重组的最终目的是供养更庞大的军队，以及获得更多的收益用于战争。农耕人口被看成军事人力资源的"蓄水池"：农民同时也是潜在的士兵的理念，在"耕战治世"这个概念中得到了体现。同样，城乡之间的区分也被打破，所有的人口都被凝聚在一起。这就使此前王公贵族所崇尚的合法暴力行为（主要是战车和狩猎竞赛等仪式性的争斗）得以蔓延到平民百姓之中，后者常常会被征召参与大规模的步兵作战。[16]

整个战国时期都充斥着军事冲突：按照现代统计，从公元前535—前286年，总共发生了358次军事冲突，或者说，平均每年发生的军事冲突超过一次。这些冲突往往经年累月，且涉及的地理范围不断扩大。军事动员的水平很高，尽管我们不能确定那些报道出来的，经常被夸大了的数据到底有多大的可信度。依据这些数据，齐、秦和楚这几个主要国家，各自可以利用的士兵超过了100万，这或许代表了它们全部可用的人员数量。人们经常会提到那些参战人数超过10万或者更多的战役，并且它们的规模呈不断上升之势。据说公元前260年的长平之战中，赵国的40万军队全部被秦国军队屠杀。公元前4世纪和公元前3世纪，战败国在26场主要战役中的死亡人数高达180万，另外一项调查还显示，在同期的15场战役中，接近150万人被秦军杀害。尽管几乎可以断定这些数据存在一定程度的夸张，但是，大规模战争的广泛出现和严重的损耗是毋庸置疑的。令人震惊的是，在与长平之战差不多同时发生的另一场战争中，秦军征召了所有15岁以上的男性。[17]

这些战役是否促进了收入和财富的平等化，仍然是一个有待讨论的问题。国家通过限制世袭贵族的权力、启用领薪水的官员以及实行非世袭的封地制度，增加了社会的流动性，并且有助于限制财富的跨代积累。针对平民实施的土地制度缩小了一般民众之间的贫富差距。但是，土地私有制是一把双刃剑。鉴于在此之前农民有着很高的依附性，而且有关土地有效控制的基尼系数很可能本来就非常高了，所以，赋予私有土地可转让性，最终促进了土地的再次集中，在汉朝早期出现的一些有关秦朝统治的批判性言论中就已经注意到了这一点。后来的观察家不无道理地指出，农民失去土地是由税赋压力以及国家施加的不可预知的服务义务造成的，它们迫使农民先是为了维持资金周转而向富人借出高利贷，接着将土地交由富人接管。常年的战争不仅加快了土地均等化改革和私有化的进程，并且逐渐破坏了随之而来的私人土地制度。这个时期，商业化、货币化和城市化得到了持续的发展，城镇从贵族的要塞中转移到更大的城市中。所有这些趋势都预示着不平等程度会与日俱增。它们与史料中的下述记载也是一致的：一方面农民失去土地成为无地的雇工或者租户，另一方面商人和企业家等资本所有者购得他们的财产。在这种情况下，国家把剩余财富视作万恶之源，需要以无休止的战争加以吸收，也是有道理的。[18]

然而，不断增加的私人产出不大可能完全被战争吸收。考古学界有许多含糊不清的发现。一项研究指出，楚国的下层精英和平民在这一阶段实现了融合。之前的那种依据谁有资格在墓穴中放入一些陪葬品来推断当时存在社会分化的考古学观点，被认为是不可信的，因为放置同类的陪葬品被证明是一种普遍现象。由此，社会差距就只体现在了数量方面，如陪葬品的丰富程度或坟墓大小的不同。财富而非等级,成了地位和阶层分化的主要标志。青铜制成的武器广泛见于身份地位不同的人的墓穴中,这是全民军事化的表现,却未必是更广泛意义上的平均主义的表现。[19]

总而言之,战国时期是一个多股敌对势力彼此扰攘纷争的竞技场,这些力量之间的竞争既可能抑制也可能助长不平等。这两种作用力不必是同时发生的:早期时候,矫正效应因原有的贵族被取代而出现,然而,随着富人开始采取基于市场交易而非封建特权的再集中策略,分配到农民手中的土地很可能逐渐遭到侵蚀,甚至最终发生了逆转。军事力量的持续扩张与私人财富的增加同时出现,并且还可能伴随着私人财富的不断积聚。在大规模军事动员日益加剧的情况下,国家对私人资源的掠夺,不可能使私人财富不平等的上升势头得到遏止。考虑到这种税收制度给那些最缺乏承受能力的人,即农民施加了沉重的双重税赋(军事劳动和农产品),而其他形式的财富更容易躲过国家的征用,它事实上很可能是累退性的。当时的步兵作战成本相对较低,主要依靠的是征兵、大批量生产的武器(就像后来几个世纪的情况一样,这其中可能涉及施加于囚犯和他国劳工的强迫性劳动),以及农民自产的粮食。秦朝的农业税据说比随后汉朝的农业税要高得多。当时的战争也不需要战船这类昂贵的武器装备,故而也没必要征收更具侵略性和累进性的税赋。因此,我们并没有足以令人信服的理由将战国时期的大规模军事动员和旷日持久的大规模战争,说成是导致再分配的一个成功驱动因素。就这个时期的大规模军事动员与平等化的关联而言,实施再分配措施是发动战争状态的一种方式,而非战争的结果。这一点,对现代时期的世界大战来说,是不适用的。[20]

罗马共和国的情况几乎也一样,在好几代人的时间里保持着高水平的军事动员。有关它的军队参与率,很难给出精确的数据。尽管对于罗马共和国公元前3世纪末—公元前1世纪这段时期的军事力量,我们掌握了大量可信的信息资料,但罗马市民人口的潜在规模仍是一个有争议的问题,争议的焦点在于如何对其历次周期性人口普查记录做出解释。我们对其军事动员率的估计结果,取决于我们是把其中的某些普查记录解释为涵盖全部罗马公民的，不分年龄和性别的人口统计，还是解释为仅仅对成年男性公民人口所做的统计。证据倾向于支持我们对罗马公民人数做出一种保守的估计，而这又意味着其军事动员率总体而言是很高的，甚至某些时候达到了非常极端的水平。由此说来，在对战迦太基的第二次布匿战争高潮阶段，罗马或许征用了总人口中的8%～12%，或者说，征用了17～45岁男性人口中的50%～75%。后来，在公元前1世纪80年代—公元前1世纪40年代的战争中，尽管时间很短，服兵役的人口比例仍然达到8%或者9%。而在更长的时期，即在公元前2世纪和公元前1世纪的大部分时间里，有证据表明，罗马大约有一半的男性公民平均服兵役7年。即使我们对罗马的公民总数做出更高的估计，相应得出的更低的军事动员率（可能低一半），按照前现代时期的标准来说，仍然是很高的。[21]

但是，再一次地，我们有充分的理由怀疑，这种形式的军事参与对收入或财富不平等起到了限制作用。虽然掌管国家运转的寡头统治者没有大肆掠夺精英的财富，但强制性征兵以及随服兵役而来的周期性疏于农耕的问题，对普通民众造成了不利的影响。在对战迦太基的第二次布匿战争中，曾有过这样一段引人注目的插曲：即使是在极端困难的情况下，国家也不愿意将目标指向富人。公元前214年，汉尼拔入侵意大利期间，罗马到了破产甚至土崩瓦解的边缘，军事动员率也达到了历史最高水平，元老院命令罗马公民交出他们的奴隶以充当海军的划桨手。依据普查结果，按出资大小将其分成若干等级，虽说这种累进制是前后不一致的。那些拥有5万罗马币（当时罗马货币的面额），在7个财产普查等级中处于第4等级的中等收入者，需要提供1个奴隶；那些拥有10万罗马币的人需要提供3个，拥有超过30万罗马币的人需要提供5个，拥有100万或者更多罗马币的人则需要提供8个。令人震惊的是，那些最富有的人并没有被要求缴纳与其所拥有的财产数量成比例的税收，更不要说是直接以一种累进的方式纳税了。因为这一方案而承受了最沉重负担的，是平民中处于上层的那些人，而不是财富精英阶层。即使在非常紧急的情况下，罗马的寡头统治阶级也力图做出尽可能少的让步，这和民主政体比如古代雅典的情形形成了鲜明的对比,正如我们将看到的,后者是通过对富人阶层课以重税来维持战争开支的。[22]

罗马倾向于依赖其不断扩大的帝国的税收:公元前167年,废除了针对公民家庭财富征收的直接战争税。罗马共和国的最后两个世纪,财富在统治阶层中大量积累,这是我在第2章已描述过的一种发展。与很久之后美国古南方地区①所出现的情形一样,这一时期,有几百万的奴隶被输送到意大利,从而进一步拉大了财富和收入差距。依靠一个组织严密的寡头集团的有效控制,以及不断扩张的帝国朝贡系统的有力支持,鼎盛时期的罗马共和国能够在不平等不断加剧的条件下维持其大规模的军事动员。我将在这一章的末尾处阐明,对这一过程来说,一种可能出现的、最多只能算是短命的例外情形是什么。

这样一来,迄今为止,在奉行平等主义以及对与广泛的民众军事参与相关的财富和收入不平等施加限制方面,最适合作为典范的历史先例就只剩下一个了:古希腊的例子。公元前2000年末期,在青铜时代的那种更大和更集权化的政体被摧毁,广泛的等级制和经济不平等被矫正(如第9章所述)之后,剧烈的政治分化开始在希腊出现。从废墟上发展起来的是史上最大的城邦文化,其最终形成了1 000个独立的城邦或城市国家,总人口达到了700万甚至更多。其中,大多数都是小城邦:在有历史资料可查的672个城邦中,领土面积在20~40平方英里的很常见。尽管在历史记载中,以雅典为首的那些最大和最有势力的城邦受到不成比例的关注,但有理由认为,一般性的社会政治结构在更大范围内的那些城邦政体中也是广为人知的。[23]

对好几代研究者来说,多元体制的出现和巩固一直都是备受争议的问题:由于缺乏这一早期形成阶段的证据资料,很多研究都是不确定的。一般认为,这种多元体制似乎是按照乔塞亚·奥伯最近提出的那种城邦演变

---

① 古南方地区,指美国南部地区最初作为英国殖民地而出现的13个州,西方学者通常用它来指称一种农耕式的、前市民化的战争经济与社会形态。——译者注

模型发展起来的，它主要牵涉三个问题：为什么旧政体瓦解之后，那些统治者不能再创造出更加集权的社会秩序，为什么出现这么多的小政体，以及为什么政治权威会变得如此分散？奥伯论证地指出，不利于合并成帝国的地理条件、铜器时代超乎寻常的崩溃程度、有助于促进武器使用民主化的铁器技术的推广等三大因素加在一起，"在原有的那种相对比较熟悉的城市国家道路基础之上，共同催生出了一种国家构成方式的独特变体，即一种高度公民本位的国家生成路径"，这种新的路径最终产生了深远的历史影响。在继铜器时代崩溃之后到来的铁器时代早期，社会共同体是很贫穷并且是相对未分化的，尽管后来的精英阶层试图在人口和经济增长复苏之后重建等级制，但平均主义规范仍然在一些共同体中得到维持，从而使他们能够在与其他共同体的竞争中胜出。

奥伯认为，正是因为铁器得到了广泛的使用，以及当时流行的是十分简单的步兵战模式，所以，"决定共同体该动用多少人参入战争的是一种社会选择过程，而不是共同体所面临的经济约束"。他还认为，"在这些条件下，高动员率和高士气与公民本位的制度形式呈正相关，而与排他性的精英小团体统治模式呈负相关"。换言之，在这种特殊的环境下，那些更具包容性的社会和政治组织形式更容易脱颖而出。与此同时，单个城邦通过吸纳竞争能力更弱的城邦来实现扩展自身的举动，会受到那种同样也旨在提升城邦竞争力的公民社会规范的制约。尽管持续的经济扩张，特别是经济发展和贸易活动，构成了削弱平等主义规范的潜在威胁，但能否动员尽可能多的人参战，仍然是决定国家成败的最重要因素。如果考虑下述因素的话，就更是如此了：作战的主要方式是打方阵战，其成熟形态即一种直线合围的布阵模式，攻击力主要取决于方阵的大小。方阵战模式为在精英圈子之外进行广泛的军事动员提供了强劲的激励，在长矛和盾牌这类基本武器装备的数量足够供人们作战使用的情况下，更是如此。[24]

尽管学界还未对战术和政治机构演变之间到底存在何种联系做出定论，但很明显，到公元前6世纪时，希腊已形成了一种与大规模参与步兵作战联系在一起的公民文化。军事贡献的广泛共同承担，与在特定领域中彼此平等相待的公民实体的广泛形成结伴而生。城邦的治理因一种强有力的非职业性要素的参与而得到加强,由此形成的公民权利传统,既有助于公民免受那些有权势者的压迫,也有助于遏制政府的权力。尽管各城邦的具体政治实践形式沿着从独裁统治、寡头政治到民主制度这一范围广泛的谱系并彼此有异,平等主义统治仍然是这一系统的标志性特征。[25]

这种文化在多大程度上导致了物质资源分配的平等化呢?通过对古代文字证据做字面上的解读,看起来最直截了当的例子出自最好战的古希腊城邦斯巴达。根据经典的解说,早期的斯巴达实施了一系列与一个名叫莱克格斯的立法者联系在一起的广泛改革。这些改革带来的一个最为著名的结果是高度平均主义的公共食堂制度,它要求所有人,包括高级领导者在内,每天都必须到某个小群体食堂集体就餐,吃的各种食物由所有成员共同提供,且每个人提供的分量相同。这个立法者据说还在土地所有权方面施行了平均化改革:

> 他说服公民把所有的土地都集中起来,接着再重新分配,然后他们就靠相同的平均份额来生活,用等量的财产来养活每个人。[26]

在斯巴达的中心地区拉科尼亚,据说全部的农用土地被平均分割成30 000块,其中的9 000块分给了斯巴达的男性公民。负责耕种的是希洛人,他们是公民集体所有的奴隶,常年在农奴制条件下耕作,并依附于这些土地。这种安排既是为了确保公民之间的平等,也是为了确保公民除了从事军事活动之外不必再有其他方面的追求。可移动的财产也要予以再分配,私藏稀有金属货币的行为是被禁止的,禁奢令还要求人们不得投资私人住宅。公民经历了高强度的军事动员:几乎所有的斯巴达男性公民,在7~29岁之间,都必须接受一种集体的军国主义教育,其训练方案着重强调的是忍耐和剥夺。这种制度,就其要求公民个体为争夺荣誉和地位而相互对抗而言,是具有高度竞争性的。另一方面,它又是高度平等的,它甚至还要求女孩子接受一种强调身体技能的公共教育——这在前现代社会是非常少见的。这种安排旨在塑造一支平等的公民队伍，以便最大化其军事力量。据说，正是这些规范成就了斯巴达势力的持续扩张；最显著的例证是，公元前19世纪时，斯巴达人征服了邻近的美塞尼亚人，并将他们贬为奴隶；这不仅带来了公民土地份额的进一步调整，而且为斯巴达人在随后一个世纪的伯罗奔尼撒地区建立起一个以自身为主导的联盟系统准备了条件。远古的历史记载带给我们的是这样一种印象：持续存在的大规模军事动员状态，对社会和日常生活产生了无以复加的影响，并且与一种同样也宰制着物质资源分配的平等主义规范紧密地联结在一起。

不幸的是，基于两方面的原因，对致力于研究与战争有关的矫正效应的现代学者来说，这个很大程度上由后世的外部钦慕者所做的风格化描述的社会传统是存在问题的。我们无从判断这种理想化的制度究竟在多大程度上被付诸实践，与此同时我们又知道，自公元前5世纪特别是前4世纪之后，不断加剧的资源不平等成了一个紧迫的问题。考虑到后者并不排斥前者，所以它们是两个不同的问题：在明显缺乏某些能够对不断更新的不平等状况做出周期性调整的机制的情况下，完全有可能从一种财富均等分配的初始状态逐渐走向某种更不均等的结果。但问题是，后来的这些状态究竟是全新的，还是仅仅表示早期发生的经济分化的持续恶化。对这一问题所做的最为透彻的研究，得出了这样一个结论：财产在斯巴达人当中的分配一直都是不平等的，且本质上具有私有性，但同时又受到了一种追求平等主义生活方式的公共意识形态的制约。毫无疑问，可能会出现土地份额跨代传递的情况，从长远来看，这是一种即便初始状态十分均等，也会不断拉大不平等的机制。斯巴达人在财产继承方面所采用的特定惯例，带来了土地和其他财产在其公民之中的加速集中。当一些斯巴达人的财产不够为公共食堂提供所要求的那种标准化贡献时，他们就会失去作为完整公民的地位，所以，财富集中带来了公民数量的不断缩减：从公元前480年时的8 000人减至公元前418年时大约4 000人，接着又在公元前371年减至1 200人。到公元前240年左右时，其公民总数降到700人，称得上富裕的大约只有100人。那些资产下降到低于公共食堂贡献门槛的公民被归为

"劣等人"：财富不平等侵蚀着公民身份方面的平等主义规范。[27]

历史证据的不确定性要求我们对斯巴达大规模军事动员的矫正效应做出保守的估计。这些证据资料使我们得以窥见一个自称珍视平等主义规范的勇士型社会，尽管这些规范在其真实生活中可能从未得到过充分的遵守，尽管代际财富转移带来的不平等结果越来越严重，它们势必会在时间之流中趋于衰落。军事上的大规模动员本身并未因这一趋势而受到大的影响，因为地位较低的斯巴达人以及拉科尼亚地区的那些被征服城市中的公民，都在斯巴达方阵中作战，就连农奴也承担着支持军队的职能。强加在日常生活之上的平等主义规范，与从大量依附性的劳动人口中抽取租金相结合，使得针对核心公民的大规模动员维持了很长一段时期——事实上是几个世纪。仅凭这一事实，我们就能在大规模动员和平等之间建立起一种紧密的联系——主要是消费和生活方式上的平等，但至少最初还应在资源的总体分配上维持相当大程度的平等，特别是在被征服的领土及被贬为奴的居民被分配给斯巴达的市民时。然而，长远来看，由于缺少任何形式的累进征税和周期性的土地再分配，大规模动员和平等主义规范无法遏制日渐拉大的财富与收入不平等。民众的贡献事实上是累退性的，因为加在他们身上的是与个人富足程度无关的固定税收。直到财富集中已达到很高程度的公元前3世纪，这个问题才开始得到处理。再后来，经由历史上一种典型的矫正途径，即诉诸战争，这个问题才得以解决（见后面的第8章和第12章）。

在史料记载最为完备的城邦，即公元前5—前4世纪的雅典，旷日持久的大规模军事动员似乎更好地起到了遏制资源不平等的作用。现有的史料证据足以使我们在更广泛的军事参与、更充分的公民赋权以及有利于平民而非富人精英的再分配措施之间，建立起一种紧密的、自我强化的联系。我们可以在大约3个世纪的历史进程中追寻这些发展的轨迹。公元前600年前后，随着人口的增长以及劳动力日渐充足，雅典的不平等不断加剧。穷人被认为亏欠富人，并且在无力偿付债务的情况下会被贬为奴。雅典当时的一个主要对手，即比邻而立的城邦麦加拉，建立了一种被一份史料严斥为"不受控制的民主"的体制——民粹统治的一个非常早的实例。这个政体确立了一种意在通过牺牲富人利益来惠及穷人的、有追溯力的债务减免制度,即要求债权人偿付贷款利息。政治上的改革促进了全民性军事动员的进一步发展,进而使麦加拉的海军实力大为提升——希腊的战船靠桨来驱动,这意味着划船手的数量是海上力量的决定性因素,以至它最终战胜了雅典,并控制了一座双方常年争夺不休的岛屿,即位于两个城邦之间的萨拉米斯岛。这次失败之后,雅典紧接着就实施了一整套的改革,其中包括某种形式的债务取消规定和禁止债务奴役的规定,以及其他一些提升民权的措施。随后,战争的运数很快就发生了转变:雅典人的胜利很可能源自其社会共识和社会协作的改善。

大约一个世纪之后,即公元前508年,在对希腊内部的一次领导权之争施加干预的过程中,斯巴达入侵并暂时占领了雅典。在联合起来的城市民兵(其组织包含"17层等级")的抵抗之下,斯巴达人最终从雅典撤军,由此,大规模动员很快便终结了这次入侵。与这场冲突几乎同时发生的是雅典人口和领土的一次剧烈重构,其结果是雅典被重新划分为一系列选举和军事征募区,其根本意图在于提升社会凝聚力,同时为建立一支统一的公民军队创造条件。这一改革收到了立竿见影的效果,那就是雅典在与几个主要地方性力量的军事争斗中取得了前所未有的胜利。一旦那些以全民参与为基础的基本军事和政治制度框架建立起来,那么,随着时间的推移,军事和政治动员之间就会逐步形成一种自我强化的反馈环路。用希腊历史学家希罗多德的话说就是:

> 当平民处于专制统治的压迫之下时,他们从未在战争中取得过比任何一个邻国更大的胜利,但是一旦抛开了这种桎梏,他们就能向世人证明他们是世界上最好的战士。

事实上,除了这一沉重的枷锁之外,希腊的平民还承受着许多小的约束:随着军事任务不断增多,政治参与方面的各种限制逐渐放松。[28]

随后一个时代所发生的变化更大。在此期间,雅典的海军力量扩充了几倍,到最后雅典成了希腊最强大的城邦。公元前490年,波斯对雅典的入侵遭到了由8 000人组成的革命军的抵抗,这一人数占达到适合参战年龄的男性人口总数的40%。当时,军队统帅和其他高级军官都由公民议会直接选举产生,与此同时,可以通过公民投票的方式临时罢免("排斥")不得人心的政治家。公元前480年,在波斯发动另一轮入侵的情况下,雅典人推出了一项法令,意在将数量约为20 000人的全部成年男性公民以及寄居雅典的外国人都发动起来,以支持其200艘战舰投入作战。趁打败波斯人之机,雅典很快就建立起了广泛的联盟系统,由此而来的财力提升使得它有能力进一步扩充海上力量。最终,雅典变成了一个海洋帝国的中心。公元前460年时,雅典军队在希腊和黎凡特地区的活动范围达到前所未有的水平。军事上的成功又一次带来了政治制度上的变革,精英群体的力量进一步被削弱,以公民议会、代议委员会和人民大法庭为组织基础的民主治理结构进一步得到加强。普罗大众的福利也得到大幅提升:国家为陪审团成员支付薪资的制度得以建立;到公元前440年时,国家大约为20 000雅典人所提供的服务支付了酬劳;此外,在被征服的领土上,数以千计的人分到了土地。鉴于其海上力量的强弱高度依赖于大规模民众动员的水平(以动用私人奴隶来扩大动员规模),所以二者之间是共存共荣的。

在与斯巴达及其盟国交锋的伯罗奔尼撒战争中(公元前431—前404年),雅典的军事动员和军事消耗达到新高。然而,虽然雅典的财力越来越紧张,但在这场战争的后期,下等阶层获得的国家偿付其实是增加了的。海上力量在整个战争中一直都至关重要。

> 这就是平民理应比贵族和富人得到更多的原因所在:正是这些平民在战船划桨,城邦的力量因他们而增强。

战争结束后的尸体清理情况也反映了雅典的军事动员所达到的非同寻常的程度:60 000名男性公民中,24 000人战死,另外还有20 000人死于一场被围攻状态下不断恶化的瘟疫。无论依据何种标准，这肯定算得上一场全面的战争。然而，在人口数量开始恢复之后，雅典人通过重建一支海军恢复了它的帝国主义政策。公元前357年时，其战力达到拥有283艘战舰的峰值。大规模动员与内部谈判携手并进的局面再次出现，后者带来了国家补贴的增加：为公民出席议会提供的酬劳提高了6~9倍，同时，陪审团成员比之以前更具雇佣性。为了对公民出席国家节庆活动提供补贴，一项特殊基金得以创立。在亚历山大大帝死后的公元前323年，雅典人倾尽全力打了一场反抗马其顿统治的战争，动员了所有满40岁的男性公民，同时还动用了240支战舰。大约有1/3的成年男性公民被派遣到海外或在海军中服役。[29]

这对收入和财富分配产生了怎样的影响呢？与在公元前5世纪的大部分时间里帝国所得被用于补贴雅典战争机器这一情况不同，公元前4世纪的军事活动高度依赖于针对富人的国内征税。与此同时，由于海军是战争动员的重点所在，所以，要发动战争就必须通过再分配手段补贴那些负责载人和划桨的贫苦公民。等到帝国开始衰落之后，雅典人的财政部门主要靠征收各种间接税获益，如通行费和港务费、铸币利润以及包括矿山在内的国有土地租金收入。直接税则征收得很少，仅包括一项加在外来侨民身上的人头税，一项为维持特殊军事开支而向富人征收的财产税，以及一项只加在最富有公民成员身上的作为一种祭祀仪式的献金。虽然这些祭祀献金中的一部分也可以被用于筹办公共宗教节庆活动和戏剧表演，但其最重要和义务性的用途是装备战舰。在任何特定年份，那些被挑选出来提供献金的人都被要求对某一艘战舰负责，包括负责招募船员（虽然他们会得到国家提供的定额补偿，但仅仅有这种补偿可能是不够的），承担修理费用以及购置设备——他们甚至还可能有义务补偿战船在海上的损失。在精英圈子中，这些义务以及他们因相互攀比而激起的竞争性支出被普遍认为是一个无底洞。这一制度是随时变化着的：公元前5世纪时，海上祭司（通常他们也是所负责的战船上的船长）是从400个最富有的公民中挑选出来的，但到公元前4世纪时，有1 200个资产所有者（后来大概只有300个）

被要求提供献金。在不同时期以及不同的运作方式下，雅典每个地方都有1%～4%的家庭因此而受累。这种被称作"特瑞希"的献祭仪式在这些家庭之间不断地轮转，每个家庭都不会连续承担两次。[30]

一次献祭的平均花费，大约是雅典一个五口之家每年的最低生活收入的8倍，或者相当于一个典型精英家庭的大部分年收入。即便是富人也不得不以借贷或抵押的方式来筹措祭祀所需的资金。公元前4世纪中叶，祭司阶层的规模达到1 200人（最大规模），其每个成员每年平均提供的祭祀献金，大约是最低限度的家庭年收入的3倍，它们被用于维持一支由300艘战船组成的舰队，资助公共节庆以及支付财产税。就我们所知的进入祭司阶层所要达到的财富门槛标准而论，履行献祭义务很可能会使得一笔与该标准相当的财富的年收益化为乌有，在把日常生活支出也算在内的情况下更是如此。根据最近一项研究所做的猜测，雅典400户最富裕家庭的年收入相当于贫困家庭年收入的12倍。对这一群体来说，提供祭祀献金，相当于每人每年平均要将自己收入的1/4以税收形式上缴给国家。尽管相关证据存在严重的不足，但我们仍然有把握地得出这样的结论：古代的雅典对其富人精英阶层征收了数量可观的所得税。[31]

除非我们漏掉了有关祭祀献金支出在该阶层内部非均衡分布的历史细节，否则，这一制度就并非总是累进性的，因为无论祭司的实际收入比既定的分界线高多少，国家从中抽取的献金数额都是固定的；最富有的祭司只是被指望先垫付献金，然后再从别人那里收回它们。尽管如此，就其他的公民完全不用缴纳直接税而言，它又是高度累进的。这里有两个关键之处值得强调。一是这一实践主要源于实施大规模（海军）动员所引起的巨大财政需求。选民一方面定期在军队服务，另一方面又被赋予了政治权利的事实，决定了很大一部分财政负担必然要由那些最富有的人承担。另一个关键之处更直接地与矫正有关：祭祀献金制度势必会减少，或者在极端情况下甚至会阻碍雅典精英阶层的财富积累。

这一点之所以重要，是因为这一时期雅典经历了快速的经济增长，特别是在非农业部门。在这种情境下，祭祀献金制度起到了遏制不平等的作用，如若不然收入差距就会不断拉大。因此，被现代人视为笑谈的抱怨并非只是夸张：

> 我们何时才能摆脱祭祀献金和战船捐献的重负获得一点喘息之机？

不管怎样，那种认为财政干预抑制了不平等的观点，与我们有把握说清的那个时候雅典的财富分配状况是相吻合的。现代学者做出的两个独立的估计，为我们展现了一幅比较平等的土地分配图景：7.5%~9%的雅典人拥有30%~40%的土地，只有20%~30%的人根本没有土地。作为"中坚"力量的中间阶层（他们所掌握的资源足够打一场全副武装的方阵战）所占有的土地份额是35%~45%。这意味着，从历史比较的视角来看，其土地所有权基尼系数达到0.38或0.39，是比较低的，但它与没有证据表明那时存在大规模财产这一点是吻合的。然而，这并没有排除这样一种可能性，即在非土地资产方面存在着更不平等的分配。[32]

一些大胆的历史学家走得更远，有人估计当时雅典人的收入基尼系数达到了0.38，还有人估计雅典公民阶层的财富基尼系数为0.7，也就是说，前1%和10%的财富精英分别占总财富中30%和60%——但它们都是不可检验的猜测。我们在更坚实的基础上所做的估计表明，按照前工业化时期的标准，雅典人在某些行业中的真实工资水平是很高的：它们是当时的最低生活标准的数倍，与现代早期时荷兰人的最低收入相当。这个观察，再加上没有证据表明当时存在高度的土地集中或者一般意义上的大规模财富，都意味着物质资源在雅典公民阶层中的分配是比较平均的。最后，如果说我们对雅典公元前5世纪和4世纪时的经济规模所做的估计不是很离谱的话，那将意味着，在公元前430年以及前330年时，雅典的公共支出大约占其GDP的15%。[33]

另外，即便大规模战争是导致财政扩张的首要因素，我们仍然必须将民用性开支考虑在内并赋予其相当的权重：在没有发生大的战争的那些年份里，一半以上的公共支出都用在了非军事性的活动上，如对政治参与和陪审活动提供补贴、节庆支出、提供福利以及公共建设支出，并且有相当一部分人口因这些活动而受益。这一点基于三方面的原因而引人注目：对这样一个前现代社会来说，其国家占有 GDP 的份额是很高的；民用支出占总开支的比重也是比较高的；在帝国的收入枯竭之后，累进性征税最终取代掠夺性的献祭仪式成为公共开支的来源。大规模的军事动员，民主，累进性的征税，很大一部分 GDP 被国家占有，大量的民用支出，受到约束的不平等这些事物聚集在一起，赋予了公元前 4 世纪时的雅典一幅特别怪异的、早熟的"现代"样貌。

对雅典来说确定无疑的事情，并不一定也同等地适用于其他 1 000 多个城邦，这些城邦共同构成了成熟时期的古希腊城邦文化，但也没有明显的途径去证实这一点。虽然在实施大规模军事动员方面，雅典和斯巴达也许代表了一种极端情形，但其他的城邦也被认为建立了军事守备力量，这势必会造成其人口资源紧张。我们发现，那个时候民主式统治变得越发普遍，而且战争形势也在不断恶化：公元前 430—前 330 年的这一个世纪，几乎是战争不断，参与其中的既有地面力量也有海军，并且，虽然雇佣军的作用在逐步增强，但从公民中征募士兵通常还是很重要的。考古发现为我提供了有关当时物质不平等状况的或许是最具普遍性的证据。房屋的大小——私人住宅普遍地接近中位值：公元前 300 年时，在大小上处于第 75 百分位的房屋仅比处于第 25 百分位的房屋大 1/4 左右。公元前 4 世纪时，在奥林托斯这座公认由人为规划建造而成的城市里，有关房屋大小的基尼系数仅为微不足道的 0.14。[34]

因此，大量的历史记录都支持这样一个结论：古希腊城邦文明在不断蔓延扩张过程中维持着相对温和的收入和财富不平等，这得益于广泛存在的大规模动员的战争文化，同时也受到了公民权利制度以及加速推进的民主化的影响。为了防止被其他城邦吞并，这种文化还禁止人们跨越自己所在城邦的界线去寻求资本积累。早在公元前 7 世纪和前 6 世纪的远古时期，经济一体化以及随之而来的扩大财富积累行为所遭遇的政治和社会阻力就已经很大了，这为古典时期政治分裂和城邦之间长期相互敌视关系的出现做了铺垫。在这方面，雅典帝国算得上一个打破常规的例外。在后来的几个世纪里，随着希腊被一个规模更大的帝国系统吞并和支配，其平等主义规范逐渐式微，与此同时财富积累也迎来了一次崭新的历史机遇。[35]

"那个敌人剥掉我的袍子，穿在了他妻子身上"：前现代时期的传统战争

历史上的绝大多数战争，都不是在全社会范围内进行大规模军事动员的战争。它们通常是发生在查尔斯·蒂利所谓的"暴力专家"之间的战争，并且归根结底，主要是处于统治地位的精英阶层之间为控制人民、土地及其他资源而展开的角逐——用阿诺德·汤因比的话说，是"国王之间的比赛"。在那些只有一方遭受严重破坏的战争中，掠夺和征服可能会在加剧征服者之间不平等的同时，降低受损或战败方之间的不平等：战胜方的领袖往往大获其利（与其追随者相比尚且如此，更不要说是与普罗大众相比了），战败方的领袖通常会损失惨重甚或丧命。战争的性质越"古老"，这条原则往往体现得越充分。对被征服者的掠夺可以远溯到最早有文字记载的历史时期，正如公元前3000年苏美尔人在挽歌中唱的那样：

> 哎呀，老天，我算是彻底毁了呀！
> 那个敌人踩着他的靴子闯进了我的卧室啊！
> 那个敌人脏兮兮的手向我伸过来了啊！
> 那个敌人剥掉了我的袍子，穿在了他妻子身上啊！
> 那个敌人扯下了我的一串宝石，挂在了他孩子身上啊！
> 我非得把他的房子踏平不可。[36]

然而，虽然许多人都在战争中遭受了损失，但富人们失去的更多——相应地，其战胜方中的那些伙伴得到的也更多。让我们到美索不达米亚逗留一会儿，看看那里继苏美尔人的灿烂文化陨落几千年之后出现的

新亚述王国吧。当亚述王国的统治者四处洗劫和掠夺城市并屠宰和驱逐城市的居民时，亚述的王族却令人厌恶地频频撰文来夸耀他们的赫赫战功。鉴于他们往往只是笼统地描述劫掠的过程，所以严格说来，我们无法确定到底是谁遭到了洗劫。但每每碰到有具体描述的文本时，它们都表明敌方的精英阶层是被专门挑选出来的掠夺对象。公元前9世纪，当亚述统治者撒缦以色三世打败楠瑞的国王马尔杜克—莫达米克时，他"洗劫了他的王宫，掳走了他的上帝（神像）、财产、物品、宫中女眷，以及不计其数的挣脱缰绳的马匹。"

在有关撒缦以色三世的其他铭文中，其掠夺王宫财产的场面反复被提及，其中一篇铭文甚至告诉我们"许多黄金做的门"被敲碎并运走。劫掠之后，敌方统治者连同他们的家族，以及宫廷人员和女眷这类有较高身份地位的人，都会遭到放逐。亚述的其他国王据说还会把战利品分给其他精英受益者。一个国家统治阶级之所失即是另一个国家统治阶级之所得。如果战争的一方总是比其他人更成功，那么这些胜利者精英就会积累起越来越多的资源财富，同时把被征服者甩在身后，这一过程会通过拉长收入和财富分配曲线顶点之后的尾巴，抬高整体上的基尼系数。正如我在最初两章中所论证的，大的附庸国越多，国家越容易在统治阶级的最顶层中形成不成比例的物质资源集中。[37]

传统战争的"零和"特征，在1066年罗马帝国对英格兰的征服中得到了很好的体现。从土地财富方面看，当时英格兰的贵族包括几个极其富有的伯爵以及几千个小领主和地主。罗马最初在黑斯廷斯取得了胜利，随后便遭遇了长达数年的反抗，在此情况下，征服者威廉先是试图拉拢这个集团，但接着推行了全面的征用政策。随之而来的大规模土地转移，使得国王占有的土地份额大为提升，同时足足有一半的土地最终落到大约200个贵族的手中，这其中又有半数为新国王的10个亲密盟友所占有。尽管新国王的亲密盟友享有特权，但已不像此前穷奢极欲的伯爵那般富有了，其他的那些男爵要比以前的小领主富有得多。这种强力再分配的影响深入英国精英阶层中的各个等级：到1086年英国发布土地勘察报告时，那些能被明确地认作英国的地主占有的土地份额,就面积而论占6%,就价值而论仅占4%;尽管他们的实际份额可能比这更高,但毫无疑问的是罗马贵族已接管了大部分的土地。许多被剥夺了土地的小领主最终选择离开这个国家,到别处以当雇佣兵为生。时移世易,随着王族的土地不断减少,以及贵族们不断将土地打赏给依附于他们的骑士,这一早期出现的土地集中过程最终被大幅度地逆转,从而再造出了一个整体规模更大但单个来看富有程度相对更低的精英阶层。然而,封建关系使得任何有关这一时期土地财产分配情况的观察变得更加复杂。收入分配方面的变化情况甚至更难以确定,但一般说来,看起来罗马人的征服最初确实带来了土地收入在一个比此前小得多的统治阶级内部的更大程度的集中,只不过这个阶级随后便逐渐趋于解体。[38]

在这种传统的战争和征服过程中,矫正或许主要是发生在战败方的各个领导者之间,例如,西亚的统治者就是被愤怒的阿舒尔或哈罗德国王手下的那些领主拉下马的。托斯卡纳的普拉托城提供了一个距离我们更近的例子:1478—1546年,在瘟疫已经消退且周边的城市共同体正出现日益严重的不平等的情况下,普拉托的财富基尼系数(依据财富税缴纳记录推算得到)反而从0.624降到0.575。1512年时,普拉托遭到了西班牙军队的血腥洗劫,据说导致数千人丧生以及长达三周肆无忌惮的劫掠。在这种情况下,富人成了劫掠者大肆捞取赏金的主要对象。在第11章结束时,我会更详细地讨论德国奥格斯堡市的例子,它在三十年战争中遭受了敌方和瘟疫的双重重创,因此最后出现了财富不平等的大幅缩减。尽管瘟疫在这一过程中起到了重要的作用,但引发不平等程度下降的最重要因素仍然是因战争而来的资本价值损失,以及富人承受的非同寻常的负担。[39]

虽然我们可以从战争编年史中搜罗出更多类似的例子,但这样做意义不大,因为一般性的原则已经很清楚了,尽管我们无法对之做出可靠的测度。在传统战争中,矫正效应的大小取决于多种因素,比如战争带来的掠夺或破坏程度,胜利者或征服者的最终目标,以及最重要的,我们如何界定我们的分析单位。如果我们把侵略者与被侵略者,掠夺者与被掠夺者,胜利者与失败者视为分离的实体,就可能会认为矫正主要发生在后者之间。如果战争带来了彻底的征服,而且胜利一方的成员在新占领的土地上定居下来,从而以一个新的精英阶层部分或完全替换掉以前那个旧的精英阶层,那么,总体上的不平等就不一定会受到大的影响;如果原来的精英阶层及其所拥有的财产最终被并入帝国系统,那就会创造出一个规模更大并且不平等关系更为广泛的政体。然而,这种粗糙的分类法肯定会造成对更复杂的真实情况的过分简化。无论是军事精英还是社会精英,都可能得到不同的结果。对那些无法清楚地区分胜者和败者的战争来说,这种方法尤其成问题。举两个例子就够了。1807—1814 年,法国和西班牙在后者的领土打的那场半岛战争造成了大范围的破坏,与此同时西班牙的实际工资水平变得更加反复无常,并且在总体收入不平等方面出现了短暂的激增。相反,在这场战争之后的几年里,实际工资水平以及相对于地租而言的名义工资水平都出现了上涨,同时收入不平等程度总体上也更低了。19 世纪二三十年代委内瑞拉发生的那场毁灭性战争以及持续的国内动荡,看起来也造成了地租与工资之比的大幅下降。[40]

"我们不再在意杀死了谁,而只在意我们从中获得了什么":内战

留给我们的最后一个问题是:内战是如何影响不平等的?现代学术界普遍关注的是相反的问题——不平等是否是导致爆发内部冲突的一个重要因素。有关这第二个问题,并没有直接的答案。一方面,总体的(或者"垂直的")不平等与爆发内战的可能性并不是正相关的(尽管依据许多发展中国家提供的那些低质量数据,任何可靠的具体结论都可能受到质疑)。另一方面,群体之间的不平等能够被证明对内战有促进作用。最近出现的一些研究使情况变得更为复杂。一项调查研究指出,人体重量不平等——作为资源不平等的表现与内战存在正向关联,并且,这项研究的样本空间十分广泛,甚至追溯到 19 世纪早期的情况。此外,根据另一项研究,爆发内战的概率随土地分配不平等程度的增加而增加,不过后者非常高的

情况除外,在这种情况下力量弱小的精英人士的广泛存在会使得镇压动乱变得更容易,所以前者反而会下降。因此,我们只能说有关这个问题的巨大复杂性才刚刚开始为人们所认识。[41]

相比之下,内战对不平等的影响问题几乎还未引起多少注意。一项以1960—2004年128个国家为样本的先驱性研究得出的结论是,内战会加剧不平等,特别是在内战结束后的前5年时间里。平均而言,这些国家的收入基尼系数在内战期间会上升1.6个百分点,在随后10年的复苏期会上升2.1个百分点,并且,若能维持和平的话,会在战争结束5年后达到峰值。好几种原因促成这种趋势。鉴于内战会使物质和人力资本存量减少,它们的价值会上升,与此同时非熟练劳动力的价值会下降。更具体地说,在有着大面积农业人口的发展中国家,农民可能会失去进入市场的机会,并因为被排除在商业交易之外而收入受损,这些损失会将农民逼入生存的边缘。与此同时,战争投机商则会趁着安全下降和国力衰微之机牟取暴利。商业投机只会让很少一部分人受益,故而当国家的征税能力下降时资源集中就会出现。这种紧缩连同军费开支增加,带来社会性支出较少的情况,这反过来又会损害穷人的利益。再分配政策以及公共教育和健康支出备受挤压,并且冲突持续得越久,这种负面效应就越强。[42]

这些问题在战争之外仍然存在,我们发现在紧接内战之后的几年里,基尼系数甚至更高了。在那一时期,胜利者会从他们的胜利中获得不成比例的收益,因为"个人与家族关系决定着财产以及获益机会的分配"。这一特征是内战与前现代传统战争的共同之处:胜方的领导者得利,不平等加剧。19世纪也能够观察到这一点:19世纪30年代,西班牙和葡萄牙在内战时期的土地充公政策最终带来了大宗地产的出现和不平等的加剧。[43]

几乎所有相关的观察都源自传统社会或者发展中国家。在更发达的国家,彻头彻尾的内战是很少见的。另外,在某些内战与大矫正过程联系在一起的案例中,如1917年之后的俄罗斯以及20世纪三四十年代以来的中国,颠覆性的变革而非内战本身构成了这一过程的主要驱动力。出于本研究的目的,我们把美国内战看成一场类似于国与国之间的战争,其结果本章前面部分已做了描述。这使得我们只剩下了一个重要的案例可用——1936—1939 年的西班牙内战。不同于俄罗斯和中国的情况，这场内战的胜利一方并未追求一种再分配议程，其结果无论如何也不能算是革命性的。冲突期间，那些处在独裁统治之下的地区施行了集体化政策，但非常短命。1939 年之后，弗朗哥派实施的自给自足政策导致了经济上的停滞。内战引发的一系列冲击以及随后的经济管理不善，带来了顶层收入份额的下降。这段时期只有最顶层群体（最富的 0.01% 群体）收入份额的计算数据，它在 1935—1961 年下降了 60%。这一趋势与总体上的收入基尼系数变化情况相冲突，后者在内战和"二战"期间比较稳定，但在 1947—1958 年出现了轻微的波动（图 6.2）。[44]

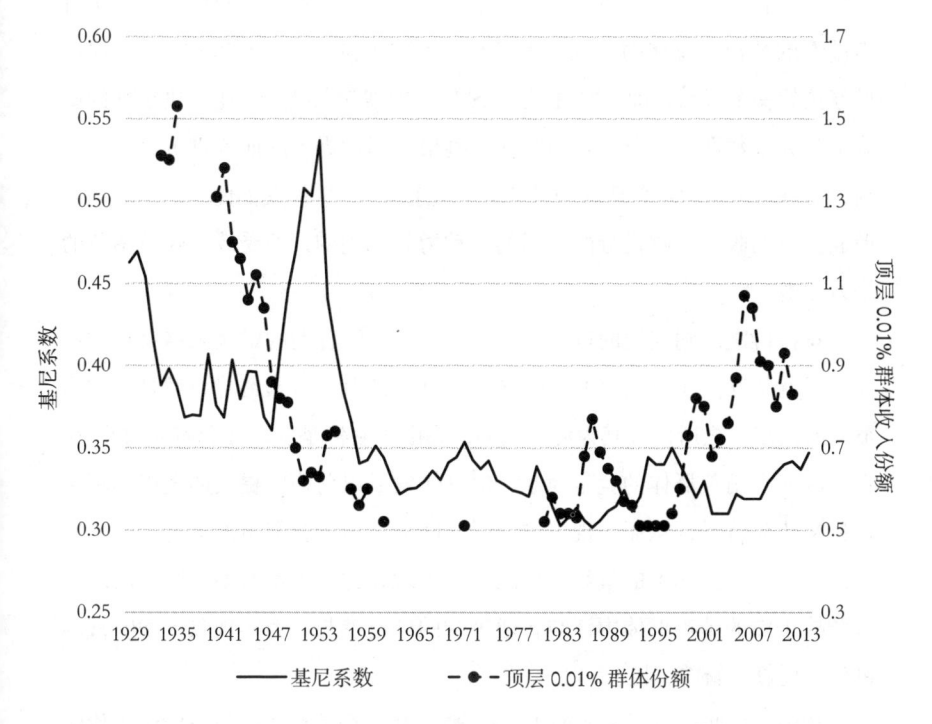

图 6.2 西班牙的收入基尼系数及顶层 0.01% 群体的收入份额，1929—2014 年

使问题进一步复杂化的是，工资收入基尼系数在1935—1945年出现了幅度约为1/3的显著下降。就我们所知，迄今还未见有人对这些结果提出令人信服的解释。莱安德罗·普拉多斯·德·拉·埃斯科苏拉针对以下现象提出了几种假说：资本收益下降（这会压低顶层收入份额）引发的竞争效应、弗朗哥统治下的再乡村化运动带来的工资收入缩减（这会削减总体收入不平等）、自给自足政策下财产尤其是土地收益的上升（这抵消了那些会抬高总体基尼系数的收入不平等因素的影响）。所有这一切都发生在人均实际GDP出现零增长的1930—1952年，贫困人口比重在此期间也大致增加了一倍。不平等在西班牙的变化过程十分不同于这一时期的其他欧洲国家，尽管就顶层收入份额和工资水平都出现了下降而言，它们有着表面上的相似性。与卷入"二战"中的其他国家及许多中立国不同，西班牙并未实行累进性的征税，总体的收入不平等程度也未下降。我同意普拉多斯·埃斯科苏拉的一个说法，即："把握住西班牙（内战对其社会产生了决定性的影响）与大多数西方国家（它们的社会凝聚力因世界大战而增进）之间的区别，对理解战后时期的事态发展来说，是重要的。"即便如此，这二者赖以形成各自的收入和财富分配格局的驱动力是相同的，即受政府政策调节的暴力冲击。[45]

我将再次回到遥远的过去，通过考察一个混合型的案例来结束我的研究，那就是发生在公元前1世纪80—30年代之间、并最终导致罗马共和国覆灭的内战。之所以称其为混合型的，是因为它们是罗马社会内部的冲突；它们因流亡精英群体的竞争而起，但具体发展以前面曾提及的大规模军事动员文化为背景，从而表现出国与国之间大规模动员战争的关键特征。罗马人在军事动员率上的最高历史纪录就出现在这一内乱时期。同时出现在这场战争中的精英群体内讧与普通民众的广泛参与，为实现收入和财富的再分配提供了新的契机。

其中，那些爆发于公元前1世纪80年代和公元前1世纪三四十年代的最血腥的冲突彻底摧毁了罗马的统治阶级。政敌遭到排斥，统治阶级公开宣布任何想杀死政敌的人都有公平的机会获得一份赏赐，他们的财产也会被胜利方没收充公。在公元前83—前81年的内战中，据说有105位参议员遭到了杀害，当时参议员的总席位只有300个左右；公元前43年，300位参议员（总数是600个）以及2 000个爵士（他们是罗马社会中的第二大精英阶层）以同样的方式丧命，虽然我们仅能指认出其中的120位。这两段插曲以不同方式影响了不平等的进程。第一轮没收充公是由寡头反动势力的支持者操控的，他们允许占据优势地位的支持者通过在拍卖过程中抢购没收得来的财产而获利。这很可能带来了财富集中度的提高，特别是在内战前夕精英阶层出现大幅减员的情况下：从公元前90—前80年的10年间，据说至少有291位参议员丧命于暴力。继承者数目减少带来的很可能是精英财产的联合而非分散化。从当地各个社群没收得来的土地原本是要给退伍老兵的，但往往最后还是流入了市场，由此而来的交易也起到了促进财产集中的作用。公元前43年和前42年发生的没收充公则有所不同，它们的起因不是为了报仇，而在于从军事上做好抵御那些流亡在意大利之外的国内政敌的准备，财政需求出现了超常规的增长。既然如此，没收充公得来的财产就不太可能用于犒赏同盟者，而主要是为了兑现为组建一支庞大的市民军队所承诺的高额补偿金。派系领袖的那些亲密盟友一直到公元前30年的冲突尘埃落定后才获得了奖赏，并且奖赏的具体方式是以牺牲旧贵族利益为代价培植"新贵族"。[46]

　　士兵在这最后一轮内战中获得的高额补贴，兴许起到了显著的再分配作用。内战爆发之前，罗马士兵只能得到比较适中的补偿。在早期抵御外敌的战役中风行起来的军阀做派最终推高了补偿的额度：它们起初是很低的，但到公元前69年时一下子就涨到年最低薪酬的7倍，公元前61年时更是达到年最低薪酬的13倍。公元前40年的内战带来了士兵补贴金进一步的大幅上涨，到公元前46年时已22倍于新调高后的最低年薪（或者42倍于旧的最低年薪）。4年之后，这项开支很快又创下新高，因为那些数量更为庞大的军队后勤人员也得到了获得同等补贴的许诺。总之，我们估计，公元前69—前29年，为收买军心和犒赏军队，一笔至少10倍于国家常规收入，或相当于当时罗马年GDP总量的巨额资金，最终被转移到士兵的手中（几乎所有的支付都发生在公元前49—前29年）。领到补贴的总人数可能达到40万，这些人连同他们的家庭一起，大约占罗马公民总量的1/3。因为没有证据表明曾经发生过通货膨胀，所以这很可能带来了非精英群体实际收入的大幅上涨。罗马社会内部的分配效应在意大利中心地区的表现如何，就更加晦暗不明了。这笔巨款中有大部分都是从外部各省搜刮来的。但也有例外：公元前43年时，除了施行上面已提到的大规模没收充公，富人还被要求上缴一年的不动产收益以及2%的财富税。后来又增设了多项富人缴税义务。财政课税事实上以累进的方式进行，且征得的税收供再分配之用，这在罗马历史上是仅有的一次。[47]

不过，这终归只是一次性的偶发现象。公元前30年罗马恢复和平并建立起稳定的专制体制之后，依靠征税汲取财政收益重新成为常态。国家所支配的财政收入，仅仅只在公元前1世纪40年代后期为数不多的几年里，被暂时性地用于提升一般民众的利益。正如我们在第2章所见，长远来看，随后几个世纪出现的政治经济稳定局面，无疑有助于促进高水平的财富集中。

"不管要付出何种代价"：战争与不平等

本书的这一部分已经带领我们穿越了几千年的人类战争史。军事冲突长期以来一直是人类发展史中的一个普遍特征，但只有几种类型的战争削弱了另一种同样普遍的人类现象——收入和财富的不平等分配。无论是对胜利者还是对失败者来说，现代的大规模动员战争都被证明是一种强有力的矫正手段。每当战争的影响渗透到整个社会，资产就会贬值，富人就要为之付出某个公平的份额，战争不仅能够"夺人性命和摧毁财物"，还能够缩小贫富差距。"二战"时，长期推行的战争驱动性政策，使得这种影响不仅见于战争当时，而且还见于战争结束之后。发达国家公民所经历的长达一代人甚至更久的不平等程度下降，最终要归因于这场史无前例的全局性暴力冲突。类似的物质不平等缩减也出现在了"一战"期间及之后。这种特殊风格的战争在更早的时候鲜有先例，即便有通常也与矫正无甚关系。在美国内战中，导致南方财富被毁的不是战争动员本身，而是战败和被占领。正如中国和罗马共和国的情况所表明的那样，依据有关大规模战争远古先例的历史证据所得出的，是模糊不清甚或完全相反的结论。在斯巴达这个勇士型的城邦，资源分配从早期无疑是平等的状态逐渐演变为一种失衡的状态。古代的雅典，或许是前现代时期民众广泛参与军事的一个最佳案例。正如20世纪的某些时期一样，雅典人共同的战争动员经历看起来强化了他们的民主制度，而这反过来为施行限制不平等上升的政策提供了有利条件。鉴于总体发展趋势截然不同且古代的证据资料有限，我不应该过分强调这一类比。虽然如此，古代雅典的经历却表明，只要各种制度安排搭配得当，即便是在完全的前现代环境下，一种崇尚军事上大规模动员的文化也能发挥出作为矫正机制的作用。[48]

  那种范围更为有限的战争广泛地存在于历史之中，但我们无法从中得出逻辑一致的规律性结果。以掠夺和征服为主题的传统战争，普遍而言会使精英阶层获益，从而加剧不平等。每当战败一方被归并到一个更大的政体中时，情况尤其如此，而上层社会阶梯会因为这个归并过程而出现更多的财富或权力层级。内战很少会起到矫正的作用——即便真的起到了这种作用，那也是部分地（正如19世纪60年代的美国以及20世纪三四十年代的西班牙以不同方式表现出来的那样）或短暂地（或许像古代的罗马那样）。唯一能够改变收入和财富分配的内战，是那种由颠覆政权的激进统治者发动的革命，他们一心想着全面地征用和再分配，且不惜为此付出血的代价。这一过程，正是我们马上要论及的暴力矫正的第二个骑士。

第三部分　革命

第7章 共产主义[1]

"为了无产阶级的权力"：20世纪的革命带来的矫正

如果说国与国的冲突能降低不平等，那么，一个国家内部的冲突又会带来什么样的结果？我们已经看到，在近代史中，内战并没有造成明确的影响，然而如果说还有一点影响的话，往往是拉大了原有的差距。是否可以这样认为：内部冲突不仅仅是派系之间的对抗，还是对整个社会的全面重组？如此雄心勃勃的企图并不多见。历史上绝大多数暴力性的群众起义都是出于消除现实中的不公的理由，然而很少能够达成所愿。成功夺取了权力并且使收入和财富分配趋于平等的运动，只出现在近期。和国家之间的战争甚为相似，行动的强度是个关键指标。尽管大多数的战争并没有带来平等化的结果，但是一次军事化的群众动员能打乱旧的秩序。在各种起义中，只有那些在每一个城镇和乡村都进行了类似活动的全面动员，才能带来强烈的矫正。还是回到我们最初的隐喻，大规模动员战争和转型性的革命，同为强大的世界末日骑士，它们扫除既得利益，重组获取物质资源的途径。暴力的程度最为关键：正如两次世界大战是人类历史上最血腥的战争，大多数的平等化革命同样是有史以来所有内部变革中最为血腥的。我对起义和革命的比较研究证明，大规模的暴力是矫正不平等的最重要的手段。

我采取了和前面相同的方法，沿着时间轴进行追溯。最相关的证据还

---

[1] 本书作者认为，并不是所有共产主义革命都是暴力的，也不是所有的大规模战争都产生矫正效果，强调战争对降低不平等程度的作用。作者谈及"共产主义"革命时，一些说法与我国通行的说法有不尽相同之处，此观点仅代表作者个人学术观点，不代表我社同意作者说法。——编者注

是来自 20 世纪，如本章所述，一些大型的共产主义革命造成了收入和财富急剧分散。在下一章，我将转向一些先例，比如最著名的法国大革命。我们还考察了在前现代社会，用武力改变内部环境的一些行动（比如农民起义）带来的影响。和战争的情形非常相似，我们发现了现代社会和工业社会与前现代社会和前工业社会之间的区别：在多数情况下，只有那些最近发生的革命，才被证明强大到能影响大多数人口的收入和财富分配。

"消灭富人的战争"：俄国革命和苏维埃政权

在第 5 章我们已经看到，灾难性的"一战"，是一次调动了前所未见的人力和物力的大屠杀，然而它压缩了主要参战国的收入和财富分配的不平等。在不同的国家，其影响的程度和时机也不相同。在德国，顶层的收入份额在战时上涨，战败后却下降了；在法国，只有战后出现了轻微的下降；在英国，战时和战后都出现了显著的下降，然而在 20 世纪 20 年代中期，又出现了短暂的恢复；在美国，战时出现下降，然而很快出现强烈的反弹。尤为可惜的是，一些受战争重度影响的国家，比如奥匈帝国、意大利和比利时，没有发布可供比较的数据。"二战"则与之不同，战争几乎无一例外地在各国造成了强烈而明确的矫正后果，这次"大战"的相关记录有些复杂并且部分未知。[1]

"一战"之后的俄国，不平等程度出现了最为剧烈的下降。然而和其他国家相比，与其说是因为卷入战争——由于战时的混乱或者战后的财政崩溃，还不如说是因为产生于战争残骸中的内部革命带来了矫正。沙皇尼古拉斯二世的帝国是这场战争最大的参与者之一：它动用了大约 1 200 万名士兵，其中近 200 万人战死。另外有 500 万士兵受伤，以及 250 万被俘虏或者失踪。而且，据估计还有 100 万的平民死亡。我们能够确认的是，在 1914—1917 年的战争期间，俄国的不平等并没有出现明显的缩减：税制高度累退，严重依赖间接税；直到战争结束，个人所得税和战争收益都没能脱离谷底；国债方案只取得部分成功，大部分的赤字都要通过发行货币来弥补。加速型通货膨胀，尤其在 1917 年的临时政府时期，并不只是损害了富人的利益。[2]

无论战争的直接后果是什么，和 1917 年 11 月的布尔什维克罢工以及几个月后终结了中央政权的对抗行动造成的后果相比，一定会显得黯然失色。那一年出现的巨大经济衰退激起了大范围的农民起义，地主的房屋被接管，罢工工人控制了大量工厂。在 1917 年 11 月的 6 日和 7 日，以布尔什维克武装组织接管首都为标志，起义达到了高潮。11 月，圣彼得堡的冬宫革命风暴发生后的第二天，新成立的人民委员会通过了由列宁本人撰写的《土地法令》。强制性的土地再分配成为压倒一切的任务。

这项法令以极端的方式横扫一切。它直接的政治目的是通过立法来赢得农民的支持。之后，农民夺取和分配贵族和国家的土地，从那一年的夏季开始，一直都在推进。然而用专业术语来讲，这项法令更高的目标是摧毁土地私有制：

> 地主的土地所有权就此废除，并且不会得到补偿……土地的私人所有权被永久废除。土地不得买卖和出租，否则将被没收……土地的使用权被赋予所有愿意用自己的双手劳动的公民，并且不分性别和国别……禁止雇工……须按照平等的原则，也就是说，在……劳动或者食物标准单位的基础上，把土地分配给使用者。[3]

在当时，这些措施仅仅针对精英阶层——比如大地主、皇族还有教会的土地所有权。普通农民（和哥萨克人）的土地并没有成为没收的对象。征收和分配工作由当地的委员会负责。随后的法令又把所有的银行国有化，把工厂交由工人委员会（苏维埃）控制，并且没收了私人的银行账户。从经济的角度看，土地所有者阶级——包括家属有大约 50 万人被消灭了，与此同时，被消灭的还有大约 12.5 万人的顶层资产阶级。这些"过去的人"中的很多人，因为是被人熟知的精英而被杀害；还有更多的人移民国外。激烈的去城市化运动有利于矫正不平等，因此 1917—1920 年，在财富和收人的两大集聚中心——莫斯科和圣彼得堡，人口数量下降了一半以上。在1919年1月发表的一篇社论中，共产党的支持者普拉夫达写道：

> 时髦的贵妇，高档餐馆，私人豪宅，漂亮的大门，不实的报纸，这些腐败的"黄金生活"都到哪里去了？全部被一扫而空了。

列宁发动的"消灭富人的战争"，已经获胜。[4]

在这个主要人口仍然在土地上劳作的社会，仅仅由布尔什维克首发的这个《土地法令》，就是一个巨大的矫正力量，并且通过其他的没收措施得到了进一步加强。到1919年，农民获得了97%的耕地。然而从一开始，新政权就认为仅有这些转移措施还不够，他们担心平等的分配只会"创造小资产阶级的农民，并且既不能保证平等，也不能防止分化"。的确，只有废除土地私有制，才能实现彻底和永久的矫正。1918年2月，又一个主要的土地法令被用来推动集体化：

> 在决定授予土地的方式和顺序时，优先选择农业合作社而不是个人。[5]

在1918—1921年的"战时共产主义"时期，国家极为严重地依赖于公开的强制。

强力干预保证了平等，但是也导致了灾难性的经济后果：农民生产不积极，他们销毁牲畜和生产工具以防止被征收，耕地数量和产量大幅度低于革命前的水平。为了应对生产不足，政府推动自愿性质的集体化，却遭到农民的抵制：直到1921年，也只有不足1%的俄国人口在集体农场工作。实现全面的平等代价高昂：1912—1922年，没有马或者只有1匹马的农户的比例从64%上升到86%，拥有3匹马以上的农户则从14%下降到3%。整体上农民变得更加平等，然而也变得更加贫困。通货膨胀愈加猖獗：在1921年，物价大约是1914年的17 000倍。物物交易逐渐替代了货币交易，黑市也兴旺起来。[6]

由于产出急剧下降，再加上几百万人在内战中死亡，1921年出现了暂时性的转折——新经济政策推出。市场恢复运行，农民可以用实物交税，还可以销售和消费多余的粮食。土地租赁和雇工也再次被允许。自由化政策在经济上取得了成效，1922—1927年，耕地面积增加了一半。这些政策使一部分人把多余的粮食用于商品交换，造成生产者再次分化。富农人口出现了非常温和的增长，从占农民总人口的5%上升到7%。然而这些人还远远谈不上富裕，也就是平均一家两匹马、两头牛，拥有一些可用于交易的粮食。总体而言，早期富农的财产和土地被分配给无地的生产者，平衡了收入分配，导致"农民中农化"。企业家数量和富裕程度远远不及革命前的水平。私人资本在工业中的地位无足轻重：在1926年和1927年，只有4%的工业投资来自私人部门，农业的情况正好相反。[7]

农民再次分化的信号以及农民对集体化无处不在的抵制引起了斯大林的愤怒。从1928年开始，政府重新采取强制手段获得粮食并用它来支持工业化，从而有效地把资源从私人化的农村转移到社会化的工业部门。尽管政府大力推动并且用更优惠的信贷条件提供有形的支持，仍然只有3.5%的耕地属于集体农场，国有农场占有的比例是1.5%，95%的耕地仍然为私人所有。斯大林把富农当成一种阻碍，无视集体农场的低效，选择通过武力来改变这种局面。[8]

1930年1月，政府通过关于"在全面集体化的地区消灭富农家庭的措施"的决议，决定采取处决、流放或者收监等手段，一定要让富农作为一个阶级被消灭。富裕的农民被课以几倍的重税，从自己的土地上被赶走；较穷的农民则更容易被引诱加入集体合作社。政府加强了反富农的宣传，并且鼓励农民去抢夺土地。为了确定更多的目标，富农的范围被扩大到包含雇用劳动力，拥有生产设施（比如磨坊），以及参与商品交易的那部分人。逮捕和强制性的掠夺行为非常普通。然而，这些曾经富裕的农民早已因为歧视性的税收政策变得贫困，他们中的大多数只是中等收入，基于过时的税收记录以及为了实现政府消灭富农的目标，这些人最终没有逃过财

第7章 共产主义 177

产被剥夺的结局。矫正最终扩张到更大的社会范围。[9]

强制手段最终取得了胜利：到 1937 年，93% 的苏维埃农业被迫集体化，私人农场被摧毁，私人农户只能拥有小型花园大小的地块。这种转变的代价是巨大的：损失了超过一半的牲畜，大约为总资产的 1/7。人们付出的生命代价更为惊人。暴力行为爆炸性地扩散。在 1930 年 2 月的几天中，有 60 000 名"一类"富农被逮捕，年底这个数字上升到 700 000，在第二年的年底又上升到 1 800 000。据估计，有大约 300 000 名被流放的人由于恶劣的交通和流放地条件而死，也许还有 600 万农民被饿死。富农家庭的户主被集体流放，被认为特别危险的一些人被立即处决。[10]

和集体化和去富农化等农村暴力性的平等化行动同步进行的，是对城市的"资产阶级专家"、"贵族"、企业家、店主和手工艺人的迫害。在 1937 年和 1938 年的"大恐怖"时期，这些活动一直都在持续，斯大林的秘密警察机构 NKVD（内务人民委员部）逮捕了 150 多万名市民，其中接近一半的人被处决。受过良好教育的精英成为目标，接受过高等教育的人更是成为牺牲品。有不下 700 万人被送进劳改营。这种制度有利于继续矫正不平等，因为它不要求给在边远地区承受恶劣工作条件的人支付高工资。虽然节约的成效会被强制成本和低效率抵消一部分，但是也不能被轻视：在后来的年份中，向不受欢迎地区的工人支付更高的工资显著提升了苏维埃整体的不平等水平。集体化创造了大约 25 万个集体农场。然而不仅农民遭受极大的痛苦，城市居民也一样。非农场的实际工资在 1928—1940 年间几乎下降了一半，城市和农村地区的消费也都出现了下降。[11]

这些政策造成的人类苦难众所周知以至无须再详细讲述。对我们的研究而言，最重要的一点是，这种快速矫正的规模在世界历史上有可能是从未有过的，不仅是精英阶层，还有更为广大的中产阶级都经历了财产的被剥夺和再分配。然而，一旦经济开始改善，即便是处在始于 1933 年的严厉镇压的环境，收入的不平等程度立刻出现爬升。随着人均产出和消费在 20 世纪 30 年代中期开始强劲增长，工人薪酬的差距也在扩大："斯达汉诺夫运动"的政策要求为更高的生产率提供更高的报酬，精英阶层和普通大众生活标准的差距也越来越大。即便是付出了几百万人生命的代价，也不足以让这种差距永远消失。[12]

由于俄罗斯的数据质量不平均，特别是苏联时期的数据，我们很难准确衡量收入差距的演变。沙皇时代末期的收入集中度相当高，然而如果以那个时代的标准看，也不是特别高。大约在 1904 年或者 1905 年，其收入最高的"1%"在总收入的占比为 13.5%～15%，同期的法国和德国以及 10 年后的美国为 18%～19%。充足的土地有利于支撑农村劳动的价值。这一时期俄罗斯市场收入的基尼系数保持在 0.362。我们不知道在 1917—1941 年间，这一数值下降了多少。根据苏联时期的数据来源，1928 年工业部门工资收入的 P90/P10[①] 之比有一个较低的值——3.5。总体而言，苏联时期的基尼系数比沙皇时期要低很多。据估算在 1967 年，苏联非农家庭的市场基尼系数为 0.229，对应整个国家在 1968—1991 年间为 0.27～0.28。20 世纪 50—80 年代，P90/P10 的值也一直保持在一个稳定的水平上。20 世纪 80 年代的 P90/P10 大约为 3，1984 年美国的 P90/P10 为 5.5。[13]

"二战"后的几十年，其国家发展完全受政治干预驱动，矫正一直都在持续。在此之前极其低的农民收入，被允许比城市人口收入上升更快，而后者的收入，通过提高低工资水平、缩小工资差距和提高退休金以及其他福利加以平衡。意识形态指导下的政策，更有利于体力劳动者，非体力劳动者的工资溢出幅度从 1945 年的 98% 下降到 1985 年的 6%，工程技术人员的收入出现类似下降。白领的工资下降到低于体力劳动者的平均水平。即便在经济处在实质性增长的时期，专制政权都能够极为有效地平均和重组收入分配。[14]

苏联体系终结后迎来了快速而急剧的逆转。在 1988 年，超过 96% 的劳动力被国家雇用。工资占总收入的比例大约为 3/4，自主就业所得还不到总收入的 1/10——并且不存在财产性收入。如布兰科·米拉诺维奇所说，这种分配格局重点在于由国家支付收入，集体消费，工资被压低，以及财富

---

① P90/P10 指顶层 10% 群体与底层 10% 群体的财富比值。——编者注

积累最小化。然而一旦意识形态前提不再被强制坚持，这一切就会瞬间改变。在20世纪80年代的大部分时间，俄罗斯联邦市场收入的基尼系数都维持在0.26～0.27之间，然而苏联垮台后，出现严重的收入分配不平等。市场收入基尼系数近乎翻番，1990年为0.28，5年后上升到0.51，从那以后，一直处于0.44～0.52的范围内。在整个20世纪80年代，乌克兰的基尼系数和俄罗斯差不多，然而1993年时从1992年的0.25一下子跳升到0.45，尽管后来又逐渐下降到0.3。在1989—1995年间，前社会主义全部国家的整体平均基尼系数上升了9个百分点。最高收入群体的收入和基尼系数表现为同步上升：除了极少的几个特例，前社会主义国家都出现了收入向收入最高的20%的群体集中而其他群体收入下降的情况。在这个时期，俄罗斯顶层10%群体的收入在全国总收入的占比从34%上升到54%。我们可以做一个比较，在1980—2013年收入不平等显著上升的时期，美国顶层10%群体在总收入中的占比从44%上升到51%，在一个5～6倍长的时间内涨幅仅为前者的1/3。私人财富也出现了恢复。在俄罗斯，最富有的10%群体控制了整个国家80%的财富。到2014年，这个国家的111个亿万富豪掌握了整个国家财富的1/5。[15]

1991年年末，随着苏联的共产党以及苏联本身的瓦解，贫困爆发导致收入不平等程度急剧上升：只用了3年时间，生活在贫困线以下的人口的比例上升了3倍，达到俄罗斯总人口的1/3。当1998年的金融危机爆发，这个比例又上升到60%。然而从长远来看，不平等程度上升也受到了工资收入放开的推动，其中大部分是由于地区差异的扩大。莫斯科以及一些石油和天然气丰富地区的收入上涨异常，租金则被那些收入最高的阶层攫取。国有资产变为私人所有也使财富更有可能向最富有阶层集中。[16]

俄罗斯收入和财富从平均到再集中的演变，很大程度上是组织化暴力的一个函数。在革命的前夕，不平等程度相当大，在1917年被布尔什维克接管后的20年时间内，不平等程度发生显著下降。这是由于大规模的政府强制以及鼓励穷人掠夺和他们相比不那么穷的人，造成几百万人的死亡和流放。其中的因果关系一目了然：没有暴力，就没有矫正。在转型过程中，只要共产党和苏联国家安全委员会能维持住所建立起来的体系，不平等就会保持在很低的水平。然而一旦政治压迫被取消，政治压迫由价格决定的市场和裙带资本主义的混合物来替代，收入和财富的差距就会拉大，曾位于前苏联中心地带的俄罗斯和乌克兰，这种情况最为惊人。

其他国家的共产主义革命

苏联加盟共和国或者通过革命运动建立的其他共产党政权国家，也出现了类似的矫正。这里我们补充几个案例。越南的土地不平等情况曾经非常严重：在1945年，3%的地主占有全部土地的25%。在1945—1953年间，共产党的早期政策基本上是：优先采取通过交易进行转让、减租、对地主收取惩罚性的累进税的方式，而不是没收和征用。税收对土地所有权具有特殊的抑制作用，名义有效税率为30%～50%，一旦增加附加费，则有可能达到100%。这导致很多地主把土地出售，或者直接出让给租户。地主占有土地的比重从3%的地主占有25%的土地急剧下降为2%的地主占有10%～17%的土地。然而，从1953年开始，越共领导人变得更加强硬。其每天的工作变成对农民的动员，每个村都组织批斗会。每一个地区的政治局按照配额确定需要被惩罚的"残暴地主"名单。土改法要求没收或者强制出售最"残暴"的那部分富人的财产并对其他人进行象征性补偿。按规定"富农"不应该受到伤害，然而在一些缺少地主的地区，他们仍然会成为目标，如果他们"用封建手段来剥削土地"（即通过租赁的方式），就会被强制出卖土地。

1954年，法国人惨败后，大约80万人从北方迁移到南方，其中富人占多数。有大量的土地空出来并且被转交给穷人。1953—1956年间，政府发起的暴力事件逐渐增多。有很多"地主"（大约占总人口比重的5%）只剩下不足平均水平的土地，成为村子里的贱民，几千人被处决。依据家庭的基本生活需要，土地被重新分配，因而高度平等的分配结果得以实现（除了获得更少土地的"地主"）。穷人从这种安排中获益最大。和苏联一样，平等化之后，随之而来的是集体化行动，其结果是逐渐增多的大型集体合作社占有全部耕地的90%。1975年之后，这些政策延伸到南方。"地主"和教会的财产被没收，私人企业被国有化，并且没有得到任何补偿。[17]

从一开始，朝鲜政权就更强势，政府最早是在1946年没收了地主的土地，接着在20世纪50年代推动集体化，直至几乎所有的农民都被大型单位组织起来。在菲德尔·卡斯特罗领导下的古巴，土地征收活动是分阶段进行的，首先征收的是美国人的土地，其次是面积超过67公顷的大地主的土地。到1964年，全部农地的3/4都被征收，并且以工人合作社的形式组织起来，然后很快又变成国有农场。到20世纪60年代后期，所有的私营企业都被国有化。1979年的尼加拉瓜，在没收了占有这个国家1/5土地的索摩查家族的土地后，获胜的桑地诺组织发动了土地改革。在20世纪80年代，其范围又扩大到没收其他大地主的土地。结果是，在1986年，有大约一半的农业用地和一半的农村人口都卷入改革，被主要用于建立合作社或小型农场。即便如此，当桑地诺政府在1990年被选民赶下台时，尼加拉瓜的市场收入基尼系数仍然非常高，大约是0.5～0.55，和危地马拉和洪都拉斯接近，高于萨尔瓦多当时的水平，所有这些国家都存在严重的收入和财富分配问题。在这种环境下，革命政府放弃暴力性强制手段，恪守民主多样性的承诺，似乎是导致矫正成效不足的决定性原因。[18]

以列宁、斯大林所设定的激进标准来看，中美洲甚至越南所采取的再分配手段可谓相当温和，然而红色高棉统治下的柬埔寨的情况正好相反。虽然缺少传统标准的数据作为参考，但是毫无疑问，政府的暴力干预造成了柬埔寨全国性的大矫正。在1975年共产党获胜后的一周内，城市人口被仓促撤离，导致全国人口下降了一半，其中包括首都金边的全部人口。考虑到城乡收入差距是决定国家不平等水平的重要因素，收入不平等水平因此显著下降。城市居民被划定为"新人"，被当作阶级敌人，并且多次被驱逐。政府没收了他们的财产从而使他们"无产阶级化"：他们一步步失去了财产，最初是因为撤离，然后被农民和干部蓄意剥夺，在定居农村后，更是被政府阻止享用自己辛勤种植的庄稼。

人员损失是巨大的——很有可能接近 200 万人，大约是柬埔寨全部人口的 1/4。损失集中在城市居民身上：大约 40% 的金边居民在 4 年后死亡。前政府的官员和高级军人被挑出来，遭受残酷的虐待。同时，由于对党的干部的清洗范围不断扩大，新精英的数量也出现下降。例如，仅仅死于臭名昭著的金边 S21 监狱的柬埔寨共产党员就有 1.6 万人之多，柬埔寨共产党员的数量在 1975 年的时候还不到 1.4 万人。在普通群众里面，导致过多人员死亡的原因可以相当平均地归结为集体化、处决、监禁，以及饥饿和疾病。成千上万的人被秘密杀害，大部分的人因为头部受到铁棍、斧头以及农用工具的打击而死。部分死者的尸体被当成了肥料。[19]

"彻底消灭"：作为暴力矫正工具的转型革命

产生了令人惊讶的快速自我毁灭的暴力的柬埔寨经验，不过是一个涉及范围更广的极端范例。从 1917 年到 20 世纪 70 年代后期（以及持续到 20 世纪 80 年代的埃塞俄比亚），在大约 60 年的历史进程中，通过征用、再分配、集体化以及价格控制等多种手段，共产党的革命政权成功地压低了不平等水平。在运用这些手段时，不同国家制造的暴力行为存在着巨大的数量差异，俄罗斯和柬埔寨是一端，古巴、尼加拉瓜是另外一端。然而这并不是说，在强制性矫正过程中，暴力只是一个次要的因素：尽管从根本上讲，列宁、斯大林能够以较小的生命代价去实现他们的目标，然而横扫式的征用还是严重依赖部分暴力手段以及将暴力升级的威胁。

基本的原理一直都是相同的：政府通过抑制私人财产和市场力量对社会进行重组，同时实现缩小阶级差异的目标。这些具有政治性本质的干预，代表了暴力冲击，和前面章节讨论的现代社会产生的世界大战的作用相似。在矫正不平等方面，大规模动员战争和转型革命有很多共同之处。二者极度依赖通过大规模的暴力（无论是处于潜伏状态还是已经显露出来的）得到我们所看到的结果。这个过程耗费的巨大人力成本也是众所周知的：两次世界大战直接或者间接夺走了近1亿人的生命，然而革命同样造成了数量相当的死亡。就残酷程度而言，转型性的革命和大规模动员战争是等同的——这就是我们的末日矫正四骑士中的第二位。[20]

第8章 前列宁时代

"誓死砍掉那些有罪的富人的头颅"：法国大革命

类似的情况在以前发生过吗？在更早的时期，出现过显著矫正了收入和财富的不平等的革命吗？我们将再次体会到，20世纪的确是一个不同寻常的世纪。前现代社会并不缺少从城市和乡村爆发的民众起义，然而它们通常不能改变物质资源的分配。和大规模动员战争存在很大程度的相似，在前工业化时期，革命很少成为矫正不平等的手段。

在对传统权威的早期挑战中，在大众心目中占有崇高地位的法国大革命，似乎特别有希望通过冲突实现平等的目标。在旧体制临近终结的时候，法国仍然是一个收入和财富差距很大的国家。我们做出的最好的估计是，法国当时的收入基尼系数大约是0.59，和同时代的英格兰差不多，尽管估计的误差范围较大（在0.55～0.66之间）。严重不平等的税制在一定程度上决定了当时可支配收入的分配。贵族占有全部土地的1/4，却免于缴纳主要的直接税，并成功抵制了一些新税，比如1695年的人头税和1749年的所得税。神职人员的情况大体相似，拥有全国1/10的土地，还得到一些钱，虽然不到财富总额的1/10，但数量仍然可观。因此，直接税几乎完全由城市资产阶级和农民负担。另外，富裕的资本家可以通过购买贵族头衔和官职来逃避缴税，实际的税大部分都落到农民和工人的头上。在各种间接税中，盐税是最重的一种，它强制性地对每个购买食盐的家庭征收，再一次严重打击了穷人。总体上讲，这是一种具有高度累退性质的财政税收体系。

而且，农民还承担了对贵族和教会的各种封建义务，比如徭役，以及在时间和金钱方面的其他义务。只有少数农民得到了足够的土地（只是通过租赁的方式得到土地），大部分的农业人口都是佃农和无地的劳动力。在大革命爆发前的几十年中，情况进一步恶化。人口压力加大，封建权利越来越被强化，公地牧场面积缩减，导致拥有少量牲畜并且只能艰难维持生活的贫困农户被驱逐。这一切造成了农村的贫困化以及城市无产阶级的增长。1730—1780年间，土地租金翻了一番，农产品价格上涨速度超过了从事农业的人的工资上涨速度，城市工人也受到不利影响。[1]

旧政权及其机构的解体在1789—1795年间分阶段展开，当局推行了若干有利于穷人的措施。1789年8月，国民制宪议会宣布废除"个人"的封建权利，虽然拖延到了第二年才得到正式执行。尽管地租仍然有效，但是越来越多的农民开始进行抵制，暴乱于1789年末、1790年初开始蔓延。农民闯入领主的庄园，焚烧账本。伴随着动乱，出现了广泛的暴力抗税（间接税）行为，导致征税工作停滞。1790年6月，在没有补偿的情况下，所有个人封建义务（例如徭役）最终被废除，公地按命令被分配给本地居民。随后的巴黎议会多次对农村的动乱做出了响应，废除了严苛的最不得人心的教会什一税。然而，由于新增加了税种，农民的负担并没有减轻，引发了新的愤怒。"实际的"封建权利（比如每年的义务）名义上仍然有效，除非农民用年率的20～25倍的价格来买断土地对地主做出补偿，这种妥协性的安排遭到农民的抵制，他们拒绝赎买或者干脆起来造反。在1792年，农村暴力的大爆发引发了全国大范围的反封建运动，并演变成著名的"城堡里的战争"。

1792年8月，在巴黎人攻入杜伊勒里宫后，立法议会意识到需要用更广泛的改革来解决农村暴力问题：所有的土地使用者因此成为所有者，除非地主能够提供真实的地契，然而在习惯法主导的年代，地契并不常见。即便这个最后的规定也在1793年7月被雅各宾派政府废弃。至少在字面上，对一直在支付固定租金、在法律意义上是佃农实际上是小农户的几百万农民来说，这体现了对财富进行的重新分配。据估算，全国有40%的土地——那些已经被农民占有但是还没有被合法化的土地在1792年被正式私有化。更重要的是，他们废除了和土地相联系的所有封建义务。需要着重注意的是，从1789年8月的反封建措施出台开始，农村改革就受到国民制宪议会对"来自下面的威胁"(群众行动)的担忧驱动。越来越趋于暴力的农民激进主义,和大都市的立法改革,被带入"一个不是导向妥协,而是导向相互激化的辩证过程"。[2]

对土地的征收和再分配有力地推动了对不平等的矫正。1789 年 11 月,国民议会把教会的全部土地收为国有,用来解决预算短缺的问题,同时还不需要增加新税。这些土地名为国家财产,以大地块的方式进行销售,实际上更有利于城市资产阶级和富裕的农场主。即便如此,据估计农民还是只获得了其中大约 30% 的土地。从 1792 年 8 月开始,流亡贵族的土地也被征收和出售,这次土地被划分为更小的地块,也因此更有利于穷人,这一举措反映了立法议会追求更平等的分配的愿望。农民最终获得大约 40% 的土地,并且可以用分期付款的方式把款项分摊到 12 年以上来购买被没收的土地。这么做能够帮助到那些条件不足的人,然而当快速的通货膨胀严重地侵蚀到贷款的利息时,这种方式对所有的买主都开始变得有吸引力。总的来说,再分配的规模十分有限:全国仅有 3% 的土地被农民以这种方式得到,而且贵族和逃亡者可以通过中间人来秘密收购土地。尽管没收土地对不平等有矫正效果,但也不应该被高估。[3]

从 1790 年开始,国民议会大量发行纸币,通货膨胀被点燃。最初有被没收的教会财产作为支持,然而由于发行规模太大,因此 5 年后其损失的价值超过了原有价值的 99%。这对不平等造成了复杂的影响。一方面,通货膨胀等同于对所有人征税,其效果是累退性质的,因为富人用现金保存财富的比例比其他人要低得多。同时,通货膨胀也会在几个方面有利于穷人。前面我们已经提到,通过分期付款方式购买的土地和牲畜的实际价格,因为通货膨胀被降低了。固定的货币型地租(逐渐替代了实物地租的交租方式)也会更加有利于租户。通货膨胀消灭了农村的债务,同样有利于穷人。另一方面,除非债务完全无效,债务人用贬值了的纸币还债,旧体制的债权人只得到部分的支付。那些购买官职然后又失去了官职的人,得到的补偿是贬值了的货币,这对精英阶层极为不利。顶级官职一般被贵族所购,这意味着投入腐败交易中的大多数资本都损失了。[4]

旧的财富精英受到了沉重打击，不仅封建特权遭到废除，教会财产也被国有化，然后流亡者及其政治对手的财产也被没收。为1793年的战争做大规模动员导致赋税增加：在巴黎和其他一些地区，为了筹集所需的资金，富人被强制借出钱款。各地的革命委员会开出了适合付款者的名单，并且要求他们一个月内必须支付。另外，政府推出新税对富人进行盘剥，这些做法尽管不合法，但十分有效。在"恐怖"时期，数以千计的人以怀疑囤积或者违反价格管制的名义被收监。仅仅巴黎的革命法庭就以这些罪名宣判了181例死刑。犯人的财产被收为国有，更加刺激了人们把富人挑出来当作目标。本节标题部分的引言出自代表约瑟夫·勒庞的一次演讲，他说："对于那些对共和国犯下罪行的人，我们应誓死砍掉那些有罪的富人的头颅。"[5]

逃离法国的贵族越来越多。最后，大约有16 000人，超过贵族总人口的1/10，动身去更安全的国家。全面的迫害始于1792年。在第二年，政府下令公开销毁证明贵族身份及其封建权利的文书。然而只有很少的贵族丢掉性命：16 594个被判处死刑的人当中，只有1 158个是贵族，不到贵族总人数的1%。然而，贵族在死刑犯中所占的比例越来越高，并且在"大恐怖"时期达到了高潮。仅仅在1794年6月和7月的6周内，就有1 300具无头尸被埋在巴黎东门外一个叫皮克普斯花园（前修道院花园）的两个坑穴里，其中1/3是贵族，包括王子、公主、公爵以及大臣、将军和高级官员，还有很多为贵族服务的平民。[6]

留在法国并且活下来的一些人，讲述了他们的幸运和遭遇的损失。如迪富尔·德·舍韦尼伯爵所记录的：

> 在大革命的头三年，我损失了作为领主的23 000利弗尔的收入……包括路易十五授予的由皇家财政提供的养老金以及其他几项收入……我遭遇过国民卫队的入侵、雅各宾政府的重税、各种打着爱国捐献名义的征用和没收，只保住了我的银器……我入狱4个月，造成了额外的支出……我最好的树被海军运走，不到一周之后，我又不得

不把被征用的谷物运到布鲁瓦的部队仓库……还有些我没提到……我全部的领主文书都被烧毁……[7]

只要革命让富人受损并且使穷人受益，对不平等的矫正就能够发生。即便矫正的方向明确，其程度却难以估计。在收入分配方面，废除封建义务为工人带来积极影响，对地主则产生消极影响。战争中的群众动员同样有助于提升实际工资水平。从程度上看，1789—1795年间成年男子农业劳动力的实际工资上升1/3。在法国西部的某个地区，收获工人的工资收入占农作物收成的比重从1/6上升到1/5。城市工人的实际收入同样表现出上涨的势头：在18世纪80年代—19世纪第一个10年，工资比粮食价格的上涨速度更快。[8]

在财富分配方面，土地所有权分配的变化同样导致了不平等的下降。在某个新区，1788年神职人员和贵族曾占有全部土地的42%，到1802年这个比例下降到12%，而农民占有土地的比例从30%上升到42%，然而这同样表明，中间阶层才是受益最大的群体。在法国西南部有一个地区样本：不依靠去外面打工或者救济，仅靠手中的土地难以维持生计的农民的比重从46%下降到38%，而那些有足够土地的农民的比重则从20%上升到32%。从长期来看，这种转移巩固了小型农场和小块农田，确保它们在贫困条件下还能够维持下去。改革远远称不上一次彻底的对土地财富的再分配。在很多地区，拿破仑时期的最大地主属于大革命之前相同的家族，1/5~1/4被没收的土地，最后还是被原来家族的成员赎回。贵族仅仅是永久性地失去了他们1/10的土地。[9]

克里斯蒂安·莫里森和韦恩·斯奈德有一个大胆的尝试，他们对法国收入分配的变化进行了估计，结果显示顶层的份额出现下降，底层的份额则上升（见表8.1）。[10]

这种比较存在一个问题，因为考察对象仅限于法国劳动阶级，精英食利阶级则被排除在外。而且，也许更为重要的问题是，这些估计并不能让我们对大革命时期（1789—1799年）和较晚的拿破仑帝制时期以及波旁王朝复辟时期的收入分配情况进行区分。我们同样无法确定，和这些数字反映的状况相比，在改革活动最激烈的 18 世纪 90 年代的前半段实际发生的变化是否更大，以及大到什么程度。例如，拿破仑的追随者买下了本应该由穷人获得的土地，在波旁王朝复辟时期，有 25 000 个家庭，其中多半是贵族，因为财产曾经被征用而得到补偿。可能性很大的一种情况是，收入分配在 18 世纪 90 年代曾经暂时性地得到了明显的改善，然而在一代人之后，又出现了逆转。[11]

表 8.1　法国的收入分配份额，1780—1866 年

收入份额	1780 年	1831 年	1866 年
顶层的 10% 群体	51%～53%	45%	49%
底层的 40% 群体	10%～11%	18%	16%

也就是说，没有证据能够证明，法国大革命导致的任何结果可以和 20 世纪大革命造成的矫正相媲美。土地所有权、财富集中还有收入分配的改变，都发生在边缘地带。对受影响的人而言，这种影响绝不是微不足道的：如果他们的估计正确，收入最低的 40% 的阶层，收入占比上涨了 70%，这表明法国社会最贫穷阶层的境况得到了显著的改善。但是，这个过程远远没有实现彻底的转型。产生这种结果是由于针对有产阶级采取了相对温和的暴力行动：无论它让当代保守的观察家感到多么震惊，这种和后来的标准相比手段和雄心相对克制的革命，其带来的矫正作用还是更小。

"把一切交给上帝，以作公用"：太平天国运动

在这个研究的背景下，19 世纪的一次特殊的革命值得我们特别关注，原因有二：它的社群主义理想，以及造成的巨大暴力规模。1850—1864 年，太平起义军控制了中国东部和南部的绝大部分地区。这场前所未有的血腥冲突，使很多人失去了生命。这场反抗清王朝统治的运动，为千百年来大众对于"天国"的期望所激发。不得志的洪秀全发动了这场革命，他把中

国传统的群众反抗和基督教的元素结合在一起，形成了他的愿景和计划。它激起了民众广泛的仇恨，从对清朝统治的抵抗、对政府官员的憎恨，到民族之间的矛盾。这次运动始于1851年，发轫于中国的西南地区，起义军主要由农民组成，再加上一些烧炭工和矿工。其队伍如滚雪球般迅速壮大，1852年，变成了一个500 000人规模的武装队伍，1852年可能达到了200万人的规模。这个被称作"庞大的穷人军队"的队伍，席卷了中国经济的核心地区，并且很快占领了南京，南京被确定为的天国的新首都。为了实现对千百万人的控制，太平军的领导人大力提倡上帝崇拜，以及一个更为世俗的目标——把汉族从外族统治者手中解放出来。他们还增加了一个社会性的任务：既然只有上帝才可以拥有一切，因此，至少在概念上，私人产权的观念就不可以被接受。起义军歌颂普世的兄弟情感，这意味着所有人同属一个大家庭。这些崇高的情感在1854年年初发布的文件《天朝田亩制度》里第一次得到了最直接的表达。它基于的前提是：地球上所有的人都是高高在上的上帝的家人，人们放弃自己的全部私用物品，把一切都交给上帝并作为公用，平等划分每个地方的土地，让每个人衣食无忧。这是上帝派遣太平军拯救世界的原因。[12]

在理想情况下，所有的土地都被等额划分，分配给成年男女，小孩能获得一半的份额，并且采用"有田同耕"的方式。按照生产力高低，土地被划分等级并进行平均分配以实现完全平等。如果一个地方没有足够的土地让所有的人都能获得相同的份额，就会有一些人迁移到其他能获得土地的地方。每个家庭可饲养5只鸡和2头母猪。每25个家庭可建立一个中心仓库，用于收集和储存超出他们基本生活需要的剩余粮食。这种高度平均主义的世俗天堂，早就存在于早期的"均田制"的观念之中，然而奇怪的是，周期性的再分配运动从来没有实现过长久的平等。

这种监管（如果确实如此）几乎不起作用——原因很简单，因为没有迹象表明，他们的方案真正得到了实施，或者广为人知。在太平军发展的早期，尽管有一些富人的房子和地产遭到了侵占，本地的村民也因此分到一部分财产，然而大部分财产还是落入太平军之手。这些活动从来没有发展成一个更广泛的再分配方案,更不用说实现系统的土地改革或者现实生活中的农业共产主义社会。面对清政府的抵抗和最终的反攻,太平军首先关心的是如何保证维持自身运转的收入。因此结果是,传统的地主-租户关系大体上保持不变。或者,最多在边缘地带发生了一些变化。在江南地区,大量清王朝时期的土地和税收档案被销毁,有很多地主,或者是逃了,或者不再能收取地租。新政权的实验,是让农民把税直接上缴给政府的代理人,然而这种做法被证明无法长久。税收可能比以前降低了,然而佃户对高地租要求的抵制也变得更加容易。太平军剥夺了富人手中清王朝时代的特权,无论用总额还是用净值计算,都很可能在一定程度上造成收入分散。由于租户的强硬抵制,地主不得不承担特种税的全部份额,收入下降的压力显而易见。

然而这一切并没有导致任何系统性的矫正,"乌托邦"般的方案中的那些设想从来没有被付诸实践——甚至连实践的意图都不曾有。之所以说连实践的意图都不曾有,也许是基于这样的事实:在普遍保留传统的土地租赁关系之后,太平军的领导人就迫不及待地开始封官赐爵,过上了后宫成群和宫殿遍地的奢侈生活。19世纪60年代清政府对太平军的暴力镇压,造成数百万人死于战争和饥荒。清政府并没有镇压一个平等主义的实验,因为这样一个实验从未存在。无论是它社群主义的教义,还是它广泛的农民军事动员,都没有造成重大的矫正效果,即便它有过类似的尝试,也无法保持下去。在1917年之前,存在于意识形态中的目标和前工业化时代的客观现实之间的鸿沟,即使通过武力也无法消除。[13]

"乡下人借助武力来改变命运":农民运动

历史上的农民运动大体上是相同的。农民是大部分历史记载的主角,在前现代社会,财富和收入的分配主要由土地所有权和农产品控制权的配置决定。因此,对用革命手段矫正不平等的任何研究都应该特别关注农民运动所造成的影响。这些事件通常很普遍:时间和空间上的明显差异,更可能与证据的性质而非实际条件有关。因此，尽管它们频繁发生，却很少有农民运动转变成能带来显著矫正效果的真正革命性的运动。[14]

最有希望的案例，再一次地出现在比较近的时期。墨西哥1910年革命后紧随着的土地改革就是其中之一。墨西哥一直以来都经受着巨大的资源分配不平等，这可以追溯到阿兹特克时期。16世纪的西班牙征服者获得了面积巨大的土地和数量众多的强制劳动力。1810—1821年的独立战争，克里奥尔和梅斯蒂索精英接替了富裕的半岛人，土地所有权的集中一直持续到19世纪末。富人和政府勾结，获得了更多的土地，而且还能通过日益增长的商业化获利。在革命爆发的前夕，贫富差距达到相当极端的水平。1 000个家族和公司控制了总共6 000个庄园，占全部土地的一半以上，1 600万的全国人口，2/3在农业部门就业。大部分的农民少地甚至无地。其中一半农民是对土地只拥有弱小控制权的小农，另一半则是被大农场雇用，不得不背负沉重的地租和劳役负担。债务把雇农和土地绑在一起。在墨西哥的中央州，只有0.5%的户主拥有财产，仅有856名个人拥有土地，其中的64个大农场占有的土地超过全部私人土地的一半。经济财富和政治权力高度集中在一小部分的统治阶级手中。[15]

革命始于精英派系之间的争斗，他们原本并没有土地改革的计划，但是农民因此受到鼓舞，进而追求他们自己的土地再分配目标。农民武装接管了大农场。最出名的是，在南部，由埃米利奥·萨帕塔领导的农民部队占领了大型庄园并推动了土地的再分配。激烈的农民运动造成的状况，使得影响力本已下降的中央政府不得不着手处理。在承认公众利益高于私人利益的前提下，1917年出台的新宪法将征用合法化。这些仅仅是出于平定农民武装的需要：因此，地方暴力，而不是自上而下的立法，才是驱动再分配的关键动力。即便如此，直到1920年年底，给穷人分配土地的进展依然十分缓慢，同时地主还获得了一些优惠，比如对征收进行封顶。1915—1933年，大部分再分配的土地都是品质低下的土地。直到1933年，每年只有不足1%的土地被再分配，其中，实际的耕地还不到1/4。地主可以申请禁止令，而且因为担心外国干预，对大型庄园的征收也难以推进。

"经济大萧条"造成失业增多、收入下降，最终加大了压力，土地再分配的速度在拉萨罗·卡德纳斯的激进派政府手中得以提升，石油工业也在1938年被国有化。1934—1940年间，大约40%的耕地被征用，雇农同样获得了分配土地的资格。土地被转交给了佃农、工人以及少地的农民，以合作农场的方式进行组织，但还是分块耕种。对基层农民的动员再次为推行这些措施提供了必要的激励。结果到1940年，有一半的土地为土地改革所覆盖，并且有一半的农村穷人因此受益。10年后，拥有土地的人口超过总人口的一半，1910年的时候仅有3%，并且到1968年，有2/3土地被转移。这个旷日持久的过程体现了在选举民主制下，大规模的再分配和矫正所面对的阻碍以及各种冲击（比如农村暴力以及后来的大萧条）在启动和加快再分配活动中的重要性。尽管墨西哥并没有出现类似于革命或激烈重组的情况，然而在面临既得利益者抵抗的情况下，对农民的动员创造出了持续推进再分配的动力。即便是更为活跃的卡德纳斯政府，也一样严重依赖这种动力输入。[16]

20世纪50年代的玻利维亚也出现了相似的情况。1951年和1952年的革命针对的是压迫本地农民和西语族群的寡头势力。大部分印第安人要么成为在大庄园干活的农奴，要么居住的村落被庄园夺走了最好的耕地。在起义过程中，组织起来的农民占领了大庄园、烧毁庄园里的房屋，迫使在外庄园主不得不放弃他们的所有权。随之而来的是1953年开始的土地改革，改革者采取征用管理不善的大型庄园，以及缩减一部分庄园规模的措施。实际上，这次改革不过是对一直都在推进的过程的一次认可。覆盖全国农地一半以上的大型庄园被佃农以及附近的农民接收，有一半以上的穷人得到了更多的获得土地的机会。然而暴力抵抗并不总是能获得成功。1932年1月，共产党领导下的萨尔瓦多农民起义短短几天内就失败了，并且还激起了军队屠杀大批农民的事件，史称"大屠杀"事件。随后推行的改革措施也是治标不治本，没有产生显著的效果。实际上，成功的农民革命，即便在最近的历史中也不常见。我将在第12章讨论暴力或者暴力威胁在促进土地改革方面发挥的关键作用，以及大多数和平努力失败的原因。[17]

我们发现，从发展中国家最近的历史回到前现代时期，有关中国农民运动的史料异常丰富。肯特·刚·邓研究了不少于 269 个的案例，他认为，这些案例是从秦初至清末的 2 106 年间、中国历史上最重要的农民运动。"平等"，特别是和土地所有权相关的平等，作为目标被一再提出来，在反叛组织推行的措施中，财富和土地的重新分配发挥了重要的作用。尽管大多数的运动并不成功，但仍然对鼓励税收改革和推动土地再分配起到了催化剂作用。在这些案例中，反叛者力图推翻现有的政权，扮演"腐败政府机关的终结者"和财富再分配者的角色。在下一章，我们将在国家崩溃及其矫正效果的背景下回到这个问题。[18]

同时，值得注意的是，尽管反叛者明确提出了平等的目标，然而即使是反叛成功，产生实质变化的可能性很小，或者完全没有。李自成领导的农民运动就是一个很好的例子。一个据说是放羊倌的反叛领袖，指挥着主要成员是农民的大型军队，加速了明王朝的垮台。1644 年，在被扩张的满人摧毁之前，他短暂地在北京自封为皇帝。虽然据说他蔑视财富，计划将富人的财产没收并进行再分配，甚至还要平均地权，然而实际上什么都没有发生。正如我们所看到的，这和两个世纪后规模更大、更持久的太平天国运动的许多情况相同。[19]

中国农民运动的历史，因其独有的时间深度显得尤为突出。其他的古代社会能够提供的史料则要少很多。也许这并不是偶然，在古希腊和古罗马的奴隶社会，发生的是奴隶起义或者是与之相似的事件，并不是农民运动。从原则上讲，奴隶大规模地获得自由是一种非常有力的矫正机制：在奴隶数量充足的环境，奴隶代表的是精英阶层所拥有的大量的资本，如果突然失去这种资本，将使财富分配的总体水平趋于平等。本书第 6 章描述的美国旧南方出现的平等化紧随在美国内战之后，就是有力的证明——然而这种情况通常不会发生。据说在公元前 413 年，斯巴达人的入侵导致超过 2 万雅典奴隶逃跑，可以肯定的是这给富人造成了巨大的损失，然而这仅是一次面对国内战争情况下的机会主义反应，并不是狭义上的造反。公元前 370 年，当美塞尼亚农奴——由斯巴达勇士 – 市民阶层拥有的公共奴隶因外来干涉而获得了自由时,相似的矫正也一定发生过。然而,这又是一次非自发的农奴运动。实际上,稍早前,在公元前462年发生的一次农奴运动也以失败告终。另外两次大规模的奴隶运动(大约在公元前136—前132年和公元前104—前101年)如果能建立起独立的奴隶"王国",就有可能通过剥夺大地主的房产和收入的手段实现矫正的目标。然而它们都没能获得成功,发生在公元前73—前71年的意大利著名的斯巴达克斯叛乱也没能获得成功。

后来罗马帝国的某些团体采取的暴力行为,经常表现出与农村动乱或造反所具有的平等愿望相似的特征。然而,把公元4世纪晚期和5世纪早期罗马北非地区的围剿者看成某种"扎克雷"式农民起义的当代共识则缺乏实证基础,不过是用敌对的修辞把他们描述成对社会的威胁——"农村造反是反抗地主"与"信用票据来自债权人的勒索,应该归还给债务人"代表着阶级斗争保存下来的两条主要控诉。仅能确定的是,这个团体由暴力的流浪收割工人构成,他们在圣奥古斯丁时期曾经卷入基督教派别冲突。罗马高卢地区的巴高达人是一个更能让人信服的案例:他们首次以造反者出现是在公元3世纪,5世纪时又再次出现,明显是和罗马统治出现危机和弱化有关。他们宣布或者试图宣布地方控制,也许只是寻求填补权力的空缺:其中并没有太多证据表明这属于农民起义或阶级冲突,虽然存在很少量的证据让它有时看起来像是那么回事。[20]

到了中世纪晚期,欧洲有关农民起义的消息开始自由地传播。同时还有为数众多的城市动乱,一直持续到现代初期。据统计,仅仅在中世纪晚期的德国,就发生了不少于60次的农民造反运动和大约200次城市起义,一项范围更大的对中世纪意大利、佛兰德斯和法国的调查,收集到了更多的案例。1323—1328年发生的弗拉芒农民起义是德国农民战争(1524—1525年)之前规模最大的农民运动,并且在早期取得了非同寻常的、大范围的成功。农民武装最初和城市选民结盟,赶走了贵族和骑士,并流放贵族和官员。1323年,造反的布鲁日市民抓获了弗拉芒的统治者路易斯伯爵,囚禁了他5个月之久,而且叛军一直控制着佛兰德斯的大部分地区。城乡利益冲突和法国军事干预的威胁，带来了1326年的和平，农民自治受到严重限制，并被要求加罚款和支付欠款。由于群众委员会挑选的农民领导人被排除在谈判桌之外，这些条款立即招致农民造反分子的拒绝。他们继续前进，在全国大部分地区建立了自治政权，直至1328年被法国军队击败。在农民控制的地区，发生的矫正效果究竟有多大，仍然是一个不确定的问题。他们没收了被驱逐者的土地进行再分配，靠税收和法庭建立自治。

> 平民对国会议员、地方议员和地主进行了反抗……他们为自己的城堡选出了首领，成立了非法的武装。他们冲出去，俘虏了所有的国会议员、地方议员、地主和收税员。如果地主逃了，他们就摧毁地主的庄园……所有的反叛者都是平民或者乡下人……他们焚烧了贵族的豪宅……掠夺了他们在西佛兰德斯的全部财产。[21]

后来的赔偿声明显示，对富裕地主的可移动物品和农作物的征用是有序进行的。然而不太确定的一点是，那些对反叛者的极端和暴力行为的指控是充满敌意的宣传还是基于事实：与杀害富人的暴行相关的证据零碎且可疑。相反，叛军被击败后，在卡塞尔地区对反叛者进行的野蛮报复导致3 000多农民死亡的事件却被很好地记录在案。获胜的法国骑兵部队很快就开始屠杀平民，叛军首领也被逮捕和处决：

> 获胜后，法国的光荣君主并没有用善意来看待这些事情；国王是凭借上帝的全能实行统治的……他焚毁农民的村子，屠杀反叛分子的妻儿，为了留下永久记忆而对他们的罪行和叛乱进行报复。

随后是迅速的和解，伴随着压倒性的欠款和赔偿的要求。在某种意义上，造反失败源于它的成功：被严重动摇根基的精英集团，带着教皇的祝福组建了一个国际性的圣战武装，赶在其他地区的农民跟进弗拉芒的榜样之前将其镇压。因初级生产者的武装反抗而引发镇压力量，这是一个早期但有力的案例。在这种环境下，持续的矫正无法实现。[22]

1358 年发生在法国北部的"扎克雷"农民造反也是如此。然而，和弗拉芒起义有很大的不同，它只持续了两周，而且明显缺乏组织架构。农民袭击并摧毁了贵族的城堡和大宅，直到在梅洛战役中被马背上的骑士击败。精英集团记录了据说是农村暴民的恶行，其中，最恶劣的是让·德·贝尔描述的恶名昭著的行为———一个骑士当着妻儿的面被架着烤：

> 扛着武器和军旗，他们占领了乡村。他们到处杀人，屠杀他们能够找到的所有贵族，甚至还包括他们自己的领主，毫无怜悯之心……他们把贵族的房屋和城堡夷为平地……让贵族当着自己的妇人和孩子的面悲惨地死去。

然而，虽然我们无法确定农民实际上做了什么，统治阶级做出的反应是毫无疑问的：

> 为了恢复力量，带着复仇的渴望，骑士和贵族团结起来了。他们跑遍了乡村，四处放火，残忍地杀死所有他们能够找到的农民，而不仅仅针对给他们造成伤害的那部分人。[23]

无论实际的行为有多么暴力，这种地方性的起义并不可能解决根深蒂固的不平等问题，甚至连部分例外的例子都没有几个。比如，1381 年的英国农民起义很显然失败了。起义被为筹集对法战争经费而开征新税激发，但在更基本的层面上，它是被人民渴望保护自身收益的想法驱动的，黑死病带来劳动力成本上涨，精英阶层则试图通过劳动法规和封建制度控制收益。这次运动很快被镇压了，尽管在此之前，反叛分子曾经占领了伦敦塔，洗劫了首都的宫殿和豪宅，亲自会见国王查理二世，并处决了坎特伯雷大主教和首席大法官等大人物。动乱曾席卷大半个英国，尽管大多是在东部。无论反叛者是否真的计划了很多更激进和无情的暴行：他们绝不退却，直到所有的贵族和富豪被彻底消灭。

正如亨利·奈顿带有偏见地断言,没有哪一次造反能够获得成功。这一次造反行动在几周内就结束了:造反领导人被抓并被处决,超过1 000个造反分子丧生。然而,尽管瓦特·泰勒的要求——"所有的人必须获得自由!"遭到致命的武力回击,尽管劳动法规仍然被保留,农奴制也没有被废除,毫无疑问,工人实际的生活水平还是得到了持续的改善。但这与遭人嫉恨的人头税的下降关系不大。一种比反叛武装更加强大的暴力使矫正过程获得了推进的动力:卷土重来的瘟疫提高了劳动力的价值。在第10章和第11章中我们将看到,在和不平等做斗争的时候,细菌比人类的任何一次造反行动都更加有效。无论农民的暴力还是精英的反暴力,都远远不及大规模流行病造成的致死率。[24]

只有极少的暴力能直接改善不平等状况,尽管只是暂时的。1401—1404年间,佛罗伦萨境内有超过200个山村造反,根据帕戈洛·莫雷利的记录,"没有一个农民不是欢天喜地地去佛罗伦萨并且要把它毁灭",他们的决心足以使他们从城市的统治者那里获取其物质上的让步,尤其是免税和免除债务。然而,实质性的矫正效果并没有可能通过所谓的规定被保留下来。1462—1472年间,由于黑死病造成劳动力稀缺,封建领主压力日益增加,在加泰罗尼亚爆发的农奴叛乱同样也没有带来什么改变。其他分别于1450年、1484年以及1485年发生的西班牙叛乱也都以失败告终。在1514年,因被暴君要求参加对奥斯曼帝国的战争,匈牙利的农民也造反了。在乔治·多萨的领导下,他们袭击庄园、杀死地主,然而军事失利使他们面临恐怖的浪潮。1524年和1525年的德国农民战争,是西欧最大规模的农民起义,覆盖了德国南部的大部分地区,农民试图保住瘟疫过后的收入,抵抗庄园主的封建权力以及其对公地的侵占,而且因为各种反权威思想的传播,这些目标得到了加强。虽然农民武装袭击了城堡,并且得到了修道院的支援,然而他们并不是寻求全面的矫正。他们的主要目的是要求减税、限制或者废除庄园主的特权和农奴制。更激进的乌托邦理想仍然被边缘化,例如迈克尔·盖斯迈尔呼吁要废除地位差异以及把房屋和矿产国有化。失败是普遍并且血腥的：在一系列战斗失利后，估计有为数10万的农民在战争以及随后的镇压中丧生。如同经常发生的那样，精英集团的回应比农民的行为要残暴得多。[25]

历史一直都是这样继续着。在1278年，保加利亚可能发现自己处在一个"农民皇帝"的短命统治之下。养猪倌伊瓦伊洛，号召农民起来反抗鞑靼人的入侵，赶走了当时的统治者。然而和充满希望的马克思主义解读把他的反抗看成一种社会运动相反，现代学者发现，"没有任何迹象显示，他和他的追随者对社会不公进行过反抗，或者是寻求过任何社会变革"——当然无论如何，他仅仅坚持了一年时间。1670年和1671年，在哥萨克人的支持下，俄罗斯南部大规模农民起义的领导人斯捷潘·拉津发表了颠覆性的声明，其中的一条是要求惩治名流精英，废除等级和特权，促进哥萨克人的平等地位。运动在充满血腥的失败中结束。很多其他的例子也都是如此，1549年英格兰凯特起义，直接针对的是限制农民生计的圈地运动。1773—1775年的俄罗斯哥萨克叛乱，主要反抗农奴制的强化；1790年的撒克逊农民起义，是出于对贵族通过狩猎特权掠夺田地的愤怒；1846年的加利西亚农民起义针对的是封建特权；1921年的印度马拉博叛乱，同样是因地主权力被强化而发生的反抗。[26]

现代人试图给混乱事件强加逻辑，以确定具体的民众关切和叛乱的原因。在中世纪后期的意大利、法国和佛兰德斯，和地主发生直接对抗的情形仍然是罕见的，具有政治意味的反叛则常见得多，并且往往是因为财政被滥用。14世纪下半叶，因黑死病失控导致造反激增；16世纪的造反是出于对复活农奴制的抵制；在17世纪，则主要是反抗政府财政的扩张，直接税对农村的打击远比对城市的打击更为严重；最后，在18世纪后期，农民造反主要是因为他们逐渐意识到，早就应该废除不合时宜的地役权了。农民造反在开始的阶段经常表现为抗税，包括1323—1328年的佛兰德斯农民叛乱，1381年的英国农民起义，1382年鲁昂的"哈雷尔"叛乱，1437年的特兰西瓦尼亚农民造反，1514年符腾堡州的"穷人康拉德"叛乱，1515年的斯洛文尼亚农民造反，1542—1543年的瑞典达克战争，1595—1596年的芬兰俱乐部战争，1594—1707年间的4次法国农民起义，1653年的瑞士农民战争，1794—1804年的中国白莲教叛乱，1834年的巴勒斯坦农民造反，1862年的朝鲜农民造反，1906年和1907年的罗马尼亚农民叛乱的开始阶段，以及1920年和1921年的坦波夫反苏维埃战争。在1524年和1525年的德国农民战争，1894年的朝鲜东学党起义，17世纪法国、俄罗斯和中国的主要的起义中，它也是一个基本的元素。以上列举仅仅是代表性的，并不完整。[27]

和中世纪后期的例子相似，早期的现代农民运动很少能对收入和财富的分配产生显著的影响。德国农民战争为德国南部的农民赢得从长期看有利于他们的让步，成功抑制所谓的"第二次农奴制"的扩散——这种保护将他们和没有参加起义的北部和东部的农民分隔开。1653年的瑞士农民战争，更为迅速地造成税负下降和债务减免。虽然从表面上看，这些例子中出现的暴力反抗可能会有所不同，总体的面貌却十分清晰：明显的矫正并不在前现代农民造反的范畴以内。这是一个包含了愿望和能力的函数。正如伊芙-玛丽·贝尔塞的观察："很少有造反能够成功夺取全部权力；实际上，他们甚至都没有想过要这么做。"的确，如同14世纪20年代的弗拉芒农民运动可能做过的一样，当他们离成功越近，释放出来的负能量就会越强大。[28]

"人民万岁，让豺狼去死"：城市起义和城市国家起义

农民运动的真实情况甚至更适用于城市起义。在大多数的历史环境中，城市都是被广大的农村包围，人口的数量也远远不及农村人口。通过调动士兵、武器和周边地区的资源，统治者和贵族很容易就能平息发生在城镇的叛乱。1871年巴黎公社被血腥镇压，只是一个近期的例子。如果说市民起义有任何成功的可能的话，那应该是在那些自治的城市国家，因为当地的精英集团并不能随意地利用外部资源来平息叛乱。

在第6章，古希腊被看作大规模军事动员和共生性平等主义的一个早期例子。问题由此产生：是否这种环境也能产生目标在于或者已经实

现全面矫正的革命运动。激进的愿景当然会出现在戏剧或者乌托邦作品里。公元前392年，雅典上演了阿里斯托芬的喜剧《议会中的妇女》（Ekklesiazusai），里面的雅典妇女废除了私人财产和家庭，颁布了人人平等的法令。4年后，在他的另一部喜剧《财神》（Ploutos）里，主人的不当财富被没收。在《理想国》（Republic）这本书里，柏拉图曾经被一个想法困扰，这个想法是"不是只有一个国家，而是有两个，一个是穷人的国家，另一个是富人的国家"。在后来的著作《法律篇》（Laws）里，他设想最富和最穷市民的非土地财富的最大比例为4∶1。更加激进的乌托邦理想走得更远：在公元前3世纪早期，欧赫迈罗斯构想了一个叫潘加耶的岛，岛上的居民除了房屋和花园之外没有任何私人财产，大多数人都得到相同的生活用品。同一个世纪后期，伊本布洛斯描绘了一个太阳岛，岛上完全没有私人财产和家庭生活，人人平等、幸福美满。[29]

然而，在古希腊的实践中，这些事情似乎从来都没有发生过。和后来的各个历史时期一样，重大的矫正需要重大的力量。有据可查的最极端例子，可能是发生于公元前370年的阿戈斯的伯罗奔尼撒城邦的一场内战：当时有1 200个富裕的市民在模拟审判中被判处死刑，并且被人用棍子殴打致死，他们的财产被没收并交给大众。我们将会在第12章看到，伴随着政变的土地改革的记录虽然十分丰富，依然缺少我们在现代的革命环境中看到的那种大规模暴力。[30]

真正激进的城市动乱一般都很少见。一个有名的例子和1342—1350年的帖撒罗尼迦城的"狂热者"有关：普通群众取得了城市的控制权，他们杀死贵族，没收了其财产并且重新进行分配。一些含有敌意的记载把他们视为极端主义分子，然而并没有证据能够证明，存在过一个系统性的没收和再分配的方案。除了古希腊城邦文明，中世纪和近代早期的意大利通常由独立的城邦国家群组成，是另一个可能产生雄心勃勃的城市运动的重要候选者。事实上，城市起义经常能被记录下来。然而和农民运动并不会频繁地跟地主发生直接对抗的情形相似，城市的暴力运动，即使是出于经济原因，也很少把目标指向资本家和雇主。由腐败和行业的排挤引起的骚乱更为常见，就比如抗税起义。而且，和农民起义仍然非常相似的地方是，尽管城市起义的目标相当温和，但仍然容易失败。一个很好的案例是著名的 1378 年佛罗伦萨的琼皮起义，其起因是纺织工人发现他们被排除在行会之外，这个行会制造了一个高度不平等的劳动力市场。尽管曾经成功接管了城市，但他们的要求很温和：新建行会进行合并，以及对财富征税。即便如此，这场运动最后还是被血腥镇压了。[31]

"所以他们被彻底消灭"：结果

这是《瓦卢瓦王朝前四王编年史》(*Chronique des quatre premiers Valois*) 在谈及 1358 年短命的"扎克雷"农民起义时所说的话——已被证明是贯穿历史的共同主题。1932 年发生萨尔瓦多农民起义，在后来的镇压过程中，政府军屠杀民众，包括妇女和儿童在内，据估计屠杀人数为 8 000～40 000 人。这种结果并不是完全出乎预料：因为在起义开始之前，叛军领导人阿方索·卢纳告诉政府的作战部长华金·巴尔德斯，"农民将用他们的砍刀赢得你们拒绝给他们的权利"，然而后者的回答是，"你们有砍刀，我们有机枪"。由于没有获得伊芙·玛丽·贝尔塞所说的"全部的权力"，农民起义并不能消除收入和财富的不平等，即便这曾经是（虽然很少是）他们的目标。20 世纪见证的巨大动乱所具有的暴力性征用和控制手段，并不适用于前现代社会。而且，它们还缺少坚定的意识形态目标。即便是在法国大革命时制造"恐怖"而备受非议的雅各宾派，也回避了全面的征用和平等化。他们并不知道，全国范围的真实恐怖最后将是一种什么局面。[32]

所以，通过暴力起义来进行有意识的系统性矫正超出了前工业化时代革命者的手段。20 世纪，我们才看到既拥有机枪又拥有激进方案的革命。只有在那个时候，《瓦卢瓦王朝前四王编年史》的结论才能够适用于另一端的领主和地主——最初始的 1%。只有在那个时候，武力才足以被普遍地使用、获得充分转型的结果，并且持续的时间足以等到实质性的矫正的产生。虽然在前现代社会，暴力性的民众不满行为并不罕见，然而在社会的演变中，暴力能力及其适用范围提升后，才能追求激进的平等化政策，无论其成本对被统治者和统治者而言有多高。但是，这个故事有一个最终的转折点。即使社会被无情的革命者深入渗透，被强制执行的平等化也只能维持在这些政权执政期间。一旦他们失去权力，要么像苏联和它的卫星国或者柬埔寨一样改变路径，要么像越南一样，收入和财富不平等迅速回升。这种规律甚至适用于极为不同的环境，事实证明：前者会出现经济崩溃和爆发性的不平等状况，后者会出现巨大的经济增长和逐渐上升的不平等。[33]

这种由"现代的"且经常是血淋淋的转型式革命带来的矫正，只有在潜在的或者公开的暴力本质能够抑制住市场力量的情况下，才能被维持下去。一旦压力减小或者消除，平等化就会被逆转。在上一章，我们曾提到俄罗斯的市场收入基尼系数从 1980 年的 0.26～0.27 上升到 2011 年的 0.51。越南的市场收入基尼系数在 2010 年可能达到 0.45，尽管有更低的值同样被引用，柬埔寨 2009 年的基尼系数据估计达到 0.51。古巴的发展也遵循着相同的模式：在发生共产主义革命的 1959 年，古巴的市场收入基尼系数为 0.55 或者 0.57，到 1986 年，下降到 0.22，然后又似乎上涨到 1999 年的 0.41 和 2004 年的 0.42，尽管还有一种估计——1995 年高达 0.55。在大多数情况下，虽然共产党仍然掌握着权力，但是经济自由化导致不平等水平快速上升。这种情况同样出现在后共产主义的中欧国家。关于用生命的代价换来的共产主义是否带来了任何价值的问题，超出了本书研究的范围。但是有一点确定无疑——就更大的物质平等而言，无论它曾经以如此血腥的方式带来了什么，如今都已经不复存在了。[34]

第四部分　崩溃

第9章 国家衰败和系统崩溃

"对残酷统治的嘲笑":国家衰败和系统崩溃带来的矫正

战争和革命释放的暴力越多,对社会的渗透越深入,它们就越有可能降低不平等。但是如果这些动乱摧毁了整个国家和现有的社会经济秩序呢?根据目前所提供的证据,我们可能会为了得到更强的矫正效果而期待更大的动乱。这一冷酷的预测从几千年的历史中获得了足够的证据支持。国家衰败和系统崩溃颠覆了等级制度,并且通常大幅度地降低了物质方面的不平等。和前面章节讨论过的主要发生在更近期的过程不同,这些灾难性的事件大都发生在前现代社会。

我们从定义专业术语开始。大型的社会结构的瓦解可能会表现出不同的强度和严重程度。一方面,我们发现这些过程主要与政治权力的行使有关,一般我们称之为国家衰败。从当代的视角来看,如果不能向其成员提供公共产品,国家就会被认为是失败的:腐败、缺乏安全保障、公共服务和基础设施崩溃,以及丧失合法性是国家衰败的标志。然而这些标准并不适用于更遥远的过去。这一概念认为国家应该提供不同的公共产品而不仅仅是基本的安全,国家的失败或者崩溃可以从它们无法满足这种期望中推断出来,然而在历史的大部分时间中,这些都是不合时宜的。出于全球性研究的目的,我们最好采用对基础性国家功能的一个大概描述。由于前现代国家的政治首先是专注于检查内部和外部的挑战,保护统治者的主要盟友和伙伴,征收执行这些任务和满足权力精英致富所需的收入,国家衰败最好被理解为丧失实现这些基本目标的能力。对主体和领地的控制遭到侵蚀以及政府官员被类似于军阀这种非政府角色取代是典型的结果,在极端情况下,政治权力甚至可能被下移至社会基层。[1]

另一方面，有一个更宽泛的概念——系统崩溃，这是一个远远超出了政治治理机构的失败的社会现象。这是一个更加全面的并且经常是包含一切的瓦解过程，系统崩溃被定义为"已建立的社会复杂性的快速且显著的丧失"。在人类活动的不同领域，从经济领域到知识领域，它通常会导致社会分层、社会分化和分工的弱化，信息和商品的流动减缓，以及对庞大的建筑、艺术、文学和文字这些文明象征的投资下降。这些变化伴随着政治瓦解并且相互作用，削弱或完全消除集中的控制功能。在严重的情况下，人口总体上会减少，居住地会萎缩或被抛弃，经济活动会倒退到较为低级的水平。[2]

国家或者整个文明的崩溃对我们认识矫正收入和财富不平等的力量至关重要。正如我们在讨论内战的影响时所看到的，国家衰败可能为少数人创造新的致富机会。然而原来的精英很可能会受到损害，在较大的国家分裂成几个较小政治主体的情况下，最顶层的资源集中潜力将会下降。系统崩溃必然对权贵造成更大的伤害。中央集权制的解体破坏了正式的等级制度和精英阶层，并且阻止了后者立即被希望在类似的范围内进行运作的竞争对手取代。前现代社会通常不会留下充分的书面证据，并且这些文字记录经常会在（系统）崩溃后消失。在这种情况下，我们能够从代替物上推断精英阶层的衰落，用著名的系统崩溃考古学家和理论家科林·伦弗鲁的话来说就是"停止富裕的传统墓葬……放弃豪华的住宅，或者重新采用'贫民窟'的穷人风格……停止使用昂贵的奢侈品"。[3]

国家衰败是一种强大的矫正手段，因为它以多种方式妨碍了统治阶级走向富裕。正如我们在开篇章节中所看到的那样，在前现代社会，精英阶层的财富主要有两个来源——通过投资土地、贸易和金融这类生产性的资产和经济活动进行资源积累，以及通过国家服务、贪污和掠夺进行掠夺性积累。两种收入来源都非常依赖国家的稳定，前者因为国家权力为经济活动提供了保护，后者更是如此。原因很简单，国家机构是生成和分配收益的工具，国家衰败可能会降低资本回报，彻底抹去通过行使或者接近政治权力获得的利润。

其结果是，原来的精英遭遇大规模的损失。政治动荡不仅剥夺了他们继续敛财的机会，同时也威胁到他们现有的财产。精英的收入和财富大幅度下降有可能降低不平等性：一方面，在国家衰败或系统崩溃的时候，虽然每个人的资产和生存都会面临风险，但是富人受到的损害会比穷人大得多。一个只能满足基本生活需求的农民家庭只能承受相对有限的收入损失。更大的损失可能威胁到其成员的生存，但那些死亡或流亡的人口不再属于这一特定群体，因此不再参与分配资源。另一方面，即使失去了大部分的收入或财产，富人也能生存下来。旧权贵中的那些经受住暴风雨生存下来的人，以及那些留下来的但多少已被削弱领导地位的人，不管在绝对量还是在相对量上，最终与之前相比很大可能都会穷得多。

在国家衰败或系统崩溃之后，物质差异的压缩是不同程度贫困化的一个结果：即使这些事件导致大多数或所有人都比以前更糟，富人的损失都会更大。此外，我们还必须考虑这种可能，政治解体会阻碍对剩余的攫取，平民的生活水平有时候甚至能获得改善。在这种情况下，矫正不仅仅是一场以不同速度触底的比赛结果，而且还可能因为劳动人口的收益增加而得到加强。然而，由于证据的性质，记录精英阶层的衰落一般来说要比识别贫困阶层同期取得的改善更容易或者至少不会那么困难。因此，我主要关注的是权贵阶层财富的变化，以及它们在收入和财富分配方面的含义。我的讨论从那些具有最佳的文献记录的前现代国家案例的研究开始。在继续考察那些检验我们知识局限的不明确的证据之后，我将用索马里国家衰败的现代案例得出结论，看看在当今世界是否仍然可以观察得到其所反映的平等化特征。

"落日狐兔径，近年公相家"：唐朝精英的毁灭

中国唐朝末期异常清晰地展现了国家的解体如何导致精英财富的覆灭。唐朝始建于公元618年，由唐高祖在短命的隋朝基础上建立，隋朝曾成功地在汉朝和西晋控制的广大疆域上重新实现了政治统一。在唐代，最初的

土地分配方案旨在使人们平等地获取资源，然而逐渐让位于使财富和权力日益集中到帝国最高统治阶层的手中。少数显赫家族来自一个根深蒂固的贵族阶层，虽然单个家庭无法使几代人都保持顶尖的地位，但是作为一个集团他们垄断了政治权力长达几个世纪。拥有高级公职的特权刺激个人发财致富，这一过程仅会受到家族争斗和最终更加暴力的帮派争斗的阻碍，然而这些也只能抑制和逆转单个家庭的崛起，并不能破坏他们对公共服务最有利可图职位的集体控制。财富积累在很大程度上得益于这样的事实，即所有拥有贵族头衔的家庭以及所有的官员和官阶的拥有者，甚至皇室家族的远亲，都被免于纳税和劳役，这是一种明显的公开倾向于权势和具有良好人脉关系阶层的累退制度。这个集团的成员私下购买公共土地，虽然统治者一再禁止，但未成功阻止这类行为。

结果，精英阶层的土地所有权以牺牲国家利益为代价得到扩张，从公元8世纪中叶开始出现的政治不稳定导致实施土地均等化方案的尝试被终止。大地产的发展使农民免于向国家交税，允许业主将农业剩余转化为私人租金。与长途贸易相联系，这些商业化的地产有助于维持日益富裕的精英阶层。那些投入充足的资本用于运营磨坊的人，将水从农民手中转走，这一做法招致了农民的不满，但政府只是偶尔进行干预。公元8世纪的一位观察者声称：

> 贵族、政府官员和有实力的本地家族建立了一个又一个的庄园，吞噬农民的土地，因为他们根本就不担心所谓的法规……他们非法购买农民的均田制土地……导致农民无立足之地。

这也许是一种依赖于刻板印象的夸张说法，但不管怎么说，它触及了一个紧迫的问题——土地财富的持续集中。最大的差距存在于最顶层，公元6世纪与7世纪紧密附着于朝廷的那些家族，放弃他们当地的领地迁往长安和洛阳这些都城，因为那里最靠近王权，可以确保最迅速地获取政治权力和财富。这种空间集群有助于确保其获得高级的中央职位和地方官职。

和很少能够上升到国家机关的地方上流阶级不同,这些家族通过联姻形成了一个封闭的、联系日益紧密的中央精英阶层。一份最为详细的、对这个群体和它留下的大量的墓志铭的研究发现,在公元 9 世纪,住在长安的皇家知名成员,包括大部分的大臣和负责地方行政管理的最高级别官员,其中至少有 3/5 存在着紧密相连的亲属关系和婚姻关系。因此,这个"高度封闭的婚姻和亲属关系网"控制了整个国家,在很大程度上为集团内部成员的个人利益服务。[4]

然而,在大都市居住也是有代价的:虽然在秩序稳定的时期有很高的回报,但是当统治者不再能够抵抗篡位者的挑战时,这些顶层的唐朝精英就会被暴露在暴力行为中。公元 881 年,叛军黄巢占领了首都长安。高层官员的抵抗引发了暴力的报复行动,仅仅几天之内,4 名主要的现任或前任大臣被杀或自杀,数百人丧生。黄巢很快就失去对他军队的控制,在这个积累了几个世纪的惊人财富的城市里,这些人横冲直撞、大肆抢劫。有权势的名流成为最受欢迎的目标:据一个消息称,士兵"尤其憎恨官僚,杀死了他们抓到的所有的人"。据说因为一首讽刺诗的发表,有 3 000 名文人被屠杀。而这仅仅是开始:尽管黄巢叛乱失败了,但在接下来的几年里,长安多次被争斗中的群雄洗劫一空,这些事件摧毁了这座城市,并且使当地居民陷入贫困。郑谷曾写下这样的诗句,

落日狐兔径,近年公相家。
可悲闻玉笛,不见走香车。

长安附近的富人财产也遭受了严重的损失。韦庄,最大资本家族之一的后代,如此描述了他的家族房屋周围的荒凉:

千桑万海无人见,横笛一声空泪流。

桑树被认为是财富的象征。郑谷为他的表弟王斌的财产的命运发出了

哀叹：

> 枯桑河上村，寥落旧田园，
> ……
> 访邻多指冢，问路半移原。
> 久歉家僮散，初晴野荠繁。[5]

在这些经常发生的危机过程中，丢掉性命的贵族很有可能有几千人，幸存下来的人被夺去城市里的住房和郊区的地产。清洗运动一直持续到过去的权贵势力所剩无几。公元886年，在一次政变失败后，数百名支持政变的官员被处决。公元900年，在获悉一个试图消灭他们的阴谋后，朝廷的宦官杀死了几乎所有与皇帝关系密切的人，然而在第二年，这些宦官及其盟友遭到报复又被全部消灭。在公元905年的一次事件中，仍然活着的最有影响力的7位大臣被杀，尸体被扔进了黄河。这些连环暴行快速扩散，彻底消灭了大都市权贵。

暴力迅速蔓延到首都以外的地区。公元885年，洛阳被洗劫和摧毁，从公元9世纪80年代—10世纪20年代，整个国家的各个地方中心也陷入了战争和清洗运动，给当地上层阶层的生活造成了巨大的损失：

> 一家又一家的贵重物品被洗劫一空；
> 在每一个地方，那些有着精心制作的屋檐的精美豪宅，被烧得精光。[6]

最后几乎无人幸免。中央统治阶级迅速消失，到公元10世纪后期，几乎完全从历史记录中消失了。在长安地区发掘出土的墓志铭显示，和负担得起精致墓地的那些人有关的墓志铭在公元881年的暴力事件之后变得极为罕见。地方的权贵分支并没有逃过这场屠杀。通常可以从一些知名的幸存者悲伤的作品中得知，他们大都失去了财产。随着祖传的财富消失，社会关系瓦解，他们无法重获权势的地位。从公元 960 年开始，一个新王朝宋的出现带来了完全不同的家族，他们来自地方，在中央机构重建的过程中抓住了权力的手杖。[7]

唐朝贵族暴力且全面的毁灭可能是一个特别极端的例子，表现了国家衰败是如何毁灭位于社会金字塔顶端的财富，通过使富人致贫甚至消灭富人的手段来矫正财产的分配。即使如此，不是直接针对国家精英的暴力也可能导致相当程度的矫正。国家衰败使他们失去了从政治职位和政治关系以及通过正常的经济活动中获得的收入，因为他们曾经控制的国家失去了领土，以及被外来挑战者夺走财产也使得他们的财富减少。所有这些情况的总体结果是相似的，即使很难用任何有意义的术语来衡量：通过切断收入分配曲线尾部（在洛伦兹曲线上）的最上端以及极大地压缩顶层群体在总收入和财富中的比例以实现不平等水平的下降。原因很简单，富人比穷人遭受的损失更多，无论国家衰败是否导致了普遍的贫困，还是主要破坏精英群体，平等化都很可能发生。[8]

"充满了如此多的灾难和各种的痛苦"：西罗马帝国瓦解

西罗马帝国的衰落以及由此造成财富精英的毁灭是一个不那么血腥，但并不逊色的揭示国家衰败带来矫正不平等的案例。到公元 5 世纪早期，巨大的物质资源最终落入一个与政治权力有着密切联系的小型统治集团手中。积累了大量财富的地中海盆地西部地区，由意大利最初的核心和广阔的伊比利亚半岛、高卢（现在的法国）以及北非的领土组成。根据历史悠久的传统，罗马的枢密院主要由最富裕和政治关系最密切的罗马人构成，逐渐被几个极少数强大的、位于罗马城内的关系紧密的家族主导。据说，这些超级富豪"拥有的地产几乎遍布整个罗马世界"。一个真实的例子中提及，一对夫妇在意大利（包括西西里）、北非、西班牙和英国都拥有财产。婚姻和继承的结果、官员们的办公财产以及跨地区的土地财富得以维持，不仅是因为有一个统一的帝国提供基本的安全保障，而且还得益于国家支持的、为财政目的而进行的商业活动，这使得地产所有者可以从可靠的贸易网络中受益。和中国的唐朝一样，参议员拥有对附加税和服务义务的豁免权，这进一步增加了他们的财富，却沉重压榨了下层精英阶层。最后，据称最富有的家族的年收入可以与整个省份的收入相媲美，并在罗马和其他地方拥有豪华的住所。最富有的地方权贵，虽然无法与中央精英竞争，但也同样受益于与帝国的联系：据说两个来自高卢的地主在意大利和西班牙以及南巴尔干地区都拥有房产。[9]

在创造顶层的有产阶级梯队的过程中，跨地区积累财富和保持赢利是至关重要的。因此，在一个拥有数千万臣民的帝国中，特权阶层能够获得高层政治职位，国家统治中贪污和腐败是例行公事，最富有、最具权势的官员则处于最好的职位，能保护其资产不被用于国家需求。他们的卓越地位和由此产生的极大差异，完全依赖于帝国力量的稳固。公元5世纪以后，内部冲突和外部挑战开始不断增加。公元5世纪30—70年代，罗马政府首先失去了对北非的控制，然后是高卢、西班牙、西西里，甚至是意大利最后也被日耳曼人的国王接管。东罗马帝国在公元6世纪的第二个25年试图重新夺回意大利，造成了重大的混乱，并且由于日耳曼人的再次入侵而迅速失败。地中海地区的联盟戏剧性地瓦解了位于罗马的顶级精英阶层拥有的广泛地产网络，使他们再也不能在意大利以外甚至是意大利的大部分地区拥有财产。

日益加剧的政治分权，有效地消灭了西罗马上流社会的最上层阶级。这一过程始于公元5世纪地中海盆地腹地，在公元6世纪和7世纪时扩散到了整个意大利半岛。居住在罗马城内的地主拥有的地产大多被限制在拉提姆周边地区，甚至连教皇也被剥夺了意大利南部和西西里岛的教会财产。这种崩溃有助于我们理解，根据公元593年由教皇格雷戈里撰写的"对话"，为什么像主教里登普塔斯这样的一位罗马精英会认为当人们加入修道院是为了在"充满了许多灾难和各种痛苦"的世界中寻找一个避难所的时候，"凡有血肉的人的尽头已经到来"。贵族变得更加地方化，也远没有以前那么富有。衰落以各种方式表现出来，从豪华的乡村别墅降级或废弃，到庄严的元老院不体面地消失,以及没有任何参议员家族可以追溯到7世纪早期之前的事实。教皇格雷戈里的著作也许是旧的富裕家族陷入贫穷的最深刻的例证。教会的领袖多次提到为了帮助落魄的贵族而办的一些小规模的慈善活动。一个意大利地区的前萨莫奈总督,得到了4枚金币和一些葡萄酒;一个几代人都担任过最高级别官职的贵族家族,其寡妇和孤儿也得到了微薄的捐款。[10]

罗马超级富豪的灭亡简直令人惊叹,可以说它预示了唐朝贵族的没落:主要的区别在于,在罗马的案例中,虽然并非未知,但杀人似乎没有那么普遍。尽管如此,暴力仍然是这个过程的中心,被大量地应用于对帝国的瓜分。西罗马社会的最顶层群体的消亡注定会抑制不平等。此外,至关重要的是,权利进一步下放至有产阶级中更低的层级,因为在前西罗马帝国的大部分地区,"即使是地区和次级地区的精英也消失了"。虽然新的军事精英凭借这些动荡崛起,但是在没有大规模的帝国统一的情况下,任何与罗马晚期的财富集中程度类似的事情,都远远超出了他们的能力范围。至少在部分地区,农民自主权的提高甚至进一步阻碍了对当地的资源攫取。[11]

最后的发展引出了一个问题,矫正是否不仅受顶层群体的消耗,而且受底层群体的获益的驱动?有一种证据,被认为是物质福利的替代物,即人类骨骼的残骸,它与这个概念兼容,但是由于太模糊而无法证实。西罗马帝国灭亡后,体现身体健康的指标,如身高、牙齿情况以及骨骼损伤的发生率确实有所改善。这表明普通民众的状况比他们在帝国统治时期的状况要好。可惜的是我们无法有把握地确定引起这些变化的主要原因:虽然在政治瓦解后人口减少和逆城市化可能减少了寄生性的负担,实际收入增加、饮食获得改善,然而同期发生的与之无关的瘟疫的流行(下一章将讨论)也可能产生类似的效果。[12]

不同类别的考古材料可以提供很大的帮助,使我们能够以更直接的方式衡量资源的不平等。在斯坦福大学最近的一篇论文中,罗伯特·斯蒂芬研究了在罗马统治之前、之时和之后三个不同时期房屋面积的变化。房屋面积代表了和人均经济福利相关的可接受的信息:在不同文化之中,家庭收入和住宅面积都是密切相关的，而且住房通常都是地位的标志。来自古代和中世纪早期英国的测量结果特别有帮助。相关数据广泛分布在不同的空间和时间上，具有很高的现代学术的质量，另外，也许最重要的是，罗马国家的崩溃在这个地区表现得格外严重。当罗马的统治在公元5世纪终止时，接下来的几个世纪，英国没有一个中央集权的政府，多个小型的政治主体占主导地位。随着别墅被废弃、城市经济衰落，除了最基本的品种，所有的陶瓷生产都停止了，社会经济的复杂性因此大大降低：手工造型甚至都不借助制陶工人的转轮。从空间差异和一些小发现的性质来看，住所的遗址并没有反映出等级制度的真正迹象，在英国的大部分地区很少发现有丰富陪葬品的墓葬。简而言之，地方精英，如果他们真的存在过的话，并没有留下多少公元5世纪晚期和公元6世纪的历史印记。和前帝国的大部分其他地区相比，罗马时代的结构在这里被消灭得更加彻底：这个岛屿经历了无处不在的系统崩溃，而不仅仅是国家衰败。[13]

这个过程深刻地影响了住宅结构的平均尺寸以及房屋大小差异的程度，两者都比帝国时代大幅度缩减。公元1世纪，被罗马征服后，两个指标不断增长的趋势因此被逆转，这种趋势曾经提高了本地的经济产出和社会分层水平（图9.1、图9.2、图9.3）。[14]

然而更加可惜的是，这些发现提供的数据样本和已经被研究过的罗马世界其他部分一样，存在各种缺陷，例如依赖少数几个地点或者是缺乏对某些时期有代表性的数据，因此不能对住房不平等的变化做进一步的评价提供恰当的支持。即便如此，考古工作还是为我们提供了窥探帝国统治和经济增长以及不平等之间相互关系的机会。

虽然存在地理的局限性，这些数据显示出后帝国时期财富的分散是一个相当全面的过程，而不是仅限于社会顶层的那些人。尽管我们无法对后罗马时期的总体矫正程度进行测量，国家衰败对这个富人已经统治了几个世纪的环境的实际影响一定是非常显著的。崩溃造成的后果，与征服者保留了被征服国家之前的结构规模和特点的结果相比差别巨大：英格兰的诺曼底征服者保留甚至拉大了财富不平等，而被一小部分中央统治阶级剥削的辽阔领土的分裂，则会造成截然不同的影响。[15]

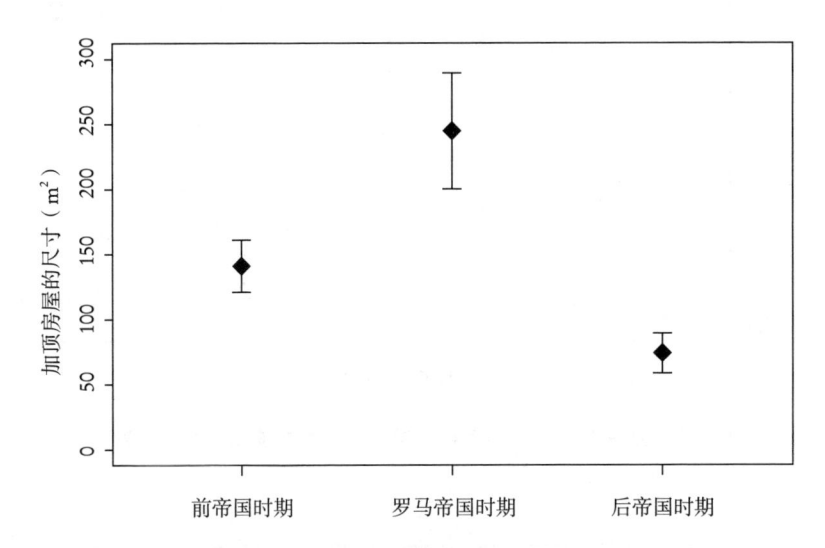

图 9.1　从铁器时代到中世纪早期不列颠房屋平均尺寸（中值）

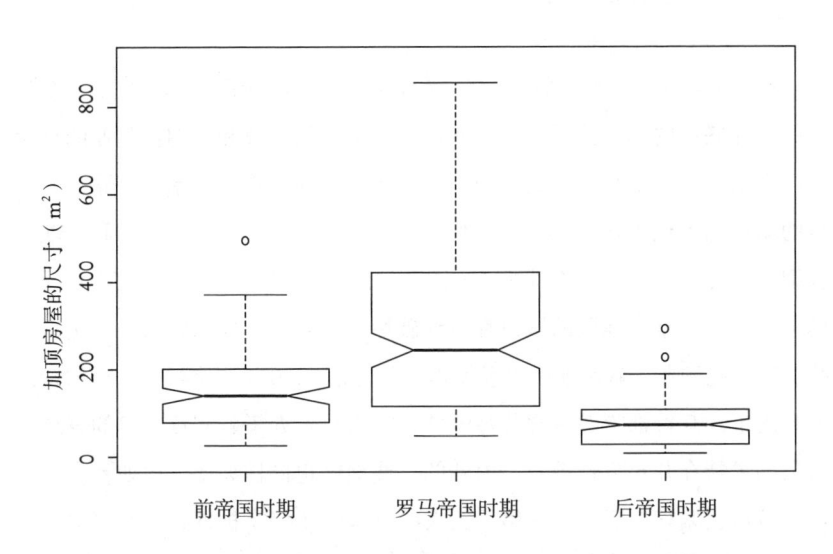

图 9.2　从铁器时代到中世纪早期不列颠房屋尺寸的四分位数

第 9 章　国家衰败和系统崩溃　217

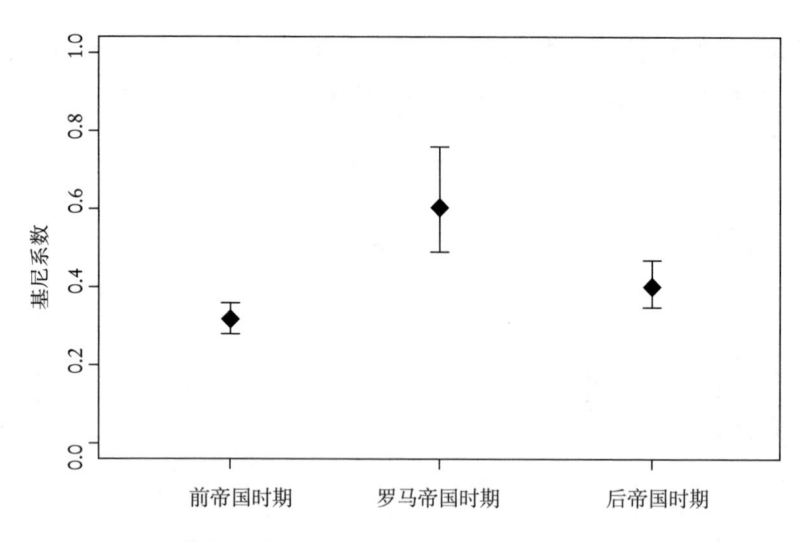

图 9.3　从铁器时代到中世纪早期不列颠房屋面积的基尼系数

"那个时期的很多城镇不再让我们印象深刻"：后铜器时代地中海和前哥伦布美洲的系统崩溃

在公元前 13 世纪，通过外交、战争和贸易，地中海东部变成了一个强大的相互联系的国家体系：拉美西斯王朝统治的埃及和安纳托利亚的赫梯帝国正忙于争夺至高无上的权力，中亚述帝国在美索不达米亚扩张，黎凡特的城市国家也正在蓬勃发展，整个爱琴海被各个管理经济生产和分配的大型宫殿统治。没有人预料到这个体系在公元前 1200 年之后的几十年间就迅速崩溃了。整个地区的城市都遭到破坏或者是大规模的毁灭——包括希腊、安纳托利亚、叙利亚和巴勒斯坦。公元前 1200 年刚刚过去，赫梯帝国就衰落了，其首都哈图沙部分被毁并且被遗弃。处于叙利亚沿海的重要城市乌加里特在几年后被摧毁，内陆的一些地区也同样如此，比如米吉多这样的城市也紧随其后。在希腊，巨大的宫殿一个一个被摧毁。有些地点已开始重建但是直到世纪末也没有完成。往南，失去了对巴勒斯坦的控制的埃及在公元前 1000 年左右开始解体，被南部的底比斯祭司精英集团和尼罗河三角洲的各个王朝瓜分。亚述王朝同样也没能安全逃脱。在各种程度上，统治和征收机关开始分崩离析，城市消失或者以更小的规模幸存下来，书写的应用退化，帝国分裂成各种小国和城邦。产出和交换出现衰退，社会复杂程度降低。[16]

导致这次巨大的解体的原因还存在很多争论，很多因素看起来都发挥了作用。那些所谓的"海上民族"，在埃及、叙利亚和安纳托利亚的记录中都出现过的"生活在船上"的海盗团伙，至少要承担一部分责任。公元前1207年，尽管他们对埃及的袭击遭遇了挫败，然而30年后他们在建立起联盟后重新发动了攻击。正如拉美西斯三世所言：

在战斗中，所有的国家立刻遭到洗劫，被弄得七零八落。没有国家能抵抗得了他们的武器……他们把手伸到了地球航路所能抵达的任何一块土地。

虽然法老的部队设法击败了他们，其他的社会却没有如此幸运。巴勒斯坦的菲利士人定居点有可能就是这些活动的结果，因为这里的考古遗迹发现了至少好几处可见的破坏性的痕迹。有几个地点同样显示了破坏和地震活动有关，公元前13世纪晚期和12世纪早期的"地震风暴"可能连续地袭击过这个地区。另外，有证据显示，公元前1200年左右发生过旱灾，并且转化成更大的干旱。无论这些破坏性力量在当时以何种精确的配合发挥作用，看起来各种因素正好同时发生，并且很可能并非偶然而是相互联系：最终的结果是一种放大效应，并且摧毁了铜器时代晚期的世界体系。[17]

爱琴海地区的崩溃尤为严重。大约在公元前2000年的中期，随着武士精英不断积累财富以及建立防卫中心，希腊南部大陆地区的定居点获得发展。从巨型坟墓的外观以及社会性差异化的葬品来看，社会分化也有上升。这些地方很快就建起了宫殿群。用B类线性文字和早期希腊语做记录的黏土块记载了以这些宫殿为中心，由国王和高级官员掌管的再分配经济活动。上级通过下级获得物品和服务。这种体系很大程度上来源于克里特岛南部产生的早期宫廷经济模式（被称为米诺斯文明），但是显示了更多的暴力和防卫的迹象，并且富裕的情形较不普遍。以这些大型宫殿为中心，人们在大陆地区建立了各种相当规模的王国，创造了在当今被称为迈锡尼文化的政治体系。[18]

尽管我们对政治控制的本质和收入分配的了解比我们自身希望的少得多，然而以精英为核心的再分配中心的存在似乎很难和平均主义的观念相一致。我们可以看到，迈锡尼宫殿社会是高度等级化的。记录在 B 类线性文字黏土块上的姓氏反映了少数精英家族之间的通婚情况：具体的个人姓名、社会地位，以及似乎被相同的几个特权家族完全控制的财富。然而黏土块几乎没有提供劳动人民使用分配的高档物品的证据。当时的两位杰出的专家曾恰如其分地说：「大量财富往上聚集，便留在上层。」只有在精英的墓穴里才能找到由金、银、象牙和琥珀制作的奢侈品。至少有一次考古材料显示，随着时间推移，财富的流通变得越来越封闭，这和财富与权力集中在少数统治阶级手上造成不平等日益上升的情况是相吻合的。流通可能采取了在高等精英集团内部进行交换礼品的形式，再以进口和出口作为补充，为他们提供能够彰显地位的外国商品。[19]

迈锡尼文明的瓦解是一个漫长的过程。毁灭的迹象可能和地震有关，最早出现在公元前 13 世纪中叶的一些主要的地点。同一个世纪更晚时候又出现进一步的破坏，然后是新的防御工事的建设——明显遭到了军事威胁。公元前 1200 年紧接着的一波破坏事件，毁坏了迈锡尼、梯林斯、底比斯以及奥尔霍迈诺斯的宫殿，稍晚更是包括皮洛斯的所有宫殿。在其他地方，原因还只是基于推测：地震活动、旱灾以及流行病，加上入侵、叛乱，以及人类贸易方式和移动方式的变迁等最终导致系统崩溃，因为宫殿系统已无法应对发生的灾难。[20]

在很多地方，迈锡尼文明持续到公元前 11 世纪的早期。尽管毁坏的宫殿从来没有被重建和再利用，但是新的施工仍然时有发生，在某些地区，精英阶层还会兴盛一时。有些避难地点很容易就能守住，发挥更大的作用。然而，公元前 1100 年左右，一系列新的破坏事件终结了保留下来的大部分地区。在宫殿消失后，只有村庄得以幸存，以前那些占主导地位的地区，比如皮洛斯，在衰败之后几乎没有什么被保留下来，基本上是普遍被遗弃。大部分的地区没有被破坏得那么严重，"恢复到小规模的，部落存在形式"。高质量的建筑风格一去不复返，连书写都完全消失。公元前10世纪是总体发展和社会复杂程度的最低谷。当时希腊最大的定居点可能居住了1 000～2 000人，然而大部分人口还是居住在小型的村庄，采取了流动性更大的生活方式。很多地点被永久废弃，国际贸易联系中断，大部分住房只能满足基本需要——只有一间屋子，坟墓的质量很差。个人墓葬成为常态，这和以前的迈锡尼时代更注重血统已经有了很大的不同。[21]

宫殿时期的精英都消失了。我们不知道他们身上曾经发生了什么。有些人也许离开后去了东方，加入了当时活跃的海盗团伙——这和2 000年之后英格兰的乡绅逃离诺曼底征服者的统治类似。为了寻求保护，他们开始的时候有可能是逃到一些偏远的地点，例如一些岛屿或者沿海地区。在这里我们不需要关注这些：重要的是这个集团作为一个整体完全消失了。汲取性的上层建筑即宫殿系统建立在农业人口身上被废除并且也没有被替代。直到公元前10世纪，可能只有最大型的或者比较大的村庄保留了一些可识别的精英阶层的痕迹。

这个时期的墓葬品的特点显示，只有极少数的个人能够获得进口的物品。实际上，社会分化和精英财富的迹象已变得如此稀少，以至埃维亚岛的来福卡迪的一座公元前10世纪的独栋建筑竟然引起了现代考古学家的极大关注热情：这座房子150英尺①长、30英尺宽，由泥砖建成，外面有木柱包围，包含了两个墓葬，并且在其中发现了一些黄金首饰。这座在几个世纪以前司空见惯的住房是这个时期、这些地点唯一的一次突出发现。[22]

大型建筑物、高档物品以及其他财富和地位标志物方面在铁器时代早期显而易见的稀缺与迈锡尼时期的情况形成了特别鲜明的反差。不仅政治崩溃，社会和经济活动也都衰退，变得更加支离破碎。在这种环境中，对

---

① 1英尺=0.304 8米。——编者注

剩余进行大规模的征收和集中就成为一个严峻的挑战,即便是在强大的机构仍然存在的情况下也是如此。虽然普通民众毫无疑问承受着巨大的艰辛,权贵却经历了更陡峭的下坠。这种大规模的系统崩溃不可能不大幅度地缩小早期的收入和财富的差距。而且,即便新的精英集团在公元10世纪开始形成,以及经济增长在公元8世纪开始加速,后宫殿时期近乎普遍的贫困导致了悲惨的平等,并且很有可能为以后几个世纪希腊出现的顽强的平均主义奠定了基础,这是我在第6章讨论过的、对不平等的一个少见的约束条件。

在迈锡尼宫殿系统大规模解体的2 000年后,在尤卡坦半岛南部的玛雅古典文明也以同样的方式崩溃。到古典晚期(大约公元600—800年),国家的形成已经超越了单个城邦的形式:像蒂卡尔和卡拉克穆尔这类城市成为大型政治主体的中心,它们宣称对其他城市拥有统治权,并且利用访问、礼物交换和通婚等手段来吸引它们。在这些城市的中心,巨型建筑蓬勃发展,对庙宇和宫殿的大量投入把精英集团的物质文化提升到一个新的光辉灿烂的高度:人们发现,那个时期的奢侈品,包括进口的玉石和大理石,随处可见。在公元8世纪晚期和9世纪早期,情况发生了变化,因为地区实力出现衰退并且在激烈的军事对抗中被较小的政治实体取代。越来越大的政治冲突似乎和日益增长的剥削以及不断扩大的社会阶级鸿沟同步发展。宫殿在城市间扩散,精英阶层得到加强,这反映在墓葬形式的变化上。人们开始更加强调血统,文化精英跨越政治界限发生融合,一切都指向了更加明显的社会分层,以及很可能是物质方面的不平等。[23]

公元9世纪,在一些主要的中心地区,新的建设停止了,然后就是全面的崩溃,尽管不是一下子发生的:在尤卡坦,考古学家的发现在地理和时间上具有相当高的多样性,这是因为不同地区的转变事件延续了几个世纪。然而最终,社会复杂性的丧失是普遍而严重的。在其中的一个最大的城市蒂卡尔,建筑活动在公元830年停止,80年后可能有90%的群体被认为已经离开或者失踪。其他的主要地点同样被遗弃:最大型的城市受到的影响最大,较小的定居点反而维持得更久。然而再一次地,崩溃背后的原因存在着争议。现代观点认为崩溃可能是一个多因素决定的结果,多种因素互相作用破坏了玛雅社会——最显著的因素是地方战争、人口压力、环境退化和干旱。[24]

无论当时的实际情况如何，可以确定的是，暴力在这个过程中起到了重要的作用。其绝对的规模也是有据可查。和希腊迈锡尼发生过的情况类似，拥有宫殿的城市中心变成了交战中心并且最后退化成了小型的村庄。在南部内陆的中心地带，精致的行政大楼和住房建筑、寺庙和伫立的石碑统统都不见了，一起消失的还有文字和著名的玛雅历法系统。奢侈品的生产也停止了。精英机构、服务性的文化活动——例如对高贵血统的石碑崇拜等直接消失了。用一个现代权威的精辟评价来说，整个统治集团已经"随风而逝"了。[25]

和早期铁器时代的希腊不同的是，主要的北部遗址精英文化得以幸存和繁荣发展，最有名的是公元 9 世纪或者 10 世纪末的奇琴伊察以及之后的玛雅潘和图卢姆。奇琴伊察在公元 11 世纪经历了政治上灾难性的衰落，受长期的干旱影响，持续了很长时间，其文化和制度延续到公元 12 世纪和 13 世纪的玛雅潘时期。然而，在南部，和铁器时代早期的希腊一样，大规模的解体并不局限于城市中心和统治阶级，而是吞噬了普罗大众：现代学术观点认为，其人口萎缩达到 85%，数百万人的基本经济被瓦解。

这提出来一个问题，玛雅系统的崩溃对资源分配如何产生影响。国家等级制度和精英文化的物质象征全面消除创造了这样一个环境，导致早期的社会分层和不平等无法保持下去。尽管平民百姓的生活也会受到越来越多的混乱的伤害，然而至少在短期内，他们也可能会因被国家精英集团施加的习惯性负担的终结而受益。更具体地说，一项研究发现，公元 8 世纪中叶之后，来自精英背景的放射性碳元素数量急剧下降，与此相反，来自平民背景的放射性碳的数量保持了更好的持续性，这意味着特权阶层可能经历了不成比例的消耗，尽管这个问题还是可以继续讨论。最好的具体数据也许来自对尤卡坦南方低地多个地点的人类遗骸的详细调查。在古典时期晚期，精英与下属的墓葬的区别和系统性的饮食特权相关：地位较高的个人会吃得更好。在公元 800 年之后，这两个特征都退化了，如带有日历的象形文字这类精英产品的使用变得没有那么频繁，这意味着地位的差异和物质的不平等都被压缩了。[26]

新世界早期的其他国家经历了类似的解体并伴随着矫正。举两个明显的例子就够了。在公元第一个千年的前半段，墨西哥中部的特奥蒂瓦坎（现今墨西哥城的东北部）是当时世界上最大的城市之一。公元6世纪或者7世纪早期，在经过了一个（由墓葬显示）社会分层日益加强的阶段后，人为的火灾摧毁了城市中心的巨大建筑。巨大的石头被搬走，雕像被破坏，碎片被扔到地上。北部和南部宫殿的地板和墙壁被烧毁，巨大的力量把公共建筑变成了碎石瓦砾。甚至一些被埋葬的骨架也会被肢解，其中的一个骨架带有显示精英地位的丰富装饰。这种行为的政治意图显而易见，然而毁灭政治中心特奥蒂瓦坎的凶手身份不是很清楚：有可能在外敌入侵之前就出现了地方的动乱。这种因为不平等而针对精英和国家资产行为的意味相当明了：难以想象统治力量的系统性解体会没有伴随着控制和剥削的政治机构的解体。即使缺少文字证据，认为精英集团或多或少完好无缺地生存下来的看法和考古资料也是不相符的，虽然它的一些成员有可能已经移民或者甚至在其他的地方维持了精英的地位。[27]

安第斯高地的蒂亚瓦纳科文明的衰落同样如此，甚至是展现系统崩溃的一个更戏剧性的案例。位于安第斯高原，临近提提卡卡湖，海拔大约13 000英尺处有一个叫蒂亚瓦纳科的城市，成为一个帝国的中心，从公元4世纪开始扩张并持续到公元10世纪。它有着成熟的帝国形式，首都被精心设计成一个气势雄伟的仪式中心，根据宇宙学原理保持着空间对称，被巨大的护城河包围，限制进入，也让这个中心看起来好像是一个神圣的岛屿。这个封闭的区域，不仅包含了这个国家主要的大型仪式建筑，还有大量的住宅提供给统治者和相关的精英阶层，甚至还有墓地。精英阶层的居住区，经过精心的布置和装饰，得益于精巧的水供应系统。当地的墓葬拥有丰富的墓葬品。护城河之外的房子一般没有那么奢华，即便如此，在空间走向上始终如一地执行精心规划的路线。高质量的建筑，大范围各种各样的工艺品的呈现，意味着住在里面的阶层虽然地位低于那些隐居的精英，但还是要比农村的平民富裕得多。如果拿来和后期的印加文明做对比，这些城市周边的居民有可能属于统治家族地位较低的宗亲，或者也有可能通过虚构的亲属关系和后者联系起来。因此，帝国的蒂亚瓦纳科被明确作为统治者和为其同伙服务的政治和宗教权力的中心来建设和重建的。基于这种目的，首都的规模被限制，几万人生活在一个人口稠密的区域内，同时可以轻易地养活更多的城市人口。据我们所知，农村的平民被排除在城市之外。和铜器时代的希腊一样，手工艺人似乎是依附于该中心，专门制作只在特权阶层范围内流通的物品。由于将权贵和普通大众在空间上进行隔离，社会经济的分层得到加强。[28]

一些迹象表明，统治者和精英的权力在帝国的晚期得到进一步提升，同时社会的不平等也增加了。然而衰退一旦开始，就会快速发展并且直到终结。像严重的干旱这类的气候变化，被认为是破坏了蒂亚瓦纳科复杂的控制结构。国家崩溃了，连同它的统治者、贵族，以及仪式中心一起。首都分阶段地被遗弃，直至公元1000年被完全清空。考古学家已经发现了存在广泛暴力的迹象：中心东边和西边的宫殿都被摧毁了——实际上前者完全被夷为平地。和特奥蒂瓦坎的情况一样，同样一些证据显示，存在故意破坏仪式建筑的行为：象征精英权力的雕塑被污损和埋葬，这通常需要付出很大努力。宗派冲突或其他暴力源头是否对这些动荡造成了影响，仍然值得探讨，并且有可能永远都无从知晓：显而易见的是，政治等级并没有在这些动荡中保存下来。中心的衰落伴随着内陆农业的崩溃。提提卡卡湖盆地的城市消失了数个世纪之久，政治分裂和地方化的经济活动成为常态。人口萎缩并且撤退到易于防守的区域，居住点筑起大量防御工事用来应对暴力和不安定的情况。由于最重要的财富来源（例如对剩余的征收、专业工艺的生产）以及远距离贸易统统都失去了，旧精英也因此消失了。[29]

在其他情况下，国家权力的行使和崩溃如何对精英的权力和财富产生影响，我们几乎一无所知。在公元前第三个千年的下半段，众多城市繁荣发展的印度河流域的哈拉帕文明就是一个有名的例子。整个系统在公元前1900—前1700年之间瓦解，许多地点的发展衰退或者被遗弃。再一次地，任何旧的等级和分化的制度无论如何都很难在这个过程中保存下来。[30]

对后人来说，系统崩溃的场面往往是最显而易见的。2 400多年前，雅典的历史学家修昔底德指出，在荷马史诗中获得赞美的城市在他那个年代看起来并不是特别的壮观。当西班牙的征服者埃尔南·科尔特斯经过靠近蒂卡尔和帕伦科的玛雅遗址时，他甚至没有注意到它们，因为它们被森林覆盖，并且大部分地区人烟稀少。位于东南亚的吴哥窟遗址也有着同样的命运：直至20世纪早期才开始对主要遗址进行清理工作，还有柏威夏的圣剑寺遗址，一个面积达到10平方英里的巨大的城市，在公元11世纪和12世纪曾经被高棉统治者偶尔当作居住地，位于一个现在完全不知名的地方的中间。当2008年我和一个同伴坐直升机访问它时，除了来自附近一个与世隔绝村子的几个保安和一条长蛇之外，我们是那里仅有的生命。[31]

由于抹去了考古遗迹之外的大部分历史记录，这些无所不包的系统崩溃几乎无一例外让测量同期的收入和财富不平等的变化成为不可能的任务。与此同时，这些灾难事件强烈暗示着大规模的收缩。系统崩溃后无论不平等和剥削的形式在多大程度上被保留下来，必定和高度分层的帝国政治时期的现实和典型的情况相距甚远。而且，超出前精英阶层范围的普遍贫困，也会减小征收剩余的潜力，从而降低资源不平等的天花板。考虑到带来平等化的大规模动员战争、转型革命以及灾难性传染病的特殊性质，有着巨大影响力的崩溃也许是我们看到的全部历史中最强大的一个矫正手段。虽然比人们想象的要普遍——许多不为人知的案例可能已经被增加进来，但是它仍然是相当少见的，考虑到这种剧烈的变化伴随着大量的暴力和痛苦，所以这也算是一种幸运。与此相反，国家结构迅速重生往往是被外部接管的结果，也已经成为常见的结果。转型越顺利，不平等状况就越容易被保留或恢复。

"衰败会降临到你们用来寻欢作乐的宫殿里"：古代西亚的国家衰败和精英衰落

国家衰败的历史和国家存在的历史一样久远。在所谓的古王国时期，也就是从公元前 27 世纪—前 23 世纪，埃及的统治者在孟菲斯建立了一个强大的政治势力，并一直都在努力地维持着国家的统一。著名的吉萨大金字塔是国家中央集权最明显的体现。分权发生在公元前 22 世纪和公元前 21 世纪早期，在北部和南部出现了两个竞争性的政治势力，地方统治者获得了自治的权力。这可能对不平等状况造成复杂的影响：地方各省的统治者和贵族获得了以前要上交到中央的资源，法老的财富和权力以及他的内部势力却衰落了——后者在国家统一的终结阶段，质量较差的朝臣坟墓中得到充分的体现。虽然因为缺少更多确凿的证据以至我们难以做进一步推测，但是最顶层受到削弱至少在理论上会缩短收入和财富分配曲线尾部最外端的距离。[32]

位于美索不达米亚和叙利亚的阿卡德帝国惊人的崩溃也可能导致了相似的结果，可能规模更大。从公元前 24 世纪—前 22 世纪，持续不断征战掠夺来的财富，都被交给了寺庙、皇室家族和精英集团。美索不达米亚南部的苏美尔人的土地被阿卡德的统治者和他们的亲属以及高级朝廷官员获得。由于允许各个地区积累财产，帝国财富的集中出现了前所未有的下降——在第一章我们已经探讨过这种趋势，然而其最终的失败一定会逆转这种趋势。在以后的几个世纪里，阿卡德帝国以一种过于戏剧化的方式出现衰落，传说是因为帝国的过度扩张引起了一个神圣的"咒语"的诅咒（本小节标题中引用的句子就出自关键的叙述）。实际的原因其实更普通一些：上流社会内部的争权夺利，加上外国的压力和干旱，动摇了阿卡德帝国的根基，苏美尔人和其他的地方政治势力重新独立，城市的疆域出现急剧的收缩。最上层精英的收入和财富必然会逐渐减少。[33]

通常情况下，这种收缩只是暂时的，新的帝国势力会捡起碎片直至又屈服于新的分裂者或征服者。在有着法老的埃及，"中间阶段"的分裂总是会迎来再次统一。从公元前 22 世纪—前 6 世纪，美索不达米亚被乌尔（学界称为"乌尔三世"）、巴比伦（汉谟拉比及后来的卡西特）以及米坦尼的连续王国，以及数次改朝换代的亚述帝国和新巴比伦帝国统治。再提供一个具体的例子，当玛瑞——一支位于当代叙利亚和伊拉克边界附近幼发拉底河的中等势力，在公元前 1759 年被巴比伦国王汉谟拉比摧毁时，只用了一代人时间就在它从前的一个次级中心特卡建立起了一个新王国哈纳，有效地利用了玛瑞从前的疆域，并且从巴比伦独立出来。[34]

相比之下，和上一节讨论过的那种大规模的崩溃比，这还是比较少见的，特别是在那些新生力量能够快速崛起并进行接管的地区。帝国分裂成几个较小的政治单位，给顶层的收入和财富的集中造成下降的压力，即使它远远算不上与更全面的崩溃形式相关的大规模矫正。这给我们提出了一个棘手的挑战：前现代社会通常不会留下足够的证据，使我们能够记录或者测量经济差距的缩减程度。然而，我们不能选择放弃或者忽视——原因很简单，相比拥有更好记录的近代或者现代社会，早期社会更有可能经历间歇性的国家衰败和权力分散。无视国家衰败内在的平等化潜力，就会忽视一种强有力的矫正力量。在这种情况下，我们所能做的，是朝着这个方向，搜寻发出信号的替代数据，无论这些信号多么模糊不清。

我仅用一个例子来说明这种方法的复杂性和局限性。大约在公元前 1069 年，经历了前面所讲的铜器时代晚期的危机后，埃及被有效地划分成位于南方的上埃及（处于底比斯的阿门神高级祭司控制之下），以及位于北方的下埃及（以塔尼斯作为中心）。利比亚军事力量的流入造成北方进一步分散。几个自治的地区性权力基地在公元前 10 世纪的部分时间，尤其是自公元前 9 世纪晚期起（这个时期通常有 21～23 个朝代）为控制权展开激烈争夺。这种权力下移的过程挤压了地方精英的购买力，因为后者依赖于国家收入，与国家服务相关的其他收入来源以及来自和国家统一相关的私人资产或者经济活动的收入。萨卡拉的一个墓地，为旧都孟菲斯市的一个主要墓地，反映了当时精英阶层相对的贫困化。这些发现来自第 19 代王朝著名法老拉美西斯二世的表兄弟蒂亚墓穴的一个副井，第 19 代王朝是公元前 13 世纪埃及帝国荣耀的鼎盛时期；这个副井属于蒂亚的秘书卢如德夫。很长一段时间之后，很可能在公元前 10 世纪，这个副井和它的内室装满了棺材和葬品。这里一共埋葬了 74 人，有一些装在棺材里面，有一些只是用垫子包裹着，还有一些根本就未入殓。棺材质量普遍很差：一些迹象显示曾经有盗墓者进入，但是他们似乎很快就放弃了，也许是对这一堆外表不堪的东西感到气馁。和同一时期埃及南部的棺材相比，这些棺材的做工明显要差一些：它们是用小块的木材拼凑而成，只是在关键的部位才有装饰。只有少部分有字迹，且多数要么是假的——由无意义的伪象形文字组成，要么已经腐烂到无法辨认。[35]

这并不是一个孤立的发现：在中埃及其他几个地点，出土了一些同样粗制滥造刻有伪象形文字的棺木和只剩下木乃伊残骸的墓葬，时间大约为同一时期。然而，即使在这个贫困的国家中，这些墓葬反映的还是精英的实际状况，因为只有特权阶层才可以使用近似人形的木质棺材，虽然棺材的质量很差。这可以当作环境证据，证明和更稳定的南方地区相比，孟菲斯地区上流阶级的消费能力和需求出现了下降。在那个时代北方最大的中心坦尼斯的皇家陵墓，人们甚至发现了旧物品，包括礼器、珠宝和石棺等被广泛重复使用的情况。[36]

在当时的底比斯南部的精英阶层中间，棺材的再利用也变得很普遍。然而出现这种情况，与其说是精英阶层无力购买新的棺木，不如说是因为离开北部后原材料变得稀缺。并且，最重要的是，对猖獗的盗墓行为的担忧导致他们避免使用昂贵的可以被剥离的棺材部件，比如镀金，以及更重视对尸体进行细致的防腐处理——这是一项使其免于受到肉食动物的侵害的投资。从醒目的墓葬祭司礼堂向秘密的组团式墓群的转变同样支持这一解释。我们没有发现原始的证据来证明底比斯精英的贫困，考虑到这个由阿门神的祭司领导的集团不仅控制了埃及的一大部分，而且抢夺了以前的皇家陵墓里的财宝，因此他们并不缺少收入来源。在这方面，他们和北方的贵族不同，北方地区由于出现了更严重的分裂和混乱，精英阶层的收入和支出受到抑制，严重依赖精英阶层消费能力的专业工艺技能因此被削弱。[37]

我选择这个例子来说明在有限的国家衰败的环境中识别矫正迹象的困难。全面的系统崩溃通常能提供考古学的证据，用来证明收入和财富差距受到侵蚀。相比之下，不太明显的混乱，在经常是零星的和模棱两可的代替数据里，并不能留下类似的坚实的痕迹。在这些情况下，别说要测量不平等的总体缩减，即使是寻找精英财富变化趋势的任何尝试，必然充满了巨大的不确定性，通常无法超越猜想的程度。这里还涉及一些严重的解释性问题，最明显的是已经大量讨论过的把丧葬习俗和其他储存方式的变化与社会经济条件相联系的风险，以及凭借特定发现进行归纳的做法是否合理的问题。对来自埃及第三中间时期的墓葬材料的思考，把我们带到了（也许能够超越）对不平等的研究能够推进到的极限。由政治分裂驱动的矫正多发生在前现代社会，是一种潜在的普遍现象，对现代观察者来说，其大部分将永远地被掩盖。在不平等发展的历史中，形成了一种"暗物质"，几乎可以确定其存在但是难以准确定位。

"国家破碎不堪"：索马里式的当代国家衰败

很多历史证据的局限性无论多么严重，都会给我们的论点提供支持——前现代掠夺型国家的暴力解体，由于剥夺了原有精英的财产和权力，会导致不平等程度降低。这引发了一个问题：在最近的历史中，或者说，在当今的世界，是否还能看到这种矫正方式？乍一看，答案有可能是负面的：因为在第6章临近结束的时候我们已经看到，发展中国家的内战，更倾向于提高而不是降低不平等程度。虽然这些冲突会削弱国家机构的权力，但很少出现国家治理的崩溃或者整体社会经济规模缩减的情况，我刚刚讨论过的一些戏剧性的前现代案例就是证据。

然而，当代有一些至少有可能更接近的案例。东部非洲的索马里通常被认为是最近出现的国家崩溃的最重要的例子。当穆罕默德·西亚德·巴雷政权在1991年被推翻后，国家分裂成多个对立的派别和地区，并且一直缺少最顶层的政府机构。在北方出现了索马里兰和邦特兰这样的"国家"，其余的地区则断断续续地由军阀、民兵（包括"圣战"组织"青年党"）或者来自周边国家的部队控制。只是在最近几年，名义上的联邦政府开始对摩加迪沙进行控制。

人民的福利水平普遍很低。一项对阿拉伯国家（广义的）贫困的研究基于儿童死亡率、营养、入学和获得基本服务的机会这些因素，将索马里排在最后一位。由于严重缺乏数据，最近的人类发展指数的全球排名并没有把这个国家包含在内——除了在一个多维的贫困指数排名中，索马里是所有发展中国家中得分第六低的国家。它还是人口生活在极度贫困状态下的比例第六高的国家。毫无疑问，在很多方面，索马里是如此的"破败"，正如著名作家和社会活动家阿亚安·希尔西·阿里在一次访谈中所说。[38]

这里我们关心的是一个更具体的问题：中央政府的衰落和国家的分裂是否影响以及如何影响收入和财富的不平等。由于证据不足，对这个问题的任何回答必然涉及大量的不确定性，我们有必要采取怀疑的态度。也就是说，当我们在一个更广泛的地区背景下进行观察时，多个指标显示，无政府状态下的索马里，无论在经济发展方面还是在不平等方面都做得相当不错。

出现这种看似违背常理结果的原因在于，到1991年的时候，环境已经极度不利于这个国家的居民。在1969—1991年的西亚德·巴雷统治时期，采矿业的收益由独裁者及其盟友独占是政府唯一的和最重要的目的。尽管最初实行的政策是无宗派主义政策，巴雷最终还是偏向自己的家族和支持他的人，同时残暴地对待其他人，把他们当作榨取的对象。对对立群体采取暴力手段的规模也越来越大。土地改革使政客和同他们有特殊关系的商人从中获益。政府官员及其亲信剥离他们资产的国有化业务，汲取大量的公共开支，而公共开支的90%最终流向行政机关和军队。来源于"冷战"对抗和难民控制的外国援助都转移到了执政者手上。

即使是按照这个地区不令人羡慕的标准，腐败也是极为严重的。高级官员和巴雷家族洗劫了最大银行的储备，最终导致银行破产。唯一的国有银行为了迎合在政治上互相关联的精英集团的需要，故意高估索马里货币，使购买进口货的富裕的消费者获益，出口货物（比如肉类）的穷人则受到伤害。经营着一个"看门人国家"，巴雷政权控制了这个国家财富的流入和流出。总而言之，这些邪恶的干预在摩加迪沙内部以及在首都和其他地区之间制造了不平等。这一政权用于社会服务的开支极少。因此，即使在中央政府存在的情况下，公共物品大部分还是要由非正规部门以及地方机构或团体，比如家族网络提供。占劳动力大多数的牧民被忽视并且受到最严重的剥削，他们几乎得不到任何公共资金。[39]

在这种情况下，国家机构的失落对公共物品的供给不会产生多大的影响。分裂甚至减少了暴力，尤其在外国军队撤出的1995年至埃塞俄比亚入侵的2006年间：暴力冲突集中在1990—1995年，此时国家开始实质性的解体，2006—2009年，努力重建它的势头首次聚集。尽管也会有军阀和民兵组织向平民收取租金，然而由于受到规模和竞争的限制，平民的负担比独裁时期要低得多，税、贸易和商业面临的障碍比以前少很多。因此，按多个测度标准对比西非国家的生活水平，索马里曾多次超越或者赶上两个接壤的国家。在国家崩溃后，大部分发展指标都改善了，仅有的例外是入学率和成人识字率——是由于接受的外国援助减少而非政府服务出现了变化。一次对索马里和41个撒哈拉以南国家的13项发展指标的比较显示，在政府存在的最后几年，尽管索马里在全部有记录的指标中的排名都很糟糕，然而现在无论是绝对水平，还是明显相对于许多其他的国家，索马里都取得了进步。在对大约同一时间经历战争或经历和平的国家进行比较时，情况就是如此。[40]

可以预期的是，有两个因素压低了国家崩溃后索马里的不平等水平：(1)国家统一时期从地租中获益巨大的财富和权力精英消失了；(2)歧视农村人口、偏向城市商人和政府官员的系统性政策被取消。无论如何，还是有极少的现实数据与这种预期一致。1997年索马里的收入基尼系数为0.4，低于同期的邻国（0.47）以及西非国家（0.45）。标准化的世界收入不平等数据库记录了索马里的收入不平等在21世纪早期出现了下降，尽管不确定性的范围很大。我们很难知道，应该给最近估计的索马里的收入基尼系数为0.43~0.46的结果多大的权重，和1997年不同的是，其缺少中央政府的治理。考虑到证据的性质，我们有足够的理由认为，其他福利指标的改善和一个腐败和残暴的政府的灭亡是相关的：巴雷时代的索马里，政府实际上是个问题，而不是解决问题的办法。由国家崩溃带来的矫正仍然是一个难以捉摸的问题。即便如此，索马里的例子至少为本章的总体观点提供了一定程度的支持。[41]

掠夺型国家都是相似的，每一次崩溃都以它自己的方式矫正不平等……

巴雷统治下的索马里的经验具有更广泛的价值。和现代的西方社会相比，不发达世界中的掠夺型或者"吸血鬼"型国家和前现代国家的统治传统有更多的共同之处，它是高水平的精英掠夺和低水平的公共物品供应的结合体。可以确定的是，有多个事项需要注意。前现代国家普遍没有受到索马里的"科学社会主义"的影响，这限制了给它们国民造成的伤害的大小。而且，这也是我对掠夺型国家所做的"托尔斯泰式"定义所必需的，在提供的公共产品的质量和数量方面，它们和前现代国家有本质的不同。没有四海皆准的原理。然而，很容易看出，一个贪婪的国家的终结，如何为人类整体的福利（特别是在不平等方面）带来积极的影响——无论多少居民宁愿有令人憎恶的政府而不是没有政府。有一个经济模型显示，一个肆无忌惮的掠夺型政府有可能比无政府状态更加不利于大众获得福利。[42]

在某些情况下，崩溃使每个人的情况变得更糟从而影响到不平等状况——但是富人受到的影响更大。整体复杂性大幅度下降，就像铁器时代早期的希腊，后古典时期的尤卡坦，或者后蒂瓦纳科时期提提卡卡盆地最有可能产生这种结果。在其他情况下，中断更可能仅限于政治领域，就像最近的索马里的情况，矫正并不一定和生活水准的广泛下降相关，而更多的是通过影响顶层集团来实现的。安全的环境必然是一个重要的变量：国家衰败造成的分配结果也许会有很大的不同，这取决于它是否将民众暴露在外来的侵略性掠夺之下（例如草原游牧民族对农业社会的入侵），或者影响没有那么严重。然而，尽管矫正的程度会有所不同，总的结果有可能是一样的：国家的等级制度和压榨机构的暴力性终结会造成收入和财富差距缩小。国家和文明的崩溃代表着不平等矫正世界史的第三个，也是最古老、游历最广的末日骑士：他能够把不平等踩于脚下，仅仅是因为他破坏了所有人的生活。

第五部分 灾难

第 10 章　黑死病

第四骑士：微生物、马尔萨斯和市场

至此，我们集中讨论了人对人的暴力及其对不平等的影响：大规模的动员战争鼓励了群众的讨价还价同时榨取富人；血染的革命消灭了"地主"、"富农"和"资产阶级"以及作为贵族的那"1%"；整个国家的崩溃铲除了那些曾极尽其能事搜刮并藏匿一切可得剩余的富有精英。我们现在必须考虑又一个矫正手段——第四骑士传染病。与其他三个骑士不同的是，它涉及其他物种，从而无须诉诸暴力，尽管有些细菌和病毒对人类社会的攻击几乎比任何人为灾难更致命。

传染病如何减少不平等？它们以一种托马斯·马尔萨斯牧师在其1798年的《人口学原理》（An Essay on the Principle of Population）一书中称为"现实性抑制"的方式做到了这一点。用最简单的话来概括，马尔萨斯的思想根植于这样一个假设：长期来看，人口要比资源增长得更快。这反过来又阻止了人口进一步增长：通过"道德约束"抑制生育的"预防性抑制"——延迟婚姻和生育，以及提高死亡率的"现实性抑制"。用马尔萨斯自己的话来说，这些现实性抑制：

> 每一个……在任何程度上导致人类寿命的自然过程缩短的原因包括……一切有害身体的职业，过度的劳动以及季节变化的影响，极端贫困，糟糕的儿童养育，大城镇病，凡此种种，加上一连串的常见疾病和传染病，战争，灾害和饥荒。[1]

在这个包罗一切的陈述中，这些"现实性抑制"手段，将人口压力的直接后果，与无须由人口因素引起（即使是人口因素也不会加重），完全外生于自然的传染病等事件联系起来。现代研究强调通过提高生产率应对人口增长和资源压力的重要性。这种提高生产率的方法有助于避免马尔萨斯陷阱。因此，最复杂的新马尔萨斯主义模型设想人口和生产在稀缺性压力和技术或制度进步之间的权衡中发展时会出现一种棘轮效应。此外，在过去150年中，人口转型被认为通过爆炸式的创新与不断增长的实际收入条件下的生育水平下降相结合，缓解了马尔萨斯约束。生育率下降是现代社会的一个显著区别于以前世代的特征。由于这个原因，马尔萨斯机制主要与我们对前现代社会的理解有关，这也是本章的主题。对于中世纪晚期和现代社会早期的英国而言，最好的可得证据充分表明，无论生活条件如何，致命性传染病的广泛传播是控制人口增长的主要外源性因素，尽管它可能并不是唯一的因素。当流行病暴发，甚至如果流行病恰好在资源紧张的时期暴发，可能会加剧流行病所造成的人口死亡后果。[2]

在前现代的农业社会，瘟疫通过改变土地与劳动力的比例来矫正（不平等）：降低前者的价值（如地价、租金以及农产品的价格），并提高后者的价值（如较高的实际工资和较低的地租）。这使得富裕的地主和雇主相对以前更少一些，劳工相对以前生活得更好一点，收入和财富的不平等降低了。同时，人口变化也与制度发生相互作用，决定价格和收入的实际变化。工人与雇主讨价还价的能力不同，传染病带来的结果也不同：土地，特别是劳动力市场的重新定价的可能性是成功矫正的基本前提条件。细菌和市场必须"协调一致"才能抑制不平等。

最后，正如我们将看到的那样，除极少数情况，任何所发生的矫正都不会持久，其效果最终被重生的人口压力产生的人口统计因素的反弹效果抵消。

"所有人都认为世界末日已来临"：中世纪后期的大瘟疫

在14世纪20年代后期的某个时刻，瘟疫在戈壁沙漠突然暴发，并开始向旧世界的大部分地区蔓延。瘟疫是由一种叫鼠疫菌的细菌引起的，该细菌寄生于跳蚤的消化道中。鼠类跳蚤是最常见的宿主，已知数十种啮齿类动物可以携带感染瘟疫的跳蚤。通常，那些跳蚤更喜欢寄生于啮齿动物身上，只有当原始的宿主衰竭时它们才寻求新的宿主：这是人类感染瘟疫的原因。鼠疫有三个变种，其中腺鼠疫最为常见。它因腹股沟、腋窝或颈部的淋巴结显著肿大而闻名——跳蚤通常会咬这些部位，但这类鼠疫得名于因皮下出血而导致的充血性腹股沟淋巴结炎。感染这类鼠疫的结果是细胞坏死以及神经系统麻痹，50%~60% 的感染者会在感染后的几天内死去。第二个变种是肺鼠疫，它更致命，通过感染者肺部呼出的微粒在空气中的传播直接传染给其他人。死亡率接近 100%。第三个变种是败血症型鼠疫，它很罕见，它的病原体在昆虫中传播，传播非常迅速，并且无药可治。[3]

14 世纪第二个 25 年，鼠类携带着感染了病菌的跳蚤向东扩散至中国，向南到达印度，向西传播到中东、地中海沿岸以及欧洲。中亚的商队路线成为瘟疫传播路线。1345 年，这场瘟疫传播至克里米亚半岛，意大利商船上的人被感染后又把它从这里携带至地中海地区。现代研究把这个过程追溯到对克里米亚的卡法地区热那亚人聚居地的围攻：当瘟疫在围攻这个城镇的鞑靼人中暴发时，据称，他们的首领札尼别命令将感染瘟疫的尸体用抛射器射入城内以传染城中的热那亚人。然而，这没有必要，甚至是无用的。因为腺鼠疫和肺鼠疫病毒各自的宿主（啮齿动物和人）是活体时才能传播瘟疫。活动中的商业联系足以保证啮齿动物和跳蚤在城里城外的移动了。[4]

瘟疫在 1347 年末袭击了君士坦丁堡。那位退位的拜占庭皇帝约翰六世坎塔库尊对病症的准确描述被保留了下来：

> 没有任何医生精于此道。这种疾病的传染方式不一。无法抵抗这种疾病的人在同一天死亡，其中一些人在几个小时之内就死了。那些可以抵抗两三天的人起初烧得非常严重，于是，疾病就开始攻击头部……在另一些人中，病魔攻击的不是头部，而是肺部。用不了多长

时间，肺部就感染炎症，使胸腔产生剧烈的疼痛。病人呕出带血的痰液，呼出的气体恶心发臭，喉咙和舌头因发热而变干，发黑和呈充血状……其上臂和下臂长出了脓疮，有些人的脓疮长在下颌部位，另一些人则是其他部位……黑色的水疱出现了。有些人身上长满了黑点，有些人身上很少但很明显；另一些人的黑点模糊却很密集。病人腿部或手臂上长出了巨大的脓疮，切开它后，大量恶臭的脓液从中流出……一旦人们觉察到已经染病，那就回天乏术，只剩绝望了，这使其更加虚弱，病情愈加恶化，离死也就不远了。[5]

携带致命病毒的货物运过博斯普鲁斯海峡和达达尼尔海峡之后，瘟疫便在1348年袭击了阿拉伯的亚历山大港、开罗和突尼斯等大城市。到第二年，整个伊斯兰世界都被这一传染病吞噬，损失巨大，城市中心尤甚。

再往西，1347年秋天离开克里米亚的热那亚人的船只将瘟疫传播到西西里岛。在接下来的几个月里，它蔓延到南欧大部分地区。比萨、热那亚、锡耶纳、佛罗伦萨和威尼斯与许多较小的城镇一样，十室九空。疫情于1348年1月传播到马赛，迅速在法国南部和西班牙肆虐。瘟疫向北的扩散畅通无阻：1348年春天，巴黎遭难，继而是法兰德斯和低地国家。1349年斯堪的纳维亚出现疫情，从这里，瘟疫甚至传播到冰岛和格陵兰岛的边远乡村。1348年秋天，瘟疫通过其南部港口进入英国，并在第二年登陆爱尔兰。德国也未能幸免于难，尽管不如欧洲其他地区严重。[6]

同时代观察家诉说着关于疾病、痛苦和死亡的令人悲痛欲绝的故事——无法顾及丧葬习俗，充斥着普遍的无序和绝望。都市作家都将描写主要城市的遭遇放在首位。阿尼奥洛·迪·图拉留下了关于锡耶纳遭受瘟疫后景象的触目惊心的描述，他自己的不幸让人更加痛苦：

锡耶纳在5月开始出现大规模死亡。这是一件残酷而可怕的事情，对其中的残酷和无情之处，我简直不知从何说起。几乎每个人都被目睹的痛苦吓傻了。人类的言语简直无法再现这种恐怖的事实。确实，只要没有看到这可怕一幕的人都能说是被上天眷顾的。患者几乎立即死亡。他们的腋窝下和腹股沟部位会肿大，说话间就突然倒下了。父弃子、妻离夫、手足分离，因为这种疾病似乎闻一闻、看一看都会被感染。他们就这样死了。无论是金钱还是友谊都无法让人埋葬死者。家人最多只能将死者放入壕沟，没有神父，没有宗教仪式，也没有送葬钟声。锡耶纳的许多地方都挖了很深的坑，里面尸体堆积如山。人们成百上千地死去，不分昼夜，死者全都被扔在那些沟渠里，并用泥土覆盖。填满一个挖一个。而我，阿尼奥洛·迪·图拉……亲手埋葬了我的5个孩子……这么多人死亡，所有还活着的人都认为，末日来临了。[7]

阿尼奥洛·迪·图拉提到的万人坑也见于其他人的描述中，从中你可以想象大批生命同时消亡的场景。乔万尼·薄伽丘对佛罗伦萨瘟疫有着经典的描述：

> 尸横遍野……没有充足的墓地来安葬死者……所以在墓穴用光后，只能在教堂的院子里挖出一条条巨沟来堆放尸体。成百上千的尸体像船运货物一样被一层一层地堆积起来，每一层覆盖上一薄层泥土，直至巨沟被填满。

这些描述已经被在欧洲不同地区发现的万人坑证实，有时还有瘟疫的DNA（脱氧核糖核酸）证据。[8]

中世纪大多数人生活的乡村地区遭受的毁灭则乏人问津。薄伽丘不得不提醒读者：

> 在零星分布的小村庄和乡村领地，没有任何医生或仆人可以帮助穷苦不幸的农民和家属。这些人随时可能倒在路边、田地里、自家小木屋中，就像动物一样死去。[9]

到 1350 年时，瘟疫已经在地中海地区肆虐，到第二年整个欧洲的疫情开始趋于平缓——哪怕是暂时的也好。中世纪瘟疫的见证者曾费劲而徒劳地测算那些无法测算的数据，最后不得不止步于大概的或某种典型的说法。重新计算这些人提供的伤亡人数毫无意义。即使如此，1351 年为教皇克莱门特六世计算的 2 384 万瘟疫死亡人数结果也未必就是不可靠的。死亡率的现代估计在 25%～45% 之间。根据保罗·马拉尼马所做的最新估计，欧洲人口从 1300 年的 9 400 万下降到 1400 年的 6 800 万，下降了 1/4 以上。英格兰和威尔士的人口损失最为严重。它们的人口在瘟疫前接近 600 万，瘟疫造成了差不多一半人的死亡，直到 18 世纪早期才达到瘟疫前的水平。意大利则至少有 1/3 的人丧生。中东死亡人数的可靠估计很难获得，但埃及或叙利亚的死亡率通常在可比的水平，尤其是考虑了直到 15 世纪初的总损失后。[10]

无须详谈，黑死病影响之巨大毫无疑问。正如伊本·赫勒敦在他的世界历史中写道：

> 东西方的文明都遭到破坏性的瘟疫的蹂躏，国家荒芜，人口大量死亡……整个人类世界面目全非。

确实如此。瘟疫期间及之后的数年，人类活动减少。从长远来看，瘟疫及其造成的混乱对人们各方面的态度和广泛的社会制度都产生了影响：教会权威减弱，享乐主义和禁欲主义同时兴起；由于恐惧情绪的蔓延和继承人的死亡，慈善活动也增加了；甚至艺术风格都受到影响，医学从业者被迫重新考虑长期以来被珍视的原则。[11]

最具基础性的变化发生在经济领域，特别是在劳动力市场中。在黑死病之前的三个世纪中，欧洲的人口已经出现巨大增长——增长到原来的两倍甚至三倍。从公元 1000 年以来，在技术创新、农业生产方式改善和农作物改良、政治不稳定减少等多重因素的作用下，定居点、产出和人口都扩张了。城市规模变大，数量也增多了。然而到 13 世纪后期，这一持续很久的繁荣景象便终结了。当"中世纪气候最佳期"结束时,生产力也下降,数不清的饥饿的嘴推高了食品价格,需求开始超过供给。然而耕地不再增加,牧场萎缩,这本身导致了蛋白质供应量的减少,更何况基本的谷物变成越来越不足的、在食物中占主导地位的主食。人口压力降低了劳动力的价值,从而降低了实际收入。生活水平维持不变已属万幸。14世纪初,不稳定的天气条件造成的歉收导致灾难性的大饥荒,情况进一步恶化。尽管这个世纪前1/4时间里人口数量已有所降低,但生存危机仍持续了又一代人的时间。祸不单行,动物传染病几乎使家畜消失。[12]

看来,欧洲大部分地区陷入了某种形式的马尔萨斯陷阱。在这一陷阱中,内生性问题,如由先前的人口增长和外部冲击造成的不利的土地与劳动力比例,和以令产出降低的气候变化形式出现的外部冲击,使得占人口多数的劳动者的生活变得窘迫,但这有利于控制生产资料,特别是土地的精英阶层。黑死病导致人口数量急剧下降,却未影响物质基础设施。由于生产率的提高,生产量下降幅度小于人口下降幅度,导致人均产出和收入上升。不管瘟疫是否如某些人所说的那样确实更多地杀死了劳动力人口而不是老人或者小孩,土地相对于劳动力确实变得更加丰富了。地租和利率无论是绝对水平还是相对于工资,都下降了。土地所有者蒙受损失,劳动者有望获益。然而,这个过程如何成为现实,很大程度上取决于影响这些中世纪劳动者有效议价能力的制度和权力结构。

西欧同时代的观察者很快就注意到高死亡率带来的工资上升现象。加尔罗默修会的修道士让·德·韦内特在其编年记录中记载了大约1360年(紧随瘟疫肆虐之后)的情况:

> 尽管一切都很充足,但所有东西的价格都翻番了:家庭设备和食品以及商品,雇工,农场工人和仆人。唯一的例外是土地产权和房屋,这两者在当下供过于求。

根据罗彻斯特修道院的威廉·德内所作编年记录:

劳工短缺随之而来，底层人民在劳动力市场上扬眉吐气，三倍于以往的工资也很少能吸引其为上流社会效劳。[13]

雇主迫不及待地给当局施压以遏制劳动力价格的上涨。黑死病降临英格兰不到一年，在1349年6月，国王便通过了《劳动者条例》：

> 由于大量人口，尤其是工人和受雇者（"仆人"）已经在这次瘟疫中死亡，很多人观察到主人的需要和雇员短缺的情况后拒绝工作，除非他们能得到额外的薪水……我们已经发布法令，英格兰王国境内的人，无论男女，是否自由之身，只要身体健康且不满60岁，除非是从事贸易、经营某类手艺、有自耕地需要耕作或已受雇于人，如果被提供符合其身份地位的就业机会，有义务接受所提供的就业机会，并且只能被支付合理的报酬，即只能被支付与其在本王统治的第二十年（1346年）时其所在地区工作得到的通常的收入，或者五六年前的某一合理年份的收入……任何人不应支付或承诺高于以上定义水平的报酬，若违反本法令，将处以其支付金额或允诺支付金额两倍的罚款……工匠和工人不应该凭借其劳务和手艺获得比上述年份和在所工作地他们曾经获得的酬劳更多的薪水；如果有人拿了多于上述收入水平的收入，他将被关进监狱。[14]

这些法令的实际效果平平。仅在两年后，另一项法令——1351年的《劳工条例》提道：

> 据说雇工们，不顾条例，而是遵从自己所愿和过分的贪婪，不愿为上流人士或其他人工作，除非他们得到两倍或三倍于上述所说的他们早已习惯接受的本王统治第二十年以及更早前工资的工资。这对上流人士伤害极大，也使下议院议员变得贫穷。

这一法案还试图通过更加详细的限制和惩罚来弥补之前的失败。然而，不到一代人的时间，这些措施又失败了。在14世纪90年代初，莱斯特的奥古斯丁教会的亨利·奈顿教士在他的编年记录中写道：

> 工人是如此的自高自大和残忍，以至他们根本不在意国王的命令。任何人想要雇用他们，就不得不屈从于他们的要求。因为雇主没有选择：如果不迎合工人的傲慢与贪婪，他的水果就无法采摘，成熟的粮食就无法收割。[15]

用不带偏见的方式重复这位教士的表述就是，在市场力量面前，试图通过政府法令和强压维持工资水平的努力失败了。因为在工人的联合阵线面前，雇主特别是土地所有者的个人利益，超越了他们无法实现的集体利益。英格兰如此，其他地区亦如此。在1349年，法国人同样试图将工资控制在瘟疫前的水平，但以更快的速度宣告失败：在1351年，一项被修正的法律已经允许工资提高1/3。不久之后，雇主但凡需要雇人，都必须支付时下的工资。[16]

多亏了经济史学家罗伯特·艾伦及其合作者的努力，我们现在可以获得很多关于熟练和非熟练城市工人实际工资的长期时间序列数据。有时，一些数据还能追溯到中世纪，并且这些数据都是标准化的，有助于我们进行跨时期和跨地区的系统比较。11个欧洲和地中海东部城市的非熟练工人工资的长期趋势是很清晰的。我们只有伦敦、阿姆斯特丹、维也纳及伊斯坦布尔这很少几个地方的瘟疫前工资水平的信息——它们在瘟疫暴发前很低，之后就快速上涨了，实际收入在15世纪早期或中叶达到顶峰，当时其他城市也有相应的数据，并且显示了类似的水平。从大约1500年起，这些城市的大部分实际工资都趋于下降，到1600年左右恢复到瘟疫前的水平，并在此后的200年间要么停滞不前，要么下降到更低水平。伦敦、阿姆斯特丹和安特卫普则是例外。它们的工资水平在整个前现代时期都保持了相当不错的水平，尽管后两个城市的实际工资在15世纪后期出现了短暂的大幅下降，但后来又恢复了。与瘟疫相关的工资上升以及其后的下降在图中都表现得相当明显——幅度分别为 100% 和 50%（见图 10.1）。[17]

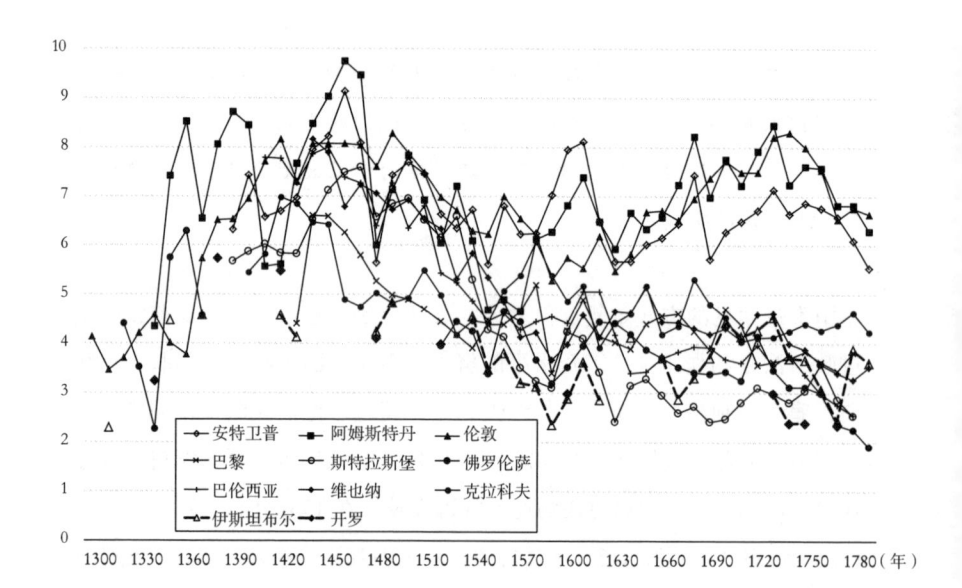

图 10.1 欧洲和黎凡特地区城市非熟练工人实际工资，1300—1800 年

14 个城市的熟练工人工资也出现了非常类似的情况。地方数据显示，其工资从瘟疫开始时期到 15 世纪中叶大约翻了一番，而在 1500—1600 年逐渐下降，此后要么停滞不前，要么继续下降直到 1800 年。之前的三个西欧、北欧国家再次成为例外（见图 10.2）。[18]

人口变化与实际收入之间的联系是显著的：在所有被考察的城市中，实际工资在人口数量降到最低点后不久达到了顶峰。人口恢复扭转了工资增长的趋势。在很多地方，1600 年后，随着人口不断增长，实际工资持续下降。虽然对农村工资的记录较少，但英国资料显示，瘟疫确实带来了工资的大幅增长（见图 10.3）。[19]

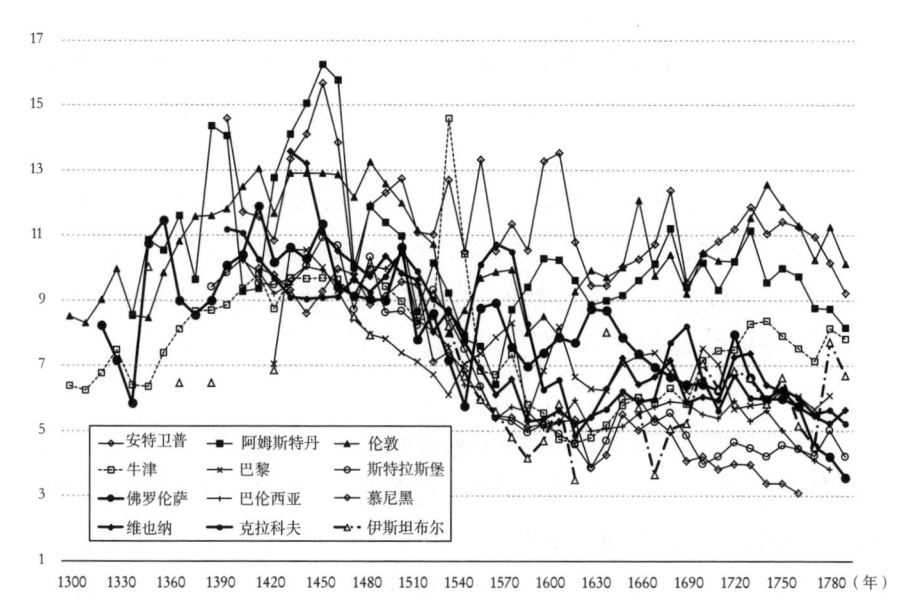

图 10.2 欧洲和黎凡特地区城市熟练工人实际工资，1300—1800 年

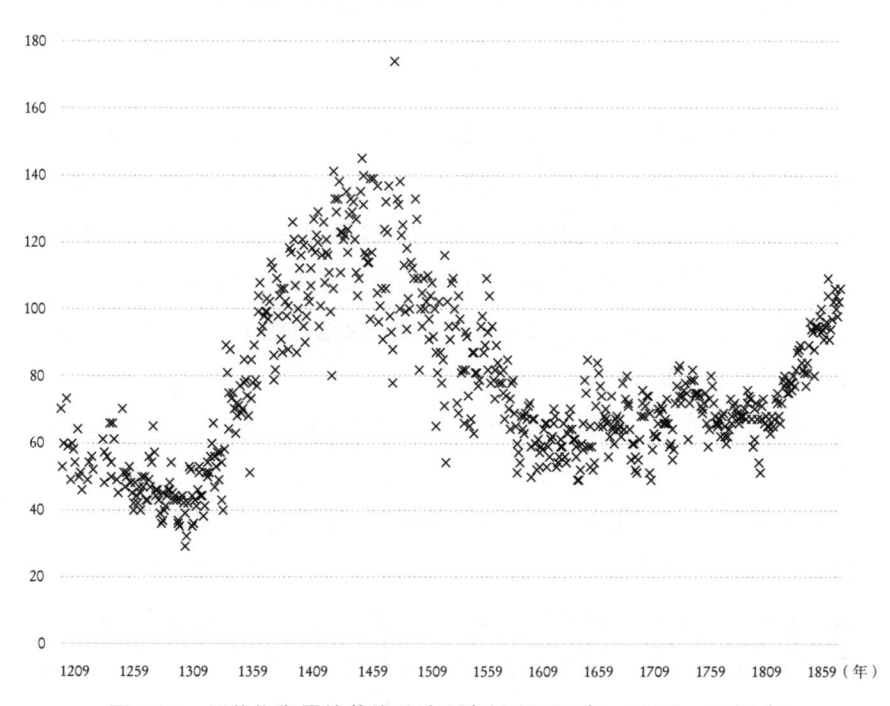

图 10.3 用谷物衡量的英格兰地区农村实际工资，1200—1869 年

第 10 章 黑死病

在地中海东部也可以看到类似结果。黑死病肆虐之后，劳动力成本上涨迅速，尽管持续时间短于欧洲。正如历史学家阿尔·马格里齐所说：

> 工匠、雇工、搬运工、仆人、马夫、织工、帮工等诸如此类——他们的工资增长了许多次；然而，能够享受这种增长的人不多，因为他们中的大多数人都死了。只有耗费大量时间，才能找到一两个这样的工人。

来自瘟疫受害者的遗赠和继承财富的幸存者的馈赠推动了宗教、教育和慈善捐助激增。这些捐助鼓励了许多建筑工程的出现。在劳动力稀缺的情况下，工匠同城市非熟练工人一同受益了。生活水平一时的提高增加了肉类需求：根据收入和价格的精细分解，14世纪早期，一个普通开罗人每天可能消耗1 154卡路里，具体包括45.6克蛋白质和20克脂肪，但到15世纪中叶，他们可以消耗1 930卡路里，包括82克蛋白质和45克脂肪。[20]

拜占庭和奥斯曼帝国的数据质量参差不齐，但总体上展现出一幅与欧洲大部分地区大体相同的图景。到1400年，拜占庭城市的实际工资已经高于瘟疫前的水平，这与奴隶价格翻了一番的情况是一致的。奥斯曼帝国的记录显示，伊斯坦布尔的建筑工人的实际收入直到16世纪中叶仍然很高，直到19世纪末，这个收入水平从来没有被系统地超越过，这凸显了瘟疫对工资上升产生了多么突出的影响。[21]

尽管黑死病产生的影响很严重，但一次黑死病的肆虐不足以使城市实际工资翻一番，并在之后维持这一水平达数代人之久。反复遭受瘟疫才会阻止人口迅速恢复。中世纪晚期的记录证明，瘟疫是不断发生的。瘟疫在1361年重现，从那年春天持续到来年春天。由于它夺走了大量年纪不大的人的生命，被称为"儿童瘟疫"。总之，这次瘟疫似乎针对的主要是那些在瘟疫第一次暴发时还没有出生的人。它导致大量人口死亡，仅次于黑死病本身造成的死亡：现代人猜测，欧洲人口在这次瘟疫中损失了10%~20%，英国损失了 1/5 人口。第三次毁灭性相对较小的瘟疫暴发于 1369 年。这为下一个世纪或者更久的一段时期定下了基调。仅英国暴发全国性传染病的年份就有：1375 年、1390 年、1399—1400 年、1405—1406 年、1411—1412 年、1420 年、1423 年、1428—1429 年、1433—1435 年、1438—1439 年、1463—1465 年、1467 年、1471 年和 1479—1480 年。这个时期的最后几十年见证了数量特别大的人口死亡，并在 1479—1480 年的传染病流行中达到顶峰，这是自 1361 年以来的最糟糕的事件。系统的统计数据都表明，其他国家的情况同样糟糕：我们知道荷兰 1360—1494 年间发生了 15 次传染病，西班牙在 1391—1457 年间发生了 14 次。在欧洲，每一代都会遭受两三次的瘟疫袭击，把人口数量压制在低位。结果，到 15 世纪 30 年代，欧洲的人口可能已经是 13 世纪末左右的一半或更少。因地而异，人口恢复最终开始于 15 世纪 50 年代、15 世纪 80 年代或 16 世纪末。我们所观察到的劳动力人口生活水平的提高是以几代人的不幸和数千万人的早夭为代价的。[22]

关于瘟疫对不平等的影响我们知道什么？其内在的逻辑很清楚。与富人相比，土地和粮食价格的下降以及劳动力价格的上涨势必更有利于穷人，从而有可能降低财富和收入的不平等。长期以来，历史学家依靠反映这些变化的代理变量进行研究。对小麦的需求下降，但肉类、奶酪和大麦（大麦用于酿造啤酒）的价格持续上涨，这表示劳动者的饮食改善了，他们获得了以前那些曾经是富人专利品的食物。奢侈品需求增长更为普遍。除了更高的工资外，英国工人还可以要求让肉馅饼和麦芽酒作为他们的一部分补偿。对诺福克的农民来说，面包在饮食中的份额从 13 世纪末的接近一半下降到 14 世纪末和 15 世纪初的 15%~20%，同期肉类的份额从 4% 上升到 25%~30%。

英国的两项禁奢法令构成了显示这种大矫正存在的强烈信号。1337 年，议院发布法令，只有年度收入为 1 000 磅以上的贵族和牧师才有资格穿象征身份地位的皮草。但是，在黑死病暴发后的 15 年内，1363 年的一部新法允许收入最低的手工劳动者外的所有人穿皮草。当局只是试图规定哪些人能穿哪类皮草，从规定社会底层能穿兔子皮和猫皮制品，到规定社会上层能

第 10 章 黑死病 249

穿白裘皮草。即使是这些相对温和的限制也变得形同虚设，这显示社会大众普遍越来越富裕，人与人之间的地位界限被不断打破。[23]

当普通人现在能够负担起过去曾经是精英独享的物品时，贵族却因他们土地上农产品的价值下降和种植这些农产品的工人的工资上涨而危机四伏。在佃农染病死亡后，地主不得不另外雇用劳动者甚至雇用更多劳动者进行农耕以获得好的收成。那些仍然被雇用的佃农享受到了更长期的租约和更低的租金。社会的变化逆转了早前地主阶级更加强大富裕而大多数人相对贫苦的趋势，社会变成另一番场景：在长达约一个半世纪之久的时间里，精英获得的社会剩余变少，而其他人获得更多。在英国，土地出租人的收入单单在 15 世纪上半叶就下降了 20%～30%。乡绅饱受地位下降之苦，大贵族也不得不设法在收入减少时保持他们的身份。瘟疫导致了贵族阶级的急剧萎缩：仅两代人的时间，在新贵族出现的情况下，总量占 3/4 的贵族家庭因后继无人而湮灭了。精英阶层的规模和财富都收缩了：按照可比的实际收入门槛，13 世纪绶带骑士数量翻了三番，达到 3 000 名左右，但 1400 年时人数已经降到 2 400 名，1500 年时降到 1 300 名。最上层贵族人数从 1300 年的 200 人下降到 1500 年的 60 人，这通常是由有些家族阶级地位下降和一些家族在财富下降后合并造成的。贵族的最高收入纪录在 14—15 世纪之间也大幅下降。[24]

这些整体发展趋势是显示社会矫正度的重要指标。只是最近几年才终于有坚实的量化证据出现来支持这一点。在一个原创性的研究中，圭多·阿尔法尼搜集并分析了意大利北部皮埃蒙特大区档案馆的数据。当地财产登记册中保留了该市资产分布的信息。其中许多人只记录了地产情况，只有在某些情况下才如著名的 1427 年佛罗伦萨的卡塔斯托登记册的详尽记录那样记录包括其他类型的资产，如资本、信贷和动产的分布。这些局限性使得土地所有权的不平等成为我们进行系统比较分析的唯一可用变量。阿尔法尼的调查基于来自 13 个皮埃蒙特社区的数据。虽然最久远的数据可以追溯到 1366 年，但在大多数情况下，只有 15 世纪晚期以后的数据。通过后一时段，我们观察到了不平等持续加剧的趋势。大多数情况下，每个城镇 18

世纪的基尼系数都高于中世纪。城市和农村都如此——不管是通过基尼系数还是用最富的前 5% 群体的财富占总财富的比重来衡量不平等程度，两者均呈现于图 10.4。财产集中的总体趋势对应着现代社会早期的经济扩张引起的所谓"超级曲线"的上升阶段，这部分我在第 3 章讨论过了。[25]

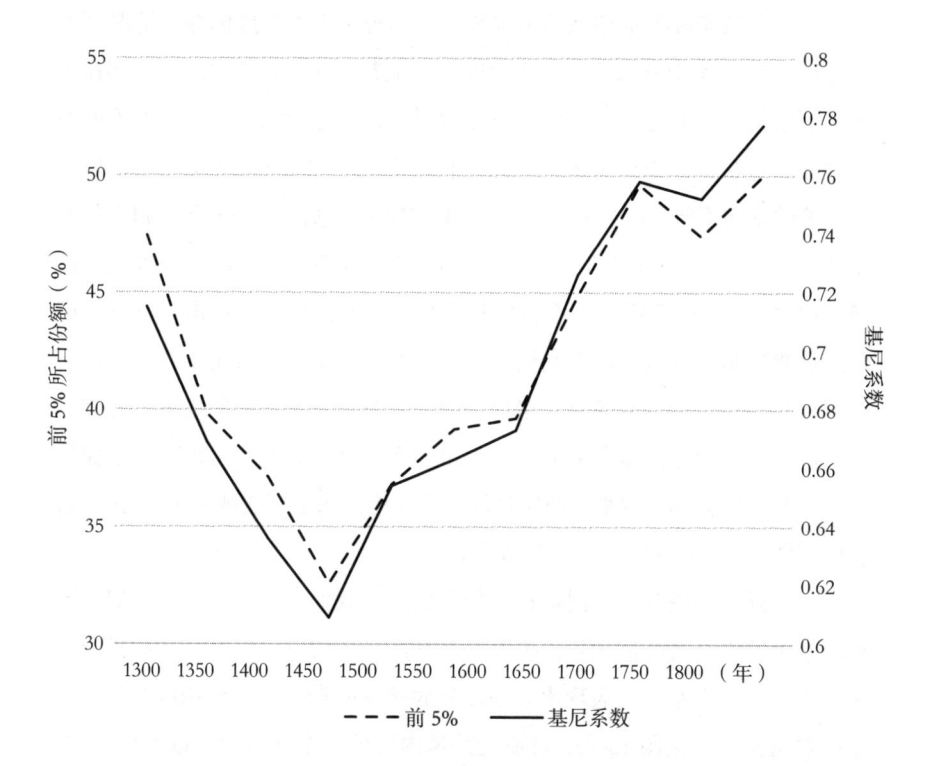

图 10.4　皮埃蒙特地区顶层 5% 群体的财富份额及财富分布基尼系数，1300—1800（参考年份经过平滑处理）

最引人注目的发现出现在瘟疫之前和瘟疫发生的时期。那个时期的三个城镇，奇里、凯拉斯科和蒙卡列里的数据是可以获得的（它们共同构成了图 10.4 中 1450 年前的城市数据），14 世纪和 15 世纪初，不平等程度下降，这一时期瘟疫周而复始。在皮埃蒙特和托斯卡纳的一些社区，拥有至少 10 倍于当地家庭财富中值的家庭的数量比例在同一时期减少了。这一矫正效果与前文已经分析过的实际工资数据相当吻合：在佛罗伦萨附近，非熟练工人的实际工资在同一时期大约翻了一番（见图 10.1）。在与瘟疫相关的冲击导致精英内部变动时，较高的可支配收入使工人更容易获得财产。财富分配曲线的形状同样变化明显，不平等程度由下降转为上升的时刻与人口数量降至最低后逐渐恢复的人口统计的转折点也是吻合的。[26]

与大多数实际工资序列的情况相同，这种不平等程度的缩小情况并不会持续。15 世纪中叶以后土地集中度不仅上升，而且在那之后一般都在上升。更值得注意的是，1630 年瘟疫再次暴发，这是黑死病以来最严重的地区性死亡危机，它被认为杀死了意大利北部地区的 1/3 以上的人口，但对不平等的影响不似从前：公元 1650 年或 1700 年的基尼系数和最高财富份额始终一致地高于它们在公元 1600 年时的数值，即使公元 1600 年已经过之前 150 年的恢复。这表明，黑死病暴发以及随后的再次暴发打击了不善于应付其后果的地主阶级，而在它们之后，有产阶级最终发展出了在人口冲击时期保护其财产的应对策略：诸如将财产部分赠予第三者的遗嘱（允许一个家族在没有合适的继承人时也可保留财产）那样的制度可能有助于保持精英财富完好无损。看来，即使是最可怕的传染病也可能被文化学习驯服，从而削弱了马尔萨斯抑制的矫正效应。[27]

根据托斯卡纳各地的财产税的档案数据，我们可以画出非常相似的图形。一个特别显著的例子是，波吉邦西农村地区 1338—1779 年的财富分布被完整地记录在案，并表现出了在黑死病肆虐时期的矫正作用以及其后不断的财富集中（见图 10.5）。佛罗伦萨境内其他十个乡村社区以及阿雷佐、普拉托和圣吉米尼亚诺的城市的可比数据虽并未全都显示出类似清晰的结果，但其整体趋势趋同（见图 10.6）。唯一观察到的显著下降时期是瘟疫横行时期；在农村地区，不平等大致从 1450 年左右开始增长；从 1600 年左右开始，可观察到的基尼系数几乎总是高于之前的几个世纪，直到 18 世纪达到顶峰。另外，在一些社区，洛伦兹曲线在黑死病暴发后一下子就变得平坦了，这表明矫正主要受富人的损失驱动。[28]

这些动态变化机制更进一步的证据来自卢卡境内，这里的不平等程度在瘟疫肆虐时急剧下降，瘟疫过后又迅速回复（见图 10.7）。现在，也有证据表明，1500年左右至1600年，伦巴第和威尼托地区的财富出现了集中，但它们没有瘟疫前的资料可供我们做对比。[29]

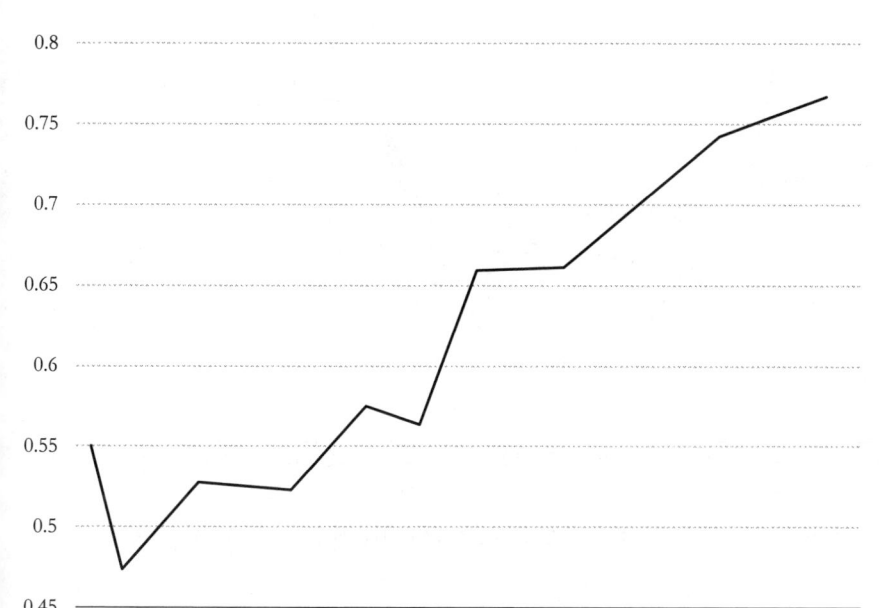

图 10.5　波吉邦西地区财富分布基尼系数，1338—1779年

17世纪的意大利的经验凸显了人口变化以外因素的重要意义。将工资稳定在瘟疫前的水平的努力失败了，这一点前面已经做过说明。精英有强烈的动机来遏制黑死病及其复发的矫正作用。他们采取的措施成功与否因不同社会的权力结构甚至社会环境而天差地别。在西欧，工人受益匪浅，因为由劳动力匮乏所产生的好处落到了他们身上。不仅对工资和劳动力流动性的限制未能产生作用，而且瘟疫对人口的冲击摧毁了早前中世纪的农奴制度。农民维护自身流动性，如果其他庄园主提供更好的工作条件，他们便投靠新主。这压低了租金，减少并最终消灭了作为庄园经济标准特征的劳工无偿服役制度。佃户最终只支付租金，并有机会尽可能多地耕作土地，只要自己的能力允许。这促成了农民经济地位的向上流动，并使富农

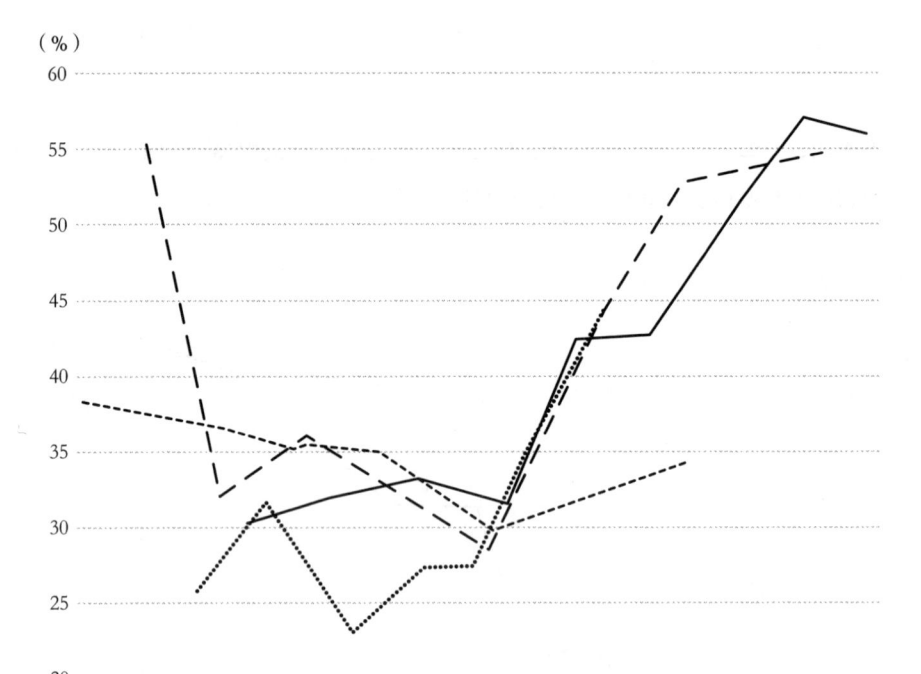

图 10.6　托斯卡纳地区顶层 5% 群体所占财富份额，1283—1792 年

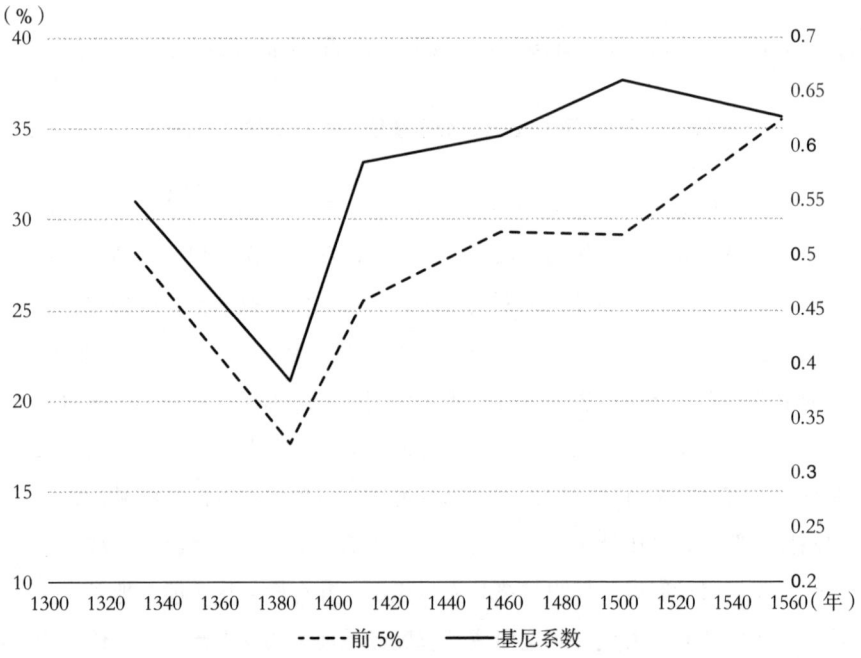

图 10.7　卢卡地区顶层 5% 群体所占财富份额和财富分布基尼系数，1331—1561 年

254　不平等社会

发展为自耕农阶级。英格兰的雷德格雷夫庄园就是一个例子，1300年农民平均耕作12英亩土地，1400年为20英亩，到1450年，已经超过30英亩。整个西欧都经历了类似的变化。到1500年，在西欧、南欧和中欧地区所谓的根据官册享有不动产成为主导性的租期安排：合同规定了固定的年租金，它根据佃农通过议价获得的最佳结果确定。[30]

有时工人采取暴力来抵制精英，试图否认精英新获得的成果的企图。正如我们在第8章中看到的，其结果就是普遍的农民起义，如法国的扎克雷起义（1358年）和英格兰1381年的农民起义。后者的导火索是开征人头税，这种税表面上用来弥补国家收益的减少，但实际上是为了满足那些想要维持其经济特权地位的地主的愿望的：起义的要求之一就是要得到自由谈判雇佣劳动合同的权利。从短期来看，这次起义被强力镇压了，但新的限制性法规得到通过，理查德二世也向农民说了一通著名的狠话："你们会遭受比以往更加严重的奴役。"但是，这一法规确实向农民让步了：人头税被取缔，农民的议价现象越来越普遍。这个时期的守旧诗人叹息道，"这帮匹夫"，他们"窥视到世界需要服务和人工……仗着劳动力稀缺，傲慢无礼"，"看，他们什么都没干就狮子大开口"。大体上可以说，工人受益于劳动力稀缺，至少在它持续的时候是这样。[31]

然而在其他地区，地主更成功地镇压了工人的议价行为。在东欧国家——波兰、普鲁士和匈牙利，农奴制在黑死病暴发后被引入了。杰尔姆·布卢姆给这个过程做出了一个经典叙述。他在1957年观察到，中欧和东欧那时面临着西欧经历过的人口减少、土地没有主人、土地和粮食价格下降问题。拥有土地的贵族采取法律措施，以阻止收入下降，规定工资和城市物价上限。与西欧不同，拥有土地的贵族的努力大大增加了劳动义务，特别是劳动税捐、现金缴纳和对劳工自由流动的限制。在诸如普鲁士、西里西亚、波希米亚、摩拉维亚、俄罗斯、立陶宛、波兰和利沃尼亚等不同国家，佃农完全被禁止在未经许可或不支付大笔费用或全部欠款的情况下离开，除非在特定时期或者特定情况下。挖走他人雇工的行为是被法律或贵族协议禁止的。按照命令，城市可以拒绝移民，统治者就将移民遣回原籍达成协议。债务是贵族限制佃农的强大工具。负担和限制在16世纪继续增加。许多因素共同制约着工人的发展，也许其中最重要的是，贵族的政治权力越来越大，他们对农民的管辖权越来越大，同时商业化和城市化方面也出现了不利于工人的发展。由于贵族以牺牲国家为代价扩大其权力，而城市没有能够出现抗衡这一趋势的力量，工人陷入越来越多的强制性安排之中。尽管针对这一问题的改良者花费大量时间质疑这种阶级重建，但是东欧工人的状况与西欧工人状况相去甚远仍然是不争的事实。[32]

埃及马穆鲁克王朝则发展了一套不同的限制手段。如前所述，这个国家被黑死病重创，城市的实际工资和消费水平和其他地区一样确实上升了——至少起初是这样的。然而，一个不同寻常的政治和经济实力的配置使精英能够拒绝工人的要求。作为外来的征服者，马穆鲁克用一种中央集权和集体主义的方式控制了土地和其他资源。马穆鲁克的统治阶级成员从个人伊克塔（一种伊斯兰土地税收制度）取得收入，它是土地和其他收入来源的分配机制。每当利润由于劳动力短缺和农业出现问题而下降，国家的默认应对措施是通过更多地压榨数量减少的纳税人来提升统治阶级的权益。在城市中，这不仅意味着更高的税收，也意味着充公、强买强卖和垄断的形成。这些强制性应对措施解释了中世纪晚期的开罗资料中工资只在短期内有所增加的记载。[33]

对农村地区的压制有过之无不及。马穆鲁克人是脱离土地的不在位食利者，他们无法、也不愿意作为一个负责任的土地所有者随时准备在环境变化后与农民进行谈判。一个中央集权的官僚机构负有维持租金流的责任，它将马穆鲁克人同土地耕作者分开了。这些管理者随时准备对农民施加压力，在方便时还能诉诸武力。农民通过转移至城市甚至起义来反抗。贝都因人占据了废弃的土地，这一过程进一步减少了基础收入。此外，由于埃及环境的特殊性，瘟疫和逃亡造成的人力损失势必破坏严重依赖日常维护的精良灌溉系统，这使得埃及的农业资产比欧洲的农业资产更加脆弱。因此，如果可耕地数量迅速下降，埃及土地与劳动力比例的变化可能不如欧洲的比例变化那么大。这些特征的共同作用——依靠集体主义进行剥削和控制了国家的马穆鲁克在集体谈判权力上具有的压倒性优势、中间管理层造成的统治阶层脱离土地、有关使资本替代劳动成为可能的技术升级的缺乏以及随之而来的整体资源基础的恶化——压低了农村地区的产出与收入。这与带来了更高的工人收入和显著矫正效应的西欧契约论形成了鲜明对比。[34]

黑死病带来的后果以及17世纪意大利瘟疫再次暴发期间持续的不平等现象说明，即使是最具毁灭性的传染病本身也无法使财富或收入分配变得平等。制度设置可以弱化人口冲击的影响，统治者通过强制性措施来控制劳动力市场。一种形式的暴力可以用另一种形式来抵消：如果细菌传播被足够强大的人类力量压制，精英可以维持或者快速恢复巨大的不平等。这意味着瘟疫的矫正效应存在两方面的限制：时间方面，随着人口恢复，平等化的成果都不可避免地趋于消亡；矫正效应的有无和大小受制于它们所处的社会和政治环境。因此，只有在某些情况、某些时期，传染病才可以大大减少不平等。

第11章 瘟疫、饥荒和战争

"我们难逃一死"：新大陆的瘟疫

14世纪中叶的黑死病及其周期性的复发在欧洲一直持续到17世纪，在中东则持续到19世纪。这可能是历史上最著名的大瘟疫，但绝不是唯一的一次。当它在欧洲开始减弱的时候，西班牙人横渡大西洋来到新大陆，给后者带来了类似规模的，甚至可以说是更具灾难性的瘟疫大流行。

上个冰期末期，阿拉斯加和西伯利亚之间、现今被称为白令海峡的地区的连接处被海平面的上升切断了，所以旧大陆和新大陆的人口和疾病环境都是独立发展起来的。与美洲大陆相比，非洲和非裔欧亚大陆的居民与感染病原体的动物的接触更广泛，这种频繁的接触结果通常暴露在致命的传染病中，如天花、麻疹、流感、鼠疫、疟疾、黄热病和伤寒。在中世纪末期，在商业联系和随后产生的军事联系的推动下，旧大陆那些在过去独立发病的地区逐渐连接起来了，导致许多致命疾病在整个大陆传播开来。相比之下，美洲土著生活的环境中没有发生那么严重的瘟疫，他们以前没有经历过旧大陆所经历过的那些灾难。探索和征服开辟了艾尔弗雷德·克罗斯比所说的"哥伦布大交换"，横跨大西洋的联系导致大量的致命病毒迅速地传入美洲。尽管新大陆以另一种方式传播了梅毒，但欧洲病原体对美洲的损害更加多样化，在许多方面也更具灾难性。[1]

天花和麻疹是欧洲人带来的最具毁灭性的疾病：在旧大陆，它们是长期流行的早期儿童疾病，在美洲，它们以流行病的形式暴发了。尽管大多数水手在孩童时期就得过这些疾病，因而在成年后对其免疫，但偶尔也会有一些活跃病毒的携带者加入横跨大西洋的探险中。流感是第三大杀手，成年人也无法对其产生免疫。这三种是最具传播性的流行病，因为它们是通过飞沫或身体接触传播和感染的。而疟疾、伤寒和鼠疫等其他疾病需要蚊子、虱子和跳蚤作为适当的载体来进行传播。当然，这只是时间的问题。

在哥伦布第一次到达美洲大陆不到一年时，传染病开始在欧洲人在美洲的第一个立足点海地岛肆虐。海地岛的土著人口从原来的可能有数十万人减少到1508年的6万人，1510年的3.3万人，1519年的1.8万人，1542年的不到2 000人。多种流行病横扫加勒比地区，并且很快就传播到大陆。1518年的第一次天花大流行，摧毁了这些岛屿。1519年，造成了中美洲的阿兹特克人和玛雅人的大量死亡。它的影响如此之大，以至阿兹特克人中的幸存者后来就是从这次灾难出现开始计算他们的日期。他们意识到这是一个开启了恐怖新时代的重大事件。由于疾病通过接触传播且缺乏救治措施，从未感染过这些病毒的群体遭受了最大限度地打击。阿兹特克观察者如此描述当时的情景：

> 我们的脸上、乳房和肚子上都长满了疮，我们从头到脚都感到痛苦。这种病太可怕了，没有人可以走路或移动。病人非常无助，只能像尸体一样躺在床上，无法移动四肢甚至头部，不能趴着躺，也不能翻身。如果我们稍微移动身体，就会痛苦地尖叫起来。

在其不受控制的暴发中，这场疫情为西班牙人征服该地区铺平了道路。正如伯纳迪诺·德·萨哈贡所言，他们占领了阿兹特克的首府特诺奇蒂特兰城：

> 街上到处都是死人和病人，我们的人都是踏着尸体走过去的。[2]

几年之内，天花于16世纪20年代到达印加的安第斯，在那里，天花导致人口大量减少，其中可能包括其统治者哈纳·卡帕克。第二次天花大流行始于 1532 年，这次是由麻疹引起的，从墨西哥一直延伸到安第斯山脉，同样导致了人口的大量死亡。一种特别严重的流行病（可能是伤寒）在 1545—1548 年摧残了中美洲中部地区。后来，比如在 16 世纪 50 年代晚期和 16 世纪 60 年代早期，一些疾病也时不时出现，这似乎是流感暴发。越来越多的灾难被报道出来，并在 1576—1591 年的复合性流行病的暴发中达到顶峰。当时暴发的一场大规模疫情使剩余人口数量锐减，先是伤寒，后来又同时出现了天花和麻疹（1585—1591 年），这是迄今为止最严重的灾难事件之一。在整个 17 世纪上半叶，瘟疫都在肆虐，其力量可能有所减弱，各地区情况不一，但仍然具有极大的破坏性。尽管大规模的人口死亡和随之而来的混乱有利于西班牙的征服计划，但新统治者很快就试图阻止这一趋势。到 16 世纪晚期，他们动用更多的医生并实施隔离检疫，希望能保留他们可以利用的本土劳动力。但这些措施充其量也只有很小的效果：瘟疫像波浪一样，大约每隔一代人时间就出现一次，而在最初 150 多年的时间里，死亡人数也只有轻微下降。此外，通过对土著人造成的经济、社会和政治冲击，征服暴力本身只可能使土著人整体的死亡危机更加严重。

累积的人口影响无疑是灾难性的。唯一真正的问题有关人口损失的规模，这是一个困扰了几代学者的问题，但由于缺乏关于新大陆在欧洲人到来前的人口数量的可靠信息，这一问题很难解决。仅就墨西哥而言，在文献中已经提到了从 20%～90% 不等的累积人口损失。大多数估计都认为总人口损失超过了一半。似乎有理由认为：与黑死病有关的死亡水平最好被视为新大陆的最低死亡水平。对墨西哥来说，至少一半的人口损失似乎是可能的，而在其他一些地区，更高水平的人口损失似乎是可能的。[3]

长期以来，这一引人注目的人口缩减是否压缩了资源不平等，一直是个悬而未决的问题。随着阿兹特克和印加帝国的多级统治被类似的西班牙多级统治取代，财富的演变必然也会受到国家权力变化的影响，需要可靠的数据才能确定人口变化是如何在劳动力市场发挥作用的。杰弗里·威廉森大胆尝试勾勒出有关拉丁美洲不平等状况的一个"没有细节的历史"，他观察到标准的马尔萨斯逻辑所预测的人口大量损失以及实际工资上升发生在

16世纪，但他无法引证支持这种猜想的证据。2014年，一项有关拉丁美洲的从16世纪30年代开始至随后三个世纪的收入的开创性研究终于改变了这种状况。图11.1显示了墨西哥城地区工人实际工资的上升和下降。[4]

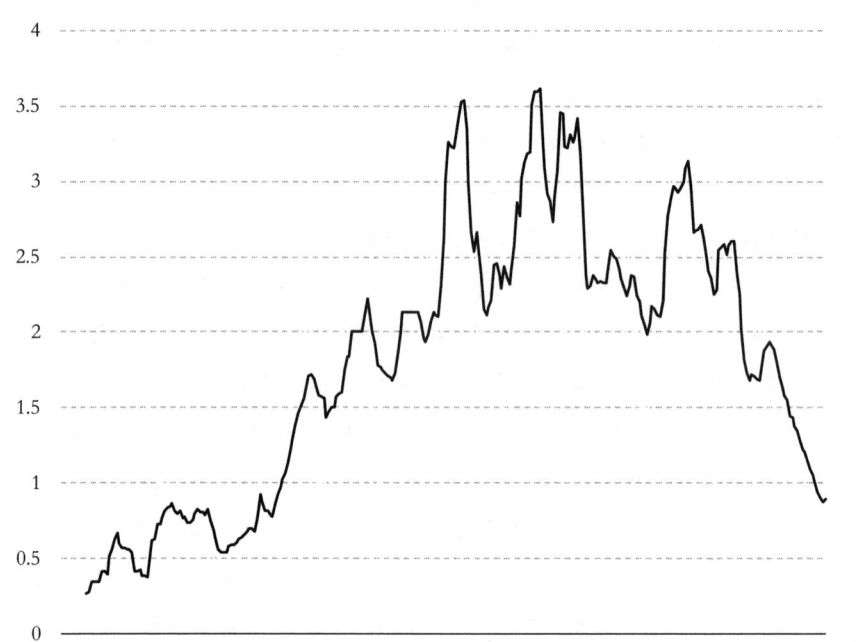

图11.1　在墨西哥中部，实际工资用大量的消费篮子表示，1520—1820年（10年移动平均值）

这条倒U形曲线可以用马尔萨斯主义中关于人口下降和随后的复苏对工资的影响来解释，但是，在16世纪的瘟疫死亡率特别高的时期，工资没有上涨，这确实需要解释。答案可能在于西班牙人依赖强制劳动确保在人口萎缩的情况下得到劳动力保障，这种做法根植于前哥伦布时期的强制劳动制度。因此，政府的干预可能会在一段时间内抑制工资谈判。这种解释与西班牙在墨西哥统治初期所实施的高压政策是一致的。因此，"大授地制"（一种允许美洲征服者从土著居民那里获取劳动和贡品并据为己有的制度）是征服美洲的第一代精英获得薪酬的标准形式。这种制度在1601年被废除

（采矿业除外），而事实上它一直延续到17世纪30年代。但此前，适用这种制度的领地总数量已经从1550年的537个下降到1560年的126个。

起初工资所受到的严格限制随着时间推移被逐渐放松。16世纪的墨西哥，总督决定工资，高压政策无处不在。从17世纪早期开始，劳动力市场的自由化使得实际工资得以提高。这个结果是非常显著的：在1590年，工人工资仍然维持在最低的生存水平，但到1700年，其实际工资水平并不比当时被认为是世界上最高的欧洲西北部的工资水平低多少。如果观察到的16世纪的工资水平滞后是由国家干预造成的，随后的劳动力市场自由化就使劳动力的稀缺性反映在实际的劳动报酬水平上。与西方黑死病影响不大时的欧洲劳工法不同，在墨西哥，根深蒂固的强制劳动模式赋予了政府更大的干预权力。工人获得额外好处的情形并没有持续很长时间：从18世纪70年代开始，实际工资开始下降，到1810年，工人工资又回到了仅能维持生存的水平。[5]

到目前为止，墨西哥实际工资增长最显著的特点是其巨大的规模，工资水平增长了4倍，而黑死病后的西欧城市的工资水平仅仅增加一倍。这与墨西哥有更大规模的人口损失具有逻辑上的一致性，也可能意味着确实发生了大规模的人口损失。后来的实际收入下降与早期现代欧洲的发展类似——尽管前者同样比后者下降得更多，且确实很难仅用人口恢复一个因素来解释。尽管这些变化的观测范围可能会使人们对记录的可靠性产生怀疑，但总体情况似乎是很清楚的。几代工人从劳动力短缺中受益，由于劳动力短缺变得如此严重，以至市场机构无法阻止薪酬水平的调整。随着人口的增长，劳动者的工资水平又回到了原先的糟糕状态，工人的议价能力下降。

一般情况下，生活标准和身高等福利指标与可观察到的实际工资的上涨表现出广泛的一致性。然而，正如在前现代历史中经常出现的那样，我们缺乏必要的数据来确定这些发展对收入不平等的影响。从最普遍的角度来看，很难想象，工人的实际收入增加了4倍却对总体收入没有某种矫正效果，但现在，我们也只有这种基本的直觉。尽管存在循环论证的风险，但公平地说，新大陆的数据尽管有其局限性，但它与由瘟疫驱动的矫正逻辑以及几个世纪前欧洲发生瘟疫后的经验数据是一致的。尽管西班牙的征服者会以为他们的位置是之前阿兹特克统治阶级的位置，从而保留了财富集中在社会顶端的格局，但哪怕仅仅是部分工人实际收入的大幅增加也会降低总体的不平等程度，即使它只是暂时的。17世纪的墨西哥很可能与15世纪的西欧一样，具有这一相同的特征。[6]

"死的人比活人多"：查士丁尼瘟疫

为了进一步研究由流行病引起矫正效应的例子，我们可以追溯到更早的时代。14世纪的黑死病并不是旧大陆的第一次大瘟疫。早在这次瘟疫发生的800年前，同样的疾病就曾以差不多的方式在欧洲和中东地区肆虐，这就是查士丁尼瘟疫。查士丁尼瘟疫从公元541年一直持续到大约公元750年。那次瘟疫于公元541年7月首次出现在埃及和巴勒斯坦之间海岸的培琉喜阿姆，8月传到附近的加沙地带，9月传到埃及首都亚历山大市。次年3月1日，东罗马皇帝查士丁尼声称"死亡事件已经遍及所有地方"，尽管帝国首都君士坦丁堡在一个月后才被瘟疫肆虐，由此带来的灾难却是毁灭性的：

> 现在，拜占庭的瘟疫持续了4个月，其中大约有3个月毒性最大。一开始的时候，死亡人数比正常情况多一点，然后死亡率继续上升，之后每天死亡人数都达到5 000人，甚至超过了1万人，或者更多。起初，每个人都参与埋葬自己的家人，这时，就已有人偷偷地或强行把死去的家属扔进别人的坟墓里，但后来，所有地方都变得混乱了，甚至一点秩序都没有了……在以前所有的墓地被都占满后，他们就在城市其他地方一个接一个地挖出新的墓地，把死人尽其所能一个个分开放进去。但后来挖坑的人无法跟上人死亡的速度了，他们登上锡卡的防御工事的那些塔楼，掀开其屋顶，然后把尸体乱扔在里面。所有

尸体仿佛都是失足掉在里面一样、杂乱无章，然后他们再用屋顶将尸体盖住，几乎所有的塔里都填满了这样的尸体。

就像 8 个世纪后的情况一样，这场疫情被证明无法遏制：在公元 542 年的夏天，疫情在叙利亚肆虐，北非的疫情则发生在同年晚些时候；意大利、西班牙、法国南部以及巴尔干半岛则在 543 年遭到瘟疫侵袭。接着是一波又一波的疫情：一项现代统计表明，在 541—750 年间，出现多达 18 次疫情暴发，其中有东边的伊朗和美索不达米亚，西边的伊比利亚半岛，北边的英国、爱尔兰和斯堪的纳维亚半岛，南边的也门，当然，也包括这些地区所围成的所有地区。[7]

历史记载，感染瘟疫的症状与鼠疫杆菌的一致。拜占庭的疫情记载反复强调腹股沟肿胀，这是鼠疫的典型症状。也有一些记载表明，在人体其他部位，如腋窝、耳后或大腿上也出现了肿胀。同样出现的还有被视为死亡先兆的黑痛，以及昏迷、精神错乱、吐血和发烧。此外，分子生物学已经证实当时鼠疫杆菌的存在。在巴伐利亚州的阿施海姆的一个晚期罗马墓地中，12 具骨架中有 10 具显示鼠疫杆菌的 DNA 片段，其中有两具骨架上的 DNA 足以重构鼠疫杆菌的整个 DNA 序列。在其中一具骨架上发现的珠状物让我们大致可以追溯到公元 6 世纪的第二个 25 年，即查士丁尼瘟疫暴发的时间。[8]

报告的死亡率往往很高，但通常看起来不可靠。一些观察人士认为，君士坦丁堡最初暴发的疫情，导致每天都有数千甚至上万人被夺去生命，使城市人口减少了一半以上。类似极端的说法有时也会在同一地点或其他地方出现。不容怀疑的是大规模死亡的压倒性印象，观察家不过是附上了老一套的数字。考虑到这种疾病与中世纪晚期的情况是一样的，并且在相当长的时间内处于活跃状态，我们可能会怀疑，整体的人口流失也许很相似，可能是欧亚大陆西部和北非人口的 1/4 或 1/3 的水平。这种大规模的人口死亡必然会对劳动力供应产生严重影响。在君士坦丁堡，以弗所的高级教会官员约翰对处理瘟疫受害者尸体所得的利润和洗衣服成本的上升颇有微词。在瘟疫首次出现的三年后，查士丁尼大帝谴责了工人的更多要求，并试图通过政府的法令来禁止他们的这些要求：

> 我们已经确定，尽管受到了上帝——我们的主的惩罚，从事贸易和追求文学的人们，以及工匠、农民和水手，都应该过上更好的生活，但他们在获取利益的路上走得太远了，他们要求两倍或三倍的工资和薪金的行为违反了我们古老的习俗。因此，看起来，我们通过这项帝国法令禁止所有人屈服于这种可怕的贪婪的做法是明智的。这是为了保证任何手艺人、商人、店主、农民都不得要求超过古代习俗规定水平的薪金或工资。我们还规定，从事建筑物、可耕种土地和其他财产测量的人不得超过合理收费标准，而应该遵循在这方面已确立的惯例。我们要求那些掌管工程和购买原料的人遵守这些规定。我们不允许他们支付比日常惯例更多的金额。在此通知他们，任何要求超过这一规定收入标准的人，以及被认为已经接受或给予超过允许金额的人，将被强令支付三倍于那个数量的金额给国家财政。[9]

这是已知的最早尝试在面对瘟疫时控制讨价还价现象的例子，亦是中世纪英格兰、法国和西班牙统治墨西哥初期实行类似措施的先驱。但是，随着瘟疫的蔓延和对劳动力需求的增加，这一法令对工资的影响也是有限的。我们可以合理地假设，实际工资增长在许多地区都出现了，正如经济学家所猜测的那样，尽管经验证据仅限于中东地区，尤其是埃及，那里的文献证据的完善程度是其他地方不可比拟的。埃及实际工资的记录可以追溯到公元前3世纪。但这些证据并不连续：在最初的第一个千年里，文献中只有农村无技能工人的工资数据；在中世纪，则只有城市无技能工人的工资数据。尽管这些数据不能进行同等比较，但它们确实反映了相同的趋势，足以形成关于埃及情况的一个整体叙事。在农村，最常见的情况是每天的工资相当于3.5~5升小麦，正好处于前现代社会典型的3.5~6.5升的核心范围之内。这是一个在那个时期接近于生理需求水平的工资标准。相比之下，超过 10 升小麦的工资，出现在 6 世纪晚期以及 7 世纪和 8 世纪（见图 11.2）。[10]

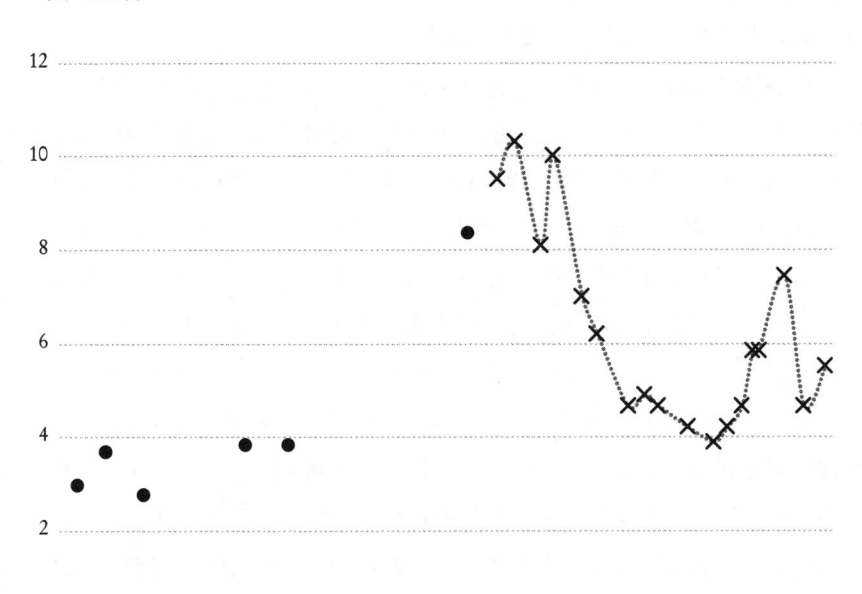

图 11.2　公元前 3—公元 15 世纪埃及无技能的农村和城市工人的每日小麦工资（小麦以公斤为单位）

查士丁尼瘟疫之后，这种没有技能的农村工人报酬的激增源自一种纸上记载的证据。在 6 世纪晚期和 7 世纪的几份记录中，当瘟疫对人口减少的影响达到顶峰时，灌溉工人每天的现金工资相当于 13.1～13.4 升的小麦，大约是以前的三倍。在同一时期的其他情形中，每天的现金工资和食品补贴总额超过了相当于 7.7～10.9 升的小麦，这大约是以前的两倍。这些发现获得了显示技术工人的工资更高的证据支持，他们的工资每天高达相当于 25 升小麦的水平。通过观察，我们得到了进一步的证据，从 6 世纪的前半期到后半期，也就是第一次瘟疫暴发前后，签订永久租期租赁合约的土地的比例从 17% 上升到 39%，而签订一年期租赁合约的土地的比例从 29% 下降到9%。这表明，佃农很快能够获得更有利的条款。这一现象，尤其是实际收入的激增，只能放在大规模人口死亡，各行各业熟练或非熟练劳动力议价能力大大提高的背景下才能得到解释。[11]

故事的另一部分是关于开罗的无技能城市工人的小麦工资。如图11.2所示，可获得的数据始于公元8世纪早期的鼠疫末期，一直持续到中世纪末期。实际工资一直在提高，持续到公元850年左右，也就是在公元8世纪40年代埃及被最后证实存在鼠疫的一个世纪之后。那时的实际工资达到了历史上最高的工资水平，即每天工资大约相当于10升小麦的工资，相当于一个四口之家基本生存所需的三倍水平。在接下来的350年里，随着人口的恢复，开罗的小麦工资下降了一半以上，降到了仅能维持最低生存需求的水平，直到14世纪末期黑死病出现才暂时恢复。来自巴格达的质量较低的数据也显示，在8—13世纪，实际收入也长期下降，尽管下降的规模较小。消费篮子的重建也说明了类似的情况。这些消费篮子将开罗的无技能城市工人的名义工资与一个基本范围内的消费品的价格联系起来。从这个重建也可以看出，鼠疫期间和之后的一段时间内实际收入是增加的，接着是下降，然后是黑死病期间的另一次复苏：尽管变化的范围小于单纯的小麦工资变化的范围，但总体的模式是一样的。[12]

如同中世纪晚期一样，查士丁尼瘟疫的反复暴发在很长一段时间里抑制了人口数量的增加。我们听说了10个在埃及的事件，覆盖从公元541—744年间断断续续的总持续时间为32年的瘟疫。也就是在这期间每6年多就发生1次瘟疫。南部的美索不达米亚地区在公元558—843年间，共经历了14次瘟疫，总持续时间为38年，也就是这期间每7.5年就有一次瘟疫。叙利亚和巴勒斯坦被证实有更多疫情，但这些地区缺乏与收入相关的数据。谢夫凯特·帕慕克和玛雅·莎兹米勒追踪了公元8—11世纪（通常被认为是伊斯兰教的"黄金时代"）由瘟疫带来的高薪环境。在他们看来，这在某些方面类似于中世纪晚期黑死病对欧洲一些地区的偏好和消费的影响。一个明显的迹象是，在工薪中产阶级中，人们普遍食用肉类和奶制品。这只有在畜牧业扩张的基础上才有可能发生。其他因素包括城市化、与之伴随的劳动分工的加深以及对制成品需求的增长，也包括极少数精英人士之外的人对进口食品和服装的需求。[13]

然而，这些过程对收入或财富不平等的影响只是我们的推测：在缺乏直接文献的情况下，我们可以认为，农村劳动力真实工资的爆炸式增长确实意味着收入不平等的缩小和精英财富的减少。在这样一个无技能劳动力的实际工资一直处于无法再低的水平，而有记录的财产不平等程度非常高的环境中，理应出现一个更普遍的矫正手段。就像中世纪欧洲的黑死病一样，查士丁尼瘟疫在一个资源严重不平等的时代来临。埃及的土地和税收清单对公元3—6世纪土地所有权的不平等问题提供了一些信息。这些记录的共同之处在于，由于它们忽略了跨地区的财富和没有土地的人，因此可能极大地低估了土地的总体不平等程度。所以，这些仅提供了最低限度的实际财产集中程度的数据暗示着高度不平等：对于来自城市土地所有者的样本，计算出的土地基尼系数的范围是0.623~0.815；对于农村土地所有者，基尼系数的范围是0.431~0.532。整个省或主要行政区重建土地所有权的结构表明，基尼系数为0.56只是对地主而言，而地主人数在理论上不超过总人口的1/3。我们假设，一个省只有一半居民是没有土地的工人或佃户（或者没有土地的人更少一些，但一些精英成员在其他省也拥有土地），土地的基尼系数将接近0.75。如果这是真的，那么这一集中程度将与埃及1950年土地改革之前的高土地基尼系数类似，当时土地所有者的基尼系数是0.611，而全体人口的基尼系数是0.752。因此，在资产不平等问题上，由瘟疫驱动的矫正潜力相当大。[14]

古代晚期和中世纪早期埃及的收入不平等是完全不可知的，而且永远不可知。即便如此，考虑到从土地到劳动的转变以及传统财富精英的损失，所有这些发展在逻辑上都与劳动者的利益是一致的，尽管经济分化和城市化将同时创造出新的产生不平等的机制。最重要的是，与马穆鲁克时期不同，集体旷工压制了工人的讨价还价，私有土地占支配地位，与相当自由的劳动力市场一起，创造了一个使资产估值和工资对土地与劳动力比率的变化非常敏感的环境。在这种情况下，劳动力供给的大幅减少几乎不可能不削弱整体收入的不平等，就像土地价值的减少也倾向于减少财富不平等一样。非熟练工人实际收入的显著提高成了这次重建的最有力的因素，这是我们所能期待的收入压缩的最好指标。这表明，国家试图遏制工资增长的努力完全失败了，就像他们在黑死病暴发后的西欧所做的那样。同样重要的是，在人口复苏的过程中，工资的上涨逐渐被侵蚀。第一次"黑死病"的暴力冲击能够带来相当可观的福利，但随着人口数量的恢复，这种冲击力也逐渐消失。在这方面，两次瘟疫大流行有很多相似之处。

"除了废墟和森林什么都没留下"：安东尼瘟疫

越是向更早的时期追溯，关于瘟疫的矫正效应的信息就不可避免地越加稀少。最好的一个案例是早期的安东尼瘟疫。公元165年，罗马军队在对美索不达米亚的征伐中第一次遇到了这种瘟疫，第二年瘟疫蔓延到罗马，到公元168年，瘟疫几乎蔓延到罗马帝国的大部分地区。用罗马帝国晚期的史学家阿米亚诺斯的话说就是"从波斯边界一直到莱茵河和高卢"。引起这种病的原因尚不清楚，但很多人倾向于认为它是天花病毒（重型天花）。天花病毒是通过被人吸入空气所带的病毒而在人与人之间传播的。它引起皮肤发疹，进而变成脓疱，并伴有高烧。它还可能导致出血症。如果安东尼瘟疫确实是天花病毒侵袭了一个从未感染过该病毒的人群，那么，总人口的60%~80%会受到感染，20%~50%的感染者可能会死亡。根据这次瘟疫特征定制的传染病学模型可以估计，这次事件的人口总损失约为25%，这是我们迄今可能得到的最好估计。[15]

多亏保存了相关的纸草文件，埃及提供了关于这次瘟疫范围及后果的唯一详细信息。根据这些记录，从公元11世纪40—70年代初，卡拉尼斯的法尤姆村的纳税人数量下降了1/3~1/2。在尼罗河三角洲的一些小村庄，人口损失甚至更高，在公元160—170年间，这些地方的人口损失率高达70%~90%。虽然人口逃离可能是造成人口减少的原因之一，但逃离本身与瘟疫暴发也脱离不了关系，因为后者往往会引发前者。此外，死亡率数据给人们加强了大量死亡的印象：在索诺帕欧尼索村，仅在公元 179 年的 1 月和 2 月，当地 244 名登记在册的男性中就有 78 人死亡。[16]

我们用埃及中部几个地区的土地实物租金的数据进行考证。在所有有记录的地区，根据可获得的数据，在疫情暴发前与刚刚暴发的年份之间，土地年租金显著下降。在法尤姆，公元 211—268 年（已知 19 个案例）的土地租金的平均值和中值比公元 100—165 年（34 个案例）的租金分别低 62 个和 53 个百分点。在俄克喜林库斯，公元 205—262 年（15 个案例）的土地租金平均值和中值比公元 103—165 年（12 个案例）分别下降了 29 个和 25 个百分点。类似的减少也可以从荷莫波里斯不太坚实的数据中看出。[17]

以现金表示的物价和工资的变化更难以追踪，因为疫情暴发后的总体价格水平在一代人的时间内几乎翻了一番——这很可能是这次瘟疫事件造成的混乱结果，包括硬币急剧贬值，其由与之同时发生并很可能有密切联系的财政支出猛增推动。这意味着只有对疫情前后的数据进行调整才能进行直接比较。调整后的比较结果表明，公元 2 世纪初—2 世纪 60 年代和公元 2 世纪 90 年代—3 世纪 60 年代这两个时期，发生了价值从土地财富到劳动力的一致的转移。两阶段间的文献缺口表明实际瘟疫暴发年份缺乏文件记载，这本身就是灾难严重程度的一个标志。本次考察，所有的价值都用小麦价格来表示，将这两个时期的小麦价格都标准化为 100，由于疫情过后小麦名义价格上涨 125%，因此在瘟疫中价值上涨低于 125%，瘟疫后的名义价值指数将低于 100，反之亦然（见图 11.3）。[18]

劳动契约中记录的农村劳动力的价值增长了几个百分点到接近 1/5 不等，这取决于雇用的持续时间。然而，完好的记录显示，也能代表劳动力的驴的实际价格上升了一半。相反，诸如油类等非必需食品，尤其是酒的价格相对于小麦的价格下跌了，使得工人能够买到更多的代表更高地位的商品。以油类和酒的价格来衡量的实际工资涨幅远高于用小麦工资衡量的涨幅。土地价值难以比较，因为随着时间变化，我们无法保持土地的质量不变；即便如此，粗略考察后也能看出，它与实际土地租金下降非常类似。这里最重要的是，尽管不同数据集的质量参差不齐，但所有变量的变化都指向一个方向：人口损失后，劳动力获益，土地所有者遭受损失。这和马尔萨斯约束弱化模型一致。此外，小麦的价格（不像没有进口需求的本地酒和油）可以得到罗马帝国大规模小麦出口的支撑：若没有这种支撑，本地需求就是唯一的决定因素，小麦价格相对于工资或其他大宗货物的价格就可能下跌得更多。这使情况变得复杂，而且模糊了实际价格变化的程度。按照土地价值的数据，实际价格的变化似乎要大得多。[19]

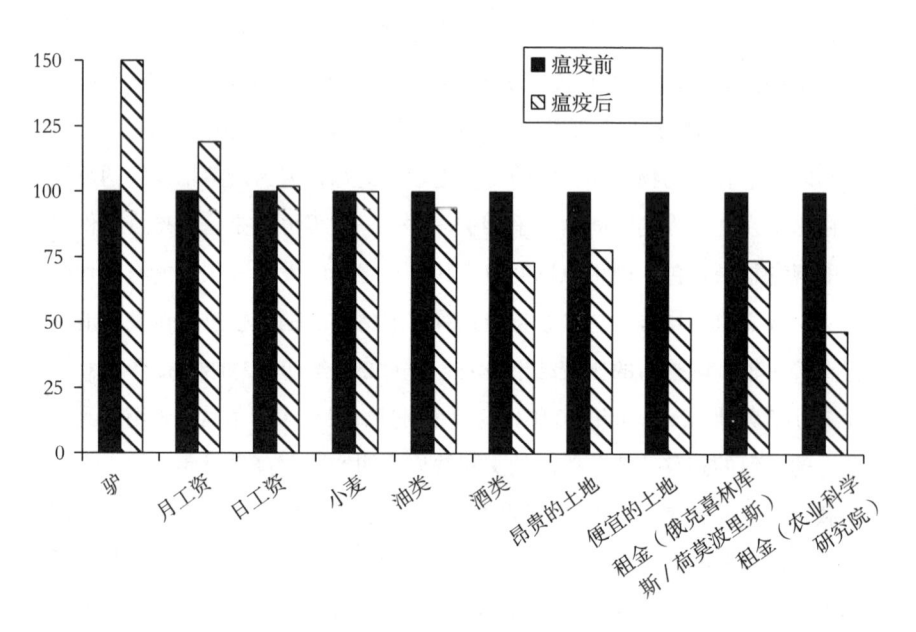

图 11.3　公元 100 年—2 世纪 60 年代和 2 世纪 90 年代—3 世纪 60 年代罗马统治下的埃及的实际价格与租金变化

以下案例简要说明了瘟疫发生后种植模式的变化。公元 158 年和 159 年，在瘟疫到来的前几年，法尤姆的一个村庄塞德尔菲亚大约有 4 000～4 300 英亩的土地种谷物，大约有 350 英亩的土地种植葡萄和果树。到公元 216 年，可耕地面积缩小到 2 500 英亩，约占之前总耕地面积的 60%，葡萄和果树的耕地面积已超过 1 000 英亩，相当于以前种植面积的三倍。因此，尽管与疫情暴发前相比，土地种植总面积变少了，但更多的土地被用于种植价值更高的作物。这与我们所看到的黑死病后的种植模式相似，只要是气候允许的地方，就能生产更多的酒，果树种植面积就会扩大，地中海种植更多甘蔗也是这个道理。随着人口数量下降，对基本主食的需求下降了，放弃边际土地提高了收益。更多的土地被用于高端产品，由此也带来了更高的收入。这可以被当作民众生活水平提高的强烈信号。[20]

考虑到缺乏来自埃及的类似证据，我们不能更加系统地记录这个过程，但它与农产品价格的相对运动是一致的。学者还发现了佃农和村民社会流动性增大的迹象，农民逃离土地，移民涌入城市，以及城市化总体水平的提高，所有这些都与瘟疫后工人的工作机会增加以及城市变得繁荣的情况相一致，正如黑死病过后的情形一样。同样的，这里也没有直接的关于瘟疫对不平等影响的可量化的信息。考虑到普遍缺乏与前现代时期发生的瘟疫相关的信息，这一点并不令人惊讶，前面讨论过的中世纪晚期以及现代早期的意大利保存那么好的数据的情况只是少数。一般来说，瘟疫的矫正效应需要从实际收入的上升和消费模式的改善中推断出来，本例中埃及对这两种情况都有记载。很可能在公元2世纪中叶，埃及就面临巨大的人口压力：其人口可能高达700万，堪比1870年左右的水平，而城市化率至少达到1/4，有些人甚至认为超过1/3。在罗马世界的其他地方，两个世纪的和平促进了人口的长期增长，也考验了农业经济的局限性。在这种环境下，瘟疫的矫正潜力是巨大的。至关重要的是，罗马的劳动力安排是由市场机制控制，地主天然维护自身的财产。这类似于黑死病时期的西欧，而与中世纪晚期马穆鲁克时期的埃及不同。因为缺乏强有力的制度约束，出现劳动力短缺和土地贬值，无法表现出更公平的收入和财富分配。[21]

"它难以促成任何好事"：饥荒作为一个矫正力量？

在总结我们把瘟疫作为一种矫正力量的讨论之前，我们需要考虑另一种并非完全不同的导致大规模死亡的因素：饥荒。如果大量人口因缺乏食物而死亡，这是否会如瘟疫所造成的结果那样改变幸存者的物质资源分布？答案并不确定，但不太可能是肯定的。首先，饥荒通常不会像大瘟疫那样致命。我们只能说，使死亡率连续两年达到基准死亡率两倍以上（这是定义"饥荒"的一个保守阈值）的饥荒本身十分罕见，更严重的饥荒事件更是极其罕见。单凭这个原因，饥荒控制人口规模的作用就相当有限。报告的饥荒死亡人数往往与证据的质量成反比：越不可靠的记录，其报告的人口损失越严重，这本身也说明问题。此外，饥荒死亡率的估算即使不是不可能的，也是很困难的，需要把移民与瘟疫的影响分开，因为居民已经放弃了饱受折磨的地区，这些地区通常伴随着饥荒。即使是如1877—1878年发生在中国北方的受灾人口为1.08亿的特大饥荒事件，死亡人数也只是900万～1 300万之间的某个数值，它意味着死亡率不会超过基准死亡率的三倍。我们不知道这场灾难是否会影响不平等程度，而在1770年和1943年的孟加拉国的饥荒中，情况也同样如此，后者发生在战时的压缩时期。[22]

这一观察引入了命题成立需要满足的另一个条件。尽管有记录的一些最严重的饥荒确实发生在大矫正时期，但并不意味着饥荒引起了矫正。比如，并不是1932—1933年的乌克兰饥荒本身而是当时实施的强制集体化抑制了物质的不平等。中国在1959—1961年发生了严重饥荒，但早在20世纪50年代中期的再分配以及随后的集体化高潮中，中国就已经实现了大规模的平等化。[23]

历史上有两次饥荒因其规模及重塑收入和财富分配的潜力而值得密切关注。其一是1315—1318年的"大饥荒"，它的发生比黑死病早大约一代人的时间。在这几年里，欧洲西北部异常寒冷和潮湿的天气导致农作物大面积歉收，同时伴随着导致大量牲畜死亡的家畜流行病蔓延。这种大规模的死亡前所未有。但这场灾难是否会像瘟疫一样导致价格和劳动力的变化呢？并没有。尽管工人的工资上涨了一点，但不管在城镇还是乡村，物价上涨得更快。由于产量下降抵消了价格上涨的影响，地主承受了巨大的压力，但比起那些常常为生存而挣扎的普通人，在风暴的冲击面前，他们的境况要好得多。[24]

尽管缺乏数据，但是仅有的信息并不支持存在显著矫正效应的结论。

我此前用过的意大利财富分配的记录在时间上稍晚，数据的识别性太弱，无法揭示 14 世纪上半叶的变化。伦敦和佛罗伦萨的熟练和非熟练工人的城市工资与物价的福利比率在 1300 年及 1320—1340 年间没有任何改善。英格兰农村实际工资数据也是如此。1300—1349 年，英国的农村实际工资基本是稳定的，只有在黑死病出现之后，实际工资才持续上涨。从这方面来讲，这两场灾难的后果对比是惊人的。饥荒并没有引起明显的矫正效应，这并不难理解：发生大规模死亡只限于几年之内，而且饥荒似乎比瘟疫第一次袭击温和许多。由于减员所造成的就业不足既不持久也不严重，加上受到已有的未正式就业的人口的缓冲，因此不足以预测各次饥荒所造成的经济影响。[25]

1845—1848 年的爱尔兰马铃薯饥荒是第二个候选案例。这是一种（植物）瘟疫，也是一次食物危机。由致病疫霉菌的传播引起的这次瘟疫导致 1846—1848 年的马铃薯作物几乎全部腐烂，而马铃薯当时已经成为爱尔兰人不可或缺的食物。多达 100 万的爱尔兰人失去了生命。再加上部分人移居外国以及出生率的下降，这一事件使得普查人口从 1841 年的 820 万减少到 10 年后的 680 万。农业劳动力数量迅速减少，从 1845 年的 120 万下降到 1851 年的 90 万。乍一看，这种人口萎缩与 1347—1350 年黑死病最初暴发时的人口萎缩相似，但由于这次冲击本身并没有足够的破坏力来引发持久的变化，一位当代英国观察家冷血地说，爱尔兰饥荒的死亡人数在改善整体生活条件方面"难以促成任何好事"。移民导致的人口变化结果和中世纪晚期反复出现的瘟疫引起的人口变化在某种程度上是相似的，它不仅阻碍人口恢复，也使爱尔兰的人口萎缩：在 1850—1914 年间，400 万人离开了这个岛屿，最终使得人口几乎只有 19 世纪 40 年代早期峰值的一半。然而，与瘟疫不同的是，迁移的人群年龄主要集中在十几或二十岁出头。此外，另一个与瘟疫不同的情况是，马铃薯枯萎病导致产量降低从而损害了资本存量。这限制了饥荒在矫正不平等上的价值。[26]

在某种程度上，由饥荒和随后的移民以及生育率下降而造成的大规模人口损失，产生了与大瘟疫相当的经济效益。与早先的趋势不同，饥荒过后，实际工资和生活水平都在稳步提升。工资较低的地区出现了更高的人口迁移率，这理应减少地区间的不平等。与此同时，最穷的人离开的可能性小于那些能负担得起旅途费用的人。目前我们还不清楚整体生活条件的改善是否伴随着资产或收入分配的更大平等。由于逃荒和驱逐，饥荒年代见证了面积最小的——小于1英亩的土地的数量大幅减少。这一过程扩大了土地所有权方面的不平等。在接下来的60年里，分配变化依然不大：大部分变化发生在底层，小块土地所占的份额又逐渐增加了。拥有1~15英亩土地的现象减少，但拥有更多土地的现象增加了，总体上呈倒退趋势。即使是像马铃薯饥荒及其引发的持续的人口外流那样强大的人口冲击，在矫正不平等的规模上似乎也比不上黑死病所达到的效果。在矫正不平等方面，瘟疫无疑是最有力的。[27]

"人们居住的整个世界变化了"：作为矫正机的瘟疫以及我们知识的局限

目前，我们对瘟疫在矫正不平等上所扮演的角色的认识是比较新的。尽管黑死病的社会经济后果早已为人们所认识，但其他人口灾难对收入和财富的影响直到最近才被研究。来自埃及和安东尼瘟疫及查士丁尼瘟疫相关的价格变化的证据，直到21世纪才开始被分析，对早期墨西哥的实际工资以及意大利北部财富不平等状况的变化的研究，都是在21世纪的第一个10年才开始出现。随着研究的增多，进一步证明材料出现的希望增加了，这些有待人们去收集并解释。关于黑死病时期及其余波的档案似乎是最有希望的候选材料。我们还需要研究被证实和安东尼瘟疫、黑死病同时代的发生在中国的主要瘟疫的矫正效应。

然而，另外一种情况是，这些幸存的信息可能永远不足以揭示实际收入和不平等的问题。塞浦路斯大瘟疫是一个很好的例子。这场大规模的瘟疫在公元3世纪50—60年代肆虐于罗马帝国，其对人口统计学上的影响极富戏剧性。当时的观察家、帝国第二大城市亚历山大城主教狄奥尼修斯写道，"这些持续的瘟疫……这些对人类的巨大毁灭"使得亚历山大市的人口大为减少,14~80岁的居民人数比瘟疫前40~70岁的居民人数少得多。这一数字据说来自公众玉米救济登记册,应该不是完全虚构的。言下之意,死亡的规模是惊人的:按照当时的典型寿命统计表测算,损失了超过60%的城市人口。人们无法得到当时实际工资的数据,更不用说收入和财富不平等的数据了。即便如此,在公元3世纪50年代,埃及两个地区的农村工人的名义工资突然大幅上涨,可能反映了这场瘟疫所引发的劳动力短缺。[28]

一旦进入前基督教时代,我们所能知道的就更少了。公元前6世纪的巴比伦或许给我们提供了关于人口减少导致实际工资上涨的最早证据。公元前6世纪70年代,在尼布甲尼撒王统治时期的巴比伦南部,建造巴比伦王宫的工人可以得到450~540升大麦的工资,或者每月约5舍客勒的银子,相当于日工资为12~14.4升小麦,类似于可买11.3~12升小麦的现金工资。小麦工资相对上涨可从以下数据证实,在公元前6世纪40年代的那波尼德统治时期的巴比伦南部,小麦工资为每天9.6~14.4升,中间值为12升。所有这些值远高于每天3.5~6.5升这个看来是前现代时期正常值的核心范围,也高于公元前505年左右大流士一世统治下的工资,当时的工人仅得到相当于7.3升小麦或更少的工资。巴比伦后来的实际工资甚至更低,到公元前1世纪早期低至4.8升。[29]

新巴比伦的这种暂时性的价格上升目前还未得到解释。一个乐观的观察者可能会设想存在一个以市场为导向的农业生产、高度劳动分工以及货币化加快所驱动的生产力提高带来的短暂繁荣,这些都被证实了。在公元前7世纪末期亚述帝国的血腥崩溃所造成的人口损失导致收益减少也可能解释它。后者在巴比伦最南部引起的人口损失堪比一场瘟疫,不能不成为这场灾难性冲突中的一个关键因素。然而,这仍然只是一种推测,在公元前6世纪末期,实际工资的快速下降似乎也很难从纯粹的人口复苏方面得到解释。

尽管我们的认识中存在如此多的空白,曾经主要甚至完全是由黑死病引发的矫正过程,现在已经被证明是世界历史上的一种反复发生的现象。本章所提出的所有研究结果都趋于支持一个考虑了制度框架的马尔萨斯人口数量矫正论。这些矫正事件也有共同之处，那就是人口的大量损失，在每一个主要案例中都有数千万人失去生命。矫正效果的短暂是另一个共同点，因为人口恢复几乎无一例外地都抵消了这些好处。因此，瘟疫是一种既极其残酷又最终不可持续的收入和财富不平等的压缩机制。在这两个方面，它都可以与已经考察过的其他有效矫正进程（大规模动员战争的牺牲，改朝换代的残酷革命以及大规模国家崩溃的破坏）相提并论。所有这些事件都通过巨大的流血牺牲和人类苦难矫正了物质上的不平等。我们的矫正四骑士论现在已经完成了。

"上帝令至高者变得渺小"：30年战争中的奥格斯堡

通过对四骑士的论述，我们可以看出：严格分离历史上的主要矫正机器有助于使讨论结构化，但不可避免的是，我们无法更清楚地了解过去实际生活中更加混乱的方面。通常情况下，两名或更多的"骑士"会作为不同的矫正机制形成合力，并相互作用。17世纪德国南部奥格斯堡市的经历为说明不同"骑士"的复合影响提供了一个很好的例子。在这个例子中，主要影响因素是战争和瘟疫。[30]

作为欧洲从中世纪晚期黑死病中复苏的一个引擎，奥格斯堡曾是现代早期德国南部的经济中心之一。它的人口从1500年的20 000人增长到1600年48 000人，成为当时德国第二大城市。随着财富的扩张和分配的日益不均，经济发展和城市化加剧了资源不平等。这个城市对所有城市家庭定期评估、征收财富税，因而存在详细的记录，形成关于实际资产及其分配的一个相当准确的代理变量。我们需要考虑几个易混淆的变量。即使是那些被记录为没有应税财产的居民，也会拥有一些个人财产，这些财产可能会在某种程度上降低测度的不平等程度。与此同时，每个家庭的一般豁免额为第一个500基尔德的现金收入——在税率为0.5个百分点时，这等于豁免2.5基尔德税额，比1618年收入最高的前1/5以下的人的收入都多。珠宝和银器同样是免税的。所有这些税收优惠都对富人有利，且一定多于对未上税穷人的微薄财产免税额的补偿。总的来说，我们观察到的趋势似乎相当具有代表性。数据记录了随着时间推移所发生的惊人变化。由于资本的积累和集中，财富税不平等的基尼系数从1498年的0.66上升到1604年的0.89（见图11.4）。[31]

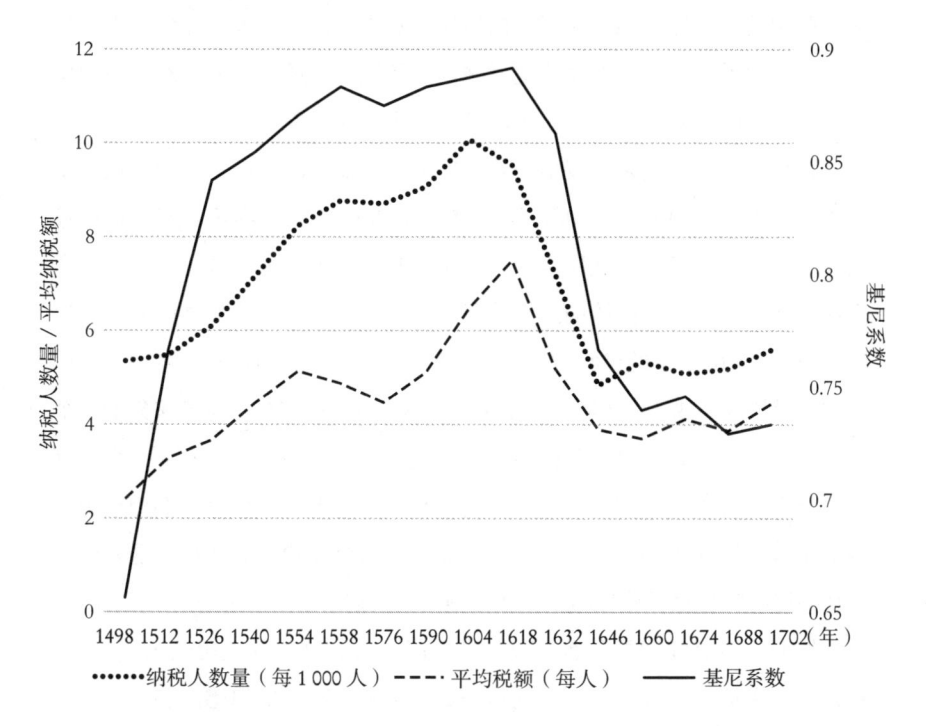

图11.4　奥格斯堡的财富不平等：纳税人的数量、平均纳税额以及纳税的基尼系数，1498—1702年

1618年经济阶层分层形势紧张：最富有的10%的家庭支付了91.9%的财富税，基尼系数达到0.933。即使是特权阶层内部也有很大的分层：最富有的1%的人，包括贵族和最富有的商人，几乎贡献了财富税总收入的一半。2/3的注册纺织工、建筑工人和89%的全日制劳动者根本不交任何税。在奥格斯堡社会的底层，我们发现大约有6 000名贫困阶层，包括约1 000名流浪乞丐、1 700名主要依靠救济的人和3 500名部分依靠救济生活的人。只有2%的群体是富裕的，1/3人口处于中等水平，2/3是穷人（至少一半

的人处于维持生计、勉强糊口的边缘），没有迹象表明以经济增长为支撑的中产阶级正在形成。相反，我们观察到了实际工资的下降，就像在前一章中所考察的众多其他城市人口一样。[32]

这就是 30 年的战争开端时的情形，复杂而漫长的军事行动造成了德国史无前例的毁灭性灾难。大面积的房屋和资本被破坏，人口损失巨大。战争在很大程度上导致了瘟疫的复发并与之相随，促进了一种相对较新的疾病——伤寒的传播，这进一步提高了死亡率。在战争初期，奥格斯堡市并不是直接的目标，只是间接地受到了影响，最显著的影响是货币贬值。用劣质货币支付战争费用的办法引发 17 世纪 20—30 年代物价膨胀，最初只上升了一个数量级。更低层级的人似乎受到了最为严重的影响，富有的商人通过购买那些陷入困境的中间阶级所拥有的房地产得到额外的利益。比较 1625 年和 1618 年的税收贡献，有更多的商人支付比以前更多的税收，他们的贡献增加了 3/4，这是财富在这一群体最成功的成员中快速聚集的一个标志。作为"老贵"①代表的贵族中，赢家和输家各占一半。精明的商业资本所有者最善于利用与战争相关的货币动荡。穷人变得更穷，部分较为富裕的中等居民却得到了更多的好处：赢家包括金匠和旅店老板，这要归功于他们能直接接触到珍贵的金属和食物等稀有物品。[33]

然而，当瘟疫和战争袭击奥格斯堡时，所有这些好处很快就消失了。瘟疫带来了第一次大的打击，这是一波从阿姆斯特丹横扫德国和意大利的更大疫情的一部分。1627 年 10 月，战争通过驻扎在城市中的士兵把瘟疫引入奥格斯堡。在那一年的剩余时间里，瘟疫继续肆虐。1628 年，每 4 万～5 万的居民中就有约 9 000 人失去生命。1625—1635 年间，福利支出的空间分布和奥格斯堡人口缩减的分布十分匹配，这表明瘟疫不匀等地杀死了穷人。1632 年和 1633 年，瘟疫的第二次暴发具有同样的效果。这种不平衡有助于强化这个城市整体的矫正效应。由此产生的混乱也降低了流动性。1629 年，

---

① "老贵"（old money）一般指财产来自继承的富人。"新富"（new money）指靠自身努力致富的人。——编者注

该市对债权人实施了一种估值折扣,以降低前几年贷款的高额利息。债权人如果提起诉讼,其处于裁定期间时将会被暂停支付任何利息或本金,因此债权人都对此望而却步。[34]

瑞典军队于 1632 年 4 月抵达。尽管如此,和平接管期间高昂的占领成本还是加重了当地天主教家庭以外的居民的负担。在这座城市里,大约驻扎了 2 000 名士兵,还要支付修筑大规模防御工事的费用。政府引入了特别税,包括适度累进的人头税。城市面临破产,市政债券的利息也完全停止了支付。资本所有者是主要受害者。在占领期间,死亡率再次飙升,这一次是因为 1632 年的瘟疫复发以及随之而来的由天主教势力封锁造成的饥荒。[35]

1634 年 9 月,瑞典在讷德林根战役中战败后,情况进一步恶化。帝国军队几乎立刻就包围了奥格斯堡。这场围困持续了将近半年,直至 1635 年 3 月,造成了巨大的困难。穷人遭受的损失最大:记录者雅各布·瓦格纳讲述了那些只能吃动物皮、猫、狗和人类尸体的人。这并不仅仅是一种陈词滥调,因为挖墓者报告说,有些尸体胸部和其他身体部位的肉不见了,一些市民啃着躺在街道上的死去的马的骨头。死尸和将死之人的恶臭笼罩着这座城市。与此同时,瑞典驻防部队对当地管理委员会施加了无情的压力,迫使其交出巨额的军税:第一次就征收了相当于一整年的税。只有富人才有希望能满足这样的要求。[36]

1635 年 3 月,驻防部队接受了使其秘密离开的投降条件,但这些条件迫使该城市为帝国军队支付一大笔费用和赔款。在天主教家庭承担了此前税收的冲击之后,现在轮到有财产的新教徒来付出其所剩财产的一部分。同年进行的人口普查部分地揭示了形势。房地产的分配几乎没有变化,但房价已大幅下跌,因为租金下跌,待售房屋状况不佳,潜在的投机者由于缺乏流动资金而无法获得被低估的资产。4 年后,雅各布·瓦格纳声称,房价已跌至占领前价格水平的 1/3,工匠的工作坊也空了一半。该市的精英对这些负担报怨诸多。1636 年,一个代表团被派往纽伦堡面见哈布斯堡皇帝,他们声称奥格斯堡剩余的 1 600 个新教徒家庭由于被迫花费大量的钱来支付军队驻扎和其他费用而变得极度贫困。1840年,在军队撤退一年之后,另一个公使馆证明,在过去的5年里,奥格斯堡的新教徒必须支付8倍的税,并且损失100万以上基尔德,如果这是真的,其损失将相当于该市年收入的许多倍。[37]

到1646年,受瘟疫和战争的累积影响的资产负债表不忍卒读。1616—1646年,奥格斯堡的人口下降了50%~60%,类似于其他受影响严重的城市,如慕尼黑、纽伦堡和美因茨。然而,其社会经济成分在社会阶层两端上的变动更为剧烈(见表11.1)。贫困人口的数量不成比例地下降了:4/5的纺织工家庭消失了,不仅是因为死亡或移民,还因为许多人不得不放弃他们的职业。因为他们中的大多数人都很穷,这一损失,加上穷人之间的极度内耗,这些曾在城市居民中占据了相当大的比例的居民死亡,导致贫困人口比例显著下降,使得不平等状况得到矫正。[38]

表11.1　1618年和1646年奥格斯堡按税级划分的住户比例和数量

贡献	比例,以百分数表示(数量)		变化,以百分数表示	
税级	1618年	1646年	比例	数量
无	48.5(4 240)	37.2(1 570)	-23.3	-63
1~15 kr.	13.2(1 152)	4.2(176)	-68.2	-84.7
16~30 kr.	7.0(614)	22.0(928)	+214.3	+51.1
31~60 kr.	6.7(587)	12.4(522)	+85.1	-11.1
1~10 fl.	16.5(1 440)	18.0(761)	+9.1	-47.2
10~100 fl.	6.6(577)	5.7(241)	-13.6	-58.2
100~500 fl.	1.35(118)	0.5(20)	-63.0	-83.1
500+ fl.	0.01(10)	0(0)	-100	-100
合计	100(8 738)	100(4 218)	-51.7	

Kr.:十字硬币;fl.:基尔德

城市的社会上层也发生了很大的变化。以前的超级富豪家庭现在仅仅算得上富有,而那些仅仅是富有的家庭的数量减少了5/6。那些舒适或中等收入的家庭数量减少了一半，但占总人口（总量大大减少）的比例大致保持了稳定。即使在穷人和赤贫的比例下降的情况下，收入阶层中那些稍高于最低生活标准的人所占的比例也在激增。整体的矫正效应是巨大的。

这些变化伴随着甚至比人口数量下降还要严重的应税财富的减少——大约下降了1/2~3/4。根据财富十分位数进行的税收收入分解显示，税收收入的急剧下降几乎完全是由最富有的10%的人的损失造成的。在1618年，最高十分位数的人贡献了91.9%的财富税，1646年这一比例是84.55%。从绝对数来看，这一群体的支出已从52 732基尔德降至11 650基尔德，占财富税收总下降额的94%以上。由贵族家庭所代表的"老贵"受到了最沉重的打击：他们的平均税收贡献减少了近4/5。[39]

然而这还没有结束：1646年，法国和瑞典军队对该市发动第二次包围，虽然失败了，却使年死亡率翻了一番。当年，由当地商人组织的一场纪念活动哀叹因战争、封锁和军队驻扎引起的进攻、掠夺以及新的或更高的关税而导致的商业衰退。总之，这些因素被认为减少了投资和信贷的机会，损害了资本所有者的利益。1648年，战争的最后一年，出现了另一个被围困的风险，2 400名士兵驻扎在这个城市，直到最后和平谈判结束才离开。[40]

这个幸存下来的城市不过仅有以前繁荣的影子。它的人口减少到不及战前的一半，它目睹成千上万的最贫穷的居民被瘟疫和饥饿折磨致死、拥有资本的精英被榨干。巨大的财富消失，较小的财富也减少很多。房地产失去价值，贷款变得一文不值，安全的投资机会减少：简而言之，资本受到了极大的侵蚀。最后，严重的人口损失增加了对幸存劳动者的需求，改善了劳动阶级的状况，使他们中的许多人摆脱了先前遭受的赤贫处境。到战争结束时，（被代理的）应税财富的基尼系数已经从超过0.9降至约0.75，虽然仍然很高——甚至比黑死病后的水平要高得多，但没有像以前那样极端了。这种矫正效应是以高昂的代价换来的，且在17世纪的剩余时间里一直持续着。[41]

*

奥格斯堡经历了西欧有史以来最可怕的战争之一,其间又发生了继黑死病之后最严重的瘟疫,它的情况可能显得特别。然而,我们观察到的对收入和财富不平等的矫正的推动力量并没有什么不寻常。大规模的暴力和人类的苦难是剥夺富人财富和减少劳动人口从而使幸存者的状况明显好转起来所必需的。社会阶层的顶端和底部的不同形式的损耗,都汇聚在压缩收入和财富的分配上。正如我们在本书此部分及前三部分所看到的,相似的过程在不同的环境中以各种各样的原因出现,从铜器时代的希腊到"二战"中的日本,从黑死病蔓延中的英国到大西洋交换中挣扎的墨西哥。尽管这些案例跨越人类历史和几大洲的记录,它们的共同之处在于,资源不平等的大幅下降依赖于暴力灾难。这就提出了两个迫切的问题:没有其他方法来矫正不平等了吗?现在有吗?现在,是时候去探索比我们"四骑士"的血腥程度更低的替代品了。

# 第六部分　替代性选择

第 12 章　改革、衰退及表现

"万物之父和万物之王"：寻找和平的矫正方法

　　到目前为止，本书所有章节读起来都相当令人沮丧。我们一次又一次看到，要付出相对人们的承受能力而言很高的代价才能获得富人和穷人之间差距显著缩小的结果。然而，并不是所有的暴力行为都服务于这一结果。大多数战争很可能降低不平等程度，也同样可能提高了它，这取决于一国站在哪一边。内战产生了相似的不一致结果，但在大多数情况下，更可能扩张而非缩小不平等程度。军事总动员成为最有前景的平等化机制，因为特殊的暴力产生了特别的后果。然而，尽管这是两次世界大战这种人类历史上最糟糕的战争的普遍现实，这种现象及其平等化的后果在早期却很少见：古希腊可能是唯一的先例。同时，如果最猛烈的战事最有可能压缩收入和财富的差距，那么最激烈的革命就更会如此：归根结底，20 世纪的革命在很大程度上对此进行了调整。与此对应的，像法国大革命这样缺乏雄心的冒险活动只能产生较弱的效应，历史上大多数的群众起义则根本无法平等化贫富差距。

　　国家的衰落成为一种更"可靠的"矫正方式，随着富裕和强权阶层被扫除，不平等被消灭。正如大规模动员战争和变革性的革命一样，平等化过程也伴随着人类深重的痛苦和灾难，这同样也适用于最具灾难性的传染病：尽管最大规模的流行病具有强大的矫正力量，我们却很难再想到一种比疾病更加糟糕的治愈不平等的药方。在很大程度上，矫正的程度在过去是暴力程度的函数：施加的力量越多，产生的矫正效果就越大。尽管这不是一个铁律，例如并不是所有的共产主义革命都是暴力的，同时也不是所有的大规模战争都产生矫正效果，不过它可能接近我们大体上期望得到的一个一般性前提。毫无疑问地,这是一个极其悲观的结论。但这是唯一的方法吗?暴力总是像战争一样成为矫正的源泉吗?按照德谟克利特的说法,暴力是"万物之父和万物之王"吗?有没有和平的替代性方案能产生相似的结果?在本章和下一章中,我分析了很多种可能的候选方案,尤其是土地改革、经济危机、民主化和经济发展。我通过考察一些反事实的替代方案得到以下问题的结论:在大规模暴力冲击缺失的情况下,在 20 世纪的历史进程中,不平等状况将会如何发展?[1]

"直到它变成摧毁一切的暴风雨吗":土地改革

土地改革值得优先考察的原因很简单,因为在过去的大部分时间,大多数人依靠土地为生,同时耕地一般代表了私人财富的数量。在 300 多年前的法国,土地代表了所有资本的 2/3,而在英国这一比例大约是 60%。在世界范围内,即使并非几千年来都是这样,至少这几百年来的典型事实就是如此。土地分配因此成为不平等程度的主要决定因素。在整个有史料记载的历史中,出现过很多次将土地所有权变得有利于穷人的尝试。土地改革并非天生就与暴力相伴:在理论上,没有什么会限制人类社会通过和平地调整土地所有权使穷人受益。然而在实践当中,情况常常会不同:正如我们将会看到的,成功的土地革命几乎毫无例外地都依赖于暴力的实施或者威胁。[2]

我们已经在第 7 章中探讨了最为显著的例子。尽管在古巴这样的一些例子当中,暴力是潜在的而并非是很明显的,但苏联革命的暴力本质和矫正力量都毋庸置疑。随着"冷战"结束,这一类型的激进式土地革命逐渐消退:20 世纪七八十年代的柬埔寨、埃塞俄比亚和尼加拉瓜是一些有记录的最近的案例。从那时开始,津巴布韦是唯一重要的强迫性土地分配的例子。在该国,土地革命在 20 世纪 80 年代以较为温和的步伐推进,在 20 世纪 90 年代加快速度,大约 1/10 的农业土地从白人农场主那里转移到 70 000 个大多数是穷苦黑人的家庭中。激进的土地改革开始于 1997 年,当时解放战争的退伍军人通过占据白人大农场主拥有的土地发起了"土地入侵行动"。结果，另外 1/8 的农场土地被标记为强制性征收。到目前为止，大约 90% 在 1980 年由 6 000 个白人农场控制的土地被分给 25 万个家庭。规模较大的白人拥有的农场在所有土地中的比重从 39% 降到 0.4%。这实际上代表了一种从少数精英到贫困家庭的巨量的净财富转移。自 1997 年开始的更为激进的第二阶段土地改革，很大程度上应该归因于退伍军人的暴力骚乱。当穆加贝政府无法兑现对福利和财政支持的承诺时，退伍军人和那些在他们帮助下动员的群众不仅挑战了白人定居者，也挑战了政府，从而迫使穆加贝允许对于白人拥有的商业性农场的暴力掠夺。在最初试图控制这场运动之后，穆加贝于 2000 年通过瞄准这些农场并且实施保护占领者的措施加入其中。我们在这里看到了 20 世纪早期墨西哥革命的回响，那时当地对不动产的侵占同样也驱动了政府的行为。本地的暴力行为是拓展土地再分配范围和财富平等化的关键方式。[3]

　　历史上许多土地革命都是战争的结果。在第 4 章中，我回顾了一个特别极端的例子：在美国占领下，日本的土地改革涉及实际上毫无补偿的没收和全国范围内彻底的土地所有权的重构。这是"二战"之后的时代中一个崭新的现象：在这一点上，外国占领者从来没有促进一种再分配过程的计划。中欧地区的苏维埃式秩序是占领军发起的主要平等化形式。从历史角度来看，战争也通过其他一些方式为土地改革提供了动力。为回应战争的威胁进行的改革是一种广为人知的机制，通常被用作支撑一国的军事能力。

　　根据一些相关记载，公元 645 年在日本发生的大化革新可以被视作这一过程的一个早期例子。效仿近邻中国在隋朝和唐朝时的统治者所采取的土地平等化的措施，农地被测量并在相同大小的小块土地组成的网格体系中被组织起来。他们基于有生产力的家庭成员的数量，将肥沃的土地分配给这些单个的家庭，同时也安排了周期性的重新配置以适应环境的变化。被分配的这些地块，严格说是公共的，也就意味着是不可转让的。常常出现这样的情况：我们不能确定这种雄心勃勃的计划在多大范围或者多么实际地被实施了。此处重要的是，在国内外战争的威胁下，他们是在进行改革的背景中实施的。在公元7世纪60年代，对朝鲜的介入使得日本陷入与中国的对立当中，并且提高了日本对于相邻的强权国家的军事入侵的担忧。由此导致的军事化，被672年和673年关于王位继承的壬申之乱打破。日本首次人口普查在689年进行，并且引入了对所有成年男性的征兵制。战争的威胁似乎为用于压制本地精英群体而扶持一般民众之间紧密团结设计的改革提供了动力，这也为军事动员做好了准备。[4]

用沙皇俄国的情况来分析会更清楚一些。在1853—1856年的克里米亚战争失败后的一个月之内，沙皇亚历山大二世就做出承诺："法律对所有人都是同等正义的。"在5年内实施的包括解放农奴在内的各项改革，意在用普遍征兵制支撑更大规模军队建设。农民现在可以拥有他们耕作的小块土地。然而，这一平等化措施由于农民有着要支付等同于这块土地价值75%或者80%金额的补偿金的义务而受到阻碍。政府债券为此提供了资金支持，农民不得不在超过49年的时间内每年偿还6%的利息，这就在长时间内榨取了他们的资源，因而常常使得他们只能获得比之前耕种的地块更小的土地份额。当一些人获得了土地而另一些人没有的时候，差异化程度就增加了，较为贫穷的农民变得无产阶级化，同时更为富裕的家庭与其他人的界限更加分明了。紧随1905年日俄战争的失败出现的骚乱触发了另一轮的土地改革。在这个时候，农民依然仅仅只拥有所有土地的3.5%。他们拒绝再提供补偿性的支付，进行罢工并且攻击各种不动产，破坏了超过1 000座的庄园房屋。出于对这种暴力活动的回应，所有未完成的补偿性支付都被取消了，同时农民被赋予将其土地作为可继承性财产的权利。结果是，在"一战"的时候，一半以上的土地都已经变成了农民的财产。即使是这样，在少数大的地主和大量小的土地所有者之间持续存在的财富差距依然提高了整体上的土地不平等，同时，干重活的马匹的分布也变得比早期更加不均等了。[5]

这并不是一个孤例。以恶化的不平等状况为结局的战争驱动下的土地革命有着很长的历史。拿破仑战争在不少国家都引发了土地革命，在较长的时间内带来并不令人满意的结果。在普鲁士，1806年战争失败的冲击促进了下一年农奴制的废除，同时尽管佃户被允许从贵族和皇室那里购买土地，价格还是非常高的，较大的地主——容克地主强化了他们对土地的控制，并且一直保持主导性的位置，直到1945年，共产党在没有补偿的情况下，征收了所有大型的地产。在西班牙，拿破仑战争也同样促进了自由化。限定继承权在1812年被废除，同时公共土地也被拿出来进行销售，然而接下来的内战导致土地所有权更大程度的集中——葡萄牙的情况也是如此。在奥地利，正是1848年的革命迫使政府确保农奴不再受到封建性义务的约束：名义上的这种法律关系在18世纪80年代就已经被引入了，但直到这个时候，为了实现这一目的的法律才得到合理的执行。被转让的土地的赎买价格被设定在其年度收益的20倍的水平上，并且在农民、政府和地主（他们因此被没收了其土地财富的1/3）之间平均分配。这就是一个用和平购买的方式对民众的动乱做出回应的例子。[6]

其他由战争激发的改革尝试更为激进，但也被证明是短命的。创立于1901年的保加利亚农民国家联盟在联络农村民众上一直是不成功的，直到"一战"战败带来的投降、政治动乱和领土损失所产生的重大冲击在1920年使他们得以执掌政权。其土地改革计划是雄心勃勃的：土地的所有权以30公顷为限，超出此范围所持有的土地要按照递减的比例（补偿水平随着规模而缩减）强制性地被卖出，并且转移到无地农民或者土地较小的持有者手中，同时教会土地和通过投机和发战争财获得的财产被充公。这些措施很快就引发反对改革的保守派的暴力回击，导致政府被推翻。在"二战"期间和战后的危地马拉，战争效应以一种更为间接的形式发挥出其作用。在战争中的那些年份里，德国的咖啡市场的消失以及美国的压力使得很多德国人拥有的咖啡种植园被国有化，大地主的压迫性统治被弱化。这就为1952年通过民主选举上台的政府实施农业改革开辟了道路：大地主的土地被进行再分配，通过政府债券对原来的所有者进行补偿，这种债券是根据他们过去所填报的、一般而言低估的税收申报来定价的。到1954年，经过一种和平且有秩序的改革，40%的农村人口已经获得了土地。然而在同一年发生的一场政变建立的军政府取消了这场土地改革并重建了压迫制度。在接下来的漫长内战中，总计15万人丧生。到20世纪90年代，3%的地主掌握了全国所有土地的2/3，90%的农村人口几乎完全没有土地。这一过程中的暴力以不同方式体现其特征：首先是以促进变革的方式，然后是以一个被证明无法应对暴力干涉和镇压的和平政府缺席的方式。[7]

在其他一些关系到内部或者外部的潜在暴力的例子当中，土地改革是突然发生的。反共产主义是其中一个特别强烈的动因。"二战"结束后，韩国的土地不平等程度非常高：少于3%的农村家庭拥有所有土地的2/3，而58%的家庭没有任何土地。接下来发生的土地改革其实是出于对朝鲜的恐惧，后者早在1946年就在其控制的朝鲜区域没收了私有土地，这可能动员起南部的本地农民。美国的支持，以及参加1948年第一次选举竞争的所有党派都承诺的土地改革导致大规模的土地征收和再分配。首先，所有的日本殖民地的财产被查封。在20世纪50年代早期，韩国将私人产权的上限设定为3公顷的优质农田，超过的部分则通过没收或者以很小的补偿（年租金的1.5倍）后售出的方式被转移给其他农民，同时对于依然在别人的土地上耕种的佃农，其地租被限定为较低的水平。略微超过一半比例的土地改变了其所有者。再分配的效应是巨大的：地主丧失了其收入的80%，处于底层的80%的农村家庭获得了20%~30%。到1956年，最富有的6%的地主只掌握18%的全国土地，佃农的比重从49%下降到7%。土地所有权的基尼系数，从1945年高达0.72或者0.73，下降到20世纪60年代的0.3的水平。朝鲜战争的后果放大了土地改革的矫正效应：因为大多数的工业和商业财产都已经被摧毁，恶性通货膨胀使得这些补偿毫无价值，拥有土地的精英阶层完全消失，同时出现了一个高度平等化的社会，并在此后通过受教育机会的扩大而得到维持。在这个例子当中，对战争和革命的关切被真实发生的总动员性的战争取代，在第5章中我们描述了与之类似的具有平等化后果的例子。[8]

对革命和真实战争的忧虑同样也在越南共和国聚集，在美国的鞭策下，它于1970年实施了土地改革：所有租佃的土地都将被转交给耕种者，他们将免费得到一定大小的土地；土地所有者得到了补偿。在三年之内，这项改革就得到了实施，土地租佃的比例也随之急剧下降——例如在湄公河三角洲，从 60% 变成了 15%。

1921 年在罗马尼亚进行的土地改革可能是这种遏制战略的一个早期例子：它使得获得征用土地的较为贫穷的农民和小地主受益，有时这被认为是由人们对可能从邻近的苏联散播过来的革命的恐惧引发的。美国在 1960 年建立了"和平联盟"以应对卡斯特罗对古巴的控制，推销土地改革并为此提供资金支持。智利就是候选人之一：在早期实行了一些缩手缩脚的举措之后，对于 1964 年选举失败的关切导致右翼和中间派的联盟支持更大范围的土地改革。到 1970 年，很多大的庄园都已经被没收，但为此支付的费用是有限的。阿连德的左翼政府取得了更多的进步，直到其被 1973 年发生的政变推翻。尽管这事件阻碍了整个进程，但是到这时，1/3 的土地已经为小地主所拥有，而 10 年之前这一比例只有 1/10。[9]

面对秘鲁在整个 20 世纪 60 年代较高的不平等程度和存在农村暴力的情况，1968 年的军事政变的领导者强烈反对该国传统的寡头政治。经受过美国反游击战理论训练的他们选择将土地改革作为延缓全面内战爆发的工具。几年之内，大多数大型的庄园都已经被没收，全国土地的 1/3 已经被转让，1/5 的农业劳动力都从中受益。大地主的权力被打破主要使得军人和普通农民，而非穷人获益。类似的一些被激发的措施在厄瓜多尔、哥伦比亚、巴拿马和多米尼加共和国得到实施。在萨尔瓦多，游击战爆发一年之后，在美国的鼓励和财政支持下，军政府在 1980 年发动了土地改革。[10]

大约 10 年以前，对革命的恐惧同样也促使埃及发生土地改革。土地的分配曾经非常（尽管不是极端的）不平衡，最富的 1% 的地主控制了 1/5 的土地，最富有的 7% 的地主拥有的土地比例达到 2/3。租佃的比例很高，同时佃农的地位与劳工一样糟糕。在 1952 年纳赛尔的军事政变发生之前的 10 年间，埃及已经被动荡环境撕裂，其间更换了 17 届政府，还伴随戒严、罢工和骚乱。统治阶级的成员已经成为暗杀行动的目标。新政府在获得权力的同时开始土地改革。与同时期的东亚国家一样，美国为其提供了支持和

第 12 章 改革、衰退及表现 293

帮助以限制改革的影响。农业部长赛义德·马雷，援引了这些恐怖的事实来为改革提供辩护：

> 我们记住了 1952 年 7 月革命以前的一些日子；我们记得埃及的村落如何由于危险的焦躁氛围而变得动荡不安；我们记得那些导致杀戮和财产毁坏的事件……难道这些大地主更愿意暴露在这些骚乱带来的狂风下，利用欲望和贫困为自己谋利，直到其变成摧毁一切的狂风骤雨？

私人土地所有制被设置了上限，但是土地所有者得到补偿，同时国家允许上地的受让者在几十年的时间内，以一种与 1861 年的沙皇俄国时一样的机制向国家进行偿还。由于支付的金额要比此前的租金低得多，所以这种安排是以一种对农民有利的方式运作的。1/10 的土地改变了所有者，财富的分配受到的影响要比收入分配受到的影响小。在伊拉克，政变和复兴党的统治产生了更大的效应，同时集体化在 20 世纪 60—70 年代显著降低了土地所有权的不平等程度。1971 年在斯里兰卡发生的一场失败的革命，虽然被认为牺牲了成百上千人的生命，但没收私人以及后来一些企业超过给定限度的土地的做法也促进了在次年进行的土地改革。再一次受到暴力的驱使，这种干预代表了一种与所有独立以前的历届政府未能解决土地不平等问题的做法的彻底背离。[11]

所有这些例子都一致指出暴力的极端重要性，无论是实际发生的还是潜在的，它们都带来了有意义的土地改革。然而，最终结果有着很大的差别。实际上，土地改革在降低不平等程度方面的成效乏善可陈。对于 20 世纪下半叶发生的 27 个土地改革的调查表明，在大多数的案例当中（21 个，或者说 78%），土地不平等状况要么大体上保持不变，要么随着时间推移而增加。任人唯亲也可能破坏和平的土地改革。在 20 世纪 60 年代的委内瑞拉，民主选举的政府将 1/10 的农村农地再分配给 1/4 的无地穷人——其中一半来自没收，另一半来自国有土地。在那个时候，该国正在从一个主要依赖农业经济向建立以石油出口为主的城市经济转型。这就使得政府能够使用石油收入来支付慷慨的补偿,实际上这种补偿如此慷慨,以至地主支持他们工人的罢工和对土地的要求,从而使得他们自己也可以有资格被没收土地,并且以超过市场水平的价格获得补偿。实际上,沿着这一路线进行的改革可能对降低物质不平等程度的贡献非常有限。[12]

补偿有时是通过秘密途径给予的。在意大利半岛的扩张过程中,古罗马共和国从被其击败的敌人手中没收了大量可耕种的土地,并且将它们转变为公共土地以分给定居者或者出租出去。后一种方式使得那些有实力对大片土地进行耕作和投资的人受益,从而公共土地更集中到富人的手中。在公元前133年做出对获得这类土地施加法律限制的早期尝试之后,事情发展到一个危险的境地,此时一个来自寡头统治阶级内部的民粹主义改革者提比略·格拉胡斯,实施了一项将每一个土地所有者的限额设定为略多于300公顷公共土地的再分配方案。过量持有的土地被无偿征收,并且被分配给贫穷的市民。分配的这些土地不能转让,阻止了富有和有权势的人购买土地取代这些新发展而来的小地主。精英阶层对于这场改革的反对在持续。通过为定居者提供启动资金来促进这一项目实施的各种努力,最终驱使被激怒的寡头政治家夺走了格拉胡斯的性命。这一再分配方案在其发动者手中仅仅维持了不超过4年,到公元前2世纪初,租金已经被取消,同时所有公共土地的持有人,包括那些拥有最大允许数量土地的人,开始享有这种能被出售的私人土地产权。因此,尽管这一项目可能产生较大数量的新的小地主(数量与市民人口的一部分相当),其对于土地财富分配的较为长期的效应只可能是温和的。[13]

在现代菲律宾,战争或者革命威胁的缺乏使得地主中的精英放缓了他们的脚步:即使土地改革依然是一个长期的竞选口号,几十年以来都没有什么变化。纵然在1988年,他们做出了一个更为严肃的尝试,其结果依然是有限的,这和在印度、巴基斯坦、印度尼西亚发生的事情一样。20世纪70年代的伊朗,尽管大多数的分成租佃式农民通过对多余土地的强制性出售获得一些土地,但由于对土地出售者存在偏袒和补偿性的要求,以及缺乏政府的支持，这一过程实际上提高了小地主之间的不平等程度。1848年夏威夷的《土地大分配法令》是产生不公平结果的和平性土地改革的一个特别极端的例子。当时，集体耕作的土地在国王、酋长和大众之间分享着。因为建立私有产权需要申请者正式提出申请——这是很多平民家庭无法做到的，以及因为《外国人土地所有权法》很快允许外来者获得土地，随着时间推移，大多数没有被皇室申明产权的土地归入非夏威夷人的商业性所有权当中。[14]

非暴力的土地改革只可能在一些最为罕见的情况下取得完全的成功。18世纪晚期，在西班牙发生的公共土地分配最多可以在部分意义上作为一个范例。在1766年发生的迫使查尔斯三世逃离马德里的暴乱触发下（因此也并非没有暴力的动因），出于本地的环境，这场土地改革产生了差异显著的结果。常常是那些能够支付农业生产工具的人可以从中受益。在某些区域，由于农村劳动力缺乏资金，同时受到了精英阶层操控性的干预，改革遭遇了失败。只有当上层阶级没有特别地专注于土地所有权时（如在马拉加），商人精英在土地所有权上居于主导地位，或者当农村劳动力的相对稀缺和土地的相对匮乏限制了地主的议价能力时，如在瓜达拉哈拉一样，土地改革才会成功。[15]

在19世纪的塞尔维亚，平等化的土地改革在其获得独立之后才成为可能。奥斯曼帝国的统治者对塞尔维亚施加了一种将土地分配给与他们有着很好关系的穆斯林的封建制度。另外，强大的土耳其人压榨塞尔维亚农民，违法设立一种准私人性质的夺取产权的方式。本地农民被强迫支付较高的地租并提供劳务服务。1804年的起义之后，塞尔维亚迎来了双重统治的转型时期——奥斯曼帝国控制下的塞尔维亚自治从1815年持续到1830年，非法的产权主张被废除，同时封建地主和地租开始受到压制。1830年早期的一些方案要求大多数土耳其人在将其土地卖给本地人之后的几年内离开塞尔维亚。封建主义制度已经被废除，塞尔维亚人获得了土地上的私人权利。离开的土耳其人所放弃的一些土地被分配给了小农户。剩下的大地主被要求卖给耕种者一些房产，以及卖给在其土地上耕种的农民一定数量的农田。结果是，大地主几乎完全消失了，同时产权变得极为分散：到 1990 年，91.6% 的塞尔维亚家庭拥有了房屋和其他不动产。在这个例子当中，在以"外国"精英阶层被强迫放弃其传统的特权地位的前提下，不平等程度得到降低。以之前的殖民者或者其他被掌控的精英资产为目标的土地改革同样发生在其他一些国家。[16]

真正的和平改革常常需要某种形式的外国势力的控制，以限制本地精英的力量。这在 20 世纪 40 年代末的波多黎各发挥了作用——即使在这里，也仅是大萧条和"二战"驱动下的美国平等化改革的一种副产品，它与美国占领下的日本发生的自上而下的土地改革恰好同时发生。殖民统治者在爱尔兰的土地改革中也发挥了作用。19 世纪 70 年代晚期，鼓吹平等地租和保护佃农免遭驱逐的所谓"土地战争"，受到以罢工和抵制为主要形式的有组织的抵抗，但只有非常少的实际暴力行为发生。英国议会通过一系列法案来应对这些怨言，这些法案管制了地租，并且为佃农提供固定利息的贷款，这些佃农希望从有出售意愿的地主手中购买土地。在 1903 年，《温德姆法案》在政府同意用国家收入支付佃农提供的补偿和地主的叫价之间 12% 的溢价的情况下换来和平，从而为小农场的私有化提供了补贴。这就使得小农场能够在 20 世纪 20 年代早期独立的时候，控制了爱尔兰全国一半以上的农田。[17]

寻求和平、有效的土地改革的努力并不是特别成功。最有再分配效应的干预也许是由革命和内战造成的，也常常是暴力的，就像在法国、墨西哥、俄国、中国、越南、玻利维亚、古巴、柬埔寨、尼加拉瓜和埃塞俄比亚发生的大革命一样；也可能是其他一些形式的暴力动荡，就像在津巴布韦一样。在其他一些例子当中，均等化的土地改革是国外占领的战争（日本、中欧，以及"二战"后的韩国和朝鲜），战争的威胁（中世纪早期的日本、普鲁士），其他与战争相关的骚乱（危地马拉），对革命的担心（智利、秘鲁、埃及和斯里兰卡），或者是这些担忧和实际发生的战争（韩国和斯里兰卡）的一种组合所导致的。根据最新的调查，1900—2010 年，超过 87% 的发生在拉丁美洲以外的主要的土地改革，都紧随着世界大战、非殖民地化、共产主义上台领导而产生。[18]

如同在夏威夷和委内瑞拉一样，和平的改革可能使得富人受益，或者就像在爱尔兰和波多黎各一样得到公平的实施。关于和平开展并且导致重要矫正作用的自发土地革命的证据并不充足。这一结果并不让人奇怪：在那些迫切想要实行土地改革的、处于一定发展水平的社会当中，精英阶层的抵制常常可以阻碍或者削弱再分配的政策，除非暴力性冲击或者暴力的威胁要求更多实质上的让步。这就有助于解释明显缺乏带有较高"地板"（新的小农场的规模）和较低"天花板"（地主所有权的上限）特征的非暴力性土地改革的原因。[19]

如果我们进一步回望更为久远的过去，这种图景也不会变化。表面上雄心勃勃的土地再分配计划不断被证实具有建立政权的特征，如同战国和隋唐时期以及汉朝时的中国，具有统治者竭力压低精英阶层财富的背景，我已经在之前的一些章节中提到了这些观点。在古希腊，土地改革和一些作用类似的措施——尤其是债务免除通常都与暴力政变相联系。从古风时期到希腊化时期，这类记载延续了好几个世纪。公元前7世纪的希普塞卢斯，作为柯林斯的第一个暴君，在消灭或者驱逐其反对派成员之后夺走他们的土地进行再分配。大约在相同时间或者稍晚一点，相邻的麦加拉城的忒阿根尼斯屠杀了富人在穷人土地上的牧群。在后来激进的民主时期，富人们被流放，其资产也被夺走，据说当时的穷人进入了这些富足的居所索取免费的食物或者实施暴力。虽然没有彻底取消债务的信号，不过借贷人被要求返还债务的利息。公元前280年，在奴隶和制造业工人的帮助下，阿波罗陀洛斯在卡桑德拉城掌权。据说他没收了"富人的财产，并且在穷人当中进行再分割，同时提高了士兵的酬劳"，这种状态仅仅维持了4年。在相似的环境中，克里尔考斯在公元前364年成为赫拉克利亚-本都卡的君主，也发布了一个关于土地再分配和取消债务的方案。[20]

斯巴达的和平式土地改革也没有获得很多的进展。如同我们在第6章中看到的，土地财富的分配变得越来越不平衡，使得越来越大比例的公民被边缘化，全权公民的数量已经下降到700人（一个半世纪之前的数量是这一数字的 10 倍以上），其中 100 人被划分为富人阶级，其他人是他们的债务人。其他大约 2 000 个斯巴达人被划分为二等公民，部分原因在于他们的收入已经下降到必要的阈值之下。公民群体中存在极端的不平等状况，更不必说斯巴达社会的其他下层阶级，这些情况为各种改革的尝试开辟了道路。

公元前 3 世纪 40 年代，由亚基斯四世实施的、意图以不流血的方式完成的第一次干预，目标是取消债务，并且把土地分成大小相同的 4 500 块，再分配给公民和从属城邦的部分成员。当他外出进行军事行动的时候，这些努力都遭遇了挫折，亚基斯本人被流放，改革也失败了。第二轮干预变得更加暴力，公元前 227 年，国王克利奥米尼斯三世在雇佣兵的帮助下通过政变上台之后，杀害了斯巴达 5 位资深执政官中的 4 人，以及大约 10 位其他官员，并驱逐了 80 多人。他的计划与亚基斯的类似，并且得到了实际的执行，同时伴随着很快取得军事和外交成功的军事改革。最终他的统治在公元前 222 年的战败后被推翻，克利奥米尼斯逃走了，没有证据表明他的再分配措施被篡改了。然而，这场战败带来的大量伤亡在很大程度上降低了地主的数量。公元前 207 年，进一步的军事灾难促进了第三轮，也就是最激进的一轮改革，在纳比斯的领导下，成千上万的"奴隶"（也包括黑劳士）获得自由和解放。人们认为，他杀害、用酷刑折磨或者流放了富有的斯巴达人，并且将他们的土地分给了穷人。在他公元前 188 年被外国侵略者赶下台后，侵略者施行的一种反动的方案强迫将最近解放的黑劳士驱逐或者卖掉。这其实是土地改革的成功实施倾向于借助某种暴力措施的另一种表现，同时它也表明，这反过来会释放更强烈的报复性暴力措施。[21]

"打破陈规"：债务免除和解放

尽管我们可以说，没有与某种方式的暴力联系起来的土地改革，如果有的话，也很少成为对抗收入和财富不平等的有效方式。可能对于债务免除而言，也大体如此。债务当然是影响不平等状况的因素之一。债务问题迫使农民卖出他们的土地，吞噬其可支配收入。至少在理论上，减少或者取消债务可能会让富有的出借人付出代价、改善贫穷的借款人的状况。在实践中，没有很好的证据表明这些措施带来了真正的成效。有记载以来，最早的文明社会就为我们提供了一些免除债务计划的证据：迈克尔·赫德森在取消利息或者债务本身，以及在公元前2400—前1600年美索不达米亚平原释放债务奴隶方面收集了超过两摞的证明材料，后者是一种在《圣经·旧约》的"利未记"中规定的，每五十年纪念一次的古代西亚地区传统。苏美尔、巴比伦和亚述的皇家救济法令被认为是国家统治者和富有的精英阶层为控制盈余和征税及增兵能力而进行的长期斗争的一个组成部分，我在第一章中讨论过。如果这种免除措施有效而且周期性进行，我们就能够期望这将会被计入贷款的条款（这可能会解释有记录的很高的利率）；如果这有效但是很少见，或者常见但没有效果，那将不会对不平等状况起到什么效果。不管哪一种方式，都很难将免除债务视为矫正不平等状况的有效工具。[22]

废除奴隶制看起来像是一种有希望的矫正力量。在那些相对较少的精英阶层的大量资本与奴隶捆绑在一起的社会，解放奴隶有压制财富不平等的潜力。然而，在实践中，大规模的废奴运动进程常常与暴力动乱纠缠在一起。在1792年一次失败的尝试之后，英国议会在1806年通过了一项关于奴隶贸易的禁令，这是一项最初仅仅针对非英国殖民者的措施。其目的是在拿破仑战争期间，保护英国的国家利益，或者说是军事利益。1823年在德梅拉拉发生的起义，以及1831年和1832年在牙买加发生的大规模奴隶起义促成了正式的废奴运动。《废奴法案》在1833年迅速颁布，迫使获得自由的奴隶为他们的前主人免费工作几年，并且为奴隶主提供补偿。此法案要求提供的2 000万英镑是一笔巨款，相当于该国当时年度财政支出的40%，在今天价值23亿美元（或者如果用英国经济在当时和现在的一个比例来表示，实际上超过了1 000亿美元现值）。尽管这要比这些奴隶的市场价值低——在我们前面提到的时间段，其价值分别约为1 500万、2 400万，以及高达7 000万英镑，考虑到4~6年没有报酬的学徒期，这种一次性的补偿方案的总价值不一定会带来显著的亏空。一半以上的费用流入地主和债权人手中，他们中的大多数是定居伦敦的商人和食利者。这些食利者中没人拒绝这种补偿。在这种情况下，矫正效应注定是非常有限的。此外，在一个英国政府的收入要严重依赖关税和消费税这些间接税种的时期，承担大量债务来为这项计划融资的需求，实际上促使收入从大多数人手中被再分配给了更富裕的奴隶主和公共债务的购买者。[23]

其他一些解放的例子甚至更直接地与暴力冲突联系在了一起。法国在1794年大革命的高潮时期废除了奴隶制，这是一项把圣多米尼克（现在的海地）造反的奴隶拉回到自己一边，从而远离敌人的策略性手段。这一措施随后被拿破仑废除了。在1804年，当海地宣布独立的时候，此前的奴隶主被赶走，而那些滞留的人则在当年的白人大屠杀中丧命。需要另一场暴力冲击来终结剩下的法国殖民领地上的奴隶制度：1848年的革命，作为欧洲范围内动乱的一部分，再一次推翻了法国的君主制，并且导致奴隶被解放。奴隶主收到了一些现金和贷款的补偿，但是要比在英国得到的更少。战争促使在拉丁美洲的大部分西班牙殖民地废除了奴隶制度。在殖民统治者臣服于1808年拿破仑入侵西班牙引发的本地起义之后，这些新成立的国家很快就通过了解放奴隶的法律。在第6章中，我讨论了美国内战对奴隶制度的暴力性摧毁，此时对于奴隶主资产的无偿征用被对非精英集团的间接破坏抵消，从而降低了整体上的矫正效果。同时，英国对于大西洋奴隶贸易的禁止，实际上是一种政府暴力的行为，促进残留在拉丁美洲的奴隶制度的衰落。巴西和古巴是主要的壁垒。在古巴（以及波多黎各）的例子中，是暴力冲突再一次促进了政策的改变。1868年的古巴革命导致奴隶在一场持续了10年的战争当中得到解放。从1870年开始，改革限制了奴隶制，直到1886年古巴的奴隶制被废除。当巴西继续进口非洲奴隶，违反其外交承诺的时候，英国海军在1850年攻击了巴西港口并摧毁了运送奴隶的轮船，迫使该国禁止了奴隶贸易。只有这一过程的最后阶段不是主要由暴力驱动的：从1871年开始，其奴隶制度逐步瓦解，最终在1888年被废除，而且没有对奴隶主的补偿。[24]

一般来说，不管是通过战争或者革命的方式，暴力牵涉得越多，矫正作用就可能更有效（如同在海地、拉丁美洲大部和美国）。反之，这一过程越为和平，将会带来更多的补偿，同时有能力的奴隶主能够更好地针对这一转型过程（如同在英国和法国殖民地）进行谈判。只有巴西的情况在部分意义上是一种例外。因此，不平等程度的降低通常与本书前面几章提到的暴力的矫正力量有关。相反，能显著实现平等化（在物质意义上）的和平解放是少见的，甚至是不存在的。考虑到奴隶主通常控制着土地，并且能够从替代性的剥削性劳动安排中获得收益——例如在美国南北战争后的南方实施的分成租佃制，废除奴隶制的做法对于收入不平等的调节效应就更弱了。

"在健康和繁荣的基础上"：经济危机

如同我们已经看到的，经济衰退能够降低不平等程度。第9章讨论的系统崩溃所导致的大规模经济衰退，具有我们能够从考古证据中识别出的矫正效应。紧随转型性革命而来的严重经济混乱可能产生相似的结果，虽然是在不那么剧烈的程度上。但是，"和平性"的宏观经济危机，即那些没有根植于猛烈冲击的经济衰退的作用是什么呢？对大部分人类历史而言，这些不平等程度的发展带来的危机所导致的结果是无法调查的。较早的一个例子就是西班牙的持续性经济衰退，在此期间，随着羊毛出口、贸易和城市活动的减少，实际人均产出在整个17世纪的上半叶也降低了。不平等的结果也会随着我们选择不同的代理变量而存在差异：虽然地租与工资的比例在这段时间内下降，意味着劳动回报要比土地回报更高，降低了收入不平等，但名义人均产出和名义工资之间的比率相当稳定，表明收入分配没有发生重要的变化。这也许在部分意义上是可得数据受到限制的结果，凸显出在前现代社会中探究经济力量引致的矫正效应的困难性。[25]

只有更为晚近的事件才拥有大量的证据。主要的经济危机对不平等状况并没有产生一种系统性的负面效应。目前为止最为全面的调查审视了1911—2010年间发生的72次系统性银行危机和从其峰值下落了至少10%的

100次消费衰退，以及1911—2006年间101次下降了同样程度的GDP下落。这些不同类型的事件仅在一般程度上存在重叠：例如，仅有18次银行危机与经济衰退同时发生。在25个国家发生的72次系统性银行危机中，有37次产生了有用的信息。这些结果偏向于支持上升的不一致性：收入不平等程度仅仅在3个案例中下降，在7个案例中上升，如果人们将危机没有发生之前可用的数据包含在内，这一数字就会上升到13。消费下降更有可能产生不同的结果：在36个可用的例子当中，有7个案例的不平等程度下降，只有2个案例有了上升。至于GDP的收缩，并没有明显的趋势。在这两种宏观经济危机当中，大多数例子只显示出非常小的不平等程度的变化。一项单独的关于发展中国家的67次GDP衰退的研究当中，识别出10个这些事件导致不平等上升的例子，这显示出更贫穷的国家面对这种冲击时更为脆弱。我们必须得出宏观经济危机不能作为重要的矫正方式的结论，同时银行危机甚至倾向于有着相反的效果。[26]

一项对1880—2000年间16个国家的调查证实了上面的最后一个发现，不过添加了一个时间维度。"一战"前和"二战"后的金融危机，倾向于通过更快地降低较低水平人群的收入（比起最高收入者），提高不平等程度。主要的例外就是大萧条时期，即使是最富有的、严重依赖资本收入的群体收入水平下降，实际工资也上升了。大萧条是美国唯一一次对经济不平等产生了强有力影响的宏观经济危机：最富有的1%美国人的财富份额在1928—1932年间从51.4%下降到47%，正如最富有的1%群体的收入份额从1928年的19.6%下降到三年后的15.3%——如果将资本收入包含在内的话，则同一时期从23.9%下降到15.5%。最富有的0.01%的群体的损失特别的明显：他们包含资本收益的收入比例在1928—1932年间从5%降到2%。富有阶层的排名也相应缩水了：全国制造商协会会员数量在20世纪20年代早期—1933年间下降了2/3以上，银行的数量在1929—1933年间也从大约25 000家下降到14 000家。[27]

总体而言，大萧条在不平等问题上的全球效应更为温和。在澳大利亚，最富有的1%群体的收入占比从1928年的11.9%下降到1932年的9.3%，不过在 1936—1939 年之间的平均水平为 10.6%，比危机之前的水平没有低多少。在法国轻微地恢复之前，这一数字从 1928 年的 17.3% 下降到 1931 年的 14.6%。同时，在荷兰则是于 1928—1932 年间从 18.6% 下降到 14.4%，此后也同样跟随着部分的反弹。在日本，这种下降趋势相应地比较微弱和短暂，在新西兰就更加弱了。在这些年份当中，德国、芬兰和南非的最高收入者的份额保持稳定，而在加拿大和丹麦发生了实际上升。大萧条的平等化结果因此看起来大体上局限于美国。不过即使在美国，它也产生了好坏参半的结果：在矫正效应出现几年之后，直到发生战争，收入的集中度都保持稳定，战争开始后，不同的财富不平等测度表现出相互矛盾的趋势。[28]

1929 年 10 月 29 日、股票市场暴跌的 4 天前，美国总统赫伯特·胡佛在一场演说中有个著名的错误断言，即"这个国家的基本经济活动，即商品的生产和分配，还处在健康和繁荣的基础之上"。但是，美国不平等问题的基础可能要比其不久之后所表现的更为稳固：在 20 世纪 30 年代末，精英阶层收入和财富反弹的信号应该让我们感到怀疑，即如果其没有被再次爆发的世界大战夺走的话，这种趋势还将持续多久。归根结底，最高收入群体的收入份额的恢复能力和反弹力，在最近的历史当中也是典型的。1987 年的股票市场崩盘无法阻碍那一时期最高收入群体收入稳步上升的趋势，2000 年的互联网泡沫破裂带来的适度的均等化效应以及下一年的"9·11"事件带来的混乱到 2004 年就完全消失了。2008 年的经济大衰退也是如此，其对于最高收入群体的负面效应在 4 年之后完全消失了。不管我们考虑的是美国顶层 1%、0.1% 还是 0.01% 的收入群体，结果都是如此。在其他发达国家中，平等化的效应是异质性的，但同样较为温和。经济危机可能是严重的冲击，但在没有暴力压力的情况下，国家通常并不能仅仅依靠其自身来降低不平等程度。[29]

"但我们不能同时拥有这两者"：民主

乍一看，民主制度的扩张看起来像是和平性矫正工具的合理候选人。

然而，如同我们在第 5 章和第 6 章中看到的，正式的民主化不能轻易地被视为与暴力行动无关的自主发展。正如古代雅典民主制的演化似乎与动员群众的战争纠缠在一起，在 20 世纪上半叶的特定时段，选举权在很多西方国家的普及显然与两次世界大战的冲击有关。仅仅是这个原因，即使民主化看上去对于这些社会的物质资源分配有一种平等化的效应，这种平等化效应至少在部分意义上是由战争的压力所驱动的。[30]

此外，关于民主和不平等之间关系的研究长期以来产生了互相矛盾的结果。这种结果的模糊性，现在已经被到目前为止关于这一问题最有雄心和全面的调查证实了。基于对 184 个不同国家从独立或者 1960 年（或稍晚一些）开始，一直到 2010 年的 538 个观测样本的描绘，达龙·阿西莫格鲁和他的同事发现民主对市场乃至可支配收入不平等性的影响并不一致。民主对可支配收入分配的基尼系数的负向影响没有达到统计意义上的显著。许多基本的不平等测度不够精确，确实留下了可以被质疑的空间。然而，这种显著性关系的缺乏使得所有分析更为令人注目，原因在于民主对于税收收入占 GDP 的比例确实有很强的影响。这就意味着，民主在形成资源净分配时的作用是复杂且异质性的，民主与平等化再分配政策之间的关联性通常并不明显。原因有二：如果民主被有势力的选民"俘获"，平等化进程将会受到阻碍，同时民主化为经济发展提供了各种机会，但也可能提高收入不平等水平。[31]

肯尼斯·舍韦和戴维·斯塔萨维奇所做的一项更为具体的研究，削弱了西方世界认为的民主化会约束物质不平等的观念。他们发现政党体制（政府是否由左翼政党控制）对于 1916—2000 年间 13 个国家的整体收入不平等状况没有什么影响，同时仅仅对收入最高的 1% 群体的收入比例有着很小的抑制效果。集中的、国家层面的工资协商同样也没有带来较大影响。他们也研究了选举权的扩大与党派之争以及最高所得税之间的关系。因为最高所得税一般会与不平等程度呈负相关，并且常常比不平等程度本身有着更好的证据材料，它们应该可以在获得可信赖的不平等测度之前充当一个粗糙的代理变量。舍韦和斯塔萨维奇发现，男性普选权的引入对于最高收入群体的税率并没有很强的影响：在15个国家当中，实施普遍男性投票权的前5年的平均最高税率只比接下来的10年稍微低一点。从1832年的《改革法案》到1918年男性普选权引入英国，选举权的扩大没有提高最高的税率水平。这些税率是被"一战"推高的，同时选举改革是追随而不是先于这一快速的剧变。最后，对转型为左翼政府之前和之后的平均最高所得税率进行比较之后发现，在这5年间——这些事件之前和之后的时期内——平均值仅增长了3个百分点（从48%上升到51%）。[32]

相比之下，工会的力量实际上与不平等程度呈负相关。然而正像我在第5章中所展示的，工会化比例对于这两次世界大战的冲击非常敏感，因此它不能作为民主本身的一个直接的函数或者表现形式。美国最高法院法官路易斯·布兰代斯曾经认为："我们或者能够在这个国家拥有民主，或者能够让大量财富集中在少数人手中，但我们不能两者都拥有。"结果发现，我们实际上能够两者兼得，只要我们用正式的词汇来定义民主，而不是用更符合这一知名学者意图的、更宽泛的实质性观念来定义它。相反，强有力的民主政府的缺位也绝不意味着与经济平等不兼容：韩国和中国台湾地区在保持早期暴力冲击所产生的平等化成果上有着优良的记录，这些冲击发生在20世纪80年代末期、民主化运动聚集起能量之前，新加坡大体上也是如此。[33]

第13章　经济发展和教育

"长期波动"：增长、技能和不平等

到目前为止，我分析的这些过程几乎都没有为和平性的矫正提供任何实质性的证据：非暴力的土地改革、经济衰退和民主化可能偶尔起作用，但是对于不平等状况没有系统性的负面影响。显著平等化的土地改革或者奴隶的解放通常都明显和暴力活动相关，这种关联性为本书的核心观点提供了进一步支持。低收入群体大规模地向国外迁移，有可能降低特定人群中的不平等程度：例如，有猜测认为，数以百万计的意大利人在"一战"前的一代人时间内移民到新世界，在工业化不平衡的时期，这有助于稳定甚至可能降低意大利的基尼系数和最高收入群体占比。这种类型的转移起到了一种人口学上的矫正作用，这类似于第10章和第11章讨论的流行病的作用，但更为温和。然而，虽然移民可能是一种既和平又有效的平衡手段，但大规模发生时才能产生明显的影响，而且（至少对最小群体以外的人而言）这取决于非常特定且历史上罕见的情况。最为显著的是在19世纪中叶和"一战"期间，移民大量涌入美国，以及自20世纪80年代以来在较小程度上所发生的类似情况。实际结果可能相当复杂，这取决于移民群体相对于原籍人口的构成和汇款的作用。由于所需要的资源和很多东道国的政策，今天向外的移民常常来自社会当中境况较好或者受到良好教育的那部分群体。另外，如果没有考虑移民对于接收群体的不平等化效应，移民对不平等程度影响的任何评估都可能是不完整的。[1]

这样，我们就只剩下有时被认为是最强有力的一种压制力量：经济发展。乍一看，国家财富增加会缩小收入差距的说法似乎是可信的：毕竟，当今世界上最富有的经济体，其不平等程度总体上低于前几代人的水平，而且与许多欠发达的经济体相比,它们往往表现得很好,但问题并不是那么简单。如果我们有石油蕴藏丰富国家的更可靠数据,例如那些波斯湾国家的数据,我们可能会得到更高的不平等程度,将外籍居民包含在内的时候更是如此。我们因此需要通过排除那些严重依赖商品出口获得经济发展的国家,来限定高人均 GDP 和温和的不平等程度之间的任何联系。但是,这种复杂的情况与出现的问题相比相形见绌,因为不平等程度相对较低的富裕西方经济体,以及日本、韩国和中国台湾地区的发展,一般都是由 20 世纪上半叶的大规模暴力冲击,以及由此助推产生的政策和经济后果决定的。简单地说,这意味着尽管这些社会现在都很富裕,而且通常并不是特别不平等,但后者不一定是由前者造成的。考虑到这些转型冲击的严重性和它们对整体的社会、政治和经济发展的多方面影响,讨论不平等程度在多大程度上取决于经济增长和人均产出这样的问题,似乎意义并不大。[2]

在接下来的部分,我从两方面研究了经济发展对于降低收入不平等程度的贡献:通过考察人均 GDP 本身与这些不平等测度有着系统性关联的主张,以及聚焦于没有牵涉从 1914—1945 年的(如果我们将亚洲的革命包含在内,则一直到 20 世纪 70 年代)暴力性混乱的那部分地区。或者更确切地说,聚焦于那些没有像大多数富裕的西方国家和亚洲大部分国家一样直接牵涉其中的地区:非洲、中东,尤其是拉丁美洲地区。

我们将收入不平等程度与经济发展相关联并受其驱动这一思想的经典表述归功于诺贝尔经济学奖获得者西蒙·库兹涅茨。回到 20 世纪 50 年代,库兹涅茨作为研究美国收入差距的先驱,提出了一个刻意简化的模型。如果城市中的平均收入水平高于农村,也许收入分布得更不均衡,那么超越传统农业模式的经济进步最初会提高不平等程度,城市化也提高了城市人口的比例和城市部门在国民经济中的权重,由此扩大了收入差距及整体上的不平等程度。一旦人口的大多数转移到非农业部门,这些差距将会缩小,这是一个对更为稳定的生活条件和城市工人不断提高的政治权利做出响应,从而被工资水平的提高所强化的过程。这最后一个的因素,反过来又通过如税收、通货膨胀和对资本回报的控制等财政政策抑制富有阶层更高的储蓄率带来的不平等化效应。因此，按照库兹涅茨自己的话来说：

> 人们可能因此认为，不平等的长期波动是长期收入结构的特征。在经济增长的早期阶段，当从前工业化向工业文明转型的时候，不平等程度的扩大是最为迅速的；然后暂时变得稳定；进而在后期一些阶段缩小了。

值得注意的是，库兹涅茨认为政治因素相当重要，特别是对于缴税和转移支付之后的净收入不平等程度的发展：

> （在财政措施和福利收益方面，）为了降低收入不平等程度……必须强调长期波动的下行阶段，导致收入不平等状况在长期过程中的扩大和缩小趋势发生了逆转。

然而在他的模型中，即使这些因素，也发生在经济变化之后，并且其预测在逻辑上取决于经济变化，基于这一原因，

> 收入不平等的长期波动趋势应该被视为更广泛的经济增长过程的一部分。

尽管库兹涅茨自谦地将其这一贡献的特点描述为：

> 也许5%是根据经验数据信息得出的，同时95%来自推断，其中一些可能被一厢情愿的想法"污染"了……这种预感需要进一步调查。

这一模型最终变得非常著名。它变得流行起来，并不仅仅是因为像皮凯蒂在某种程度上敏锐地观察到的——它表面看起来是乐观的，并且为资本主义经济体提供了"'冷战'期间的好消息"，也是因为它似乎与全球范

第 13 章 经济发展和教育　309

围内不断增长的实证数据十分匹配,这些数据是库兹涅茨不可获得的。[3]

跨国数据的集合将不同地方的人均 GDP 与不平等程度联系起来,表面上为库兹涅茨的预测结果提供了一个引人注目的例证。将其应用于全球数据集合,并且在一张图上描点后,通常会产生一条倒 U 形的曲线。低收入国家通常要比中等收入国家表现出更低的收入不平等程度,发达国家之间的不平等程度更低(见图 13.1)。

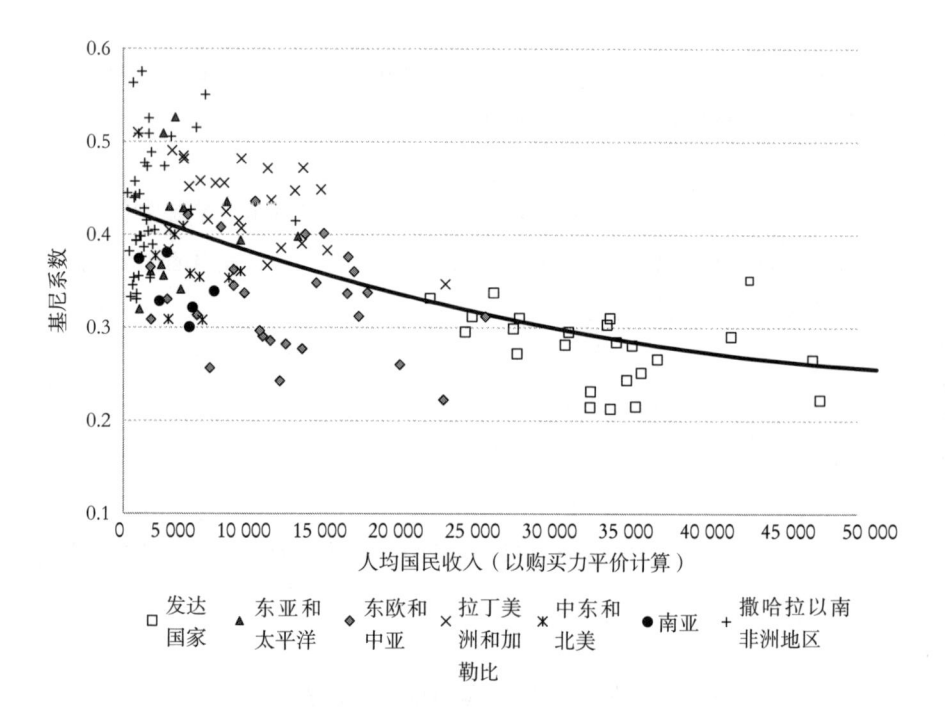

图 13.1　不同国家 2010 年的人均同民收入和基尼系数

这种在不同国家产生的重要趋势已经被当作反映跨时变化的代理变量,以支撑收入不平等程度随着强烈的经济增长首先上升然后下降的观点。因此,可以预测正在经历经济发展的理想类型经济体中,其不平等程度会在逐步走向成熟的过程中沿着这条倒 U 形的曲线发展。[4]

然而这种方法存在着多重且非常严重的问题。数据质量是我们的一项顾虑:利用世界不同地区的大量观测数据进行的调查,只有在它们能容忍有问题的精确度和可靠性的证据时才是可行的。可靠的结果要求数据在不同国家之间是完全兼容的，但实际上常常并非如此。而且，更糟糕的是，跨国面板实际上越来越明显地被大规模的宏观区域特性破坏。因此，在这些面板数据中出现倒 U 形曲线在很大程度上是由全球两个不同地区，即拉丁美洲和南部非洲的中等收入国家的极高不平等程度造成的。根据一项在 2005 年前后进行的 135 个国家的收入基尼系数调查，拉丁美洲国家的不平等程度处于最高位置。在那个时候，拉丁美洲国家中最富有 10% 群体的收入份额平均占 41.8%，而世界其他国家的均值为 29.5%。如果排除拉丁美洲和一些高度不平等的南部非洲国家（南非、纳米比亚和博茨瓦纳），或者用区域虚拟变量代替，倒 U 形曲线就在跨国样本的图中消失了。不管是基尼系数，或者是最高收入的十分位被用来衡量不平等程度，结果都将如此。在世界的大部分地方，国家间都有着截然不同的人均收入水平，从撒哈拉以南非洲地区和南亚的低收入国家到亚洲和东欧的中等收入国家，再到高收入的发达国家，其人均收入水平现在一般都集中在 0.35～0.45 之间的收入基尼系数范围内。不存在系统性的取决于收入的不平等状况曲线。相对于人均 GDP 而言，不平等结果一般都相当具有异质性，特别是在高收入国家当中，具有较高不平等程度的美国和较低不平等程度的日本及部分欧洲国家并存。[5]

因此，国家内部分析已经成为记录人均增长过程中发生的变化的唯一可靠方式。一项 1998 年实施的纵向数据的开创性研究没有发现支撑库兹涅茨命题的证据。在分析的 49 个国家样本当中，有 40 个国家，在其经济随着时间推移获得发展的过程中，没有出现显著的人均 GDP 和不平等程度之间的倒 U 形曲线关系。在剩下的 9 个样本中，有 4 个国家的数据支持的是与倒 U 形分布相反的情况，这看起来颠覆了这一模型。49 个国家中只有 5 个表现出显著的倒 U 形模式，尽管其中两个遇到了数据异常，为这一发现蒙上了疑云。这就使得我们仅剩下 3 个国家样本具有显著的经济发展和不平等程度之间的库兹涅茨式关系——其中一个，特立尼达和多巴哥是相当小的国家（墨西哥和菲律宾是另外两个）。尽管必须指出的是，这一调查的时间跨度可能太短因而不能产生更为可靠的观察结果，这些研究的发现也不能激发人们对库兹涅茨命题的更多信心。[6]

其后，长期的国家内部调查没有为这种假设的关联提供太多实质性支撑。现在看来能找到的最好例子就是西班牙，1850—2000 年，其收入的基尼系数先是上升，然后出现了下降。如果我们准备扣除 20 世纪 40 年代和第 6 章中分析的西班牙内战和佛朗哥政权建立之前的 20 世纪 50 年代发生的剧烈短期波动，我们能够观察到一种收入不平等程度的长期性增长，即从 19 世纪 60 年代的大约为 0.3 的基尼系数值——此时的人均 GDP 约为 1 200 美元（用 1990 年的国际美元表示），增长到 20 世纪第一个 10 年后期的 0.5～0.55 的峰值，这时的人均 GDP 大约在 2 000 美元，到 1960 年，整体水平下降到 0.35 左右，人均 GDP 已经达到 3 000 美元。所有这一切，可以说是从农业向工业逐渐转型的结果。反过来，正如我们将会看到的，拉丁美洲国家的长期时间序列数据中总体上没有表现出与经济发展相联系的一种整体上的倒 U 形曲线模式。更为重要的是，早期的工业化国家在人均 GDP 为 2 000 美元的时候，同样没有达到不平等趋势的转折点：英国在 1800 年左右达到这一水平，美国大约是在 1850 年，法国和德国则是在 20 年之后。同时，在这些国家中，没有一个国家的收入（或财富）不平等程度开始下降——在这些经济体人均 GDP 达到 3 000 美元的时候，也没有像 1865—1907 年间那样，明显地下降到更低的水平。[7]

最近的另一项研究聚焦的是农业人口的相对份额和不平等程度之间的关系，用来检验库兹涅茨最初的两部门模型。预测的相关性再一次没有得到证据的证实：它没有在不同国家出现，同时在单个国家内部也不显著。最后，当我们用非参数回归方法比较多个国家内部时间序列数据的时候，也没有出现经济产出和不平等程度之间的规律联系。这种方法表明，即使在人均 GDP 的可比水平上，不同国家的发展情况也有很大差异：发展中国家和发达国家在经济发展的不平等趋势的时间和方向上都有相当大的差异。总而言之，在识别倒 U 形模式和一些支撑性例子的持续性努力之外，大量的数据也无法为库兹涅茨 60 年前首次展望的经济增长和收入不平等之间存在系统性关系的观念提供支撑。[8]

经济发展和不平等之间存在可预测的联系吗？答案取决于我们的参照系。我们必须考虑到存在多个库兹涅茨周期的可能性，或者至少是一些波动，其存在会干扰那些被设计用来寻找单一曲线的测试。在最宽泛的意义上，对经济转型引发不平等现象应该少有质疑——不仅是从农业到工业系统，而且是从采集到农业模式，现在则是从一个工业化经济到后工业化的服务经济。但是，矫正效应又如何呢？就像我在附录中提出的，有效的不平等（相对于一个特定社会的理论上的最大可能的收入集中程度）并不总是会随着经济发展而下降。传统的名义不平等衡量标准并不能很好地支持这样一种观点：在某些发展阶段，经济的进步预示着不平等现象的减少。主要的替代性选择与长期历史中的证据更为一致，在没有暴力冲击的时候，不平等程度的暂时性上升不大可能被逆转。

另一种流行的观点集中在所谓的"教育和科技之间的竞争"。技术变化决定了对特定技能的需求：如果供给滞后于需求，收入差距或者"技能溢价"会上升；如果供给赶上了需求或者过度增长，溢价则会下降。然而，这适用于一些重要的事项。这种关系主要适用于分析劳动收入，但不大可能影响资本的收益。在财富收入不平等程度很高的社会，这必然会削弱特定类型劳动力供求之间的相互作用对总体不平等状况的影响。此外，在早期，除技能外，对劳动收入的限制可能发挥重要作用：奴役和其他形式的胁迫或半依赖性劳动可能扭曲收入差距。[9]

这样一些因素可能有助于解释在前现代社会当中，为何技能溢价和不平等性没有系统地联系在一起。对于欧洲的部分地区，我们可以把时间回溯到14世纪。技能溢价的崩溃是对黑死病做出的反应，因为非熟练工人的实际工资上升了，我在第10章中分析了这一过程。在欧洲的中部和南部，一旦人口得以恢复，技能溢价就会再次上升，然而直到19世纪的末期，技能溢价在西欧都维持在低水平上，而且是相当稳定的。后一个结果是不寻常的，部分原因似乎是熟练劳动力的灵活供给，还有部分原因是农业部门的生产率增长有助于维持非熟练劳动力的工资，两者都受益于劳动力市场一体化的改善。然而，尽管中世纪末期技能溢价的下降伴随着一种普遍的收入不平等的矫正，但后来这两个变量之间的关系远远没那么直接：1400—1900 年，西欧稳定的技能溢价并没有转变成稳定的不平等状态。[10]

一个经济体变得更为发达，其劳动力市场的运行就会更好，就可能出现更多的技能溢价导致整体的收入不平等。我们必须问，控制技能供给的机制——最重要的是教育，在多大程度上是由一些基本因素决定的。大规模教育是现代西方国家形成过程中的产物，是一种与经济增长联系在一起、受到国家间竞争驱动的过程。更具体地说，教育的需求和供给之间的相互作用对于一次性的暴力冲击是很敏感的。美国 19 世纪末期以来的技能溢价的演化就清楚地说明了这一点。1929 年，手工行业中的技能比例要比其在 1907 年的水平低得多。不过，大部分的下降集中在 20 世纪第一个 10 年的末期：在我们拥有数据的 5 个职业中，22 年时间里，有 4 个职业的净减少发生在 1916—1920 年间。在那个时候，"一战"提高了对非技能劳动力的相对需求，并且重塑了体力劳动工资的分布。战时通货膨胀和冲突带来的移民流量的降低也促进了这一突然而强有力的均等化变动。白领和蓝领收入的比率也遵循着同样的模式：再一次地，1890—1940 年间，整个净下降主要发生在 1915 年—20 世纪 20 年代早期的这几年之间。[11]

工资离差的第二次压缩发生在 20 世纪 40 年代。"二战"造成了对非熟练劳动力的新的强烈需求、通货膨胀和国家对劳动力市场的干预。这就导致所有男性工人中，顶层与底层群体的工资份额的比率不断缩小，同时降低了有高中学历和大学学历的工人之间的收入差距。1939—1949 年间，教育的回报率经历了戏剧性的下降，不管是受过 9 年教育的工人与高中毕业的工人相比，还是高中毕业的工人与那些受过大学教育的工人相比，都是如此。尽管与战争相关的《退伍军人权利法案》后来提高了这一均等化的压力，但即使是提高的大学入学水平也无法阻止 20 世纪 50 年代已经开始的部分性恢复。20 世纪第一个 10 年末期和 20 世纪 40 年代的急剧下降是仅有的存在记载的这种量级的变化。因此，即使不断增加的教育机会有助于限制以技能为基础的工资差距——它们最终在 20 世纪 80 年代暴涨，但实际的矫正几乎完全限定在此国经受了战争引发的暴力冲击的相对短的时期内。[12]

"如果你把智力和专业能力与社会良知结合起来，你可以改变一切"：没有冲击的矫正？

现在我要谈谈我的第二项策略，即通过在没有直接遭受过1914—1945年间的暴力冲击以及之后的余波，同时也没有经历过革命性转型的那些国家中寻找不平等程度减轻的例子，识别出经济的平等化力量。对世界上大多数国家而言，这种方法以和平方式为矫正提供了少许坚实的力量。从20世纪80年代开始，西方国家在收入不平等方面没有出现长期的衰退。20世纪90年代，葡萄牙和瑞士市场收入基尼系数的下降与最高收入群体收入份额的信息是冲突的。后苏维埃国家已经部分地从1989年或者1991年由贫困剧增导致的不平等程度的迅速上升中恢复过来。中国和印度这样非常大的国家，以及其他一些人口众多的国家，例如巴基斯坦和越南，都经历过不平等程度的不断上升。这4个国家一共占据世界人口的40%。在世界的某些地区，例如在泰国，抵消的情况是很少的。在中东地区，据报道，埃及在20世纪80年代及21世纪经历过不平等程度的下降，但是最近的一些研究强调了这一数据的缺陷。自20世纪五六十年代的改革导致不平等减弱后（本文第12章关于土地改革的一节对此进行了讨论），波动幅度不大，也许是这个国家最有可能出现的情况。其他例子包括20世纪90年代，特别是21世纪的伊朗，以及21世纪的土耳其。以色列可支配收入的不平等程度一直在上升，尽管市场收入不平等仍然相当稳定，这是一种令人费解的累退式再分配模式。[13]

在21世纪的第一个10年，撒哈拉以南非洲地区有时被视为和平性的收入均等化的受益者。然而这种印象依据的是不可靠的基础：对所有28个可以获得这一时期的标准化收入基尼系数的国家而言，除了1个国家以外，基础数据都是匮乏的，同时不确定性的边界范围通常也很广。在南非这个有着高质量信息的单个例子当中，不平等程度依然相当平稳——在一个非常高的水平上。在其他27个国家中，有13个国家观察不到显著的趋势，同时在另外5个国家当中，不平等程度实际上升了。28个国家中仅有10个出现了不平等程度的下降，它们仅仅占到总样本人口的1/5。更重要的是，相关基尼系数的置信区间往往很宽：在95%的置信水平上，它们平均在12个百分点，主要集中在9~13个点之间（这一均值对不平等程度不断下降的国家和其他国家而言，大体上是相同的）。在许多例子当中，这些变化幅度超过了不平等程度隐含的变化的规模。在这种情况下，很难确定一个整体的趋势。然而，即使我们准备按照其表面上的数据接受这些结果，它们也将不会指向一个不平等程度降低的持续性过程。尽管该区域中的一些国家近年来能够很好地享受一种和平性矫正力量，这里也根本没有足够的可靠证据，能在此之上做出关于这种发展的本质、外延和可持续性的更一般结论。[14]

给我们留下最大和最好记录材料的例子就是拉丁美洲。在我们拥有数据的区域中，大多数国家从21世纪以来都表现出收入差距的显著降低。更为细致地思考拉丁美洲的发展是有道理的。根据此前几章中讨论过的暴力性矫正力量，这整个地区为我们提供了能在这个星球上找到的，与旧世界的大部分地区和北美最为接近的——尽管在很多方面不是特别接近的反事实。作为最罕见的一些例外情况，即拉丁美洲没有受到大规模动员战争和转型性的革命这样强烈的暴力冲击的影响，它使得我们能够在一个温和的环境中探索不平等状况的演化。[15]

一系列的代理变量数据和创造性的现代复原可以帮助我们追溯到几个世纪以前。可靠的收入基尼系数数据通常只在20世纪70年代以后才能得到，那时一些国家开展了一系列调查，不过从20世纪90年代以来，这些数据在质量上有了很大的提高。因而，不能完全信任更早一些时期的研究发现。即使如此，追踪拉丁美洲收入不平等的长期演化过程已经变得可行了，至少在大体上是如此。从19世纪70年代—20世纪20年代的第一次全球化时代，保持以出口为导向的经济增长是由农产品和矿产品出口到正在工业化的西方世界所驱动的。事实证明,这一进程对精英阶层的益处过大,并加剧了不平等程度。[16]

出口驱动的发展,在"一战"之后首次放缓,"一战"抑制了欧洲人的需求,并且当大萧条在 1929 年袭击美国的时候,它就陷入了停顿状态。"二战"进一步减少了至少部分形式的贸易活动。1914—1945 年间的这些年份,表现为一个转型和增长减速的时期。在 6 个有相关文献资料的国家中,这段时期的收入不平等程度在持续上升,经过人口加权之后,基尼系数从 1913 年的 0.377 上升到 1938 年的 0.428。尽管避免了被直接牵涉进这些战争当中,拉丁美洲依然在很大程度上暴露在区域外发生的暴力和宏观经济冲击的影响之下。贸易中断和不断变化的思想观念流入是最重要的后果。这些冲击预示着全球化第一阶段的结束,经济自由主义开始衰落,同时向不断增加的政府干预转变。[17]

在接下来的几十年当中,拉丁美洲国家的政府通过更为强烈地促进主要针对国内市场的工业能力适应了这一全球趋势,并且通过依靠保护主义的措施来促进这种发展。这最终恢复了经济增长,并且在收入分配方面留下了烙印。在整个区域范围内,这些结果的差别很大。在更为发达的经济体中,经济增长提升了中产阶级、城市部门,以及白领工人在有工资的劳动力中的比例。这些变化有时伴随着更具福利导向和再分配性的政策,并且被其强化了。外部影响发挥着重要的作用,正如英国 1942 年关于社会保险的《贝弗里奇报告》和其他一些西方战后计划项目,都启发了南美洲南部国家的社会保障计划。不平等程度以不同的方式受到了影响。收入不平等状况有时被弱化,例如在阿根廷,也可能会在智利;有时它们增长了,最明显的是巴西;同时在其他一些国家,它们首先上升,然后下降了,如墨西哥、秘鲁、哥伦比亚和委内瑞拉,在这些地方,非熟练劳动力的巨大存量和对技能劳动力的高需求提高了不平等程度,直到这些压力在 20 世纪六七十年代消退为止。[18]

尽管文献中普遍地提到了我们在向更大程度的收入平等化迈进,但人口加权的基尼系数展示了一个不同的情况,特别当我们关注的是更长时间内的净结果时更是如此。在我们有数据的、可以回溯到 1938 年的 6 个国家当中，除了 1 个国家之外，其他所有国家的不平等程度在那一年到 1970 年之间都上升了，同时人口加权的总体收入基尼系数从 0.464 变成 0.548。在一个有 15 个国家的更大样本中，其中 13 个国家收入不平等程度在 1950—1970 年间上升了，整体样本中的增长更为温和地从 0.506 变成 0.535——以国际标准来看是一个非常高的水平。在经历了不平等程度净下降的 3 个国家当中，有 2 个国家的这种改善实际上仅限于 20 世纪 50 年代：在阿根廷，它们与胡安·庇隆激进的中央集权和再分配性政府相吻合；在危地马拉，它们发生在一场血腥的内战期间及之后。委内瑞拉因此成为通过经济发展实现和平性矫正的主要候选国，如果我们接受另一组不平等状况估计——这些估计表明 1930—1970 年间的矫正是由经济及（和平的）政治变革推动的，那么智利可能也会加入这一行列。[19]

20 世纪 70 年代，用以维持保护主义政策和国有化产业的公共借贷引发了 20 世纪 80 年代的债务危机，这就是后来所谓的"失落的年代"，在此期间，经济增长陷入停滞，贫困扩大了。这反过来刺激了经济自由化，从而开放了区域经济并促使它们融入全球市场。在不同的国家中，不平等的后果有着相当大的差别，然而在 20 世纪八九十年代，这整个地区表现出来的是，人口加权的收入基尼系数有温和的增长，每 10 年的提高要略微小于 2 个百分点，并且在 2002 年前后达到了峰值。[20]

所有这一切都表明，拉丁美洲的收入不平等状况在各种经济条件下都提高了：出口带动的经济增长，政府主导的工业化和保护主义制度、经济停滞和自由化。在 4 个有着最长时间序列数据的国家中，人口加权的收入基尼系数从 1870 年的 0.348 一路上升到 1990 年的 0.552；有 6 个国家从 1913 年的 0.377 变为 1990 年的 0.548；有 15 个国家从 1950 年的 0.506 上升到 1990 年的 0.537。尽管这样的结果掩盖了局部的变化，并且平缓了暂时的波动，尽管准确的数值常常不为人所知，这种长期的趋势却是再清楚不过的了。至于能够发现的进步，它仅仅是 20 世纪下半叶不平等程度上升过程中的一个轻微的减速。正如我们在图 13.2 中能看到的，临时的矫正效果是短暂的，同时仅限于经济下行的那些时期，这是由20世纪第一个10年和20世纪30年代先后发生在英国、美国的宏观经济危机，以及20世纪80年代国内和国际因素导致的深度衰退所触发的。[21]

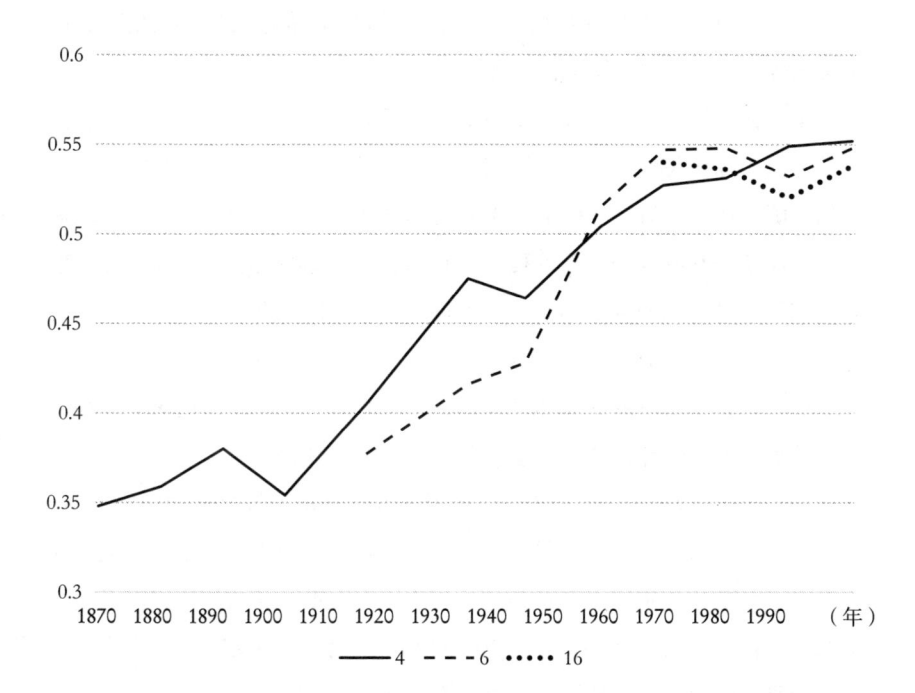

图13.2 对拉丁美洲收入基尼系数的估算和推测：1870—1990年（分别对4、6、16个国家人口加权的平均值）

拉丁美洲收入不平等演化过程的最新阶段开始于2000年之后不久。这也许是历史记载中的第一次，收入不平等状况在整个地区都下降了。在所有已经产生了相关数据系列的17个国家中，有14个国家在2010年的收入基尼系数要低于它们在2000年的水平。哥斯达黎加、洪都拉斯，或许还有危地马拉，成为仅有的有记录的例外。对其他14个国家而言，市场收入的平均基尼系数从0.51下降到0.457，同时可支配收入的平均基尼系数从0.49下降到0.439，或者说每种测度的下降都超过5个点。这种收缩从其规模和地理范围上而言都肯定是令人印象深刻的，但需要我们从正确的角度来看待。它使得市场收入的不平等程度从印度这个典型的高度不平等社会的水平降低到更接近于美国的水平，然而净不平等程度的下降使得拉丁美洲的基尼系数从中国和印度那样的水平提高到比美国这种西方国家中没有争议的"不平等冠军"依然高 7 个点的水平。因此，不要高估这些变化对于拉丁美洲收入异常失衡的分配的影响。[22]

更为糟糕的是，从 2010 年开始，这种下行趋势在略少于一半的、我们有数据的国家中持续存在（在阿根廷、玻利维亚、多米尼加共和国、厄瓜多尔、萨尔瓦多、乌拉圭和委内瑞拉）。在那些年份里，巴西、智利、危地马拉、巴拿马和秘鲁的不平等程度都相当稳定，墨西哥和巴拉圭则开始攀升，或许在洪都拉斯也是如此，只不过缺乏这里的证据。哥斯达黎加总是与整个区域的趋势背离，自 20 世纪 80 年代以来，其不平等程度一直都有轻微的上升。所有这些对于 20 世纪第一个 10 年所发生的矫正的原因和可持续性都提出了严肃的质疑：这会不会是一种短暂的进步呢？

一旦这个区域中的国家已经越过了某种类型的发展过程中的转折点，即此时这些经济体已经变得足够富裕，从而收入得到更为公平的分配，那么几乎不可能将这种矫正解释为它是对不平等程度的库兹涅茨式向下压力的结果。在 2000 年，不平等程度下降的 14 个国家中，最富有和最贫穷的国家（分别是阿根廷和玻利维亚）的人均 GDP 相差 7.6 倍。虽然偏向较低的一端，这一较宽范围的离差还是非常整齐的：有 5 个国家的每年人均 GDP 的均值在 1 000 ~ 2 000 美元之间，有另外 5 个国家在 2 000 ~ 4 000 美元间，其他 4 个国家则介于 5 000 ~ 8 000 美元之间。单凭这一点，就可以排除在接下来的年代中观察到的同步矫正正是与其自身的经济发展水平联系在一起的这种可能性。正式的检验已经证实，尽管这些年有强劲的经济增长，库兹涅茨模型也不能解释大部分我们观察到的不平等程度的下降。[23]

最近的一些研究已经确定了形成这一过程的几个原因：不断下降的技能溢价和强劲的国外需求，部门之间的收入差距的缩小、市场收入不平等的压缩；从先前加剧贫困水平的非平等化宏观经济危机中恢复过来；由更迅速的经济增长驱动强劲劳动力市场；以及某些政府转移对可支配收入不平等的再分配效应。至少在理论上，这些因素中的第一个特别有希望成为长期维持平等化的一个潜在的和平性动力。20世纪90年代的市场改革往往伴随着教育系统的扩张，这种扩张一直在持续，同时增加了熟练工人的供给，这反过来降低了更高层次教育和技能溢价的回报，也因此降低了整体的劳动收入不平等性。技能溢价的降低更多地归因于供给的改善还是需求的下降，这个问题并没有单一的答案。在一些国家，溢价缩小是对更弱的需求的反应，例如在阿根廷，这就为经济发展的未来前景下了疑云。在萨尔瓦多和尼加拉瓜，不平等程度的下降是因为有着中等或者高等教育程度的工人的实际（而不仅是相对的）收入面对更弱的需求下降了。萨尔瓦多是一个特别值得担忧的例子：对所有工人来说，实际工资都下降了，但受到更多教育的工人下降得更多。这就可以作为一种提醒，平等化的结果并不总是来自令人满意的经济发展。[24]

在某些情况下，不断下降的技能溢价产生的分配收益可能需要付出较高的代价。根据一项惊人的发现，现在玻利维亚的教育价值如此之低，以至受过高等教育的工人与那些只受过小学教育的工人相比，工资溢价为零。这就指出了技能溢价降低的一个替代性或者至少是补充性的原因。随着接受超过基本水平的教育机会的增加，教育的质量可能已经恶化了，同时教育和劳动力市场需求之间的匹配可能很差。这种悲观的观点得到了一些证据的支持，秘鲁和智利的高等教育教学质量的下降以及阿根廷、巴西和智利中学教育与雇主需求之间的不匹配造成的后果产生了负面效应。[25]

其他经济因素的影响可能是更为短暂的。国际上对大宗商品的强劲需求，缩小了农村工人与城市工人之间的工资差距，但是这种效果已经弱化了。2002年以来的一些平等化倾向，仅仅代表了之前由于经济危机引发的不平等程度的暂时性暴涨的一种恢复。最有名的例子就是阿根廷，1998—2002年间发生的一次大规模的经济崩溃使得大部分人口陷入贫困。从那时起，稳定的经济复苏，以及向低技能劳动密集型部门的转移，降低了对于技能劳动力的需求，而且压低了技能溢价，使得不那么富裕的一半人口获得了不成比例的收益。因此，阿根廷也拥有了更强大的工会和更多的政府转移支付。哥伦比亚、厄瓜多尔、乌拉圭和委内瑞拉同样在相似的恢复过程中经历了一些不平等程度的缓解。根据一项估计，如果我们排除从危机中恢复而产生的平等化效应，2000—2005 年发生的收入不平等程度的平均下降，其变化大约都表现在基尼系数的小数点后一位上，因此是非常温和的。更普遍的是，20 世纪 90 年代自由化带来的不利短期效果的减少发挥了一种缓和的作用。每年平均 4% 的经济增长，换言之是此前一些年代实际值两倍的强劲经济增长促进了就业，但据估计这仅占观察到的不平等程度变化的一小部分。此外，这些有利的条件不再适用，因为这一区域的年 GDP 增长率在 2010 年之后的 5 年都在下降，从 2010 年的 6% 变为 2015 年预估的 0.9%。在写作这本书的时候，巴西——目前这个区域最大的经济体，据说将经受住大萧条以来最严重的经济衰退。所有这些都让人怀疑进一步矫正的前景。[26]

最后，作为一种消除可支配收入不平等的工具，政府转移支付的扩张吸引了相当多的公众关注。例如在巴西，在 21 世纪的第一个 10 年中，转移支付的规模、覆盖面和分布的变化能够解释大约一半的不平等程度的下降，"家庭补助"计划已经触及 1 100 万贫困家庭。尽管如此，与发达国家的情况相比，拉丁美洲再分配性转移支付的实际规模仍然是非常小的。事实上，大量贫困家庭的存在，使得即便是相对不多的转移支付（大约为 GDP 百分点的十分之几）对许多人的生活产生影响，并可能带来平等化效应。然而，西欧国家的总收入往往与可支配收入差别很大，而在拉丁美洲，它们则基本上不会这样。人们已经为此找了多种原因。以国际标准看，拉丁美洲征税的数量相对于 GDP 而言比较小，同时收入税特别低。同时，逃税现象也非常普遍，部分是源于对政府的不信任，部分是由于存在规模庞大的非正式部门。对于整个区域而言，平均的收入税免税额大约是人均 GDP 的两倍，在一些国家，累进税率只适用于很高的收入水平。政府收入的缺乏因此严重限制了转移支付的潜力。更为糟糕的是，一些福利计划反而有助于产生净不平等。养老金和失业保险不成比例地有利于那些在收入分布的前 20% 的群体——他们主要是有着正规就业安排的城市工人，同时歧视农村人口和在非正式部门的人。只有一些直接的现金转移支付计划会不同，因为它们大多支持的是在收入分布的下半部分的人群——但是它们也只是在不受收入限制和更多倒退形式的福利抵销的情况下能够做到这样。[27]

为什么拉丁美洲的财政再分配政策如此脆弱？这一问题将我们带回到这本书的中心主题，即暴力冲击的革命性力量。正如我们已经看到的，西方的累进制财政系统牢牢根植于两次世界大战。相比之下，这种经济发展并不是衡量财政再分配程度的有效指标。1950年，当西方国家和日本正忙于对富人征税和建立雄心勃勃的福利体系的时候，在德国、法国、荷兰、瑞典、英国和加拿大，人均GDP（1990年的国际美元标准）的范围是4 000～7 000美元，在日本是接近2 000美元。那个时候，即使美国的人均GDP水平也没有大幅度高出西欧国家。这些数值在那个时候，大体上与阿根廷和委内瑞拉这样领先的拉丁美洲经济体是一致的，与今天更大范围的拉丁美洲国家相同：在这一区域的8个最发达的主要国家中，等价的人均GDP在2010年是7 800美元，在一个更大的样本中平均为6 800美元。按照这一标准，阿根廷、智利和乌拉圭现在的平均生活水平，要比1950年的美国平均水平更好一些。[28]

这表明拉丁美洲国家的财政约束并不是由其经济表现决定的。在全世界，不仅仅是在20世纪的前半叶，千百年来，暴力冲击已经成为财政体系扩张的一个重要的前提。血腥的跨国战争和变革性的革命，在过去两个世纪的拉丁美洲历史中只起到了非常小的作用。这有助于我们理解在这个地区的大部分国家，不平等程度多么严重。本区域所特有的许多特征都被援引来解释这一现象，尤其是种族主义、强迫劳工和奴隶的殖民制度的遗毒，以及庇护主义和寡头势力的持续存在。然而，我们试图使拉丁美洲和世界其他大多数地区之间的不平等的规模持续存在合理化差异时，没有出现的那些因素可能是同等的，甚至可以说是更为重要的。在这样的背景下，先不说其合理性，收入平等化的重大突破的可行性都是非常值得怀疑的。[29]

与教育、外国投资、税收和转移支付方面的公共支出有关的政策，大体上解释了21世纪以来在拉丁美洲发生的矫正效应。更纯粹的经济因素以有利的国际环境和从之前的危机中恢复的形式为平等化做出了贡献，但已经被证明这些因素的作用是更为短暂的。随着经济复苏和外部需求的下降，进一步的矫正将要求更为激进的财政调整，以促进教育（考虑到不断下降的技能溢价，如果它源自不断下降的需求或糟糕的教育结果，那它就是好坏参半的）和扩张再分配性的转移支付。这一始于10多年前的矫正是否将会持续——或者更确切地说，在很多案例中是重新开始，现在下结论还为时过早。从现在开始的5～10年里，我们将对这一趋势的可持续性有一个更好的认识。[30]

我的结论是，拉丁美洲的经验只为和平的不平等程度的弱化提供了非常有限的证据，同时，至少在现在，缺乏暴力冲击就绝没有持续和实质性的矫正效应。在过去的150年中，不平等程度上升的各种阶段都伴随着一些偶发的反转，这些反转与例如西方宏观经济危机这样的外部因素，或者与在一些例子中激进的或者暴力的政策联系在一起。尽管很难不赞同玻利维亚总统胡安·埃沃·莫拉莱斯·艾玛的格言，即"如果你将智力和职业能力与社会良知结合在一起，你就能改变一切"，拉丁美洲的历史对暴力方式在矫正不平等问题上居首要地位几乎没有任何反驳能力。[31]

此外，本章和前一章分析的这些力量当中，没有一种对于物质不平等有持续的抑制作用。和平的土地和债务改革、经济危机、民主和经济增长都是如此。它们的共同点是它们时而能够降低不平等程度，时而不能；简而言之，这里甚至没有统一的结果趋势。当现代经济发展使得人力资本的重要性相对于物质资本上升，同时当人力资本分布的不平等主要是教育供给的一个函数的时候，关系到后者的平等化政策可能看起来特别有价值。即便如此，尽管由于教育在工资差异上的影响，对教育上的投资可能确实是一种可行的非暴力矫正机制，但在历史上它一直被卷入不那么和平的进程：20世纪当中，关于美国技能溢价有记载的大幅波动再次显示了战争在影响社会政策和经济回报中的重要性。如同我们在第5章中所看到的，工会化也是如此。再分配性的财政和福利政策确实减少了可支配收入的不平等程度，但是它们的规模和结构也往往与暴力冲击及其长期影响联系在一起：一方面是西方和东亚之间的不平等状况的对比，另一方面是拉丁美洲的状况，提醒我们要注意这种基本的联系。即使在评价了降低不平等程度的替代性原因之后，我们也无法逃避这一事实，即不管是真实发生的还是潜在的暴力，长期以来都是平等化政策措施的关键催化剂。

第 14 章　如果是另一种历史，那会怎么样呢？从历史到反事实分析

"太阳底下无新事？"：历史的经验教训

历史能告诉我们多少关于不平等的动态变化呢？我的回答是历史可以提供许多不平等的动态，但是并不能提供我们所需的一切答案。让我们从此前的分析开始。集约型经济增长可能引起物质资源分配上的日益失衡，但物质资源分配失衡并不（总）是由其直接引起的。正如我们通常所说的那样，尽管在一些不发达的经济体中，实际不平等状况达到了非常极端的水平，但是，名义上的不平等最终是由产出规模高于最低生活标准的状况决定的：产出越多的经济体，资源越会集中于少数人手中。这可以得到理论的支持，尽管现实中不一定这样（其成立条件在附录中）。经济增长和不平等之间的基本联系体现在人类从觅食到驯养动物这一转变过程中。这一转变第一次使得普遍的资源分配不平等成为现实，并且使情况趋于严重。值得注意的是，这一转变与库兹涅茨式的转变不一致：如果我们不愿意把这一社会视为由部分觅食者和部分农民组成的社会，那么我们就不能应用暂时加剧不平等状况的双部门模型。更重要的是，人类从觅食向驯养动物的转变并没有给予人们实现平等化的希望。人类的定居、农耕和代际传承的物质资产的膨胀只是增加了潜在的和实际的不平等程度，而没有提供减少暴力冲击的其他机制。[1]

驯养动物和农业（有机燃料）经济确立之后的几千年几乎没有发生过大的转变。这首先是由于劳动力从农业生产领域向城市部门的转移受到了限制，劳动力的转移过程往往会引起现有不平等压力的上升。其次，缺乏矫正不平等的机制。这是因为非农业经济部门的发展不可能逾越一定的阶

段，这就使得做任何库兹涅茨式的转变都是不可行的。然而，经济变迁只是驱动不平等演变的一个因素。驯养动物增强了（国家的）强制力，助长了难以想象的、规模空前的掠夺行为。国家的形成、巩固和日益扩张以及政治权力关系失衡加速使收入和财富集中到少数人手中。在这种情形下，大大缩减不平等程度是不可能的，除非暴力灾难短暂地取代了根深蒂固的等级结构、剥削结构和财产所有权结构。因为在前现代历史中，源自大规模群众战争或者革命的再分配政策非常罕见，冲击收入分配结构的主要是国家失灵或流行病。若没有这些冲击，不平等水平就会一直居高不下。在任何给定的经济发展水平下，变幻莫测的国家政权更迭，各大洲之间的竞争，统治者与精英阶层之间的制衡一定程度上缓和了不平等的程度。

从长期来看，历史记录表明，如果在上述（不平等程度和经济绩效之间的）基本关系之外，探究不平等的变化与经济绩效之间的系统性联系的努力将是徒劳的。在前现代社会，这两种主要的矫正不平等的力量往往引起不同的经济后果。因此，尽管国家失灵或制度崩溃会减少人均产出，社会均等化的结果却是加剧了社会的贫困。但是，一些重大流行病所带来的影响恰恰相反：社会均等化的结果是马尔萨斯约束软化，人均生产率水平提高，普通群众消费增加。我们可以观察到，在黑死病之后的几个世纪里，不平等状况和经济增长之间并没有直接的关系。在此期间，无论是在欧洲经济充满活力时还是在其停滞不前时，社会不平等程度都在上升。像早期的诸如西班牙和葡萄牙这样的现代化国家，尽管它们的结构类似，但是不平等带来的结果不一样。一般来说，在前工业化社会不平等状况的演变过程中，政治权力关系和人口比经济发展发挥了更大的作用。[2]

随后的从农业向工业、从有机燃料经济向化石燃料经济的大转型（工业革命）对收入和财富的不平等程度产生了不同程度的影响。尽管社会不平等水平很大程度上取决于在转变之前特定社会中的不平等水平，但是，工业革命通常保持甚至进一步强化了收入不平等状况。这一情形存在于 19 世纪和 20 世纪初的工业化国家和商品生产国中，随后被大规模战争和革命的暴力冲击终止。

几千年的历史可以归结为如下一个简单的事实：自人类步入文明社会以来，经济能力和国家建构的不断发展日益加剧了社会不平等，但是，如果不采取措施对其进行控制，这一状况就难以改变。直到1914—1950年的"大压缩时期"，我们都难以找到显著的、能充分证明的与暴力冲击无关的缩减物质不平等的案例。正如我们在前面所看到的，前现代的例子似乎只局限于16—18世纪葡萄牙的部分地区，也可能包括17—19世纪中叶闭关锁国时期的日本。在现代，瑞典，挪威，可能还有在"一战"爆发前几年的德国的突然衰落使我们很难预测其长期演变趋势。意大利的发展仍然很不确定，也难以对这一范例提供更多的素材。即使我忽略某些案例或提供出新的证据，毫无疑问，通过和平方式矫正不平等的现象在历史中也是极其罕见的。在许多国家，除了在20世纪40年代，收入尤其是财富平等化已经持续了一代人左右。并且，这种矫正效果在一些发展中国家也取得了一些进展。尽管这些都是事实，但是，这一矫正过程通常很难（如果可能的话）摆脱极端暴力的根源。就连前几年看上去最有希望成为和平矫正范例的拉丁美洲，现在看来也不免令人失望。[3]

（可支配）收入分配的不平等水平不可能一直上升。在一定的经济发展水平下，它会受到人均产出水平上限的约束，而人均产出在长期内相当坚挺：本书的附录探讨了其基本动力学。历史经验表明，在没有发生暴力矫正不平等事件的情况下，相对于理论上的最大值，不平等水平通常处于高位，而且它还会在随后较长时期内维持高位。在经济从暴力冲击中复苏的时期，在中世纪的繁盛时期（在欧洲是16—20世纪），在美洲的一个较短的时期，或者在过去几十年，世界上的许多地方都出现了收入和财富的高度集中现象。这些反复出现的趋势表明存在着适用于各个发展阶段的一般规律。这一规律既适用于农业社会，也适用于工业社会和后工业社会；既适合成长中的经济发展时期，也适合停滞的经济发展时期。这种趋同性凸显了更为雄心勃勃的跨文化研究和理论创建的必要性：正如我一开始所说，要合理地解释各种在断断续续的矫正之后，一再驱动不平等水平（紧跟）的各种力量，需要一本篇幅类似甚至更长的书去说明。

"主要原因是财富上的巨大不平等吗":从不平等到暴力?

两个重要的问题仍需探讨:一是如果暴力冲击对减弱和逆转不平等是至关重要的,这些暴力冲击就一定会出现吗? 二是如果这些暴力冲击不发生,那么不平等会一直存在吗?第一个问题更为传统,这涉及对历史原因的分析,第二个问题把我们引向了反事实分析。首先探讨第一个问题。

没有证据表明,前工业化社会内部包含发生实质性和平矫正的萌芽。但是,我们怎样判断对既定的权力、收入和财富等级结构的暴力破坏是随机的外生性事件,还是很大程度上源自高度不平等所引起的紧张局势?精英政策和权力不平等一方面使大多数前工业化社会极不平等,另一方面也加速了这些社会最终的解体。一个大帝国的形成尤其如此:它不仅仅要面对外部挑战者,同时也要抑制国内精英企图吸收并占有社会剩余的贪婪,由此会剥夺统治者统一各个疆域的财富。在第2章,我已经提到中国和罗马的历史上曾经出现过这一趋势。然而,借用布兰科·米拉诺维奇的话说,对于这种稳定的相互作用,我们是难以想象的:

> 不断上升的不平等确实触发了种种暴力,这些暴力通常具有破坏性,它们最后会使不平等水平下降。但是,在这个过程中,暴力也会毁坏其他东西,其中包括数百万人的生命和巨额的社会财富。很高程度的不平等水平最终是不可持续的,但它不会自行下降。恰恰相反,在此过程中,它会引起战争、社会冲突和革命,这些暴力会降低社会不平等。[4]

"最终"的随意使用凸显了这种观点的严重缺陷:如果较高的不平等是人类文明所默认的条件,人们就容易推出这种条件与几乎已经发生的任何暴力冲击之间的联系——更难的是去解释这些类似的、表面上看似合理的冲击没有发生或者缺乏这些冲击时会怎么样。

彼得·图尔钦是一位从人口生态学转向历史学的学者。他试图把国家失灵及其对平等化的影响理论化和内生化，这是一项颇具雄心的尝试。他的长期循环的综合理论描绘了一种典型的发展过程，即在一个大致可预测的时间框架内，宏观社会结构逐渐削弱，之后逐渐恢复。在这一过程中，人口增长给环境承载力施加了压力，降低了与土地有关的劳动力的价值。这一过程有利于精英致富，加剧了社会不平等程度。反过来，这又会加剧精英内部的竞争，最终导致国家的崩溃。这一危机又反作用于如下人口动态学：减少人口压力，让现有的精英阶层承担更大的风险，并支持重建国家制度的军事精英的崛起。对历史案例的研究被用来检验这些预测，也突出了精英行为和围绕人口和财政因素的竞争的极端重要性。[5]

这种内生化可能会降低诸如流行病之类的主要或完全是外生性力量的重要性。这些外生因素会受到社会条件（包括社会不平等现象）的影响，但绝不是由社会条件导致的。然而，即使在某种程度上，暴力冲击可以被合理地内生化，从而产生一种关于收入和财富集中程度波动的更稳定的模型，这也并不影响本书的核心主题。不管它们的根本原因是什么，这些必要的冲击在本质上都是暴力的。现在的问题仅仅在于，这些冲击在多大程度上受到了政治失衡、社会失衡和经济失衡的影响，这些失衡如何导致了实际不平等。这些失衡的影响越大，我们就越能够更好地将暴力矫正不平等整合成一个连贯的、由精英行为和人口引起的对建立国家和结构性不平等的分析叙述中。改朝换代的革命和国家失灵的案例就为检验这个命题提供了丰富的素材。如果想要认真地探讨这个问题，则需要单独写一本著作。就目前而言，我只想敲敲警钟。尽管精选出合适的例子去支撑长期循环理论或较完备的模型相对比较容易，但是，这些观点最终需要依据其在整个有记录的历史文献能够佐证的程度来判断其优劣。

想想 1800 年左右法国、英国、荷兰、西班牙在美洲的殖民地的情况。据我们所知，在一段时间内，这些地方的不平等程度要么很高，要么在上升。法国大革命可以被视为一个典型案例，它先后经历了人口上升压力、精英的贪婪、使人痛苦的不平等和暴力终结不平等这样一个周期。长期以来，荷兰的财富不平等水平一直在不断上升。反对君主制的一派借助于法国的武装干涉，宣布成立巴塔维亚共和国，这是一场酝酿已久的国内冲突的产物。其不平等状况可以用内部条件和外部因素来解释。几个世纪以来，西班牙的不平等程度也一直在上升，但没有引发任何重大危机。外国势力的多次入侵——这主要是一系列外生事件，势必要求极大地改变收入的分配状况。收入分配的改变反过来又引发了美洲南部、中部地区反对西班牙统治的起义。这一过程同样可以追溯到国内的紧张局势和半岛战争这一外生触发性因素。最后，英国也存在与所有其他社会相类似的物质资源分配不平等的状况，但它并没有经历任何重大的国内动荡。把不同的收入分配结果归因于政治制度的变化或在战争中的表现无疑具有吸引力，但是，当我们考虑的复杂变量越多，应用连贯、清晰的内生性理论来解释广泛的现实案例则越困难。因此，我们还需做大量的工作。[6]

"我们这个时代的和平"：另一种结果

第二个问题也同样如此。历史有其局限性。任何关于不平等的历史描述都必定聚焦于（我们认为）实际发生的事情上，并试图解释它为什么会发生。没有发生的事情不在我们的讨论范围。作为一名历史学家，我发现我很容易对此毫不在意。正如利奥波德·兰克在 1824 年多次引用的名言，如果我们把它作为历史学家的任务进行探索，则应该"如实直书"——那就是事实上发生的事情，我们需要做的工作就是：历史记录表明，暴力冲击是从古代到 20 世纪最强大的平等化力量，而非暴力机制通常无法产生类似的结果。然而，倾向社会科学的人会不同意这种观点。反事实分析有助于更好地理解历史，因为它能帮助我们更有信心地确定那些产生既定结果的重要原因。因此，我们得问的另一个问题是：如果通过暴力方式矫正不平等只是破坏了原本有可能通过和平方式来矫正不平等的社会，那该怎么办？

诚然，在人类历史的大多数时间里，这些问题的答案似乎难以找到。如果罗马帝国没有衰落，它的贵族会与被压迫的民众分享他们的巨额财富吗？如果黑死病没有发生，英国的劳工就能说服他们的雇主将他们的工资增加两倍或三倍？对这些问题或任何类似问题的回答肯定是"不会"。甚至没有一种看似合理的替代方案，即通过和平机制可能也会引起同样的变化。而且，从长远来看，这甚至不是一个有意义的问题。帝国通常不会永远持续下去，流行病注定会在某个地方或另一个地方发生。永不衰落的罗马帝国或没有瘟疫的世界都不是现实的反事实情境。如果实际的冲击没有发生，他们最终也会被取代。从这个意义上讲，直到最近，仍然找不到一个可行的，能替代周期性的暴力矫正不平等的方案。

但是，如果现代社会以某种方式改变了游戏规则，那又会怎样呢？这是一个更为严肃的问题，因为很容易找到通过和平方式矫正不平等的备选方案，比如大众教育、选举权的扩大、有组织的劳动，以及工业时代的任何其他的新特征。公正地说，本书的观点一直是悲观的。对一个更乐观的观察者而言（比方说，一位经济学家会传播现代的库兹涅茨曲线，政治学家也避免依赖西式的民主和其他开明制度所产生的荣耀），现代三十年战争的动荡及其持久的影响仅仅先于由现代社会的各种福祉所带来的和平、有序和完全内生化的平等。这段历史没法拒绝为这个事情提供必要的澄清，严格地说，这并不意味着这件事不可能发生。

尽管我们永远不会知道事实，但是仍有必要深入地探究这种特定的反事实。如果没有发生世界大战，那世界将会怎样？一个完全和平的 20 世纪似乎是一个非常难以令人置信的反事实分析。鉴于当时大国之间的力量平衡的事实和主要欧洲国家性质及其统治阶级的特征，某种程度上的大规模战争是不可避免的。但这一反事实分析并不能解释战争开始的时机或者持续时间和战争的惨烈程度——至少难以解释在"一战"结束之后，新的冲突爆发又是如何产生的。布尔什维克主义的胜利不是一个必然的结论。[7]

从理论上说，我们希望能够研究两个不同的西方世界，即一个被全面的战争和萧条的经济摧毁的西方世界，以及一个毫发无损的西方世界。只有在这样的情境下，我们才能假定生态和制度不变，从而只关注经济、社会和政治发展之间的相互作用及其对不平等的影响。这种自然实验是不可能的。对我们来说，这样的实验是不明智的，对卷入战争的人来说则是悲惨的。顾名思义，世界大战是指战争囊括了非同寻常的地理范围。因此，反事实预测逼近现实世界状态的情形是非常少见的，尽管不是完全没有这样的可能。美国和日本都以相对较低的限度的方式参加了"一战"。在正式参战的19个月和时间明显更短的作战中，美国参与的时间很短，其征兵率仍然比欧洲国家低得多。日本的贡献更是微不足道——不仅是相对于其他参与国家，而且相对于10年前和俄罗斯的高风险战争都是如此。与欧洲主要的交战国不同的是，美国、日本的顶层群体收入份额的下降是短暂的，之后不平等程度日益回升。

"二战"比"一战"在全球内波及的范围更广，可供我们选择的国家更少。正如我在第5章中所指出的那样，找到那些没遭受重大损失或未受重大影响的发达国家似乎是不可能的。瑞士可能是我们的最佳选择，因为在两次世界大战中其最富有人口的财富份额只有轻微、短暂的下降，并且其顶层1%群体的收入份额自1933年开始报告以来一直相对稳定。我们只好选择最发达的拉丁美洲国家——尽管他们在制度和生态上与西方国家存在较大的差异，但是我们只能指望这些国家了。显然，阿根廷（就像南非一样）在"二战"期间收入不平等程度日益严重，并且，在矫正不平等和财政扩张方面都落后于发达国家。在1945年之后，由于外国的干预，情况才发生了改变。对于不发生全民战争和革命的情况下不会出现矫正不平等的重大举措这一观点，我们现有的证据少得可怜。[8]

当然，这个猜想离定论还很远。人们有理由认为工业国家如果通过和平方式矫正不平等会耗费更多的时间。如果要耗费更多的时间，我们暂时把整个20世纪想象成一个没有暴力冲击的世界，或者设想所发生的这些战争迅速结束，并且导致新的持久的权力平衡——这一点有点不可信，那么全球尤其是西方世界的不平等将会如何演变呢？我们唯一能确定的是什么都不会发生：如果没有资本的破坏和贬值，激进的财政再分配政策，以及政府在经济领域的各种形式的干预，那么收入和财富的不平等程度将不会像1914年—20世纪40年代后期那样大幅下降。人们所观察到的矫正不平等的规模如此之大,以至根本没有一种看似合理的反事实机制能够在一代人的时期内产生如此之大的改变。但是反过来的话,情况将会怎么样呢?

让我们考虑一下囊括整个 20 世纪的 4 种理想情形的典型结果(图 14.1 中 1~4)。第一种情形——我们可以称之为"悲观"的情形是一个具有 19 世纪特征的模式的延续。在欧洲,这一直可以追溯到中世纪末期黑死病的结束时期;在美国,至少可以上溯到其独立之时。在此期间,收入和财富先后经历了逐渐上升和日益集中的两个阶段。在那个时候,西方(和日本)的不平等水平一直很高,但相对稳定,一个永无止境的镀金时代被根深蒂固的富豪控制。在一些西方国家以及拉丁美洲国家,不平等水平可能上升更多,而其他一些原本不平等程度很高的国家的不平等程度有所缓和,最突出的是英国。

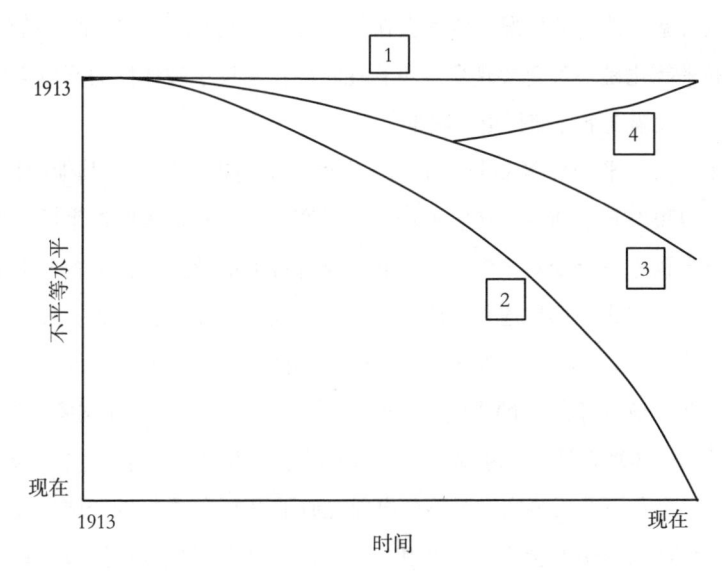

图 14.1 20 世纪反事实分析的不平等的趋势

这一结果虽然在前现代历史中长期稳定的时期内是非常现实的,但在 20 世纪出现显得过于保守。在 1914 年之前的几十年时间里,许多西方国家已经开始出现社会保障立法和收入或财产税,扩大选举权,并允许组织工会。尽管这些努力还没法达到后来几代人的标准,但是他们为后来大约两代人推进再分配制度和福利国家的大规模扩张奠定了制度和理念上的基础。在我们反事实分析的和平世界中，这些政策想必也会继续实施下去，尽管速度会有所放缓。从长远来看，这可能有助于降低不平等程度。

但是到底会在多大程度上减弱不平等呢？第二个情形是最"乐观"的反事实分析。在这种情形下，社会政策和大众教育会慢慢地促使收入和财富逐渐分散。在某种程度上，这种良性过程现在已经或多或少地赶上了几十年前（主要是 20 世纪 70 年代或 80 年代）现实世界中的大多数时期或整个时期所经历的不平等水平。然而，如果假设不经历一个暴力引起的"大压缩时期"，稍后的不平等程度将最终会以类似的规模减弱，这会存在严重的问题。这种假设结果与资本和资本收入的作用有关。虽然方兴未艾的社会民主国家通过调整财产税和干预市场经济来蚕食资本收益，但是很难想象在没有暴力冲击的情况下资本会在类似的规模上被摧毁和贬值。既然 20 世纪的平等化是一种重要现象，不管耗时多长，较小破坏性的环境会使整体不平等大幅度下降变得更加困难。

在我们和平的反事实分析中，不太可能实施现实生活中其他的措施：边际所得税率超过 90%，征收财产税，对商业活动和资本回报率进行大规模国家干预——比如对工资、租金和股息等方面的管制。也不会发生那种灾难性通货膨胀，那种通货膨胀已经消灭了几个国家的食利者。我们也需要消除共产主义的收入均等化影响，这种影响不仅直接体现在 1917 年之后的俄罗斯、1945 年之后的中欧和 1950 年之后的东亚和东南亚国家政策中，而且还间接体现在这些国家对西方和东亚国家的资本家进行的惩罚措施上。最后，一个和平的反事实世界不会出现类似于 1914 年之后的全球化进程的中断。全球化的中断会阻碍贸易和资本流动，并且促成各种贸易壁垒，包括关税、配额以及各种其他的管制。在现实世界中，"二战"之后的工业化市场经济国家逐渐克服它所产生的不良后果，但是对发展中国家产生了更大、更持久的影响。通过一些措施的实施，全球化直到 20 世纪 70 年代才完全恢复。在没有暴力冲击的情况下，我们现在可以回顾过去 150 年连续的、真实的全球经济一体化，再加上迟来的或许还不完全的非殖民化的进程，以及这一进程为中心国家和外围国家的精英所带来的意外收获。[9]

考虑到反事实分析中缺少这些强大的矫正不平等的力量，最合理的结果似乎是通过和平方式矫正不平等的规模比实际历史中的规模更小（多小？）。即便如此，第三个比较"折中"的情形也可能过于乐观了。如果我们假设反事实世界中的技术进步能够真实地反映现实生活中的技术进步（在长期看来这是合理的），则不会有那么多使当代观察家苦恼的关于不平等的压力。从技术进步到计算机化使复苏的部门收入分化到日益加剧的全球化成为可能，直到不平等下降到接近我们现实世界的水平之前，他们才会感受到这些压力，而且那些没有受到世界大战的暴力冲击的社会，难道也没有能力顶住这些冲击？

第四个也是最后一个情形是，由于社会民主和大众教育削弱了精英阶层的财富积累，不平等水平在20世纪的中间50年确实有一定程度的下降，但那之后又出现了反弹，在现实世界中，尤其是盎格鲁－撒克逊国家，确实是这种情况。在这种情况下（这也许是4个反事实结果中最合理的一个），不平等水平可能已经回到了一个世纪之前常见的水平，这使我们处于一个比目前发现的更糟的境地（图14.1）。

虽然对这些理想、典型的反事实的相对价值做更长远的思考是徒劳的，但这会帮助我们理解在没有暴力冲击的情况下，如果实施了真正的矫正不平等的措施，则会有多大程度的不同。第一，我们必须考虑在现代社会条件下，循序渐进地通过和平方式实现平等的可行性，即使几乎没有实际证据支持这一观点。第二，我们必须假定还存在一个处在相对和平条件下的世纪：任何比较严重的反事实冲击，无论其时间和细节如何，将会使我们回到真实世界，但强化了通过暴力实现平等的优势。第三，我们需要假设，即使没有大规模的暴乱，20世纪早期存在的资本积聚在某种程度上已经被破坏了，当然，这需要更大地发挥你的想象力。第四，我们必须相信任何平等都不会被我们观察到的上一代人的不平等力量逆转。前三个条件必须适用于所发生的、所有重大的、非暴力方式实现的平等，而这4个条件都要求不平等水平与我们所生活的世界的不平等程度大体类似。这是一大难题，它强烈地表明，如果没有发生重大的暴力冲突，发达国家目前的收入和财富不平等程度会远远高于如今的水平。唯一重要的问题是它到底高出多少。

有些人可能认为这一观点无关紧要，不仅是因为它不可能被证明，更重要的是，这个世界与我们实际生活的世界不是一回事。但这样想是错的。在现代社会条件下，通过和平的方式实现平等的反事实分析因为一个非常具体的原因而显得极其重要：如果我们不了解在不发生大压缩的全球暴力时，不平等现象会否减少，或有多大程度的减少，我们该如何判断目前以及未来的平等化前景呢？相对于所有引起我们注意的区域性危机，在我的反事实分析中概述的相对和平、稳定和经济一体化的世界事实上就是今天大多数人所生活的世界。这些条件是如何影响当前的不平等状况的，它们对未来的矫正不平等意味着什么呢？

第七部分　不平等的卷土重来和未来的不平等矫正

第 15 章　在我们这个时代

不平等卷土重来

经历过大压缩时期的最后一代人也即将全部离开这个世界了。在"二战"中服役的 95% 的美国人都已经离世,那些还活着的人大多数已经 90 多岁了。与人的死亡一样,大的矫正作用也不复存在。在发达国家,始于 1914 年的不平等程度的巨幅下降已经走到了尽头。以 10 年算一代人的话,大约在一代人之间,所有国家的收入不平等程度都增加了。对此,我们有可靠的数据(见表 15.1 和图 15.1)。[1]

表 15.1　1980—2010 年,部分国家和地区顶层群体所占的收入份额和收入不平等的趋势

国家	衡量标准	1980 年	1990 年	2010 年	最小值（年份）
澳大利亚	顶层的 1% 群体	4.8	6.3	9.2	4.6（1981 年）
	基尼系数（m）	35.5	38.1	43.3	
	基尼系数（d）	26.9	30.3	33.3	
奥地利	基尼系数（m）	38.3（1983 年）	44.0	42.3	
	基尼系数（d）	26.6（1983 年）	28.4	27.4	
比利时	基尼系数（m）	33.0	30.7	33.1	
	基尼系数（d）	22.6	23.0	25.2	
加拿大	顶层的 1% 群体	8.1	9.4	12.2	7.6（1978 年）
	基尼系数（m）	34.9	37.6	42.2	
	基尼系数（d）	28.2	23.0	25.2	
丹麦	顶层的 1% 群体	5.6	5.2	6.4	5.0（1994 年）
	基尼系数（m）	43.1	43.6	46.7	
	基尼系数（d）	25.5	25.8	25.3	

（续表）

国家	衡量标准	1980 年	1990 年	2010 年	最小值（年份）
芬兰	顶层的 1% 群体	4.3	4.6	7.5（2009 年）	3.5（1983 年）
	基尼系数（m）	37.5	38.2	45.1	
	基尼系数（d）	21.7	21.0	25.6	
法国	顶层的 1% 群体	7.6	8.0	8.1	7.0（1983 年）
	基尼系数（m）	36.4	42.6	46.1	
	基尼系数（d）	29.1	29.1	30.0	
德国	顶层的 1% 群体	10.4	10.5（1989 年）	13.4（2008 年）	9.1（1983 年）
	基尼系数（m）	34.4	42.2	48.2	
	基尼系数（d）	25.1	26.3	28.6	
希腊	基尼系数（m）	41.3（1981 年）	38.6	43.2	
	基尼系数（d）	33.0（1981 年）	32.7	33.3	
爱尔兰	顶层的 1% 群体	6.7	7.3	10.5（2009 年）	5.6（1977 年）
	基尼系数（m）	41.3	42.6	45.2	
	基尼系数（d）	31.1	33.1	29.4	
意大利	顶层的 1% 群体	6.9	7.8	9.4（2009 年）	6.3（1983 年）
	基尼系数（m）	37.0	39.7	47.2	
	基尼系数（d）	29.1	30.1	32.7	
日本	顶层的 1% 群体	7.2	8.1	9.5	6.9（1983 年）[a]
	基尼系数（m）	28.3	31.3	36.3	
	基尼系数（d）	24.4	25.9	29.4	
韩国	顶层的 1% 群体	7.5	—	11.8	6.9（1995 年）
卢森堡	基尼系数（m）	—	31.3	43.5	
	基尼系数（d）	—	24.0	26.9	
荷兰	顶层的 1% 群体	5.9	5.6	6.5	5.3（1998 年）
	基尼系数（m）	33.8	38.0	39.3	
	基尼系数（d）	24.8	26.6	27.0	
新西兰	顶层的 1% 群体	5.7	8.2	7.4[b]	5.4（1988 年）
	基尼系数（m）	29.7	36.0	35.5	
	基尼系数（d）	28.1	22.9	23.1	

（续表）

国家	衡量标准	1980 年	1990 年	2010 年	最小值（年份）
挪威	顶层的 1% 群体	4.6	4.3	7.8	4.1（1989 年）
	基尼系数（m）	33.8	36.8	36.9	
	基尼系数（d）	23.5	22.9	23.1	
葡萄牙	顶层的 1% 群体	4.3	7.2	9.8（2005 年）	4.0（1981 年）
	基尼系数（m）	33.9	45.1	50.5	
	基尼系数（d）	22.4	30.8	33.3	
新加坡	基尼系数（m）	（41.3）	（43.7）	46.9	
	基尼系数（d）	（38.3）	（40.8）	43.3	
南非	顶层的 1% 群体	10.9	9.9	16.8	8.8（1987 年）
西班牙	顶层的 1% 群体	7.5（1981 年）	8.4	8.1[b]	7.5（1981 年）[c]
	基尼系数（m）	35.4	35.9	40.9	
	基尼系数（d）	31.8	30.2	33.3	
瑞典	顶层的 1% 群体	4.1	4.4	6.9	4.0（1981 年）
	基尼系数（m）	39.3	41.9	48.5	
	基尼系数（d）	20.0	21.4	25.8	
瑞士	顶层的 1% 群体	8.4	8.6~9.2	10.6	8.4（1983 年）
	基尼系数（m）	46.3	39.7	40.7	
	基尼系数（d）	30.3	32.2	29.8	
中国台湾地区	顶层的 1% 群体	6.0	7.8	11.2	5.9（1981 年）
	基尼系数（m）	27.8	29.2	32.4	
	基尼系数（d）	26.3	27.2	29.6	
英国	顶层的 1% 群体	5.9~6.7[d]	9.8	12.6	5.7（1973 年）
	基尼系数（m）	37.0	44.4	47.4	
	基尼系数（d）	26.7	32.8	35.7	
美国	顶层的 1% 群体	8.2	13.0	17.5	7.7（1973 年）
	顶层的 1% 群体（cg）	10.0	14.3	19.9	8.9（1976 年）
	基尼系数（m）	38.6	43.3	46.9	
	基尼系数（d）	30.4	34.2	37.3	

(续表)

国家	衡量标准	1980 年	1990 年	2010 年	最小值（年份）
均值	顶层的 1% 群体[e]	6.7	7.8	10.0	6.1（1983 年[f]）
	基尼系数（m）	36.2	38.7	42.7	
	基尼系数（d）	28.0	28.1	29.8	
	转移支付	8.2	10.6	12.9	

m=市场收入，d=可支配收入，cg=含资本收益

a 1945 年为 6.4。

b 见本章注释 3。

c 1980 年以前的数据缺失。

d 1979—1981 年。

e 不包括南非的情况。包括南非的情况：6.9（1980 年），7.9（1990 年），10.3（2010 年），6.2（最小值，1983 年）。括号内的结果基于不确定的数据。

f 中位数和众数。

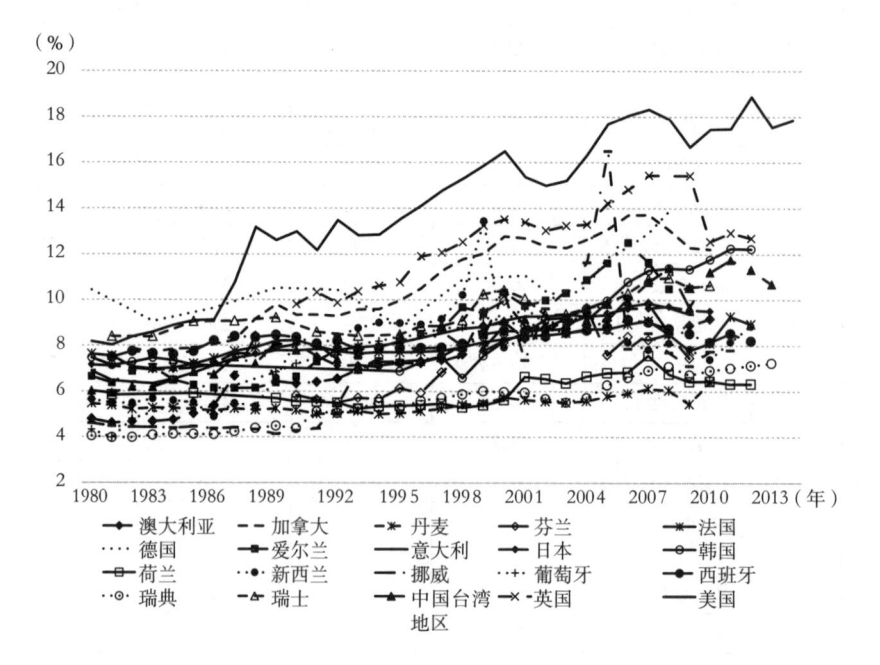

图 15.1　20 个 OECD 成员 1% 的顶层群体所占的收入份额，1980—2013 年

在一个由 26 个国家所构成的样本中，最高收入者所占收入份额在 1980—2010 年增长 50%，同时，市场收入不平等的基尼系数上升了 6.5 个百分点——只有通过一个几乎是全面的再分配转移支付才能部分地消除这种结果。从统计指标看，1983 年是一个重要的转折点，芬兰、法国、德国、意大利、日本和瑞士的不平等下降的趋势在这一年逆转了，这也代表了整个样本的信息。盎格鲁 – 撒克逊人引领了这个趋势，它们大多在 20 世纪 70 年代就已经开始：英国的不平等水平在 1973 年开始上升，美国则在 1973 年或 1976 年，爱尔兰在 1977 年，加拿大在 1978 年，澳大利亚在 1981 年。美国人的工资离散度在 1970 年前后就已经开始扩大。其他的测量结果也确认了这一事实。等值可支配家庭收入基尼系数和高收入者相对低收入者的收入份额自 20 世纪 70 年代或 80 年代以来普遍提高了。自 20 世纪 80 年代以来，许多 OECD 成员中，获得中间收入的人口比例相对于那些获得高收入或低收入的人口比例来说都下降了。[2]

更仔细地看，这个趋势几乎完全不存在哪怕是部分的例外。由于并非所有国家和地区都统计了收入最高的 1% 群体的收入份额的数据，因此，我在表 15.1 中使用了单一基准年的处理方法，这一方法使得西班牙和新西兰的不平等水平看起来好像有轻微的下降，法国保持不变。如果我们改用 5 年移动平均法，就可以清楚地看到，自 1990 年左右以来，在这一组国家和地区中所有国家和地区的高收入者收入份额都至少有轻微的上升。用同样的方法来追踪基尼系数，我们发现，可支配收入的不平等水平除澳大利亚、爱尔兰和瑞士之外都上升了，所有国家和地区的市场不平等水平无一例外地都上升了。绝大多数情形下，收入集中变得更加明显：在 21 个公布了最高收入份额的国家和地区中，11 个国家和地区收入最高的 1% 群体获得的收入在 1980—2010 年间上升了至少 50%，有的上升了 100% 以上。[3]

在 2012 年，美国的经济不平等甚至创造了几项纪录：在这一年，收入最高的 1% 群体的收入份额（无论是否含有资本收益）和最富有的 0.01% 的家庭所拥有的私人财富的份额第一次超过了 1929 年的历史最高水平。而且，所报告的收入分配的基尼系数很有可能低估了实际的不平等水平，因为它们是从难以获取最富有家庭信息的调查结果中推导出来的。就美国而言，各种调整都将带来基尼系数的显著上升，并且随着时间的推移更会如此。因此，在1970—2010年间，官方的市场收入分配基尼系数是从0.4上升到0.48，而实际可能是，1970年美国的基尼系数为0.41~0.45左右，到2010年则高达0.52~0.58。也就是说，即使最保守的修正结果也表明，美国的不平等指数从1970年的0.41上升到2010年的0.52，上升比例超过了25%。再分配只是非常轻微地缓和了这个趋势：1979—2011年，收入最高的1%群体在税收和转移支付前的年收入增长率平均为3.82%，在税收和转移支付后，这一比例为4.05%，那些收入最低的20%群体在税收和转移支付前的年收入增长率平均为0.46%，税收和转移支付后的年收入增长率则是1.23%。[4]

这个趋势绝不仅仅局限于表15.1所考察的那些国家和地区。正如我在第7章中详细讨论的那样，形式上或实质性的后共产主义社会，都经历了物质不平等水平的大幅提升。这种发展在中国尤其引人注目：在中国，市场收入的基尼系数从1984年的0.23涨了不止一倍，上升到2014年的0.55左右，相应的财富集中度系数也迅速上升，从1995年的0.45增加到21世纪初期的0.7的水平。同样的事情也发生在俄罗斯，自2008年以来，俄罗斯的市场收入基尼系数一直保持在0.5以上，高于1991年苏联解体时的0.37，而在20世纪80年代早期，苏联的基尼系数甚至更低，只有0.27。一些主要的发展中国家也经历了类似的变化：印度的市场收入基尼系数从20世纪70年代中期的0.44~0.45上升到21世纪第一个10年后期的0.5~0.51，收入最高的1%群体的收入份额在20世纪80年代后期—1999年间翻了一番。巴基斯坦的市场收入基尼系数从1970年前后0.3的低水平上升到2010年的0.55。在众多的发展中国家，很难分辨出一个连贯的长期趋势。比如，在印度尼西亚，尽管它已经从20世纪90年代的收入集中化运动中恢复过来，但它的基尼系数和最高收入者所占收入份额依然比1980年前后的水平要高。在第13章，我曾记录了非洲和拉丁美洲的复杂的不平等状况。在20世纪80年代后期—2000年前后，除了低收入国家，所有类型的经济——中低、中上、高收入国家和全球经济的收入都出现了更加严重的不平等状况。

20 世纪 90 年代—21 世纪第一个 10 年的早期，世界各地收入最高的 20% 群体所占的收入份额都扩大了。[5]

令人惊讶的是，各种发展水平不同的国家都出现了这种不平等化的情形。这里仅举一个例子：在产出未能超过苏联时期水平的俄罗斯，榨取率提高了一倍。更普遍的现象是，由于从中央计划经济向市场经济转型，中欧、东欧以及中亚的收入不平等程度都上升了，只不过东亚是受到强劲经济增长的驱动，2002 年前后的拉丁美洲，则是受宏观经济危机和结构转型的驱动。这些国家以外的西方富裕国家的类似变化被归咎于其他一整套原因。[6]

除了拉丁美洲国家，所有这些国家的共同之处在于，他们都经历了 20 世纪 10—40 年代的大压缩时期及其带来的温和的平等化的余波。直接参与世界大战的国家现在占全球名义 GDP 的 3/4 以上，当我们将欧洲的旁观者和受到重大影响的前殖民地纳入考虑时，这一比例增长到 4/5 以上。因此，最近的不平等水平普遍上升或许最好被理解成对早期暴力冲击造成的低到异常水平的平等化（也许不可持续）的削弱。

市场和权力

我从对人类起源到 20 世纪收入和财富分配不均的演变的概述中开始了本书。从数千年的历史记录中进行抽样，我把资源向极少数人手中集中归结为两个主要因素：经济发展和掠夺性行为。这种掠夺性行为是指那些强势者拥有的权力足够强大，以至他们得到的财富远远超过他们在竞争激烈的市场中可能获得的财富——这是经济学家称其为"租金"的东西。这些机制至今仍然活跃。从本质上看，当前关于不平等现象不断加剧的原因的争论，往往围绕着一个根本问题，即通过供给和需求运作的市场力量与制度和权力关系，两者哪个更重要。虽然极少有严肃的观察者否认所有这些都是发达经济体收入差距日益增加的显著原因，但具体细节仍然被激烈争论。近年来，当供求范式的支持者一直在设计强调技术、技能和有效市场中心地位的更加复杂的模型时，制度和基于权力的解释得到了越来越多人的重视。[7]

许多观察者将不断加深的贫富差距归因于高等教育的高回报率，特别是在美国。1981—2005年，高中毕业生和继续接受教育的大学毕业生之间的平均收入差距从48%上升到97%，翻了一番。这种发展远不止是收益的不平衡：1980—2012年，男子大学毕业生的实际收入增长了20%~56%，其中，拥有硕士学位的人收益最大，而高中毕业生的收益减少了11%，高中辍学的人的收益则减少了22%。1980年左右—21世纪第一个10年的早期，大约2/3的工资离散度增大归因于受过高等教育的工人所得到的扩大的溢价。20世纪六七十年代，大学毕业生工时占所有工时的比例迅速提高，这一提高从1982年开始放缓，由于对技术工人的需求超过技术工人的供给，工资溢价上升了。技术变革和全球化可能发挥了关键作用，自动化代替原来通常的人力劳动，将制造业转移到海外生产，对正规教育、专业技术和认知能力的需求普遍提高。这导致了低收入、手工密集型职业和高收入、抽象密集型职业的两极化，因为中级职位被取代了，因而收入分配的中间层变空了。在发展中国家，技术变革可能会带来更为严重的去平等化后果。[8]

加大教育投入力度被认为是一种解决方案。2004—2012年间，美国受过大学教育的劳动者的供应量再次上升，同时工资溢价保持平稳（维持在高水平）。除英国之外，大多数欧洲国家和几个东亚国家的技能溢价保持平稳甚至有所下降。国家之间的差异与受教育工人的供给水平有关。事实上，各国的教育回报率差异很大：美国的教育回报率高达瑞典的两倍。这一点尤为重要，因为更高的教育溢价与更低的代际收入流动性相关。[9]

即便如此，批评家也指出了这种解决方案的各种局限。高收入职业和低收入职业之间的两极分化现象可能得不到充分的证据支持，技术变革和自动化不能很好地解释20世纪90年代以来工资比率的变化。相反，职业内部而非职业之间的收入变化似乎是不平等的关键驱动力。此外，最高收入的快速增长尤其很难用教育来解释，我后面会再次谈到这个问题。另外还有一点复杂的是，美国在教育和就业方面的不匹配情况日益增加，因为工人所受的教育越来越超过他们的工作需要，这一过程也促进了日益增大的工资离散度。[10]

人们一般认为全球化是一股强大的去平等化力量。长期以来，其消长都与不平等的波动有关：发生在 19 世纪后半叶和 20 世纪早期的全球化第一波浪潮，与正在上升或保持稳定（并且处于高水平）的不平等状况相吻合——不仅在西方，在拉丁美洲和日本也是如此，不平等在 1914—20 世纪 40 年代由战争和大萧条引起的全球化中断期间得以下降。对约 80 个国家在 1970—2005 年间的趋势进行调查后发现，国际贸易自由化和同时发生的放松管制显著提高了不平等程度。尽管全球化通常有利于经济增长，发达国家和发展中国家的精英却不成比例地从中获益。这种失衡有几个原因。根据一项估计，印度市场改革和苏联集团的垮台，使得全球经济体中的工人数量翻了一番——资本没有以同样的速度增长并且全球劳动力中的技术工人大比例下降，从而扩大了富裕经济体中的不平等程度。以国外直接投资形式出现的金融全球化给技能溢价增加了压力，也可能对资本回报产生了压力，并在较高收入区间的人之间引起了不平等状况。相比之下，低收入国家在成品贸易上的竞争似乎对美国的不平等现象影响不大。贸易全球化的平等化效果与资本全球流动的非平等化效果相互竞争，在全球经济一体化中产生了种种中和效应，从而降低了总体效应。[11]

全球化也能影响政策决策。白热化的竞争、金融自由化和消除资本流动障碍，都可能会鼓励财政改革和放松经济管制。因此，全球化将税收从对企业和个人课税转移到课征支出税，这趋于增加税后收入分配的不平等程度。即便如此，至少在这一点上，国际经济一体化和竞争在理论上只会限制某些类型的再分配政策，实际上没有普遍地减少福利支出。[12]

在富国，人口因素以不同的方式影响收入分配。移民对美国的不平等影响不大，在一些欧洲国家甚至带来了平等化的结果。相反，门当户对的婚配——更具体地说，婚姻伴侣双方日益增长的经济相似性扩大了家庭之间的收入差距，并且被认为在 1967—2005 年间导致美国收入不平等水平总体提高25%～30%，尽管这种影响可能主要集中在20世纪80年代。[13]

制度变迁是另一个罪魁祸首。工会会员率的不断下降和最低工资的下降一直是收入差距不断扩大的原因。政府再分配与工会密度和集体工资谈判正相关。劳动和就业保护组织越强大，越会降低技能回报率。一般来说，工会成员倾向于通过制度化的公平准则来压制工资不平等。相反地，反工会化和实际最低工资的向下压力明显导致收入分配的偏化：1973—2007年间，美国男性私人工会会员率从34%下降到8%，女性私人工会会员率从16%下降到6%，同时每小时工资不平等程度提高了40%以上，占这一时期总体不平等现象中的相当大一部分，其规模类似于技能溢价的上涨。相比之下，最低工资在这一过程中发挥的作用要小得多。与此同时，欧洲大陆更公平的劳动力市场制度在限制不平等上升方面更加有效。[14]

正如劳动力市场制度有助于确定劳动报酬的分配方式一样，财政机构在确定可支配收入的分配方面发挥了关键作用。在"二战"期间和之后，许多发达国家收入的边际税率飙升至历史新高。在收入不平等开始复苏时，这一趋势发生了逆转：对18个OECD成员的一项调查发现，除两个成员外，其他成员的最高边际税率自20世纪70年代或80年代以来都有所下降。尤其是最高收入者所占的收入份额，与税收负担高度相关：即使其他国家没有发生这种现象，那些经历了大幅减税的国家的最高收入者的收入也大幅增加。财产税的规模也趋向于同样的方向：尽管巨额遗产税阻碍了战后时期的巨额财富重建，但随后的减税措施促进了新的财富积累。在美国，更低的资本所得税已经提高了资本收入占总体税后收入的份额，伴随着21世纪第一个十年的减税，资本收益和股息的相对权重也大幅上涨。1980—2013年间，收入最高的0.1%的家庭的平均所得税率从42%下降到27%，平均财富税率也从54%下降到40%。税收累进度的减少解释了最近美国财富离散度的近一半的增长，而收入不平等的加剧主要是由工资差异造成的。尽管近几十年来，大多数OECD成员的再分配规模增加了，但税收和转移支付没有跟上日益增长的市场收入不平等的步伐，而且自20世纪90年代中期以来，再分配已经成为一种不那么有效的平等化手段。[15]

由于税收、商业管制、移民法以及各种劳动力市场制度都是由政策制定者决定的，所以上述不平等的一些原因牢固地根植于政治领域。我已经提到过，全球化的竞争压力可能会影响国家级的立法成果。但政治和经济不平等以许多不同的方式相互作用。在美国，两大党派都转向支持自由市场资本主义。尽管对记名投票的分析显示，自20世纪70年代以来，共和党的右翼程度要比民主党的左翼程度大，但民主党在20世纪90年代实施金融放松管制方面发挥了关键性作用，越来越多地关注性别、种族和性认同等文化问题，而不是传统的社会福利政策。国会政治的两极分化在20世纪40年代触底，自20世纪80年代以来快速增长。1913—2008年间，最高收入者的收入份额的变化与两极分化的程度密切相关，但大约滞后10年：后者的变化先于前者，但二者一般向相同的方向发展——先下降，然后上升。与美国经济中的所有其他部门相比，金融部门的工资和教育水平也是如此，这一指数同样滞后于党派两极分化。因此，一般来说，精英收入，特别是金融部门的精英收入，对立法凝聚力的程度高度敏感，并受益于日益恶化的政治僵局。

此外，富裕家庭更加愿意参与选举。20世纪70年代以来，不太富裕的选民投票率通常都很低，这已经被大量非公民低收入工人群体的大规模移民放大。在2008年和2010年的选举中，选民参与和收入密切相关，其特点是从低收入家庭到高收入家庭呈现出线性增长：2010年，最贫困的家庭中只有1/4投了票，而那些收入超过15万美元的人中，半数以上都投了票。在税收、监管和社会福利方面，美国的1%群体与总人口相比在政治上更加积极或更加保守，在收入等级最高的群体中这种扭曲表现得更加强烈。最后，尽管分项捐款数量大幅增加，但随着时间的推移，竞选捐款越来越集中。在20世纪80年代，顶层的0.01%群体捐献的竞选资金占总捐献竞选资金的10%~15%，到2012年占到总数的40%以上。因此，候选人和各党派越来越依赖非常富有的捐献者，这种趋势进一步强化了一种更加普遍的、可观察到的倾向——立法者更倾向于制定有利于高收入选民偏好的政策。[16]

所有这一切充分支持了这样一个结论：权力关系的转变一直在补充并

加剧由技术变革和全球经济一体化带来的非平等化压力。现在越来越多的人都认为，收入和财富分配最顶层群体的变化对体制和政治因素尤为敏感，有时还会带来戏剧性的后果。在美国，1979—2007年间市场收入增长的60%被1%的顶层群体吸收，而总增长中仅有9%的收入落入90%的底层人手中。同样，精英集团占有税后收入总增长的38%，而80%的底层人群仅占有31%。20世纪90年代初—21世纪第一个10年初，顶层0.01%的美国家庭的收入份额翻了一番。收入差距一直集中在较高的收入等级：尽管20世纪70年代以来，美国第90百分位的人的收入对第50百分位的收入的比率一直在增长，第50百分位的人的收入对第10百分位的人的收入的比率（中间层对底层的比率）在20世纪90年代以来一直相当平稳。换句话说，高收入者从其他人那里拿走金钱。这种趋势在盎格鲁-撒克逊国家十分典型，在大多数其他OECD成员中则弱得多，甚至不存在。即便如此，从长期来看，总体收入不平等对最高收入者所占的收入份额敏感可以说是普遍规律：在一些国家中，从20世纪20年代到现在，顶层1%群体之下的那9%家庭所占的收入份额保持稳定（约为20%～25%），而顶层群体的收入份额一直在变化。类似的趋势也出现在较高的财富份额中。所有这些都表明，最大收入的相对规模是总体不平等的主要决定因素，因此值得特别注意。[17]

为什么收入最高的人会得到远超其他人的收入？经济学家和社会学家提出了许多不同解释。一些解释侧重于经济因素，如更高的高管薪酬与企业价值增长之间的关系，对特定管理技能的需求增加，擅长操控公司董事会的经理对租金的提取以及与资本收入的重要性日益增加。而另一些解释强调政治原因，如偏向保守政策的党派统治和政治影响，放松对金融部门的管制，降低税率，或强调社会进程的作用，如采用标杆管理，用偏高的标准或以野心勃勃的人为榜样来设定上层工资，以及社会规范和公平概念的变化。尽管制度上的原因越来越受到重视，但强调供求的解释被证明很有道理。用市值表示的企业规模的扩大，可能使管理能力上的细微差别变得非常显著：因此有人声称，1980—2003年间，大公司股票市值的6倍增长可以充分解释美国CEO（首席执行官）薪酬的同期的6倍增长。在"赢者通吃"的前提下，不断扩大的市场规模本身有望为最顶层提高薪酬。

然而，企业规模与高管薪酬之间的相关性并不长期成立，即使在最近几十年，最高收入层的收入不成比例的增长已经远远超过了公司管理层和其他"巨星"的：在美国，高层管理人员、明星艺人和运动员精英只占最高收入人群的1/4。对相对较小的CEO群体来说，压力管理是个合理的解释，很难说清其他职位更大的加薪力度。特别是在信息和通信技术领域，技术变革的效应和一些企业日益扩大的全球规模效应结合起来，可能会使绩效最高者的相对生产力提高，这与他们收入份额不断膨胀的情况相一致。[18]

然而批评家有力地争辩说，"强烈影响财富的因素与经济生产率联系很少甚至没有关联"。在金融部门，薪酬水平与放松管制密切相关，但高于仅由可观察因素所能解释的水平。尽管直到20世纪90年代，美国的金融工作者与其他部门工作者一样得到了考虑教育因素调整后的工资，但到2006年，他们享有50%的工资溢价，高管的收入溢价则高达250%或300%。这种差距的很大一部分仍然无法解释。金融专业人士和企业高管的这种不成比例的收益意味着他们在拿走租金，即超过使竞争市场运行所需收入的部分。以2012年的美元标准计算，1978—2012年间美国CEO的薪酬上涨了876%，远远超过了标准普尔指数和道琼斯指数的344%和389%的涨幅。20世纪90年代，美国CEO的薪酬与最高的收入和工资相比也急剧增长。

与需求有关的教育供给无法解释这些发展，也无法解释同一教育群体内的收入差距。事实上，在一些最有利可图的就业和商业活动领域，社交技能比正规教育更加重要，高层管理者的价值很可能在很大程度上以其所处的关系网来衡量，这种由消费者、供给者和管理者构筑的不可转让的关系网正是企业需要获得并控制的。连锁反应也值得关注：尽管高管薪酬的飙升和经济的"金融化"只对近期最高收入增长的一小部分负有直接责任，它们对法律和医药等其他行业的影响却扩大了它的不平等效应。此外，因为高收入者的收入份额已经受益于OECD成员边际最高税率的削减，给予优质工人优惠待遇的做法也超越私人行业进入公共领域。尽管大量财富的创造往往归功于政治影响力和掠夺性行为，权力关系在一些西方社会中更加重要。

最后是资本。因为财富分配比收入分配更加不均，它在富裕家庭中的集中度总是高于收入在富裕家庭中的集中度，所以，资本收入的相对重要性或财富集中度的增加很可能会加剧收入不平等。资本卷土重来是皮凯蒂近期工作的一个中心主题。这一趋势最为明显地体现在国家财富与国民收入之比的复苏中，而二者的比例曾在大压缩时期急剧下降。从那时起，在许多发达国家以及世界范围内，财富的相对规模都大幅增加。类似的趋势也提高了私人财富与国家收入以及私人资本与可支配收入的比例。这种发展对不平等状况的整体影响仍然具有争议。批评者认为，大部分的这种增长反映了私人住房价值的上涨，并且住房对资本存量贡献的计算方式的调整表明，自20世纪70年代以来，几个主要经济体资本与收入比保持稳定而非上涨。尽管在此期间，一些OECD成员的资本收入占国民收入的份额一直在上升，但在20世纪70年代—21世纪早期的这段时期内，最高收入阶层的资本收入与工资收入的相对权重并没有以一致的方式发生改变。[19]

财富的不平等状况遵循着不同的发展轨迹。20世纪70年代以来，法国、挪威、瑞典和英国的最富有的1%家庭的私人财富占有的份额几乎没有变化；荷兰的下降了；芬兰的有所上升，澳大利亚和美国的大幅上升。美国财富集中的速度甚至比美国收入集中的速度还要快。这一过程在极其富有的人中尤为明显：20世纪70年代末—2012年间，1%最富有人口所拥有的全部私人财富所占的份额上升了几乎1倍，但在最富有的0.01%人中上升了3倍，最富有的0.01%家庭中上升了至少5倍。这对资本收入的分配也产生了重大影响。在同一时期，最富有的1%群体的所有应税资本收入占全国总量的份额从1/3增至2/3，几乎增加了一倍。2012年，这群人索取了3/4的股利和应税利息。最引人注目的增长是，这群人中收入最高的0.01%家庭获得的利息份额从1997年的2.1%增长到2012年的27.3%，增长了12倍。[20]

这些变化推动了美国社会的财富分配不均：2001—2010年间，资产净值分配的基尼系数从 0.81 上升到 0.85，金融资产分配的基尼系数从 0.85 上升到 0.87。尽管工资分配和资本收入分配之间的联系越来越紧密，但收入最高的那 1% 的工资收入的相对重要性略有下降。20 世纪 90 年代以来，投资所得对于高收入者变得更加重要，较低的税收增加了它对税后收入的贡献，更大一部分的精英现在也完全依赖于投资收入。1991—2006 年间，资本收益和股息的变化对税后收入不平等的增加至关重要。[21]

尽管美国的不平等状况尤为突出，日益增长的财富集中在很大程度上是一种全球现象。在 1987—2013 年间，超级富豪（一个人数极少的群体，是由世界上每 2 000 万富人中最富有的 1 人或者是地球上每 1 亿人中最富有的 1 人构成的群体）的财富平均每年增长 6%，而全球成年人的平均增长水平为 2%。此外，据估计，目前世界上 8% 的家庭金融财富都是存放在境外避税天堂，而其中的大部分都未被记录。考虑到富人一定会不成比例地使用这种做法，并且美国人的资产中估计的海外持有比例（4%）远低于欧洲的（10%），因此，表面上更加平均的欧洲国家的财富集中度可能比税收记录显示的高得多。发展中国家的精英在海外持有的资产份额可能更大，以俄罗斯为例，可能多达国民私人财富的一半。[22]

*

在过去几十年里，收入和财富分配不均在世界范围内的卷土重来与本书最前面的几章所叙述的不平等状况几乎无缝对接了。这部分所考察的许多变量都与国际关系密切相关。贸易和金融全球化作为提高不平等的强大驱动力，建立在一个相对和平稳定的国际秩序之上，这种秩序在 19 世纪由大英帝国所推动的第一次世界经济一体化中出现，后来又在美国的实际霸权下重新被确立，由于"冷战"结束而进一步加强。在世界大战的背景下，诸如工会化、政府干预私人部门工资的制定以及高度累进的收入和财富税等关键的平等化机制开始崭露头角，"二战"期间和之后的充分就业也是如此。在美国的大萧条时期和"二战"期间，政治的两极分化现象迅速减弱。

虽然技术在不断进步，但是起反向平衡作用的教育条款在很大程度上是一个公共政策问题。归根结底，过去几十年里，不平等的变化背后的驱动力反映了自大压缩以来国家关系和全球安全的演变：在暴力冲击破坏了全球交换网络，促进了社会团结和政治凝聚力，维持了积极的财政政策之后，对它们的削弱已经开始侵蚀抑制收入差距和财富集中的这些机制了。[23]

第 16 章　未来将何去何从？

在重压之下

在我们处理这个问题之前，应该看到，全球范围内各国经济的实际不平等程度大于只依靠标准度量方式衡量的不平等程度。第一，基尼系数这个衡量收入不平等的最常用的概念，难以捕捉最高收入对于不平等的贡献的信息。弥补了这个缺陷的指数就会显示，整体的实际不平等程度明显大得多。第二，如果把未报告的离岸资金纳入私人家庭财富的统计，这一类别的不平等程度也会显得更高。第三，我一直采取关注收入和财富分配相对指标的常规做法。然而，从绝对不平等指标（高低收入者之间的差距）来看，即使在西欧一些国家观察到的基尼系数和最高收入份额一直不变或仅有一点上升，考虑经济增长后，这也意味着实际收入（以欧元或其他国家货币来衡量）的不平衡现象增加。

这种影响在资源分配日益不公平同时增长率更强劲的的社会中更加强大，如美国等国家。即使在相对收入不平等情形最近有所减少以及经济增长强劲的拉丁美洲，绝对收入差距也在持续拉大。在世界范围内，绝对收入不平等已经上升到新的高度。1988—2008 年间，全球收入最高的 1% 的人得到的实际收入份额与世界第 5、第 6 和第 7 个十分位数人口得到的份额差不多，但在人均收入增长率上，前者是后者的 40 倍左右。最后，正如我在附录中详细讨论的那样，社会的收入不平等程度理论上的最大可能值随其人均 GDP 的变化而变化。当我们考虑到这个事实，即一个发达经济体比之前的农业经济体在系统上更加难以容忍极端资源错配时，我们并不清楚今天的美国是否比 100 或 150 年前的美国的实际不平等程度更低。[1]

最后一个警告确实只适用于名义上不平等程度相对较高的现代经济体。

毫无疑问，大部分欧洲大陆地区经济发展水平较高且可支配收入分配更为公平，有效不平等程度（可能的最大不平等程度实际发生的比例）比世界大战之前低得多。即便如此，尽管这些国家的高收入份额比美国的低，但支配家庭收入相对温和的不平等很大程度上是大规模再分配的结果，这种再分配抵消了普遍高水平的市场收入不平等。2011年，以再分配著称的5个国家——丹麦、芬兰、法国、德国和瑞典的税收和转移支付之前的市场收入的基尼系数平均为0.474，这与美国的（0.465）和英国的（0.472）没有什么差别，但它们的可支配收入的平均基尼系数（0.274）远低于英国的（0.355）和美国的（0.372）。

虽然一些欧洲国家的市场收入不平等程度比上述5个国家略低一些，但除了极少数国家之外，再分配的规模比美国更高（并且往往高很多），这表明那种欧元区和斯堪的纳维亚半岛典型的，更为平衡的最终收入分配主要取决于大范围的、强有力的政府平衡干预系统，这当然代价不菲。这种安排并不足以使欧洲未来永久保持平等。欧洲越来越多地区的社会和再分配公共支出已经很高。2014年，11个欧洲国家的社会支出占GDP的比例达到1/4~1/3，中央政府收取了44.1%~57.6%、中位数为50.9%的GDP。鉴于政府规模对经济增长的负面影响，这一财政收入比例难以再进一步增长。从20世纪90年代初—21世纪第一个10年末，欧盟、美国和OECD成员的社会支出占国民产出的比例都相当平稳，这表明它们已经达到了一个足够高的水平。2009年，由于经济表现疲软以及全球金融危机引发的对它的需求增加，它再次上涨，之后就一直保持在新的高水平。[2]

这些高均衡水平的福利系统如何承受两个日益增长的人口挑战仍是一个悬而未决的问题。第一，欧洲人口老龄化。欧洲的生育率一直远低于维持人口不变的水平，在可预见的将来仍然如此。到2050年，欧洲人口的年龄中位数预计将从39岁上升到49岁，工作年龄人口数量本来已经达到顶峰，从现在到那时可能会下降约20%。从现在到2050年或2060年，抚养比率——65岁以上人口与15~64岁的人口比例，将从0.28变为0.5或更高，80岁和80岁以上的人口比例将会从2005年的4.1%增加到2050年的

11.4%。对养老金、医疗保健和长期护理的需求将相应增加,将会达到GDP的4.5%。这种年龄分布的根本性重构将伴随着相比过去几十年的、更低的经济增长率,预计2031—2050年平均经济增长率为1.2%,2020—2060年为1.4%或1.5%,欧盟核心成员的数值比这些数值还低得多。[3]

近几十年来,温和得多的老龄化速度未能对不平等产生重大影响,但这可能会改变。从原理看,退休者与劳动者比例的缩减会提高不平等程度,同时伴随单亲家庭比例上升。私人养老金可能会变得重要起来,这会趋向于维持或提高不平等程度。一项研究预测,由于老龄化,2060年德国的不平等程度会变得更高。在日本,外国籍出生人数占居民人数的比例远小于欧盟或美国的,其抚养率已经达到0.4,收入不平等的加剧在很大程度上归因于人口老龄化。这是一个重要发现,考虑到日本与韩国和中国台湾地区一样,此前所采取的高度限制性的移民政策曾有助于维持相对公平的税收和转移支付前的收入分配。[4]

所有这些预测都假定有大量的持续移民:如果没有这个人口因素的贡献,到2050年,欧洲赡养比可能高达0.6。因此,数以百万计的新来者将只能缓解长期老龄化进程的长期后果。与此同时,移民可能以前所未有的方式考验再分配政策。在名为"第三次人口转型"的开创性研究中,基于对移民率和移民生育率的保守假设,杰出的人口学家戴维·科尔曼对7个国家的计算表明,到2050年,其中6个国家(奥地利、英格兰和威尔士、德国、荷兰、挪威、瑞典)外国籍人口占各该国家人口的比例(概念的定义又因国家不同而不同)将达到1/4～1/3。这些国家的人口约占西欧人口的一半,其他许多国家也将发生类似的变化。此外,这些移民人口在受教育儿童和年轻工人中占比更多——在某些国家,这个比例高达全国总人数的一半。预计非西方移民将占德国和荷兰人口的1/6。由于没有令人信服的理由假设这些移民趋势到21世纪中叶会有所减弱,到2100年,荷兰和瑞典可能会变成人口主要由外国籍出生人口构成的国家。[5]

在农业文明出现后的这些地区的历史中,如此大规模的人口替代不仅没有先例,而且可能以不可预测的方式影响不平等状况。从经济的角度看,它们对不平等状况的影响很大程度上取决于移民是否能够与本地人成功融合。移民的受教育程度现在远低于并将持续低于欧洲的国民，一些国家的移民尤其是妇女移民的就业率很低。这些问题的持续或恶化可能加剧这些社会的不平等状况。此外，第一代移民社区和新近移民家庭的增长拥有影响社会福利和再分配支出倾向和政策的潜力。阿达尔韦托·艾莱斯那和爱德华·格莱泽认为，福利政策与种族同质性具有相关性，这有助于解释为什么美国作为福利国家，其实现程度比欧洲更弱。他们预计，越来越多的移民将会降低欧洲国家的福利水平，反移民情绪可能被用来废除再分配政策，并"最终推动这个大陆走向更为美国式的再分配水平"。至少到目前为止，这一预测还没有得到实际发展的证实。最近的一项全面调查并未发现对这一观点的支持证据——移民会损害公众对社会政策的支持。[6]

然而，更具体的观察表明，有一个因素值得关注。更大的异质性和更多的移民实际上与更狭隘的社会政策条款以及更高水平的贫困和不平等程度联系在一起。在欧洲的OECD成员中，种族多样性与公共社会支出水平之间可能只有微弱的负相关，但与受失业率影响的态度有更强的负相关性。如果许多低收入的社会成员属于少数民族，那么承担大部分财政负担的富裕的欧洲人对再分配所表达出的支持将更少。根据英国多项调查，如果因种族多样性导致穷人被认为是异类，那么社会对通过税收进行再分配的倾向就会减弱。异质性的来源和维度至关重要：移民和宗教异质性比少数民族种族的存在对国家福利条款的不利影响更严重。这些因素中的前两个已经成为欧洲经验的特征，来自中东和非洲的持续移民压力将确保它们的持续性且可论证相关性增强。对于所有这一切，重要的是认识到，在欧洲自身生育率低于更替生育率和移民的背景下，将改变目前国家人口构成的欧洲"第三次人口转型"，仍处于早期阶段。在下一代人的生活中，它可能会以无法预期的方式改变既有的再分配和不平等模式。考虑到当前系统的高成本，以及由老龄化、移民和日益增长的异质性带来的不平等压力，这些变化更有可能引起不平等程度提高而不是抑制它。[7]

不是所有人口因素都可能对不平等的进一步演变产生重大影响。无确定性证据表明,可能扩大美国家庭收入和财富差距的门当户对的婚配率近年来在不断上升。同样,收入方面的代际流动似乎并没有放缓,虽然需要更长的时间框架做出确切的结论。相反,在美国,不断增加的收入差距可能对长期不平等状况的影响更大。只要邻居的收入间接影响自身的社会经济地位,特定收入群体的空间集中度扭曲了地方政府资助的公共物品的分布,那么人口分布中日益增加的经济失衡将持续下去——而且确实加强了未来世代的不平等。[8]

皮凯蒂认为,因为资本投资回报率超过经济增长率,持续的资本积累将提高资本所有者收入在国民收入中的份额及其对国民收入的整体重要性,从而推动不平等程度继续加大。这种观点引起了相当多的批评,迫使其主要支持者强调这些预测的不确定性。但是,加剧收入和财富分配差距的其他经济和技术力量比比皆是。已经被确认的、在发达国家具有加剧不平等效应的全球化,在不久的将来也没有任何减弱的迹象。全球化的过程是否会创造出一群不受国家政策限制的全球超级精英还有待观察,如被大众媒体追捧、广受诟病的"达沃斯达人"。自动化和电脑化由于其更加开放的本质,必将影响劳动回报的分布。据一项估计,在全美劳动市场702个职业中,几乎一半的就业岗位都面临由计算机化带来的风险。尽管现有预测认为,自动化不会无限度地使劳动市场两极化为高收入者和低收入者,但未来人工智能方面的技术突破将使机器能够赶上或超越一般人类智力,任何预测长期结果的努力都是没有意义的。[9]

我们对人体的重塑将为不平等的演变开辟新的领域。生控体系统和基因工程拥有扩大个人甚至其后裔间不平等的潜力,远超他们的自然禀赋和能控制的体外资源,他们也许会这么做来反哺未来收入和财富的分配。由于纳米技术的进步大大扩展了人造植入物的使用程度和效用,其应用可能会越来越多地不再局限于功能恢复,而是转向功能增强。在过去几年中,基因编辑技术的进步使得人们能凭借前所未有的便利的方式在培养皿和存活生物体中删除和插入特定的DNA片段。虽然这种干预措施的后果可能仅限于单个生物体,但我们也可以通过操纵精子、卵子和小胚胎的遗传构成来制造遗传物质。第一个修改（非存活）人类胚胎基因组的实验结果于2015年发表。近期这一领域的进展非常快，将使我们继续深入未知的领域。根据成本和可得性，富人可能会享受到这些生物技术和基因改良的特权。

政治限制可能不足以压制这些机会：与公共卫生不同，生物增强是一种升级，因此更容易产生不平等分配的结果。西方民主国家的法律限制已经被提出，这很可能会导致更不平等的结果，因为这将使那些有能力在这些国家享受私人待遇的人获得优势——最有可能在亚洲部分地区。从长远来看，为富有和拥有良好联系的人创造设计婴儿，可能会削减"基因富人"和"基因穷人"之间的流动性，至少在理论上，最终会分叉成不同的物种——如"基因富人""自然人"或其他任何人，普林斯顿的遗传学家李·希尔弗就是这样设想的。[10]

长期以来，教育一直未能有效应对技术变革。这种状况在持续的全球化进程中可能不会改变，除非计算机化的突破达到一个临界点。但是，在人类由于基因工程或身体-机器结合（很有可能这两种情况都有）而变得更加不平等后，这种范式将会发展到一个突破点。教育是否能对抗这种前所未有的人工身心增强技术呢？我们还是不要过于担心这些有关未来的事情吧！在人们开始担心如超人一样的超级机器人以前，世界就面临着有关收入和财富不平等的、更为普通的挑战。我现在最后一次回到这本书的中心话题：减少不平等。那么，矫正不平等的前景如何呢？

方法

目前并不缺乏关于减少不平等的建议。诺贝尔经济学奖获得者早已经开始加入雕琢更少但更受欢迎的畅销书同行和各种记者的行列，他们出版著作，列出重新平衡收入和财富分配的措施的长长清单。这可是个获利丰厚的行业。税收改革占突出地位。（除非另有说明，以下是就美国而谈的。）收入应该以更累进的方式征税；资本收益应如普通收入一样课税，并且一般而言应该课更高的税率；累退工资税制度应该被废除。应该直接对财富课税，课税的方式应该足以削弱财富的代际传递。诸如贸易关税和创建全球财富登记制度等措施将有助于防止离岸逃税。应对公司的全球利润征税，结束对它们的隐性补贴。法国经济学家甚至建议每年在全球范围内对财富从源头征税。此外，更大的对资本的一次性课税将减少公共债务，重新平衡私人与公共财富的比例。前面提到的对技能的需求与供给方法引起了人们对教育作用的关注。公共政策应能通过平等的教育准入和教育质量促进代际流动。将学校资金与地方财产税脱钩将是向这一方向迈出的一步。普遍提供学前教育是有帮助的，可以对高等教育进行价格管制。更普遍的是，改善教育将使身处竞争激烈的全球环境中的劳动力"加强技能"。

在支出方面，公共政策应提供保护低收入群体的各种保险（从住房价值到工人拥有的合作社，再到人们健康的资产价值）免受外生冲击。普遍的卫生保健将缓冲这些冲击。那些不那么富裕的人的创业活动应该能够更容易地取得融资，破产法应该对债务人更加宽容。贷款者应该得到激励或应该获得重组抵押贷款的机会。更雄心勃勃的计划如下。设立基本的最低收入；把补助金与个人储蓄挂钩，直到其达到一个上限；为每个孩子提供最低数量的股票和债券。企业管制是议程上的另一个项目：设立能够调整市场收入分配的专利法、反托拉斯法和相关合同法；抑制垄断；更严厉地管制金融部门。企业所得税应与CEO薪酬对工人工资中位数的比率相挂钩。高管寻租行为应通过公司治理改革来解决。股东和雇员的地位应该通过确保后者的代表权和投票权以及迫使公司与工人分享利润的方式来维持。制度改革应该重振工会力量，提高最低工资，改善弱势群体的就业机会，并创建联邦就业项目。移民政策应该鼓励熟练劳动力的引入，以降低技能溢价。全球化的不均衡影响可以通过协调国际劳工标准，对来自外国的收入和利润无论生产地点的进行征税来减轻。应该管制国际资本流动——根据一项特别大胆的建议，美国可能要求贸易伙伴将最低工资标准提高到各自工资中位数一半的水平。在政治领域，美国应该通过竞选资金改革来消除不平等，并采取措施提高选民投票率。干预媒体以使它们的报道更加符合民主化原则。[11]

最近的讨论主要（甚或排他地）集中在政策措施的内容上，而没有充分注意其成本和收益的可能规模，以及它们在现实生活中的政治可行性。举几个例子就够了。弗朗索瓦·布吉尼翁估计，为了使美国1%的可支配家庭收入的份额降低到哪怕是1979年的水平，对他们征收的有效税率将不得不翻番，从35%变为67.5%。这一目标"从政治观点来看，并不完全可行"。皮凯蒂认为，综合考虑经济成本与平等利益，最高收入者的"最佳"所得税税率应该为80%，但他又坦然承认，"在短期内任何此类政策被采纳都几乎是不可能的"。以有效的全球政策协调为基础的建议将全球政策协调的门槛提高到令人目眩的高度。拉维·坎伯提倡建立一个国际机构以协调劳动标准——类似于对抗全球化压力的奇迹武器，却"把这样一个机构的政治可行性或实际的可操作性放在一边"。皮凯蒂明确宣称，这项提议中的"全球资本税是一个乌托邦式的想法"，但他又认为在欧洲范围内征收财富税"没有技术原因"的阻碍。这类崇高的想法受到了批评，被认为是无益的，而且可能会产生反作用，因为它把注意力从更切实可行的措施上转移走了。所有这一切建议，都缺少对有关调动政治上的大多数以执行这些建议所需要的手段的严肃思考，这太明显了。[12]

安东尼·阿特金森近期提出的关于如何减少英国不平等的蓝图，是迄今为止最详细和精确的均等化方案，阐明了这些政策导向方法的局限性。众多雄心勃勃的措施构成一个全面的改革方案：公共部门应通过"鼓励增雇工人的创新"来影响技术变革；立法者要努力"减少消费市场上的垄断力量"，恢复有组织的劳动力的议价能力；公司应以"反映道德原则"的方式来与工人分享利润，或被禁止为公共机构提供物品或服务；最高收入者的所得税税率应提高至65%，对资本收入的课税应比对劳动所得课税更重，对地产和赠予的征税应在所有者生前加强，房产税应根据最新的评估来设定；国民储蓄债券应担保得到一个"正的（可能是补贴的）实际利率"直到达到个人的上限；法定最低工资应"设定在生活工资水平上"；每个公民在储蓄债券到期或之后应获得一份资本捐赠；"政府应该以生活工资水平向每一个想要工作的人提供一份就业"（阿特金森自己承认"这看起来可能不切实际")。可能的附加措施包括年度财富税和"以总财富为基础的个体纳税人全球税收制度"。此外,应说服欧盟引入"儿童普遍基本收入保障",将其作为一项应税福利,与国家收入中位数挂钩。

在进一步讨论这些是否可以真正实现的时候,阿特金森重点关注其对经济施加的成本(这点至今尚不清楚);对抗全球化的压力(对此,他希望通过欧洲或全球政策协调来进行);财政负担能力。与其他平等改革措施的支持者不同,阿特金森还对这一方案的可能影响进行了估计:如果实施了4项主要政策,即更高和更累进的所得税,低收入者的劳动收入折扣,为每个孩子支付大量的应税福利,保证所有公民的最低收入,那么平等化后的可支配收入的基尼系数将下降5.5个百分点,这可将目前英国和瑞典之间的不平等差距缩小一半多一点。更有限的不平等变化将会使基尼系数减少3个或4个百分点。从这个角度看,用他自己的话说,从20世纪70年代末—2013年,英国基尼系数上升了7个百分点。因此,即使是几个相当激进的、历史上前所未有的政府干预措施的组合,也只能部分地扭转不平等复苏的影响,更温和的政策产生的好处更小。[13]

这是一个没有骑士的世界吗?

"这一切是他的乌托邦?"[14]即使它们不是完全的乌托邦,许多政策建议中都缺乏历史意识。边缘的改革不太可能对当前市场收入和财富分配的趋势产生重要影响。阿特金森的讨论有一个独特优点:它既考虑一套雄心勃勃的措施的成本,也考虑该措施对可支配收入不平等状况的可能影响。而对任何一项现实的政策配置来说,其好处相对不大。更普遍的是,人们似乎对如何将这些建议变为现实,甚至对它们是否能够产生重大影响出人意料地几乎没有兴趣。然而,关于矫正,历史告诉我们两件重要的事情。一个是激进的政策干预通常发生在危机时期。世界大战和大萧条冲击所产生的平等化措施主要是基于当时特定的历史条件,换成不同情况它们可能就是不可行的——至少,不能在规模上等同。第二个教训更加直截了当:

第16章 未来将何去何从? 365

政策制定只能有一定效果。历史不止一次地证明，社会内部物质不平衡的压迫是由暴力驱动的，这种力量在人类的控制以外，远超现在任何可行的政治议程范围。在当今世界，那些最有效的矫正机制都无法运作："四骑士"已经跳下了他们的战马。没有正常人愿意让他们再次上马。

大规模动员的战争一直延续至今。军事冲突的形式一直由技术决定。有时，向古代战车或中世纪骑士那样的高价值资产投资是有利的，有时，向大规模的步兵那样的低价值资产投资也会获得优势。在西方近代早期，财政－军事国家成熟，国家的大规模军队取代了雇佣军。在法国大革命中，军事动员率达到新高，而在两次世界大战中，军事动员达到数百万人的顶峰。从那以后，军队发展趋势又一次从重视数量转向了重视质量。理论上来说，早在 20 世纪 40 年代末，核武器就可使大规模常规战争过时，但在实践中，常规战争在低风险冲突中，在缺乏核能力的两个国家之间，或在涉及无核能力的国家的冲突中依然存在。征兵已经逐渐退出历史舞台，越来越被能够处理更复杂设备的专业志愿军队取代。

在那些仍从事军事行动的相对较少的发达国家中，军事行动往往脱离主流社会，平等化的"动员效应"也消失了。在美国，1950 年是最后一个未经严肃辩论就通过增税支付战争费用法案的年份。即使这个法案依然有效，1964 年的《税收法案》依然成为 1981 年之前美国历史上最大的减税法案，这时，美国对越南的军事介入正在扩大。20 世纪 80 年代美国军费开支的激增以及 21 世纪第一个 10 年对阿富汗和伊拉克的入侵，都伴随着减税、收入和财富不平等程度的增加，逆转了世界大战期间的趋势。1982 年福克兰战争前后的英国也是如此。

虽然近期的冲突规模相对较小，"冷战"也从未真正发展为公开的敌对行动，但即使爆发更大的战争，也不太可能在未来几十年中改变这一轨迹。即使在美国和中国之间发生可以想象的最大规模的战争，只要这个战争是没有原子武器的常规战争，很难想象它们会动员很大的军队参战。早在 70 多年前，太平洋战争主要使用的是昂贵船只和空中力量，而不是步兵部队，未来这个地区的任何战斗将主要涉及空中和海上力量、导弹、卫星和各种网络战，其中没有一个适合大规模动员。再极端的也不会是核战争。目前，俄罗斯正在取消义务兵制、更多采用志愿兵制，欧盟绝大多数国家已经完全废除了征兵制。印度和巴基斯坦这两个大型战争的潜在敌手，都采用志愿兵制。即使军事能力远超其日益不稳定的邻国的以色列，也正在设想从义务兵制变为志愿兵制。

从根本上看，在 21 世纪的战场上，人们不清楚庞大的步兵部队最终能够实现什么。目前对未来战斗性质的预测聚焦在"机器人、智能弹药、无处不在的传感和极端网络，以及网络战的潜在巨大影响"。未来将会有更少但更专业的人类战斗人员，他们配备了外骨骼、植入物，最终可能增强基因，用这些手段加强他们的身体和认知能力。他们将与各种形状、大小的机器人共同作战。这些机器人有的像昆虫一样小，有的像车辆一样大，有的可能会操控诸如激光和微波射线这样的定向能量武器以及力场。小型武器将精确定位到特定个人，因此将取代那些定位能力不够的火力投射，并且高速高空超级无人机可能使人类飞行员变得多余。这些场景与早期工业化下的战争形式相去甚远，将进一步加强军队与民用领域的分离。这种冲突对平等化的影响可能会集中在金融市场，触发类似于最近全球金融危机所引起的那种错位，而且，它只会在几年后的反弹前暂时削减精英财富。[15]

同样的道理也适用于那些涉及有限的战术、使用小规模核装置的战争。只有全面的热核战争才可能重置现有的资源分配。如果战争升级仍然被控制在一定范围内，即公共机构仍然运转，而足够数量的关键基础设施未遭到破坏，那么，政府和军事部门将冻结工资、价格和租金；阻止非必需的银行提款；实行食品综合配给制；强征所需商品；采取各种形式的中央计划，包括集中配置稀缺资源以支持战争、政府行动和生产对生存至关重要的生存物品；分配住房；甚至可能诉诸强迫劳动。在美国规划的"战后"计划中，让整个经济分担战争损失一直是一个关键政策目标。大国之间的任何战略层面的核弹头攻击，都将大规模地摧毁物质资本，破坏金融市场。最有可能的结果不仅是 GDP 大幅下降，而且还将使现有资源再平衡，以及发生权力从资本到劳动力的转变。

不受限制的核战争导致的世界末日局面势必把矫正的效果推到所有上述预期结果之外。它是系统崩溃的极端版本，其严重性甚至超过第 9 章讨论的早期文明的戏剧性衰落。尽管描述劫后世界的那些当代科幻小说有时设想了控制重要稀缺资源的人和被剥夺的大多数人之间的高度不平等，但现代史前的那种彻底贫穷和分层较少的崩溃后社会的经验可能更接近未来"核冬天"的真正情形，但"核冬天"不大可能发生。尽管核扩散可能会改变全球某些区域范围内的规则，但在 20 世纪 50 年代阻止大国之间发生核战争的那个既有风险仍然会发挥相同作用。此外，仅仅是库存的大量核武器就使得像美国这样的核心地区不太会大规模地参与常规战争，同时，它又会将冲突置于全球的边缘地区，这反过来又降低了严重损害世界主要经济体的可能性。[16]

武器技术只是故事的一部分。我们还必须考虑到，随着时间推移，人类变得更加爱好和平的可能性。回溯到石器时代的各种证据强烈地表明，从长期的历史中看，一个人因暴力事件死亡的平均概率一直在下降——而且这种趋势至今未变。虽然这种长期的转变似乎是由日益增长的国家力量和随之而来的文化适应驱动的，但是已经提到的一个更具体的因素将会加强我们这个物种的和平化倾向。在其他条件相同的情况下，在西方已经开始的、最终会在世界各地发生的人口老龄化，预计会在整体上降低暴力冲突出现的可能性。这对于评估美国与中国以及东亚国家之间的未来关系尤为重要，它们中许多都面临着从年龄较小的群体向老年群体的剧烈人口转型。所有这一切都支持米拉诺维奇的希望："人类今天面对一个和一百年前时非常类似的情形，将不会允许用一场世界大战来解决不平等的问题。"[17]

接下来的两个世界末日骑士并不需要太多的关注。改朝换代的暴力革命甚至比大规模动员的战争更过时。正如我在第 8 章中所表明的那样，仅仅依靠起义是很少成功的，通常不能实现实际上的平等。一些革命能够大大地矫正收入和财富的不平衡。然而，1917—1950 年间的共产主义统治的大规模扩张根植于世界大战，之后没有再次上演。随后苏联支持的共产主义运动在以失败告终前，只零星地在古巴、埃塞俄比亚、南也门，以及最重要的是在 1975 年前的东南亚取得了胜利。20 世纪 70 年代末，阿富汗、尼加拉瓜和格林纳达进行了温和的政权变更，证明了这些政权变革要么短暂，要么在政治上太温和。秘鲁的共产主义起义在 20 世纪 90 年代大部分被镇压。市场改革有效地削弱了其他人民共和国的社会主义根基。即使古巴和朝鲜也未能摆脱这种全球趋势。在这个时候，在世界的地平线上没有更激进的左派革命，也没有任何具有类似潜力的暴力平权运动出现。[18]

如第 9 章讨论的那种国家衰败和制度崩溃同样变得极其罕见。最近的国家衰败事件往往局限于中非和东非以及中东周边地区。2014 年，系统和平中心的国家脆弱指数把最低评分给了中非共和国、南苏丹、刚果民主共和国、苏丹、阿富汗、也门、埃塞俄比亚和索马里。除了缅甸以外，17 个脆弱的国家也位于非洲或中东。尽管 20 世纪 90 年代初苏联和南斯拉夫的解体以及乌克兰正在发生的事件表明，即使是工业化的中等收入国家，也绝不能幸免于分裂的压力，当代发达国家，还有许多发展中国家也不太可能走上同样的道路。由于现代经济增长和财政扩张，高收入国家的国家机构通常在社会上极为强大和根深蒂固，使得政府结构的大规模崩溃和大矫正不可能同时发生。即使在最弱势的社会中，国家的失败往往与内战有关，这种内战通常不会产生平等化的结果。[19]

这给我们留下了第四个，也是最后一个骑士：严重的流行病。新的和潜在的灾难性流行病暴发的风险万万不能忽视。由于人口增长和热带国家的森林砍伐情况，疫病从动物宿主到人类的感染情况正在变得多见。食用丛林肉也维持了这一传播链，工业畜牧养殖使微生物更容易适应新的环境。病原体武器化和生物恐怖主义越来越受到关注。经济发展和全球互联有助于新型传染病的出现和传播，但同时也有助于我们监测和应对这些威胁。快速的 DNA 测序，在野外使用更为方便的实验室设备小型化，通过建立控制中心和利用数字资源来追踪疫情的能力是我们武器库中的强大武器。

为了达到本研究的目的，有两点至关重要。第一点，与第 10 章和第 11 章所讨论的前现代流行病的相对规模接近的任何事物都会导致世界上数亿人死亡,这远远超过最悲观的估计。此外,全球未来的任何疫病流行都可能主要发生于发展中国家。即使是一个世纪以前,当时的治疗干预措施几乎没有什么用,1918—1920 年的全球流感大流行所造成的死亡率受人均收入水平的严重影响。今天,因为医疗干预将减少严重疾病暴发的影响,高收入国家的死亡率将更低。从 2004 年"西班牙流感"报告的死亡率推断,全球预计 5 000 万 ~8 000 万的死亡病例中的 96% 将发生在发展中国家。尽管复杂的武器化可能会使一个更强大的超级细菌产生,但释放这样一个细菌几乎不符合任何国家层面的行为者的利益。另一方面,生物恐怖主义可能只有很小的成功机会,更不可能真正导致全国或更广范围内的人口死亡。

第二点涉及未来流行病对经济分配产生的后果。很难想象今天世界的传染病引起的突然的灾难性死亡会像农业时代那样铲除收入和财富的不平等。我们甚至不知道导致 5 000 万 ~1 亿人或 3%~5% 的世界人口丧生的 1918—1920 年全球流感对物质资源的分配是否具有重要影响,因为这一时期发生的"一战"产生了平等化影响。尽管现在一般性感染(如流感)会更严重地影响到穷人,但当整个经济基本保持不变,我们就不能简单地推测,穷人阶层的死亡危机将会推高低技术劳动力的价值。如果一个当代的流行病真的成为灾难,即夺走世界各地数以亿计的生命,那它至少在短期内是不可能被遏制的,并且国界和社会经济范围也无法阻止它的传播。在这种情况下,它对复杂的、相互关联的现代经济体及其高度差异化的劳动力市场的破坏性影响,可能大大超过与劳动力供应和资本存量估值相关的平等化效应。即使在一体化程度极低的农业社会中,瘟疫引发短期混乱后,富人的状况也不会比穷人好多少。从长远来看,分配后果将通过用资本替代劳动的新方法塑造:在被瘟疫耗尽的经济中,机器人最终可能代替许多工人。[20]

我们不能断定,自人类文明诞生以来不断出现的暴力冲击在未来将不会出现。无论规模多么小,一场大的战争或一个新的黑死病可能粉碎已建立的秩序,重新分配收入和财富。我们能做的最好的事情就是做出最经济的预测:四个传统的矫正力量目前已经消失了,而且不太可能在短时间内重新出现。这使人们对未来平等的可行性产生了严重怀疑。历史的结果是由许多因素导致的，矫正分配的历史也不例外：制度安排在决定压缩冲击的分配后果中是至关重要的。统治者和资本所有者的强制权力的变化使得瘟疫提高了一些社会中的实际工资，但其他社会的不会；世界大战使一些经济体的市场收入分配扁平化，却在其他经济体中促使雄心勃勃的再分配制度出现。

但是，每一个已知的大矫正时期背后，总有一个重大的原因。为什么约翰·洛克菲勒实际上比一代和二代后最富有的同胞富裕一个数量级，为什么《唐顿庄园》描述的英国被一个以全民免费医疗和强大工会闻名的社会取代，为什么在全球的工业化国家，20世纪第三季度的贫富差距比这个世纪刚刚开始的时候小得多——事实上，为什么100代人之前的古代斯巴达人和雅典人就已拥抱平等的理想，力求将其付诸实践，这些背后都有一个重大原因。为什么在3 000年以前埃及低地地区的高大、强壮的埃及人不得不仅用旧衣服裹着埋葬了他们死去的同伴，或者仅仅使用粗制滥造的棺材处理尸体；为什么罗马贵族的后代为了得到教皇的赏赐物而排队，为什么玛雅酋长继承人与普通大众吃一样的食物；为什么拜占庭和埃及的农民、中世纪晚期英格兰的木匠，以及现代早期墨西哥的雇佣工人比其前后两个时期的同龄人都赚得更多、吃得更好，这些背后也有一个重大原因。这些重大的原因并不完全相同，但它们共有一个基本特征：对既定秩序的大规模的暴力破坏。有史以来，大规模动员的战争、改朝换代的革命、国家衰败和流行病引起的对不平等的周期性压缩，总是使任何已知的完全和平的平等化手段相形见绌。

历史不能决定未来。也许现代化是真的不同。从长远来看，它可能完全不同。它可能会使我们走向这样一个奇点：所有人融合成一个全球互联的、人体和机械合二为一的超有机体，无须再担心不平等。或者技术进步可能将一个被生物、机械、电子技术和基因强化的精英从普通人类中分离出来，将不平等推向新的极端，而后者永远被他们的霸主所拥有的更优越的能力压在谷底。或者上述两者都不是，出现我们无法构想的结果。然而科幻小说只能带我们想象到这里。我们暂时停留在我们所拥有的心灵和身体以及他们所创造的制度之中。这表明矫正的未来前景渺茫。对欧洲大陆的社会民主党人而言，保持和调整精心制定的高税收和广泛的再分配制度，或对亚洲最富有的民主国家而言，保留其非常公平的税前收入分配以遏制不平等的上涨趋势都将是巨大的挑战。因为这个不平等的上涨趋势随着全球化进程和前所未有的人口转型而增加了动能。它们能否坚持到底是值得怀疑的：不平等在各地都在不断加剧，这是一种不可否认的、否定现状的趋势。如果现有的收入和财富分配的稳定越来越难实现，那么任何使它们更平等的企图一定面临更大的障碍。

几千年来，历史在不断上升的、稳定的不平等和暴力压缩之间交替着。从 1914 年—20 世纪七八十年代的几十年里，世界上的富裕经济体和共产主义政权都经历了历史上最激烈的矫正过程。从那时起，世界上大部分地区都进入了一个可能会长期存在的阶段——资本积累和收入集中的回归。当未来变成历史，人们可能发现，和平政策改革可能根本无法应对今后日益增长的挑战。然而，有其他选择吗？我们所有珍视经济平等的人都应该记住，它在巨大的悲痛中才会出现，例外情况很罕见。对你希望得到的东西，一定要抱着一个慎重的态度。

附录　不平等的极限

不平等程度能够上升到多高？重要的一点是，收入不平等与财富不平等的衡量标准是不同的。给定一个人口群体，财富分配的不平等是没有极限的。理论上，一个人能够拥有一切可以被拥有的东西，同时其他人一无所有，只能依靠劳动收入或者财富转移来维持生存。这种分配将会产生一个无限接近于 1 的基尼系数或一个最高为 100% 的财富份额。从纯粹的数学角度看，收入的基尼系数也有可能从 0（代表完全平等）上升到接近于 1（代表完全不平等）。然而，无限接近于 1 的基尼系数在现实中是永远不可能出现的，因为任何人都需要一个最低额度的收入才能存活。为了解释这一基本需求，布兰科·米拉诺维奇、皮特·林德特和杰弗里·威廉森提出了"不平等可能性曲线"的概念，用来衡量在给定平均人均产出水平下，理论上可能的最高不平等程度。人均 GDP 越低，超出最低生活标准的人均剩余就越少，不平等可能性曲线就会越受限制。

设想一个平均人均 GDP 等于最低生活标准的社会。在这个社会里，收入基尼系数必然为 0，因为即使很小的收入差距都会迫使群体中的某些成员的收入下降到最低生存保障以下。尽管这是完全可能的（一些人会变得更加富裕而另一些人会忍饥挨饿），从长远来看却是不可持续的，因为人口将会逐渐萎缩。如果平均人均 GDP 略高于最低生活标准，假设在一个 100 人的群体中，平均人均 GDP 是最低生活标准的 1.05 倍，那么，其中的某一个人可以要求得到最低生活标准 6 倍的收入，而其他人都维持在最低生活标准。这时的基尼系数为 0.047，收入最高的 1% 群体所占的收入份额为 5.7%。假设平均人均 GDP 是最低生活标准的两倍（对现实生活中低收入国家的经济来说，这是一个更为真实的情况），如果一个人占有全部可获得的经济剩余，那么，这个唯一的最高收入者将获得所有收入的 50.5%，这时基尼系数就会达到 0.495。因此不平等可能性曲线会随着人均 GDP 的上升而上升：在平均人均产出水平为最低生活标准的 5 倍时，基尼系数将最可能接近 0.8（图 A.1）。[1]

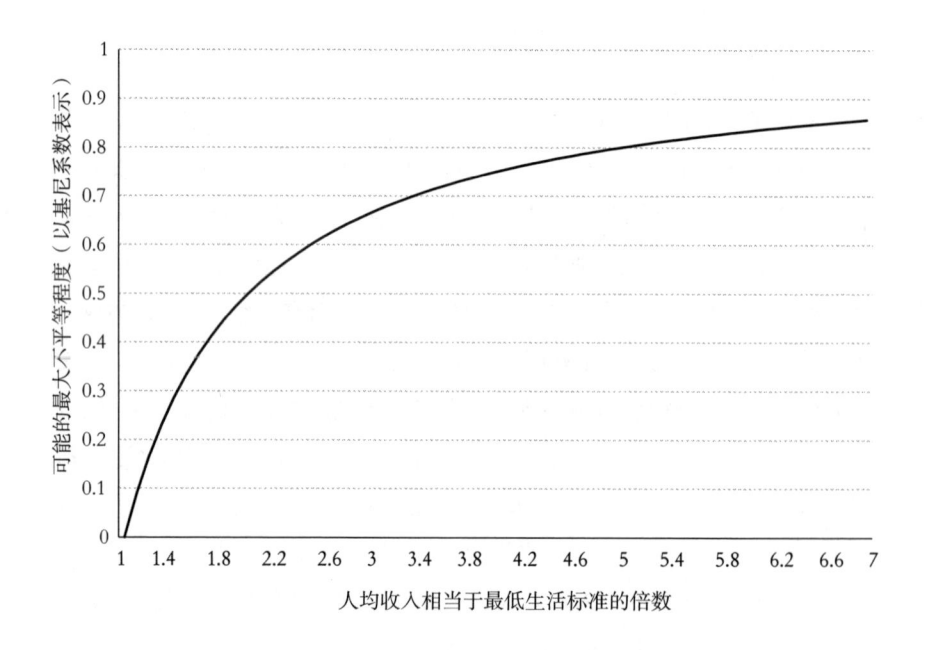

图 A.1　不平等可能性曲线

图 A.1 表明，在人均 GDP 处于非常低的水平时，不平等可能性曲线的变化最大。一旦人均 GDP 增加到最低生活标准的数倍后——这是现代发达国家的普遍情况，不平等可能性曲线就会上升到 0.9 的高水平，并达到无限接近于 1 的理论上限。因此，不平等可能性曲线主要有助于我们理解前现代社会和当代低收入国家的不平等现象。如果最低生活标准定义为年收入 300 美元（以 1990 年国际美元为基准）——尽管年收入稍高一些可能会更可信，但这是一个传统指标，不平等可能性曲线对不平等潜力的调整给年人均 GDP 1 500 美元的经济体造成了显著的影响。所有或者几乎所有的前现代经济体都在这一范围内，这意味着图 A.1 所描绘的范围涵盖了大部分的人类历史。在国家层面上，16 世纪初的荷兰最先达到 300 美元的生存水平的5倍，英国大约是在1700年左右达到这一水平，美国是在1830年，法国和德国是在19世纪中叶，日本是在20世纪第一个10年，而中国整体上直到1985年才达到这一水平，印度则是在1995年以后。[2]

用不平等可能性曲线的最大值除以观测到的收入基尼系数就得到了榨取率，它衡量了收入高于最低生存保障的人理论上可能榨取的不平等的比例。榨取率可能从完全平等条件下的0变化到100%，此时某一个人获得了全部产出中人均最低生存收入总和之外的部分。观测到的基尼系数和不平等可能性之间的差距越小，榨取率就越接近于100%。米拉诺维奇、林德特和威廉森利用提供收入分配原始指标的社会表格（这种表格的样式可以追溯到格雷戈里·金为1688年的英格兰制作的著名的社会表，它区分了从勋爵到贫民之间的33个阶级），与可获得的人口普查资料相结合，计算了从罗马帝国到大英帝国的28个前现代社会的榨取率（图A.2）。[3]

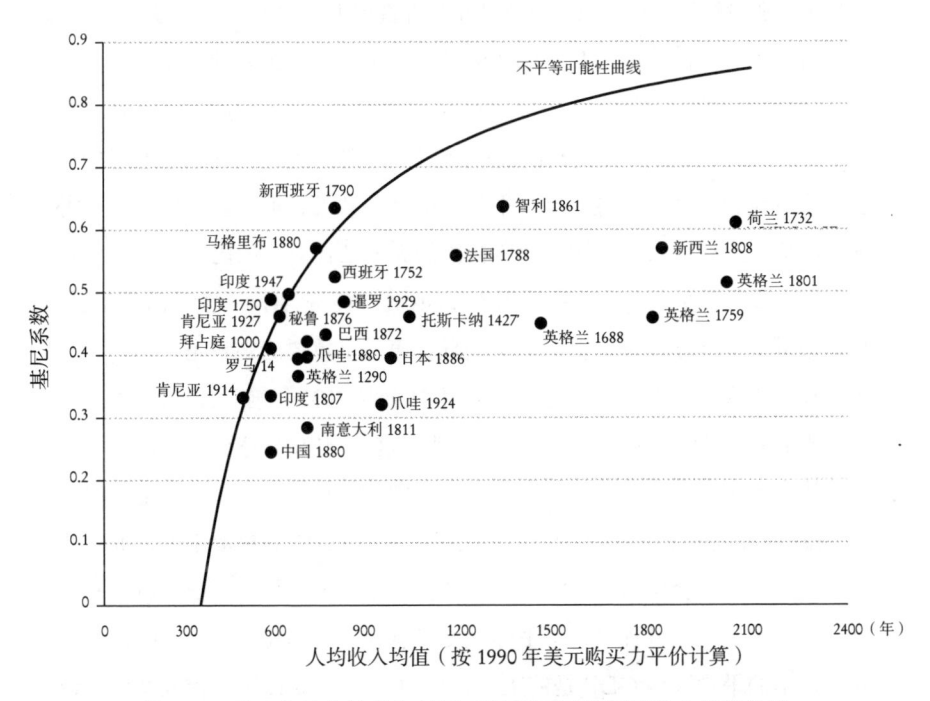

图A.2 前工业社会的收入基尼系数和不平等可能性曲线的估计

这 28 个前现代社会的平均收入基尼系数大约是 0.45，平均榨取率为 77%。相对于较发达社会，较贫穷社会往往更接近不平等可能性曲线。样本中，21 个平均人均 GDP 在 1 000 美元以下（以 1990 年国际美元为基准）的社会的平均榨取率为 76%，与其他 7 个平均人均 GDP 在 1 000~2 000 美元之间的社会 78% 的平均榨取率几乎一样。只有当经济绩效提高到人均产出为最低生活标准的 4~5 倍时，平均榨取率才会下降：英国和荷兰在 1732—1808 年之间的平均榨取率为 61%。样本中最高的 5 个榨取率，处于 97%~113% 的区间内，很可能是数据不充足下的非真实数据，尤其是对那些基尼系数显著超过了其所暗含的不平等可能性曲线的情况来说。在实际生活中，不平等的实际水平不应该达到甚至接近于不平等可能性曲线，因为很难想象一个社会统治者或一小部分精英阶层能够令大多数人都处于最低生活标准。即便如此，仍然值得注意的是，这 5 个社会是被殖民强权或某个外国征服者统治，这些条件可能使得掠夺性榨取率达到异常高的水平。[4]

对不平等可能性曲线和榨取率的计算提供了两个重要的见解。它突出了一个事实，即古代社会往往会达到可能的最大不平等程度。只有在最富有的 1% 和由战士、管理者和商业中介组成的群体多于赤贫农业人口的社会，才可能会产生无限接近于不平等可能性曲线的榨取率。这似乎是一种常见的模式。我们可以从图 A.2 所描绘的大概估计具有的内部一致性中得到一些宽慰：似乎所有这些数据不太可能都使我们朝着同一个方向犯错误，从而造成对以往不平等程度的严重误导。第二个重要的观察是，集约型经济增长最终降低了榨取率。这 28 个样本社会与 2000 年前后抽样的 16 个相同的或部分同延的国家之间的比较，说明了这一现象的规模（图 A.3）。[5]

从榨取率观察到的不连续性表明，将收入基尼系数与差异显著的人均 GDP 水平进行比较多么令人误解。在 0.45 和 0.41 的榨取率上，前现代社会和近现代社会样本的平均基尼系数值非常相似。从表面数值看，它们仅能表明在现代化进程中，不平等程度只有轻微的弱化。然而，因为现代社会样本的平均人均 GDP 是前工业社会的 11 倍，所以平均榨取率就更低了——前者 76%，后者只有 44%。按照这种方法衡量，到 2000 年，这些社

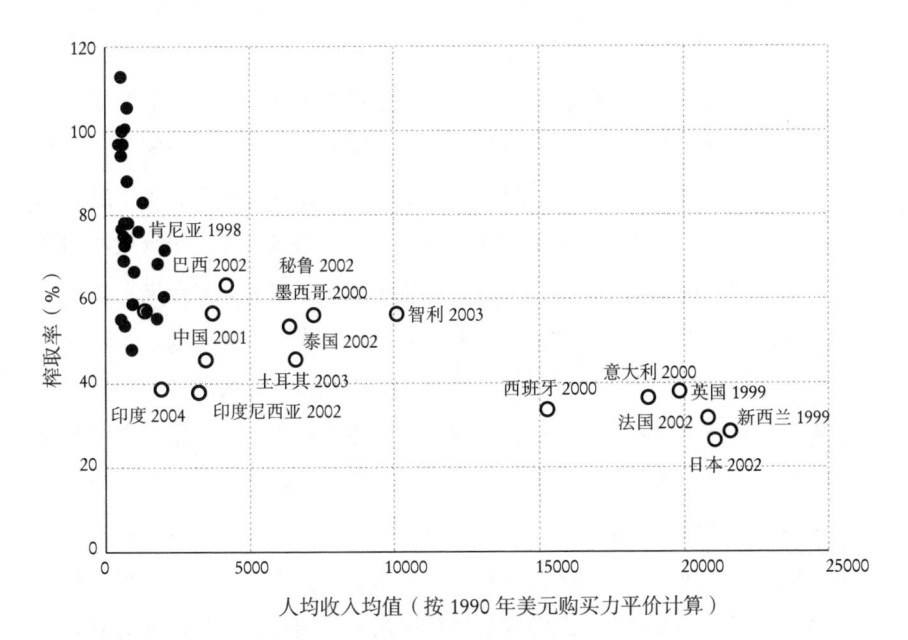

图 A.3 前工业社会（实心圆）和相应的现代社会（空心圆）的榨取率

会的不平等程度已经远远低于更遥远的过去。未经调整的最高收入者所占收入份额有可能会带来更多的问题。回想一下由 1 个富人和 99 个穷人构成的社会的例子，在这个虚拟社会中，平均人均 GDP 等于最低生活标准的 1.05 倍，收入最高的 1% 群体所占的收入份额为 5.7%。这一收入份额确实在 2000 年的丹麦出现过，当时丹麦的平均人均 GDP 不低于我假想例子中的 73 倍。差异显著的经济发展水平可以转化为表面上相似的不平等水平。我们得到的教训是明显的：未经调整的估计历史收入分配可能会影响我们对我所说的"有效不平等"的理解（理论上可行的和不平等程度相关的定义），结果会随时间的变化而变化。撇开这些数字的可靠性问题，英国在 1290 年左右的收入基尼系数为 0.37、1688 年为 0.45、1759 年为 0.46、1801 年为 0.52，这表明不平等程度在逐渐增加，而这一时期大部分年份的榨取率都由于经济增长的原因而下降——从 0.69 下降到 0.57，在恢复到 0.61 之前下降到 0.55。在荷兰，尽管榨取率持续下降，从 76% 到 72%，再到 69%，收入基尼系数却从1561年的0.56增加到1732年的0.61，然后下降到1808年的0.57。考虑到这些数字的巨大不确定性，给予其过多的重视是不明智的。最重要的原则是：榨取率比单独的基尼系数更能反映出真实的不平等程度。

这是否意味着对于更遥远的过去或当今最贫穷的发展中国家，传统的不平等衡量方式将会高估现代社会中收入不平等的实际水平？由于这个原因，现代社会（虽然有很高的不平等程度）的经济发展是一个巨大的和平的矫正机制？这个问题的答案在很大程度上取决于我们如何定义有效不平等。对标准的不平等衡量方式的背景进行调整会带来很多麻烦。实际收入底线不是仅由维持生存的生理需要决定的，而且也由强大的社会和经济因素决定。在介绍完不平等可能性曲线和榨取率的概念之后，米拉诺维奇通过考虑生存的社会维度改进了这一方法。低至300美元（以1990年国际美元为基准）的年收入确实足以维持生计，甚至还可能构成最低收入社会的可行标准。然而，社会规范随着经济变得更加富裕而改变后，生存需要就相对上升了。今天只有在最贫穷的国家，政府贫困线才会与传统的最低生活标准一致。而在其他地方，生活所需要的收入的最低限度提高了，因为它是更高的人均GDP的函数。对什么是构成社会可接受的最低生活标准的主观评价也表现出某种对整体生活水平的敏感性。亚当·斯密对他所处的时代的最低需要的定义就是一个著名例子。按照他的观点，它们"不仅是维持生命必不可少的商品，而且代表这个国家使合乎道德之人免于不得体的生活，即使是处在最底层的人"，例如在英格兰，就是提供一件亚麻衬衫和皮鞋。尽管如此，贫困标准并没有以与GDP相同的速度发生改变，而是滞后于GDP的变化：它们相对于平均收入的弹性是有限的。以该弹性为0.5来推算，米拉诺维奇证明，以社会最低生活标准调整后，给定人均GDP水平下的不平等可能性曲线显著低于仅由生理生存最低需要所决定的不平等可能性曲线。对一个人均GDP为1 500美元的群体来说，它从0.8下降到0.55，而当人均GDP为3 000美元时，它从0.9下降到0.68（图A.4）。[6]

无论是否考虑变化的社会最低生活标准，1688—1867年间的英国和1774—1860年间的美国的榨取率都保持稳定。但是，如果将社会最低生活标准对GDP增长的0.5的弹性纳入不平等程度可能性曲线的计算中，那么这两个时期的潜在榨取率大约为80%，远高于将观测到的不平等程度与最低生存标准联系在一起时计算出的那个约60%的数值。相比之下，自"二战"以来，无论以哪种方式定义的榨取率，都比实际低很多。在20世纪之前，有效不平等一直保持在高位，因为当经济产出增长时，精英阶层仍然攫取了相对稳定的可获得剩余份额。这表明，除暴力压缩期外，有效不平等（受社会决定的最低生存底线的限制）在前现代时期和工业化的早期阶段都很高。用基尼系数或最高收入者收入份额衡量的名义上的不平等，和由社会最低标准调整的实际不平等，都能维持大压缩之前收入差距非常巨大这一印象。[7]

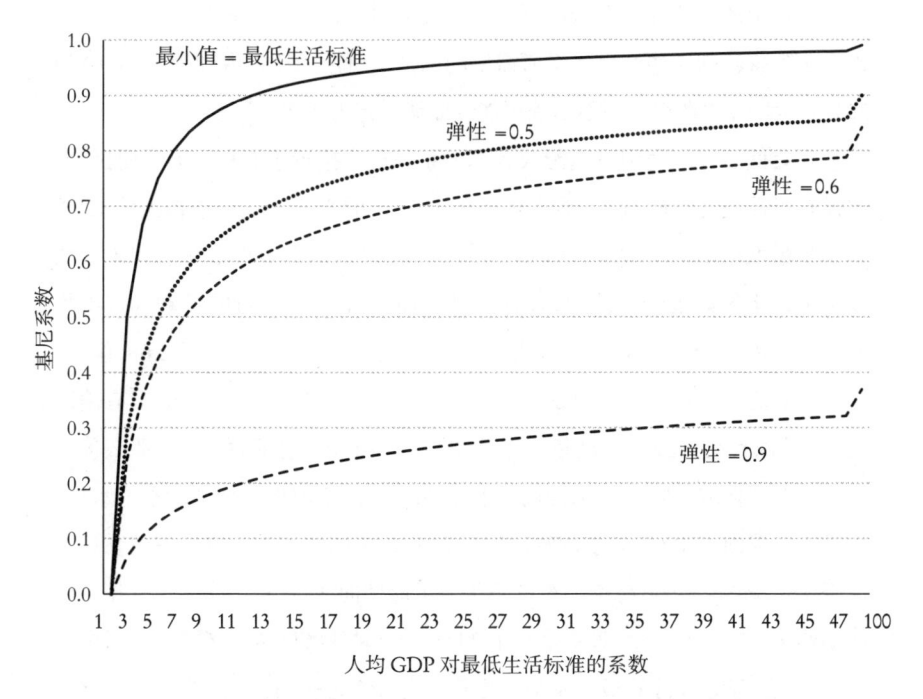

图A.4 不同社会最低生活标准下的不平等可能性曲线边界

但现在是怎样的情况呢？在21世纪第一个10年结束时，无论是否按照社会最低标准进行调整，美国和英国的榨取率都在40%左右，即只有19

世纪 60 年代的一半。这是否意味着即使在最近的不平等水平反弹后，按照实际指标衡量，这两个国家现在也比过去更符合平等主义呢？不一定。关键问题是这个：在一个主要不依赖化学燃料开采而依赖粮食生产、制造业和服务业相结合的经济体中，在给定的人均 GDP 水平下，经济上可行的最大收入不平等程度是多少？在美国，当某一个人占有最低生存需要以外的所有剩余时，理论上可能的最大可支配收入基尼系数为 0.99，而如果只占有社会决定的最低收入以外的所有剩余时，这一理论最大值约为 0.9。为了使讨论更加便利，假定这种社会由于某种原因在政治上是可行的——尽管这可能需要这个垄断财阀雇用一支机器人军队来管控他的 3.2 亿同胞，我们必须问，它是否能够维持一个年人均 GDP 为 53 000 美元的经济体？答案一定是否定的：这样一个极度不平等的社会将无法生产和再生产人力资本，也无法支持达到这些产出水平所需要的国内消费量（几乎占到美国 GDP 的 70%）。因此，"真实"的不平等可能性曲线一定低很多。[8]

它会低多少？美国可支配收入基尼系数现在接近于 0.38。为方便讨论，假设它可能高达 0.6，这是纳米比亚在 2010 年的水平，不至于将人均 GDP 降低到最低生活水平以下。这将会产生一个 63% 的有效榨取率。在不同的设定下，米拉诺维奇曾认为，即使在相当极端的关于可行的劳动和资本收入不平等的假设下，美国总体收入分配的基尼系数也不会超过 0.6。但 0.6 的数值对美国的经济来说也是很高的：纳米比亚的人均实际 GDP 只有美国的 1/7，而且它的经济高度依赖矿物出口。如果真实上限为 0.5，那么美国目前的有效榨取率将为 76%，相当于提到的那 28 个前现代社会的平均水平，也接近于美国在 1860 年的 84%。在 1929 年，美国的可支配收入基尼系数不低于 0.5，经社会最低标准调整的不平等可能性曲线接近于 0.8，这意味着榨取率约为 60%。然而，即使是在 1929 年，当时的实际人均 GDP 不到今天的 1/4，经济上可行的最大基尼系数应该低于 0.8——比现在要高。在这一点上，尝试不同的数据几乎没有任何收获。如果能够衡量不平等对经济增长的负面影响，那么也应该能够估算无法达到当前的产出水平的不平等程度。希望经济学家能够处理这个问题。[9]

在整个历史进程中，收入不平等的潜力被一系列不同的因素制约。在非常低的经济绩效下，不平等首先受到确保最低生活需要的产出量的约束。0.4 的基尼系数（现代标准中的中等水平）在平均人均 GDP 仅是最低生活需要的两倍的社会里代表着极高的有效不平等，不平等的可能上限是 0.5 左右的收入基尼系数。在中等发展水平上，社会最低标准成为主要的制约因素。例如，在 1860 年，当美国的人均 GDP 达到了最低生活需要的 7 倍时，社会最低标准所隐含的最高可能的基尼系数或不平等可能性曲线为 0.63，明显低于仅仅由基本生活需要所决定的 0.86，有效榨取率也相应地从 62% 提高到 84%。在那时候，由社会最低标准推导出来的不平等可能性曲线几乎一定低于由经济复杂性所施加的上限：在一半以上的人口仍然从事农业生产的时代，收入不平等的理论潜能将会相当高。当基于社会最低标准的不平等可能性曲线或基尼系数上升到 0.7 和 0.8 的数量级时，即使在与现代经济发展相关联的不平等可能性曲线下降时，这个结论也不再成立。这两个曲线边界将会在某个点上交叉，从而将后者转变成对潜在不平等的最强有力的约束（图 A.5）。[10]

我的模型表明，不平等可能性曲线在整个收入分配的历史谱系中都是相当稳定的。在人均 GDP 等于最低生活标准 2~3 倍的社会中，0.5 和 0.6 数量级上的、最大可能的基尼系数与人均 GDP 为最低生活标准 5~10 倍的、更为先进的农业和早期的工业化社会的、最大可能的基尼系数非常相似，也和今天应用在相当于最低生活标准 100 倍的高收入经济体上的数值没有什么不同。真正改变的只是关键约束的性质，即从基本生存到社会最低标准再到经济复杂性。我把与直觉相反的不平等可能性曲线对经济绩效敏感性的缺乏称为"不平等的发展悖论"——"万变不离其宗"的另一个变体。这种长期稳定性对比较、评估超长期历史收入不平等有一个重大好处：如果不平等可能性曲线在经济发展的不同阶段并不会发生很大的变化，那么直接比较从古代到现在所有的基尼系数就是合理的。[11]

当今美国或英国不平等的实际榨取率是否与 150 年前的一样高仍然是一个悬而未决的问题，但毫无疑问的是，从那时到现在，它既没有变成原来的一半，也没有下降到仅根据社会最低标准计算所得到的水平。尽管当下美国的有效榨取率几乎可以肯定是低于1929年的，但实际上，不平等现象仍然显著地在持续或反弹——以实际值计算。但不是所有地方都是如此：如今天的斯堪的纳维亚国家，无论我们怎样定义不平等可能性曲线，0.25左右的可支配收入基尼系数必然要比更为遥远的过去的低。我用一个关于对潜在不平等的约束如何影响国际对比的简要说明来结束这篇技术性的附录。在可支配收入分配不均程度上，美国究竟比瑞典高多少？给定基尼系数在0.23~0.38，美国的不平等程度可以说比瑞典高出大约2/3。如果我们运用不平等可能性曲线来建立一个名义上的最大值，这一比例不会改变：假定两国与GDP相关的不平等可能性曲线都为0.6，美国的榨取率为63%，比瑞典的38%高出2/3。然而，收入不平等的潜在值不仅仅存在一个上限问题。在市场经济中，为了维持高水平的人均产出，可支配收入不平等需要显著大于0。插入一个最小可行的基尼系数，比如说0.1，加上之前的上限0.6，就会产生一个有50个百分点的不平等可能性空间（inequality possibility space，简称IPS）。观测到的瑞典不平等现象占据了这一空间的1/4，相比之下，美国则略多于一半。这种调整将使美国的用实际值衡量的可支配收入分配不平等程度至少是瑞典的2倍。

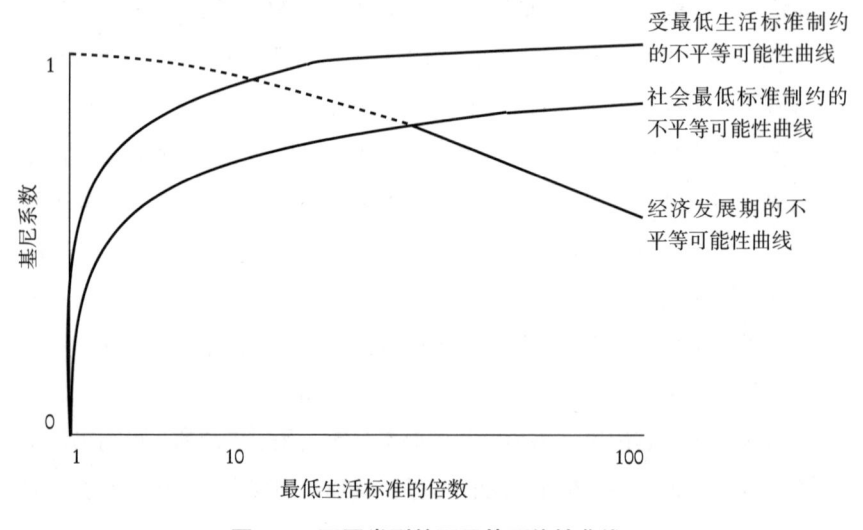

图A.5　不同类型的不平等可能性曲线

致　谢

在人类文明的进程当中，富人和穷人之间差距的增大和缩小交替而行。经济不平等可能直到最近才重新在流行的话语中变得非常突出，但实际上它有着深远的历史。我的这本书旨在从长远的时间维度追寻和解释这段历史。

最早使得我对这种久远历史感兴趣的学者之一就是布兰克·米拉诺维奇，他是不平等研究领域世界级的专家，其研究一路回溯到远古时期。如果有更多像他一样的经济学家，会有更多的历史学家倾听相关观点。大约10年前，史蒂夫·弗里森让我更加努力思考古代的收入分配，与伊曼纽尔·赛斯在斯坦福大学行为科学高级研究中心共度的一年则进一步激起了我对于不平等研究的兴趣。

我的观点和论据在相当大的程度上受到托马斯·皮凯蒂工作的启发。他撰写了那本关于21世纪资本的极富争议性的著作，向更广泛受众介绍他的思想，在这之前的几年，我就已经读过他的作品，并且思考了这些观点在过去几个世纪（也被像我自己这样的古代史学者称为"短期"）之外的相关性。他的巨著的出版，为我从单纯的思考转为撰写我自己的研究提供了重要的动力。非常感谢他的开创性贡献。

保罗·西布赖特邀请我于2013年12月在图卢兹高等研究院讲授一次杰出讲座，这促使我将自己关于这一主题的杂乱思想转变成更为一致的论点，同时也鼓励我完成这本书的项目。在圣菲研究所进行的第二轮早期讨论当中，山姆·鲍尔斯证明了他是一个激烈而友好的批评家，苏雷什·奈杜也提供了有益的信息。

当我的同事肯·舍韦要我代表斯坦福欧洲中心组织一次会议的时候，我抓住这次机会，聚集了一群来自不同学科领域的专家探讨历史长河中的物质不平等演变。我们 2015 年 9 月在维也纳的会议是愉快且富有教益的：我要感谢这次会议的当地协办人员，伯恩哈德·帕尔梅和皮尔·弗里斯，还要感谢肯·舍韦和奥古斯特·赖尼西的资金支持。

我从在埃佛格林州立学院、哥本哈根大学、伦德大学，以及北京的中国社会科学院举行的论文报告所获得的反馈意见中获益良多。我很感谢这些活动的组织者：乌尔丽克·克罗特斯琴、皮特·邦、卡尔·汉普斯·吕特肯斯、刘津瑜和胡玉娟。

戴维·克里斯蒂安、乔伊·康诺利、皮特·加恩西、罗伯特·戈登、菲利普·霍夫曼、布兰科·米拉诺维奇、乔尔·莫基尔、热维尔·内茨、谢夫凯特·帕慕克、戴维·斯塔萨维奇和彼特·图尔钦对整个书稿进行了阅读和评论。凯尔·哈珀、威廉·哈里斯、杰弗里·兑朗、皮特·林德特、约什·奥伯和托马斯·皮凯蒂也阅读了本书的部分章节。哥本哈根大学萨克索研究所的一些历史学家也开会讨论了我的书稿，同时我要特别感谢贡纳尔·林德和简·佩德森所提供的各种意见和建议。我在一些特定章节和问题上，得到了来自安妮·奥斯丁、卡拉·库尼、史蒂夫·哈伯、玛丽莲·马森、迈克·史密斯和加文·赖特宝贵的专家意见。我没有像本来应该的那样完全接受他们的意见，这完全是我自己的错误。

我要特别感谢一些同事，他们慷慨地和我分享自己还未发表的作品：吉多·阿尔法尼、凯尔·哈珀、麦克·朱尔萨、杰弗里·兑朗、布兰科·米拉诺维奇、伊恩·莫里斯、亨里克·莫瑞滕森、约什·奥伯、皮特·林德特、伯恩哈德·帕尔梅、谢夫凯特·帕慕克、马克·皮泽科、肯·舍韦、戴维·斯塔萨维奇、皮特·图尔希和杰弗里·威廉森。布兰登·杜邦和约书亚·罗森布洛姆两人编制并分享给我的美国内战时期的财富分配数据对本书非常有帮助。莱昂纳多·加斯帕里尼、布兰科·米拉诺维奇、谢夫凯特·帕慕克、莱安德罗·普拉多斯·德·拉·埃斯科苏拉、肯尼斯·舍韦、米哈尔·斯坦库拉、罗伯特·斯特凡和克劳斯·瓦尔德非常友善地寄给我数据文件。斯坦福大学主修经济学的安德鲁·格兰纳托为我提供了很有价值的研究助理工作。

我在 2015—2016 学年被斯坦福大学人文艺术学院资助期间完成了这一

项目：我要感谢我的院长——德伯拉·萨兹和理查德·萨勒，他们支持了这件事（在很多其他人提供的支持以外）。这次学术进修使我得以在2016年的春季作为哥本哈根大学萨克索研究所的访问学者，在那里完成整个书稿的整理。我要感谢这些丹麦同事的热情款待——尤其感谢我的好朋友和系列论文的合作伙伴皮特·邦。我想用也许有些笨拙的感谢之词对古根海姆基金会授予我奖金来完成这一项目表达谢意。虽然我有幸在正式拿到这笔奖金之前就完成了这本书，但我确定自己在将来的研究工作中会充分地利用好它。

在这一项目接近完成的时候，乔尔·莫基尔善意地将这本书放到了他编辑的系列丛书当中，并且帮助它通过了评审过程。我非常感谢他的支持和明智的评论。罗伯特·滕皮奥是一位非常棒的激励者和编辑，也是一位真正的书籍爱好者和作者的拥护者。他提供了关于本书主标题的建议，我也因此欠了他的人情。他的同事埃里克·卡拉汉使我能够及时获得普林斯顿大学出版社两本相关书籍的清样。我还要感谢珍妮·沃尔克维基、卡罗尔·麦吉利夫雷和乔纳森·哈里森，他们确保了整个出版过程非常顺利和迅速。当然，还要感谢克里斯·费兰特为本书的英文版设计了非常精美的封面。

注 释

序言 不平等的挑战

1. Hardoon, Ayele, and Fuentes-Nieva 2016: 2; Fuentes-Nieva and Galasso 2014: 2.
2. Global wealth: Credit Suisse 2015: 11. 美国最高收入群体的比重数据来自 WWID：最高的 0.01%、0.1% 和 1% 的比重，如果包含资本所得，将会从 1975 年的 0.85%、2.56% 和 8.87% 上升到 2014 年的 4.89%、10.26% 和 21.24%，这意味着该数字分别获得了 475%、301% 和 139% 的增长，以及在最高 0.1% 和最高 1% 收入群体之间有 74% 的增长。
3. 在 2016 年 2 月，比尔·盖茨的财富达到了 754 亿美元，大约等于美国家庭平均收入水平的 100 万倍和中位数水平的 140 万倍。在 1982 年发布的《福布斯》的 400 强排名中，丹尼尔·路德维格的资产为 20 亿美元，位列第一，分别相当于那时美国家庭年收入平均水平和中位数水平的 5 万倍和 8.5 万倍。至于中国的亿万富翁的数据，参见：www.economist.com/news/china/21676814-crackdown-corruption-has-spread-anxiety-among-chinas-business-elite-robber-barons-beware。
4. "Remarks by the President on Economic Mobility," December 4, 2013, https://www.whitehouse.gov/the-press-office/2013/12/04/remarks-president-economic-mobility. Buffett 2011. Bestseller: Piketty 2014. China: State Council 2013. Fig. I.1: WWID (including capital gains); https://books.google.com/ngrams. 这一热门话题的重要性在最近由于一套有着《日益扩大的收入不平等》这样时髦标题诗集的出版而得到了强调（Seidel 2016）。
5. U.S.: WWID, and herein, chapter 15, p. 409. England: Roine and Waldenström 2015: 579 table 7.A4. For Rome, see herein, chapter 2, p. 78 (fortunes), chapter 9, p. 266 (handouts), and Scheidel and Friesen 2009: 73–74, 86–87 (GDP and income Gini coefficient). For overall levels of inequality, see herein, appendix, p. 455. For the Black Death, see herein, chapter 10, pp. 300–306.
6. Revelation 6:4, 8.
7. Milanovic 2005；2012; Lakner and Milanovic 2013；Milanovic 2016: 10–45, 118–176 是关于国际收入不平等的最重要研究。Anand and Segal 2015 综述了这一领域的研究成果。

Ponthieux and Meurs 2015 提供了一个关于经济上的性别不平等研究工作的全面概述。也可以参考 Sandmo 2015 关于经济思想中的收入分配的分析。

8. For more on this issue, see herein, chapter 14, pp. 392–394.
9. 尽管人们常常这样讲，但基尼系数 G 永远达不到 1，因为 $G = 1-1/n$，其中 n 是人口规模的大小。参考 Atkinson 2015: 29–33 对于不同收入类型和相关指标的精辟总结，需要控制除了转移支付之外的公共服务的价值，以及应计和已实现损失之间的差异。基于这种大范围综合分析的目标，也可以放心地把这种差别放在一边。For ratios of income shares, see, most recently, Palma 2011 (top 10 percent/bottom 40 percent) and Cobham and Sumner 2014. For the methodology of inequality measurement, see Jenkins and Van Kerm 2009 and, in a more technical vein, Cowell and Flachaire 2015.
10. See Atkinson and Brandolini 2004, esp. 19 fig. 4, and also Ravaillon 2014: 835 and herein, chapter 16, p. 424. Milanovic 2016: 27–29 offers a defense of relative inequality measures.
11. See herein, pp. 445–456; for the example, see p. 445.
12. For the relationship between Ginis and top income shares, see Leigh 2007; Alvaredo 2011; Morelli, Smeeding, and Thompson 2015: 683–687; Roine and Waldenström 2015: 503–606, esp. 504 fig. 7.7. For Gini adjustments, see esp. Morelli, Smeeding, and Thompson 2015: 679, 681–683 and herein, chapter 15, p. 409. Palma 2011: 105, Piketty 2014: 266–267, and Roine and Waldenström 2015: 506 stress the probative value of top income shares. For Gini comparisons, see, e.g., Bergh and Nilsson 2010: 492–493 and Ostry, Berg, and Tsangarides 2014: 12. 两者都偏好《标准化世界收入不平等数据集》中报告的基尼系数值，我在这本书从头至尾也在使用这一数据，除非我引用了其他学者的参考文献。Confidence intervals are visualized at the SWIID website, http://fsolt.org/swiid/; see also herein, chapter 13, pp. 377–378. For the concealment of wealth, see Zucman 2015. Kopczuk 2015 discusses the difficulties of measuring U.S. wealth shares. For the nature and reliability of top income data, see esp. Roine and Waldenström 2015: 479–491 and the very extensive technical discussions in the many contributions to Atkinson and Piketty 2007a and 2010. The World Wealth and Income Database (WWID) can be accessed at http://www.wid.world/.
13. All these and additional examples are discussed throughout Part I and in chapter 9, pp. 267–269, and chapter 10, pp. 306–310.
14. Once again, I employ these approaches in much of this book, especially in Parts I and V. Evidence for real wages going back to the Middle Ages has been gathered at "The IISH list of

datafiles of historical prices and wages" hosted by the International Institute of Social History, http://www.iisg.nl/hpw/data.php. Scheidel 2010 covers the earliest evidence. For historical GDP data, estimates, and conjectures, see the "Maddison project," http://www.ggdc.net/maddison/maddison-project/home.htm.

15. Frankfurt 2015: 3. 以历史学家的身份来说，我很愿意承认所有的历史都是值得探索的，知识就是其自身的回报。然而再一次谈到我们生活的世界时，有些问题可能比其他问题更为重要。

16. For the difficulties, see Bourguignon 2015: 139-140 and esp. Voitchovsky 2009: 569, who summarizes conflicting results (562 table 22.11). Studies that report negative consequences include Easterly 2007; Cin gano 2014; and Ostry, Berg, and Tsangarides 2014, esp. 16, 19 (more and longer growth). 最高分位群体收入份额的变动在接下来的5年中对增长率会产生影响：Dabla-Norris et al. 2015。在1985—2005年间的收入不平等的上升，使得OECD成员从1990—2010年间的累积增长减少了4.7%：OECD 2015: 59-100, esp. 67. 一项对104个国家的调查表明，1970—2010年间，收入不平等加剧倾向于提高低收入国家的人均GDP（以及人力资本），而对中等收入或者高收入者相反：Brueckner and Lederman 2015。这与先前的一项研究是一致的，这项研究表明其对发达经济体以外的经济增长无法造成负面影响：Malinen 2012。如果我们把自己限于通过亿万富翁拥有的财富相对大小所表达的不平等，那么负面影响甚至可能仅限于与政治联系有关的财富不平等：Bagchi and Svejnar 2015。Van Treeck 2014回顾了关于不平等在金融危机中的作用的辩论。Wealth inequality and access to credit: Bowles 2012a: 34-72; Bourguignon 2015: 131-132.

17. Björklund and Jäntti 2009 and Jäntti and Jenkins 2015 are the most recent surveys. For the association between inequality and mobility, see Corak 2013: 82 fig. 1 and Jäntti and Jenkins 2015: 889-890, esp. 890 fig. 10.13. OCED成员内部也存在巨大差异：美国和英国报告了高度不平等和低流动性，而北欧国家相反：OECD 2010: 181-198。Björklund and Jäntti 2009: 502-504发现，在美国，家庭背景对经济地位的影响比斯堪的纳维亚国家的要大，尽管更广泛的跨国研究有时只显示出微弱的影响。20世纪70年代，在更不平等的社会中长大的男人，到20世纪90年代末就不太可能经历过社会流动：Andrews and Leigh 2009; Bowles and Gintis 2002 (indicators); Autor 2014: 848 (self-perpetuation, education). Reardon and Bischoff 2011a and b discuss residential segregation. Kozol 2005 focuses on its consequences for schooling. See also Murray 2012 for a conservative perspective on this issue. 撇开经济不平等的变化不谈，克拉克在2014年的调查结果表

明，从长远来看，社会流动在许多不同的社会，往往更为温和。
18. For inequality and civil war, see hereafter, chapter 6, pp. 202-203, and cf. briefly Bourguignon 2015: 133-134. Politics: Gilens 2012. Happiness: van Praag and Ferrer-i-Carbonell 2009: 374, and see also Clark and D'Ambrosio 2015 on inequality's effect on subjective well-being and attitudes. Health: Leigh, Jencks, and Smeeding 2009; O'Donnell, Van Doorslaer, and Van Ourti 2015. 然而，在美国和一些西欧国家，不同社会经济群体之间的预期寿命差距正在扩大：Bosworth, Burtless, and Zhang 2016: 62-69。
19. Atkinson 2015: 11-14 区分了为什么不平等会成为一个问题的工具性原因和内在原因。也可以参考 Frankfurt 2015。至于公平性，Bourguignon 2015: 163 谨慎地将引号应用于"正常"的不平等水平的概念上，但在这些术语中定义了"前 20 或 30 年"的条件。

第一部分　不平等简史

第 1 章　不平等的起源

1. Boehm 1999: 16-42 是一个经典文献。特别是参见其 130~137 页关于所有这些物种中的社会关系被定义为（或多或少的）"暴虐"的原因。要注意的是，即使在人类之外的灵长类动物当中，大规模死亡形式的暴力性冲击也可能缓和等级差异，同时减少基于地位的欺凌：Sapolsky and Share 2004。

2. 关于这些物种形成的时间，参见 Pozzi et al. 2014: 177 fig. 2，这是写作本书时可以得到的最新和最全面的研究。将来的研究完全可能改变这些预测：仅仅三年以前，Tinh et al.2011: 4 就已经提出了明显更晚的时间点。Traits of common ancestor: Boehm 1999: 154.

3. Orthodoxy: Klein 2009: 197. Plavcan 2012: 49-50 rejects the notion of lower dimorphism, comparable to modern human levels, already in *Australopithecus afarensis* proposed by Reno, McCollum, Meindl, and Lovejoy 2010; Reno and Lovejoy 2015. Cf. also Shultziner et al. 2010: 330-331. See Plavcan 2012: 47 fig. 1 for a comparison of dimorphism in humans and other apes and 50-58 for a discussion of its likely causes. Labuda et al. 2010 和 Poznik et al. 2013: 565 描述了关于现代人当中一定水平的一夫多妻制的基因证据。Bowles 2006 提出了繁殖性的矫正在人类利他主义行为演化中的作用。

4. Shoulder: Roach, Venkadesan, Rainbow, and Lieberman 2013. Fire: Marean 2015: 543, 547. Stone tips for projectiles: Henshilwood et al. 2001; Brown et al. 2012. Boehm 1999: 174-181 attributes considerable leveling effects to these developments, most recently followed by Turchin 2016b: 95-111. See also Shultziner et al. 2010: 329. Language: Marean 2015: 542. Boehm 1999: 181-183, 187-191 emphasizes the equalizing potential of language

and morality. Timing: Boehm 1999: 195-196, 198, with a preference for relatively recent and sudden changes, whereas Dubreuil 2010: 55-90 and Shultziner et al. 2010: 329-331 give greater weight to earlier changes. 目前已知的最古老的智人化石遗迹可以追溯到大约19.5万年前：McDougall, Brown and Fleagle 2005。这与Elhaik et al. 2014的现代DNA研究指出的，大约超过20万年前的物种形成时期是一致的。

5. 这一表述通常指的是从大约30万年以前一直到农业生产的出现这一段时间。

6. Material constraints: e.g., Shultziner et al. 2010: 327. Leveling needed to combat natural hierarchies: Boehm 1999: 37, 39. Enforcement: Boehm 1999: 43-89; also, more briefly, Shultziner et al. 2010: 325-327; Kelly 2013: 243-244; Boix 2015: 46-51; Morris 2015: 33-43.

7. Marlowe 2010: 225-254, esp. 232-234, 237-238, 240-241, 248, 251-254. Typical character (on the Hadza as "median foragers"): 255-283. The !Kung bushmen are another well-known and much-cited case: Lee 1979; 1984.

8. Growth and surplus: Boix 2015: 54-55 for the point about heterogeneous outcomes. Low inequality: Smith et al. 2010b, and see herein, pp. 37-39.

9. Outside contacts: Sassaman 2004: 229, 236-238. Not "living fossils": Marlowe 2010: 285-286; and Kelly 2013: 269-275 on hunter-gatherers as a proxy for prehistory, a complex yet useful analogy.

10. Trinkaus, Buzhilova, Mednikova, and Dobrovolskaya 2014 is now the authoritative treatment of the Sungir finds: see esp. 3-33 on the site, date, and mortuary behavior and 272-274, 282-283, 287-288 on the injuries and disorders. Bead size: Formicola 2007: 446. Inherited status: Anghelinu 2012: 38.

11. Vanhaeren and d'Errico 2005; Pettitt, Richards, Maggi and Formicola 2003; d'Errico and Vanhaeren 2016: 54-55.

12. See esp. Shultziner et al. 2010: 333-334; Anghelinu 2012: 37-38; Wengrow and Graeber 2015.Marean 2014 讨论了适应沿海生活的悠久历史和重要性。

13. 关于西海岸的一般情况，现在可以简单参考 Boix 2015: 98-101; Morris 2015: 37。实际上，因果关系可能更为复杂：e.g., Sassaman 2004: 240-243, 264-265. Kelly 2013: 252-266, esp. 251 fig. 9.3, offers a general model. Aquatic foragers: Johnson and Earle 2000: 204-217, esp. 211-216。

14. Prentiss et al. 2007; Speller, Yang, and Hayden 2005: 1387 (Keatley Creek); Prentiss et al. 2012, esp. 321 (Bridge River).

15. Flannery and Marcus 2012: 67-71 (Chumash). Complexity: Kelly 2013: 241-268, esp. 242

table 9.

16. Chronology of domestication: Price and Bar-Yosef 2011: S171 table 1. 关于农业起源的问题，特别要参考 Barker 2006 和 Current Anthropology 专刊的一些文章 52, S4 (2011), S161-S512。Diamond 1997 依然是关于驯化的范围和步骤的全球变化的最简单直接分析。Nonlinearity: Finlayson and Warren 2010.

17. Natufians: Barker 2006: 126; Price and Bar-Yosef 2010: 149-152; Pringle 2014: 823; and cf. also Bowles and Choi 2013: 8833-8834; Bowles 2015: 3-5.

18. Impact of Younger Dryas: Mithen 2003: 50; Shultziner et al. 2010: 335. Pre-Pottery Neolithic: Price and Bar-Yosef 2010: 152-158.

19. Rivaya-Martínez 2012: 49 (Comanche); Haas 1993, esp. 308-309 tables 1-2 (North American societies).

20. Borgerhoff Mulder et al. 2009: 683 fig. 1 (sample), 684 table 1 (43 wealth measures for these societies), S34 table S4 (inequality for different wealth types), 685 table 2, S35 table S5 (Ginis). 在多米尼加受到限制的种植者中，较高的土地不平等程度提高了他们相对于觅食者的生存模式下的平均物质不平等程度，这就意味着这两个群体可能要比这个小样本所显示的更为一致。关于种植者的数据，参见 Gurven et al. 2010。

21. Borgerhoff Mulder et al. 2009: 686, with S37 table S7; Smith et al. 2010a: 89 fig. 3.

22. Model: Borgerhoff Mulder et al. 2009: 682. Correlation: Smith et al. 2010a: 91 fig. 5. Shennan 2011 对于无形财富到物质财富资源的转移，以及它创造不平等的潜力给予很大的权重。

23. Smith et al. 2010a: 92 (defensibility); Boix 2015: 38 table 1.1.B (global survey); Bowles and Choi 2013 (property rights). 后者开发出一个正式模型，其中，气候的改善使得种植业变得更有生产力和可被预测，并且导致了农业的扩张和私有产权的出现。

24. Wright 2014.

25. Mesopotamia: Flannery and Marcus 2012: 261-282, esp. 264-266, 268, 272, 274, 281. 也参考对于埃兰（胡泽斯坦）一个有着超过 1 000 个墓葬的墓地的分析，其中包括从富有铜制品和精美彩陶的墓葬到仅有烹煮锅罐的贫穷墓葬，也可以参见 Price and Bar-Yosef 2010: 159 对于幼发拉底河岸边哈陆拉村落遗址中 100 多个墓葬中不平等状况的研究。

26. Biehl and Marciniak 2000, esp. 186, 189-191; Higham et al. 2007, esp. 639-641, 643-647, 649; Windler, Thiele, and Müller 2013, esp. 207 table 2 (also on another site in the area).

27. Johnson and Earle 2000 对社会进化提供了一个精彩的分析。关于典型的群体规模，参见 246 页表 8。

28. Global sample: Boix 2015: 38 table 1.1.C. North America: Haas 1993: 310 table 3. SCCS: Boix 2015: 103 table 3.1.D.
29. Cereals: Mayshar, Moav, Neeman, and Pascali 2015, esp. 43-45, 47. Agriculture and state formation: Boix 2015: 119-121, esp. 120 fig. 3.3. 参考 Petersen and Skaaning 2010 对于在地理和气候特征影响下的驯化导致的国家形成上的时间差别的分析，这也支撑了 Diamond 1997 的研究。同样可以参考 Haber 2012 对于谷物储存在国家形成的后期阶段作用的分析。
30. Quote: Haas 1993: 312. Scheidel 2013: 5-9 presents and discusses various definitions of the state, several of which contribute to the summary given in the text. For the nature of premodern states, see herein, pp. 46-48. Maisels 1990: 199-220, Sanderson 1999: 53-95, and Scheidel 2013: 9-14 offer surveys of modern theories of state formation.
31. Circumscription theory: Carneiro 1970; 1988. For simulation models of state formation driven by warfare, see Turchin and Gavrilets 2009; Turchin, Currie, Turner, and Gavrilets 2013. Boix 2015: 127-170, 252-253 also stresses the role of warfare.
32. Decentralized polities: e.g., Ehrenreich, Crumley, and Levy 1995; Blanton 1998. Quote: Cohen 1978: 70; see also Trigger 2003: 668-670 for pervasive hierarchization. Values: Morris 2015: 71-92, esp. 73-75, 92.
33. Estimates: Scheidel 2013, conjectured from McEvedy and Jones 1978 and Cohen 1995: 400. On the nature of the early state, see herein. For the structure and world history of empires, see esp. Doyle 1986; Eisenstadt 1993; Motyl 2001; Burbank and Cooper 2010; Leitner 2011; Bang, Bayly, and Scheidel forthcoming; and the précis in Scheidel 2013: 27-30. For city-states, see esp. Hansen 2000 and, very briefly, Scheidel 2013: 30-32.
34. For the evolution of steppe empires—which are absent from the present study mainly for want of relevant data—see Barfield 1989; Cioffi-Revilla, Rogers, Wilcox, and Alterman 2011; http:// nomadicempires. modhist.ox.ac.uk/. Cf. also Turchin 2009 for their role in large-scale state formation. Growing size: Taagepera 1978: 120.
35. Fig. 1.1 from Gellner 1983: 9 fig. 1 as reproduced in Morris 2015: 66 fig. 3.6.
36. On the nature of premodern states in general, see esp. Claessen and Skalník 1978b; Gellner 1983: 8-18; Tlly 1985; Giddens 1987: 35-80; Kautsky 1982, esp. 341-348; Haldon 1993; Sanderson 1999: 99-133; Crone 2003: 35-80 (quote: 51); North, Wallis, and Weingast 2009: 30-109 and across-disciplinary meta-survey in Scheidel 2013: 16-26.
37. Makers and takers: Balch 2014. Babylonia: Jursa 2015 and personal communication. 嫁妆实际价

值的中位数和均值分别高出 70% 和 130%，同时这两个时期的基尼系数是 0.43（$n = 82$）和 0.55（$n = 84$），或者最高的异常值被从每一个数据集剔除之后分别是 0.41 和 0.49。关于新巴伦的经济动态，参见 Jursa 2010。

38. For regressive distribution in despotic regimes, see, e.g., Trigger 2003: 389 and Boix 2015: 259. Winters 2011 追溯了历史进程中的寡头权力，主要聚焦在财富的保护上（特别是 20～26 页）。互惠的观念主要存在于概念领域。Claessen and Skalník 1978a: 640 优美地定义道："早期国家是一种中央集权的社会 - 政治组织，其目的是在一个——至少被分成了两个基本社会阶层或新兴的社会阶级（统治者和被统治者），这两者关系的特征是前者的政治主导性和后者的进贡义务并存的——复杂、分层社会中对社会关系进行规制，那种互惠性是基本原则的共同意识形态使其合法化了。"

39. For Mamluk Egypt, see herein, p. 82; for the Roman Republic, herein, pp. 71–74 and chapter 6, p. 187.

40. Entrepreneurs: Villette and Vullermot 2009. For the Roman Republic, see herein, p. 73; for France, pp. 83–84. 我参考个人化的政治喜好，是为了把这些因素与减税的作用区分开。在美国和其他盎格鲁 - 撒克逊国家中，最高收入群体所占比例有所上升，这些人整体上受益于富人。

41. For the role of returns on capital and of shocks on these returns, see esp. the concise expositions in Piketty and Saez 2014: 841–842; Piketty 2015b: 73–78, and more generally Piketty 2014: 164–208. For the debate, see herein, chapter 15, pp. 411–423.

42. Hudson 1996b: 34–35, 46–49; 1996c: 299, 303; Trigger 2003: 316–321, 333; Flannery and Marcus 2012: 500–501, 515–516. 苏美尔人的经验在这里占有一席之地，因为它代表了这些过程最早的得以保存下来的例子。

43. Hudson 1996a: 12–13, 16; Flannery and Marcus 2012: 474–502, esp. 489–491 on Lagash. For debt relief, see herein, chapter 12, pp. 359–360.

44. Ebla: Hoffner 1998: 65–80, esp. 73–77. Quotes: 75 paragraphs 46, 48. The Hurrians were located in northern Mesopotamia, the Hittites in Anatolia.

45. Foster 2016: 40, 43, 56, 62, 72, 90, 92; also Hudson 1996c: 300. Quotes: Foster 2016: 8 (Rimush), 13 (Naram-Sin), 40 (scribes), 43 (elite). For the collapse of the Akkadian empire, see herein, chapter 9, p. 280. 在后续的帝国形成过程中，首都的精英和政府官员获得了不成比例的利益：例如 Yoffee 1988: 49–52。

46. Trigger 2003: 375–394 surveys these features across several early civilizations. For the Oyo, see 393. The contributions in Yun-Casalilla and O'Brien 2012 and Monson and Scheidel

2015 add up to a broad overview of fiscal regimes in world history.

47. 第一段引用来自所谓的巴比伦神义论，这是一个用中巴比伦语言写成的文本：Oshima 2014: 167, line 282，第二段来自 Trigger 2003: 150-151。

48. Quote: Fitzgerald 1926. For stature inequality, see Boix and Rosenbluth 2014: 11-14, reprised in Boix 2015: 188-194; and see also Payne 2016: 519-520. Scheidel 2009b surveys reproductive inequality across world history.

49. See herein, p. 48 (Babylonians), pp. 76-77, and chapter 9, pp. 267-269 (housing).

50. See herein, appendix, pp. 447-449 (distributions), chapter 6, pp. 188-199 (Greeks), chapter 3, p. 108 (America). 洛伦茨曲线是用来描述给定人口中资产分布状况的图。少数成员的高度集中会引起曲线右端的急剧上升。

51. Oded 1979: 19, 21-22, 28, 35, 60, 78-79, 81-91, 112-113. See also herein, chapter 6, p. 200.

52. Regarding slavery, see esp. Patterson 1982: 105-171 on the different modes of creating and acquiring slaves, Miller 2012 for slavery in global history, and Zeuske 2013 for the global history of slavery. For Rome, see Scheidel 2005a; for Sokoto, Lovejoy 2011; and for the United States, herein, p. 108.

第 2 章 不平等的帝国

1. Morris 2010 and 2013 对农业帝国中相对较高的社会发展水平做了观察。For the equivalence of preindustrial and early industrial inequality in both nominal and real terms, see herein, p. 101 and appendix, pp. 454-455.

2. Wood 2003: 26-32 提出了这一理想类型的对比。关于融合发展和两者之间的相似性，参见 Scheidel 2009a; Bang and Turner 2015。在 Scheidel 2016 中，我提供了这两个帝国不平等状况的一个更为详细的讨论。

3. 关于战国时期的改革和他们进行群众动员的文化，参考本书第 6 章。

4. Ch'ü 1972: 196-199; Hsu 1980: 31; Loewe 1986a: 205; Sadao 1986: 555-558. Wang Mang: Hsu 1980:558; Sadao 1986: 558; Li 2013: 277.

5. Merchants: Swann 1950: 405-464 (biographies); Ch'ü 1972: 115-116, 176; Sadao 1986: 576, 578 (activities). Sima Qian: Ch'ü 1972: 182-183. For Wudi's measures, see Hsu 1980: 40-41; Sadao 1986: 584, 599, 602, 604. On the scale of his military efforts, Barfield 1989: 54, 56-57; for his modernist policies in general, Loewe 1986a: 152-179. A second round of interventions was likewise rooted in violent turnover—namely, the usurpation of Wang Mang: Loewe 1986a: 232; Sadao 1986: 580, 606.

6. Quote: Sadao 1986: 578 (*Shiji* 129); also 584 for manufacturers. Prohibition: Hsu 1980: 41-42; Sadao 1986: 577. Overlap with landlords and officials: Ch'ü 1972: 119-121, 181.
7. Nominal salaries were relatively modest: Scheidel 2015c: 165-174. Favoritism: Hsu 1980: 46-53. Size of fortunes: Swann 1950: 463-464. Sale: Mansveldt Beck 1986: 332 (for 178 CE). Protection: Ch'ü 1972: 96-97.
8. Ch'ü 1972: 160-161, 175; Hsu 1980: 49, 54; Lewis 2007: 70.
9. Ch'ü 1972: 94, 176-178 (continuities), and also 173-174 for specific families; Hsu 1980: 49 (principle of rise and fall).
10. On Wudi's purges, see Hsu 1980: 44-46 (quote from *Hanshu* 16:2b-3b); Ch'ü 1972: 164-165; Lewis 2007: 69, 120. Eastern Han: Loewe 1986b: 275.
11. Ch'ü 1972: 97, 184, 200-202, 212-213, 218, 226, 228, 237-243; Loewe 1986b: 276-277, 289; Mansvelt Beck 1986: 328-329.
12. State intervention: Lewis 2007: 67 (on conscription). Fiefdoms: Loewe 1986b: 257, 259. Landlords and Han line: Li 2013: 295; Lewis 2007: 69-70. For failed reform attempts, see Ch'ü 1972: 204; Hsu 1980: 55; Ebrey 1986: 619-621. Census: Li 2013: 297.
13. Ebrey 1986: 635-637, 646 (social closure, elite autonomy); Hsu 1980: 56 (retainers); Lewis 2007: 263 (clientelism); Lewis 2009a: 135 (magnates).
14. Land redistributions: Powelson 1988: 164, 166, 168, 171. (Similar attempts, modeled on China, were made in Vietnam: 290-292.) For the Tang, see herein, chapter 9, pp. 260-261. Song: Powelson 1988: 166-167. Ming: Elvin 1973: 235 (first quote), 236 (second quote), 240 (third quote, from a text from around 1800 regarding Shanghai county).
15. Schemes: Zelin 1984: 241-246. Income multiples and countermeasures: Deng 1999: 217-219.
16. Shatzman 1975: 237-439 offers an exhaustive "economic prosopography" of the senatorial class from 200 to 30 BCE. For the early empire, see Duncan-Jones 1982: 343-344 and 1994: 39; for the fifth century CE, see herein, p. 78. The relevant individual fortunes are listed and discussed in Scheidel 2016. 我根据后来的面值标准化了货币价值：1 000 塞斯特斯大概等于一个四口之家年收入的均值（关于人均GDP，参考 Scheidel and Friesen 2009: 91）。
17. For limited real income growth among commoners, see Scheidel 2007. The population figures are rough guesstimates. Equestrians: Scheidel 2006: 50. For the effects of urbanization, see herein, p. 93. Slaves: Scheidel 2005a.
18. For economic development, see, most recently, Kay 2014. Estimates of income sources: Rosenstein 2008, preceded by Shatzman 1975: 107, who observed, "It is obvious that

income from agriculture was negligible in comparison with profits accruing from a senatorial career." Income of governors, lenders, and tax farmers: Shatzman 1975: 53–63, 296–297, 372, 409, 413, 429–437. Warfare: 63–67, 278–281, 378–381. Tan forthcoming analyzes the structure of elite incomes and the fiscal system of this period.

19. Shatzman 1975: 37–44, 107, 268–272; Scheidel 2007: 332. For large estates created by the first round of proscriptions, see Roselaar 2010: 285–286.

20. Fortunes of supporters: Shatzman 1975: 400, 437–439; Mratschek-Halfmann 1993: 78, 97, 111, 160–161. For the emperors' assets, see Millar 1977: 133–201. Mratschek-Halfmann 1993: 44 (Augustus). Scale of confiscations: 52–54; Burgers 1993. Hopkins 2002: 208 aptly writes that by seizing and handing out wealth, emperors created "replacement aristocrats." Total national wealth and elite wealth conjectured from Scheidel and Friesen 2009: 74, 76 and Piketty 2014: 116–117 figs. 3.1-2, using 1700 France and England as analogs for national wealth as a multiple of annual GDP.

21. Mratschek-Halfmann 1993: 106–107, 113–114, 214;《拉丁铭文选辑》(*Inscriptiones Latinae Selectae*) 1514。

22. Mratschek-Halfmann 1993: 53, 58, 138–139; Hopkins 2002: 205.

23. Scheidel 2015a: 234–242, 250–251.

24. Mouritsen 2015 provides a succinct summary. See also Jongman 1988, esp. 108–112 (population), 207– 273 (social inequality). A large share of the population of the neighboring city of Herculaneum appears to have consisted of slaves and ex-slaves: De Ligt and Garnsey 2012.

25. House sizes: see herein, chapter 9, pp. 267–269, and, more specifically, Stephan 2013: 82, 86 (Britain), 127, 135 (Italy, with conflicting results for two different data sets), 171, 182 (North Africa). 骨骼数据仍然需要更细致的分析，以决定在罗马帝国统治下，人类身高的不平等程度是否也上升了。 For the income sources of senators and knights, see Mratschek-Halfmann 1993: 95–127, 140–206; cf. also Andermahr 1998 for senatorial landownership in Italy.

26. Scheidel and Friesen 2009: 63–74, 75–84 (income distribution and state share), 86–87 (Gini and extraction rate), 91 (GDP). Cf. also Milanovic, Lindert, and Williamson 2011: 263 table 2 for a Roman income Gini coefficient in the high 0.3s and an extraction rate of 75 percent. For other societies, see ibid. and herein, p. 100. For economically middling Romans, see Scheidel 2006; Mayer 2012.

27. Investment and land acquisition: Jongman 2006: 249–250. Olympiodorus: Wickham 2005:

162; Brown 2012: 16-17; Harper 2015a: 56-58, 61 (plateau). 如果后来的帝国更为贫穷，报告出来的财富数量实际上在相对意义上是比较大的：尽管这是不能排除的，但很少有证据支持 Milanovic 2010: 8 and 2016: 67-68, esp. 68 fig. 2.9 猜测出来的平均人均 GDP 的剧烈下降这样的说法；cf. herein, p. 88. For the collapse of the western Roman aristocracy, see herein, chapter 9, pp. 264-266。

28. Egypt: Palme 2015, with Harper 2015a: 51. For earlier land concentration in Roman Egypt, see herein, chapter 11, p. 325. Italy: Champlin 1980, with Harper 2015a: 54. More detailed land registers from the fourth-century CE Aegean document smaller holdings of not more than 1,000 acres: Harper 2015a: 52 table 3.6. Super-rich: Wickham 2005: 163-165.

29. Byzantine inequality: Milanovic 2006.

30. Borsch 2005: 24-34 for the Mamluk system; Meloy 2004 for the rackets.

31. Yaycioglu 2012; and see also Ze'evi and Buke 2015 for the banishment, dismissal, and confiscation of the possessions of the highest officials (pashas).

32. Powelson 1988: 84-85, 220-229; herein, chapter 8, pp. 241-242.

33. Powelson 1988: 234-239.

34. Turchin and Nefedov 2009: 172-173; with http://gpih.ucdavis.edu/files/Paris_1380-1870.xls (wages).

35. 28 societies: Milanovic, Lindert, and Williamson 2011: 263 table 2, and herein, Appendix, pp. 447-448. Athens in the 330s BCE: using conversions of 1 drachma = 7.37 kg of wheat = $8.67 in 1990 International Dollars, per capita GDP and the income Gini were $1,647 and 0.38 according to Ober 2016: 8, 22; and see 9 for the extraction rate. Cf. Ober 2015a: 91-93; 2015b: 502-504 for values of $1,118/0.45 ("pessimistic" scenario) and $1,415/0.4 ("optimistic"). Comparanda from Milanovic, Lindert, and Williamson 2011: 263 table 2; Maddison project. 尽管 Milanovic, Lindert and Williamson 的数据集对 Boix 2015：258-259 推测的君主制国家和共和国经历了差异化不平等的说法提出疑问，只要我们聚焦到直接民主制和其他政府形式的对比，古代雅典的例子就可能会为其模型提供一些支撑。

第 3 章　大起大落

1. For Varna, see herein, pp. 40-41. For the Mycenaean collapse, see herein, chapter 9, pp. 270-273. For classical Greece, see herein, chapter 6, pp. 188-199. 我们也必须考虑到罗马世界内部的变动：4 世纪和 5 世纪早期的帝国西部可能已经代表了那个时代不平等的顶峰。

2. State collapse: herein, chapter 9, pp. 264-269. Plague: herein, chapter 11, pp. 319-326.

3. For what seems to me an overly imaginative attempt to track the late and post-Roman decline in income inequality, see Milanovic 2010: 8 and 2016: 67-68. For conditions in Constantinople in this period, see Mango 1985: 51-62; Haldon 1997: 115-117.

4. Bekar and Reed 2013 对英格兰进行了分析。在他们的模型中，这些因素能够使得土地基尼系数增加 4 倍，从 0.14 变成 0.68，然而土地比例或者人口增长产生的效应很小；See also Turchin and Nefedov 2009: 51-53 for a model of a peasant holding of fifteen acres that barely allowed tenants to make ends meet. Rents and plots: Grigg 1980: 68; Turchin and Nefedov 2009: 50-51。

5. Turchin and Nefedov 2009: 55-58.

6. Byzantine inequality: Milanovic 2006. England and Wales: Milanovic, Lindert, and Williamson 2011: 263 table 2 (*c.*0.36), based on Campbell 2008. The next-oldest estimate, for Tuscany in 1427, postdates the Black Death but is higher (0.46), which is what we would expect from a heavily urbanized environment. Wealth concentration in Paris and London: Sussman 2006, esp. 20 table 9, for wealth Ginis (inferred from tax payments) of 0.79 in Paris in 1313 and 0.76 in London in 1319. 如果没有把非常穷的人从基础性的税收记录中忽略，巴黎的基尼系数可能会更大。

7. See herein, chapter 10, esp. pp. 300-311.

8. Scholarship on this transformation is vast. For a very high-flying bird's-eye view, appropriate in this context, see Christian 2004: 364-405. The contributors to Neal and Williamson 2014 survey the many-faceted rise of capitalism, and Goetzmann 2016 emphasizes the role of finance in the global evolution of civilization. 当然，很明显，"获取"依然是今天世界大部分地方致富和不平等化的一个有效的战略：参见 Piketty's 2014: 446 提到的 "偷盗" 也是一种积累机制，其例证是赤道几内亚的专制统治者。

9. For this last point, see most recently Alfani 2016: 7, with references. 在下文中，一种叙述的模式，即突出特别值得关注的人物和趋势，看起来最适用于不同的本地数据集的局限性和特点，也避免了由统一的表格传递出来的关于准确度的似是而非的印象。

10. Florentine *catasto*: van Zanden 1995: 645 table 1. (The distribution of capital among 522 merchant families in Florence in 1427 shows a Gini coefficient of 0.782: Preiser-Kapeller 2016: 5, based on http://home.uchicago.edu/~jpadgett/data.html.) Tuscany: Alfani and Ammannati 2014: 19 fig. 2. Piedmont: Alfani 2015: 1084 fig. 7.

11. Germany: van Zanden 1995: 645-647, esp. 647 fig. 1 on Augsburg, and herein, chapter 11, pp. 336-337. Netherlands: van Zanden 1995: 647-649; Soltow and van Zanden 1998: 46 table 3.10. England: Postles 2011: 3, 6-9; 2014: 25-27. Soltow 1979: 132 table 3 calculates a

wealth Gini of 0.89 for Copenhagen in 1789. Urbanization rates: De Vries 1984: 39 table 3.7.

12. De Vries and Van der Woude 1997: 61 (urbanization); Soltow and van Zanden 1998: 23–25 (general conditions), 42, 46, 53–54 (capital and labor).

13. Soltow and van Zanden 1998: 38 table 3.6, 39 (Leiden); van Zanden 1995: 652–653; Soltow and van Zanden 1998: 35 table 3.4 (rental values); cf. 139 for a Gini of 0.65 in 1808. Fifteen towns: Ryckbosch 2014: 13 fig. 1; cf. also 13 fig. 2 and 14 fig. 3 for time trends by city, which show somewhat more variation over time. The Gini for house rents in Nijvel rose from 0.35 in 1525 to 0.47 in 1800: Ryckbosch 2010: 46 table 4. 在斯海尔托亨博斯，1500—1550年之间，平滑后的名义房租不平等，经过家庭人数和价格的调整之后，掩盖了实际不平等的上升。

14. SSoltow and van Zanden 1988: 40 (stalled growth); Ryckbosch 2014: 17-18, esp. 18 fig. 5, 22 (north/ south), 他总结到，荷兰和佛兰芒的不平等程度在出口奢侈品和服务的技能密集型阶段比较低，而在低工资的大规模标准化出口生产时期比较高（23）； Alfani and Ryckbosch 2015: 28 (taxes); van Zanden 1995: 660 table 8; Soltow and van Zanden 1998: 43–44, 47 (wages)。

15. Alfani and Ammannati 2014: 16 table 3 (Tuscany), 29 table 4 (wealth shares); Alfani 2015: 1069 table 2 (Piedmont); Alfani 2016: 28 table 2 (Apulia); 12 fig. 2, 13 (multiple of median value). Two Sicilian data sets also point to rising wealth inequality: Alfani and Sardone 2015: 22 fig. 5.

16. Alfani 2014: 1084–1090; Alfani and Ryckbosch 2015: 25–30.

17. Fig. 3.2 from Alfani and Ryckbosch 2015: 16 fig. 2b and Alfani and Sardone 2015: 28 fig. 9. Cf. also Alfani 2016: 26 fig. 4 and 30 fig. 6 for similar trends for top wealth shares and a "richness index." Alfani and Ryckbosch 2015: 30 offer a comparative assessment of the different causes of rising inequality in the Netherlands and Italy. For England, see Postles 2011: 3, 6–9; 2014: 27.

18. Spain: Alvarez-Nogal and Prados de la Escosura 2013. Fig. 3.3 from tables S2 and S4 (http://onlinelibrary.wiley.com/doi/10.1111/j.1468-0289.2012.00656.x/suppinfo). Madrid: Fernandez and Santiago-Caballero 2013. 在加泰罗尼亚，在1400—1800年间，顶层1%和顶层5%收入的人群的财富比例或者上升或者保持相对稳定，同时总体的财富基尼系数没有表现出明显的趋势：García-Montero 2015: 13 图1, 16 页图3。 Santiago-Caballero 2011 documents fairly stable inequality in the province of Guadalajara in the eighteenth-century, except for a modest dip late in this period associated with land reform (see herein, chapter 12, p. 355). For falling European real wages, see herein, chapter 10, pp. 301–302.

19. France: The classic study is Le Roy Ladurie 1966, esp. 239-259, and also 263-276 for falling real wages. Portugal: Reis, Santos Pereira, and Andrade Martins n.d., esp. 27 fig. 2, 30-32, 36-37 figs. 5-6. 在1770年，波尔图的不平等水平比其在1700年的水平低，也低于1565年里斯本的，小城镇和农村区域要比1565年的更低，但是在大城市要比1565年和1700年的水平高一些（27页 图2）。Their work is based on income tax data, improving on the survey of material from 1309 to 1789 by Johnson 2001, which suggests a similar trend. Little is known about Central Europe: see Hegyi, Néda, and Santos 2005 for the distribution of elite wealth proxied by the number of serfs in Hungary in 1550.

20. Milanovic, Lindert, and Williamson 2011: 263 table 2. 1811年的那不勒斯被认为表现出一种达到0.28的非常低的收入基尼系数，这看起来很值得怀疑。

21. Extraction rates: for the concept, see herein, appendix, p. 447. 随着人均GDP停滞甚至收缩，榨取率在托斯卡纳的皮埃蒙特和南部低地国家中上升了：Alfani and Ryckbosch 2015：24。在荷兰和英格兰，未调整的榨取率（相对于最低限度的生活费）在前者下降，而在后者的集约型经济增长的背景中波动着，经过不断上升的社会最低生活需求调整的榨取率则保持不变：Milanovic, Lindert, and Williamson 2011: 263 table 2; Milanovic 2013: 9 fig. 3。For real wages, see herein, chapter 10, pp. 301-302. "Real" inequality was higher in England, France, and the Netherlands in 1800 than it had been in 1450 or 1500: Hoffman, Jacks, Levin, and Lindert 2005: 161-164, esp. 163 fig. 6.3(a-c). I note in passing that economic inequality could also translate to significant disparities in terms of body height: Komlos, Hau, and Bourguinat 2003: 177-178, 184-185, on France.

22. Canbakal and Filiztekin 2013: 2, 4, 6-7, 8 fig. 7 (urban Ginis), 19 fig. 9 (top decile), 20 fig. 10 (rural Ginis), 22. For a more detailed study of one of these cities, Bursa, see also Canbakal 2012. Pamuk forthcoming surveys developments after 1820.

23. For Han inequality, see herein, pp. 63-69. Developments in the Period of Disunion are summarized by Lewis 2009a.

24. For the Tang, see herein, chapter 9, pp. 260-264. For later dynasties, see very briefly herein, pp. 69-71. China in 1880, India in 1750 and 1947: Milanovic, Lindert, and Williamson 2011: 263 table 2. 关于亚洲不平等状况的正式研究依然比较缺乏。Broadberry and Gupta 2006: 14 table 5, 18 table 7 find that real wages of unskilled workers in the Yangzi Delta were lower in the mid-Qing period (1739-1850) than they had been under the late Ming (1573-1614), that in northern and western India there were lower in 1874 than they had been under the Mughals, and that in southern India they were lower in 1790 than they had

been in 1610. Although all this points to rising inequality, these findings would need to be more fully contextualized to provide more certainty. For Japan, see herein, chapter 4, p. 118.

25. See herein, pp. 58–59 (pre-Columbian inequality), and herein, chapter 11, pp. 317–319 (epidemics) and chapter 13, pp. 378–382. Fig. 3.4 is based on Williamson 2015: 35 table 3 and Prados de la Escosura 2007: 296–297 table 12.1, adjusting Williamson's inequality levels to bring them in line with the latter's lower income Ginis and account for the presence of the Aztec and Inca empires and the effects of epidemic mortality.

26. Wealth: Lindert 2000b: 181 table 2. 顶层的收入集中如此极端，以至顶层的 4% 群体的份额从 43% 下降到 18%，前 5% 的总份额则从 82% 上升到 87%。Landownership: Soltow 1968: 28 table 3. Income inequality up to the first decade of the nineteenth century: Lindert 2000b: 18–19, 24.

27. For the notion of a "Kuznets curve" (for which see herein, chapter 13, pp. 369–372) during British industrialization, see Williamson 1985 and 1991, esp. 64 table 2.5, forcefully and to my mind compellingly challenged by Feinstein 1988. Wage dispersion: Williamson 1991: 61–62 table 2.2, based on six unskilled and twelve skilled occupations, cf. also 63 table 2.3.Feinstein 1988: 705–706 表明，这 12 个技能型职业的曲线其中有 7 个显示出名义年收入的逐渐上升，有 5 个表现出不稳定的波动。他总结道："技能型劳动力的工资结构一个世纪以来表现出高度的稳定性，在前半叶没有不平等的急剧上升，后半叶也没有平等性矫正。" (710; and see also Jackson 1987). For a critique of house dues, see 717–718. Top income shares: Williamson 1991: 63 table 2.4, with Feinstein 1988: 718–720. Social tables: Feinstein 1988: 723 table 6, and see also Jackson 1994: 509 table 1: 0.47–0.54 in 1688 (without and with paupers), 0.52–0.58 in 1901 and 1903, and 0.48 in both 1867 and 1913. Jackson 1994: 511 deems it unlikely that inequality peaked in the mid-nineteenth century, and Soltow 1968: 22 table 1 had already arrived at a similar conclusion of broad stability in this period. Lindert 2000b: 21–24 shows that trends in English real inequality across the nineteenth century depend on which measure we select. This holds true regardless of evidence for stagnant real wages of English workers in the first half of the nineteenth century and rising ones in the second half: see Allen 2009 for an explanation of this phenomenon. The observation that "real" —i.e., class-specific—ine- quality declined throughout the nineteenth century (Hoffman, Jacks, Levin, and Lindert 2005: 162 fig. 6.3(a)) is likewise inconsistent with a scenario of rising followed by falling inequality. The evidentiary weakness of any claim that inequality in industrializing Britain followed a

Kuznets curve makes it difficult to account for its continuing popularity of this notion in post-1988 scholarship: see, e.g., Williamson 1991; Justman and Gradstein 1999: 109-110; Acemoglu and Robinson 2000: 1192-1193; 2002: 187 table 1; and, most recently, Milanovic 2016: 73 fig. 2.11, 74-75, who references Feinstein's critique in an endnote (248-249 n.25).

28. Italy: Rossi, Toniolo, and Vecchi 2001: 916 table 6 show a gradual decline in Ginis and top decile income shares between 1881 and 1969, whereas Brandolini and Vecchi 2011: 39 table 8 present various metrics that strongly indicate stability between 1871 and 1931. France: Piketty, Postel-Vinay, and Rosenthal 2006: 243 fig. 3, 246 fig. 7; Piketty 2014: 340 fig. 10.1. Spain: Prados de la Escosura 2008: 298 fig. 3; see herein, chapter 13, pp. 372-373.

29. Prussia: Dell 2007: 367 fig. 9.1, 371, 420 table 9I.6 (income shares). 顶层1%收入群体的收入份额几乎没有任何下降，1900—1913年之间，大约只有0.8%，要比之前预计的少一些。早期研究计算出来的1896—1900年或1901—1910年与1913年之间相比，下降程度为1%~2%：Morrison 2000: 234, and see 233, 257, also for Saxony. Dumke 1991: 128 fig. 5.1a finds rising inequality and capital shares from 1850 to 1914. Prussian Gini: Grant 2002: 25 fig. 1, with 27-28. Netherlands: Soltow and van Zanden 1998: 145-174, esp. 152, 163-165, 171. They note the absence of any Kuznetian wage dispersion during industrialization as skills premiums fell: 161-162, 174。

30. 1870年收入分配的隐含基尼系数比较高，位于名义极端值的0.53~0.73的任何位置。给定那个时候丹麦人均GDP为2 000美元，0.63的中间值可能意味着3/4的榨取率，虽然不是不可能的，但类似于一个非常不平等的前现代社会。只有在基尼系数估计值下限的数值才能与1801年英格兰和威尔士的数值相当，这是非常不平等的开始。此外，在0.55左右的一个合理的较低的1870年基尼系数，能够在1903—1910年的估计值的置信区间内被发现，从而不可能排除1870—1910年间不平等没有显著变化的原始假设。See Atkinson and Søgaard 2016: 274, euphemistically noting the "limited data coverage" for the period from 1870 to 1903. Implied Gini for 1870: 277 fig. 5. For 1789: Soltow 1979: 136 table 6, from which Atkinson and Søgaard 2016: 275 infer an extravagantly high top 1 percent income share of 30 percent. 丹麦的人均GDP在1820年的时候在1 200美元左右，这可能对应一个高达0.75的收入基尼系数，大概比1789年的还要低一些。

31. Wealth inequality: Soltow 1979: 130 table 2, 134, with Roine and Waldenstrom 2015: 572 table 7.A2 (for a drop in the top 1 percent share from 56 percent in 1789 to 46 percent in 1908; but cf. 579 table 7.A4 for unchanged top deciles across this period).

32. Norway: Aaberge and Atkinson 2010: 458-459 (who note that the early data are poor: 456);

Roine and Waldenström 2015: 572 table 7.A2 (but cf. 579 table 7.A4 for a top 10 percent wealth share in 1930 that was higher than it had been in 1789). Cf. also Morrison 2000: 223-224 for gradual leveling in two Norwegian counties between 1855 and 1920, based on much earlier work by Soltow. Sweden: WWID; Soltow 1985: 17; Söderberg 1991; Piketty 2014: 345 fig. 10.4.

33. For the colonial period, see Lindert and Williamson 2014: 4, 28-29. For 1774: Lindert and Williamson 2016: 36-41, esp. 38 table 2-4 for an income Gini of 0.44 and top 1 percent income shares of 8.5 percent for all households and of 0.41 and 7.6 percent for free households. At 0.37 and 4.1 percent, New England was exceptionally egalitarian. Revolutionary period: 82-90. The urban/rural wage premium for unskilled male earnings fell from 26 percent to 5 percent and from 179 percent to 35 percent for average urban/rural earnings. The premium for urban white-collar workers relative to urban male unskilled earnings collapsed from 593 percent to 100 percent. Rising inequality up to 1860: 114-139. Disparities grew both between free and slaves and among the free population. For Ginis and income shares, see 115-116 tables 5-6 and 5-7. Property and earnings inequality: 122 tables 5-8 and 5-9.

34. For the period 1860 to 1870, see herein, chapter 6, pp. 174-179. For 1870-1910: Lindert and Williamson 2016: 171-193, esp. 172 (top income shares about 1910, with WWID), 192-193. Smolensky and Plotnick 1993: 6 fig. 2 (not referenced by Lindert and Williamson 2016 but used by Milanovic 2016: 49 fig. 2.1, 72 fig. 2.10) 从已知的收入基尼系数，即顶层5%收入群体的收入占比和1948—1989年间失业率之间的关系，推出1913年的国民收入基尼系数大约在0.46，如果这是准确的，那就意味着1870—1913年间整体收入不平等的显著下降。此外，这一过程的有效性和这些年份的估计值之间的可比性依然是不确定的，更重要的是，这种观点似乎与这一时期最高收入群体收入比重的明显上升对立。Wealth shares: Lindert 1991: 216 fig. 9.1; Piketty 2014: 348; Roine and Waldenström 2015: 572 table 7.A2. Largest fortunes: Turchin 2016a: 81 table 4.2.

35. Latin American Gini estimates: Bértola and Ocampo 2012: 120 table 3.15; Prados de la Escosura 2007: 296-297 table 12.1. Rodríguez Weber 2015: 9-19 offers a more nuanced account for Chile. Using (land) rent/(urban) wage ratios, Arroyo Abad 2013: 40 fig. 1 finds net increases in inequality in Argentina and Uruguay between 1820 and 1900 but not in Mexico and Venezuela. Japan: Bassino, Fukao, and Takashima 2014; Bassino, Fukao, Settsu, and Takashima 2014; Hayami 2004: 16-17, 29-31; Miyamoto 2004: 38, 43, 46-47,

55; Nishikawa and Amano 2004: 247-248. For growing inequality during modernization, see herein, chapter 4, p. 118.

36. 基于一个更为受限的数据集，我的调查证实了阿尔法尼的观察，即皮凯蒂描写的19世纪的财富集中过程"实际上仅仅是一个更长期过程中的最后一部分"（Alfani 2016: 34）。

37. 共产主义政权在1950年拥有25.6亿世界人口中的8.6亿。Income shares: WWID, summarized by Roine and Waldenström 2015: 493 fig. 7; and see herein, chapter 5, pp. 130-137 for more detailed analysis.（我们只有英国1%顶层收入群体收入占比的零星数据，它也经历了一个相当的收缩过程，1937—1949年的1/3的下降就可以反映出来。从1913年或者1918—1949年的0.1%和1%顶层收入群体的损失率之间的比率，我们可以推断1913年顶层1%收入群体的收入比例大约为25%，并且到1949年整体的下降程度为略微超过一半。）For Russia and East Asia, see herein, chapter 7, pp. 221, 227. Wealth shares: Roine and Waldenström 2015: 572-581 and esp. 539 fig. 7.19, reproduced herein, chapter 5, p. 139. Capital/income ratios: Piketty 2014: 26 fig. 1.2 (reproduced herein, chapter 5, p. 140), 196 fig. 5.8; data appendix table TS12.4. (For criticism of the highly conjectural global estimate, see Magness and Murphy 2015: 23-32; but the overall trend is quite clear.) For the completion of the leveling process, see herein, chapter 15, p. 405; for the challenge of defining effective inequality levels, see herein, in the appendix. By some multidimensional inequality measures, contemporary Scandinavian countries have become as egalitarian as forager societies: Fochesato and Bowles 2015. For a very brief summary of the evolution of inequality up to the twentieth century, see herein, chapter 14, pp. 389-391.

第二部分 战争

第4章 全面战争

1. Moriguchi and Saez 2010: 133-136 table 3A.2 (income shares); 148 table 3B.1 (estates); 81 fig. 3.2 (Ginis), with Milanovic 2016: 85 fig. 2.18.

2. "向丹麦看齐"代表了一种学术上的简单说法，意指一个国家建立了高度有助于提升人的福利的政治和经济制度，这个概念可追溯到 Pritchett and Woolock 2002 :4，其流行尤其得益于 Fukuyama 2011: 14。

3. Saito 2015: 410; Bassino, Fukao and Takashima 2014: 13; Hayami 2004: 16-17, 29-30.

4. 根据最近的数据，该国的基尼系数在1850年时为0.35（这当然是一个推测值），1909年时上升到0.43，接着1925年、1935年和1940年时，又分别升至0.5、0.52和0.55：

Bassino, Fukao and Takashima 2014: 20. 表 5。有关顶层 1% 群体的收入份额情况，参见第 19 页表 1。它们表明学界对不平等在 19 世纪 80 年代—20 世纪 30 年代这段时间里的变动趋势缺乏共识，不平等程度在这一时期不是持续上升，就是先上升后下降。也可参见 Saito 2015: 413-414 有关后幕府时期不平等程度有可能逐渐加剧的论述。WWID 的数据显示，在 20 世纪前 1/3 的时间里，顶层 1% 群体的收入份额虽然也出现过短期的波动，但总体上是相当稳定的。Economic development and disequalization: Nakamura and Odaka 2003b: 9, 12-13, 24-42; Hashimoto 2003: 193-194; Saito 2015: 413 n. 57; Moriguchi and Saez 2010: 100.

5. Nakamura 2003: 70 table 2.5, 82.
6. See Moriguchi and Saez 2010: 100-102 for this trio. For the various state interventions, see esp. Hara 2003 and Nakamura 2003; and cf. Moriguchi and Saez 2010: 101 for a very brief overview. Controls: Nakamura 2003: 63-66 table 2.2.
7. Nakamura 2003: 85; Okazaki 1993: 187-189, 195.
8. Takigawa 1972: 291-304; Yuen 1982: 159-173; Dore 1984: 112-114; Kawagoe 1999: 11-26.
9. Kasza 2002: 422-428; Nakamura 2003: 85. Kasza 2002: 429 指出："就日本的社会福利状况在 1937—1945 年间发生的转变来说，战争所起到的作用盖过了所有其他因素的影响。"
10. Moriguchi and Saez 2010: 101; 129-130 table 3A.1.
11. Capital stock: Minami 1998: 52; Yoshikawa and Okazaki 1993: 86; Moriguchi and Saez 2010: 102. Losses: Nakamura 2003: 84; Yoshikawa and Okazaki 1993: 86. Bombing: *United States strategic bombing survey* 1946: 17.
12. Capital income share: Yoshikawa and Okazaki 1993: 91 table 4.4; Moriguchi and Saez 2010: 139 table 3A.3, and see also 91 fig. 3.7. 1886—1937 年，资本收益占国民收入的份额平均而言大约是顶层 1% 群体收入份额的一半。Income shares: Moriguchi and Saez 2010: 88 fig. 3.4; 134-135 table 3A.2; WWID.
13. GNP and exports: Yoshikawa and Okazaki 1993: 87-88.
14. Moriguchi and Saez 2010: 129-30 table 3A.1; cf. Nakamura 2003: 90-92. For large variation in rates according to different indices, see Kuroda 1993: 33-34; and cf. also Teranishi 1993a: 68-69; Yoshikawa and Okazaki 1993: 89.
15. Nakamura 2003: 87; Miwa 2003: 335—336.
16. Miwa 2003: 339-341. 1946—1950 年间，实际 GNP 确实增加了 40%，特别是消费而非投资方面：Yoshikawa and Okazaki 1993: 87。
17. Miwa 2003: 347; Minami 1998: 52; Moriguchi and Saez 2010: 102; Nakamura 2003: 98 table

2.14; Teranishi 1993b: 171-172; Yoshikawa and Okazaki 1993: 90.

18. Nakamura 2003: 87; Minami 1998: 52; Estevez-Abe 2008: 103; Miwa 2003: 345; Miyazaki and Itô 2003: 315-316; Yonekura 1993: 213-222. Quote: Miwa 2003: 349.

19. Miwa 2003: 336-337, 341-345; Nakamura 2003: 86-87, 91 (quote). 这一措施以及其他相关措施的目标被表述为"清除战时的收益"（Miwa 2003: 346）。从所观察到的收入缩减的真实情况来看，这一点更多是想当然的，而非真实发生了的。

20. Yamamoto 2003: 240; Miyazaki and Itô 2003: 309-312.

21. Teranishi 1993b, esp. 172; Moriguchi and Saez 2010: 138 table 3A.3.

22. Unionization: Hara 2003: 261; Nakamura 2003: 88; Miwa 2003: 347; Yonekura 1993: 223-230, esp. 225 table 9.3; Nakamura 2003: 88; cf. Minami 1998: 52. Benefits: Hara 2003: 285; Yonekura 1993: 227-228; Estevez-Abe 2008: 103-111.

23. Memo: Miwa 2003: 341; and see also Dore 1984: 115-125 on the relationship between tenancy, rural poverty, and aggression. Land reform: Kawagoe 1999: 1-2, 8-9, 27-34; Takigawa 1972: 290-291; Yoshikawa and Okazaki 1993: 90; Ward 1990: 103-104; and see also Dore 1984: 129-198 and Kawagoe 1993. MacArthur: in a letter to Prime Minister Yoshida Shigeru from October 21, 1949, quoted by Ward 1990: 98; Kawagoe 1999: 1.

24. Moriguchi and Saez 2010: 94 table 3.3.

25. Okazaki 1993: 180; Moriguchi and Saez 2010: 104-105. For the MacArthur quote also used in the section heading, see Department of State 1946: 135.

第5章 大压缩

1. Quote: "le drame de la guerre de trente ans, que nous venons de gagner . . . " : Charles de Gaulle's speech at Bar-le-Duc, July 28, 1946, quoted from http://mjp.univ-perp.fr/textes/degaulle28071946.htm. For succinct statements of this thesis, see most recently Piketty 2014: 146-150; Piketty and Saez 2014: 840; Roine and Waldenström 2015: 555-556, 566-567.

2. 在此处以及后面的内容中，所有有关顶层收入份额的信息都引自WWID。为了保持一致性，我对每个国家都采用了相同的时间段，即1937—1967年。

3. Argentina 1938/1945, Australia 1938/1945, Canada 1938/1945, Denmark 1908/1918, 1938/1945, Finland 1938/1945, France 1905/1918, 1938/1945, Germany 1913/1918(1925), 1938/1950, India 1938/1945, Ireland 1938/1945, Japan 1913/1918, 1938/1945, Mauritius 1938/1945, Netherlands 1914/1918, 1938/1946, New Zealand 1938/1945, Norway 1938/1948, Portugal 1938/1945, South Africa 1914/1918, 1938/1945, Spain 1935/1940/1945, Sweden

1912/1919, 1935/1945, Switzerland 1939/1945, United Kingdom 1937/1949 (1%), 1913/1918, 1938/1945 (0.1%), United States 1913/1918, 1938/1945.

4. Smolensky and Plotnick 1993: 6 fig. 2, with 43-44, for extrapolated Ginis of about 0.54 in 1931, about 0.51 in 1939, and about 0.41 in 1945 and for documented Ginis of 0.41 ± 0.025 between 1948 and 1980. Atkinson and Morelli 2014: 63 report gross family income Ginis of 0.5 for 1929, 0.447 for 1941, and 0.377 for 1945, likewise followed by stability. For Britain, see Atkinson and Morelli 2014: 61 for a drop from 0.426 in 1938 to 0.355 in 1949, with Milanovic 2016: 73 fig. 2.11 for an estimated market income Gini of 0.5 in 1913. For Japan, see herein, p. 115 n. 1. Among the national data sets collected by Milanovic 2016, only the Netherlands shows a decline in income Ginis between 1962 and 1982 that is comparable in scale to that between 1914 and 1962 (81 fig. 2.15).

5. Fig. 5.3 from Roine and Waldenström 2015: 539 fig. 7.19 (http://www.uueconomics.se/danielw/Handbook.htm). 有关早期斯堪的纳维亚国家的数据点，参见本书第 3 章。

6. 因此，真正称得上局外人的只有挪威，其所有的分散化都发生在 20 世纪 40 年代之后。All data from Roine and Waldenström 2015: 572-575 table 7.A2. France: Piketty 2007: 60 fig. 3.5.

7. Fig. 5.4 from Piketty 2014: 26 fig. 1.2 and 196 fig. 5.8; see also 118 fig. 5.5 from Roine and Waldenström 2015: 499 fig. 7.5 (http://www.uueconomics.se/danielw/Handbook.htm).

8. Fig. 5.6 from Broadberry and Harrison 2005b: 15 table 1.5; Schulze 2005: 84 table 3.9 (Austria-Hungary: military expenditure only).

9. National wealth: Broadberry and Harrison 2005b: 28 table 1.10. Cost: Harrison 1998a: 15-16 table 1.6; Broadberry and Harrison 2005b: 35 table 1.13. 换一个说法，这个相同的倍数如果以今天的全球 GDP 来折算的话，将意味着一笔高达 1 000 万亿美元的损失。GNP/GDP: Germany: Abelshauser 1998: 158 table 4.16. This share falls to 64 percent if foreign contributions are excluded. Japan: Hara 1998: 257 table 6.11.

10. Piketty 2014: 107; Moriguchi and Saez 2010: 157 table 3C.1.

11. Taxes: Piketty 2014: 498-499. See also Scheve and Stasavage 2010: 538 for initially low rates. Fig. 5.7 from Roine and Waldenström 2015: 556 fig. 7.23 (http://www.uueconomics.se/danielw/Handbook.htm).

12. Fig. 5.8 from Scheve and Stasavage 2016: 10 fig. 1.1.

13. Fig. 5.9 from Scheve and Stasavage 2016: 81 fig. 3.9 (for ten mobilization and seven nonmobilization countries in World War I); see also Scheve and Stasavage 2012: 83.

14. Political pressure: Scheve and Stasavage 2010: 530, 534-535; 2012: 82, 84, 100. Pigou 1918:

145 is a classic statement, quoted in Scheve and Stasavage 2012: 84. See also Scheve and Stasavage 2016: 202 fig. 8.1 on the Google Ngram surge of the relative frequency of "equal sacrifice" during the world wars. For public attitudes in the United States, see Sparrow 2011. Manifesto: Scheve and Stasavage 2010: 531, 535. Quote from 529: "Those who have made fortunes out of the war must pay for the war; and Labour will insist upon heavily graduated taxation with a raising of the exception limit. That is what Labour means by the Conscription of Wealth." Cf. also 551 for the notion of "conscription if current income above that what is absolutely necessary" in a paper from 1917. For the notion of equal sacrifice in political debates, see 541. Excess profits: Scheve and Stasavage 2010: 541-542. Roosevelt quote from Bank, Stark, and Thorndike 2008: 88. Estate taxes: Piketty 2014: 508; Scheve and Stasavage 2010: 548-549.

15. Scheve and Stasavage 2016: 83 fig. 3.10.
16. Piketty 2007: 56, 58 fig. 3.4; Hautcoeur 2005: 171 table 6.1. Effects of WW1: Hautcoeur 2005: 185; Piketty 2007: 60 fig. 3.5.
17. Piketty 2014: 121, 369-370; Piketty 2014: 273 fig. 8.2; 275 (capital losses); Piketty 2007: 55-57, 60 fig. 3.5 (top estates).
18. Broadberry and Howlett 2005: 217, 227; Atkinson 2007: 96-97, 104 table 4.3; Ohlsson, Roine, and Waldenström 2006: 26-27 figs. 1, 3.
19. Piketty and Saez 2007, esp. 149-156. However, the overall income Gini coefficient may have peaked in 1933 due to very high unemployment: Smolensky and Plotnick 1993: 6 fig. 2, with Milanovic 2016: 71. For the Great Depression, see herein, chapter 12, p. 363.
20. For taxation in World War I, see esp. Brownlee 2004: 59-72; Bank, Stark, and Thorndike 2008: 49-81. Tax rates: Bank, Stark, and Thorndike 2008: 65, 69-70, 78; Rockof f 2005: 321 table 10.5. Quote: Brownlee 2004: 58. Mehrotra 2013 also considers the World War I shock crucial for the creation of radical laws and as a basis for further fiscal elaboration in World War II. Relaxation: Brownlee 2004: 59; Bank, Stark, and Thorndike 2008: 81.
21. Tax rates: Piketty and Saez 2007: 157; Piketty 2014: 507; Brownlee 2004: 108-119 (quote from 109); Bank, Stark, and Thorndike 2008: 83-108. Interventions and inequality: Goldin and Margo 1992: 16 (quote), 23-24; Piketty and Saez 2007: 215 table 5B.2; and herein, p. 137 (Ginis). Executive pay: Frydman and Molloy 2012. The Gini coefficient for wages fell from 0.44 in 1938 to 0.36 in 1953: Kopczuk, Saez, and Song 2010: 104. 前10分位上的人的工资与总体平均工资的比值，以及第90百分位与第50百分位之间的工资差距，皆

表明在 20 世纪 40 年代只出现过平等化这一种趋势；只有第 50 百分位与第 10 百分位工资之间的比例在 20 世纪 40 年代剧烈下降之后，又在 20 世纪 60 年代经历了二次下降：Lindert and Williamson 2016: 199 fig. 8-2。

22. Saez and Veall 2007: 301 table 6F.1 and 264 figs. 6A.2-3 for visualization. See 232 for the effect of the war. Earnings at the ninetieth percentile as a multiple of the national median fell from 254 percent in 1941 to 168 percent in 1950 and have changed little since: Atkinson and Morelli 2014: 15. The state share of GDP grew from 18.8 percent in 1935 to 26.7 percent in 1945: Smith 1995: 1059 table 2.

23. Dumke 1991: 125-135; Dell 2007. Fig. 5.10 from WWID. For mobilization rates and state share of GDP, see herein, pp. 141-142 and Fig. 5.9.

24. Top incomes: Dell 2007: 372; Dumke 1991: 131; Dell 2005: 416. 有关顶层收入的证据资料并不支持 Baten and Schulz 2005 提出的这样一个修正主义观点，即德国的不平等状况在"一战"期间并没有加剧。Funding and inflation: Ritschl 2005: 64 table 2.16; Schulze 2005: 100 table 3.19; Pamuk 2005: 129 table 4.4.

25. Dell 2005: 416; 2007: 373; Holtfrerich 1980: 190-191, 76-92, 327, 39-40 table 8, 266, 273, 221 table 40, 274, 232-233, 268; Piketty 2014: 503 fig. 14.2, 504-505.

26. Dell 2005: 416-417; 2007: 374-375; Harrison 1998a: 22; Abelshauser 2011: 45 fig. 4, 68-69; Piketty 2014: 503 fig. 14.2, 504-505; Klausen 1998: 176-177, 189-190.

27. Top incomes: see herein, p. 133. Soltow and van Zanden 1998: 176-177, 184 (between 1939 and 1950, the real wages of administrative personnel and skilled industry workers fell by 23.5 percent and 8 percent, respectively, but rose 6.4 percent for unskilled laborers); Salverda and Atkinson 2007: 454-458; Soltow and van Zanden 1998: 183-185.

28. Finland: Jäntti et al. 2010: 412 table 8A.1. Denmark: Ohlsson, Roine, and Waldenström 2006: 28 fig. 5; Atkinson and Søgaard 2016: 283-284, 287 fig. 10. Norway: Aaberge and Atkinson 2010: 458-459, and see herein, Tables 5.1-2.

29. Piketty 2014: 146-150，评论指出"两次大战所带来的预算和政治冲击对资本造成的影响，被证明比这两次大战本身更具破坏性"（148）。Quote: Piketty 2014: 275.

30. Bloodlands: Snyder 2010. For Italy, see Brandolini and Vecchi 2011: 39 fig. 8; but cf. Rossi, Toniolo, and Vecchi 2001: 921-922 for possible short-term equalization during both world wars. For Italy's war economy, see Galassi and Harrison 2005; Zamagni 2005.

31. Netherlands: Salverda and Atkinson 2007: 441; Dumke 1991: 131; De Jong 2005. Sweden: WWID; Atkinson and Søgaard 2016: 282-283, 287 fig.10.

32. Nolan 2007: 516 (Ireland); Alvaredo 2010b: 567-568 (Portugal). For Spain, see herein, chapter 6, pp. 204-206.

33. Argentina: Alvaredo 2010a: 267-269, 272 fig. 6.6. For the rapid leveling that occurred between 1948 and 1953, see herein, chapter 13, p. 380. Latin American Ginis from SWIID: Argentina 39.5 (1961), Bolivia 42.3 (1968), Brazil 48.8 (Brazil), Chile 44.0 (1968), Colombia 49.8 (1962), Costa Rica 47.8 (1961), Ecuador 46.3 (1968), El Salvador 62.1 (1961), Honduras 54.1 (1968), Jamaica 69.1 (1968), Mexico 49.8 (1963), Panama 76.0 (1960), Peru 53.3 (1961), Uruguay 43.0 (1967), Venezuela 45.1 (1962). For wartime developments, see herein, chapter 13, p. 379. Rodríguez Weber 2015: 8 fig. 2, 19-24 (Chile); Frankema 2012: 48-49 (wage inequality).

34. Colonies: Atkinson 2014b. India: Raghavan 2016: 331, 341-344. 然而，这一加在富人身上的压力因为战争驱动的价格膨胀而被抵消，后者在使产业资本家和大地主受益的同时，损害了中产和低收入群体的利益（348-350）。For longer-term trends, see Banerjee and Piketty 2010: 11-13.

35. Atkinson n.d. 22, 28 fig. 5.

36. Zala 2014: 495-498, 502; Oechslin 1967: 75-97, 112; Dell, Piketty, and Saez 2007: 486 table 11.3.

37. Zala 2014: 524-525; Oechslin 1967: 150 table 43, 152-160; Grütter 1968: 16, 22; Dell, Piketty, and Saez 2007: 486 table 11.3.

38. Oechslin 1967: 236, 239; Grütter 1968: 23; Zala 2014: 534-535; Dell, Piketty, and Saez 2007: 494.

39. Fig. 5.11 from WWID.

40. Gilmour 2010: 8-10; Hamilton 1989: 158-162; Roine and Waldenström 2010: 310; Ohlsson, Roine, and Waldenström 2014: 28 fig. 1. Wage differentials also fell in those years, as agricultural incomes were strong and administrative wages lost ground: Söderberg 1991: 86-87. Fig. 5.12 from Stenkula, Johansson, and Du Rietz 2014: 174 fig. 2 (adapted here using data kindly provided by Mikael Stenkula); and cf. 177 fig. 4 including local income taxes, for a similar picture overall. Cf. also Roine and Waldenström 2008: 381. 这里不宜追随 Ohlsson, Roine and Waldenström 2006: 20 或者 Henrekson and Wal-denström 2014: 12 的说法，它们简单地声称，瑞士因为没有参与世界大战所以也没有遭遇严重的冲击——与战争近在咫尺，各种外在的威胁，以及其他与战争有关的强制性因素，也会引发显著的军事动员——只不过规模比参战国更小而已。

41. Gilmour 2010: 49 (quote), 47-48, 229-230, 241-242; Hamilton 1989: 179; Fig. 5.12; Roine and Waldenström 2010: 323 fig. 7.9; Stenkula, Johansson, and Du Rietz 2014: 178; Du

Rietz, Johansson, and Stenkula 2014: 5-6. Consensus: Du Rietz, Johansson, and Stenkula 2013: 16-17. (This information was omitted from the final version in Stenkula, Johansson, and Du Rietz 2014). 在经历了长达 20 年的动荡不安之后，战时联合政府的成立带来了社会稳定：Gilmour 2010: 238-239; cf. also Hamilton 1989: 172-177。

42. Roine and Waldenström 2010: 320 fig. 7.8; Ohlsson, Roine, and Waldenström 2014: 28 fig. 1. The top 1 percent wealth share in Sweden, as computed from wealth taxation, slid down at fairly steady rates for about four decades starting in 1930: Ohlsson, Roine, and Waldenström 2006: fig. 7. Waldenström 2015: 11-12, 34-35 figs. 6-7 确认了两种结构性的突变，即 20 世纪 30 年代国民财富与收入比（从"一战"时候一个较小的值开始）的突然变动，以及 20 世纪 50 年代早期私人财富与收入比的突然变动，并指出，这些"发生突变的时间节点充分说明，随世界大战而来的政治制度变化，对总体财富与收入比所产生的影响，可能和战争本身的影响一样强，长远来看尤为如此"（12）。Gustafsson and Johansson 2003: 205 论证指出，20 世纪 20 年代—20 世纪 40 年代，哥德堡的收入不平等程度呈稳步下降之势，其主要驱动因素是 1925—1936 年间资本收益的下降和分散化，以及 1936—1947 年间加征的所得税。Equalization: Bentzel 1952; Spant 1981. For substantial equalization across income groups, see Bergh 2011: fig. 3 as reproduced from Bentzel 1952. Wages: Gärtner and Prado 2012: 13, 24 graph 4, 15, 26 graph 7. Agricultural wages rose because they were exempted from wage stabilization: Klausen 1998: 100. The share of capital income in top incomes collapsed between 1935 and 1951: see herein, Fig. 2.6.

43. Gilmour 2010: 234-235, 245-249, 267. See also Klausen 1998: 95-107. Quotes: Gilmour 2010: 238, 250, 267. Grimnes 2013 describes similar developments in occupied Norway.

44. Östling 2013: 191.

45. Du Rietz, Henrekson, and Waldenström 2012: 12. Quote from the "Post-War Program" of 1944, in Hamilton 1989: 180. Cf. also Klausen 1998: 132.

46. Lodin 2011: 29-30, 32; Du Rietz, Henrekson, and Waldenström 2012: 33 fig. 6; Du Rietz, Johansson, and Stenkula 2013: 17. The wartime 40 percent corporate tax had already been made permanent in 1947: Du Rietz, Johansson, and Stenkula 2014: 6.

47. "这一发展强化着这样一种观念，即可接受的税收负担在危机时期应该上调，并且这种接受高税率的态度在危机之后继续得到了维持，从而使得税率和公共支出的调节作用逐步加强"（Stenkula, Johansson and Du Rietz 2014: 180）。与之相反，Henrekson and Waldenström 2014 试图否认战争的影响，并把政策变化归因于意识形态因素——但这无法解释社会民主主义者为何能够实施雄心勃勃的政策计划。Roine and Waldenström 2008:

380—382 试图说明税收在引发战后顶层收入份额下降方面可能起到的重要作用。

48. Piketty 2014: 368-375. 资产税对财富转移产生了很大的影响。战争期间，法国的继承性财产占国民总收入的份额，出现了从 20～25% 到 5% 以下的大幅度下滑（380 页图 11.1）。Dell 2005 比较了法国（在这里，战争带来的严重冲击以及战后税收的高度累进性大大削弱了财富积累的进程，并阻碍了这一情势的逆转）、德国（该国也遭受了战争冲击，但选择了累进性更低的税收制度，因此出现了一定程度的财富集中），以及瑞士（该国幸免于大的冲击，且几乎没有实施累进性的征税，但财富不平等维持在较高的水平上）的情况；也可参见 Piketty 2014: 419-421。从顶层收入份额的变化情况来看，战后，此前的参战国中唯有芬兰没出现矫正现象：经历了 1938—1947 年间持续而可观的矫正之后，该国的顶层收入份额在 20 世纪五六十年代得到了显著的恢复，与之相伴的是收入基尼系数的急剧上升。仅仅在 20 世纪 70 年代时，该国顶层 1% 群体的收入份额才降至比 20 世纪 40 年代后期更低的水平，但其基尼系数从未到过这么低的水平（WWID; Jäntti et al .2010: 412-413 表 8A.1）。税收负担在"二战"期间大幅增加，但随征税门槛不断升高，一般民众的税收负担逐渐减轻，并且实际缴税的人口比例随后不断下降：Jäntti et al. 2010: 384 图 8.3（b）; and see also Virén 2000: 8 fig. 6 for a decline in the gross tax rate in the 1950s and early 1960s. It is unclear how this would have bolstered top incomes. Fiscal instruments: Piketty 2014: 474-479. See 475 fig. 13.1 on the state's share in GDP: in France, the UK, and the United States, the share of taxes in national income tripled between 1910 and 1950, followed by different trends ranging from stagnation (in the United States) to growth by another half (in France). This established a new equilibrium, with much of states' budgets eventually committed to health and education and replacement incomes and transfers (477). Roine and Waldenström 2015: 555-556, 567 likewise consider high marginal tax rates to be a crucial determinant of low postwar inequality. It is not much of an exaggeration for Piketty 2011: 10 to say that "the 1914-1945 political and military shocks generated an unprecedented wave of anti-capital policies, which had a much larger impact on private wealth than the wars themselves."

49. Scheve and Stasavage 2009: 218, 235; but cf. 218-219, 235 on the question of causation. See also Salverda and Checchi 2015: 1618-1619. UK: Lindsay 2003. Fig. 5.13 from http://www.waelde.com/UnionDensity (slight discontinuities around 1960 are a function of shift between datasets). For detailed statistics see esp. Visser 1989.

50. Weber 1950: 325-326. Andreski 1968: 20-74, esp. 73, 对于给定的人口来说，社会分层的程度与军事参与程度是负相关的。

51. Link: Ticchi and Vindigni 2008: 4 provide references. For a scheme, never implemented, to create a new constitution with universal suffrage that coincided with the Levée en Masse in France in 1793, see 23 and n. 46. Responses: e.g., Acemoglu and Robinson 2000: 1182-1186; Aidt and Jensen 2011, esp. 31. Other instances: universal suffrage was enacted in New Zealand, Australia, and Norway prior to World War I. Peace:Ticchi and Vindigni 2008: 23-24. Quotes in Ticchi and Vindigni 2008: 29 n. 27, 30 n. 38. For the world wars and waves of democratization, see, e.g., Markof f 1996b: 73-79; Alesina and Glaeser 2004: 220. Mansfield and Snyder 2010's 发现，战争对民主化的影响至多是零散的，之所以这样，是因为他们没能把大规模动员的战争与其他类型的冲突区分开来。

52. Ticchi and Vindigni 2008: 30, with references, especially concerning Latin America.

53. 这种联系被归因于多种因素，包括与战争有关的社会团结、平等的理念，有关充分就业和参与工会会使工人阶级信心大增的政治共识，国家支出和能力的大幅提升，以及政府承诺在战后实施改革所带来的士气大振。Titmuss 1958 是一个经典表述（有关围绕其立场展开的论辩，Laybourn 1995: 209-210 提供了一个简述）。在最近的研究中，Klausen 1998 提供了一个强有力的论证，来说明"二战"对于战后各国创立福利国家的重要意义，Fraser 2009: 246-248 就英国的情况提供了一个有力的例证，Kasza 2002: 422-428 则提供了日本的例证；后者还简明扼要地厘清了大规模战争与福利之间的关系，强调了对身体健康的士兵和工人的需求、缺乏可以养家糊口的男性公民、对社会正义和精英阶层也必须平等做出牺牲的诉求，以及战争引致的紧急状态等因素的重要性（429-431）。可进一步参见 Briggs 1961;Wilensky 1975: 71-74;Janowitz 1976: 36-40; Marwick 1988: 123; Hamilton 1989: 85-87; Lowe 1990; Porter 1994: 179-192, 288-289;Goodin and Dryzek 1995;Laybourn 1995: 209-226; Sullivan 1996: 48-49; Dutton 2002: 208-219;Kasza 2002: 428-433; Cowen 2008: 45-59; Estevez-Abe 2008: 103-111; Fraser 2009: 209-218, 245-286;Jabbari 2012: 108-109; Michelmore 2012: 17-19;Wimmer 2014: 188-189; Addison 1994。

54. 《泰晤士报》(*The Times*)，1940 年 7 月 1 日，转引自 Fraser 2009: 358。

55. Roine and Waldenström 2015: 555.

56. Beveridge1942: 6.

57. Lindert and Williamson 2015: 218 (quote), with 206 for another list of these six factors. Milanovic 2016: 56 table 2.1 argues in a similar vein by differentiating "malign" equalizing forces such as wars, state collapse, and epidemics from "benign" factors, identified as social pressures through politics (exemplified by socialism and trade unions), education, aging,

and technological change in favor of the low-skilled. Therborn 2013: 155–156 contrives to separate "far-reaching peaceful social reform" from 1945 to about 1980 from the preceding violent shocks. For the curtailment of immigration, see Turchin 2016a: 61–64. As Lindert and Williamson 2015: 201 fig. 8-3 illustrate, relative salaries in the U.S. financial sector plummeted precisely during World War II after having grown somewhat during the 1930s. For discontinuous changes in U.S. skill premi- ums, see herein, chapter 13, pp. 375–376; for unionization rates, see herein, pp. 165–167; for the potentially disequalizing consequences of population aging, see herein, chapter 16, pp. 426–427.

58. See the literature cited herein, at n. 53. Economic policy in particular was sensitive to war effects: to give just one example, Soltow and van Zanden 1998: 195 note that 1918 and 1945 were focal points of public debate about how the Dutch economy should be organized in the Netherlands. Even if Durevall and Henrekson 2011 are right to maintain that in the long run, the growth of the state's share in GDP was primarily a function of economic growth rather than driven by a ratchet effect of war-related jumps, economic growth by itself cannot account for the emergence of war-driven progressive taxation and regulation that was conducive to sustained leveling. Lindert 2004, who tracks the rise of the welfare state in the long term and in relation to economic development, calls the 1930s and 1940s a "crucial watershed" when war and fear boosted social democracy (176), even if it took until the 1970s for the expansion of western welfare systems to have run its course.

59. Obinger and Schmitt 2011 (welfare state); Albuquerque Sant'Anna 2015 (Cold War). 致使苏联的军事实力对顶层收入份额产生影响的那些最直接因素（不是边际税率）究竟具有何种性质，是一个有待研究的问题。For the future of war, cf. herein, chapter 16, pp. 436–439.

第 6 章　前工业化时期的战争和内战

1. Fig. 6.1 from Scheve and Stasavage 2016: 177 fig. 7.1.
2. 单有大规模军队并不一定能满足这一标准：例如，中国在 1850 年时要想达到这个 2% 的门槛线，就得有近 900 万人在军队服役。据我们所知，即便是在太平天国运动时期也未曾发生。见本书第 8 章。
3. Bank, Stark, and Thorndike 2008: 23–47 on Civil War, esp. 31–34, 41–42.
4. Turchin 2016a: 83 table 4.4, 139, 161. For the evidence of the census data, see herein, n. 7, and also Soltow 1975: 103. Between 1860 and 1870, the estimated Gini coefficient of

property income rose from 0.757 to 0.767, and the top 1 percent share from 25 percent to 26.5 percent—changes that are well within likely margins of error: Lindert and Williamson 2016: 122 table 5–8. Income Ginis went up 6.1 points in New England, 3.1 points in the Middle Atlantic states, 6.7 points in the Eastern Northern Central states, and 5.9 points in the Western Northern Central states, whereas the corresponding top 1 percent income shares grew from 7 percent, 9.1 percent, 7 percent, and 6.9 percent to 10.4 percent, 9.2 percent, 9.1 percent, and 9.7 percent: 116 table 5–7A, 154 table 6–4A.

5. Slaves as wealth: Wright 2006: 60 table 2.4, with 59 table 2.3（在南方的私人财富总量中，农用耕地和建筑物所占的比例是 36.7 %）。Cf. also Piketty 2014: 160–161 figs. 4.10–11 for earlier decades. Ginis: Lindert and Williamson 2016: 38 table 2–4, 116 table 5–7; and cf. also 115 table 5–6 for 1850. Slaveownership: Gray 1933: 530 with Soltow 1975: 134 table 5.3.

6. I am greatly indebted to Joshua Rosenbloom and Brandon Dupont, who very generously computed these results for me from IPUMS-USA, https://usa.ipums.org/usa/. For the nature of these data, see Rosenbloom and Stutes 2008: 147–148.

7. 根据 IPUMS-USA 提供的数据，整个南方的财富基尼系数在 1860 年时为 0.8，1870 年时为 0.74。更早的研究估算后得出的结论是，这 10 年所发生的财富矫正更温和。Soltow 1975: 103 estimates wealth Ginis of 0.845 for free Southerners in 1860 and 0.818 for Southern whites in 1870. Jaworski 2009: 3, 30 table 3, 31, drawing on 6,818 individuals from the entire United States studied in both 1860 and 1870, computes a decline of the wealth Gini from 0.81 to 0.75 in the Atlantic South caused by losses at the top and a rise from 0.79 to 0.82 in the South Central region caused by rapid wealth accumulation by white-collar workers. Rosenbloom and Dupont 2015 analyze wealth mobility in that decade and find considerable turnover at the top of the wealth distribution. Property income: Lindert and Williamson 2016: 122 table 5–8. Table 2.4: 116 table 5–7, 154 table 6–4A (all Ginis rounded to two digits behind the decimal point). For a comparison of free households in 1860 and white households in 1870, see 116 table 5–7, 155 table 6–4B, for top income share reductions by 32 percent, 23 percent, and 49 percent of 1860 levels and Gini reductions by 4, 3, and 8 points.

8. 美国和日本的顶层收入份额在 20 世纪 20 年代的快速恢复，看起来只能算是个别例外情况。

9. Quoted from Schütte 2015: 72.

10. Clausewitz 1976: 592.

11. 参见本书第 8 章。

12. 为了和本书总体关注的焦点保持一致，在这里我指的是国家层面的农耕社会，而不考虑其他类型的国家或社会，例如那些卷入了零星或季节性战争且维持着很高参与率的小型社会，或者像成吉思汗以及他的后继者所领导的那种主要依靠成年男性的游牧社会。

13. Kuhn 2009: 50 (Song); Roy 2016: ch. 3 (Mughals); Rankov 2007: 37-58 (higher figures for late antiquity are not credible: Elton 2007: 284-285); Murphey 1999: 35-49 (Ottomans).

14. Hsu 1965: 39 table 4, 89; Li 2013: 167-175, 196. 当时的政治话语表现出了对民众疾苦更大程度的关注，国家也试图减轻百姓的贫困和不幸，"惠民""爱民"这类语汇风行一时: Pines 2009: 199-203。

15. Li 2013: 191-194; Lewis 1990: 61-64; Lewis 1999: 607-608, 612.

16. Li 2013: 197; Lewis 1990: 15-96, esp. 64 (quote).

17. Campaigns: Li 2013: 187-188; Lewis 1999: 628-629; Lewis 1999: 625-628 (army sizes); Li 2013: 199; Bodde 1986: 99-100 (fatalities); Li 2013: 194 (Henei). 在 500 万人口的国家征召 10 万名士兵，已经达到了上面提及的 2% 的门槛线标准。

18. Lewis 2007: 44-45; Hsu 1965: 112-116; Sadao 1986: 556; Lewis 2007: 49-50. Quote from Lewis 2007: 50.

19. Falkenhausen 2006: 370-399, esp. 391, and 412, invoking egalitarianism as well as militarization. This contrasts rather awkwardly with the disappearance of such weaponry from Qin graves, possibly for utilitarian reasons (413).

20. As for higher Qin taxes, we cannot be sure whether this was true or merely hostile propaganda: Scheidel 2015b: 178 n. 106.

21. Scheidel 2008 surveys the debate about the number of Roman citizens. For mobilization rates, see esp. Hopkins 1978: 31-35; Scheidel 2008: 38-41. Lo Cascio 2001 argues for a larger base population and lower participation.

22. Livy 24.11.7-8, with Rosenstein 2008: 5-6. For Athens, see hereafter.

23. Hansen 2006b: 28-29, 32 (population); Ober 2015a: 34 fig. 2.3 (territories); Hansen and Nielsen 2004; Hansen 2006a (nature of the *polis*).

24. Ober 2015a: 128-137, esp. 128-130 (quote: 130), 131 (quotes), 131-132, 135-136.

25. 很多学者假定了一种紧密的（因果）联系，然而其他学者对此持有疑虑。Van Wees 2004: 79 and Pritchard 2010: 56 are among the most critical voices. See van Wees 2004: 166-197 for the mixed character of the early phalanx. Rights: Ober 2015a: 153.

26. Plutarch, *Lycurgus* 8.1 (transl. by Richard J. A. Talbert).
27. Hodkinson 2000. Concentration: 399–445, esp. 399, 437. For the disequalizing effect of hereditary resources, see herein, chapter 1, pp. 37–38.
28. See Scheidel 2005b: 4–9 for a fuller account of this whole sequence of developments. Pritchard 2010: 56–59 urges restraint. Quote: Herodotus 5.78.
29. Quote: Old Oligarch 1.2, quoted from van Wees 2004: 82–83. 也可参见亚里士多德,《政治学》1304a：“这些海上暴徒基于雅典的海上实力在萨拉米斯取得胜利, 并由此造就了雅典的霸权地位之时, 也是民主制进一步得到加强之时。" Note that the undeniably polemical character of this and similar statements does not necessarily make them untrue, as implied by Pritchard 2010: 57. Hansen 1988: 27 (Athenian casualties); Hansen 1985: 43 (Lamian War).
30. Ober 2015b: 508–512; van Wees 2004: 209–210, 216–217.
31. Burden: see Pyzyk forthcoming, with Ober 2015b: 502. 在这种情况下, 雅典最富有的（大约）1%群体的所得就非常少了, 可能只占全部私人所得的5%～8%左右。如果构建一个将该群体的平均收入水平翻番的模型, 那将意味着该群体税收负担降低到原来的1/8（同时会使他们的收入份额翻番, 变为13%左右）, 但同时也意味着, 紧随其后的800个次等富有的家庭承担了更重的税收负担：Ober 2015b: 502–503; 2016: 10 (doubled elite income). For the nature of Athenian wealth, see Davies 1971; 1981. Income taxation: this disregards the additional effect of occasional emergency property tax levies well beyond the mean assumed in my calculations: see Thucydides 3.19.1 for a charge in 428 BCE that was equivalent to the annual cost of outfitting 300 warships.。
32. Quote: Theophrastus, *Characters* 26.6, quoted from van Wees 2004: 210. Land Ginis: Scheidel 2006: 45–46, summarizing Osborne 1992: 23–24; Foxhall 1992: 157–158; Morris 1994: 362 n. 53; 2000: 141–142. See now also Ober 2015a: 91.
33. Income and wealth Ginis: Ober 2016: 8 (and cf. 2015a: 91–93); Kron 2011; 2014: 131. Wealth inequality would have been much higher when resident aliens and especially slaves are included, as noted by Ober 2015a: 343 n. 45. Real wages: Scheidel 2010: 441–442, 453, 455–456; Ober 2015a: 96 table 4.7. Foxhall 2002 emphasizes the gap between radical political egalitarianism and more limited resource egalitarianism. Public spending: Ober 2015b: 499 table 16.1, 504.
34. Morris 2004: 722; Kron 2014: 129 table 2.
35. 正如现代时期的情况一样, 没有令人信服的证据表明民主制度本身有助于遏制不平等：

参见本书第 12 章。借助现有的有关雅典历史的简要研究可以判断，大规模军事动员和民主化相互联系的方式类似于两次世界大战期间的情形。Lack of consolidation: Foxhall 2002: 215. Note also Aristotle's unhelpfully vague allusion to ancient laws in "many places" that had capped land acquisition (*Politics* 1319a).

36. Tilly 2003: 34–41; Toynbee 1946: 287. Gat 2006 and Morris 2014 survey the changing nature of warfare across history. Lament quoted by Morris 2014: 86.
37. Yamada 2000: 226–236, esp. 227 (quote), 234, 260; Oded 1979: 78–79, and herein, chapter 1, p. 61 (distribution).
38. Nobility: Thomas 2008: 67–71, esp. 68; Morris 2012: 320–321. New distribution: Thomas 2008: 48–49, based on Thomas 2003; Thomas 2008: 69. 土地所有权空间分布方面的变化（更紧凑的诺曼庄园最终取代了英国人原本分散化的资产）没有对这一过程造成什么影响，而后来出现的长子继承权制度有助于维持已有的财产分配格局：Thomas 2008: 69–70, 102。
39. Prato: Guasti 1880; Alfani and Ammannati 2014: 19–20. Augsburg: herein, chapter 11, pp. 335–341.
40. Alvarez-Nogal and Prados de la Escosura 2013: 6 fig. 3, 9 fig. 3, 21 fig. 8, and herein, chapter 3, p. 99 fig. 3.3 (Spain); Arroyo Abad 2013: 48–49 (Venezuela).
41. Overall inequality: Fearon and Laitin 2003; Collier and Hoeffler 2004. Intergroup inequality: Ostby 2008, Cederman, Weidmann, and Skrede 2011. Height inequality: Baten and Mumme 2013. Land inequality: Thomson 2015.
42. Bircan, Brück, and Vothknecht 2010, esp. 4–7, 14, 27. The section title quotes a Hutu killer reminiscing about the genocide near the end of the Rwandan civil war of 1990–1994: Hatzfeld 2005: 82. Perpetrators' narratives reference some of the observations made in the study: "we can't say we missed the fields. . . . Many suddenly grew rich. . . . We were not taxed by the commissioners" (63, 82–83).
43. Quote: Bircan, Bruck, and Vothknecht 2010: 7. 1830s: Powelson 1988: 109.
44. On civil war and development, see, e.g., Holtermann 2012. Spain: Alvaredo and Saez 2010, esp. 493–494; WWID. Fig. 6.2 reproduced from Prados de la Escosura 2008: 302 fig. 6.
45. Prados de la Escosura 2008: 294 fig. 2 (wage Gini); 288 table 1 (GDP 1930–1952), 309 fig. 9 (poverty 1935–1950); 301 (quote).
46. Shatzman 1975: 37–44.
47. Scheidel 2007: 329–333.

48. Quote in the text: I owe this apt characterization of military activity to former Arkansas Governor Mike Huckabee, offered in the first Republican presidential primary debate on August 6, 2015.

第三部分 革命
第7章 共产主义

1. For Germany, France, the UK, and the United States, see herein, chapter 5, p. 133. Most of the indices for Italy in Brandolini and Vecchi 2011: 39 fig. 8 show moderately declining inequality between 1911 and 1921, but the resolution is insufficient to disentangle developments during the war and its immediate aftermath, which might have witnessed a recovery.
2. Gatrell 2005: 132–153.
3. Leonard 2011: 63. Quote: Tuma 1965: 92–93.
4. Tuma 1965: 92–93 (first decree); Davies 1998: 21 (further decrees); Figes 1997: 523 ("former people"). Deurbanization: Davies 1998: 22; for Petersburg, see Figes 1997: 603; see 603–612 on hunger and depopulation in urban centers for want of food. Figes 1997: 522 (Pravda); Lenin, "How to organize competition," December 1917, quoted in Figes 1997: 524.
5. Powelson 1988: 119 (land); Tuma 1965: 91, 94 (quotes).
6. Tuma 1965: 96 (consequences); Powelson 1988: 120 (collectives); Leonard 2011: 67 (households); Davies 1998: 19 (inflation).
7. NEP: Leonard 2011: 65; Tuma 1965: 96. Recovery: Leonard 2011: 66; Tuma 1965: 97. Differentiation: Tuma 1965: 97; Leonard 2011: 67. Capital: Davies 1998: 25–26.
8. Davies 1998: 34 (grain); Tuma 1965: 99 (land); Powelson 1988: 123 (Stalin). Allen 2003: 87 notes the potential for rising rural inequality in the 1920s in the absence of communal organization.
9. Tuma 1965: 99; Powelson 1988: 123; Werth 1999: 147–148.
10. Leonard 2011: 69 (collectivization); Werth 1999: 146, 150–151, 155; Davies 1998: 51 (violence).
11. Werth 1999: 169, 190, 206–207, 191–192, 207; Davies 1998: 46, 48–50. Plant food consumption by peasants held steady while animal food consumption fell: Allen 2003: 81 table 4.7.
12. Davies 1998: 54.
13. Income share and Gini: Nafziger and Lindert 2013: 38, 26, 39; cf. Gregory 1982. Nafziger and Lindert 2013: 34 (ratio). Ginis: Nafziger and Lindert 2013: 34; SWIID. Ratios: Nafziger and Lindert 2013: 34. Flakierski 1992: 173 documents variation from 2.83 to 3.69 between 1964

and 1981. For a slight increase in this ratio in the 1980s, see Flakierski 1992: 183. United States: http://stats.oecd.org/index.aspx?queryid=46189.

14. Davies 1998: 70; Flakierski 1992: 178. Of course, party elites' access to luxury imports raised effective consumption inequality.
15. Milanovic 1997: 12-13, 21-22, 40-41, 43-45; Credit Suisse 2014: 53.
16. Treisman 2012.
17. Inequality: Moise 1983: 150-151; cf. Nguyen 1987: 113-114 for the 1930s. Reform and outcomes: Moise 1983: 159-160, 162-165, 167, 178-179, 191-214, 222; Nguyen 1987: 274, 288, 345-347, 385-451, 469-470.
18. North Korea: Lipton 2009: 193. Rigoulot 1999 summarizes the nature of communist terror in that country. Cuba: Barraclough 1999: 18-19. Nicaragua: Kaimowitz 1989: 385-387; Barraclough 1999: 31-32.
19. Margolin 1999a.
20. Courtois 1999: 4 (body count).

第 8 章　前列宁时代

1. Inequality: Morrisson and Snyder 2000: 69-70 and 61-70 on prerevolutionary inequality in general. See also Komlos, Hau, and Bourguinat 2003: 177-178 for French eighteenth-century body height differences according to class. Tax system: Aftalion 1990: 12-15; Tuma 1965: 59-60. Access to land: Hoffman 1996: 36-37; Sutherland 2003: 44-45. Aftalion 1990: 32-33 (peasants, worsening); Marzagalli 2015: 9 (rents and prices).
2. Tuma 1965: 56-57, 60-62; Plack 2015: 347-352; Aftalion 1990: 32, 108. Quote: Plack 2015: 347, from Markof f 1996a. See also Horn 2015: 609.
3. Tuma 1965: 62-63; Aftalion 1990: 99-100, 187; Plack 2015: 354-355.
4. Aftalion 1990: 100, 185-186; Morrisson and Snyder 2000: 71-72; Postel-Vinay 1989: 1042; Doyle 2009: 297.
5. Aftalion 1990: 130-131, 159-160.
6. Doyle 2009: 249-310, esp. 287-289, 291-293.
7. Quoted from Doyle 2009: 297-298.
8. Leveling: see esp. Morrisson and Snyder 2000: 70-72 and Aftalion 1990: 185-187. Real wages: Postel-Vinay 1989: 1025-1026, 1030; Morrisson and Snyder 2000: 71.
9. Morrisson and Snyder 2000: 71; Aftalion 1990: 193; Doyle 2009: 294.

10. Table 8.1 from Morrisson and Snyder 2000: 74 table 8. But cf. ibid. 71: "There are no viable indicators that can be used to approximate how the distribution of income changed between 1790 and the 1830s."
11. Morrisson and Snyder 2000: 69 table 6 put the prerevolutionary top decile income share at 47 percent to 52 percent. Postrevolutionary developments: Tuma 1965: 66; Doyle 2009: 295. For private wealth shares, cf. Piketty 2014: 341.
12. Kuhn 1978: 273–279 (quote: 278); Platt 2012: 18; Bernhardt 1992: 101; Spence 1996: 173 (quote).
13. See Bernhardt 1992: 102 for the lack of evidence of its ever even being mentioned in records from Jiangnan. Relations: Kuhn 1978: 279–280; 293–294; Bernhardt 1992: 103–105, 116.
14. The quote in the section caption is from Thomas Walsingham's account of the English peasant revolt of 1381, quoted from Dobson 1983: 132.
15. Tuma 1965: 111; Powelson 1988: 218–229; Barraclough 1999: 10–11.
16. Tuma 1965: 121–123; Barraclough 1999: 12; Lipton 2009: 277.
17. Bolivia: Tuma 1965: 118, 120–123, 127–128; Barraclough 1999: 12, 14–16; Lipton 2009: 277. El Salvador: Anderson 1971; and see also at the end of this chapter. On land reform more generally, see herein, chapter 12, pp. 346–359.
18. Deng 1999: 363–376, 247 table 4.4, 251 (quote). Although most recorded rebellions failed, no fewer than forty-eight new regimes were installed by rebels in that period (223–224 table 4.1). Most rebellions were launched by rural unrest.
19. Mousnier 1970: 290.
20. *Circumcelliones*: Shaw 2011: 630–720 (quotes from Augustine on 695–696), and 828–839 for a dissection of modern historiographical constructs. Bagaudae: e.g., Thompson 1952, rejected by Drinkwater 1992.
21. See Fourquin 1978 on popular rebellion in the Middle Ages; Cohn 2006 on social revolt in the late Middle Ages, with the collection of sources in Cohn 2004; Mollat and Wolff 1973 specifically on the later fourteenth century; Neveux 1997 on the fourteenth through seventeenth centuries; and also Blickle 1988. For the early modern period, see Mousnier 1970 on seventeenth-century France, Russia, and China, and see Bercé 1987 on peasant wars in the sixteenth to eighteenth centuries. For the Nordic countries in the medieval and early modern periods, see Katajala 2004. Numbers: Blickle 1988: 8, 13 (Germany). Cohn 2006 covers more than a thousand events, about a hundred of which are documented in Cohn

2004. Flanders: TeBrake 1993; see also Cohn 2004: 36-39 for sources. *Chronicon comitum Flandrensium*, quoted from Cohn 2004: 36-37.

22. TeBrake 1993: 113-119, 123, 132-133; *Chronicon comitum Flandrensium*, quoted from Cohn 2004: 37.

23. Cohn 2004: 143-200 on the rebellion, and 152 for the roasted knight. Quotes: *Chronique* of Jean de Venette, in Cohn 2004: 171-172.

24. 1381: Hilton 1973; Hilton and Aston, eds. 1984; Dunn 2004. Dobson 1983 collects sources. Quotes: *Chronicon Henrici Knighton*, in Dobson 1983: 136, and Tyler as paraphrased by the *Anonimalle Chronicle*, in Dobson 1983: 165.

25. Florence: Cohn 2006: 49-50, with sources in Cohn 2004: 367-370. Spain: Powelson 1988: 87. Germany: Blickle 1988: 30; 1983: 24-25. Gaismair: ibid., 224-225, and cf. 223-236 for other radicals. Failure: 246; 1988: 31.

26. For Bulgaria, see Fine 1987: 195-198 (quote: 196). Cossacks: Mousnier 1970: 226.

27. Middle Ages: Cohn 2006: 27-35, 47. Black Death: esp. Mollat and Wolf f 1973, with Cohn 2006: 228-242. Later phases: Bercé 1987: 220.

28. Bercé 1987: 157, 179, 218 (quote).

29. Fuks 1984: 19, 21, 25-26.

30. Argos: Fuks 1984: 30, mostly based on Diodorus 15.57-58.

31. Thessalonica: Barker 2004: 16-21, esp. 19. Italy: Cohn 2006: 53-75. The section heading is taken from Niccola della Turcia's *Cronache di Viterbo*, reporting the motto of rebels in Viterbo in 1282 when local nobles were chased out of the city, quoted from Cohn 2004: 48. Causes: Cohn 2006: 74, 97. Ciompi: Cohn 2004: 201-260 for sources.

32. Jacquerie: Anonymous, about 1397-1399, quoted from Cohn 2004: 162. El Salvador: Anderson 1971: 135-136, 92 (quotes). Quote: herein, p. 250. Jacobins: Gross 1997.

33. See Milanovic 2013: 14 fig. 6.

34. Ranis and Kosack 2004: 5; Farber 2011: 86; Henken, Celaya, and Castellanos 2013: 214; but cf. also Bertelsmann Stiftung 2012: 6 for caution and Veltmeyer and Rushton 2012: 304 for a lower Cuban estimate for 2000 (0.38). SWIID registers a decline from 0.44 in 1962 to 0.35 in 1973 and 0.34 in 1978. In view of this, the question whether communism's effect on social policy in Western nations (see herein, chapter 5, pp. 172-173) has been its most durable contribution to economic equalization is worth considering.

第四部分 崩溃

第9章 国家衰败和系统崩溃

1. Rotberg 2003: 5–10 lists features of state failure from a modern perspective. For the nature and limitations of premodern states, see Scheidel 2013: 16–26. Tilly 1992: 96–99 identifies essential state functions with model clarity.
2. Tainter 1988: 4 (quote), 19–20. For historical examples, several of which are covered in this chapter, see 5–18.
3. Renfrew 1979: 483.
4. Tang land schemes: Lewis 2009b: 48–50, 56, 67, 123–125; cf. also Lewis 2009a: 138–140 for earlier equalfield schemes. Quote: Lewis 2009b: 123. Aristocracy: Tackett 2014: 236–238 (quote: 238).
5. Huang Chao: Tackett 2014: 189–206. Quotes: 201–203.
6. Tackett 2014: 208–215 (quote: 209–210).
7. Epitaphs: Tackett 2014: 236; 225 fig. 5.3: their frequency fell from about 150–200 per decade in the period from 800 to 880 to 9 per decade during the following four decades. Changeover: 231–234.
8. 在一个精英阶层的收入在很大程度上取决于从政治权力的行使中获得收益的社会，国家衰败将会比那些只会影响经济活动的战争更严重地影响精英阶层。The effect of the U.S. Civil War on the Southern states provides an example of moderate leveling in the latter scenario: see herein, chapter 6, pp. 174–180.
9. Wickham 2005: 155–168 is the best analysis; see herein, chapter 2, pp. 78–79. Ammianus 27.11.1 (quote). Holdings: *Life of Melania* 11, 19, 20
10. Breakdown: Wickham 2005: 203–209 .Quotes: Gregory the Great, *Dialogues* 3.38. Papal charity: Brown 1984: 31–32; cf. Wickham 2005: 205.
11. Brown 1984: 32 (violence); Wickham 2005: 255–257 (quote: 255), 535–550, 828.
12. Koepke and Baten 2005: 76–77; Giannecchini and Moggi-Cecchi 2008: 290; Barbiera and Dalla Zuanna 2009: 375. For the varied challenges of interpreting body height, see Steckel 2009: 8. For height inequality, see Boix and Rosenbluth 2014, and cf. herein, chapter 1, p. 59.
13. House sizes: Stephan 2013. Cf. Abul-Magd 2002 on the distribution of house sizes in Amarna (New Kingdom Egypt), and Smith et al. 2014 and Olson and Smith 2016 for inequality in pre-Columbian Mesoamerican house sizes and furnishings. Britain: Esmonde Cleary 1989; Wickham 2005: 306–333, esp. 306–314.

14. Reproduced from Stephan 2013: 86-87, 90.
15. See Stephan 2013: 131 (Italy), 176 (North Africa); but note that the Gini coefficient for residential structures in North Africa is also lower for the post-Roman than for the Roman period: 182. It is worth noting that this case study provides an instructive counterpoint to developments in ancient Greece, where economic growth and expanding house sizes did not coincide with greater variation, arguably thanks to a different set of sociopolitical structures and norms: see herein, chapter 6, p. 198. For post-Roman leveling, see herein, chapter 3, p. 88; for the Norman conquest, herein, chapter 6, pp. 200-201.
16. Cline 2014: 102-138 provides the most recent survey of the evidence for this collapse.
17. Cline 2014: 139-170 and Knapp and Manning 2015 review various factors. See esp. Cline 2014: 2-3 (quote), 1-11, 154-160 (destruction), 140-142 (earthquakes), 143-147 (drought), 165, 173; and Morris 2010: 215-225 (collapse).
18. On the early phase of Mycenaean culture, see Wright 2008, esp. 238-239, 243-244, 246.
19. Galaty and Parkinson 2007: 7-13; Cherry and Davis 2007: 122 (quote); Schepartz, Miller-Antonio, and Murphy 2009: 161-163. In one center, Pylos, skeletons recovered from wealthier graves even display better dental health: 170 (Pylos).
20. Galaty and Parkinson 2007: 14-15; Deger-Jalkotzy 2008: 387-388, 390-392.
21. Final phase of Mycenaean civilization: Deger-Jalkotzy 2008: 394-397. Temporary elite survival: Middleton 2010: 97, 101. For conditions in the post-Mycenaean period, see Morris 2000: 195-256; Galaty and Parkinson 2007: 15; Middleton 2010.
22. Fate of the elite: Galaty and Parkinson 2007: 15; Middleton 2010: 74. Imports: Murray 2013: 462-464. Lefkandi: Morris 2000: 218-228.
23. Willey and Shimkin 1973: 459, and cf. 484-487; Culbert 1988: 73, 76; Coe 2005: 238-239. Coe 2005: 111-160 gives a general survey of this period.
24. Maya collapse, see Culbert 1973, 1988; Tainter 1988: 152-178; Blanton et al. 1993: 187; Demarest, Rice, and Rice 2004b; Coe 2005: 161-176; Demarest 2006: 145-166. Variation: Demarest, Rice, and Rice 2004a. Causes: Willey and Shimkin 1973: 490-491; Culbert 1988: 75-76; Coe 2005: 162-163; Diamond 2005: 157-177; Kennett et al. 2012; cf also Middleton 2010: 28.
25. Coe 2005: 162-163 (quote: 162); also Tainter 1988: 167: "The elite class . . . ceased to exist."
26. Decline of Chichen Itza: Hoggarth et al. 2016. Mayapan: Masson and Peraza Lope 2014. Commoners: Tainter 1988: 167; Blanton et al. 1993: 189. Relief: Tainter 1988: 175-176.

Dates: Sidrys and Berger 1979, with criticism in Culbert 1988: 87–88; Tainter 1988: 167–168. Burials and diet: Wright 2006: 203–206. Calendar dates: Kennett et al. 2012.

27. Millon 1988: 151–156. Cowgill 2015: 233–239 speculates about the role of intermediate elites who may have weakened the state by taking over resources that had previously been available to the authorities (236–237). Elite émigrés may have been involved in the rise of regional centers following the fall of Teotihuacan.

28. Kolata 1993: 104, 117–118, 152–159, 165–169, 172–176, 200–205.

29. Inequality: Janusek 2004: 225–226. For the collapse, see Kolata 1993: 282–302; Janusek 2004: 249–273. Specifics: Kolata 1993: 269, 299; Janusek 2004: 251, 253–257.

30. Wright 2010, esp. 308–338 for decline and transformation; and see 117 for size variation among urban houses.

31. Thucydides 1.10; Diamond 2005: 175 (Cortés); Coe 2003: 195–224 (collapse of the civilization of Angkor).

32. 参见 Adams 1988: 30 关于古代美索不达米亚政治主体的笔记。其属于历史上最古老的国家之一,"无论这些国家最初是防御型的还是掠夺型的,是城市型的还是地域更大的有组织的国家,没有可能永久性地克服物质和社会环境施加在它们身上的脆弱性"。Egypt: Kemp 1983: 112.

33. "Empire": Scheidel 2013: 27, summarizing existing definitions. Curse and quote: *The Cursing of Agade*, Old Babylonian version 245–255 ("The electronic corpus of Sumerian literature," http://etcsl.orinst.ox.ac.uk/section2/tr215.htm). Kuhrt 1995: 44–55, esp. 52, 55, offers a précis of Akkadian history and its ending. See also herein, chapter 1, pp. 56–57.

34. Kuhrt 1995: 115.

35. Saqqara: Raven 1991: 13, 15–16, 23, and the catalog 23–31 with Plates 13–36; see now also Raven forthcoming. For the date, see Raven 1991: 17–23; Raven et al. 1998.

36. Middle Egypt: Raven 1991: 23. Tanis: Raven et al. 1998: 12.

37. Thebes: Cooney 2011, esp. 20, 28, 32, 37.

38. Nawar 2013: 11–12; *Human development report* 2014: 180–181 (and cf. 163 for the lack of an overall index score); http://www.theguardian.com/world/2010/may/08/ayaan-hirsi-ali-interview.

39. Clarke and Gosende 2003: 135–139; Leeson 2007: 692–694; Adam 2008: 62; Powell et al. 2008: 658–659; Kapteijns 2013: 77–79, 93. Hashim 1997: 75–122; Adam 2008: 7–79; Kapteijns 2013: 75–130 offer general accounts of Barre's rule.

40. Nenova and Harford 2005; Leeson 2007: 695-701; Powell et al. 2008: 661-665. Cf. already Mubarak 1997 for Somalia's postcollapse economic resilience.
41. Inequality: Nenova and Harford 2005: 1; SWIID; Economist Intelligence Unit 2014. I paraphrase from President Ronald Reagan's First Inaugural Address of January 20, 1981, "government is not the solution to our problem, government is the problem."
42. Public goods: Blanton and Fargher 2008, a pioneering global cross-cultural survey. Model: Moselle and Polak 2001.

第五部分　灾难
第 10 章　黑死病

1. Quoted from Malthus 1992: 23 (book I, chapter II) using the 1803 edition.
2. Responses: the work of Ester Boserup is a classic (Boserup 1965; 1981). See esp. Boserup 1965: 65-69; Grigg 1980: 144; Wood 1998: 108, 111. Models: Wood 1998, esp. 113 fig. 9, with Lee 1986a: 101 fig. 1. Malthusian constraints: e.g., Grigg 1980: 49-144; Clark 2007a: 19-111; Crafts and Mills 2009. Inputs: see Lee 1986b, esp. 100 for the exogeneity of the Black Death and its seventeenth-century resurgence in England.
3. I mainly follow Gottfried 1983, still the most systematic study, and Dols 1977 for the basic narrative and Horrox 1994 and Byrne 2006 for primary sources.
4. Gottfried 1983: 36-37.
5. Byrne 2006: 79.
6. Gottfried 1983: 33-76.
7. Gottfried 1983: 45.
8. Horrox 1994: 33. Mass graves: the Black Death Network, http://bldeathnet.hypotheses.org. Cf. also herein, chapter 11, p. 231.
9. Horrox 1994: 33.
10. Gottfried 1983: 77; cf. also 53 (35-40 percent in the Mediterranean); unpublished work cited by Pamuk 2007: 294; Dols 1977: 193-223.
11. Quoted by Dols 1977: 67. Gottfried 1983: 77-128 discusses the plague's manifold consequences.
12. E.g., Gottfried 1983: 16-32; Pamuk 2007: 293. See herein, pp. 331-332, for the crises of the early fourteenth century.
13. Horrox 1994: 57, 70.

14. Horrox 1994: 287–289.
15. Horrox 1994: 313, 79.
16. Gottfried 1983: 95.
17. See esp. Allen 2001; Pamuk 2007; Allen et al. 2011. Fig. 10.1 from Pamuk 2007: 297 fig. 2.
18. Fig. 10.2 from Pamuk 2007: 297 fig. 3.
19. Population and income: Pamuk 2007: 298–299. Fig. 10.3 compiled from Clark 2007b: 130–134 table A2; see also 104 fig. 2.
20. Rapid rise: Dols 1977: 268–269, and cf. 255–280 on the regional economic consequences of the plague in general. Europe: Pamuk 2007: 299–300, and see herein, Fig. 5.9. Quote from Dols 1977: 270. Endowments: 269–270. Diet: Gottfried 1983: 138, derived from work by Eliyahu Ashtor.
21. Byzantium: Morrison and Cheynet 2002: 866–867 (wages), 847–850 (slaves). Istanbul: Özmucur and Pamuk 2002: 306.
22. Gottfried 1983: 129–134 gives a succinct summary.
23. Pamuk 2007: 294–295 (luxury goods); Dyer 1998 (changes in living standards); Gottfried 1983: 94 (ale and pies); Turchin and Nefedov 2009: 40 (Norfolk); Gottfried 1983: 95–96 (laws).
24. Gottfried 1983: 94, 97, 103. Tenant contracts: Britnell 2004: 437–444. Land incomes: Turchin and Nefedov 2009: 65. Heirs: Gottfried 1983: 96. Elite numbers and fortunes: Turchin and Nefedov 2009: 56, 71–72, 78.
25. Alfani 2015. Fig. 10.4 from 1084 fig. 7, using the data at http://didattica.unibocconi.it/mypage/dwload.php?nomefile= Database_Alfani_Piedmont20160113114128.xlsx. For breakdowns by cities and villages, see 1071 figs. 2a–b and 1072 fig. 3.
26. Decline in share of wealthy households: Alfani 2016: 14 fig. 2 [*recte* fig. 3]. For this measure, see herein, chapter 3, 92.
27. See esp. Alfani 2015: 1078, 1080, and see also Alfani 2010 for a case study of the plague effects in the city of Ivrea in Piedmont, where postplague immigration of the poor immediately raised urban wealth inequality. Figs. 10.1–2 show that the seventeenth-century plague did not have a consistent effect on urban real wages. These differences between the late medieval and seventeenth-century plague phases underline the need for more systematic comparative study.
28. Alfani and Ammannati 2014: 11–25, esp. 19 graphs 2a–b, 25 fig. 2. They also demonstrate

why David Herlihy's earlier claims of rising Tuscan inequality after the Black Death are incorrect (21–23). Figs. 10.5–6 are from 15 table 2 and 29 table 4.

29. Fig. 10.7 from Ammannati 2015: 19 table 2 (Ginis), 22 table 3 (top quintiles). Lombardy and Veneto: Alfani and di Tullio 2015.

30. Gottfried 1983: 136–139.

31. Gottfried 1983: 97–103; Bower 2001: 44. See also Hilton and Aston, eds. 1984, also for France and Florence.

32. Blum 1957: 819–835. Revisionism has now culminated in Cerman 2012.

33. Dols 1977: 275–276. See herein, Fig. 11.2. However, Borsch's argument that certain urban real wages had fallen precipitously between 1300/1350 and 1440/1490 seems hard to sustain: see Borsch 2005: 91–112, with Scheidel 2012: 285 n. 94 and, more generally, Pamuk and Shatzmiller 2014.

34. Dols 1977: 232; see 154–169 for rural depopulation, and see 276–277 for revolts in the late fourteenth century. Combination: Borsch 2005: 25–34, 40–54. Contrast: Dols 1977: 271, 283.

第 11 章　瘟疫、饥荒和战争

1. See Diamond 1997: 195–214 for the differences between the pre-Columbian Old and New World disease pools. Crosby 1972 and 2004 are classic accounts of the Columbian exchange. For a very brief summary, see Nunn and Qian 2010: 165–167.

2. The following survey is based on Cook 1998. My section caption is a quote from the Mayan *Chilam Balam de Chuyamel* in Cook 1998: 216. Quotes: 202, 67.

3. For the debate, see McCaa 2000; Newson 2006; Livi Bacci 2008 (who emphasizes the multiplicity of causal factors). Arroyo Abad, Davies, and van Zanden 2012: 158 note that the quadrupling of real wages in Mexico between the sixteenth and the mid-seventeenth century is logically consistent with a population loss of about 90 percent, a tantalizing if inconclusive bit of support for very high mortality estimates; see herein. I follow McCaa 2000: 258.

4. Williamson: 2009: 15; Arroyo Abad, Davies, and van Zanden 2012. Fig. 11.1 from 156 fig. 1, using the data at http://gpih.ucdavis.edu/Datafilelist.htm#Latam.

5. Arroyo Abad, Davies, and van Zanden 2012: 156–159.

6. Contra Williamson 2009: 14, it is not obvious *a priori* that Spanish conquest would have greatly raised inequality from pre-Columbian levels, at least not in the territory of the highly exploitative and stratified Aztec and Inca empires.

7. The literature is fairly large: the most comprehensive recent survey is Stathakopoulos 2004: 110-154, to be used alongside the case studies in Little 2007. Specifically for the initial wave, see also the convenient discussion by Horden 2005. The quote in the section caption is from ancient sources referenced in Stathakopoulos 2004: 141, and the quote is from Procopius, *Persian War* 2.23.

8. Symptoms: Stathakopoulos 2004: 135-137; DNA: Wagner et al. 2014; Michael McCormick, personal communication. Corroborating evidence from a second site is currently in the process of being published.

9. Stathakopoulos 2004: 139-141 (numbers). McCormick 2015 surveys archaeological evidence for mass graves from this period. John of Ephesus: Patlagean 1977: 172. Quote: *Novella* 122 (April 544 CE).

10. Economists: Findlay and Lundahl 2006: 173, 177. Egyptian evidence: Fig. 11.2 is constructed from Scheidel 2010: 448 and Pamuk and Shatzmiller 2014: 202 table 2.

11. Scheidel 2010: 448-449; Sarris 2007: 130-131, reporting on Jairus Banaji's unpublished Oxford dissertation of 1992.

12. For the Cairene data, see Pamuk and Shatzmiller 2014: 198-204, and see 205 for the calculation of wheat wages based on the assumption of 250 working days per year. Baghdad: 204 fig. 2. Consumption basket: 206-208, esp. 207 fig. 3.

13. Pamuk and Shatzmiller 2014: 209 Table 3A (outbreaks), 216-218 (Golden Age).

14. Bowman 1985; Bagnall 1992.

15. For this event, see esp. Duncan-Jones 1996; Lo Cascio 2012. The quote in the section caption is from Orosius, *History against the pagans* 7.15. Ammianus, *History* 23.6.24. Smallpox: Sallares 1991: 465 n. 367; Zelener 2012: 171-176 (model).

16. Duncan-Jones 1996: 120-121.

17. Scheidel 2012: 282-283, updating Scheidel 2002: 101.

18. Fig. 11.3 is taken from Scheidel 2012: 284 fig. 1, mostly building on Scheidel 2002: 101-107.

19. 这或许也有助于解释在瘟疫前和瘟疫后，消费篮子的整体购买力没有差异（根据 Scheidel 2010: 427-436 计算而得）。不同程度的外部需求可能也解释了与查士丁尼瘟疫相比，安东尼瘟疫后小麦价格上涨乏力的原因，如图 11.2 所示。此外，由于病原体的不同，尤其是持续的时间不同（几十年与几个世纪），安东尼瘟疫的死亡人数可能更少。

20. Sharp 1999: 185-189, with Scheidel 2002: 110-111.

21. Scenario: Scheidel 2002: 110, with references. Population: Scheidel 2001: 212, 237–242, 247–248 (Egypt); Frier 2001 (empire). Borsch 2005: 18–19 notes similarities to western Europe.
22. Watkins and Menken 1985, esp. 650–652, 665. For India, see herein, chapter 5, p. 157.
23. See herein, chapter 7, pp. 219 and 224–227.
24. Jordan 1996: 7–39 (famine), 43–60 (prices and wages), 61–86 (lords), 87–166 (commoners).
25. For wealth shares, see herein, Figs. 5.4–7; for welfare ratios, see herein, Figs. 5.1–2. Clark 2007b: 132–133 table A2 computes rural real wages. If the mean real wage from 1300 to 1309 is standardized at 100, it averaged 88 in 1310–1319, 99 in 1320–1329, and 114 in both 1330–1339 and 1340–1349 but 167 in 1350–1359, 164 in 1360–1369, and 187 in 1370–1379. A clear rupture occurred between 1349 (129) and 1350 (198). For the scale of famine mortality, see Jordan 1996: 145–148 (maybe 5–10 percent in urbanized Flanders in 1316).
26. On the famine, see Ó Gráda 1994: 173–209, esp. 178–179, 205. "Hardly be enough" : Nassau William Senior according to Benjamin Jowett, quoted from Gallagher 1982: 85. Ó Gráda 1994: 224, 227 (emigration), 207 (capital stock).
27. For rising real wages and living standards, see Ó Gráda 1994: 232–233, 236–254; Geary and Stark 2004: 377 fig. 3, 378 table 4. Earlier trends: Mokyr and Ó Gráda 1988, esp. 211, 215, 230–231 (rising inequality); Ó Gráda 1994: 80–83 (no sign of a sharp fall in real wages); Geary and Stark 2004: 378 table 4, 383 (some increase followed by stagnation). Landholdings: Turner 1996, esp. 69 table 3.2, 70, 72, 75, 79 table 3.3.
28. Harper 2015b is the most comprehensive study. Parkin 1992: 63–64 (Dionysios); Freu 2015: 170–171 (wages).
29. Jursa 2010: 811–816; see also Scheidel 2010: 440–441. For this period, see also herein, chapter 1, p. 48.
30. This section is based on the monumental study by Roeck 1989. The quote in the section caption (790) is from the Augsburg chronicler Jacob Wagner.
31. For the registers, see Roeck 1989: 46–62. Fig. 11.4 is based on Hartung 1898: 191–192 tables IV-V; see also van Zanden 1995: 647 fig. 1.
32. Roeck 1989: 400–401 (10 percent), 432 (1 percent), 407, 413–414 (workers), 512 (no middle class). Roeck's Gini estimate for 1618 is more precise than the lower one derived from Hartung 1898. For falling real wages elsewhere, see herein, Fig. 10.1–2.
33. Roeck 1989: 553–554 (inflation), 555–561 (real estate), 562–564 (winners).

34. Roeck 1989: 630–633, 743–744, 916.
35. Roeck 1989: 575, 577 (debt service), 680–767 (Swedish occupation), esp. 720–722, 731–732, 742.
36. Siege: Roeck 1989: 15–21. Cannibalism: 18 and 438 n. 467.
37. Roeck 1989: 765 (garrison and indemnity), 773 (Protestants), 790 (real estate), 870, 875 (legations).
38. Roeck 1989: 880–949 (population losses: 881–882). Table 11.1 based on Roeck 1989: 398 table 28, 905 table 120.
39. Registration peculiarities suggest that intervening changes in how fortunes were assessed obscure even greater loss of actual wealth: Roeck 1989: 907–908. Shares: 909 table 121 (top decile), 945 (patricians).
40. Roeck 1989: 957–960 (siege), 307, 965 (deaths), 966 (investment), 973–974 (1648).
41. Roeck 1989: 975–981 for a final summary. Persistence: herein, Fig. 11.4.

第六部分　替代性选择
第12章　改革、衰退及表现

1. 思想，或者更确切的是平等主义的意识形态，在平等化收入和财富分配中起到的作用是什么？毫无疑问，正像我们可能大体上定义为知识存量的一些其他要素，从各种宗教教义、废奴主义和社会民主，一直到超国家主义、法西斯主义和科学社会主义的各种意识形态，长期以来都深深地陷入各种矫正过程当中。这些意识形态不仅导致了暴力冲击，也有助于维持由此产生的平等化成果（最近的现代福利国家），进而也被这些冲击塑造并时而受到这种冲击的推动（参见本书第5章）。进一步地，规范化的思想倾向于在大体上与特定的发展水平相联系：我们有很好的理由来解释，为何平等主义的信念在弱肉强食和现代高收入社会比在农业社会中更为普遍（Morris，2015）。同时，对于这一研究的目的来说更为重要的是，能否表明意识形态能够作为一种自治的以及和平性的矫正方式：它能否在暴力冲击的环境之外带来显著的经济平等化。现实常常并非如此：我后面讨论了一种可能的例外情形，即拉丁美洲近期的一些经济发展状况。另外，一个相关问题是，在过去的一个世纪当中，如果没有暴力性冲击，意识形态能否有机会发挥这样的作用，这实际上与我在第14章末考察的反事实情景有关。

2. France and Britain: Piketty 2014: 116–117 figs. 3.1–2.

3. Moyo and Chambati 2013a: 2; Moyo 2013: 33–34, 42, 43 table 2.2; Sadomba 2013: 79–80, 84–85, 88. For Mexico, cf. herein, chapter 8, pp. 241–242.

4. Powelson 1988: 176 (reforms); for the context, see Batten 1986; Farris 1993: 34–57; Kuehn 2014: 10–17.

5. Leonard 2011: 2 (quote), 32–33; Tuma 1965: 74–81, 84–91; Leonard 2011: 52–58.
6. Powelson 1988: 104–105, 109.
7. Powelson 1988: 129–131 (Bulgaria); Barraclough 1999: 16–17 (Guatemala).
8. You n.d.: 13, 15–16; Barraclough 1999: 34–35; You n.d.: 43 table 3; Lipton 2009: 286 table 7.2; You n.d.: 23; and see esp. You 2015: 68–75. Estimates for the 1960s vary from 0.2 to 0.55 but center on the 0.30s: 0.34, 0.38, or 0.39. For the central importance of security concerns and American influence in driving policy, see You 2015: 85–86.
9. Romania: see Eidelberg 1974: 233 n.4 for references to this position, not shared by Eidelberg himself (234). Chile: Barraclough 1999: 20–28. See also Jarvis 1989 on the later unraveling of the reform's redistributive effects, mostly via sales by smallholders.
10. Peru: Barraclough 1999: 29–30; Albertus 2015: 190–224, who emphasizes the rif t between the ruling military and the landed elite. Even so, considering that the Peruvian land Gini was inordinately high to begin with (in the mid-0.9s), even robustly redistributive outcomes left it high, in the mid-0.8s: Lipton 2009: 280. Other countries: Lipton 2009: 275; Diskin 1989: 433; Haney and Haney 1989; Stringer 1989: 358, 380. El Salvador: Strasma 1989, esp. 408–409, 414, 426.
11. Quote from Al-Ahram on September 4, 1952, quoted by Tuma 1965: 152. Albertus 2015: 282–287 (Egypt); Lipton 2009: 294 (Iraq). Sri Lanka: Samaraweera 1982: 104–106. Since then, village expansion and regularization of encroachments have been the main mechanisms of adding land to smallholdings: World Bank 2008: 5–11.
12. Lipton 2009: 285–286 table 7.2. Cf. also Thiesenheusen 1989a: 486–488. Albertus 2015: 137–140 offers a more optimistic assessment regarding Latin America, where more than half of all farmland was subject to reform-related transfers between 1930 and 2008 (8–9), but it is telling that some the most successful redistributions occurred in Bolivia, Cuba, and Nicaragua alongside Chile, Mexico, and Peru (140). Venezuela: Barraclough 1999: 19–20.
13. Roselaar 2010, esp. 221–289.
14. You 2015: 78–81 (Philippines); Lipton 2009: 284–294 (South Asia); Hooglund 1982: 72, 89–91 (Iran). Increased inequality in landownership is not an uncommon outcome of land reform: see, e.g., Assuncão 2006: 23–24 for Brazil.
15. Spain: Santiago-Caballero 2011: 92–93. In Guadalajara, its effect on inequality remained modest: 88–89.
16. Zébitch 1917: 19–21, 33; Kršljanin 2016, esp. 2–12. For other cases since 1900, see Albertus

2015: 271-273 table 8.1.

17. Barraclough 1999: 17 (Puerto Rico); Tuma 1965: 103 (Ireland).

18. Survey: Albertus 2015: 271-273 table 8.1（31 次"主要的"土地改革中的 27 次如此，其定义是，在一段至少一年的连续时间内，至少 10% 的可耕种土地所有者改变，而且其中超过 1% 是没收而来的土地）。For two of the other four—Egypt and Sri Lanka—see herein. Of all fifty-four land reforms, thirty-four, or 63 percent, in Albertus's data set are associated with the aforementioned factors. Albertus himself stresses the critical importance of coalitional splits between landed and political elites that made land reform possible, often under conditions of autocracy (esp. 2015: 26-59). His findings are fully consistent with my own perspective.

19. Lipton 2009: 130. For the reasons given herein, his examples—South Korea and Taiwan—do not qualify as genuinely nonviolent reforms. For problems with land reform implementation in general, see 127, 131-132, 145-146.Tuma 1965：179. 从他对于土地改革的全球性观测中得到了这一结论："危机越重大，传播范围越广，改革就会更势在必行、更激进和更有可能。"他也对在私有产权架构下进行，在范围上有限制，可能保持甚至提升不平等程度的改革，以及对那些通过集体化消灭私人占有，并且确实消除了财富集中的改革进行了区分。

20. For China, see herein, chapter 2, pp. 63-64, 69 and esp. chapter 6, pp. 182-183. For all we can tell, the Solonic reforms in Athens did not involve actual land redistribution, and the nature of debt relief remains obscure. Moreover, they may have been influenced by foreign policy incentives: see herein, chapter 6, p. 192. Link 1991: 56-57, 133, 139; Fuks 1984: 71, 19.

21. Hodkinson 2000: 399; Cartledge and Spawforth 1989: 42-43, 45-47, 54, 57-58, 70, 78. The Greek data also mesh well with Albertus's 2015 emphasis on the importance of autocracy in implementing land reform.

22. Hudson 1993: 8-9, 15-30, 46-47 (Mesopotamia); *Leviticus* 25, with Hudson 1993: 32-40, 54-64. See also more generally Hudson and Van De Mieroop 2002. It is astonishing that Graeber 2011, in his global survey of debt, does not properly address this question.

23. Draper 2010, esp. 94-95, 106-107, 164, 201.

24. Schmidt-Nowara 2010; 2011: 90-155 provides recent overviews.

25. Álvarez-Nogal and Prados de la Escosura 2013: 9, 18-21. See also herein, chapter 3, p. 99 fig. 3.3.

26. Atkinson and Morelli 2011: 9-11, 35-42; Alvaredo and Gasparini 2015: 753. Atkinson and

Morelli 2011: 42–48; Morelli and Atkinson 2015 find that rising inequality has not been significantly correlated with the outbreak of economic crises.

27. Bordo and Meissner 2011: 11–14, 18–19 (periodization); Saez and Zucman 2016: Online Appendix table B1 (wealth shares; cf. previously Wolf f 1996: 436 table 1, with 440 fig. 1); WWID (income shares); Turchin 2016a: 78 fig. 4.1, 190.
28. The top 1 percent income share and the overall income Gini coefficient remained flat between 1932 and 1939: WWID; Smolensky and Plotnick 1993: 6 fig. 2. Wolf f 1996: 436 table 1 observes a partial recovery in top wealth shares between 1933 and 1939 whereas Saez and Zucman 2016: Online Appendix table B1 document an ongoing reduction.
29. For the Great Recession see Piketty and Saez 2013; Meyer and Sullivan 2013 (USA); Jenkins, Brandolini, Micklewright, and Nolan, eds. 2013, esp. 80 fig. 2.19, 234–238 (Western countries up to 2009). See also Piketty 2014: 296.
30. See herein, chapter 5, pp. 167–169 and chapter 6, pp. 192–194.
31. Acemoglu, Naidu, Restrepo, and Robinson 2015: 1902–1909 (literature review), 1913–1917 (data), 1918–1927 (effect on taxes), 1928–1935 (effect on inequality), 1954 (reasons for heterogeneity). The observed effect on disposable income Ginis is small—about 2 to 3 points (1928). Their findings expand on those of more limited earlier studies that likewise failed to identify a connection between democracy and redistributional and welfare policies, such as Mulligan, Gil, and Sala-i-Martin 2004, and represent a departure from some of their own earlier arguments (e.g., Acemoglu and Robinson 2000). For economic growth and inequality, see herein, chapter 13, pp. 368–374.
32. Partisanship and centralized bargaining: Scheve and Stasavage 2009: 218, 229–230, 233–239. Top income tax rates: Scheve and Stasavage 2016: 63–72, esp. figs. 3.5–7.
33. Unionization: see herein, chapter 5, pp. 165–167. Asian countries: WWID.

第13章 经济发展和教育

1. Ginis for Italy: Rossi, Toniolo, and Vecchi 2001: 916 table 6 (decline since 1881); Brandolini and Vecchi 2011: 39 fig. 8 (stability between 1871 and 1911). Italian emigration: Rossi, Toniolo, and Vecchi 2001: 918–919, 922. Positive selection among emigrants: Grogger and Hanson 2011. Mexico has been a partial exception: Campos-Vazquez and Sobarzo 2012: 3–7, and esp. McKenzie and Rapoport 2007 for the complexity of outcomes. Remittances tend to reduce inequality but only to a small extent: see, e.g., Acosta, Calderon, Fajnzylber,

and Lopez 2008 for Latin America. Immigration lowered U.S. real wages between 1870 and 1914: Lindert and Williamson 2016: 180-181. Card 2009 估计认为，移民为美国在 1980—2000 年间工资不平等程度的上升贡献了 5%。纵观历史，移民偶尔会从零开始创造出相当平等主义的定居者社会：这些例子的范围从古希腊的殖民者一直到美洲大陆的开拓者。然而，一旦我们考虑到土著群体和新来者群体间不平等程度的相应增加，情况就可能发生显著的变化。

2. Alvaredo and Piketty 2014: 2, 6-7 对产油国当前证据的缺乏进行了评论，注意皮凯蒂的观点，即"二战"后几十年中的强劲经济增长与不断下降的不平等有关联的主要原因在于 1914—1945 年间的暴力冲击，以及它们的政策后果导致了资本的回报率（去除税收和战时损失之后）下降到低于增长率的水平：Piketty 2014: 356 fig. 10.10。

3. Kuznets 1955: 7-9, 12-18, with quotes from 18, 19, 20, 26. Piketty 2014: 11-15 (quote: 13).

4. Fig. 13.1 reproduced from Alvaredo and Gasparini 2015: 718 fig. 9.4, the most recent and comprehensive compilation available to me. 根据两位批评者对这一方法的一种恰当的特征描述，"从处于不同收入水平的不同国家得到的观察结果正被用来估计单一国家收入的演化"（Deininger 和 Squire 1998: 276）。

5. Data quality: Bergh and Nilsson 2010: 492 and n. 9. Palma 2011: 90 fig. 1 (Gini distribution), 92 and fig. 3 (top deciles), 93-109, esp. 95 fig. 5, 96, 99 fig. 7 (inequality/per capita GDP relationship). The powerful pull effect of Latin America was already noted by Deininger and Squire 1998: 27-28. For Latin American "excess inequality," see, e.g., Gasparini and Lustig 2011: 693-694; Gasparini, Cruces, and Tornarolli 2011: 179-181. 此外，Frazer 2006: 1467 指出，跨国面板当中倒 U 形曲线较低不平等性的左尾分布，可能可以很大程度上归功于撒哈拉以南非洲的高不平等、低收入国家数据的相对缺乏，这使得其他的低不平等、低收入国家，即一个贡献了更多观测值并且在人均 GDP 测度的较低一段压低不平等程度的群体，变得更为特殊了。Alvaredo and Gasparini 2015: 720 note further problems：隐含的 1 800 美元的转折点是非常低的，同时，考虑到富国拉低了曲线的右尾，如果只考虑发展中国家，那么不平等和人均 GDP 之间的关系就会更加微弱了。在样本的几乎一半的国家当中，研究者"找不到任何不平等模式的类型和不同的发展及增长测度之间的显著关联"。

6. Deininger and Squire 1998: 261, 274-282, esp. 279.

7. Here I diverge from the argument regarding the presence of what he calls "Kuznets waves" or "cycles" presented in Milanovic 2016: 50-59, 70-91. For countries affected by the shocks of 1914-1945, and for longer-term evidence for several countries, including Britain and the

United States, see herein, chapter 3, pp. 103-111 and chapter 5, pp. 130-141. For Spain, see Prados de la Escosura 2008: 298 fig. 3, 300; see Maddison project for GDP figures. It is striking that the Gini closely tracks per capita GDP, which declined after the Civil War: 300 fig. 5. For civil war effects, see herein, chapter 6, pp. 204-206. See Roine and Waldenström 2015: 508 for work rejecting earlier findings concerning a Kuznets curve in Sweden since 1870. They also stress that because it was primarily a capital income phenomenon, the great leveling of 1914 to 1945 cannot be explained in Kuznetian terms (551). Milanovic 2016: 88 table 2.2 lists levels of per capita GDP ranging from $1,500 to $4,800 in 1990 International Dollars that are associated with national inequality peaks (expressed by Gini coefficients), but his survey remains problematic for several reasons. The suggested inequality peaks for the Netherlands in 1732, Italy in 1861, and the United Kingdom in 1867 may not be genuine or directly comparable to later values. As for the Netherlands, only if we are prepared to put the conjectural Ginis for 1561, 1732, and 1808 on the same footing as the somewhat lower value for 1914 is it possible to posit a pre-1914 decline, which was in any case followed by a much stronger and better documented subsequent reduction (81 fig. 2.15). The notion of an Italian inequality peak in 1861 depends on Brandolini and Vecchi 2011: 39 fig. 8, who show very similar Ginis of around 0.5 for both 1861 and 1901 and identical lower ones for 1871 and 1921; their estimates generally fluctuate between 0.45 and 0.5 for the whole period from 1861 to 1931, which makes it impossible to identify a meaningful turning point. For British inequality, see herein, chapter 3, pp. 104-105. Leveling that commenced after Gini maxima in the United States in 1933 and Japan in 1937 is causally related to World War II rather than economic development per se. This leaves only the case of Spain referenced in the main text. There is no sign of GDP-related equalization in Latin America: see herein, p. 383.

8. Agricultural share: Angeles 2010: 473. While this does not disprove a systematic relationship between economic growth per se and inequality, it rejects the original formulation of the model and in so doing is consistent with other findings that undermine it. Deininger and Squire 1998: 275-276 already found that the effect of intersectoral movement is trivial to inequality outcomes, whereas interoccupational inequality matters most. Comparisons: Frazer 2006, esp. 1465 fig. 5, 1466 fig. 6, 1477-1478. Continuing efforts: the most noteworthy recent attempt is Mollick 2012, on top income shares in the United States 1919-2002 (see herein, p. 413). Abdullah, Doucouliagos, and Manning 2015 argue for a

link between rising inequality and per capita GDP in Southeast Asia and maintain that the required inflection point has not yet been reached— which means that there is currently no evidence for a Kuznetian downturn. Like Angeles 2010, they also fail to find the predicted relationship between inequality and nonagricultural employment levels.

9. "种族"的概念是廷伯根于1974年创造的。
10. Premodern skill premiums: van Zanden 2009, esp. 126-131, 141-143. For rising inequality after about 1500, see herein, chapter 3, pp. 91-101.
11. Goldin and Katz 2008: 57-88 analyze the long run of American skill premiums since the 1890s. For the first decline, see esp. 60 fig. 2.7 (manual trades), 63 (immigration), 65 (World War I), 67 fig. 2.8 (white/blue collar earnings).
12. Goldin and Margo 1992 is the foundational study of the "Great Compression" of wages related to World War II. Returns to education: Goldin and Katz 2008: 54 fig. 2.6, 84-85 table 2.7 and fig. 2.9; Kaboski 2005: fig. 1. GI Bill and recovery: Goldin and Margo 1992: 31-32; Goldin and Katz 2008: 83. Cf. Stanley 2003: 673 on the limited impact of the GI Bill.
13. See SWIID; WWID. Developments in Indonesia have been more complex. For Western countries, see herein, chapter 15, pp. 405-409; for postcommunist inequality, see herein, chapter 7, pp. 222, 227 and chapter 8, p. 254. For Egypt, see esp. Verme et al. 2014: 2-3, and cf. also Alvaredo and Piketty 2014. Seker and Jenkins 2015 conclude that rapid poverty decline in Turkey between 2003 and 2008 was driven by strong economic growth rather than equalizing distributional factors.
14. Recent inequality decline: Tsounta and Osueke 2014: 6, 8. Twenty-eight countries: SWIID for Angola, Burkina Faso, Burundi, Cameroon, Central African Republic, Comoros, Cote d'Ivoire, Ethiopia, Ghana, Guinea, Kenya, Madagascar, Mali, Mozambique, Namibia, Niger, Nigeria, Rwanda, Senegal, Seychelles, Sierra Leone, South Africa, Swaziland, Tanzania, Uganda, Zambia, Zimbabwe. Alvaredo and Gasparini 2015: 735-736 also comment on the poor data quality. Ten countries with falls in inequality: Angola, Burkina Faso, Burundi, Cameroon, Cote d'Ivoire, Mali, Namibia, Niger, Sierra Leone, and Zimbabwe. This includes dubious cases—most notably that of a supposed decline in Angola, a notoriously unequal society. A strong drop observed in Zimbabwe may be related to political violence (see herein, chapter 12, p. 347).
15. 例外包括1864—1870年间极端血腥的巴拉圭战争，以及持续到1959年的古巴革命。20世纪第一个10年的墨西哥，以及1978年和1979年的尼加拉瓜革命在范围和追求上都有更多的限制。即使是部分国家的失败，如2010年的海地，同样也是罕见的。事实上，参与两次世界大战的情况相对来说是微乎其微的。至于将拉丁美洲作为一个反事实的局限性例子，参见本章和第14章。

16. Williamson 2009 (now also in Williamson 2015: 13-23) is the boldest attempt at long-term conjecture; see also Dobado González and García Montero 2010 (eighteenth and early nineteenth centuries); Arroyo Abad 2013 (nineteenth century); Prados le la Escosura 2007 (inequality since the mid-nineteenth century); Frankema 2012 (wage inequality across the twentieth century); and also Rodríguez Weber 2015 (Chile since the mid-nineteenth century). First globalization phase: Thorp 1998: 47-95; Bértola and Ocampo 2012: 81-137. Inequality rise: Bértola, Castelnuovo, Rodríguez, and Willebald 2009; Williamson 2015: 19-21.

17. After 1914: Thorp 1998: 97-125, esp. 99-107 on international shocks; Bértola and Ocampo 2012: 138-147, 153-155. See Haber 2006: 562-569 for industrial development already in this period. Ginis: Prados de la Escosura 2007: 297 table 12.1.

18. Thorp 1998: 127-199; Bértola and Ocampo 2012: 138-197, esp. 193-197; Frankema 2012: 51, 53 on wage compression. Ginis: Prados de la Escosura 2007: 297 table 12.1; but for conflicting data on Chile, compare Rodríguez Weber 2015: 8 fig. 2.

19. 1938-1970: Argentina, Brazil, Chile, Colombia, Mexico, and Uruguay, with a net drop in Argentina. 1950-1970: the same countries plus Costa Rica, the Dominican Republic, El Salvador, Guatemala, Honduras, Panama, Peru, and Venezuela, with net drops limited to Guatemala and Venezuela. See Prados de la Escosura 2007: 297 table 12.1. The Gini outcomes are consistent with the movement of top income shares in Argentina, according to WWID. For Perón's policies (such as price controls, minimum wages, transfers, unionization, labor rights, and pension system), see Alvaredo 2010a: 272-276, 284. For Chile, see the previous note.

20. Thorp 1998: 201-273; Haber 2006: 582-583; Bértola and Ocampo 2012: 199-257. Rising inequality: 253 (growing wage gaps). Heterogeneity: Gasparini, Cruces, and Tornarolli 2011: 155-156, and see also Psacharopoulos et al. 1995 for the 1980s. Ginis: Prados de la Escosura 2007: 297 fig. 12.1 (1980/90); Gasparini, Cruces, and Tornarolli 2011: 152 table 2 (1990s/2000s); Gasparini and Lustig 2011: 696 fig. 27.4 (1980/2008).

21. Fig. 13.2 from Prados de la Escosura 2007: 296-297 table 12.1.

22. Data from SWIID. For a similar statistic, see Cornia 2014c: 5 fig. 1.1 (a drop from 0.541 in

2002 to 0.486 in 2010). Palma 2011: 91 notes that between 1985 and 2005, Brazil's global income Gini ranking fell from being the fourth-highest (i.e., fourth-worst) in 1985 to being the sixth-highest in 2005, a very modest improvement in relative terms.

23. GDP: World Bank, GDP per capita (current US$), http://data.worldbank.org/indicator/ NY.GDP .PCAP.CD. Test: Tsounta and Osueke 2014: 18.
24. Education and skill premiums: e.g., Lustig, Lopez-Calva, and Ortiz-Juarez 2012: 7-8 (Brazil), 9-10 (Mexico); Alvaredo and Gasparini 2015: 731 (general). Central America: Gindling and Trejos 2013: 12, 16.
25. Bolivia: Aristázabal-Ramírez, Canavire-Bacarezza, and Jetter 2015: 17. For the importance of falling skill premiums (rather than transfers) for Bolivian leveling, see Hernani-Limarino and Eid 2013. The observed lack of return casts doubt on the notion that increased education has been beneficial (Fortun Vargas 2012). Education quality: Cornia 2014c: 19; Lustig, Lopez-Calva, and Ortiz-Juarez 2014: 11-12, with references.
26. Commodities: see Economic Commission for Latin America and the Caribbean (ECLAC) 2015 for the drastic downturn in foreign demand in recent years. Argentina: Weisbrot, Ray, Montecino, and Kozameh 2011; Lustig, Lopez-Calva, and Ortiz-Juarez 2012: 3-6; Roxana 2014. Other recoveries: Gasparini, Cruces, and Tornarolli 2011: 167-170. One Gini point: 170. Abatement: Alvaredo and Gasparini 2015: 749. Effect of GDP growth: Tsounta and Osueke 2014: 4, 17-18 (maybe an eighth of the overall inequality decline). GDP growth rates: IMF data in https://www.imf.org/external/pubs/ft/reo/2013/whd/eng/ pdf/wreo1013 .pdf; http://www.imf.org/external/pubs/ft/survey/so/2015/CAR042915A. htm. Cornia 2014b: 44 identifies several structural obstacles to further leveling.
27. Brazil: Gasparini and Lustig 2011: 705-706; Lustig, Lopez-Calva, and Ortiz-Juarez 2012: 7-8. Taxes: Goñi, López, and Servén 2008, esp. 7 fig. 2, 10-14, 18-21; cf. also De Ferranti, Perry, Ferreira, and Walton 2004: 11-12. Low transfers and regressive benefits: Bértola and Ocampo 2012: 254-255; Medeiros and Ferreira de Souza 2013. For low transfers in developing countries more generally, see Alvaredo and Gasparini 2015: 750, who also explain them with reference to low levels of taxation; and see also Besley and Persson 2014 on economic and political reasons for low taxation levels.
28. GDP measures: Maddison project.
29. Violent shocks and fiscal expansions across world history: Yun-Casalilla and O'Brien 2012; Monson and Scheidel, eds. 2015. Minor role: herein, p. 378. Features: De Ferranti, Perry,

Ferreira, and Walton 2004: 5-6 briefly summarize the conventional view, qualified by, e.g., Arroyo Abad 2013; Williamson 2015. Palma 2011: 109-120 emphasizes the resilience and success of Latin American oligarchies in maintaining high income shares. Williamson 2015: 23-25 observes that Latin America missed out on the "Great 20th Century Egalitarian Leveling."

30. Main causes: Cornia 2014c: 14-15, 17-18; Lustig, Lopez-Calva, and Ortiz-Juarez 2014: 6; Tsounta and Osueke 2014: 18-20. Thernborn 2013: 156 expresses concern about the "long-term political sustainability" of this process.

31. Quote from http://www.azquotes.com/quote/917097.

第14章 如果是另一种历史，那会怎么样呢？从历史到反事实分析

1. 在此处和接下来的 4 个段落，我总结了导言中的基本观点，然后进一步详细阐述。
2. 关于早期的现代欧洲国家，参见本书的第 3 章。米拉诺维奇在其 2016 年的著作中也反对那种"认为前工业化社会不平等与经济增长有关"的观点。
3. See esp. herein, chapter 3, pp.164-173 and chapter 13, pp. 382-383, 387.
4. Quote: Milanovic 2016: 98. In 1790, Noah Webster considered Rome's "vast inequality of fortunes" to be the principal cause for the fall of the Republic ("Miscellaneous remarks on divisions of property ...," http:// press-pubs.uchicago.edu/founders/print_documents/v1ch15s44.html).
5. The clearest exposition of secular cycle theory can be found in Turchin and Nefedov 2009: 6-21. Cf. also 23-25 for more rapid and elite-centered cycles in polygynous societies, and see 303-314 for the results of existing case studies. Turchin 2016a applies an adapted version of this model to the United States. Motesharrei, Rivas, and Kalnay 2014 present a more abstract model of how elite overconsumption may precipitate the collapse of unequal societies.
6. Turchin and Nefedov 2009: 28-29 only briefly acknowledge exogenous factors. This can be a serious problem, most notably in the case of the Black Death in late medieval England, which defies endogenization: 35-80. For the societies mentioned in the text, see herein, chapter 3, pp. 94-101. Note that in a comprehensive survey Albertus 2015: 173-174 finds no connection between particular levels of land inequality and land reform or collective action leading to land reform.
7. 在此，我忽略了有关 1914 年全球冲突爆发原因的争论。这一争论近百年来越来越受重

视。需要注意的是，在最普遍的意义上，世界大战内生于现代发展过程中，这是因为如果没有工业化，也就没有世界大战，大规模动员是当时武器技术发展的必然结果。Scheve and Stasavage 2016: 21-22. But this did not by itself determine the odds of actual war. Milanovic 2016: 94-97 proposes a more specific link between inequality and World War I that would allow the resultant leveling to be "'endogenized' in economic conditions predating the war" (94).

8. World War I: WWID. World War II: for putative bystanders, see herein, chapter 5, pp. 158-164. Switzerland: Dell, Piketty, and Saez 2007: 474; Roine and Waldenström 2015: 534-535, 545; and herein, chapter 5, pp. 158-159. For Argentina, see herein, chapter 5, p. 156.

9. For the disequalizing effects of globalization, see herein, chapter 15, pp. 413-414. British colonies in Africa tended to be quite unequal at the time of independence, even though inequality had in some cases already been declining in the postwar period: see Atkinson 2014b. For the importance of colonial assets for some European wealth elites, see Piketty 2014: 116-117 figs. 3.1-2, 148.

第七部分　不平等的卷土重来和未来的不平等矫正
第 15 章　在我们这个时代

1. Table 15.1 and Fig. 15.1: WWID, SWIID.
2. See Table 15.1. For the role of transfers in preventing a much steeper increase in disposable income inequality, see, e.g., Adema, Fron, and Ladaique 2014: 17-18 table 2; Morelli, Smeeding, and Thompson 2015: 643-645; and cf. also Wang, Caminada, and Goudswaard 2012. Wage dispersion: Kopczuk, Saez, and Song 2010: 104 fig. I (the wage Gini increased from 0.38 in 1970 to 0.47 in 2004); cf. also Fisher, Johnson, and Smeeding 2013 for parallel trends in U.S. income and consumption inequality up to 2006. Equivalized Ginis and S80/S20 and P90/P10 ratios: Morelli, Smeeding, and Thompson 2015: 635-640. Hollowing out of the middle class: Milanovic 2016: 194-200, esp. 196 fig. 4.8, for minimal changes in Canada, Germany, and Sweden, modest ones in Spain, and more pronounced shrinkage in Australia, the Netherlands, the United States, and especially the United Kingdom. For further summaries of these trends, see Brandolini and Smeeding 2009: 83, 88, 93-94; OECD 2011: 24 fig. 1, 39 fig. 12; Jaumotte and Osorio Buitron 2015: 10 fig. 1. Wehler 2013 devotes an entire book to rising inequality in Germany, a country that has so far been relatively successful in containing this phenomenon.

3. In Spain, top 1 percent income shares averaged 8.3 percent from 1988 to 1992 and 8.4 percent from 2008 to 2012; in New Zealand, 7.3 percent from 1988 to 1992 and 8.1 percent from 2008 to 2012; and in France, 8 percent from 1988 to 1992 and 8.5 percent from 2008 to 2012. Between 1980 and 2010, top 1 percent income shares rose 51 percent in Canada, 54 percent in South Africa, 57 percent in Ireland and South Korea, 68 percent in Sweden, 74 percent in Finland, 81 percent in Norway, 87 percent in Taiwan, 92 percent in Australia, about 100 percent in the United Kingdom, and 99 percent to 113 percent in the United States (WWID).

4. 在美国，剔除资本收益，1929 年收入最高的 1% 群体的年收入增长了 18.4%，2012 年为 18.9%，而包含资本收益的情况下分别为 22.4% 和 22.8%。最新获得的数据显示，2014 年收入最高的 1% 群体的年收入增长，在剔除资本收益时为 17.9%，包含资本收益时则为 21.2%，这些数据相对于前几年都略微有些下降（WWID）。Top wealth share: Saez and Zucman 2016: Online Appendix table B1. The fact the wealth share of the richest 1 percent has not (yet) returned to 1929 levels shows that there is now more stratification within elite circles than there was then. Gini corrections: Morelli, Smeeding, and Thompson 2015: 679 and esp. 682 fig. 8.28. Taxes and transfers: Gordon 2016: 611 table 18-2.

5. For Russia and China, see herein, chapter 7, pp. 222, 227. India, Pakistan, and Indonesia: SWIID, WWID. For Africa and Latin America, see herein, chapter 13, pp. 377–387. Global trends: Jaumotte, Lall, and Papageorgiou 2013: 277 fig. 1, 279 fig. 3.

6. Russia and China: Milanovic 2013: 14 fig. 6. Macroregional trends: Alvaredo and Gasparini 2015: 790; and see also Ravaillon 2014: 852–853.

7. Recent surveys of the literature include Bourguignon 2015: 74–116, esp. 85–109; Keister 2014: 359–362; Roine and Waldenström 2015: 546–567; and above all Salverda and Checchi 2015: 1593–1596, 1606–1612. Gordon 2016: 608–624; Lindert and Williamson 2016: 227–241; and Milanovic 2016: 103–112 are the most recent summaries.

8. Earnings gap: Autor 2014: 846; see also 844 fig. 1 for an increase inthe median earnings gapbetween high school and college graduates from $30,298 to $58,249 in 2012 constant dollars between 1979 and 2012. Real earnings: ibid. 849; the divergence is less extreme among women. Contribution to inequality: 844 with references, esp. Lemieux 2006. Causes: 845–846, 849; for the importance of technological change see also, e.g., Autor, Levy, and Murnane 2003; Acemoglu and Autor 2012. Innovation (proxied by patenting) and top 1 percent income shares in the United States have followed parallel tracks since the 1980s, which suggests that innovation-led growth boosts top incomes: Aghion et al. 2016, esp.

3 figs. 1-2. Polarization: Goos and Manning 2007; Autor and Dorn 2013. Developing countries: Jaumotte, Lall, and Papageorgiou 2013: 300 fig. 7.

9. Education as solution: e.g., OECD 2011: 31; Autor 2014: 850. Flattened premiums: Autor 2014: 847-848. Europe: Crivellaro 2014, esp. 37 fig. 3, 39 fig. 5; and see also Ohtake 2008: 93 (Japan); Lindert 2015: 17 (East Asia). Premiums across countries: Hanushek, Schwerdt, Wiederhold, and Woessman 2013. Mobility: Corak 2013: 87 fig. 4, 89 fig. 5.

10. See now esp. Mishel, Shierholz, and Schmitt 2013. Mismatch: Slonimczyk 2013. For top incomes, see herein, pp. 417-420. Cf. Mollick 2012: 128 for the notion that a general transition to a service economy may be raising inequality.

11. Freeman 2009, Bourguignon 2015: 74-116, and Kanbur 2015 review the relationship between globalization and inequality. Earlier changes: Roine and Waldenström 2015: 548. Country panel: Bergh and Nilsson 2010. Elites: 495; Medeiros and Ferreira de Souza 2015: 884-885. Global workforce: Freeman 2009: 577-579; Alvaredo and Gasparini 2015: 748. Trade and financial globalization: Jaumotte, Lall, and Papageorgiou 2013: 274. Trade competition: Machin 2008: 15-16; Kanbur 2015: 1853. Policies: Bourguignon 2015: 115; Kanbur 2015: 1877.

12. Taxation: Hines and Summers 2009; Furceri and Karras 2011. Welfare: Bowles 2012a: 73-100 (theory); Hines 2006 (practice).

13. Immigration to the United States: Card 2009. Europe: Docquier, Ozden, and Peri 2014 (OECD); Edo and Toubal 2015 (France); and cf. also D'Amuri and Peri 2014 (Western Europe). For Latin America, see herein, chapter 13, p. 368 n. 1. Assortative mating: Schwartz 2010, with reference to earlier studies that attribute 17 percent to 51 percent of the overall increase to this factor. 1980s: Larrimore 2014.

14. Salverda and Checchi 2015 provide the most comprehensive survey of this topic. For the importance of unionization and minimum wages, see 1653, 1657, and also, e.g., Koeniger, Leonardi, and Nunziata 2007; and see Autor, Manning, and Smith 2010; Crivellaro 2013: 12 for the role of minimum wages. Visser and Checchi 2009: 245-251 find that coverage and centralization of union bargaining rather than union density per se are critical variables in affecting inequality. Redistribution: Mahler 2010. Unions and premiums: Crivellaro 2013: 3-4; Hanushek, Schwerdt, Wiederhold, and Woessman 2013. Variation between countries: Jaumotte and Osorio Buitron 2015: 26 fig. 7. U.S. unionization rates and wage dispersion: Western and Rosenfeld 2011. U.S. unions and minimum wage: Jaumotte and Osorio

Buitron 2015: 26, and, more generally, Salverda and Checchi 2015: 1595–1596.
15. Tax rates and income inequality: Alvaredo, Atkinson, Piketty, and Saez 2013: 7–9, esp. 8 fig. 4 for top income shares; Piketty 2014: 509. (But cf. Mollick 2012: 140–141.) Downward trends: 499 fig. 14.1, 503 fig. 14.2; Morelli, Smeeding, and Thompson 2015: 661 fig. 8.21 (OECD); Scheve and Stasavage 2016: 101 fig. 4.1 (inheritance taxes); Saez and Zucman 2016: Online Appendix, table B32 (U.S.); and see also herein, chapter 5, pp. 143–144. Capital income: Hungerford 2013: 19–20. Sources of U.S. income and wealth dispersion: Kaymak and Poschke 2016: 1–25. Redistribution: OECD 2011: 37. Higher progressivity offset lower income taxes, Social Security benefits did not become more progressive, and benefits for those out of work contributed to market income inequality (38).
16. I rely here on the excellent summary by Bonica, McCarty, Poole, and Rosenthal 2013, esp. 104–105, 106 fig. 1, 107, 108 fig. 2, 109 fig. 3, 110 fig. 4, 112 fig. 5, 118. See also Bartels 2008; Gilens 2012; Schlozman, Verba, and Brady 2012; Page, Bartels, and Seawright 2013.
17. Distribution of income growth: Bivens and Mishel 2013: 58; Salverda and Checchi 2015: 1575 fig. 18.11(b). Top 0.01 percent: WWID; including capital shares, those shares rose from about 2.4 percent in 1992 and 1994 to about .5.1 percent in 2012 and 2014; six-year averages produce a steady rise, from 2.7 percent in 1992 and 1997 to 3.9 percent in 1996 and 2001, 4.6 percent in 2002 and 2007, and 4.8 percent in 2008 and 2014; moreover, the final two six-year means understate the scale of growth because they are depressed by the downturns centered on 2002 and 2009: the three-year means for 2005 and 2007 and 2012 and 2014 are 5.5 and 5.1 percent, respectively. Variation among countries: 1581 fig. 18.16, 1584 fig. 18.17, 1592. Top 1 versus 2–10 percent: Roine and Waldenström 2015: 496 fig. 7.3, 497–498; and see 539 fig. 7.20 for only a gentle decline of the top 2 percent to 5 percent wealth share over much of the twentieth century. Morelli, Smeeding, and Thompson 2015: 662–663 stress that the rise in top incomes is a robust trend and cannot be explained by better tax compliance.
18. Keister 2014 and Keister and Lee 2014 offer recent surveys of the "1 percent." Different types of explanations: Volscho and Kelly 2012; Keister 2014: 359–362; Roine and Waldenström 2015: 557–562. Market forces or not: Blume and Durlauf 2015: 762–764. Firm size: Gabaix and Landier 2008; Gabaix, Landier, and Sauvagnat 2014. Cf. also Rubin and Segal 2015 for the sensitivity of top incomes to stock market performance. Superstar/winner-takes-all models: Kaplan and Rauh 2010, esp. 1046–1048; Kaplan and Rauh 2013;

and cf. also Medeiros and Ferreira de Souza 2015: 876–877; Roine and Waldenström 2015: 559–560. See also herein, 412 n. 8, for the effect of innovation-led growth on top incomes.

19. Piketty 2014: 171–222, esp. 171 fig. 5.3, 181, 195; Piketty and Zucman 2015: 1311 figs. 15.1–2, 1316 fig. 15.6, 1317 fig. 15.8. Housing: Bonnet, Bono, Chapelle, and Wasmer 2014; Rognlie 2015. Capital share in national incomes: Piketty 2014: 222 fig. 6.5. Top income components: Morelli, Smeeding, and Thompson 2015: 676–679, esp. 678 fig. 8.27. Labor income is crucial for the "1 percent" of many countries: Medeiros and Ferreira de Souza 2015: 872.

20. International variation: Roine and Waldenström 2015: 574–575 table 7.A2; Piketty and Zucman 2015: 1320–1326. With its extensive online datasets, Saez and Zucman 2016 effectively supersedes all prior studies of U.S. wealth distribution. For wealth shares, see ibid. Online Appendix table B1: 顶层的 1% 群体财富份额从 1978 年的 22% 上升到 2012 年的 39.5%，顶层的 0.1% 群体财富份额从 1976 年的 6.9% 上升到 2012 年的 20.8%，顶层的 0.01% 群体财富份额从 1978 年的 2.2% 上升到 2012 年的 11.2%。1929 年，相应的份额分别为 50.6%、24.8% 和 10.2%，这是美国财富分配不平等的前一个高峰。B21-B22：不包含资本收益的情况下，应税资本收入中的前 1% 份额从 1978 年的 34% 上升到 2012 年的 62.9%，包含资本收益时则从 36.1% 上升到 69.5%%。关于股利和利息收入的份额，见表 B23a-b。

21. Wealth Ginis: Keister 2014: 353 fig. 2, 354. For the difficulties of measuring wealth shares, see, most recently, Kopczuk 2015, esp. 50–51 figs. 1–2. Association: Alvaredo, Atkinson, Piketty, and Saez 2013: 16–18. The share of wage income, including pensions, averaged 62 percent in 1979 to 1993, 61 percent in 1994 to 2003, and 56 percent in 2004 to 2013 (WWID). Lin and Tomaskovic-Devey 2013 argue that financialization has accounted for much of the decline in labor's share of income. Investment income: Nau 2013, esp. 452–454. Capital gains and dividends: Hungerford 2013: 19.

22. Global wealth growth: Piketty 2014: 435 table 12.1. Offshore wealth: Zucman 2013 and esp. 2015: 53 table 1. Cf. also Medeiros and Ferreira de Souza 2015: 885–886.

23. Förster and Tóth 2015: 1804 fig. 19.3 offer a succinct qualitative summary of the multiple causes of inequality and their contrasting effects. In addition to the ones mentioned in the text, they also note assortative mating, single-headed households, voter turnout, partisanship, and female employment. Levy and Temin 2007 offer a synthetic historical account of institutional change since World War II that first contained and later precipitated income inequality. Historically,

the role of the stagflation of the 1970s, which provided a powerful impulse for disequalizing economic liberalization, also needs to be taken into account. For a sociological perspective, see Massey 2007.

第 16 章　未来将何去何从？

1. See herein, chapter 15, pp. 409–410 (Gini adjustments), 422 (offshore wealth), Introduction, p. 13 (absolute inequality); Hardoon, Ayele, and Fuentes-Nieva 2016: 10 fig. 2 (growing absolute income gap between the top 10 percent and the bottom half in Brazil 1988 to 2011). For global inequality, see Milanovic 2016: 11 fig. 1.1, 25 fig. 1.2: real incomes of the global 1 percent rose about two-thirds, comparable to rates of the order of 60 percent to 75 percent between the fortieth and seventieth percentiles of the global income distribution; yet 19 percent of the total gain went to the 1 percent, 25 percent to the next highest 4 centiles, and only 14 percent to those in the middling three deciles. For even larger absolute gains of the global 1 percent relative to the bottom 10 percent, see Hardoon, Ayele, and Fuentes-Nieva 2016: 10–11. Effective inequality: herein, appendix, pp. 452–455.

2. Ginis: SWIID. In 2011 Portugal had an even higher market income Gini (0.502) than the United States. European countries with lower market Ginis include Austria, Belgium, the Netherlands, Norway, Spain, and Switzerland, although Belgium is the only real outlier: see herein, chapter 15, p. 406 table 15.1. In this latter group, only in Belgium and Spain was the gap between market and disposable income Ginis smaller than in the United States. For the redistributive effort required to stem rising market income inequality in Europe, see herein, chapter 15, pp. 406–407. Social spending: OECD 2014: 1 fig. 1 (in descending order, France, Finland, Belgium, Denmark, Italy, Austria, Sweden, Spain, Germany, Portugal, and, a smidgen under 25 percent, the Netherlands). Central government share in GDP: OECD, General government spending (indicator), doi: 10.1787/a31cbd4d-en. Bergh and Henrekson 2011 survey the literature on the relationship between government share of GDP and economic growth in high-income countries. Social spending trends: OECD 2014: 2 fig. 2. For the main components, see 4 fig. 4.

3. European Commission 2007, 2013, and 2015 are key reports on the scale and consequences of aging in Europe. Cf. also briefly United Nations 2015 for global trends. Fertility rates: European Commission 2007: 12 (about 1.5 now, projected to rise to about 1.6 by 2050). Median age and working age population: 13. Dependency ratios: 13 (rise to 53 percent by

2050); European Commission 2013 (rise to 51 percent by 2050) and 2015: 1 (rise to 50.1 percent by 2060). Eighty-year-olds and older: European Commission 2007: 13. Cf. 46 fig. 2.7., 49 fig. 2.9, and Hossmann et al. 2008: 8 on the range of future age pyramids. Growth as share of GDP: 13, with 70 table 3.3 (health care), 72 table 3.4 (long-term care); but contrast European Commission 2015: 4, for an additional 1.8 percent of GDP in spending required by 2060, albeit with great differences among countries (4–5). Economic growth rates: European Commission 2007: 62 (1.3 percent for EU-15 and 0.9 percent for EU-10 in 2031–2050), 2013: 10 (1.2 percent 2031–2050), 2015: 3 (1.4–1.5 percent 2020–2060).

4. Effects on inequality: Faik 2012, esp. 20–23 for the forecast (Germany); European Commission 2013: 10–11, 16. Japan: Ohtake 2008: 91–93 for the disequalizing consequences of aging in conjunction with an expansion of informal labor relations among the young. Restrictions on immigration and domestic equality: Lindert 2015: 18.

5. Dependency ratio: Lutz and Scherbov 2007: 11 fig. 5. Coleman 2006, esp. 401, 414–416. Even a zero immigration policy would reduce the foreign-origin population by not more than a third to a half by 2050 (417). Children and young workers: European Commission 2015: 27.

6. Scale of replacement: Coleman 2006: 419–421. Education, employment and integration: European Commission 2007: 15, 2013: 28. Heterogeneity: Alesina and Glaeser 2004: 133–181 (quote: 175). Survey: Brady and Finnigan 2014: 19–23.

7. Waglé 2013 is now the most detailed analysis, noting throughout the complexities of the relationship between heterogeneity and welfare (esp. 263–275). Ho 2013 argues that ethnic diversity per se does not reduce redistribution once other identities are taken into account. See Huber, Ogorzalek, and Gore 2012 for the different effects of democracy on inequality in homogeneous and heterogeneous countries, and Lindqvist and Östling 2013 for a model that predicts maximization of welfare under ethnic homogeneity. Correlations: Mau and Burkhardt 2009; Waglé 2013: 103–262. Attitudes: Finseraas 2012; Duch and Rueda 2014; and see also European Commission 2007: 15, 104. Immigration and religious heterogeneity: Waglé 2013: 164, 166. Lindert and Williamson 2016: 246 speculate that future immigration might raise European inequality by increasing the labor supply.

8. Greenwood, Guner, Kocharkov, and Santos 2014 find that assortative mating increased in the 1960s and 1970s but not since, whereas Eika, Mogstad, and Zafar 2014 observe its decline among the college-educated and its rise at low education levels. For intergenerational

mobility, see herein, in the introduction, p. 20, and esp. Chetty et al. 2014 for stable rates. Residential segregation: Reardon and Bischof f 2011a: 1093, 1140-1141; 2011b: 4-6.

9. Piketty 2014: 195-196; Piketty and Saez 2014: 840-842; Piketty and Zucman 2015: 1342-1365, esp. 1348 fig. 15.24. For a random sample of critiques, see Blume and Durlauf 2015: 755-760 and Acemoglu and Robinson 2015, the latter with the response by Piketty 2015b: 76-77, who notes the uncertainties involved in his prediction (82, 84). Cf. also Piketty 2015a for responses to other work. For the effects of globalization, see herein, chapter 15, pp. 413-414. Disequalizing trade competition from low-income countries is likely to continue: Lindert and Williamson 2016: 250; cf. Milanovic 2016: 115. Global super-elite: Rothkopf 2008; Freeland 2012. On computerization and labor markets, see now esp. Autor 2015: 22-28, and, more generally, Ford 2015. Estimate: Frey and Osborne 2013. Among many others, Brynjolfsson and McAfee 2014 stress the enormous transformative potential of computerization. For AI, see most recently Bostrom 2014.

10. Center for Genetics and Society 2015 surveys recent advances in genetic techniques, most notably genomic editing by means of CRISPR/Cas9; see esp. 20-25 on germline modification, and 27-28 on ethics and inequality. Liang et al. 2015 report on human embryo gene editing at a Chinese university, which was largely unsuccessful. See also Church and Regis 2014 for the potential of synthetic biology. Harari 2015 makes valuable points about the limits of political constraints. Bostrom 2003 considers the equality outcomes of genetic modifications, while Harris 2010 is sanguine about their ethics and desirability. Speciation: Silver 1997.

11. This is a florilegium of the ideas put forward in OECD 2011: 40-41; Bowles 2012a: 72, 98-99, 157, 161; Noah 2012: 179-195; Bivens and Mishel 2013: 73-74; Corak 2013: 95-97; Stiglitz 2013: 336-363; Piketty 2014: 515-539, 542-544; Blume and Durlauf 2015: 766; Bourguignon 2015: 160-161, 167-175; Collins and Hoxie 2015: 9-15; Kanbur 2015: 1873-1876; Ales, Kurnaz, and Sleet 2015; Reich 2015: 183-217; Zucman 2015: 75-101.

12. Income tax: Bourguignon 2015: 163; Piketty 2014: 512-513 (quote: 513), drawing on Piketty, Saez, and Stantcheva 2013. Global labor standards: Kanbur 2015: 1876. Wealth tax: Piketty 2014: 515, 530 (quotes; my emphasis). Criticism: Piachaud 2014: 703, on the idea of a global wealth; cf. also Blume and Durlauf 2015: 765. Others have criticized Piketty's focus on taxation: 765-766; Auerbach and Hassett 2015: 39-40. Bowles 2012a: 156-157 notes the importance of devising politically viable policy designs. Regarding political

action, Levy and Temin 2007: 41 note that "[o]nly a reorientation of government policy can restore the general prosperity of the postwar boom," and Atkinson 2015: 305 reminds us that "[t]here has to be an appetite for action, and this requires political leadership." This begs the question of implementation; Atkinson's reference to the improvements made "in the period of the Second World War and subsequent postwar decades" (308; cf. 55–77 for a historical survey) is very much to the point but offers scant hope for the present. Stiglitz 2013: 359–361, on the prospects of putting his numerous proposals into practice, offers no substantive suggestions. Milanovic 2016: 112–117 voices healthy skepticism regarding the potential of various equalizing forces (political change, education, and an abatement of globalization pressures), placing hope on the slow dissipation of rents over time and the emergence of future technologies that might increase the relative productivity of low-skilled workers. He is particularly pessimistic about the short-term prospects of economic equalization in the United States, where all indicators point to a continuing rise in inequality in the near future (181–190, esp. 190).

13. Atkinson 2014a and 2015. In addition to Atkinson 2015: 237–238, I quote mostly from the summary version (2014a). For the question "Can it be done?" see 241–299. Gini reduction: 294, with 19 fig. 1.2, 22 fig. 1.3 (and cf. also 299 for a probable reduction of about 4 points). The British income Gini fell by about 7 points during World War II: 19 fig. 1.2.

14. Piketty 2013: 921 (English translation in Piketty 2014: 561).

15. Projections: Kott et al. 2015, esp. 1 (quote), 7–11, 16–17, 19–21. For the future use of robots, see also Singer 2009. For the effects of recent economic crises, see herein, chapter 12, p. 364.

16. See Zuckerman 1984: 2–5, 8–11, 236–237, 283–288 for U.S. government planning for the aftermath of a nuclear war. Forced labor: the U.S. Oath of Allegiance requires that citizens "perform work of national importance under civilian direction when required by the law." See Bracken 2012 on new forms of nuclear conflict nd Barrett, Baum, and Hostetler 2013 on the odds of accidental nuclear war. National Military Strategy 2015: 4 assesses the probability of a war between the United States and a major power "to be low but growing," and predicts that its "consequences would be immense." For the displacement effect, see international tudies scholar Artyom Lukin's contribution at http://www.huffingtonpost.com/artyom-lukin/world-war-iii_b_5646641.html. Allison 2014 provides an accessible survey of the differences and similarities between 1914 and 2014. Morris 2014:

353–393 considers a range of future outcomes.
17. Declining violence: Pinker 2011; Morris 2014, esp. 332–340. See Thayer 2009 for a survey of the relationship between demography and war, and Sheen 2013 for the irenic effects of future aging in Northeast Asia. Quote: Milanovic 2016: 102–103.
18. 委内瑞拉的玻利瓦尔革命是一个有着公平收入记录的左翼运动，通过议会制度继续工作，一直面临着越来越多的国内阻力，可能无法在其对经济的不善管理中幸存下来。
19. Index: http://www.systemicpeace.org/inscr/SFImatrix2014c.pdf. For civil war and inequality, see herein, chapter 6, pp. 202–207. I discuss the state failure in Somalia in chapter 9, pp. 283–286.
20. There is no shortage of popular science books describing the emergence of novel infections and considering future threats: see, most recently, Drexler 2009 and Quammen 2013. The best-informed contribution has been made by Stanford-affiliated virologist Nathan Wolfe, who stresses our improved capabilities to monitor and respond: Wolfe 2011. Scale: for what it is worth, Bill Gates reckoning with tens of millions of future deaths: https://www.ted.com/talks/bill_gates_the_next_disaster_we_re_not_ready?language=en. Extrapolation from "Spanish flu": Murray et al. 2006. Bioterrorism: e.g., Stratfor 2013. For pathogens with weaponization potential, see Zubay et al. 2005.

附录　不平等的极限

1. Milanovic, Lindert, and Williamson 2011: 256–259. Fig. A.1 based on their 258 fig. 1. Modalsli 2015: 241–242 is more sanguine about the possibility of human existence below subsistence levels. For the notion of a maximum Gini of ~1 rather than 1, see herein, introduction, p. 12 n. 9.
2. Maddison project. For a possible ancient forerunner, classical Athens, see herein, chapter 2, pp. 84–85; but note that even fifteenth-century Florentine Tuscany only reached about $1,000.
3. Milanovic, Lindert, and Williamson 2011: 259–263 for the underlying data and their limitations. Fig. A.2 is based on 265 fig. 2. Recourse to social tables produces a range of possible income distributions; Milanovic, Lindert, and Williamson calculate two: one that minimizes and one that maximizes inequality within each income bracket. In most cases, the differences between such metrics are small.
4. Milanovic, Lindert, and Williamson 2011：263 table 2. Modalsli 2015：230–243认为，对社会表中的组内离散度进行恰当统计会导致相关社会的总收入基尼系数大幅提高：关于这些结果的大幅度离散，特别参见第 237 页图 2。然而，考虑增加约 15 个百分点，会使基尼系数接近甚至超越不平等可能性曲线，只有通过不断假设较低的生存底限或较高的人均 GDP 才能避免这一问题。最重要的是，研究指出，这些调整只能在极小程度上改变这些社会的相对不平等程度排名（238 页）。关于用最高收入者所占收入份额作为非殖民化对收入不平等综合影响的代理变量的结果，参见 Atkinson 2014b。

5. Fig. A.3 from Milanovic, Lindert, and Williamson 2011: 268 fig. 4.
6. Adam Smith, *An inquiry into the nature and causes of the wealth of nations* V.ii.k. Fig. A.4 from Milanovic 2013: 9 fig. 3.
7. Milanovic 2013: 12 table 1, 13 fig. 4 (UK and United States). For high inequality up to 1914, see herein, chapter 3, pp. 104–105, 108–110.
8. 我排除了石油国家，因为它们能够使高收入不平等水平与高人均 GDP 共存，事实上它们也确实存在高收入不平等水平与高人均 GDP 共存的经济。依赖于其他矿物开采形式的经济体，如博茨瓦纳和纳米比亚，也是非常不平等的，但它们未能达到高水平的人均收入。关于美国和英国的数据，参见 Milanovic 2013: 12 table 1。我没有使用其美国市场收入不平等数据，因为它们与这里的讨论不相关。
9. Data: SWIID; Maddison project; Milanovic 2013: 12 table 1, with Atkinson 2015: 18 fig. 1.1. See Milanovic 2015 for an upper limit of 0.55 to 0.6. Only market income Gini figures appear to be available for the United States in 1929, but considering the low levels of taxation and transfers at the time, they would not have been much higher than those for disposable income. For the impact of inequality on growth, see herein, introduction, p. 19.
10. For the data, see, once again, Milanovic 2013: 12 table 1。我的简单模型忽略了其他必定会产生影响的因素——最显著的政治制度。
11. 参见 Scheidel and Friesen 2009，网络媒体报道称，当代美国的收入不平等程度高于罗马帝国时期，这是基于没有考虑现代的市场再分配和各自不平等可能性曲线的市场基尼系数的一项观察：http://persquaremile.com/2011/12/16/income-inequality-in-the-roman-empire/，部分报道参见：http://www.huffingtonpost.com/2011/12/19/us-income-inequality-ancient-rome_levels_n_1158926.html。只有在当今美国的实际不平等可能性曲线值降低至 0.5 时，这一论述才正确。

参考文献

Aaberge, R., and Atkinson, A. B. 2010. "Top incomes in Norway." In Atkinson and Piketty, eds. 2010: 448–481.

Abdullah, Abdul Jabbar, Doucouliagos, Hristos, and Manning, Elizabeth. 2015. "Is there a Kuznets process in Southeast Asia?" *Singapore Economic Review* 60. doi:10.1142/S0217590815500174.

Abelshauser, Werner. 1998. "Germany: guns, butter, and economic miracles." In Harrison, ed. 1998b: 122–176.

Abelshauser, Werner. 2011. *Deutsche Wirtschaftsgeschichte: von 1945 bis zur Gegenwart*. 2nd ed. Munich: C. H. Beck.

Abul-Magd, Adel Y. 2002. "Wealth distribution in an ancient Egyptian society." *Physical Review E* 66: 057104, 1–3.

Acemoglu, Daron, and Autor, David. 2012. "What does human capital do? A review of Goldin and Katz's *The race between education and technology*." *Journal of Economic Literature* 50: 426–463.

Acemoglu, Daron, Naidu, Suresh, Restrepo, Pascual, and Robinson, James A. 2015. "Democracy, redistribution, and inequality." In Atkinson and Bourguignon, eds. 2015: 1883–1966.

Acemoglu, Daron, and Robinson, James A. 2000. "Why did the West extend the franchise? Democracy, inequality, and growth in historical perspective." *Quarterly Journal of Economics* 115: 1167–1199.

Acemoglu, Daron, and Robinson, James A. 2002. "The political economy of the Kuznets curve." *Review of Development Economics* 6: 183–203.

Acemoglu, Daron, and Robinson, James A. 2015. "The rise and decline of general laws of capitalism." *Journal of Economic Perspectives* 29: 3–28.

Acosta, Pablo, Calderon, Cesar, Fajnzylber, Pablo, and Lopez, Humberto. 2008. "What is the impact of international remittances on poverty and inequality in Latin America?" *World Development* 36: 89–114.

Adam, Hussein. 2008. *From tyranny to anarchy: the Somali experience*. Trenton, NJ: Red Sea Press.

Adams, Robert McC. 1988. "Contexts of civilizational collapse: a Mesopotamian view." In Yoffee and Cowgill, eds. 1988: 20–43.

Addison, Paul. 1994. *The road to 1945: British politics and the Second World War*. Rev. ed. London: Pimlico.

Adema, Willem, Fron, Pauline, and Ladaique, Maxime. 2014. "How much do OECD countries spend on social protection and how redistributive are their tax/benefit systems?" *International Social Security Review* 76: 1–25.

Aftalion, Florin. 1990. *The French Revolution: an economic interpretation*. Cambridge, UK: Cambridge University Press.

Aghion, Philippe, et al. 2016. "Innovation and top income inequality." NBER Working Paper No. 21247.

Aidt, Toke S., and Jensen, Peter S. 2011. "Workers of the world, unite! Franchise extensions and the threat of revolution in Europe, 1820–1938." CESIFO Working Paper 3417.

Albertus, Michael. 2015. *Autocracy and redistribution: the politics of land reform*. New York: Cambridge University Press.

Albuquerque Sant'Anna, André. 2015. "A spectre has haunted the West: did socialism discipline income inequality?" MPRA Paper No. 64756.

Ales, Laurence, Kurnaz, Musab, and Sleet, Christopher. 2015. "Technical change, wage inequality, and taxes." *American Economic Review* 105: 3061–3101.

Alesina, Alberto, and Glaeser, Edward L. 2004. *Fighting poverty in the US and Europe: a world of difference*. New York: Oxford University Press.

Alfani, Guido. 2010. "Wealth inequalities and population dynamics in early modern Northern Italy." *Journal of Interdisciplinary History* 40: 513–549.

Alfani, Guido. 2015. "Economic inequality in northwestern Italy: a long-term view (fourteenth to eighteenth centuries)." *Journal of Economic History* 75: 1058–1096.

Alfani, Guido. 2016. "The rich in historical perspective: evidence for preindustrial Europe (ca. 1300–1800)." Innocenzo Gasparini Institute for Economic Research Working Paper No. 571.

Alfani, Guido, and Ammannati, Francesco. 2014. "Economic inequality and poverty in the very long run: the case of the Florentine state (late thirteenth to nineteenth century)." Dondena Working Paper No. 70, Università Bocconi, Milan.

Alfani, Guido, and di Tullio, Matteo. 2015. "Dinamiche di lungo periodo della disugualianza in Italia settentrionale: una nota di ricerca." Dondena Working Paper No. 71, Università Bocconi, Milan.

Alfani, Guido, and Ryckbosch, Wouter. 2015. "Was there a 'Little Convergence' in inequality? Italy and the Low Countries compared, ca. 1500–1800." Innocenzo Gasparini Institute for Economic Research, Working Paper No. 557.

Alfani, Guido, and Sardone, Sergio. 2015. "Long-term trends in economic inequality in southern Italy. The kingdoms of Naples and Sicily, 16th–18th centuries: first results." Economic History Association 2015 Annual Meeting, Nashville TN, September 11–13, 2015.

Allen, Robert C. 2001. "The great divergence in European wages and prices from the Middle Ages to the First World War." *Explorations in Economic History* 31: 411–447.

Allen, Robert C. 2003. *Farm to factory: a reinterpretation of the Soviet industrial revolution.* Princeton, NJ: Princeton University Press.

Allen, Robert C. 2009. "Engels' pause: technical change, capital accumulation, and inequality in the British industrial revolution." *Explorations in Economic History* 46: 418–435.

Allen, Robert C., Bassino, Jean-Pascal, Ma, Debin, Moll-Murata, Christine, and van Zanden, Jan Luiten. 2011. "Wages, prices, and living standards in China, 1738–1925: in comparison with Europe, Japan, and India." *Economic History Review* 64: S8–S38.

Allison, Graham. 2014. "Just how likely is another world war? Assessing the similarities and differences between 1914 and 2014." *The Atlantic* July 30, 2014. http://www.theatlantic.com/international/archive/2014/07/just-how-likely-is-another-world-war/375320/.

Alvaredo, Facundo. 2010a. "The rich in Argentina over the twentieth century, 1932–2004." In Atkinson and Piketty, eds. 2010: 253–298.

Alvaredo, Facundo. 2010b. "Top incomes and earnings in Portugal, 1936–2005." In Atkinson and Piketty, eds. 2010: 560–624.

Alvaredo, Facundo. 2011. "A note on the relationship between top income shares and the Gini coefficient." *Economics Letters* 110: 274–277.

Alvaredo, Facundo, Atkinson, Anthony B., Piketty, Thomas, and Saez, Emmanuel. 2013. "The top 1 percent in international and historical perspective." *Journal of Economic Perspectives* 27: 3–20.

Alvaredo, Facundo, and Gasparini, Leonardo. 2015. "Recent trends in inequality and poverty in developing countries." In Atkinson and Bourguignon, eds. 2015: 697–806.

Alvaredo, Facundo, and Piketty, Thomas. 2014. "Measuring top incomes and inequality in the Middle East: data limitations and illustration with the case of Egypt." Paris School of Economics Working Paper.

Alvaredo, Facundo, and Saez, Emmanuel. 2010. "Income and wealth concentration in Spain in a historical and fiscal perspective." In Atkinson and Piketty, eds. 2010: 482–559.

Álvarez-Nogal, Carlos, and Prados de la Escosura, Leandro. 2013. "The rise and fall of Spain (1270–1850)." *Economic History Review* 66: 1–37.

Ammannati, Francesco. 2015. "La distribuzione della proprietà nella Lucchesia del tardo Medioevo (sec. XIV–XV)." Dondena Working Paper No. 73, Università Bocconi, Milan.

Anand, Sudhir, and Segal, Paul. 2015. "The global distribution of income." In Atkinson and Bourguignon, eds. 2015: 937–980.

Andermahr, Anna Maria. 1998. *Totus in praediis: senatorischer Grundbesitz in Italien in der frühen und hohen Kaiserzeit.* Bonn, Germany: Habelt.

Anderson, Thomas P. 1971. *Matanza: El Salvador's communist revolt of 1932.* Lincoln: University of

Nebraska Press.
Andreski, Stanislav. 1968. *Military organization and society*. 2nd ed. Berkeley: University of California Press.
Andress, David, ed. 2015. *The Oxford handbook of the French Revolution*. Oxford: Oxford University Press.
Andrews, Dan, and Leigh, Andrew. 2009. "More inequality, less social mobility." *Applied Economics Letters* 16: 1489–1492.
Angeles, Luis. 2010. "An alternative test of Kuznets' hypothesis." *Journal of Economic Inequality* 8: 463–473.
Anghelinu, Mircea. 2012. "On Palaeolithic social inequality: the funerary evidence." In Kogalniceanu, Raluca, Curca, Roxana-Gabriela, Gligor, Mihai, and Stratton, Susan, eds., *Homines, funera, astra: proceedings of the international symposium on funeral anthropology 5–8 June 2011 '1 Decembrie 1918' University (Alba Iulia, Romania)*. Oxford: Archaeopress, 31–43.
Aristázabal-Ramírez, María, Canavire-Bacarezza, Gustavo, and Jetter, Michael. 2015. "Income inequality in Bolivia, Colombia, and Ecuador: different reasons." Working paper.
Arroyo Abad, Leticia. 2013. "Persistent inequality? Trade, factor endowments, and inequality in Republican Latin America." *Journal of Economic History* 73: 38–78.
Arroyo Abad, Leticia, Davies, Elwyn, and van Zanden, Jan Luiten. 2012. "Between conquest and independence: real wages and demographic change in Spanish America, 1530–1820." *Explorations in Economic History* 49: 149–166.
Assuncão, Juliano. 2006. "Land reform and landholdings in Brazil." UNI-WIDER Research Paper No. 2006/137.
Atkinson, Anthony B. 2007. "The distribution of top incomes in the United Kingdom 1908–2000." In Atkinson and Piketty, eds. 2007a: 82–140.
Atkinson, Anthony B. 2014a. "After Piketty?" *British Journal of Sociology* 65: 619–638.
Atkinson, Anthony B. 2014b. "The colonial legacy: income inequality in former British African colonies." WIDER Working Paper.
Atkinson, Anthony B. 2015. *Inequality: what can be done?* Cambridge, MA: Harvard University Press.
Atkinson, Anthony B. n.d. "Income distribution and taxation in Mauritius: a seventy-five year history of top incomes." Working paper.
Atkinson, Anthony B., and Bourguignon, Francois, eds. 2000. *Handbook of income distribution*. Vol. 1. Amsterdam: Elsevier.
Atkinson, Anthony B., and Bourguignon, Francois, eds. 2015. *Handbook of income distribution*. Volumes 2A–B. Amsterdam: North-Holland.
Atkinson, Anthony B., and Brandolini, Andrea. 2004. "Global world income inequality: absolute, relative or intermediate?" Working paper. www.iariw.org/papers/2004/brand.pdf.
Atkinson, Anthony B., and Leigh, Andrew. 2013. "The distribution of top incomes in five Anglo-Saxon countries over the long run." *Economic Record* 89 (S1): 31–47.
Atkinson, Anthony B., and Morelli, Salvatore. 2011. "Economic crises and inequality." UNDP Human Development Reports 2011/06.
Atkinson, Anthony B., and Morelli, Salvatore. 2014. "Chartbook of economic inequality." Working Paper No. 324, ECINE: Society for the Study of Economic Inequality. (Also available at http://www.chartbookofeconomicinequality.com/.)
Atkinson, Anthony B., and Piketty, T., eds. 2007a. *Top incomes over the twentieth century: a contrast between continental European and English-speaking countries*. Oxford: Oxford University Press.
Atkinson, Anthony B., and Piketty, T. 2007b. "Towards a unified data set on top incomes." In Atkinson and Piketty, eds. 2007a: 531–565.
Atkinson, Anthony B., and Piketty, T., eds. 2010. *Top incomes: a global perspective*. Oxford: Oxford University Press.
Atkinson, Anthony B., and Søgaard, Jakob E. 2016. "The long-run history of income inequality in Denmark." *Scandinavian Journal of Economics* 118: 264–291.
Auerbach, Alan J., and Hassett, Kevin. 2015. "Capital taxation in the twenty-first century." *American Economic Review* 105: 38–42.
Autor, David H. 2014. "Skills, education, and the rise of earnings inequality among the 'other 99 percent.'" *Science* 344: 843–850.

Autor, David H. 2015. "Why are there still so many jobs? The history and future of workplace automation." *Journal of Economic Perspectives* 29: 3–30.

Autor, David, and Dorn, David. 2013. "The growth of low-skill service jobs and the polarization of the U.S. labor market." *American Economic Review* 103: 1553–1597.

Autor, David, Levy, Frank, and Murnane, Richard J. 2003. "The skill content of recent technological change: an empirical exploration." *Quarterly Journal of Economics* 116: 1279–1333.

Autor, David, Manning, Alan, and Smith, Christopher. 2010. "The contribution of the minimum wage to U.S. wage inequality over three decades: a reassessment." NBER Working Paper No. 16533.

Bagchi, Sutirtha, and Svejnar, Jan. 2015. "Does wealth inequality matter for growth? The effect of billionaire wealth, income distribution, and poverty." *Journal of Comparative Economics* 43: 505–530.

Bagnall, Roger S. 1992. "Landholding in late Roman Egypt: the distribution of wealth." *Journal of Roman Studies* 82: 128–149.

Balch, Stephen H. 2014. "On the fragility of the Western achievement." *Society* 51: 8–21.

Banerjee, Abhijit, and Piketty, Thomas. 2010. "Top Indian incomes, 1922–2000." In Atkinson and Piketty, eds. 2010: 1–39.

Bang, Peter F., Bayly, Christopher A., and Scheidel, Walter, eds. Forthcoming. *The Oxford world history of empire*. 2 vols. New York: Oxford University Press.

Bang, Peter F., and Turner, Karen. 2015. "Kingship and elite formation." In Scheidel 2015a: 11–38.

Bank, Steven A., Stark, Kirk J., and Thorndike, Joseph J. 2008. *War and taxes*. Washington, DC: Urban Institute Press.

Barbiera, Irene, and Dalla Zuanna, Gianpiero. 2009. "Population dynamics in Italy in the Middle Ages: new insights from archaeological findings." *Population and Development Review* 35: 367–389.

Barfield, Thomas J. 1989. *The perilous frontier: nomadic empires and China, 221 BC to AD 1757*. Cambridge, MA: Blackwell.

Barker, Graeme. 2006. *The agricultural revolution in prehistory: why did foragers become farmers?* Oxford: Oxford University Press.

Barker, John W. 2004. "Late Byzantine Thessalonike: a second city's challenges and responses." In Alice-Mary Talbot, ed., *Symposium on late Byzantine Thessalonike*. Washington, DC: Dumbarton Oaks Research Library and Collection, 5–33.

Barraclough, Solon L. 1999. "Land reform in developing countries: the role of the state and other actors." UNRISD Discussion Paper No. 101.

Barrett, Anthony M., Baum, Seth D., and Hostetler, Kelly R. 2013. "Analyzing and reducing the risks of inadvertent nuclear war between the United States and Russia." *Science and Global Security* 21: 106–133.

Bartels, Larry M. 2008. *Unequal democracy: the political economy of the new Gilded Age*. Princeton, NJ: Princeton University Press.

Bassino, Jean-Pascal, Fukao, Kyoji, and Takashima, Masanori. 2014. "A first escape from poverty in late medieval Japan: evidence from real wages in Kyoto (1360–1860)." Working paper.

Bassino, Jean-Pascal, Fukao, Kyoji, Settsu, Tokihiko, and Takashima, Masanori. 2014. "Regional and personal inequality in Japan, 1850–1955." Conference paper for "Accounting for the Great Divergence," University of Warwick in Venice, May 22–24, 2014.

Baten, Joerg, and Mumme, Christina. 2013. "Does inequality lead to civil wars? A global long-term study using anthropometric indicators (1816–1999)." *European Journal of Political Economy* 32: 56–79.

Baten, Joerg, and Schulz, Rainer. 2005. "Making profits in wartime: corporate profits, inequality, and GDP in Germany during the First World War." *Economic History Review* 58: 34–56.

Batten, Bruce. 1986. "Foreign threat and domestic reform: the emergence of the Ritsuryo state." *Monumenta Nipponica* 41: 199–219.

Bauer, Michal, et al. 2016. "Can war foster cooperation?" NBER Working Paper No. 22312.

Bekar, Cliff T., and Reed, Clyde G. 2013. "Land markets and inequality: evidence from medieval England." *European Review of Economic History* 17: 294–317.

Bentzel, Ragnar. 1952. *Inkomstfördelningen i Sverige*. Stockholm: Victor Peterssons Bokindustri Aktiebolag.

Bercé, Yves-Marie. 1987. *Revolt and revolution in early modern Europe: an essay on the history of political violence*. Manchester, UK: Manchester University Press.
Bergh, Andreas. 2011. "The rise, fall and revival of the Swedish welfare state: what are the policy lessons from Sweden?" IFN Working Paper No. 871.
Bergh, Andreas, and Henrekson, Magnus. 2011. "Government size and growth: a survey and interpretation of the evidence." *Journal of Economic Surveys* 25: 872–897.
Bergh, Andreas, and Nilsson, Therese. 2010. "Do liberalization and globalization increase income inequality?" *European Journal of Political Economy* 26: 488–505.
Berkowitz, Edward, and McQuaid, Kim. 1988. *Creating the welfare state: the political economy of twentieth-century reform*. 2nd ed. New York: Praeger.
Bernhardt, Kathryn. 1992. *Rents, taxes, and peasant resistance: the Lower Yangzi region, 1840–1950*. Stanford, CA: Stanford University Press.
Bertelsmann Stiftung. 2012. *BTI 2012—Cuba country report*. Gütersloh, Germany: Bertelsmann Stiftung.
Bértola, Luis, Castelnuovo, Cecilia, Rodríguez, Javier, and Willebald, Henry. 2009. "Income distribution in the Latin American Southern Cone during the first globalization boom and beyond." *International Journal of Comparative Sociology* 50: 452–485.
Bértola, Luis, and Ocampo, José Antonio. 2012. *The economic development of Latin America since independence*. Oxford: Oxford University Press.
Besley, Timothy, and Persson, Torsten. 2014. "Why do developing countries tax so little?" *Journal of Economic Perspectives* 28 (4): 99–120.
Beveridge, Sir William. 1942. *Social insurance and allied services*. London: His Majesty's Stationery Office.
Biehl, Peter F., and Marciniak, Arkadiusz. 2000. "The construction of hierarchy: rethinking the Copper Age in southeastern Europe." In Diehl, Michael W., ed., *Hierarchies in action: cui bono?* Center for Archaeological Investigations, Occasional Paper No. 27: 181–209.
Bircan, Cagatay, Brück, Tilman, and Vothknecht, Marc. 2010. "Violent conflict and inequality." DIW Berlin Discussion Paper No. 1013.
Bivens, Josh, and Mishel, Lawrence. 2013. "The pay of corporate executives and financial professionals as evidence of rents in top 1 percent incomes." *Journal of Economic Perspectives* 27: 57–77.
Björklund, Anders, and Jäntti, Markus. 2009. "Intergenerational income mobility and the role of family background." In Salverda, Nolan, and Smeeding, eds. 2009: 491–521.
Blanton, Richard. 1998. "Beyond centralization: steps toward a theory of egalitarian behavior in archaic states." In Feinman, Gary M., and Marcus, Joyce, eds., *Archaic states*. Santa Fe: School of American Research, 135–172.
Blanton, Richard, and Fargher, Lane. 2008. *Collective action in the formation of pre-modern states*. New York: Springer.
Blanton, Richard E., Kowalewski, Stephen A., Feinman, Gary M., and Finsten, Laura M. 1993. *Ancient Mesoamerica: a comparison of change in three regions*. 2nd ed. Cambridge, UK: Cambridge University Press.
Blickle, Peter. 1983. *Die Revolution von 1525*. 2nd ed. Munich: Oldenbourg.
Blickle, Peter. 1988. *Unruhen in der ständischen Gesellschaft 1300–1800*. Munich: Oldenbourg.
Blum, Jerome. 1957. "The rise of serfdom in Eastern Europe." *American Historical Review* 62: 807–836.
Blume, Lawrence E., and Durlauf, Steven N. 2015. "*Capital in the twenty-first century*: a review essay." *Journal of Political Economy* 123: 749–777.
Bodde, Derk. 1986. "The state and empire of Ch'in." In Twitchett and Loewe, eds. 1986: 20–102.
Boehm, Christopher. 1999. *Hierarchy in the forest: the evolution of egalitarian behavior*. Cambridge, MA: Harvard University Press.
Boix, Carles. 2015. *Political order and inequality: their foundation and their consequences for human welfare*. Cambridge, UK: Cambridge University Press.
Boix, Carles, and Rosenbluth, Frances. 2014. "Bones of contention: the political economy of height inequality." *American Political Science Review* 108: 1–22.
Bonica, Adam, McCarty, Nolan, Poole, Keith T., and Rosenthal, Howard. 2013. "Why hasn't democracy slowed rising inequality?" *Journal of Economic Perspectives* 27: 103–123.

Bonnet, Odran, Bono, Pierre-Henri, Chapelle, Guillaume, and Wasmer, Etienne. 2014. "Does housing capital contribute to inequality? A comment on Thomas Piketty's *Capital in the 21st century*." SciencesPo, Department of Economics, Discussion Paper 2014-07.

Bordo, Michael D., and Meissner, Christopher M. 2011. "Do financial crises always raise inequality? Some evidence from history." Working paper.

Borgerhoff Mulder, Monique, et al. 2009. "Intergenerational wealth transmission and the dynamics of inequality in small-scale societies." *Science* 326: 682–688, with supporting online material at www.sciencemag.org/cgi/content/full/326/5953/682/DC1.

Borsch, Stuart J. 2005. *The Black Death in Egypt and England: a comparative study*. Austin: University of Texas Press.

Boserup, Ester. 1965. *The conditions of agricultural growth: the economics of agrarian change under population pressure*. London: Allen and Unwin.

Boserup, Ester. 1981. *Population and technological change: a study of long-term trends*. Chicago: University of Chicago Press.

Bostrom, Nick. 2003. "Human genetic enhancements: a transhumanist perspective." *Journal of Value Inquiry* 37: 493–506.

Bostrom, Nick. 2014. *Superintelligence: paths, dangers, strategies*. Oxford: Oxford University Press.

Bosworth, Barry, Burtless, Gary, and Zhang, Kan. 2016. "Later retirement, inequality in old age, and the growing gap in longevity between rich and poor." Washington, DC: Brookings Institution.

Bourguignon, Francois. 2015. *The globalization of inequality*. Princeton, NJ: Princeton University Press.

Bower, John M. 2001. *The politics of "Pearl": court poetry in the age of Richard II*. Woodbridge, UK: Boydell and Brewer.

Bowles, Samuel. 2006. "Group competition, reproductive leveling and the evolution of human altruism." *Science* 314: 1569–1572.

Bowles, Samuel. 2012a. *The new economics of inequality and redistribution*. Cambridge, UK: Cambridge University Press.

Bowles, Samuel. 2012b. "Warriors, levelers, and the role of conflict in human social evolution." *Science* 336: 876–879.

Bowles, Samuel. 2015. "Political hierarchy, economic inequality & the first Southwest Asian farmers." SFI Working Paper 2015-06-015.

Bowles, Samuel, and Choi, Jung-Kyoo. 2013. "Coevolution of farming and private property during the early Holocene." *Proceedings of the National Academy of Sciences* 110: 8830–8835.

Bowles, Samuel, and Gintis, Herbert. 2002. "The inheritance of inequality." *Journal of Economic Perspectives* 16: 3–30.

Bowman, Alan K. 1985. "Landholding in the Hermopolite nome in the fourth century AD." *Journal of Roman Studies* 75: 137–163.

Bracken, Paul. 2012. *The second nuclear age: strategy, danger, and the new power politics*. New York: Times Books.

Brady, David, and Finnigan, Ryan. 2014. "Does immigration undermine public support for social policy?" *American Sociological Review* 79: 17–42.

Brandolini, Andrea, and Smeeding, Timothy M. 2009. "Income inequality in richer and OECD countries." In Salverda, Nolan, and Smeeding, eds. 2009: 71–100.

Brandolini, Andrea, and Vecchi, Giovanni. 2011. "The well-being of Italians: a comparative historical approach." Quaderni di Storia Economica (Economic History Working Papers), No. 19.

Brandt, Loren, and Sands, Barbara. 1992. "Land concentration and income distribution in Republican China." In Rawski, Thomas G., and Li, Lillian M., eds., *Chinese history in economic perspective*. Berkeley: University of California Press, 179–207.

Brenner, Y. S., Kaelble, Hartmut, and Thomas, Mark, eds. 1991. *Income distribution in historical perspective*. Cambridge, UK: Cambridge University Press.

Briggs, Asa. 1961. "The welfare state in historical perspective." *European Journal of Sociology* 2: 221–258.

Britnell, Richard. 2004. *Britain and Ireland 1050–1500: economy and society*. Oxford: Oxford University Press.

Broadberry, Stephen, and Gupta, Bishnupriya. 2006. "The early modern great divergence: wages, prices and economic development in Europe and Asia, 1500–1800." *Economic History Review* 59: 2–31.

Broadberry, Stephen, and Harrison, Mark, eds. 2005a. *The economics of World War I*. Cambridge, UK: Cambridge University Press.

Broadberry, Stephen, and Harrison, Mark. 2005b. "The economics of World War I: an overview." In Broadberry and Harrison, eds. 2005a: 3–40.

Broadberry, Stephen, and Howlett, Peter. 2005. "The United Kingdom during World War I: business as usual?" In Broadberry and Harrison, eds. 2005a: 206–234.

Brown, Peter. 2012. *Through the eye of a needle: wealth, the fall of Rome, and the making of Christianity in the West, 350–550 AD*. Princeton, NJ: Princeton University Press.

Brown, T. S. 1984. *Gentlemen and officers: imperial administration and aristocratic power in Byzantine Italy A.D. 554–800*. Rome: British School at Rome.

Brown, Kyle S., et al. 2012. "An early and enduring advanced technology originating 71,000 years ago in South Africa." *Nature* 491: 590–593.

Brownlee, W. Elliot. 2004. *Federal taxation in America: a short history*. 2nd ed. Washington, DC: Woodrow Wilson Center Press.

Brueckner, Markus, and Lederman, Daniel. 2015. "Effects of income inequality on aggregate output." World Bank Policy Discussion Paper No. 7317.

Brynjolfsson, Erik, and McAfee, Andrew. 2014. *The second machine age: work, progress, and prosperity in a time of brilliant technologies*. New York: Norton.

Buffett, Warren E. 2011. "Stop coddling the super-rich." *New York Times* August 15, 2011: A21.

Burbank, Jane, and Cooper, Frederick. 2010. *Empires in world history: geographies of power, politics of difference*. Princeton, NJ: Princeton University Press.

Burgers, Peter. 1993. "Taxing the rich: confiscation and the financing of the Claudian Principate (AD 41–54)." *Laverna* 4: 55–68.

Byrne, Joseph P. 2006. *Daily life during the Black Death*. Westport, CT: Greenwood Press.

Campbell, Bruce M. S. 2008. "Benchmarking medieval economic development: England, Wales, Scotland, and Ireland, c. 1290." *Economic History Review* 61: 896–945.

Campos-Vazquez, Raymundo, and Sobarzo, Horacio. 2012. *The development and fiscal effects of emigration on Mexico*. Washington, DC: Migration Policy Institute.

Canbakal, Hülya. 2012. "Wealth and inequality in Ottoman Bursa, 1500–1840." Conference paper for "New perspectives in Ottoman economic history," Yale University, November 9–10, 2012.

Canbakal, Hülya, and Filiztekin, Alpay. 2013. "Wealth and inequality in Ottoman lands in the early modern period." Conference paper for "AALIMS—Rice University conference on the political economy of the Muslim world," April 4–5, 2013.

Card, David. 2009. "Immigration and inequality." *American Economic Review* 99: 1–21.

Carneiro, Robert L. 1970. "A theory of the origin of the state." *Science* 169: 733–738.

Carneiro, Robert L. 1988. "The circumscription theory: challenge and response." *American Behavioral Scientist* 31: 497–511.

Cartledge, Paul, and Spawforth, Antony. 1989. *Hellenistic and Roman Sparta: a tale of two cities*. London: Routledge.

Cederman, Lars-Erik, Weidmann, Nils B., and Skrede, Kristian. 2011. "Horizontal inequalities and ethnonationalist civil war: a global comparison." *American Political Science Review* 105: 478–495.

Center for Genetics and Society. 2015. "Extreme genetic engineering and the human future: reclaiming emerging biotechnologies for the common good." Center for Genetics and Society.

Cerman, Markus. 2012. *Villagers and lords in Eastern Europe, 1300–1800*. Basingstoke, UK: Palgrave Macmillan.

Champlin, Edward. 1980. "The Volcei land register (*CIL* X 407)." *American Journal of Ancient History* 5: 13–18.

Cherry, John F., and Davis, Jack L. 2007. "An archaeological homily." In Galaty and Parkinson, eds. 2007b: 118–127.

Chetty, Raj, et al. 2014. "Is the United States still a land of opportunity? Recent trends in intergenerational mobility." *American Economic Review* 104: 141–147.
Christian, David. 2004. *Maps of time: an introduction to Big History*. Berkeley: University of California Press.
Ch'ü, T'ung-tsu. 1972. *Han social structure*. Seattle: University of Washington Press.
Church, George, and Regis, Ed. 2014. *Regenesis: how synthetic biology will reinvent nature and ourselves*. New York: Basic Books.
Cingano, Federico. 2014. "Trends in income inequality and its impact on economic growth." OECD Social, Employment and Migration Working Papers No. 163.
Cioffi-Revilla, Claudio, Rogers, J. Daniel, Wilcox, Steven P., and Alterman, Jai. 2011. "Computing the steppes: data analysis for agent-based models of polities in Inner Asia." In Brosseder, Ursula, and Miller, Bryan K., eds., *Xiongnu archaeology: multidisciplinary perspectives of the first steppe empire in Inner Asia*. Bonn, Germany: Rheinische Friedrich-Wilhelms-Universität Bonn, 97–110.
Claessen, Henry J. M., and Skalník, Peter. 1978a. "The early state: models and reality." In Claessen and Skalník, eds. 1978b: 637–650.
Claessen, Henry J. M., and Skalník, Peter, eds. 1978b. *The early state*. The Hague: De Gruyter.
Clark, Andrew E., and D'Ambrosio, Conchita. 2015. "Attitudes to income inequality: experimental and survey evidence." In Atkinson and Bourguignon, eds. 2015: 1147–1208.
Clark, Gregory. 2007a. *A farewell to alms: a brief economic history of the world*. Princeton, NJ: Princeton University Press.
Clark, Gregory. 2007b. "The long march of history: farm wages, population, and economic growth, England 1209–1869." *Economic History Review* 60: 97–135.
Clark, Gregory. 2014. *The son also rises: surnames and the history of social mobility*. Princeton, NJ: Princeton University Press.
Clarke, Walter S., and Gosende, Robert. 2003. "Somalia: can a collapsed state reconstitute itself?" In Rotberg, Robert I., ed,. *State failure and state weakness in a time of terror*. Washington, DC: Brookings Institution Press, 129–158.
Clausewitz, Carl von. 1976. *On war*. Trans. Peter Paret and Michael Howard. Princeton, NJ: Princeton University Press.
Cline, Eric C. 2014. *1177 B.C.: the year civilization collapsed*. Princeton, NJ: Princeton University Press.
Cobham, Alex, and Sumner, Andy. 2014. "Is inequality all about the tails? The Palma measure of income inequality." *Significance* 11 (1): 10–13.
Coe, Michael D. 2003. *Angkor and the Khmer civilization*. New York: Thames and Hudson.
Coe, Michael D. 2005. *The Maya*. 7th ed. New York: Thames and Hudson.
Cohen, Joel. 1995. *How many people can the earth support?* New York: W. W. Norton.
Cohen, Ronald. 1978. "State origins: a reappraisal." In Claessen and Skalník, eds. 1978b: 31–75.
Cohn, Samuel K., Jr. 2004. *Popular protest in late medieval Europe: Italy, France, and Flanders*. Manchester, UK: Manchester University Press.
Cohn, Samuel K., Jr. 2006. *Lust for liberty. The politics of social revolt in medieval Europe, 1200–1425: Italy, France, and Flanders*. Cambridge, MA: Harvard University Press.
Coleman, David. 2006. "Immigration and ethnic change in low-fertility countries: a third demographic transition." *Population and Development Review* 32: 401–446.
Collier, Paul, and Hoeffler, Anke. 2004. "Greed and grievance in civil war." *Oxford Economic Papers* 56: 563–595.
Collins, Chuck, and Hoxie, Josh. 2015. "Billionaire bonanza: the Forbes 400…and the rest of us." Washington, DC: Institute for Policy Studies.
Conyon, Martin J., He, Lerong, and Zhou, Xin. 2015. "Star CEOs or political connections? Evidence from China's publicly traded firms." *Journal of Business Finance and Accounting* 42: 412–443.
Cook, Noble David. 1998. *Born to die: disease and the New World conquest, 1492–1650*. Cambridge, UK: Cambridge University Press.
Cooney, Kathlyn M. 2011. "Changing burial practices at the end of the New Kingdom: defensive adaptations in tomb commissions, coffin commissions, coffin decoration, and mummification." *Journal of the American Research Center in Egypt* 47: 3–44.

Corak, Miles. 2013. "Income inequality, equality of opportunity, and intergenerational mobility." *Journal of Economic Perspectives* 27: 79–102.
Cornia, Giovanni Andrea, ed. 2014a. *Falling inequality in Latin America: policy changes and lessons*. Oxford: Oxford University Press.
Cornia, Giovanni Andrea. 2014b. "Inequality trends and their determinants: Latin America over the period 1990–2010." In Cornia, ed. 2014a: 23–48.
Cornia, Giovanni Andrea. 2014c. "Recent distributive changes in Latin America: an overview." In Cornia, ed. 2014a: 3–22.
Courtois, Stéphane. 1999. "Introduction: the crimes of communism." In Courtois et al. 1999: 1–31.
Courtois, Stéphane, Werth, Nicolas, Panné, Jean-Louis, Paczkowski, Andrzej, Bartosek, Karel, and Margolin, Jean-Louis. 1999. *The black book of communism: crimes, terror, repression*. Cambridge, MA: Harvard University Press.
Cowell, Frank A., and Flachaire, Emmanuel. 2015. "Statistical methods for distributional analysis." In Atkinson and Bourguignon, eds. 2015: 359–465.
Cowen, Deborah. 2008. *Military workfare: the soldier and social citizenship in Canada*. Toronto: University of Toronto Press.
Cowgill, George. 2015. *Ancient Teotihuacan: early urbanism in central Mexico*. New York: Cambridge University Press.
Crafts, Nicholas, and Mills, Terence C. 2009. "From Malthus to Solow: how did the Malthusian economy really end?" *Journal of Macroeconomics* 31: 68–93.
Credit Suisse. 2014. *Global wealth report*. Zurich: Credit Suisse AG.
Credit Suisse. 2015. *Global wealth report*. Zurich: Credit Suisse AG.
Crivellaro, Elena. 2014. "College wage premium over time: trends in Europe in the last 15 years." Ca' Foscari University of Venice, Department of Economics, Working Paper No. 03/WP/2014.
Crone, Patricia. 2003. *Pre-industrial societies: anatomy of the pre-modern world*. 2nd ed. Oxford: Oneworld Publications.
Cronin, James E. 1991. *The politics of state expansion: war, state and society in twentieth-century Britain*. London: Routledge.
Crosby, Alfred. 1972. *The Columbian exchange: biological and cultural consequences of 1492*. Westport, CT: Westview Press.
Crosby, Alfred. 2004. *Ecological imperialism: the biological expansion of Europe, 900–1900*. 2nd ed. Cambridge, UK: Cambridge University Press.
Culbert, T. Patrick, ed. 1973. *The Classic Maya collapse*. Albuquerque: University of New Mexico Press.
Culbert, T. Patrick. 1988. "The collapse of classic Maya civilization." In Yoffee and Cowgill, eds. 1988: 69–101.
Dabla-Norris, Era, et al. 2015. "Causes and consequences of income inequality: a global perspective." IMF Staff Discussion Note.
D'Amuri, Francesco, and Peri, Giovanni. 2014. "Immigration, jobs, and employment protection: evidence from Europe before and after the Great Recession." *Journal of the European Economic Association* 12: 432–464.
Davies, John K. 1971. *Athenian propertied families, 600–300 B.C.* Oxford: Oxford University Press.
Davies, John K. 1981. *Wealth and the power of wealth in classical Athens*. New York: Ayer.
Davies, R. W. 1998. *Soviet economic development from Lenin to Khrushchev*. Cambridge, UK: Cambridge University Press.
Davis, Gerald F., and Kim, Suntae. 2015. "Financialization of the economy." *Annual Review of Sociology* 41: 203–221.
De Ferranti, David, Perry, Guillermo E., Ferreira, Francisco H. G., and Walton, Michael. 2004. *Inequality in Latin America: breaking with history?* Washington, DC: World Bank.
Deger-Jalkotzy, Sigrid. 2008. "Decline, destruction, aftermath." In Shelmerdine, ed. 2008: 387–416.
Deininger, Klaus, and Squire, Lyn. 1998. "New ways of looking at old issues: inequality and growth." *Journal of Development Economics* 57: 259–287.
De Jong, Herman. 2005. "Between the devil and the deep blue sea: the Dutch economy during World War I." In Broadberry and Harrison, eds. 2005a: 137–168.

De Ligt, Luuk, and Garnsey, Peter. 2012. "The album of Herculaneum and a model of the town's demography." *Journal of Roman Archaeology* 24: 69–94.

Dell, Fabien. 2005. "Top incomes in Germany and Switzerland over the twentieth century." *Journal of the European Economic Association* 3: 412–421.

Dell, F. 2007. "Top incomes in Germany throughout the twentieth century: 1891–1998." In Atkinson and Piketty, eds. 2007a: 365–425.

Dell, F., Piketty, F., and Saez, E. 2007. "Income and wealth concentration in Switzerland over the twentieth century." In Atkinson and Piketty, eds. 2007a: 472–500.

Demarest, Arthur A. 2006. *The Petexbatun regional archaeological project: a multidisciplinary study of the Maya collapse*. Nashville, TN: Vanderbilt University Press.

Demarest, Arthur A., Rice, Prudence M., and Rice, Don S., eds. 2004a. "The Terminal Classic in the Maya lowlands: assessing collapse, terminations, and transformations." In Demarest, Rice, and Rice, eds. 2004b: 545–572.

Demarest, Arthur A., Rice, Prudence M., and Rice, Don S., eds. 2004b. *The Terminal Classic in the Maya lowlands: collapse, transition, and transformation*. Boulder: University Press of Colorado.

Deng, Gang. 1999. *The premodern Chinese economy: structural equilibrium and capitalist sterility*. London: Routledge.

Department of State. 1946. *Occupation of Japan: policy and progress*. Washington, DC: U.S. Government Printing Office.

D'Errico, Francesco, and Vanhaeren, Marian. 2016. "Upper Palaeolithic mortuary practices: reflection of ethnic affiliation, social complexity, and cultural turnover." In Renfrew, Colin, Boyd, Michael J., and Morley, Iain, eds., *Death rituals, social order and the archaeology of immortality in the ancient world: "death shall have no dominion."* Cambridge, UK: Cambridge University Press, 45–64.

De Vries, Jan. 1984. *European urbanization, 1500–1800*. London: Methuen.

De Vries, Jan, and Van der Woude, Ad. 1997. *The first modern economy: success, failure, and perseverance of the Dutch economy, 1500–1815*. Cambridge, UK: Cambridge University Press.

Diamond, Jared. 1997. *Guns, germs, and steel: the fates of human societies*. New York: W. W. Norton.

Diamond, Jared. 2005. *Collapse: how societies choose to fail or succeed*. New York: Viking.

Dikötter, Frank. 2013. *The tragedy of liberation: a history of the Chinese revolution, 1945–1957*. New York: Bloomsbury.

Diskin, Martin. 1989. "El Salvador: reform prevents change." In Thiesenheusen, ed. 1989b: 429–450.

Dobado González, Rafael, and García Montero, Héctor. 2010. "Colonial origins of inequality in Hispanic America? Some reflections based on new empirical evidence." *Revista de Historia Económica* 28: 253–277.

Dobson, R. B. 1983. *The peasants' revolt of 1381*. 2nd ed. London: Macmillan.

Docquier, Frederic, Ozden, Caglar, and Peri, Giovanni. 2014. "The labour market effects of immigration and emigration in OECD countries." *Economic Journal* 124: 1106–1145.

Dols, Michael W. 1977. *The Black Death in the Middle East*. Princeton, NJ: Princeton University Press.

Dore, R. P. 1984. *Land reform in Japan*. London: Athlone Press.

Doyle, Michael. 1986. *Empires*. Ithaca: Cornell University Press.

Doyle, William. 2009. *Aristocracy and its enemies in the age of revolution*. Oxford: Oxford University Press.

Draper, Nicholas. 2010. *The price of emancipation: slave-ownership, compensation and British society at the end of slavery*. Cambridge, UK: Cambridge University Press.

Drexler, Madeline. 2009. *Emerging epidemics: the menace of new infections*. New York: Penguin.

Drinkwater, John F. 1992. "The bacaudae of fifth-century Gaul." In Drinkwater, John, and Elton, Hugh, eds., *Fifth-century Gaul: a crisis of identity?* Cambridge, UK: Cambridge University Press, 208–217.

Dubreuil, Benoît. 2010. *Human evolution and the origins of hierarchies: the state of nature*. Cambridge, UK: Cambridge University Press.

Duch, Raymond M., and Rueda, David. 2014. "Generosity among friends: population homogeneity, altruism and insurance as determinants of redistribution?" Working paper.

Dumke, Rolf. 1991. "Income inequality and industrialization in Germany, 1850–1913: the Kuznets hypothesis re-examined." In Brenner, Kaelble, and Thomas, eds. 1991: 117–148.

Duncan-Jones, Richard. 1982. *The economy of the Roman empire: quantitative studies*. 2nd ed. Cambridge, UK: Cambridge University Press.
Duncan-Jones, Richard. 1994. *Money and government in the Roman empire*. Cambridge, UK: Cambridge University Press.
Duncan-Jones, Richard P. 1996. "The impact of the Antonine plague." *Journal of Roman Archaeology* 9: 108–136.
Dunn, Alastair. 2004. *The peasants' revolt: England's failed revolution of 1381*. Stroud: Tempus.
Durevall, Dick, and Henrekson, Magnus. 2011. "The futile quest for a grand explanation of long-run government expenditure." *Journal of Public Economics* 95: 708–722.
Du Rietz, Gunnar, Henrekson, Magnus, and Waldenström, Daniel. 2012. "The Swedish inheritance and gift taxation, 1885–2004." IFN Working Paper 936.
Du Rietz, Gunnar, Johansson, Dan, and Stenkula, Mikael. 2013. "The evolution of Swedish labor income taxation in a 150-year perspective: an in-depth characterization." IFN Working Paper No. 977.
Du Rietz, Gunnar, Johansson, Dan, and Stenkula, Mikael. 2014. "A 150-year perspective on Swedish capital income taxation." IFN Working Paper No. 1004.
Dutton, Paul V. 2002. *Origins of the French welfare state*. Cambridge, UK: Cambridge University Press.
Dyer, Christopher. 1998. *Standards of living in the later Middle Ages: social change in England c. 1200–1520*. Rev. ed. Cambridge, UK: Cambridge University Press.
Easterly, William. 2007. "Inequality does cause underdevelopment: insights from a new instrument." *Journal of Development Economics* 84: 755–776.
Ebrey, Patricia. 1986. "The economic and social history of Later Han." In Twitchett and Loewe, eds. 1986: 608–648.
Economic Commission for Latin America and the Caribbean (ECLAC) 2015. *Latin America and the Caribbean in the world economy, 2015*. Santiago, Chile: United Nations.
Economist Intelligence Unit. 2014. "Economic challenges in Somaliland." http://country.eiu.com/Somalia/ArticleList/Updates/Economy.
Edo, Anthony, and Toubal, Farid. 2015. "Selective immigration policies and wages inequality." *Review of International Economics* 23: 160–187.
Ehrenreich, Robert M., Crumley, Carole L., and Levy, Janet E., eds. 1995. *Heterarchy and the analysis of complex societies*. Washington, DC: American Anthropological Association.
Eidelberg, Philip Gabriel. 1974. *The great Rumanian peasant revolt of 1907: origins of a modern jacquerie*. Leiden, Netherlands: Brill.
Eika, Lasse, Mogstad, Magne, and Zafar, Basit. 2014. "Educational assortative mating and household income inequality." Federal Reserve Bank of New York Staff Report No. 682.
Eisenstadt, Shmuel N. 1993. *The political systems of empires*. Pb. ed. New Brunswick: Transaction Publishers.
Elhaik, Eran, et al. 2014. "The 'extremely ancient' chromosome that isn't: a forensic investigation of Albert Perry's X-degenerate portion of the Y chromosome." *European Journal of Human Genetics* 22: 1111–1116.
Elton, Hugh. 2007. "Military forces." In Sabin, van Wees and Whitby, eds. 2007: 270–309.
Elvin, Mark. 1973. *The pattern of the Chinese past*. Stanford, CA: Stanford University Press.
Esmonde Cleary, Simon. 1989. *The ending of Roman Britain*. London: Routledge.
Estevez-Abe, Margarita. 2008. *Welfare and capitalism in postwar Japan: party, bureaucracy, and business*. Cambridge, UK: Cambridge University Press.
European Commission. 2007. *Europe's demographic future: facts and figures on challenges and opportunities*. Luxembourg: Office for Official Publications of the European Communities.
European Commission. 2013. "Demography and inequality: how Europe's changing population will impact on income inequality." http://europa.eu/epic/studies-reports/docs/eaf_policy_brief_-_demography_and_inequality_final_version.pdf.
European Commission. 2015. *The 2015 aging report: economic and budgetary projections for the 28 EU member states (2013–2060)*. Luxembourg: Publications Office of the European Union.
Faik, Jürgen. 2012. "Impacts of an ageing society on macroeconomics and income inequality—the case of Germany since the 1980s." ECINEQ Working Paper 2012-272.

Falkenhausen, Lothar von. 2006. *Chinese society in the age of Confucius (1000–250 BC): the archaeological evidence*. Los Angeles: Cotsen Institute of Archaeology.
Farber, Samuel. 2011. *Cuba since the revolution of 1959: a critical assessment*. Chicago: Haymarket Books.
Farris, William Wayne. 1993. *Heavenly warriors: the evolution of Japan's military, 500–1300*. Cambridge, MA: Harvard University Press.
Fearon, James D., and Laitin, David. 2003. "Ethnicity, insurgency, and civil war." *American Political Science Review* 97: 75–90.
Feinstein, Charles. 1988. "The rise and fall of the Williamson curve." *Journal of Economic History* 48: 699–729.
Ferguson, Niall. 1999. *The pity of war: explaining World War I*. New York: Basic Books.
Fernandez, Eva, and Santiago-Caballero, Carlos. 2013. "Economic inequality in Madrid, 1500–1840." Working paper. http://estructuraehistoria.unizar.es/personal/vpinilla/documents/ Fernandez_Santiago.pdf.
Figes, Orlando. 1997. *A people's tragedy: the Russian revolution 1891–1924*. London: Pimlico.
Findlay, Ronald, and Lundahl, Mats. 2006. "Demographic shocks and the factor proportion model: from the plague of Justinian to the Black Death." In Findlay, Ronald, Henriksson, Rolf G. H., Lindgren, Hakan, and Lundahl, Mats, eds., *Eli Heckscher, international trade, and economic history*. Cambridge, MA: MIT Press, 157–198.
Fine, John V. A. 1987. *The late medieval Balkans: a critical survey from the late twelfth century to the Ottoman conquest*. Ann Arbor: University of Michigan Press.
Finlayson, Bill, and Warren, Graeme M. 2010. *Changing natures: hunter-gatherers, first farmers and the modern world*. London: Duckworth.
Finseraas, Henning. 2012. "Poverty, ethnic minorities among the poor, and preferences for redistribution in European regions." *Journal of European Social Policy* 22: 164–180.
Fisher, Jonathan D., Johnson, David S., and Smeeding, Timothy M. 2013. "Measuring the trends in inequality of individuals and families: income and consumption." *American Economic Review* 103: 184–188.
Fitzgerald, F. Scott. 1926. "The rich boy." *Red Magazine* January/February 1926. http://gutenberg.net.au /fsf/THE-RICH-BOY.html.
Flakierski, Henryk. 1992. "Changes in income inequality in the USSR." In Aslund, Anders, ed., *Market socialism or the restoration of capitalism?* Cambridge, UK: Cambridge University Press, 172–193.
Flannery, Kent, and Marcus, Joyce. 2012. *The creation of inequality: how our prehistoric ancestors set the stage for monarchy, slavery, and empire*. Cambridge, MA: Harvard University Press.
Fochesato, Mattia, and Bowles, Samuel. 2015. "Nordic exceptionalism? Social democratic egalitarianism in world-historic perspective." *Journal of Public Economics* 127: 30–44.
Ford, Martin. 2015. *Rise of the robots: technology and the threat of a jobless future*. New York: Basic Books.
Formicola, Vincenzo. 2007. "From the Sungir children to the Romito dwarf: aspects of the Upper Paleolithic funerary landscape." *Current Anthropology* 48: 446–453.
Förster, Michael F., and Tóth, István György. 2015. "Cross-country evidence of the multiple causes of inequality changes in the OECD area." In Atkinson and Bourguignon, eds. 2015: 1729–1843.
Fortun Vargas, Jonathan M. 2012. "Declining inequality in Bolivia: how and why." MPRA Paper No. 41208.
Foster, Benjamin R. 2016. *The age of Agade: inventing empire in ancient Mesopotamia*. London: Routledge.
Fourquin, Guy. 1978. *The anatomy of popular rebellion in the Middle Ages*. Amsterdam: North-Holland.
Foxhall, Lin. 1992. "The control of the Attic landscape." In Wells, ed. 1992: 155–159.
Foxhall, Lin. 2002. "Access to resources in classical Greece: the egalitarianism of the polis in practice." In Cartledge, Paul, Cohen, Edward E., and Foxhall, Lin, eds., *Money, labour and land: approaches to the economies of ancient Greece*. London: Routledge, 209–220.
Frankema, Ewout. 2012. "Industrial wage inequality in Latin America in global perspective, 1900–2000." *Studies in Comparative International Development* 47: 47–74.
Frankfurt, Harry G. 2015. *On inequality*. Princeton, NJ: Princeton University Press.
Fraser, Derek. 2009. *The evolution of the British welfare state: a history of social policy since the Industrial Revolution*. Basingstoke, UK: Palgrave Macmillan.
Frazer, Garth. 2006. "Inequality and development across and within countries." *World Development* 34: 1459–1481.

Freeland, Chrystia. 2012. *Plutocrats: the rise of the new global super-rich and the fall of everyone else*. New York: Penguin.
Freeman, Richard B. 2009. "Globalization and inequality." In Salverda, Nolan, and Smeeding, eds. 2009: 575–598.
Freu, Christel. 2015. "Labour status and economic stratification in the Roman world: the hierarchy of wages in Egypt." *Journal of Roman Archaeology* 28: 161–177.
Frey, Carl Benedikt, and Osborne, Michael A. 2013. "The future of employment: how susceptible are jobs to computerization?" Oxford Martin School Working Paper.
Frier, Bruce W. 2001. "More is worse: some observations on the population of the Roman empire." In Scheidel, Walter, ed., *Debating Roman demography*. Leiden, Netherlands: Brill, 139–159.
Frydman, Carola, and Molloy, Raven. 2012. "Pay cuts for the boss: executive compensation in the 1940s." *Journal of Economic History* 72: 225–251.
Fuentes-Nieva, Ricardo, and Galasso, Nick. 2014. "Working for the few: political capture and economic inequality." Oxford: Oxfam.
Fuks, Alexander. 1984. *Social conflict in ancient Greece*. Jerusalem: Magnes Press.
Fukuyama, Francis. 2011. *The origins of political order: from prehuman times to the French Revolution*. New York: Farrar, Straus and Giroux.
Furceri, Davide, and Karras, Georgios. 2011. "Tax design in the OECD: a test of the Hines–Summers hypothesis." *Eastern Economic Journal* 37: 239–247.
Fussell, Paul. 1989. *Wartime: understanding and behavior in the Second World War*. New York: Oxford University Press.
Gabaix, Xabier, and Landier, Augustin. 2008. "Why has CEO pay increased so much?" *Quarterly Journal of Economics* 121: 49–100.
Gabaix, Xavier, Landier, Augustin, and Sauvagnat, Julien. 2014. "CEO pay and firm size: an update after the crisis." *Economic Journal* 124: F40–F59.
Galassi, Francesco, and Harrison, Mark. 2005. "Italy at war, 1915–1918." In Broadberry and Harrison, eds. 2005a: 276–309.
Galaty, Michael L., and Parkinson, William A. 2007a. "2007 introduction: Mycenaean palaces rethought." In Galaty and Parkinson, eds. 2007b: 1–17.
Galaty, Michael L., and Parkinson, William A., eds. 2007b. *Rethinking Mycenaean palaces II*. Rev. and exp. 2nd ed. Los Angeles: Cotsen Institute of Archaeology.
Gallagher, Thomas. 1982. *Paddy's lament: Ireland 1846–1847. Prelude to hatred*. San Diego, CA: Harcourt Brace.
García-Montero, Héctor. 2015. "Long-term trends in wealth inequality in Catalonia, 1400–1800: initial results." Dondena Working Paper No. 79.
Gärtner, Svenja, and Prado, Svante. 2012. "Inequality, trust and the welfare state: the Scandinavian model in the Swedish mirror." Working paper.
Gasparini, Leonardo, and Lustig, Nora. 2011. "The rise and fall of income inequality in Latin America." In Ocampo, José Antonio, and Ros, Jaime, eds., *The Oxford handbook of Latin American Economics*. New York: Oxford University Press, 691–714.
Gasparini, Leonardo, Cruces, Guillermo, and Tornarolli, Leopoldo. 2011. "Recent trends in income inequality in Latin America." *Economía* 11 (2): 147–190.
Gat, Azar. 2006. *War in human civilization*. Oxford: Oxford University Press.
Gatrell, Peter. 2005. *Russia's First World War: a social and economic history*. Harlow, UK: Pearson.
Geary, Frank, and Stark, Tom. 2004. "Trends in real wages during the Industrial Revolution: a view from across the Irish Sea." *Economic History Review* 57: 362–395.
Gellner, Ernest. 1983. *Nations and nationalism*. Ithaca, NY: Cornell University Press.
Giannecchini, Monica, and Moggi-Cecchi, Jacopo. 2008. "Stature in archaeological samples from Central Italy: methodological issues and diachronic changes." *American Journal of Physical Anthropology* 135: 284–292.
Giddens, Anthony. 1987. *The nation-state and violence: volume two of a contemporary critique of historical materialism*. Berkeley: University of California Press.

Gilens, Martin. 2012. *Affluence and influence: economic inequality and political power in America*. Princeton, NJ: Princeton University Press.

Gilmour, John. 2010. *Sweden, the swastika and Stalin: the Swedish experience in the Second World War*. Edinburgh: Edinburgh University Press.

Gilmour, John, and Stephenson, Jill, eds. 2013. *Hitler's Scandinavian legacy: the consequences of the German invasion for the Scandinavian countries, then and now*. London: Bloomsbury.

Gindling, T. H., and Trejos, Juan Diego. 2013. "The distribution of income in Central America." IZA Discussion Paper No. 7236.

Goetzmann, William N. 2016. *Money changes everything: how finance made civilization possible*. Princeton, NJ: Princeton University Press.

Goldin, Claudia, and Katz, Lawrence F. 2008. *The race between education and technology*. Cambridge, MA: Harvard University Press.

Goldin, Claudia, and Margo, Robert A. 1992. "The Great Compression: the wage structure in the United States at mid-century." *Quarterly Journal of Economics* 107: 1–34.

Goñi, Edwin, López, J. Humberto, and Servén, Luis. 2008. "Fiscal redistribution and income inequality in Latin America." World Bank Policy Research Paper No. 4487.

Goodin, Robert E., and Dryzek, Jon. 1995. "Justice deferred: wartime rationing and post-war welfare policy." *Politics and Society* 23: 49–73.

Goos, Maarten, and Manning, Alan. 2007. "Lousy and lovely jobs: the rising polarization of work in Britain." *Review of Economics and Statistics* 89: 118–133.

Gordon, Robert J. 2016. *The rise and fall of American growth: the U.S. standard of living since the Civil War*. Princeton, NJ: Princeton University Press.

Gottfried, Robert S. 1983. *The Black Death: natural and human disaster in medieval Europe*. New York: Free Press.

Graeber, David. 2011. *Debt: the first 5,000 years*. Brooklyn, NY: Melville House.

Grant, Oliver Wavell. 2002. "Does industrialisation push up inequality? New evidence on the Kuznets curve from nineteenth-century Prussian tax statistics." University of Oxford Discussion Papers in Economic and Social History, No. 48.

Gray, Lewis C. 1933. *History of agriculture in the southern United States to 1860*. Vol. I. Washington, DC: Carnegie Institution of Washington.

Greenwood, Jeremy, Guner, Nezih, Kocharkov, Georgi, and Santos, Cezar. 2014. "Marry your like: assortative mating and income inequality." *American Economic Review* 104: 348–353.

Gregory, Paul R. 1982. *Russian national income, 1885–1913*. New York: Cambridge University Press.

Grigg, David. 1980. *Population growth and agrarian change: an historical perspective*. Cambridge, UK: Cambridge University Press.

Grimnes, Ole Kristian. 2013. "Hitler's Norwegian legacy." In Gilmour and Stephenson, eds. 2013: 159–177.

Grogger, Jeffrey, and Hanson, Gordon H. 2011. "Income maximization and the selection and sorting of international migrants." *Journal of Development Economics* 95: 42–57.

Gross, Jean-Pierre. 1997. *Fair shares for all: Jacobin egalitarianism in practice*. Cambridge, UK: Cambridge University Press.

Grütter, Alfred. 1968. "Die eidgenössische Wehrsteuer, ihre Entwicklung und Bedeutung." PhD thesis, Zürich.

Guasti, Cesare, ed. 1880. *Il sacco di Prato e il ritorno de' Medici in Firenze nel MDXII*. Bologna, Italy: Gaetano Romagnoli.

Gurven, Michael, et al. 2010. "Domestication alone does not lead to inequality: intergenerational wealth transmission among agriculturalists." *Current Anthropology* 51: 49–64.

Gustafsson, Björn, and Johansson, Mats. 2003. "Steps toward equality: how and why income inequality in urban Sweden changed during the period 1925-1958." *European Review of Economic History* 7: 191–211.

Haas, Ain. 1993. "Social inequality in aboriginal North America: a test of Lenski's theory." *Social Forces* 72: 295–313.

Haber, Stephen. 2006. "The political economy of Latin American industrialization." In Bulmer-Thomas, Victor, Coatsworth, John, and Cortes Conde, Roberto, eds., *The Cambridge economic history of Latin America*. Vol. 2. *The long twentieth century*. Cambridge, UK: Cambridge University Press, 537–584.
Haber, Stephen. 2012. "Climate, technology, and the evolution of political and economic institutions." PERC Working Paper.
Haldon, John F. 1993. *The state and the tributary mode of production*. London: Verso.
Haldon, John F. 1997. *Byzantium in the seventh century: the transformation of a culture*. Rev. ed. Cambridge, UK: Cambridge University Press.
Hamilton, Malcolm B. 1989. *Democratic socialism in Britain and Sweden*. Basingstoke, UK: Macmillan Press.
Haney, Emil B., Jr., and Haney, Wava G. 1989. "The agrarian transition in Highland Ecuador: from precapitalism to agrarian capitalism in Chimborazo." In Thiesenheusen, ed. 1989b: 70–91.
Hansen, Mogens H. 1985. *Demography and democracy: the number of Athenian citizens in the fourth century B.C.* Herning, Denmark: Systime.
Hansen, Mogens H. 1988. *Three studies in Athenian demography*. Copenhagen: Royal Danish Academy of Sciences and Letters.
Hansen, Mogens H., ed. 2000. *A comparative study of thirty city-state cultures: an investigation conducted by the Copenhagen Polis Centre*. Copenhagen: Royal Danish Academy of Sciences and Letters.
Hansen, Mogens H. 2006a. *Polis: an introduction to the ancient Greek city-state*. Oxford: Oxford University Press.
Hansen, Mogens H. 2006b. *The shotgun method: the demography of the ancient Greek city-state culture*. Columbia: University of Missouri Press.
Hansen, Mogens H., and Nielsen, Thomas H., eds. 2004. *An inventory of archaic and classical poleis*. Oxford: Oxford University Press.
Hanus, Jord. 2013. "Real inequality in the early modern Low Countries: the city of 's-Hertogenbosch, 1500–1660." *Economic History Review* 66: 733–756.
Hanushek, Eric A., Schwerdt, Guido, Wiederhold, Simon, and Woessmann, Ludger. 2013. "Returns to skills around the world: evidence from PIAAC." NBER Working Paper No. 19762.
Hara, Akira. 1998. "Japan: guns before rice." In Harrison, ed. 1998b: 224–267.
Hara, Akira. 2003. "Wartime controls." In Nakamura and Odaka, eds. 2003a: 247–286.
Harari, Yuval Noah. 2015. "Upgrading inequality: will rich people become a superior biological caste?" *The World Post* February 4, 2015. http://www.huffingtonpost.com/dr-yuval-noah-harari/inequality-rich-superior-biological_b_5846794.html.
Hardoon, Deborah, Ayele, Sophia, and Fuentes-Nieva, Ricardo. 2016. "An economy for the 1%: how privilege and power in the economy drive extreme inequality and how this can be stopped." Oxford: Oxfam GB.
Harper, Kyle. 2015a. "Landed wealth in the long term: patterns, possibilities, evidence." In Erdkamp, Paul, Verboven, Koenraad, and Zuiderhoek, Arjan, eds., *Ownership and exploitation of land and natural resources in the Roman world*. Oxford: Oxford University Press, 43–61.
Harper, Kyle. 2015b. "Pandemics and passages to late antiquity: rethinking the plague of c. 249–270 described by Cyprian." *Journal of Roman Archaeology* 28: 223–260.
Harris, John. 2010. *Enhancing evolution: the ethical case for making better people*. Princeton, NJ: Princeton University Press.
Harrison, Mark. 1998a. "The economics of World War II: an overview." In Harrison, ed. 1998b: 1–42.
Harrison, Mark, ed. 1998b. *The economics of World War II: six great powers in international comparison*. Cambridge, UK: Cambridge University Press.
Hartung, J. 1898. "Die direkten Steuern und die Vermögensentwicklung in Augsburg von der Mitte des 16. bis zum 18. Jahrhundert." *Jahrbuch für Gesetzgebung, Verwaltung und Volkswirtschaft im Deutschen Reich* 22 (4): 166–209.
Hashim, Alice B. 1997. *The fallen state: dissonance, dictatorship and death in Somalia*. Lanham, MD: University Press of America.
Hashimoto, Jurô. 2003. "The rise of big business." In Nakamura and Odaka, eds. 2003a: 190–222.
Hatzfeld, Jean. 2005. *Machete season: the killers in Rwanda speak*. New York: Farrar, Straus and Giroux.

Hautcoeur, Pierre-Cyrille. 2005. "Was the Great War a watershed? The economics of World War I in France." In Broadberry and Harrison, eds. 2005a: 169–205.

Hayami, Akira. 2004. "Introduction: the emergence of 'economic society.'" In Hayami, Saitô, and Toby, eds. 2004: 1–35.

Hayami, Akira, Saitô, Osamu, and Toby, Ronald P. 2004. *The economic history of Japan: 1600–1990*. Vol. 1. *Emergence of economic society in Japan, 1600–1859*. Oxford: Oxford University Press.

Hegyi, Géza, Néda, Zoltán, and Santos, Maria Augusta. 2005. "Wealth distribution of Pareto's law in the Hungarian medieval society." *arXiv*. http://arxiv.org/abs/physics/0509045.

Henken, Ted A., Celeya, Miriam, and Castellanos, Dimas, eds. 2013. *Cuba*. Santa Barbara, CA: ABC-CLIO.

Henrekson, Magnus, and Waldenström, Daniel. 2014. "Inheritance taxation in Sweden, 1885–2004: the role of ideology, family firms and tax avoidance." IFN Working Paper 1032.

Henshilwood, Christopher S., et al. 2001. "An early bone tool industry from the Middle Stone Age at Blombos Cave, South Africa: implications for the origins of modern human behavior, symbolism and language." *Journal of Human Evolution* 41: 631–678.

Hernani-Limarino, Werner L., and Eid, Ahmed. 2013. "Unravelling declining income inequality in Bolivia: do government transfers matter?" Working paper.

Higham, Tom, et al. 2007. "New perspectives on the Varna cemetery (Bulgaria)—AMS dates and social implications." *Antiquity* 81: 640–654.

Hilton, Rodney. 1973. *Bond men made free: medieval peasant movements and the English rising of 1381*. London: Temple Smith.

Hilton, R. H., and Aston, T. H., eds. 1984. *The English rising of 1381*. Cambridge, UK: Cambridge University Press.

Hines, James R., Jr. 2006. "Will social welfare expenditures survive tax competition?" *Oxford Review of Economic Policy* 22: 330–348.

Hines, James R., Jr., and Summers, Lawrence H. 2009. "How globalization affects tax design." *Tax Policy and the Economy* 23: 123–158.

Hinton, William. 1966. *Fanshen: a documentary of revolution in a Chinese village*. New York: Monthly Review Press.

Ho, Hoang-Anh. 2013. "Not a destiny: ethnic diversity and redistribution examined." MSc thesis, University of Gothenburg.

Hodkinson, Stephen. 2000. *Property and wealth in classical Sparta*. London: Duckworth.

Hoffman, Philip T. 1996. *Growth in a traditional society: the French countryside, 1450–1850*. Princeton, NJ: Princeton University Press.

Hoffman, Philip T., Jacks, David S., Levin, Patricia A., and Lindert, Peter H. 2005. "Sketching the rise of real inequality in early modern Europe." In Allen, Robert C., Bengtsson, Tommy, and Dribe, Martin, eds., *Living standards in the past: new perspectives on well-being in Asia and Europe*. Oxford: Oxford University Press, 131–172.

Hoffner, Harry A. Jr. 1998. *Hittite myths*. 2nd ed. Atlanta: Scholars Press.

Hoggarth, Julie A., et al. 2016. "The political collapse of Chichén Itza in climatic and cultural context." *Global and Planetary Change* 138: 25–42.

Holtermann, Helge. 2012. "Explaining the development-civil war relationship." *Conflict Management and Peace Science* 29: 56–78.

Holtfrerich, Carl-Ludwig. 1980. *Die deutsche Inflation 1914–1923: Ursachen und Folgen in internationaler Perspektive*. Berlin: Walter de Gruyter.

Hooglund, Eric J. 1982. *Land and revolution in Iran, 1960–1980*. Austin: University of Texas Press.

Hopkins, Keith. 1978. *Conquerors and slaves: sociological studies in Roman history 1*. Cambridge, UK: Cambridge University Press.

Hopkins, Keith. 2002. "Rome, taxes, rents, and trade" (1995/96). In Scheidel, Walter, and von Reden, Sitta, eds., *The ancient economy*. Edinburgh: Edinburgh University Press, 190–230.

Horden, Peregrine. 2005. "Mediterranean plague in the age of Justinian." In Mass, Michael, ed. *The Cambridge companion to the age of Justinian*. Cambridge, UK: Cambridge University Press, 134–160.

Horn, Jeff. 2015. "Lasting economic structures: successes, failures, legacies." In Andress, ed. 2015: 607–624.
Horrox, Rosemary, trans. and ed. 1994. *The Black Death*. Manchester, UK: Manchester University Press.
Hossmann, Iris, et al. 2008. "Europe's demographic future: growing imbalances." Berlin: Berlin Institute for Population and Development.
Hsu, Cho-yun. 1965. *Ancient China in transition: an analysis of social mobility, 722–222 B.C*. Stanford, CA: Stanford University Press.
Hsu, Cho-yun. 1980. *Han agriculture: the formation of early Chinese agrarian economy (206 B.C.–A.D. 220)*. Seattle: University of Washington Press.
Huber, John D., Ogorzalek, Thomas K., and Gore, Radhika. 2012. "Democracy, targeted redistribution and ethnic inequality." Working paper.
Hudson, Michael. 1993. "The lost tradition of biblical debt cancellations." http://michael-hudson.com/wp-content/uploads/2010/03/HudsonLostTradition.pdf.
Hudson, Michael. 1996a. "Privatization: a survey of the unresolved controversies." In Hudson and Levine, eds. 1996: 1–32.
Hudson, Michael. 1996b. "The dynamics of privatization, from the Bronze Age to the present." In Hudson and Levine, eds. 1996: 33–72.
Hudson, Michael. 1996c. "Early privatization and its consequences." In Hudson and Levine, eds. 1996: 293–308.
Hudson, Michael, and Levine, Baruch, eds. 1996. *Privatization in the Ancient Near East and classical world*. Cambridge, MA: Peabody Museum of Archaeology and Ethnology, Harvard University.
Hudson, Michael, and Van De Mieroop, Marc, eds. 2002. *Debt and economic renewal in the Ancient Near East*. Bethesda, MD: CDL.
Human development report. 2014. *Human development report 2014. Sustaining human progress: reducing vulnerabilities and building resilience*. New York: United Nations Development Programme.
Hungerford, Thomas L. 2013. "Changes in income inequality among U.S. tax filers between 1991 and 2006: the role of wages, capital income, and taxes." SSRN Working Paper No. 2207372.
Jabbari, Eric. 2012. *Pierre Laroque and the welfare state in post-war France*. Oxford: Oxford University Press.
Jackson, R. V. 1987. "The structure of pay in nineteenth-century Britain." *Economic History Review* 40: 561–570.
Jackson, R. V. 1994. "Inequality of incomes and lifespans in England since 1688." *Economic History Review* 47: 508–524.
Jacobs, Harrison. 2015. "Here's the ridiculous loot that's been found with corrupt Chinese officials." *Business Insider* January 22, 2015.
Janowitz, Morris. 1976. *Social control of the welfare state*. Chicago: University of Chicago Press.
Jäntti, Markus, and Jenkins, Stephen P. 2015. "Income mobility." In Atkinson and Bourguignon, eds. 2015: 807–935.
Jäntti, M., Riihelä, M., Sullström, R., and Tuomala, M. 2010. "Trends in top income shares in Finland." In Atkinson and Piketty, eds. 2010: 371–447.
Janusek, John Wayne. 2004. *Identity and power in the ancient Andes: Tiwanaku cities through time*. New York: Routledge.
Jarvis, Lovell S. 1989. "The unraveling of Chile's agrarian reform, 1973–1986." In Thiesenheusen, ed. 1989b: 240–275.
Jaumotte, Florence, Lall, Subir, and Papageorgiou, Chris. 2013. "Rising income inequality: technology, or trade and financial globalization?" *IMF Economic Review* 61: 271–309.
Jaumotte, Florence, and Osorio Buitron, Carolina. 2015. "Inequality and labor market institutions." IMF Staff Discussion Note 15/14.
Jaworski, Taylor. 2009. "War and wealth: economic opportunity before and after the Civil War, 1850–1870." LSE Working Papers No. 114/09.
Jenkins, Stephen P., Brandolini, Andrea, Micklewright, John, and Nolan, Brian, eds. 2013. *The Great Recession and the distribution of household income*. Oxford: Oxford University Press.

Jenkins, Stephen P., and Van Kerm, Philippe. 2009. "The measurement of economic inequality." In Salverda, Nolan, and Smeeding, eds. 2009: 40–67.
Johnson, Allen W., and Earle, Timothy. 2000. *The evolution of human societies: from foraging group to agrarian state*. 2nd. Stanford, CA: Stanford University Press.
Johnson, Harold B. Jr. 2001. "Malthus confirmed? Being some reflections on the changing distribution of wealth and income in Portugal [1309–1789]." Working paper.
Jongman, Willem. 1988. *The economy and society of Pompeii*. Amsterdam: Gieben.
Jongman, Willem. 2006. "The rise and fall of the Roman economy: population, rents and entitlement." In Bang, Peter F., Ikeguchi, Mamoru, and Ziche, Hartmut G., eds., *Ancient economies, modern methodologies: archaeology, comparative history, models and institutions*. Bari, Italy: Edipuglia, 237–254.
Jordan, William C. 1996. *The great famine: northern Europe in the early fourteenth century*. Princeton, NJ: Princeton University Press.
Jursa, Michael. 2010. *Aspects of the economic history of Babylonia in the first millennium BC*. Münster, Germany: Ugarit-Verlag.
Jursa, Michael. 2015. "Economic growth and growing economic inequality? The case of Babylonia." Conference paper for "The haves and the have-nots: exploring the global history of wealth and income inequality," September 11, 2015, University of Vienna.
Justman, Moshe, and Gradstein, Mark. 1999. "The industrial revolution, political transition, and the subsequent decline in inequality in 19th-century Britain." *Explorations in Economic History* 36: 109–127.
Kaboski, Joseph P. 2005. "Supply factors and the mid-century fall in the skill premium." Working paper.
Kage, Rieko. 2010. "The effects of war on civil society: cross-national evidence from World War II." In Kier and Krebs, eds. 2010: 97–120.
Kaimowitz, David. 1989. "The role of decentralization in the recent Nicaraguan agrarian reform." In Thiesenhuesen, ed. 1989b: 384–407.
Kanbur, Ravi. 2015. "Globalization and inequality." In Atkinson and Bourguignon, eds. 2015: 1845–1881.
Kaplan, Steve N., and Rauh, Joshua. 2010. "Watt Street and Main Street: what contributes to the rise in the highest incomes?" *Review of Financial Studies* 23: 1004–1050.
Kaplan, Steven N., and Rauh, Joshua. 2013. "It's the market: the broad-based rise in return to top talent." *Journal of Economic Perspectives* 27 (3): 35–55.
Kapteijns, Lidwien. 2013. *Clan cleansing in Somalia: the ruinous legacy of 1991*. Philadelphia: University of Pennsylvania Press.
Kasza, Gregory J. 2002. "War and welfare policy in Japan." *Journal of Asian Studies* 61: 417–435.
Katajala, Kimmo, ed. 2004. *Northern revolts: medieval and early modern peasant unrest in the Nordic countries*. Helsinki: Finnish Literature Society.
Kautsky, John H. 1982. *The politics of aristocratic empires*. New Brunswick, NJ: Transaction Publishers.
Kawagoe, Toshihiko. 1993. "Land reform in postwar Japan." In Teranishi and Kosai, eds. 1993: 178–204.
Kawagoe, Toshihiko. 1999. "Agricultural land reform in postwar Japan: experiences and issues." World Bank Policy Research Working Paper No. 2111.
Kay, Philip. 2014. *Rome's economic revolution*. Oxford: Oxford University Press.
Kaymak, Baris, and Poschke, Markus. 2016. "The evolution of wealth inequality over half a century: the role of taxes, transfers and technology." *Journal of Monetary Economics* 77: 1–25.
Keister, Lisa A. 2014. "The one percent." *Annual Review of Sociology* 40: 347–367.
Keister, Lisa A., and Lee, Hang Y. 2014. "The one percent: top incomes and wealth in sociological research." *Social Currents* 1: 13–24.
Kelly, Robert L. 2013. *The lifeways of hunter-gatherers: the foraging spectrum*. New York: Cambridge University Press.
Kemp, Barry J. 1983. "Old Kingdom, Middle Kingdom and Second Intermediate Period, c. 2686–1552 BC." In Trigger, Bruce G., Kemp, Barry J., O'Connor, David, and Lloyd, Alan B., *Ancient Egypt: a social history*. Cambridge, UK: Cambridge University Press, 71–182.
Kennett, Douglas J., et al. 2012. "Development and disintegration of Maya political systems in response to climate change." *Science* 338: 788–791.

Kier, Elizabeth, and Krebs, Ronald, R., eds. 2010. *In war's wake: international conflict and the fate of liberal democracy*. Cambridge, UK: Cambridge University Press.

Klausen, Jytte. 1998. *War and welfare: Europe and the United States, 1945 to the present*. New York: St. Martin's Press.

Klein, Richard. 2009. *The human career: human biological and cultural origins*. 3rd ed. Chicago: University of Chicago Press.

Knapp, A. Bernhard, and Manning, Sturt W. 2015. "Crisis in context: the end of the Late Bronze Age in the Eastern Mediterranean." *American Journal of Archaeology* 120: 99–149.

Koeniger, Winfried, Leonardi, Marco, and Nunziata, Luca. 2007. "Labor market institutions and wage inequality." *Industrial and Labor Relations Review* 60: 340–356.

Koepke, Nicola, and Baten, Jörg. 2005. "The biological standard of living in Europe during the last two millennia." *European Review of Economic History* 9: 61–95.

Kolata, Alan. 1993. *The Tiwanaku: portrait of an Andean civilization*. Cambridge, MA: Blackwell.

Komlos, John, Hau, Michel, and Bourguinat, Nicolas. 2003. "An anthropometric history of early-modern France." *European Review of Economic History* 7: 159–189.

Kopczuk, Wojciech. 2015. "What do we know about the evolution of top wealth shares in the United States?" *Journal of Economic Perspectives* 29: 47–66.

Kopczuk, Wojciech, Saez, Emmanuel, and Song, Jae. 2010. "Earnings inequality and mobility in the United States: evidence from Social Security data since 1937." *Quarterly Journal of Economics* 125: 91–128.

Kott, Alexander, et al. 2015. "Visualizing the tactical ground battlefield in the year 2050: workshop report." US Army Research Laboratory ARL-SR-0327.

Kozol, Jonathan. 2005. *The shame of the nation: the restoration of apartheid schooling in America*. New York: Random House.

Kron, Geoffrey. 2011. "The distribution of wealth in Athens in comparative perspective." *Zeitschrift für Papyrologie und Epigraphik* 179: 129–138.

Kron, Geoffrey. 2014. "Comparative evidence and the reconstruction of the ancient economy: Greco-Roman housing and the level and distribution of wealth and income." In Callataÿ, Francois de, ed., *Quantifying the Greco-Roman economy and beyond*. Bari, Italy: Edipuglia, 123–146.

Kršljanin, Nina. 2016. "The land reform of the 1830s in Serbia: the impact of the shattering of the Ottoman feudal system." Conference paper for "Old and new words: the global challenges of rural history," Lisbon, January 27–30, 2016.

Kuehn, John T. 2014. *A military history of Japan: from the age of the Samurai to the 21st century*. Santa Barbara: ABC-CLIO.

Kuhn, Dieter. 2009. *The age of Confucian rule: the Song transformation of China*. Cambridge, MA: Harvard University Press.

Kuhn, Philip A. 1978. "The Taiping Rebellion." In Fairbank, John F., ed., *The Cambridge history of China*. Vol. 10. *Late Ch'ing, 1800–1911, Part I*. Cambridge, UK: Cambridge University Press, 264–317.

Kuhrt, Amélie. 1995. *The ancient Near East c. 3000–330 BC*. 2 vols. London: Routledge.

Kuroda, Masahiro. 1993. "Price and goods control in the Japanese postwar inflationary period." In Teranishi and Kosai, eds. 1993: 31–60.

Kuznets, Simon. 1955. "Economic growth and income inequality." *American Economic Review* 45: 1–28.

Labuda, Damian, Lefebvre, Jean-Francois, Nadeau, Philippe, and Roy-Gagnon, Marie-Hélène. 2010. "Female-to-male breeding ratio in modern humans—an analysis based on historical recombinations." *American Journal of Human Genetics* 86: 353–363.

Lakner, Christoph, and Milanovic, Branko. 2013. "Global income distribution: from the fall of the Berlin Wall to the Great Recession." World Bank Policy Research Working Paper No. 6719.

Larrimore, Jeff. 2014. "Accounting for United States household income inequality trends: the changing importance of household structure and male and female labor earnings inequality." *Review of Income and Wealth* 60: 683–701.

Laybourn, Keith. 1995. *The evolution of British social policy and the welfare state*. Keele, UK: Keele University Press.

Lee, Richard B. 1979. *The !Kung San: men, women, and work in a foraging society*. Cambridge, UK: Cambridge University Press.
Lee, Richard B. 1984. *The Dobe !Kung*. New York: Holt, Rinehart and Winston.
Lee, Ronald D. 1986a. "Malthus and Boserup: a dynamic synthesis." In Coleman, David, and Schofield, Roger, eds., *The state of population theory: forward from Malthus*. Oxford: Blackwell, 96–130.
Lee, Ronald D. 1986b. "Population homeostasis and English demographic history." In Rotberg, Robert I., and Rabb, Theodore K., eds., *Population and economy: population and history from the traditional to the modern world*. Cambridge, UK: Cambridge University Press, 75–100.
Leeson, Peter T. 2007. "Better off stateless: Somalia before and after government collapse." *Journal of Comparative Economics* 35: 689–710.
Leigh, Andrew. 2007. "How closely do top income shares track other measures of inequality?" *Economic Journal* 117: F619–F633.
Leigh, Andrew, Jencks, Christopher, and Smeeding, Timothy M. 2009. "Health and economic inequality." In Salverda, Nolan, and Smeeding, eds. 2009: 384–405.
Leitner, Ulrich. 2011. *Imperium: Geschichte und Theories eines politischen Systems*. Frankfurt, Germany: Campus Verlag.
Lemieux, Thomas. 2006. "Post-secondary education and increasing wage inequality." *American Economic Review* 96: 195–199.
Leonard, Carol S. 2011. *Agrarian reform in Russia: the road to serfdom*. New York: Cambridge University Press.
Le Roy Ladurie, Emmanuel. 1966. *Les paysans de Languedoc*. 2 vols. Paris: Mouton.
Levy, Frank, and Temin, Peter. 2007. "Inequality and institutions in 20th century America." NBER Working Paper No. 13106.
Lewis, Joanna. 2000. *Empire state-building: war and welfare in Kenya 1925–52*. Oxford: James Currey.
Lewis, Mark Edward. 1990. *Sanctioned violence in early China*. Albany: State University of New York Press.
Lewis, Mark Edward. 1999. "Warring States: political history." In Loewe, Michael, and Shaughnessy, Edward L., eds., *The Cambridge history of ancient China: from the origins to 211 B.C.* Cambridge, UK: Cambridge University Press, 587–650.
Lewis, Mark Edward. 2007. *The early Chinese empires: Qin and Han*. Cambridge, MA: Harvard University Press.
Lewis, Mark Edward. 2009a. *China between empires: the Northern and Southern dynasties*. Cambridge, MA: Harvard University Press.
Lewis, Mark Edward. 2009b. *China's cosmopolitan empire: the Tang dynasty*. Cambridge, MA: Harvard University Press.
Li, Feng. 2013. *Early China: a social and cultural history*. Cambridge, UK: Cambridge University Press.
Li, Shi. 2014. "Rising income and wealth inequality in China." http://unsdsn.org/wp-content/uploads/2014/05/TG03-SI-Event-LI-Shi-income-inequality.pdf.
Liang, Puping, et al. 2015. "CRISPR/Cas9-mediated gene editing in human tripronuclear zygotes." *Protein and Cell* 6: 363–372.
Lin, Ken-Hou, and Tomaskovic-Devey, Donald. 2013. "Financialization and US income inequality, 1970–2008." *American Journal of Sociology* 118: 1284–1329.
Lindert, Peter H. 1991. "Toward a comparative history of income and wealth inequality." In Brenner, Kaelble, and Thomas, eds. 1991: 212–231.
Lindert, Peter H. 2000a. "Three centuries of inequality in Britain and America." In Atkinson and Bourguignon, eds. 2000: 167–216.
Lindert, Peter H. 2000b. "When did inequality rise in Britain and America?" *Journal of Income Distribution* 9: 11–25.
Lindert, Peter H. 2004. *Growing public: social spending and economic growth since the eighteenth century*. 2 vols. Cambridge, UK: Cambridge University Press.
Lindert, Peter H. 2015. "Where has modern equality come from? Lucky and smart paths in economic history." Conference paper for "Unequal chances and unequal outcomes in economic history," All-UC Economic History Group/Caltech Conference, February 6–7, 2015.

Lindert, Peter H., and Williamson, Jeffrey G. 2014. "American colonial incomes, 1650–1774." NBER Working Paper 19861.
Lindert, Peter H., and Williamson, Jeffrey G. 2016. *Unequal gains: American growth and inequality since 1700*. Princeton, NJ: Princeton University Press.
Lindqvist, Erik, and Östling, Robert. 2013. "Identity and redistribution." *Public Choice* 155: 469–491.
Lindsay, Craig. 2003. "A century of labour market change: 1900 to 2000." Labour Market Trends 111 (3). www.statistics.gov.uk/downloads/theme_labour/LMT_March03_revised.pdf.
Link, Stefan. 1991. *Landverteilung und sozialer Frieden im archaischen Griechenland*. Stuttgart, Germany: Steiner.
Lipton, Michael. 2009. *Land reform in developing countries: property rights and property wrongs*. Abingdon, UK: Routledge.
Little, Lester K., ed. 2007. *Plague and the end of antiquity: the pandemic of 541–750*. Cambridge, UK: Cambridge University Press.
Livi Bacci, Massimo. 2008. *Conquest: the destruction of the American Indios*. Cambridge, UK: Polity Press.
Lo Cascio, Elio. 2001. "Recruitment and the size of the Roman population from the third to the first century BCE." In Scheidel, Walter, ed., *Debating Roman demography*. Leiden, Netherlands: Brill, 111–137.
Lo Cascio, Elio, ed. 2012. *L'impatto della "peste antonina."* Bari, Italy: Edipuglia.
Lodin, Sven-Olof. 2011. *The making of Swedish tax law: the development of the Swedish tax system*. Trans. Ken Schubert. Uppsala, Sweden: Iustus.
Loewe, Michael. 1986a. "The Former Han dynasty." In Twitchett and Loewe, eds. 1986: 103–222.
Loewe, Michael. 1986b. "Wang Mang, the restoration of the Han dynasty, and Later Han." In Twitchett and Loewe, eds. 1986: 223–290.
Lovejoy, Paul E. 2011. *Transformations in slavery: a history of slavery in Africa*. 3rd ed. New York: Cambridge University Press.
Lowe, Rodney. 1990. "The second world war, consensus, and the foundation of the welfare state." *Twentieth Century British History* 1: 152–182.
Lustig, Nora, Lopez-Calva, Luis F., and Ortiz-Juarez, Eduardo. 2012. "Declining inequality in Latin America in the 2000s: the cases of Argentina, Brazil, and Mexico." World Bank Policy Research Working Paper No. 6248.
Lustig, Nora, Lopez-Calva, Luis F., and Ortiz-Juarez, Eduardo. 2014. "Deconstructing the decline in inequality in Latin America." Working paper.
Lutz, Wolfgang, and Scherbov, Sergei. 2007. "The contribution of migration to Europe's demographic future: projections for the EU-25 to 2050." Laxenburg, Austria: International Institute for Applied Systems Analysis, IR-07-024.
Machin, Stephen. 2008. "An appraisal of economic research on changes in wage inequality." *Labour* 22: 7–26.
Maddison project. "Maddison project." http://www.ggdc.net/maddison/maddison-project/home.htm.
Magness, Phillip W., and Murphy, Robert P. 2015. "Challenging the empirical contribution of Thomas Piketty's *Capital in the twenty-first century*." *Journal of Private Enterprise* 30: 1–34.
Mahler, Vincent A. 2010. "Government inequality reduction in comparative perspective: a cross-national study of the developed world." *Polity* 42: 511–541.
Maisels, Charles K. 1990. *The emergence of civilization: from hunting and gathering to agriculture, cities, and the state in the Near East*. London: Routledge.
Malinen, Tuomas. 2012. "Estimating the long-run relationship between income inequality and economic development." *Empirical Economics* 42: 209–233.
Malthus, T. R. 1992. *An essay on the principle of population; or a view of its past and present effects on human happiness; with an inquiry into our prospects respecting the future removal or mitigation of the evils which it occasions*. Selected and introduced by Donald Winch using the text of the 1803 edition as prepared by Patricia James for the Royal Economic Society, 1990, showing the additions and corrections made in the 1806, 1807, 1817, and 1826 editions. Cambridge, UK: Cambridge University Press.
Mango, Cyril. 1985. *Le développement urbain de Constantinople (IVe-VIIe siècles)*. Paris: De Boccard.
Mansfield, Edward D., and Snyder, Jack. 2010. "Does war influence democratization?" In Kier and Krebs, eds. 2010: 23–49.

Mansvelt Beck, B. J. 1986. "The fall of Han." In Twitchett and Loewe, eds. 1986: 317–376.

Marean, Curtis W. 2014. "The origins and significance of coastal resource use in Africa and Western Eurasia." *Journal of Human Evolution* 77: 17–40.

Marean, Curtis W. 2015. "An evolutionary anthropological perspective on modern human origins." *Annual Review of Anthropology* 44: 533–556.

Margolin, Jean-Louis. 1999a. "Cambodia: a country of disconcerting crimes." In Courtois et al. 1999: 577–644.

Margolin, Jean-Louis. 1999b. "China: a long march into night." In Courtois et al. 1999: 463–546.

Markoff, John. 1996a. *The abolition of feudalism: peasants, lords and legislators in the French Revolution.* University Park: Pennsylvania State University Press.

Markoff, John. 1996b. *Waves of democracy: social movements and political change.* Thousand Oaks, CA: Pine Forge Press.

Marlowe, Frank W. 2010. *The Hadza: hunter-gatherers of Tanzania.* Berkeley: University of California Press.

Marwick, Arthur. 1988. "Conclusion." In Marwick, Arthur, ed. 1988. *Total war and social change.* Houndmills, UK: Macmillan Press, 119–125.

Marzagalli, Silvia. 2015. "Economic and demographic developments." In Andress, ed. 2015: 3–20.

Massey, Douglas S. 2007. *Categorically unequal: the American stratification system.* New York: Russell Sage Foundation.

Masson, Marilyn A., and Peraza Lope, Carlos. 2014. *Kukulcan's realm: urban life at ancient Mayapan.* Boulder: University Press of Colorado.

Mau, Steffen, and Burkhardt, Christoph. 2009. "Ethnic diversity and welfare state solidarity in Western Europe." *Journal of European Social Policy* 19: 213–229.

Mayer, Emanuel. 2012. *The ancient middle classes: urban life and aesthetics in the Roman empire, 100 BCE—250 CE.* Cambridge, MA: Harvard University Press.

Mayshar, Joram, Moav, Omer, Neeman, Zvika, and Pascali, Luigi. 2015. "Cereals, appropriability and hierarchy." Barcelona GSE Working Paper No. 842.

McCaa, Robert. 2000. "The peopling of Mexico from origins to revolution." In Haines, Michael R., and Steckel, Richard H., eds., *A population history of North America.* Cambridge, UK: Cambridge University Press, 241–304.

McCormick, Michael. 2015. "Tracking mass death during the fall of Rome's empire (I)." *Journal of Roman Archaeology* 28: 325–357.

McDougall, Ian, Brown, Francis H., and Fleagle, John G. 2005. "Stratigraphic placement and age of modern humans from Kibish, Ethiopia." *Nature* 433: 733–736.

McEvedy, Colin, and Jones, Richard. 1978. *Atlas of world population history.* New York: Penguin.

McKenzie, David, and Rapoport, Hillel. 2007. "Network effects and the dynamics of migration and inequality: theory and evidence from Mexico." *Journal of Development Economics* 84: 1–24.

Medeiros, Marcelo, and Ferreira de Souza, Pedro H. G. 2013. "The state and income inequality in Brazil." IRLE Working Paper No. 153–13.

Medeiros, Marcelo, and Ferreira de Souza, Pedro H. G. 2015. "The rich, the affluent and the top incomes." *Current Sociology Review* 63: 869–895.

Mehrotra, Ajay K. 2013. *Making the modern American fiscal state: law, politics, and the rise of progressive taxation, 1877–1929.* New York: Cambridge University Press.

Meloy, John L. 2004. "The privatization of protection: extortion and the state in the Circassian Mamluk period." *Journal of the Economic and Social History of the Orient* 47: 195–212.

Meyer, Bruce D., and Sullivan, James X. 2013. "Consumption and income inequality and the Great Recession." *American Economic Review* 103: 178–183.

Michelmore, Molly C. 2012. *Tax and spend: the welfare state, tax politics, and the limits of American liberalism.* Philadelphia: University of Pennsylvania Press.

Middleton, Guy D. 2010. *The collapse of palatial society in LBA Greece and the postpalatial period.* Oxford: Archaeopress.

Milanovic, Branko. 1997. *Income, inequality, and poverty during the transition from planned to market economy.* Washington, DC: World Bank.

Milanovic, Branko. 2005. *Worlds apart: measuring international and global inequality*. Princeton, NJ: Princeton University Press.
Milanovic, Branko. 2006. "An estimate of average income and inequality in Byzantium around year 1000." *Review of Income and Wealth* 52: 449–470.
Milanovic, Branko. 2010. "Income level and income inequality in the Euro-Mediterranean region: from the Principate to the Islamic conquest." MPRA Paper No. 46640.
Milanovic, Branko. 2012. "Global inequality recalculated and updated: the effect of new PPP estimates on global inequality and 2005 estimates." *Journal of Economic Inequality* 10: 1–18.
Milanovic, Branko. 2013. "The inequality possibility frontier: extensions and new applications." World Bank Policy Research Paper No. 6449.
Milanovic, Branko. 2015. "A note on 'maximum' US inequality." *globalinequality* December 19, 2015. http://glineq.blogspot.com/2015/12/a-note-on-maximum-us-inequality.html?m=1.
Milanovic, Branko. 2016. *Global inequality: a new approach for the age of globalization*. Cambridge, MA: Harvard University Press.
Milanovic, Branko, Lindert, Peter H., and Williamson, Jeffrey G. 2011. "Pre-industrial inequality." *Economic Journal* 121: 255–272.
Millar, Fergus. 1977. *The emperor in the Roman world (31 BC–AD 337)*. London: Duckworth.
Miller, Joseph C. 2012. *The problem of slavery as history: a global approach*. New Haven, CT: Yale University Press.
Millon, René. 1988. "The last years of Teotihuacan dominance." In Yoffee and Cowgill, eds. 1988: 102–164.
Minami, Ryoshin. 1998. "Economic development and income distribution in Japan: as assessment of the Kuznets hypothesis." *Cambridge Journal of Economics* 22: 39–58.
Mishel, Lawrence, Shierholz, Heidi, and Schmitt, John. 2013. "Don't blame the robots: assessing the job polarization explanation of growing wage inequality." Economic Policy Institute—Center for Economic and Policy Research, Working Paper.
Mithen, Steven. 2003. *After the ice: a global human history, 20,000–5000 BC*. Cambridge, MA: Harvard University Press.
Miwa, Ryôchi. 2003. "Postwar democratization and economic reconstruction." In Nakamura and Odaka, eds. 2003a: 333–370.
Miyamoto, Matayo. 2004. "Quantitative aspects of Tokugawa economy." In Hayami, Saitô, and Toby, eds. 2004: 36–84.
Miyazaki, Masayasu, and Itô, Osamu. 2003. "Transformation of industries in the war years." In Nakamura and Odaka, eds. 2003a: 287–332.
Modalsli, Jorgen. 2015. "Inequality in the very long run: inferring inequality from data on social groups." *Journal of Economic Inequality* 13: 225–247.
Moise, Edwin E. 1983. *Land reform in China and North Vietnam: consolidating the revolution at the village level*. Chapel Hill: University of North Carolina Press.
Mokyr, Joel, and Ó Gráda, Cormac. 1988. "Poor and getting poorer? Living standards in Ireland before the famine." *Economic History Review* 41: 209–235.
Mollat, Michel, and Wolff, Philippe. 1973. *The popular revolutions of the late Middle Ages*. London: Allen and Unwin.
Mollick, André Varella. 2012. "Income inequality in the U.S.: the Kuznets hypothesis revisited." *Economic Systems* 36: 127–144.
Monson, Andrew, and Scheidel, Walter, eds. 2015. *Fiscal regimes and the political economy of premodern states*. Cambridge, UK: Cambridge University Press.
Morelli, Salvatore, and Atkinson, Anthony B. 2015. "Inequality and crises revisited." *Economia Politica* 32: 31–51.
Morelli, Salvatore, Smeeding, Timothy, and Thompson, Jeffrey. 2015. "Post-1970 trends in within-country inequality and poverty: rich and middle-income countries." In Atkinson and Bourguignon, eds. 2015: 593–696.
Moriguchi, Chiaki, and Saez, Emmanuel. 2010. "The evolution of income concentration in Japan, 1886–2005: evidence from income tax statistics." In Atkinson and Piketty, eds. 2010: 76–170.

Morris, Ian. 1994. "The Athenian economy twenty years after *The Ancient Economy.*" *Classical Philology* 89: 351–366.

Morris, Ian. 2000. *Archaeology as cultural history: words and things in Iron Age Greece.* Malden, MA: Polity.

Morris, Ian. 2004. "Economic growth in ancient Greece." *Journal of Institutional and Theoretical Economics* 160: 709–742.

Morris, Ian. 2010. *Why the West rules—for now: the patterns of history, and what they reveal about the future.* New York: Farrar, Straus and Giroux.

Morris, Ian. 2013. *The measure of civilization: how social development decides the fate of nations.* Princeton, NJ: Princeton University Press.

Morris, Ian. 2014. *War! What is it good for? Conflict and the progress of civilization from primates to robots.* New York: Farrar, Straus and Giroux.

Morris, Ian. 2015. *Foragers, farmers, and fossil fuels: how human values evolve.* Princeton, NJ: Princeton University Press.

Morris, Ian, and Scheidel, Walter, eds. 2009. *The dynamics of ancient empires: state power from Assyria to Byzantium.* New York: Oxford University Press.

Morris, Marc. 2012. *The Norman conquest.* London: Hutchinson.

Morrison, Cécile, and Cheynet, Jean-Claude. 2002. "Prices and wages in the Byzantine world." In Laiou, Angeliki E., ed., *The economic history of Byzantium: from the seventh through the fifteenth century.* Washington, DC: Dumbarton Oaks Research Library and Collection, 815–878.

Morrison, Christian. 2000. "Historical perspectives on income distribution: the case of Europe." In Atkinson and Bourguignon, eds. 2000: 217–260.

Morrisson, Christian, and Snyder, Wayne. 2000. "The income inequality of France in historical perspective." *European Review of Economic History* 4: 59–83.

Moselle, Boaz, and Polak, Benjamin. 2001. "A model of a predatory state." *Journal of Law, Economics and Organization* 17: 1–33.

Motesharrei, Safa, Rivas, Jorge, and Kalnay, Eugenia. 2014. "Human and nature dynamics (HANDY): modeling inequality and the use of resources in the collapse or sustainability of societies." *Ecological Economics* 101: 90–102.

Motyl, Alexander J. 2001. *Imperial ends: the decay, collapse, and revival of empires.* New York: Columbia University Press.

Mouritsen, Henrik. 2015. "Status and social hierarchies: the case of Pompeii." In Kuhn, Annika B., ed., *Social status and prestige in the Graeco-Roman world.* Stuttgart, Germany: Steiner, 87–114.

Mousnier, Roland. 1970. *Peasant uprisings in seventeenth-century France, Russia, and China.* New York: Harper & Row.

Moyo, Sam. 2013. "Land reform and distribution in Zimbabwe since 1980." In Moyo and Chambati, eds. 2013b: 29–77.

Moyo, Sam, and Chambati, Walter. 2013a. "Introduction: roots of the Fast Track Land Reform." In Moyo and Chambati, eds. 2013b: 1–27.

Moyo, Sam, and Chambati, Walter, eds. 2013b. *Land and agrarian reform in Zimbabwe: beyond white-settler capitalism.* Dakar, Senegal: CODESRIA.

Mratschek-Halfmann, Sigrid. 1993. *Divites et praepotentes: Reichtum und soziale Stellung in der Literatur der Prinzipatszeit.* Stuttgart, Germany: Steiner.

Mubarak, Jamil. 1997. "The 'hidden hand' behind the resilience of the stateless economy in Somalia." *World Development* 25: 2027–2041.

Mulligan, Casey B., Gil, Ricard, and Sala-i-Martin, Xavier. 2004. "Do democracies have different public policies than nondemocracies?" *Journal of Economic Perspectives* 18: 51–74.

Murphey, Rhoads. 1999. *Ottoman warfare, 1500–1700.* New Brunswick, NJ: Rutgers University Press.

Murray, Charles. 2012. *Coming apart: the state of white America.* New York: Crown Forum.

Murray, Christopher J. L., et al. 2006. "Estimation of potential global pandemic influenza mortality on the basis of vital registry data from the 1918–20 pandemic: a quantitative analysis." *Lancet* 368: 2211–2218.

Murray, Sarah C. 2013. "Trade, imports, and society in early Greece: 1300–900 B.C.E." PhD thesis, Stanford University.

Nafziger, Steven, and Lindert, Peter. 2013. "Russian inequality on the eve of revolution." Working paper.
Nakamura, Takafusa. 2003. "The age of turbulence: 1937–1954." In Nakamura and Odaka, eds. 2003a: 55–110.
Nakamura, Takafusa, and Odaka, Kônosuke, eds. 2003a. *The economic history of Japan: 1600–1990.* Vol. 3. *Economic history of Japan 1914–1955. A dual structure.* Trans. Noah S. Brannen. Oxford: Oxford University Press.
Nakamura, Takafusa, and Odaka, Kônosuke. 2003b. "The inter-war period: 1914–37, an overview." In Nakamura and Odaka, eds. 2003a: 1–54.
National Military Strategy. 2015. "The national military strategy of the United States of America 2015: the United States' military contribution to national security." http://www.jcs.mil/Portals/36/Documents/Publications/2015_National_Military_Strategy.pdf.
Nau, Michael. 2013. "Economic elites, investments, and income inequality." *Social Forces* 92: 437–461.
Nawar, Abdel-Hameed. 2013. "Poverty and inequality in the non-income multidimensional space: a critical review in the Arab states." Working Paper No. 103. Brasília, Brazil: International Policy Centre for Inclusive Growth.
Neal, Larry, and Williamson, Jeffrey G., eds. 2014. *The Cambridge history of capitalism.* 2 vols. Cambridge, UK: Cambridge University Press.
Nenova, Tatiana, and Harford, Tim. 2005. "Anarchy and invention: how does Somalia's private sector cope without government?" World Bank: Findings No. 254.
Neveux, Hugues. 1997. *Les révoltes paysannes en Europe (XIVe-XVIIe siècle).* Paris: Albin Michel.
Newson, Linda A. 2006. "The demographic impact of colonization." In Bulmer-Thomas, V., Coatsworth, John H., and Conde, Roberto Cortes, eds., *The Cambridge economic history of Latin America.* Cambridge, UK: Cambridge University Press, 143–184.
Nguyen, Ngoc-Luu. 1987. "Peasants, party and revolution: the politics of agrarian transformation in Northern Vietnam, 1930–1975. PhD thesis, Amsterdam.
Nishikawa, Shunsaku, and Amano, Masatoshi. 2004. "Domains and their economic policies." In Hayami, Saitô, and Toby, eds. 2004: 247–267.
Noah, Timothy. 2012. *The great divergence: America's growing inequality crisis and what we can do about it.* New York: Bloomsbury Press.
Nolan, B. 2007. "Long-term trends in top income shares in Ireland." In Atkinson and Piketty, eds. 2007a: 501–530.
North, Douglass C., Wallis, John J., and Weingast, Barry R. 2009. *Violence and social orders: a conceptual framework for interpreting recorded human history.* New York: Cambridge University Press.
Nunn, Nathan, and Qian, Nancy. 2010. "The Columbian exchange: a history of disease, food, and ideas." *Journal of Economic Perspectives* 24: 163–188.
Ober, Josiah. 2015a. *The rise and fall of classical Greece.* Princeton, NJ: Princeton University Press.
Ober, Josiah. 2015b. "Classical Athens." In Monson and Scheidel, eds. 2015: 492–522.
Ober, Josiah. 2016. "Inequality in late-classical democratic Athens: evidence and models." Working paper.
Obinger, Herbert, and Schmitt, Carina. 2011. "Guns and butter? Regime competition and the welfare state during the Cold War." *World Politics* 63: 246–270.
Oded, Bustenay. 1979. *Mass deportations and deportees in the Neo-Assyrian empire.* Wiesbaden, Germany: Reichert.
O'Donnell, Owen, Van Doorslaer, Eddy, and Van Ourti, Tom. 2015. "Health and inequality." In Atkinson and Bourguignon, eds. 2015: 1419–1533.
OECD. 2010. *Economic policy reforms: going for growth.* Paris: OECD Publishing.
OECD. 2011. *Divided we stand: why inequality keeps rising.* Paris: OECD Publishing.
OECD. 2014. "Social expenditure update—social spending is falling in some countries, but in many others it remains at historically high levels." http://www.oecd.org/els/soc/OECD2014-Social-Expenditure-Update-Nov2014-8pages.pdf.
OECD. 2015. *In it together: why less inequality benefits all.* Paris: OECD Publishing.
Oechslin, Hanspeter. 1967. *Die Entwicklung des Bundessteuersystems der Schweiz von 1848 bis 1966.* Einsiedeln, Switzerland: Etzel.

Ó Gráda, Cormac. 1994. *Ireland: a new economic history, 1780–1939.* Oxford: Oxford University Press.
Ohlsson, Henry, Roine, Jesper, and Waldenström, Daniel. 2006. "Long run changes in the concentration of wealth: an overview of recent findings." WIDER Working Paper.
Ohlsson, Henry, Roine, Jesper, and Waldenström, Daniel. 2014. "Inherited wealth over the path of development: Sweden, 1810–2010." IFN Working Paper. 1033.
Ohtake, Fumio. 2008. "Inequality in Japan." *Asian Economic Policy Review* 3: 87–109.
Okazaki, Tetsuji. 1993. "The Japanese firm under the wartime planned economy." *Journal of the Japanese and International Economies* 7: 175–203.
Olson, Jan Marie, and Smith, Michael E. 2016. "Material expressions of wealth and social class at Aztec-period sites in Morelos, Mexico." *Ancient Mesoamerica* 27: 133–147.
Osborne, Robin. 1992. "'Is it a farm?' The definition of agricultural sites and settlements in ancient Greece." In Wells, ed. 1992: 21–27.
Oshima, Takayoshi. 2014. *Babylonian poems of pious sufferers:* Ludlul Bel Nemeqi *and the* Babylonian Theodicy. Tübingen, Germany: Mohr Siebeck.
Ostby, Gudrun. 2008. "Polarization, horizontal inequalities and violent civil conflict." *Journal of Peace Research* 45: 143–162.
Östling, Johan. 2013. "Realism and idealism. Swedish narratives of the Second World War: historiography and interpretation in the post-war era." In Gilmour and Stephenson, eds. 2013: 179–196.
Ostry, Jonathan D., Berg, Andrew, and Tsangarides, Charalambos G. 2014. "Redistribution, inequality, and growth." IMF Staff Discussion Note.
Özmucur, Süleyman, and Pamuk, Şevket. 2002. "Real wages and standards of living in the Ottoman empire, 1489–1914." *Journal of Economic History* 62: 292–321.
Page, Benjamin I., Bartels, Larry M., and Seawright, Jason. 2013. "Democracy and the policy preferences of wealthy Americans." *Perspectives on Politics* 11: 51–73.
Palma, José Gabriel. 2011. "Homogeneous middles vs. heterogeneous tails, and the end of the 'inverted-U': it's all about the share of the rich." *Development and Change* 42: 87–153.
Palme, Bernhard. 2015. "Shifting income inequality in Roman and late antique Egypt." Conference paper for "The haves and the have-nots: exploring the global history of wealth and income inequality," September 11, 2015, University of Vienna.
Pamuk, Şevket. 2005. "The Ottoman economy in World War I." In Broadberry and Harrison, eds. 2005a: 112–136.
Pamuk, Şevket. 2007. "The Black Death and the origins of the 'Great Divergence' across Europe, 1300–1600." *European Review of Economic History* 11: 289–317.
Pamuk, Şevket. Forthcoming. *Uneven progress: economic history of Turkey since 1820.* Princeton, NJ: Princeton University Press.
Pamuk, Şevket, and Shatzmiller, Maya. 2014. "Plagues, wages, and economic change in the Islamic Middle East, 700–1500." *Journal of Economic History* 74: 196–229.
Parkin, Tim G. 1992. *Demography and Roman society.* Baltimore, MD: Johns Hopkins University Press.
Patlagean, Evelyne. 1977. *Pauvreté économique et pauvreté sociale à Byzance, 4ᵉ—7ᵉ siècles.* Paris: Mouton.
Patterson, Orlando. 1982. *Slavery and social death: a comparative study.* Cambridge, MA: Harvard University Press.
Payne, Richard. 2016. "Sex, death, and aristocratic empire: Iranian jurisprudence in late antiquity." *Comparative Studies in Society and History* 58: 519–549.
Petersen, Michael B., and Skaaning, Svend-Erik. 2010. "Ultimate causes of state formation: the significance of biogeography, diffusion, and Neolithic Revolutions." *Historical Social Research* 35: 200–226.
Pettitt, Paul B., Richards, Michael, Maggi, Roberto, and Formicola, Vincenzo. 2003. "The Gravettian burial known as the Prince ('Il Principe'): new evidence for his age and diet." *Antiquity* 77: 15–19.
Philippon, Thomas, and Reshef, Ariell. 2012. "Wages and human capital in the U.S. finance industry: 1909–2006." *Quarterly Journal of Economics* 127: 1551–1609.
Piachaud, David. 2014. "Piketty's capital and social policy." *British Journal of Sociology* 65: 696–707.
Pigou, A. C. 1918. "A special levy to discharge war debt." *Economic Journal* 28: 135–156.

Piketty, Thomas. 2007. "Income, wage, and wealth inequality in France, 1901–98." In Atkinson and Piketty, eds. 2007a: 43–81.
Piketty, Thomas. 2011. "On the long-run evolution of inheritance: France 1820–1998." *Quarterly Journal of Economics* 126: 1071–1131.
Piketty, Thomas. 2013. *Le capital au XXIe siècle*. Paris: Éditions du Seuil.
Piketty, Thomas. 2014. *Capital in the twenty-first century*. Trans. Arthur Goldhammer. Cambridge, MA: Harvard University Press.
Piketty, Thomas. 2015a. "Vers une économie politique et historique: réflexions sur le capital au XXIe siècle." *Annales: Histoire, Sciences Sociales*, 125–138.
Piketty, Thomas. 2015b. "Putting distribution back at the center of economics: reflections on *Capital in the twenty-first century*." *Journal of Economic Perspectives* 29: 67–88.
Piketty, Thomas, Postel-Vinay, Gilles, and Rosenthal, Jean-Laurent. 2006. "Wealth concentration in a developing economy: Paris and France, 1807–1994." *American Economic Review* 96: 236–256.
Piketty, Thomas, and Saez, Emmanuel. 2007. "Income and wage inequality in the United States, 1913–2002." In Atkinson and Piketty, eds. 2007a: 141–225.
Piketty, Thomas, and Saez, Emmanuel. 2013. "Top incomes and the Great Recession: recent evolutions and policy implications." *IMF Economic Review* 61: 456–478.
Piketty, Thomas, and Saez, Emmanuel. 2014. "Inequality in the long run." *Science* 344: 838–842.
Piketty, Thomas, Saez, Emmanuel, and Stantcheva, Stefanie. 2013. "Optimal taxation of top incomes: a tale of three elasticities." *American Economic Journal: Economic Policy* 6: 230–271.
Piketty, Thomas, and Zucman, Gabriel. 2015. "Wealth and inheritance in the long run." In Atkinson and Bourguignon, eds. 2015: 1303–1368.
Pines, Yuri. 2009. *Envisioning eternal empire: Chinese political thought of the Warring States era*. Honolulu: University of Hawai'i Press.
Pinker, Steven. 2011. *The better angels of our nature: why violence has declined*. New York: Viking.
Plack, Noelle. 2015. "Challenges in the countryside, 1790–2." In Andress, ed. 2015: 346–361.
Platt, Stephen R. 2012. *Autumn in the heavenly kingdom: China, the West, and the epic story of the Taiping civil war*. New York: Knopf.
Plavcan, J. Michael. 2012. "Sexual size dimorphism, canine dimorphism, and male–male competition in primates." *Human Nature* 23: 45–67.
Ponthieux, Sophie, and Meurs, Dominique. 2015. "Gender inequality." In Atkinson and Bourguignon, eds. 2015: 981–1146.
Porter, Bruce D. 1994. *War and the rise of the state: the military foundations of modern politics*. New York: Free Press.
Postel-Vinay, Gilles. 1989. "À la recherche de la révolution économique dans les campagnes (1789–1815)." *Revue Économique* 40: 1015–1045.
Postles, Dave. 2011. "Inequality of wealth in the early sixteenth centuries." Paper for the 2011 Economic History Society Annual Conference, Cambridge.
Postles, Dave. 2014. *Microcynicon: aspects of early-modern England*. Loughborough, UK: self-published.
Powell, Benjamin, Ford, Ryan, and Nowrasteh, Alex. 2008. "Somalia after state collapse: chaos or improvement?" *Journal of Economic Behavior and Organization* 67: 657–670.
Powelson, John P. 1988. *The story of land: a world history of land tenure and agrarian reform*. Cambridge, MA: Lincoln Institute of Land Policy.
Poznik, G. David, et al. 2013. "Sequencing Y chromosomes resolves discrepancy in time to common ancestor of males versus females." *Science* 341: 562–565.
Pozzi, Luca, et al. 2014. "Primate phylogenetic relationships and divergence dates inferred from complete mitochondrial genomes." *Molecular Phylogenetics and Evolution* 75: 165–183.
Prados de la Escosura, Leandro. 2007. "Inequality and poverty in Latin America: a long-run exploration." In Hatton, Timothy, O'Rourke, Kevin H., and Taylor, Alan M., eds., *The new comparative economic history: essays in honor of Jeffrey G. Williamson*. Cambridge, MA: MIT Press, 291–315.

Prados de la Escosura, Leandro. 2008. "Inequality, poverty and the Kuznets curve in Spain, 1850–2000." *European Review of Economic History* 12: 287–324.
Preiser-Kapeller, Johannes. 2016. "Piketty in Byzanz? Ungleichverteilungen von Vermögen und Einkommen im Mittelalter." Working paper. http://www.dasanderemittelalter.net/news/piketty-in-byzanz-ungleichverteilungen-von-vermogen-und-einkommen-im-mittelalter/.
Prentiss, Anne Marie, et al. 2007. "The emergence of status inequality in intermediate scale societies: a demographic and socio-economic history of the Keatley Creek site, British Columbia." *Journal of Anthropological Archaeology* 26: 299–327.
Prentiss, Anne Marie, et al. 2012. "The cultural evolution of material wealth-based inequality at Bridge River, British Columbia." *American Antiquity* 77: 542–564.
Price, T. Douglas, and Bar-Yosef, Ofer. 2010. "Traces of inequality at the origins of agriculture in the Ancient Near East." In Price, T. Douglas, and Feinman, Gary M., eds., *Pathways to power: new perspectives on the emergence of social inequality*. New York: Springer, 147–168.
Price, T. Douglas, and Bar-Yosef, Ofer. 2011. "The origins of agriculture: new data, new ideas. An introduction to Supplement 4." *Current Anthropology* 52: S163–S174.
Pringle, Heather. 2014. "The ancient roots of the 1%." *Science* 344: 822–825.
Pritchard, David M. 2010. "The symbiosis between democracy and war: the case of ancient Athens." In Pritchard, David M., ed., *War, democracy and culture in classical Athens*. Cambridge, UK: Cambridge University Press, 1–62.
Pritchett, Lant, and Woolcock, Michael. 2002. "Solutions when the solution is the problem: arraying the disarray in development." Center for Global Development Working Paper No. 10.
Psacharopoulos, George, et al. 1995. "Poverty and income inequality in Latin America during the 1980s." *Review of Income and Wealth* 41: 245–264.
Pyzyk, Mark. Forthcoming. "Onerous burdens: liturgies and the Athenian elite."
Quammen, David. 2013. *Spillover: animal infections and the next human pandemic*. New York: W. W. Norton.
Raghavan, Srinath. 2016. *India's war: the making of modern South Asia, 1939–1945*. New York: Basic Books.
Ranis, Gustav, and Kosack, Stephen. 2004. "Growth and human development in Cuba's transition." Miami, FL: University of Miami.
Rankov, Boris. 2007. "Military forces." In Sabin, van Wees, and Whitby, eds. 2007: 30–75.
Ravaillon, Martin. 2014. "Income inequality in the developing world." *Science* 344: 851–855.
Raven, Maarten J. 1991. *The tomb of Iurudef: a Memphite official in the reign of Ramesses II*. London: Egypt Exploration Society.
Raven, Maarten J., et al. 1998. "The date of the secondary burials in the tomb of Iurudef at Saqqara." *Oudheidkundige Mededelingen uit het Rijksmuseum van Oudheden* 78: 7–30.
Raven, Maarten J. Forthcoming. "Third Intermediate Period burials in Saqqara."
Reardon, Sean F., and Bischoff, Kendra. 2011a. "Income inequality and income segregation." *American Journal of Sociology* 116: 1092–1153.
Reardon, Sean F., and Bischoff, Kendra. 2011b. "Growth in the residential segregation of families by income, 1970–2009." US 2010 Project Report.
Reich, Robert B. 2015. *Saving capitalism: for the many, not the few*. New York: Alfred A. Knopf.
Reis, Jaime, Santos Pereira, Alvaro, and Andrade Martins, Conceicão. n.d. "How unequal were the Latins? The 'strange' case of Portugal, 1550–1770." Working paper.
Renfrew, Colin. 1979. "Systems collapse as social transformation: catastrophe and anastrophe in early state societies." In Renfrew, Colin, and Cooke, Kenneth L., eds., *Transformations: mathematical approaches to cultural change*. New York: Academic Press, 481–506.
Reno, Philip L., and Lovejoy, C. Owen. 2015. "From Lucy to Kadanuumuu: balanced analyses of Australopithecus afarensis assemblages confirm only moderate skeletal dimorphism." *PeerJ* 3:e925; DOI 10.7717/peerj.925.
Reno, Philip L., McCollum, Melanie A., Meindl, Richard S., and Lovejoy, C. Owen. 2010. "An enlarged postcranial sample confirms *Australopithecus afarensis* dimorphism was similar to modern humans." *Philosophical Transactions of the Royal Society B* 365: 3355–3363.

Rigoulot, Pierre. 1999. "Crimes, terror, and secrecy in North Korea." In Courtois et al. 1999: 547–576.
Ritschl, Albrecht. 2005. "The pity of peace: Germany's economy at war, 1914–1918 and beyond." In Broadberry and Harrison, eds. 2005a: 41–76.
Ritter, Gerhard A. 2010. *Der Sozialstaat: Entstehung und Entwicklung im internationalen Vergleich.* 3rd ed. Munich: Oldenbourg.
Rivaya-Martínez, Joaquín. 2012. "Becoming Comanches: patterns of captive incorporation into Comanche kinship networks, 1820–1875." In Adams, David Wallace, and DeLuzio, Crista, eds., *On the borders of love and power: families and kinship in the intercultural American Southwest.* Berkeley: University of California Press, 47–70.
Roach, Neil T., Venkadesan, Madhusudhan, Rainbow, Michael J., and Lieberman, Daniel E. 2013. "Elastic energy storage in the shoulder and the evolution of high-speed throwing in *Homo*." *Nature* 498: 483–486.
Rockoff, Hugh. 2005. "Until it's over, over there: the US economy in World War I." In Broadberry and Harrison, eds. 2005a: 310–343.
Rodríguez Weber, Javier E. 2015. "Income inequality in Chile since 1850." Programa de Historian Económica y Social—Unidad Multidisciplinaria—Facultad de Ciencias Sociales—Universidad de la República. Documento On Line No. 36.
Roeck, Bernd. 1989. *Eine Stadt in Krieg und Frieden: Studien zur Geschichte der Reichsstadt Augsburg zwischen Kalenderstreit und Parität.* 2 vols. Göttingen, Germany: Vandenhoeck & Ruprecht.
Rognlie, Matthew. 2015. "Deciphering the fall and rise in the net capital share: accumulation, or scarcity?" Working paper.
Roine, Jesper, and Waldenström, Daniel. 2008. "The evolution of top incomes in an egalitarian society: Sweden, 1903–2004." *Journal of Public Economics* 92: 366–387.
Roine, Jesper, and Waldenström, Daniel. 2010. "Top incomes in Sweden over the twentieth century." In Atkinson and Piketty, eds. 2010: 299–370.
Roine, Jesper, and Waldenström, Daniel. 2015. "Long-run trends in the distribution of income and wealth." In Atkinson and Bourguignon, eds. 2015: 469–592.
Roselaar, Saskia T. 2010. *Public land in the Roman republic: a social and economic history of* ager publicus *in Italy, 396–89 BC.* Oxford: Oxford University Press.
Rosenbloom, Joshua, and Dupont, Brandon. 2015. "The impact of the Civil War on Southern wealth mobility." Paper presented at the annual meeting of the Economic History Association, Nashville.
Rosenbloom, Joshua L., and Stutes, Gregory W. 2008. "Reexamining the distribution of wealth in 1870." In Rosenbloom, Joshua L., ed., *Quantitative economic history: the good of counting.* London: Routledge, 146–169.
Rosenstein, Nathan. 2008. "Aristocrats and agriculture in the Middle and Late Republic." *Journal of Roman Studies* 98: 1–26.
Rossi, Nicola, Toniolo, Gianni, and Vecchi, Giovanni. 2001. "Is the Kuznets curve still alive? Evidence from Italian household budgets, 1881–1961." *Journal of Economic History* 61: 904–925.
Rotberg, Robert I. 2003. "The failure and collapse of nation-states: breakdown, prevention, and repair." In Rotberg, Robert I., ed. *When states fail.* Princeton, NJ: Princeton University Press, 1–25.
Rothkopf, David. 2008. *Superclass: the global power elite and the world they are making.* New York: Farrar, Straus and Giroux.
Roxana, Maurizio. 2014. "Labour formalization and declining inequality in Argentina and Brazil in 2000s [sic]." ILO Research Paper No. 9.
Roy, Kaushik. 2016. *Military manpower, armies and warfare in South Asia.* Milton Park, UK: Routledge.
Rubin, Amir, and Segal, Dan. 2015. "The effects of economic growth on income inequality in the US." *Journal of Macroeconomics* 45: 258–273.
Ryckbosch, Wouter. 2010. "Vroegmoderne economische ontwikkeling en sociale repercussies in de zuidelijke Nederlanden." *Tijdschrift voor Sociale en Economische Geschiedenis* 7: 26–55.
Ryckbosch, Wouter. 2014. "Economic inequality and growth before the industrial revolution: a case study of the Low Countries (14th–19th centuries)." Dondena Working Paper No. 67, Università Bocconi, Milan.

Sabin, Philip, van Wees, Hans, and Whitby, Michael, eds. 2007. *The Cambridge history of Greek and Roman warfare*. Vol. II. *Rome from the late Republic to the late Empire*. Cambridge, UK: Cambridge University Press.

Sadao, Nishijima. 1986. "The economic and social history of Former Han." In Twitchett and Loewe, eds. 1986: 545–607.

Sadomba, Zvakanyorwa W. 2013. "A decade of Zimbabwe's land revolution: the politics of the war veteran vanguard." In Moyo and Chambati, eds. 2013b: 79–121.

Saez, Emmanuel, and Veall, Michael R. 2007. "The evolution of high incomes in Canada, 1920–2000." In Atkinson and Piketty, eds. 2007a: 226–308.

Saez, Emmanuel, and Zucman, Gabriel. 2016. "Wealth inequality in the United States since 1913: evidence from capitalized income tax data." *Quarterly Journal of Economics* 131: 519–578.

Saito, Osamu. 2015. "Growth and inequality in the great and little divergence debate: a Japanese perspective." *Economic History Review* 68: 399–419.

Sallares, Robert. 1991. *The ecology of the ancient Greek world*. London: Duckworth.

Salverda, Wiemer, and Atkinson, Anthony B. 2007. "Top incomes in the Netherlands over the twentieth century." In Atkinson and Piketty, eds. 2007a: 426–471.

Salverda, Wiemer, and Checchi, Daniele. 2015. "Labor market institutions and the dispersion of wage earnings." In Atkinson and Bourguignon, eds. 2015: 1535–1727.

Salverda, Wiemer, Nolan, Brian, and Smeeding, Timothy M., eds. 2009. *The Oxford handbook of economic inequality*. Oxford: Oxford University Press.

Samaraweera, Vijaya. 1982. "Land reform in Sri Lanka." *Third World Legal Studies* 1 (7). Valparaiso University Law School.

Sanderson, Stephen K. 1999. *Social transformations: a general theory of historical development*. Exp. ed. Lanham, MD: Rowman and Littlefield.

Sandmo, Angar. 2015. "The principal problem in political economy: income distribution in the history of economic thought." In Atkinson and Bourguignon, eds. 2015: 3–65.

Santiago-Caballero, Carlos. 2011. "Income inequality in central Spain, 1690–1800." *Explorations in Economic History* 48: 83–96.

Sapolsky, Robert M., and Share, Lisa J. 2004. "A pacific culture among wild baboons: its emergence and transmission." *PLoS Biology* 2 (4): e106. doi:10.1371/journal.pbi0.0020106.

Sarris, Peter. 2007. "Bubonic plague in Byzantium: the evidence of non-literary sources." In Little, ed. 2007: 119–132.

Sassaman, Kenneth E. 2004. "Complex hunter-gatherers in evolution and history: a North American perspective." *Journal of Archaeological Research* 12: 227–280.

Scheidel, Walter. 2001. *Death on the Nile: disease and the demography of Roman Egypt*. Leiden, Netherlands: Brill.

Scheidel, Walter. 2002. "A model of demographic and economic change in Roman Egypt after the Antonine plague." *Journal of Roman Archaeology* 15: 97–114.

Scheidel, Walter. 2005a. "Human mobility in Roman Italy, II: the slave population." *Journal of Roman Studies* 95: 64–79.

Scheidel, Walter. 2005b. "Military commitments and political bargaining in classical Greece." Princeton/Stanford Working Papers in Classics.

Scheidel, Walter. 2006. "Stratification, deprivation and quality of life." In Atkins, Margaret, and Osborne, Robin, eds., *Poverty in the Roman world*. Cambridge, UK: Cambridge University Press, 40–59.

Scheidel, Walter. 2007. "A model of real income growth in Roman Italy." *Historia* 56: 322–346.

Scheidel, Walter. 2008. "Roman population size: the logic of the debate." In De Ligt, Luuk, and Northwood, Simon J., eds., *People, land, and politics: demographic developments and the transformation of Roman Italy, 300 BC-AD 14*. Leiden, Netherlands: Brill, 17–70.

Scheidel, Walter. 2009a. "From the 'Great Convergence' to the 'First Great Divergence.'" In Scheidel, Walter, ed. *Rome and China: comparative perspectives on ancient world empires*. New York: Oxford University Press, 11–23.

Scheidel, Walter. 2009b. "Sex and empire: a Darwinian perspective." In Morris and Scheidel 2009: 255–324.
Scheidel, Walter. 2010. "Real wages in early economies: evidence for living standards from 1800 BCE to 1300 CE." *Journal of the Economic and Social History of the Orient* 53: 425–462.
Scheidel, Walter. 2012. "Roman wellbeing and the economic consequences of the Antonine Plague." In Lo Cascio, ed. 2012: 265–295.
Scheidel, Walter. 2013. "Studying the state." In Bang, Peter Fibiger, and Scheidel, Walter, eds., *The Oxford handbook of the state in the ancient Near East and Mediterranean*. New York: Oxford University Press, 5–57.
Scheidel, Walter. 2015a. "The early Roman monarchy." In Monson and Scheidel, eds. 2015: 229–257.
Scheidel, Walter, ed. 2015b. *State power in ancient China and Rome*. New York: Oxford University Press.
Scheidel, Walter. 2015c. "State revenue and expenditure in the Han and Roman empires." In Scheidel 2015b: 150–180.
Scheidel, Walter. 2016. "Empires of inequality: ancient China and Rome." Working paper. http://papers.ssrn.com/abstract=2817173.
Scheidel, Walter, and Friesen, Stephen J. 2009. "The size of the economy and the distribution of income in the Roman empire." *Journal of Roman Studies* 99: 61–91.
Schepartz, Lynne A., Miller-Antonio, Sari, and Murphy, Joanne M. A. 2009. "Differential health among the Mycenaeans of Messenia: status, sex, and dental health at Pylos." In Schepartz, Lynne A., Fox, Sherry C., and Bourbou, Chryssi, eds., *New directions in the skeletal biology of Greece*. Princeton, NJ: American School of Classical Studies at Athens, 155–174.
Scheve, Kenneth, and Stasavage, David. 2009. "Institutions, partisanship, and inequality in the long run." *World Politics* 61: 215–253.
Scheve, Kenneth, and Stasavage, David. 2010. "The conscription of wealth: mass warfare and the demand for progressive taxation." *International Organization* 64: 529–561.
Scheve, Kenneth, and Stasavage, David. 2012. "Democracy, war, and wealth: lessons from two centuries of inheritance taxation." *American Political Science Review* 106: 81–102.
Scheve, Kenneth, and Stasavage, David. 2016. *Taxing the rich: fairness and fiscal sacrifice in the United States and Europe*. Princeton, NJ: Princeton University Press.
Schlozman, Kay L., Verba, Sidney, and Brady, Henry E. 2012. *The unheavenly chorus: unequal political voice and the broken promise of American democracy*. Princeton, NJ: Princeton University Press.
Schmidt-Nowara, Christopher. 2010. "Emancipation." In Paquette, Robert L., and Smith, Mark M., eds., *The Oxford handbook of slavery in the Americas*. Oxford: Oxford University Press, 578–597.
Schmidt-Nowara, Christopher. 2011. *Slavery, freedom, and abolition in Latin America and the Atlantic world*. Albuquerque: University of New Mexico Press.
Schulze, Max-Stephan. 2005. "Austria-Hungary's economy in World War I." In Broadberry and Harrison, eds. 2005a: 77–111.
Schütte, Robert. 2015. *Civilian protection in armed conflicts: evolution, challenges and implementation*. Wiesbaden, Germany: Springer.
Schwartz, Christine. 2010. "Earnings inequality and the changing association between spouses' earnings." *American Journal of Sociology* 115: 1524–1557.
Seidel, Frederick. 2016. *Widening income inequality: poems*. New York: Farrar, Straus and Giroux.
Seker, Sirma Demir, and Jenkins, Stephen P. 2015. "Poverty trends in Turkey." *Journal of Economic Inequality* 13: 401–424.
Sharp, Michael. 1999. "The village of Theadelphia in the Fayyum: land and population in the second century." In Bowman, Alan K., and Rogan, E., eds., *Agriculture in Egypt: from Pharaonic to modern times*. Oxford: British Academy, 159–192.
Shatzman, Israel. 1975. *Senatorial wealth and Roman politics*. Brussels: Latomus.
Shaw, Brent D. 2011. *Sacred violence: African Christians and sectarian hatred in the age of Augustine*. Cambridge, UK: Cambridge University Press.
Sheen, Seongho. 2013. "Northeast Asia's aging population and regional security: 'demographic peace?'" *Asia Survey* 53: 292–318.

Shelmerdine, Cynthia W., ed. 2008. *The Cambridge companion to the Aegean Bronze Age*. Cambridge, UK: Cambridge University Press.
Shennan, Stephen. 2011. "Property and wealth inequality as cultural niche construction." *Philosophical Transactions: Biological Sciences* 366: 918–926.
Shultziner, Doron, et al. 2010. "The causes and scope of political egalitarianism during the Last Glacial: a multi-disciplinary perspective." *Biology and Philosophy* 25: 319–346.
Sidrys, Raymond, and Berger, Rainer. 1979. "Lowland Maya radiocarbon dates and the Classic Maya collapse." *Nature* 277: 269–74.
Silver, Lee M. 1997. *Remaking Eden: cloning and beyond in a brave new world*. New York: Avon Books.
Singer, Peter W. 2009. *Wired for war: the robotics revolution and conflict in the 21st century*. New York: Penguin.
Slonimczyk, Fabián. 2013. "Earnings inequality and skill mismatch in the U.S.: 1973–2002." *Journal of Economic Inequality* 11: 163–194.
Smith, Eric A., et al. 2010a. "Production systems, inheritance, and inequality in premodern societies." *Current Anthropology* 51: 85–94.
Smith, Eric A., et al. 2010b. "Wealth transmission and inequality among hunter-gatherers." *Current Anthropology* 51: 19–34.
Smith, Michael E., et al. 2014. "Quantitative measures of wealth inequality in ancient central Mexican communities." *Advances in Archaeological Practice* 2: 311–323.
Smith, Roger S. 1995. "The personal income tax: average and marginal rates in the post-war period." *Canadian Tax Journal* 43: 1055–1076.
Smolensky, Eugene, and Plotnick, Robert. 1993. "Inequality and poverty in the United States: 1900 to 1990." Institute for Research on Poverty, University of Wisconsin–Madison Discussion Paper No. 998–93.
Snyder, Timothy. 2010. *Bloodlands: Europe between Hitler and Stalin*. New York: Basic Books.
Söderberg, Johan. 1991. "Wage differentials in Sweden, 1725–1950." In Brenner, Kaelble, and Thomas, eds. 1991: 76–95.
Soltow, Lee. 1968. "Long-run changes in British income inequality." *Economic History Review* 21: 17–29.
Soltow, Lee. 1975. *Men and wealth in the United States, 1850–1870*. New Haven, CT: Yale University Press.
Soltow, Lee. 1979. "Wealth distribution in Denmark in 1789." *Scandinavian Economic Review* 27: 121–138.
Soltow, Lee. 1985. "The Swedish census of wealth at the beginning of the 19th century." *Scandinavian Economic Review* 33: 60–70.
Soltow, Lee, and van Zanden, Jan Luiten. 1998. *Income and wealth inequality in the Netherlands 16th–20th century*. Amsterdam: Het Spinhuis.
Spant, Roland. 1981. "The distribution of income in Sweden, 1920–76." In Klevmarken, N. A., and Lybeck J. A., eds., *The statics and dynamics of income*. Clevedon, UK: Tieto, 37–54.
Sparrow, James T. 2011. *Warfare state: World War II Americans and the age of big government*. New York: Oxford University Press.
Speller, Camilla F., Yang, Dongya Y., and Hayden, Brian. 2005. "Ancient DNA investigation of prehistoric salmon resource utilization at Keatley Creek, British Columbia, Canada." *Journal of Archaeological Science* 32: 1378–1389.
Spence, Jonathan D. 1996. *God's Chinese son: the Taiping heavenly kingdom of Hong Xiuquan*. New York: W. W. Norton.
Stanley, Marcus. 2003. "College education and the midcentury GI bills." *Quarterly Journal of Economics* 118: 671–708.
State Council. 2013. "Some opinions on deepening the reform of the system of income distribution." http://www.gov.cn/zwgk/2013-02/05/content_2327531.htm.
Stathakopoulos, Dionysios C. 2004. *Famine and pestilence in late Roman and early Byzantine empire: a systematic survey of subsistence crises and epidemics*. Aldershot, UK: Ashgate.
Steckel, Richard H. 2009. "Heights and human welfare: recent developments and new directions." *Explorations in Economic History* 46: 1–23.
Stenkula, Mikael, Johansson, Dan, and Du Rietz, Gunnar. 2014. "Marginal taxation on labour income in Sweden from 1862 to 2010." *Scandinavian Economic History Review* 62: 163–187.

Stephan, Robert Perry. 2013. "House size and economic growth: Regional trajectories in the Roman world." PhD dissertation, Stanford University.

Stiglitz, Joseph E. 2013. *The price of inequality: how today's divided society endangers our future.* New York: W. W. Norton.

Strasma, John. 1989. "Unfinished business: consolidating land reform in El Salvador." In Thiesenheusen, ed. 1989b: 408–428.

Stratfor. 2013. "Bioterrorism and the pandemic potential." *Security Weekly* March 7, 2013. https://www.stratfor.com/weekly/bioterrorism-and-pandemic-potential.

Stringer, Randy. 1989. "Honduras: toward conflict and agrarian reform." In Thiesenheusen, ed. 1989b: 358–383.

Sullivan, Michael. 1996. *The development of the British welfare state.* London: Prentice Hall.

Sussman, Nathan. 2006. "Income inequality in Paris in the heyday of the commercial revolution." Working paper. http://degit.sam.sdu.dk/papers/degit_11/C011_043.pdf.

Sutherland, Donald M. G. 2003. *The French Revolution and empire: the quest for a civic order.* Malden, MA: Blackwell.

Swann, Nancy Lee. 1950. *Food and money in ancient China: the earliest economic history of China to A.D. 25. Han shu 24 with related texts, Han shu 91 and Shih-chi 129.* Princeton, NJ: Princeton University Press.

SWIID. "The standardized world income inequality database." http://fsolt.org/swiid/.

Taagepera, Rein. 1978. "Size and duration of empires: systematics of size." *Social Science Research* 7: 108–127.

Tackett, Nicolas. 2014. *The destruction of the medieval Chinese aristocracy.* Cambridge, MA: Harvard University Press.

Tainter, Joseph A. 1988. *The collapse of complex societies.* Cambridge, UK: Cambridge University.

Takigawa, Tsutomo. 1972. "Historical background of agricultural land reform in Japan." *The Developing Economies* 10: 290–310.

Tan, James. Forthcoming. *Politics and public finance at Rome (264–49 BCE).* New York: Oxford University Press.

TeBrake, William H. 1993. *A plague of insurrection: popular politics and peasant revolt in Flanders, 1323–1328.* Philadelphia: University of Pennsylvania Press.

Teranishi, Juro. 1993a. "Inflation stabilization with growth: the Japanese experience, 1945–50." In Teranishi and Kosai, eds. 1993: 61–85.

Teranishi, Juro. 1993b. "Financial sector reform after the war." In Teranishi and Kosai, eds. 1993: 153–177.

Teranishi, Juro, and Kosai, Yutaka, eds. 1993. *The Japanese experience of economic reforms.* Basingstoke, UK: Macmillan.

Thayer, Bradley A. 2009. "Considering population and war: a critical and neglected aspect of conflict studies." *Philosophical Transactions of the Royal Society of London B* 263: 3081–3092.

Therborn, Göran. 2013. *The killing fields of inequality.* Cambridge, UK: Polity.

Thiesenheusen, William C. 1989a. "Conclusions: searching for agrarian reform in Latin America." In Thiesenheusen, ed. 1989b: 483–503.

Thiesenheusen, William C., ed. 1989b. *Searching for agrarian reform in Latin America.* London: Unwin Hyman.

Thomas, Hugh M. 2003. "The significance and fate of the native English landholders of 1086." *English Historical Review* 118: 303–333.

Thomas, Hugh M. 2008. *The Norman conquest: England after William the Conqueror.* Lanham, MD: Rowman and Littlefield.

Thompson, Edward A. 1952. "Peasant revolts in late Roman Gaul and Spain." *Past and Present* 2: 11–23.

Thomson, Henry. 2015. "Rural grievances, landholding inequality and civil conflict." SSRN Working Paper. http://dx.doi.org/10.2139/ssrn.2551186.

Thorp, Rosemary. 1998. *Progress, poverty and exclusion: an economic history of Latin America in the 20th century.* Washington, DC: Inter-American Development Bank.

Ticchi, Davide, and Vindigni, Andrea. 2008. "War and endogenous democracy." IZA Discussion Paper 3397.

Tilly, Charles. 1985. "War making and state making as organized crime." In Evans, Peter B., Rueschemeyer, Dietrich, and Skocpol, Theda, eds., *Bringing the state back in.* Cambridge, UK: Cambridge University Press, 169–191.

Tilly, Charles. 1992. *Coercion, capital, and European states, AD 990–1992.* Cambridge, MA: Blackwell.
Tilly, Charles. 2003. *The politics of collective violence.* Cambridge, UK: Cambridge University Press.
Tinbergen, Jan. 1974. "Substitution of graduate by other labour." *Kyklos* 27: 217–226.
Tinh, V. N., et al. 2011. "Mitochondrial evidence for multiple radiations in the evolutionary history of small apes." *BMC Evolutionary Biology* 10: 74. doi:10.1186/1471-2148-10-74.
Titmuss, Richard M. 1958. "War and social policy." In Titmuss, Richard M., ed., *Essays on the welfare state.* London: George Allen and Unwin, 75–87.
Toynbee, Arnold J. 1946. *A study of history: abridgment of volumes I–VI by David C. Somervell.* Oxford: Oxford University Press.
Treisman, David. 2012. "Inequality: the Russian experience." *Current History* 111: 264–268.
Trigger, Bruce G. 2003. *Understanding early civilizations: a comparative study.* Cambridge, UK: Cambridge University Press.
Trinkaus, Erik, Buzhilova, Alexandra P., Mednikova, Maria B., and Dobrovolskaya, Maria V. 2014. *The people of Sunghir: burials, bodies, and behavior in the Earlier Upper Paleolithic.* Oxford: Oxford University Press.
Tsounta, Evridiki, and Osueke, Anayochukwu I. 2014. "What is behind Latin America's declining income inequality?" IMF Working Paper 14/124.
Tuma, Elias H. 1965. *Twenty-six centuries of agrarian reform: a comparative analysis.* Berkeley: University of California Press.
Turchin, Peter. 2009. "A theory for formation of large empires." *Journal of Global History* 4: 191–217.
Turchin, Peter. 2016a. *Ages of discord: a structural-demographic analysis of American history.* Chaplin, CT: Beresta Books.
Turchin, Peter. 2016b. *Ultrasociety: how 10,000 years of war made humans the greatest cooperators on earth.* Chaplin, CT: Beresta Books.
Turchin, Peter, Currie, Thomas E., Turner, Edward A. L., and Gavrilets, Sergey. 2013. "War, space, and the evolution of Old World complex societies." *Proceedings of the National Academy of Science* 110: 16384–16389.
Turchin, Peter, and Gavrilets, Sergey. 2009. "Evolution of complex hierarchical societies." *Social Evolution and History* 8: 167–198.
Turchin, Peter, and Nefedov, Sergey A. 2009. *Secular cycles.* Princeton, NJ: Princeton University Press.
Turner, Michael. 1996. *After the famine: Irish agriculture, 1850–1914.* Cambridge, UK: Cambridge University Press.
Twitchett, Denis, and Loewe, Michael, eds. 1986. *The Cambridge history of China.* Vol. 1. *The Ch'in and Han empires, 221 B.C.-A.D. 220.* Cambridge, UK: Cambridge University Press.
United Nations. 2015. "World population prospects: the 2015 revision, key findings and advance tables." United Nations, Department of Economic and Social Affairs, Population Division, Working Paper No. ESA/P/WP.241.
United States strategic bombing survey 1946. *Summary report (Pacific war).* Washington, DC: United States Government Printing Office.
Vanhaeren, Marian, and d'Errico, Francesco. 2005. "Grave goods from the Saint-Germain-la-Rivière burial: evidence for social inequality in the Upper Palaeolithic." *Journal of Anthropological Archaeology* 24: 117–134.
van Praag, Bernard, and Ferrer-i-Carbonell, Ada. 2009. "Inequality and happiness." In Salverda, Nolan, and Smeeding, eds. 2009: 364–383.
van Treeck, Till. 2014. "Did inequality cause the U.S. financial crisis?" *Journal of Economic Surveys* 28: 421–448.
van Wees, Hans. 2004. *Greek warfare: myths and realities.* London: Duckworth.
van Zanden, Jan Luiten. 1995. "Tracing the beginning of the Kuznets curve: western Europe during the early modern period." *Economic History Review* 48: 643–664.
van Zanden, Jan Luiten. 2009. "The skill premium and the 'Great Divergence.'" *European Review of Economic History* 13: 121–153.
Veltmeyer, Henry, and Rushton, Mark. 2012. *The Cuban revolution as socialist human development.* Leiden, Netherlands: Brill.

Verme, Paolo, et al. 2014. *Inside inequality in the Arab Republic of Egypt: facts and perceptions across people, time, and space.* Washington, DC: World Bank.

Villette, Michel, and Vuillermot, Catherine. 2009. *From predators to icons: exposing the myth of the business hero.* Ithaca: Cornell University Press.

Virén, Matti. 2000. "Financing the welfare state in the global economy." Working Paper No. 732, Elinkeinoelämän Tutkimuslaitos, Helsinki.

Visser, Jelle. 1989. *European trade unions in figures.* Deventer, Netherlands: Kluwer.

Visser, Jelle, and Checchi, Danielle. 2009. "Inequality and the labor market: unions." In Salverda, Nolan, and Smeeding, eds. 2009: 230–256.

Voitchovsky, Sarah. 2009. "Inequality and economic growth." In Salverda, Nolan, and Smeeding, eds. 2009: 549–574.

Volscho, Thomas W., and Kelly, Nathan J. 2012. "The rise of the super-rich: power resources, taxes, financial markets, and the dynamics of the top 1 percent, 1949 to 2008." *American Sociological Review* 77: 679–699.

Waglé, Udaya R. 2013. *The heterogeneity link of the welfare state and redistribution: ethnic heterogeneity, welfare state policies, poverty, and inequality in high income countries.* Cham, Switzerland: Springer.

Wagner, David M., et al. 2014. "*Yersinia pestis* and the Plague of Justinian 541–543 AD: a genomic analysis." *The Lancet Infectious Diseases* 14 (4): 319–326.

Waldenström, Daniel. 2015. "Wealth-income ratios in a small, late-industrializing, welfare-state economy: Sweden, 1810–2014." Uppsala Center for Fiscal Studies Working Paper 2015:6.

Walder, Andrew G. 2015. *China under Mao: a revolution derailed.* Cambridge, MA: Harvard University Press.

Wang, Chen, Caminada, Koen, and Goudswaard, Kees. 2012. "The redistributive effect of social transfer programmes and taxes: a decomposition across countries." *International Social Security Review* 65 (3): 27–48.

Ward, Eric E. 1990. *Land reform in Japan 1946–1950, the Allied role.* Tokyo: Nobunkyo.

Watkins, Susan Cotts, and Menken, Jane. 1985. "Famines in historical perspective." *Population and Development Review* 11: 647–675.

Weber, Max. 1950. *General economic history.* New York: Free Press.

Wehler, Hans-Ulrich. 2013. *Die neue Umverteilung: soziale Ungleichheit in Deutschland.* 2nd ed. Munich: Beck.

Weisbrot, Mark, Ray, Rebecca, Montecino, Juan A., and Kozameh, Sara. 2011. "The Argentine success story and its implications." Washington, DC: Center for Economic and Policy Research.

Wells, Berit, ed. 1992. *Agriculture in ancient Greece.* Stockholm: Swedish Institute at Athens.

Wengrow, David, and Graeber, David. 2015. "Farewell to the 'childhood of man': ritual, seasonality, and the origins of inequality." *Journal of the Royal Anthropological Institute* 21: 597–619.

Werth, Nicolas. 1999. "A state against its people: violence, repression, and terror in the Soviet Union." In Courtois et al. 1999: 33–268.

Western, Bruce, and Rosenfeld, Jake. 2011. "Unions, norms, and the rise of U.S. wage inequality." *American Sociological Review* 76: 513–537.

Wickham, Chris. 2005. *Framing the early Middle Ages: Europe and the Mediterranean, 400–800.* Oxford: Oxford University Press.

Wilensky, Harold L. 1975. *The welfare state and equality: structural and ideological roots of public expenditures.* Berkeley: University of California Press.

Willey, Gordon R., and Shimkin, Demitri B. 1973. "The Maya collapse: a summary view." In Culbert, ed. 1973: 457–501.

Williamson, Jeffrey G. 1985. *Did British capitalism breed inequality?* Winchester, MA: Allen and Unwin.

Williamson, Jeffrey G. 1991. "British inequality during the Industrial Revolution: accounting for the Kuznets curve." In Brenner, Kaelble, and Thomas, eds. 1991: 56–75.

Williamson, Jeffrey G. 2009. "History without evidence: Latin American inequality since 1491." National Bureau of Economic Research Working Paper No. 14766.

Williamson, Jeffrey G. 2015. "Latin American inequality: colonial origins, commodity booms, or a missed 20th century leveling?" NBER Working Paper No. 20915.

Wimmer, Andreas. 2014. "War." *Annual Review of Sociology* 40: 173–197.
Windler, Anne, Thiele, Rainer, and Müller, Johannes. 2013. "Increasing inequality in Chalcolithic Southeast Europe: the case of Durankulak." *Journal of Archaeological Science* 40: 204–210.
Winters, Jeffrey A. 2011. *Oligarchy*. New York: Cambridge University Press.
Wolfe, Nathan. 2011. *The viral storm: the dawn of a new pandemic age*. New York: Times Books.
Wolff, Edward N. 1996. "International comparisons of wealth inequality." *Review of Income and Wealth* 42: 433–451.
Wood, Ellen Meiksins. 2003. *Empire of capital*. London: Verso.
Wood, James W. 1988. "A theory of preindustrial population dynamics." *Current Anthropology* 39: 99–135.
World Bank. 2008. *Land reforms in Sri Lanka: a poverty and social impact analysis (PSIA)*. Washington, DC: World Bank.
Wright, Gavin. 2006. *Slavery and American economic development*. Baton Rouge: Louisiana State University Press.
Wright, James C. 2008. "Early Mycenaean Greece." In Shelmerdine, ed. 2008: 230–257.
Wright, Katherine I. 2014. "Domestication and inequality? Households, corporate groups and food processing tools at Neolithic Catalhöyük." *Journal of Anthropological Archaeology* 33: 1–33.
Wright, Lisa. 2006. *Diet, health, and status among the Pasión Maya: a reappraisal of the collapse*. Nashville, TN: Vanderbilt University Press.
Wright, Rita. 2010. *The ancient Indus: urbanism, economy, and society*. New York: Cambridge University Press.
WWID. "The world wealth and income database." http://www.wid.world.
Xie, Y., and Zhou, X. 2014. "Income inequality in today's China." *Proceedings of the National Academy of Sciences* 111: 6928–6933.
Yamada, Shigeo. 2000. *The construction of the Assyrian empire: a historical study of the inscriptions of Shalmaneser III (859–824 BC) relating to his campaigns to the west*. Leiden, Netherlands: Brill.
Yamamoto, Yûzô. 2003. "Japanese empire and colonial management." In Nakamura and Odaka, eds. 2003a: 223–246.
Yaycioglu, Ali. 2012. "Wealth, power and death: capital accumulation and imperial seizures in the Ottoman empire (1453–1839)." Working Paper, Yale Program in Economic History, Yale University.
Yoffee, Norman. 1988. "The collapse of ancient Mesopotamian states and civilization." In Yoffee and Cowgill, eds. 1988: 44–68.
Yoffee, Norman, and Cowgill, George L., eds. 1988. *The collapse of ancient states and civilizations*. Tucson: University of Arizona Press.
Yonekura, Seiichiro. 1993. "Postwar reform in management and labour: the case of the steel industry." In Teranishi and Kosai, eds. 1993: 205–238.
Yoshikawa, Hiroshi, and Okazaki, Tetsuji. 1993. "Postwar hyper-inflation and the Dodge Plan, 1945–50: an overview." In Teranishi and Kosai, eds. 1993: 86–104.
You, Jong-sung. 2015. *Democracy, inequality and corruption: Korea, Taiwan and the Philippines compared*. Cambridge, UK: Cambridge University Press.
You, Jong-sung. n.d. "Inequality and corruption: the role of land reform in Korea, Taiwan, and the Philippines." Working paper.
Yuen, Choy Leng. 1982. "The struggle for land reform in Japan: a study of the major land legislation, 1920–1943." PhD thesis, Harvard University.
Yun-Casalilla, Bartolomé, and O'Brien, Patrick K., with Comín Comín, Francisco, eds. 2012. *The rise of fiscal states: a global history, 1500–1914*. Cambridge, UK: Cambridge University Press.
Zala, Sacha. 2014. "Krisen, Konfrontation, Konsens (1914–1949)." In Kreis, Georg, ed. *Geschichte der Schweiz*. Basel, Switzerland: Schwabe, 490–539.
Zamagni, Vera. 2005. "Italy: how to lose the war and win the peace." In Harrison, ed. 1998b: 177–223.
Zébitch, Milorade. 1917. *La Serbie agricole et sa démocratie*. Paris: Libraire Berger-Levrault.
Ze'evi, Dror, and Buke, Ilkim. 2015. "Banishment, confiscation, and the instability of the Ottoman elite household." In Ze'evi, Dror, and Toledano, Ehud, eds., *Society, law, and culture in the Middle East: "modernities" in the making*. Berlin: De Gruyter, 16–30.

Zelener, Yan. 2012. "Genetic evidence, density dependence and epidemiological models of the 'Antonine Plague.'" In Lo Cascio, ed. 2012: 167–191.
Zelin, Madeleine. 1984. *The magistrate's tael: rationalizing fiscal reform in eighteenth-century Ch'ing China*. Berkeley: University of California Press.
Zeuske, Michael. 2013. *Handbuch der Geschichte der Sklaverei: eine Globalgeschichte von den Anfängen bis zur Gegenwart*. Berlin: De Gruyter.
Zhong, Wei, et al. 2010. "Wealth inequality: China and India." India China Institute collaborative project *Prosperity and inequality in India and China, 2008–2010*. Working paper.
Zubay, Geoffrey, et al. 2005. *Agents of bioterrorism: pathogens and their weaponization*. New York: Columbia University Press.
Zuckerman, Edward. 1984. *The day after World War III*. New York: Avon.
Zucman, Gabriel. 2013. "The missing wealth of nations: are Europe and the US net debtors or net creditors?" *Quarterly Journal of Economics* 128: 1321–1364.
Zucman, Gabriel. 2015. *The hidden wealth of nations: the scourge of tax havens*. Chicago: University of Chicago Press.

译后记

一

《不平等社会》一书的作者沃尔特·沙伊德尔2017年推出的这部新著论及暴力和不平等问题，认为不平等的矫正机制即"天启四骑士"——大规模动员的战争、变革性的革命、国家崩溃和灾难性的瘟疫，其矫正功能在于屡次摧毁了富人的财富，大大降低了不平等程度。

暴力和不平等问题是自阶级社会存在以来，人类社会一个经久不衰的主题。《不平等社会》一书提供了这方面的新见解，沃尔特·沙伊德尔观点如下。

其一，在人类文明的进程当中，富人和穷人之间不平等差距（尤其经济不平等）的增大和缩小交替而行，并且一直是文明的一个显著特征。沙伊德尔通过追踪从石器时代一直到今天的全球不平等史，阐述了这样一个主题：暴力性冲击对破坏既定秩序，压缩收入和财富的分布，缩小贫富差距都是至关重要的，这种在全球范围内贯穿于整个人类历史发展的暴力性冲击，在降低不平等程度中起关键作用。他进而揭示了暴力和不平等的相互关系及其变动规律——当大屠杀和灾难降临之时，不平等程度会下降，而当和平与稳定回归的时候，不平等程度会上升。《不平等社会》从长远的时间维度来追寻和解释这段历史。这是一个覆盖了大部分可观测历史的全球性调查。他认为，一种跨文化、比较性和长期的观点对于理解影响收入和财富分配的机制至关重要。

其二，没有令人信服的经验证据支持这样的观点，即现代经济发展降低了不平等程度。没有任何一种良性的压缩手段，能够取得一些甚至比战争、革命、国家崩溃和瘟疫（"天启四骑士"）所产生的效果更好的结果。

审视整个人类历史，每一次物质不平等程度的压缩都是由这四个矫正力量中的一个或者多个驱动的。它们的共同点是，依靠暴力来重建收入和财富的分配，使之与政治和社会秩序相一致。

其三，收入和财富分配的差异并不是具有社会或历史意义的唯一不平等类型，还有源于性别和性取向的不平等，种族和民族方面的不平等，年龄、能力和信仰等方面的不平等，教育、健康、政治发言权乃至机遇的不平等。尤其权力不平等在决定物质资源的获取方面始终发挥着核心作用，因此，这本书的英文书名并不完全准确。

其四，即使是以收入和财富分配的差异为标志的经济不平等，也主要聚焦于社会内部的物质资源分配，主要回答为什么不平等程度会下降，着眼于暴力冲击及其替代机制，它们对物质不平等的影响（但没有一般性地探究两者之间的反向关系），以及识别矫正的各种机制。

其五，一般只使用两个最基本的指标：基尼系数和总收入或财富占比。尤其基尼系数衡量了收入或物质资产的分配偏离完全平等状态的程度。基尼系数和最高收入份额是大体上一致的不平等测度。两者是两种互补的测量工具，强调的是给定分配的不同性质，即前者计算不平等的总体程度，后者对分配的模型提供急需的深入理解。

探索全球不平等的历史是一个严峻的挑战。20世纪前很少有国家定期征收收入所得税。漫长的人类历史不允许我们对物资资源分配进行哪怕最基本的定量分析。长期性的分析视角需要非正统的解决方案，用来克服数据质量和数量上的巨大差异。然而，即使在没有家庭调查数据的情况下，我们必须依靠代理数据来计算基尼系数。例如精英阶层所展现的财富最有希望成为不平等的标志——实际上往往是唯一的参照系数和坐标。

其六，《不平等社会》详细探讨了1980—2010年部分国家最高收入者所占的收入份额和收入不平等的趋势，1980—2013年20个OECD成员顶层1%群体所占的收入份额，还对约80个国家在1970—2005年间的发展趋势进行了调查，因此得出结论：在全世界范围内，不平等尤其是财富分配不均在我们这个时代卷土重来。

2018年2月7日，美国国家经济研究所刊登了加州大学伯克利分校经济学教授加布里埃尔·祖克曼的最新论文。文中最新数据显示，0.1%的美国人坐拥该国20%的财富，财富不均的情况类似于100年前的情况，百年历程走出一个大大的"U"形。1929年，美国贫富差距达到历史峰值。顶层0.1%群体占有该国25%的财富，且顶层10%的群体居然坐拥高达84%的财富。这种财富不均的情况虽然在经济大萧条、"新政联盟"和"二战"带来的经济下滑后有所缓解，但从80年代开始，情况再度恶化，以至今天已和百年之前相差无几。据《北美留学生日报》引用的"消费者财务调查"的数据，美国顶层1%群体仅包括126万户家庭，却占有近40%的财富，平均每户拥有2 680万美元财富，是普通家庭拥有的69万美元的40倍甚至更多。福布斯评出的全美前400位富豪（其人口只占美国总人口的0.000 25%）的资产总和超出了底层1亿5 000万美国人的资产总和。

沙伊德尔强调指出，20世纪80年代后期—2000年前后，除了低收入国家，所有类型的经济——中低、中上、高收入国家经济和全球经济的收入都出现了颇为严重的不平等，尽管经济发展和掠夺性行为，或者市场和权力，乃至全球化或者国际贸易自由化是一股强大的去平等化力量。例如，在中国，市场收入的基尼系数从1984年的0.23，上升到2014年的0.55左右，翻了一番，相应的财富集中度也迅速上升，从1995年的0.45增加到21世纪第一个10年初期的0.7的水平。同样的事情也发生在俄罗斯，自2008年以来，俄罗斯的市场收入基尼系数一直徘徊在0.5以上，高于1991年苏联解体时的0.37。

其七，《不平等社会》最后提出了未来将何去何从的问题，强调："我们关心的不是经济发展或更宽泛的人类发展，而是人类文明的成果是如何分配的，是什么原因使得它们以这样的方式被分配，以及将要采取什么措施来改变这些结果"。

目前关于减少不平等的建议并不少见。诺贝尔经济学奖获得者列出了重新平衡收入和财富分配措施的长长的清单。与皮凯蒂的关注点在税收上一样，与安东尼·阿特金森迄今为止最详细和精确的均等化方案一样，作者也对在不触动资本主义生产方式基础上的税收改革方案情有独钟。

《不平等社会》一书提供了关于暴力和不平等史的某些新见解，许多统计数据、不平等的测量工具和方法等，是具有一定价值的。愈演愈烈的收入不平等问题是如今中国面临的巨大挑战。收入分配改革是中国深化体制改革的重要一环，也是稳定社会和解决民生问题的重要途径。《不平等社会》无疑提供了可供借鉴的参考材料。

二

这本书在某种程度上，可以说是托马斯·皮凯蒂的《21世纪资本论》的姊妹篇。该书一出版就成为畅销书，连续数周在亚马逊网站排行榜上名列前茅，并被称为向马克思《资本论》致敬的一部重要著作。但是，反驳者和批判者并不少见。《华尔街日报》指责该书"对金融资本赚取回报的概念抱有中世纪式的敌意"（丹尼尔·沙克曼）。《经济学人》撰文对书中预测的未来经济不平等的"可怕"程度表示怀疑（克里夫·克鲁克）。

皮凯蒂以资本和劳动关系为视角，将世界经济分成两个基本要素：资本和劳动力，用详尽的（尽管富有争议的）数据全面分析了西方两个多世纪以来收入与财富的分布变化，从而提供了一个分析框架讨论影响分配不平等的强大力量。除"二战"时期之外，长期来看，资本回报率远高于劳动回报率以及平均的实际经济增长率，即 $r>g$，因此财富趋向于聚集在少数人的手中，这是倒退回"承袭制资本主义"的年代；除了 r 和 g 这两个变量之外，作者进而探讨了帕累托分布与分配中所获份额的关系，此外，一些核心的宏观经济因素也对帕累托分布的参数产生了影响。

他对于库兹涅茨曲线以及良性资本主义和福利资本主义理论持否定态度，抨击了"财富推动一切发展"的观点，旨在证明不加制约的资本主义导致了财富不平等的加剧，不平等现象近几十年来已经日益扩大及日趋严重，而自由市场经济并不能完全解决财富分配不平等的问题。他建议通过民主制度制约资本主义，这样才能有效降低财富不平等现象。尽管这本书争议不断，但毋庸置疑的是，关于不平等问题的认识进入了一个新的阶段。

无独有偶。沃尔特·沙伊德尔在本书致谢中承认："我的观点和论据在相当大的程度上受到托马斯·皮凯蒂工作的启发。他撰写了那本关于21世纪资本的极富争议性的著作，向更广泛受众介绍他的思想，在这之前的几年，我就已经读过他的作品，并且思考了这些观点在过去几个世纪（也被像我自己这样的古代史学者称为"短期"）之外的相关性。他的巨著的出版，为我从单纯的思考转为撰写我自己的研究提供了重要的动力。非常感谢他的开创性贡献。"

他在序言"不平等的挑战"中，开门见山地以美国总统巴拉克·奥巴马"一种危险且不断增长的不平等"的判断作为醒目的标题。他还列举了一系列数据，例如在2015年，地球上最富有的62个人所拥有的私人财富净值，就与人类较为贫穷的那一半，即超过35亿人拥有的一样多了，而世界上最富有的1%的家庭现在拥有略微超过一半的全球私人财富净值。"这是一种危险且不断增长的不平等，而且向上流动性的缺乏已经危害了美国中产阶级的基本信念——如果你努力工作，你就有机会获得成功。我相信这是我们需要在这个时代面对的明确挑战，即确保我们的经济发展服务于每一个勤劳的美国人。"

《不平等社会》和《21世纪资本论》的共同点不仅在于共同的主题是探讨不平等问题，而且在于都致力于对于历史数据的收集工作。前者涉及的时空更为宽广，不仅包括发达国家还包括发展中国家，不仅包括资本主义社会经济，还包括各个社会的经济形态。例如，图11.2的标题是"公元前3—公元15世纪埃及无技能的农村和城市工人的每日小麦工资（小麦以公斤为单位）"。图11.3列举了"公元100年—2世纪60年代和2世纪90年代—3世纪60年代罗马统治下的埃及的实际价格与租金变化。图11.4统计"奥格斯堡的财富不平等：纳税人的数量、平均纳税额以及纳税的基尼系数，1498—1702年"。

三

人类社会一个经久不衰的主题是不平等问题。古今中外皆如此。

中国古代经济思想具有一种明显的以人为本的本质属性和人文主义传统，而且从这一视角，阐释"天人合一"这一命题，因此衍生出以人为本思想、大同社会理想、民本主义思想，国家以养民为本且行养民之道。"夫霸王之所始也，以人为本，本理则国固，本乱则国危。""凡治国之道，必先富民。民富则易治也，民贫则难治也。"（《管子》）

在中国哲学史上，法家代表人物荀子首先提出了"人与天一也"（《庄子·山木》）的命题，即"天地与我并生，而万物与我为一"（《庄子·齐物论》）。他进而提出要以礼来调节经济生活，必须"制礼义以分之"（《荀子·王制》）。

儒家代表人物孔子强调"以义生利"，德本财末，道德优先，治国理家和财富分配则倡导公正、公平和均平，"有国有家者，不患贫而患不均"（《论语·季氏》），《礼记·礼运》更是提出了大同社会应财产公有的主张。

道家代表人物老子，一是推崇"圣人不积"，对私有财富过多积累持否定的态度，原因在于富或求富是祸乱之源；二是倡导"天之道"和"人之道"合一。所谓"天之道，其犹张弓与，高者抑之，下者举之，有余者损之，不足者与之，天之道损有余而补不足。人道则不然，损不足，奉有余。孰能有余以奉天下？其唯有道者"（《老子》）。这是阐述"损"与"补"、"有余"与"不足"的转化辩证法，以及"天之道"应该与"人之道"具有同一性，主张"人之道"应该效法"天之道"，"损不足以奉有余""损有余以奉天下"，从而改变不合理、不平等的现象。一言以蔽之，"天道"就是均安、均平、均富，即"天地相合，以降甘露。人莫之令而自均"（《老子》），体现了崇尚社会财富均等化的道家学说。

中国古代政治思想家和理财家以及历代农民运动领袖提出以"等贵贱，均贫富"为标志的关于调整社会财富分配的政策思想。春秋战国时期，齐国大夫晏婴就提出了"权有无，均贫富"的思想，管仲试图通过调整价格政策以矫正贫富不均，认为"夫民富则不可以禄使也，贫则不可以罚威也"（《管子·国蓄》）；秦国商鞅变法的精髓是"治国之举，贵令贫者富，富者贫"（《商君书·说民》）。

秦汉以后，土地兼并问题引发贫富严重不均，促使阶级矛盾尖锐化。一些思想家和政治家曾经提出各种解决贫富不均的措施。如汉代董仲舒的限田法，西晋的占田制，北魏、隋、唐的均田制等，不平等现象和阶级矛盾有所缓解。

西方古希腊、罗马时期的经济思想，尤其财富观念以及财富分配主张，与神话紧密相连。

荷马和赫西俄德将经济匮乏的原因归结为神的惩罚，后者进而将其归咎于人德行的堕落，提出正义是人类的美德，合乎正义者理应得到荣华富贵。

色诺芬、柏拉图和亚里士多德，都强调一个自由人的人生目的是培养神所赋予的善德和追求正义，追求财富要合乎道德的公正原则，否则就不能称之为财富。这是西方传统的经济思想强调从正义的角度分析经济问题之理论渊源。柏拉图认为贫富悬殊会使城邦分裂为贫与富两大对立集团，贫富差距过大还会导致社会动乱。这一观点与孔子的基本一致。亚里士多德肯定人们追求财富，但要用"中道"的原则来把握追求财富的度，这个度就是灵魂的善，并且要使灵魂的善高于财富的善。这里所强调的正义和灵魂的善最终来自神。他还从商品交换的角度阐释了财富分配的公平问题。

古希腊罗马的晚期，基督教思想家奥古斯丁明确宣称财富是上帝的礼物，是一种善。接踵而来的中世纪的经济思想，都弥漫着浓厚的宗教伦理和神学文化。教会思想家阿奎那，更是处处着眼于基督教教义。

现当代学者在这方面的文献汗牛充栋。限于篇幅不一一列举。一般而言，绝对平等或者纯粹平等的社会是一种乌托邦理想，所以《不平等社会》主要是阐述以收入和财富分配的差异为特征的经济不平等，基本上舍弃了具有社会或历史意义的其他不平等类型。

应该强调指出，生产资料私有制社会不仅不会拆除不平等的藩篱，就其大趋势而言，是在扩大以收入和财富分配的差异为标志的经济不平等。或许在一定程度上，四大矫正力量或者"四大骑士"，即大规模动员的战争、变革性的革命、国家崩溃和灾难性的瘟疫，或多或少地降低了不平等程度和幅度。尤其当一种生产方式处于上升时期或者改朝换代时期时，不平等程度和幅度大为改观。

例如，资本原始积累是一个使用暴力剥夺劳动者，消灭以个人劳动为基础的私有制的过程，它不是田园诗式的过程，而"是用血和火的文字载入人类编年史的"（马克思，1867年）。但另一方面，这是"工业骑士"战胜"佩剑骑士"的历史过程，在反对封建特权、争取平等，反对专制束缚、争取自由方面有它的历史进步性。这是因为，"一个社会的分配总是同这个社会的物质生存条件相联系，这如此合乎事理，因此经常在人民的本能上反映出来。当一种生产方式处在自身发展的上升阶段时，甚至在和这种生产方式相适应的分配方式下吃了亏的那些人也会欢迎这种生产方式。大工业兴起时期的英国工人就是如此"（恩格斯，1894年）。

又如，在社会主义初级阶段，也就是马克思所讲的共产主义初级阶段，是不可能彻底消灭不平等现象的。《哥达纲领批判》批判了拉萨尔鼓吹的"公平的分配""不折不扣的劳动所得""平等的权利"，这是因为"我们这里所说的是这样的共产主义社会，它不是在它自身基础上已经发展了的，恰好相反，是刚刚从资本主义社会中产生出来的，因此它在各方面，在经济、道德和精神方面都还带着它脱胎出来的那个旧社会的痕迹"。在这里，平等的权利按照原则仍然是资产阶级权利，也就是这个平等的权利还是被限制在一个资产阶级的框架里，所以就它的内容来讲，它像一切权利一样，是一种不平等的权利。这些弊病，在经过长久阵痛、刚刚从资本主义社会产生出来的共产主义社会第一阶段，是不可避免的。而"在共产主义社会高级阶段，在迫使个人奴隶般地服从分工的情形已经消失，从而脑力劳动和体力劳动的对立也随之消失之后；在劳动已经不仅仅是谋生的手段，而且本身成了生活的第一需要之后；在随着个人的全面发展，他们的生产力也增长起来，集体财富的一切源泉都充分涌流之后——只有在那个时候，

才能完全超出资产阶级权利的狭隘眼界,社会才能在自己的旗帜上写上:各尽所能,按需分配!"(马克思,1875年)

怎样消灭这种不平等现象?《不平等社会》和《21世纪资本论》的作者们寄希望于"减税",前提是维持资本主义生产方式和生产关系,这显然是治标不治本的乌托邦政策。《共产党宣言》指出,共产党人可以把自己的理论概括为一句话:"消灭私有制",即消灭"社会上一部分人对另一部分人的剥削",消灭阶级差别,消灭阶级对立,消灭不平等的雇佣劳动制度,随着阶级差别的消失,一切由这些差别产生的社会的、经济的和政治的不平等也将自行消失。"代替那存在着阶级和阶级对立的资产阶级旧社会的,将是这样一个联合体,在那里,每个人的自由发展是一切人的自由发展的条件。"只有在这个时候,不平等现象才会退出历史舞台。因为,"原来意义上的政治权力,是一个阶级用以压迫另一个阶级的有组织的暴力。如果说无产阶级在反对资产阶级的斗争中一定要联合为阶级,通过革命使自己成为统治阶级,并以统治阶级的资格用暴力消灭旧的生产关系,那么它在消灭这种生产关系的同时,也就消灭了阶级对立的存在条件,消灭了阶级本身的存在条件,从而消灭了它自己这个阶级的统治"。

四

暴力也是自阶级社会诞生以来,人类社会一个经久不衰的主题。古今中外皆如此。

"汤武革命,顺乎天而应乎人"(《易·革·象辞》)是歌颂"革命"性暴力较早的文献记载,并且,在中国,暴力观念往往与"人性善"和"人性恶"孰是孰非的争论相联系。中国数千年的统一与分裂不断循环的历史,也与恶、暴力或战争息息相关。

西方学者这方面的文献十分丰富,阐述善恶辩证法的黑格尔、《新教伦理与资本主义精神》的作者马克斯·韦伯、《旧制度与大革命》一书的作者托克维尔,以及《论暴力》的作者乔治·索雷尔和《论革命》的作者汉娜·阿伦特等是其中的佼佼者。

马克思、恩格斯的《反杜林论》专辟三章"暴力论"，阐述了马克思主义的阶级斗争、暴力和不平等理论，对于读者正确阅读《不平等社会》大有裨益。

这本书以唯物主义辩证历史观的博大视野和宏大叙事风格，回顾了从原始社会以来的生产方式、交换关系、战争和暴力史。批判了杜林的唯心主义暴力论，阐述了经济决定政治、生产在社会历史发展中起决定作用等历史唯物主义的基本原理；分析了暴力在历史上的作用，指出暴力不是绝对的坏事，它在一定的社会历史条件下起着革命作用，是每一个孕育着新社会的旧社会的助产婆。

什么是遵循唯心主义历史观？就是不知道任何基于物质利益的阶级斗争，而且根本不知道任何物质利益，鼓吹"本原的东西必须从直接的政治暴力中去寻找，而不是从间接的经济力量中去寻找"（杜林），并且采用干瘪的、软弱无力的传教士的思维方式全盘否定"暴力"。在杜林看来，人类的第一次暴力行动就是原罪，而且任何暴力"都会使应用暴力的人道德堕落"。

什么是遵循唯物主义历史观？一言以蔽之，"以往的全部历史，都是阶级斗争的历史；这些互相斗争的社会阶级在任何时候都是生产关系和交换关系的产物，一句话，都是自己时代的经济关系的产物；因而每一时代的社会经济结构形成现实基础，每一个历史时期的由法律设施和政治设施以及宗教的、哲学的和其他的观念形式所构成的全部上层建筑，归根到底都应由这个基础来说明。这样一来，唯心主义从它的最后的避难所即历史观中被驱逐出去了，一种唯物主义的历史观被提出来了，用人们的存在说明他们的意识，而不是像以往那样用人们的意识说明他们的存在这样一条道路已经找到了"（《反杜林论》）。

因此，私有财产在历史上的出现，绝不是掠夺和暴力的结果，私有财产的形成，都是由于生产关系和交换关系发生变化，都是为了提高生产和促进交换，因而其出现和形成都是经济原因导致的。暴力在这里没有起到任何作用。暴力虽然可以改变占有状况，但是不能创造私有财产本身。

暴力本身就是一种经济力。暴力是由经济状况决定的，经济状况给暴力提供配备和保持暴力工具的手段。

暴力具有二重性。形而上学的杜林先生把暴力视为绝对的坏事，他的暴力史只是哀诉这一暴力行为怎样作为原罪玷污了到现在为止的全部历史，一切自然规律和社会规律怎样被这种恶魔力量即暴力可耻地歪曲了。但是，暴力在历史中还起着另一种作用，即革命的作用。它是社会运动为自己开辟道路并摧毁僵化的垂死的政治形式的工具。

历史是谁创造和推动的，这是一个古老的问题，答案不是杜林的暴力创造历史观，也不是黑格尔所标榜的"恶""英雄""杰出人物的动机"创造历史，或者"经济因素是唯一决定性的因素"。恩格斯在晚年提出关于社会或历史发展的"合力"理论，在他看来，历史是这样创造的：历史过程中的决定性因素归根到底是现实生活的生产和再生产，它们对历史斗争的进程发生影响并且在许多情况下主要决定着这一斗争的形式，还有上层建筑的各种因素，阶级斗争的政治形式及其成果——由胜利了的阶级在获胜以后确立的宪法等，各种法的形式以及所有这些实际斗争在参与者头脑中的反映，政治的、法律的和哲学的理论，宗教的观点以及它们向教义体系的进一步发展。全部发展都是在经常的矛盾中进行的。这里表现出这一切因素间的相互作用，在这种相互作用中，归根到底是经济运动作为必然的东西通过无穷无尽的偶然事件向前发展。

五

《不平等社会》一书，由颜鹏飞主持翻译和初校。各章译者如下：序言等，颜鹏飞；1~3章，12章、13章，李酣；4~6章，曾召国；7~9章，甘鸿鸣；10章、11章、15章、16章、附录，王今朝；14章，刘和旺。原文个别地方做了删除处理。

颜鹏飞 2019年2月5日　于珞珈山麓